Ritos e Mistérios Secretos do
WICCA

Um Estudo Esotérico do Wicca Tradicional

Gilberto de Lascariz

Ritos e Mistérios Secretos do
WICCA

Um Estudo Esotérico do Wicca Tradicional

MADRAS®

© 2008, Gilberto de Lascariz & Zéfiro.
Direitos de edição para o Brasil.
© 2017, Madras Editora Ltda.

Editor:
Wagner Veneziani Costa

Produção e Capa:
Equipe Técnica Madras

Copidesque:
Jefferson Rosado

Revisão:
Lara Belinski Rastelli
Silvia Massimini Felix

Dados Internacionais de Catalogação na Publicação (CIP)
(Câmara Brasileira do Livro, SP, Brasil)

Lascariz, Gilberto de
Ritos e mistérios secretos do Wicca : um estudo esotérico do Wicca tradicional / Gilberto de Lascariz. – São Paulo : Madras, 2017.
ISBN 978-85-370-0622-1

1. Celtas – Religião 2. Feitiçaria 3. Magia 4. Ocultismo 5. Religião da Deusa 6. Wicca (Religião)
I. Título.
10-08632   CDD-133.43

Índices para catálogo sistemático:

1. Bruxaria : Ocultismo 133.43
2. Feitiçaria : Ocultismo 133.43
3. Magia : Ocultismo 133.43

É proibida a reprodução total ou parcial desta obra, de qualquer forma ou por qualquer meio eletrônico, mecânico, inclusive por meio de processos xerográficos, incluindo ainda o uso da internet, sem a permissão expressa da Madras Editora, na pessoa de seu editor (Lei nº 9.610, de 19/2/1998).

Todos os direitos desta edição reservados pela

MADRAS EDITORA LTDA.
Rua Paulo Gonçalves, 88 – Santana
CEP: 02403-020 – São Paulo/SP
Caixa Postal: 12183 – CEP: 02013-970
Tel.: (11) 2281-5555 – Fax: (11) 2959-3090
www.madras.com.br

Minha sentida homenagem póstuma a Gerald Gardner, Charles Clarck e Alexander Sanders, Ancestrais de triplaface por trás do Janicot da nossa Santa Tradição.

♦

A Cristina Aguiar, a.k.a. Valquíria Valhaladur, escritora e Sacerdotisa dos Mistérios de Freya e Odin, pelo seu afetuoso e persistente apoio moral e intelectual durante a redação e reflexão deste manuscrito.

♦

Que os Vivos vos guiem e os Mortos vos inspirem! Porque Vivos e Mortos são todos parte do mesmo Círculo!

Créditos Artísticos e Fotográficos:

Capítulo I: Monique Wilson no Wicthes's Mill de Gardner, Inglaterra. Autoria: desconhecida; Capítulo II: Fada Melwwwusine na Igreja de Nossa Senhora de Lusignan. França. Autoria: Gilberto Lascariz; Capítulo III: Tambor de xamã e seus Númens. S. Félix da Marinha. Autoria: Melusine de Mattos; Capítulo IV: Poste Sabático. Castelo de Vide. Autoria: Luisa Carvalho; Capítulo V: Poço Cultual Báquico. Mérida. Autoria: Melusine de Mattos; Capítulo VI: Altar wiccan na floresta. Panoias. Autoria: Gilberto de Lascariz; Capítulo VII: Menir de Tronbihan. França. Autoria: Gilberto de Lascariz; Capítulo VIII: Sátiros. Guimarães. Melusine de Mattos; Capítulo IX: Caldeirão e Vassoura. S. Félix da Marinha. Melusine de Mattos; Capítulo X: Portal ocidental da capela de S. Pedro de Varais com pentagramas. Vila Praia de Âncora. Autoria: Gilberto de Lascariz; Apêndices: Fonte com Rosto Cornífero. Guimarães. Melusine de Mattos.

Imagens adicionais com autoria de Gilberto Lascariz: Pedra de Cúpula no Cabeço das Fráguas (foto). O Homem Pentacular e os Três Mundos (desenho); O Corpo e o Pentáculo (desenho); O Cervo Branco na Capela do Graal em Tréhorenteuc, Bretanha, França (foto); Harodia e os Guardiões em Alfabeto Tebano (desenho); Estaca-Árvore como Altar-Pilar de culto; Algum armamentário da Arte (foto).

Imagens adicionais com autoria de Melusine de Mattos: Serpente Lítica enrolada na encosta do cabeço da Deusa Lusitana Trebaruna (foto); Ídolo de Sabroso (foto).

Imagem de João Pais: Pantáculo segundo as proporções iniciáticas do Wicca Tradicional (foto).

Seleção de imagens do corpo dos capítulos: João Pais.

ÍNDICE

Introdução à Edição Brasileira..**13**

Prólogo..**21**

I – O LIMIAR DE SATURNO

Capítulo I
O Limbo da Alma...**29**
O Complexo de Jonas – O Limbo das Eras
O Render dos Guardiões – A Era de Saturno – Mudar a Consciência

II – AS ONDAS DO WICCA CRAEFT

Capítulo II
A Primeira Onda: Pã e Dândi..**47**
O Homem das Ilhas – Entre Canibais e Feiticeiros
A Noite Negra da Alma – A Iniciação à Bruxaria – Garder na Ilha de Man
O Encontro com a Besta – A Aurora do Wicca

Capítulo III
A Segunda Onda: Bruxaria, Sexo e Rock and Roll....................**71**
A Rainha de Espadas – Édipo e Feiticeiro – O Rei dos Bruxos
O Alexandrianismo – Faça Você Mesmo – O Caminho Solitário

Capítulo IV
A Terceira Onda: Feministas, Ecléticos e Ecologistas...............**96**
A Bruxaria Diânica – O Tempo das Matriarcas – O Falcão das Estrelas
Feiticeiros e Ecologistas – O Caminho Pagão – O Ecletismo Mágico
A Face Dupla de Janus – O Wicca Coca-Cola

III – O CULTO E A ASCESE

Capítulo V
Os Conceitos Fundamentais do Wicca 125
*A Arte e o Rito – O Curso da Sabedoria – Bruxaria e Feitiçaria
A Triplicidade do Wicca – Cultos e Religiões de Mistérios
As Cerimônias do Wicca – O Coventículo de Bruxaria
O Círculo de Trabalho Wiccaniano*

Capítulo VI
Os Paradigmas do Wicca Craeft 153
*Bruxaria e Paganismo – Os Paradigmas do Wicca
O Pentagrama Wiccaniano – Um Símbolo Antigo
O Signo do Arcanjo – A Vênus Mágica – A Rosa Lúcifer
O Pentagrama de Morgana*
    Prática I: Manuale Exercitorium Pentagramis

Capítulo VII
Ascese e Aprendizagem Wiccaniana 179
*A Aprendizagem Wiccaniana – Ferreiros e Feiticeiros
Os Retiros Pagãos – Uma Ética Ecológica – Mestres e Gurus
A Magia sem Dogma – Ascese e Liberdade Mágica*
    Prática II: De Arte Deos Amare

IV – O SAGRADO CÍRCULO DA NATUREZA

Capítulo VIII
O Círculo Mágico 215
*O Círculo da Bruxaria – Figurar o Círculo – Traçar e Talhar
A Matriz do Universo – Os Portais dos Supramundos
A Lua e o Sol – Os Três Mundos*
    Prática III: De Arte Tres Mundos Adjungere

Capítulo IX
No Reino dos Elementais 235
*Os Filósofos do Imaterial – O Alinhamento Elemental
O Conjuro do Círculo – A Consagração do Círculo
Norte: A Terra dos Sábios – Leste: O Ar dos Sábios
Sul: O Fogo dos Sábios – Oeste: A Água dos Sábios*
    Prática IV: De Oferumenta Entibus Elementorum

V – O CORPO E O ALTAR WICCANIANOS

Capítulo X
O Altar Ancestral..**259**
A Pedra Sagrada – A Ara e o Círculo da Fertilidade
A Suvasini Tântrica e o Wicca – A Nudez Cerimonial – O Corpo Arcaico
O Esteio do Círculo – O Altar de Face
Prática V: Manuale Exercitorium Circuli

VI – O ARMAMENTO DA FEITICEIRA

Capítulo XI
O Armamento Mágico Wiccaniano..**287**
As Ferramentas Litúrgicas – As Armas Mágicas – A Adaga Ritual
Marcas e Símbolos do Athame – O Cálice Sabático – A Vara do Fogo
O Pantáculo da Arte – As Marcas do Pantáculo
Prática VI: Liber Ritis Consecrationis Ensilici Magi

Capítulo XII
O Armamento Litúrgico do Wiccan **320**
As Ferramentas do Feiticeiro – A Espada e o Caldeirão – A Vassoura Ritual
A Túnica Cerimonial – As Cordas e a Estaca
Os Incensos – Colares, Tiaras e Braceletes
Prática VII: Liber Ritis Chordag Patibulati

VII – OS GUARDIÕES DA ARTE

Capítulo XIII
Sentinelas e Guardiões da Arte **349**
Entrar no Submundo – A Egrégora e a Alma-Grupo
A Chegada dos Grigori – Os Senhores dos Principiados
Os Gigantes das Colinas – Os Anjos Caídos – Os Guardiões Raciais
As Torres de Vigia – Os Devas e Reis Elementais
Prática VIII: Manuale Vocatorii Vigilis Circuli

VIII – AS DIVINDADES DO WICCA CRAEFT

Capítulo XIV
O Deus de Chifres **389**
Em Busca dos Deuses – Os Velhos Deuses – O Cervídeo Divino
O Duplo Cornígero – A Esfera de Pã e Apolo
Robin, o Encarapuçado – O Deus Tricéfalo
Prática IX: Liber Ritis Artis Solem Deum Amare

Capítulo XV
A Deusa Mãe Natureza **425**

As Deusas das Bruxas – A Deusa Mãe – A Deusa Dupla
A Anima Mundi – Aradia e Herodia – O Mistério da Triplicidade
A Hekaté Phosphorus
Prática X: Liber Ritis Artis Triviae Deae Amare

IX – O RITO DO PLENILÚNIO

Capítulo XVI
O Rito do Esbat **461**

A Estrutura Ritual – O Casal Sacerdotal – A Bateria Humana
A Polaridade Universal O Duplo Esbat – O Portal Sinódico
A Invocação dos Deuses – O Oráculo e a Instrução – O Vinho e o Cereal
A Dança Extática – O Cântico Rúnico das Bruxas – O Grande Rito
Prática XI: Liber Sancti Riti Plenilunii

X – A FACE TRIPLA DA INICIAÇÃO

Capítulo XVII
A Tripla Iniciação no Wicca Tradicional **521**

A Preparação Iniciática – A Iniciação à Alma da Terra
Iniciação ao Mundo Subterrâneo – O Androginato Mágico
O Fim e o Reinício
Prática XII: Liber Sancti Riti Ad Viam Dedicationis

Apêndices **548**

Manifesto para uma Apologia de Princípios Iniciáticos no Wicca Craeft
Instrução do Deus Cornudo – Instrução de Karnayna ao Sabbath
Alfabeto Tebano – Referências

A LEI FOI FEITA E OUTORGADA HÁ MUITO TEMPO.
OS ANTIGOS CAMINHOS DEVEM SER PRESERVADOS.

Primeira Cláusula das Leis Tradicionais do Wicca instituídas por Gerald Gardner

Introdução
à Edição Brasileira

    Estamos no outono de grande parte dos movimentos mágicos-religiosos do Neopaganismo, que têm surgido desde o século XVIII nessa Ilha da Sapiência que é a Inglaterra. A Roda da Vida está sempre girando e nada permanece igual ao longo do Tempo e da História. O mesmo acontece com o Wicca. Depois dos momentos áureos dos anos de 1970 e 1980, por meio das inovações e experimentalismos rituais do Movimento Eclético, o Wicca atravessa em todo o mundo ocidental e industrial, onde se havia expandido como uma alternativa ecorreligiosa, uma fase de retração. Vivemos uma fase de recolhimento e introversão antes da sua reaparição em um Futuro próximo! Para quem conhece os mistérios do Tempo Cíclico, isso é necessário para limpar todas as excrescências, que são em demasia, criadas ao longo dos últimos decênios. Mais do que nunca, é necessário publicar livros de Wicca impregnados pelo Fogo do Espírito, de onde brotem Impulsos Iniciáticos que alimentem espiritualmente a nossa percepção do Ser. Foi nesse sentido que escrevi este livro que agora trago ao leitor brasileiro.

    O mundo atravessa atualmente uma fase de grande pessimismo coletivo, diante do descrédito, tanto dos modelos liberais como dos modelos sociais de economia e sociedade. Aliado a isso existe o fato de estarmos atravessando uma profunda crise econômica, de índole estrutural, assim como profundas mudanças climáticas de proporção mundial, resultantes dos desequilíbrios ecológicos gerados pelo pensamento científico e suas soluções tecnológicas para o aparelho produtivo. Em todo o mundo, não só o Wicca, mas todas as grandes religiões, sentem-se impotentes para responder ao desencanto espiritual da humanidade. A gravidade do estado a que chegou a humanidade atual deve-se à aplicação cega de um primado filosófico-religioso cujas raízes se baseiam na posição antipagã do Cristianismo: a de que a Natureza nada mais é do que um conjunto inanimado de recursos criados para serviço da Humanidade. No Gênesis (1:26), Deus diz: *Façamos o homem à nossa imagem, conforme a nossa semelhança; e domine sobre os peixes do mar, e sobre as aves dos céus, e sobre o gado, e sobre toda a terra, e sobre todo o réptil que se move sobre a terra*. Esta arrogante filosofia de dominação precisa acabar. Mais do que valores de dominação econômica e política, que só nos trazem soluções conjecturais e circunstanciais, o mundo precisa de uma verdadeira *Weltanschauung Anti-Gênesis,* que seja porta-voz de uma regressada Unidade do Homem à Natureza. Esse Regresso já não poderá ser feito da mesma forma como o faziam os nossos antepassados. Teremos de descobrir soluções novas. O Wicca, nos anos de 1940, foi uma dessas "novas soluções".

Essa "nova solução" passou por muitas peripécias, como relata este livro. Grande parte dessas reviravoltas deve-se ao fato de muitos dos delírios históricos que Margaret Murray tinha criado, nos anos de 1920 e 1930, a respeito das antigas práticas de Bruxaria, terem influenciado Gerald Gardner na criação do Wicca e do seu "modelo ritual" que ora conhecemos. Quando M. Murray foi desacreditada nos anos de 1950, era de se esperar que, mais cedo ou mais tarde, se chegasse a descobrir que o Wicca havia sido uma encantadora invenção poética em três atos, forjada na solitária imaginação de Gerald Gardner. Isso foi suficiente para descredibilizar o arrogante pseudotradicionalismo dos seus herdeiros e desencadear, desde meados dos anos de 1970, formulações e reformulações ecléticas, em que se quis transcender o Wicca Tradicional. Através das suas ressurreições ecléticas, o Wicca apresentou-se como uma nova força de consciência no mundo industrial moderno, trazendo uma perspectiva espiritual a uma tradição libertária e ecorreligiosa, que tinha raízes fundas, tanto nas utopias libertárias do século XIX como nas heresias gnósticas.

A necessidade histórica de criação de uma organização religiosa de índole pagã foi pela primeira vez prevista por Aleister Crowley. Em uma carta escrita em 1915, ele profetiza pela primeira vez uma ressurreição pagã: *"chegou o momento para criar uma religião natural. As pessoas gostam de ritos e cerimônias e estão cansadas de deuses hipotéticos. Insistem nos verdadeiros benefícios do Sol, da Lua, da Força-Mãe, da Força-Pai... Em suma, ser o fundador de um novo e grande culto pagão".*[1] Penso que se voltarão a criar novas tradições

---

1. Cavendish, Richard. *A History of Magic*. New York: Arcana, 1991

neopagãs dentro do Espírito da Corrente Mágica que deu origem histórica ao Wicca. Penso, também, que será a percepção das raízes menos óbvias dessa Corrente Mágica, principalmente sua atualização histórica pré-wiccaniana nas comunidades de Prosper Enfantin (1796-1864), na tradição utópica do Conde de Saint-Simon (1760-1825) sobre a Mulher Messias e a Ressurreição da Carne, assim como na influência subterrânea do pensamento gnóstico-pagão, que possam um dia renová-lo além da mentalidade serôdia de igreja, tão em vigor no seio dos conventículos tradicionais de hoje.

A criação de genuínas organizações mágicas vale pela sua capacidade de improvisação *inspirada*, isto é, recebida do Mundo Suprassensível, para materializar um Mito. Neste caso, o Mito que o Wicca representava para o século XX era o do Eterno Retorno à Idade de Ouro. Não basta, contudo, exprimir um Mito. É necessário, sobretudo, que ele arrebate a obra de transmutação dos seus Iniciados e tenha aptidão para gerar uma plêiade de seres humanos capazes de interpretar o real para além dos postulados racionais e utilitários que nos tolhem e nos alienam neste mundo unidimensional em que vivemos. Como engenheiro de mitos, o Processo Iniciático, seja ele qual for, mede-se pela sua capacidade de abrir as Portas do Espiritual no seio do mundo material. Nesta perspectiva, o Wicca, pelo menos o Tradicional, *devia* ser uma verdadeira anamnese pagã e uma genuína atividade gnóstica.[2] Contudo, não me parece que isso tenha realmente acontecido, a julgar pela fragilidade das obras literárias deixadas a seu respeito e as múltiplas polêmicas que o marcaram! O Wicca acabou por se deixar tentar pela típica mediocridade do "espírito de igreja".

Os Iniciados avaliam-se não pelos títulos frívolos de suas iniciações recebidas no contexto do "espírito de igreja" de muitos conventículos, mas sobretudo pela sua Palavra e Ação transfigurante. O Iniciado deve trazer na carne a *Marca* de quem saiu do confinamento do seu próprio Existir e encontrou a Liberdade transfiguratória do Ser. Quem é tocado pelo Fogo do Espírito é sempre marcado no seu caráter, carisma e sabedoria. O Sabat em termos iniciáticos é a cifra dessa realização suprema. Caso contrário, o Iniciado é um logro. Esse Ser Polimorfo e Transgressivo, do qual o Iniciado tende a aproximar-se, tem o seu *Eidolon* no Deus Cornígero, mais do que na Grande Deusa.

---

2. A expressão foi usada pela primeira vez por António Quadros a respeito da inspiração iniciática do poeta Fernando Pessoa. Quadros, António. *Fernando Pessoa – Vida, Personalidade e Gênio*. Lisboa: Publicações Dom Quixote, 1984.

Um dos aspectos que tem tristemente enfraquecido o Wicca é a excessiva importância que se tem dado quer à autenticidade material da linhagem dos seus representantes, quer aos seus inócuos títulos iniciáticos. Não é de se estranhar, assim, que os wiccans confundam com ingenuidade a *autenticidade material* e *autenticidade espiritual* da Linhagem. Trata-se de um típico sintoma de ignorância disfuncional dos Mistérios, vigente hoje em quase todas as organizações misteriosóficas. Prefere-se exibir títulos de Iniciação sem substância espiritual em vez de os realizar. Isso é característico de quem vive confinado no sofisma do ego e de seus rótulos sociais, de quem vive em função do material e do quantitativo. Estamos, neste caso, claramente diante de "iniciados falhos".[3] O que define a Linhagem Iniciática não é só a sua transmissão na Linha ou Cadeia Horizontal de Poder, que na maioria dos casos apenas comunica ignorância. Como bem advertiu Julius Evola, ela não só não transmite nada de substancial, como até pode ser dispensável.[4] É preciso, por isso, nunca deixar de lembrar que, quando se fala de genuína Linhagem Mágica, estamos falando dela em termos esotéricos e não em termos sociológicos, típico dos ritos de passagem das corporações fraternais e filosóficas.

Sob o ponto de vista do esoterismo, a Linhagem Iniciática não é apenas uma concatenação material de iniciações formais ao longo de uma cadeia humana ou corporativa, desenvolvida ao longo do tempo, neste caso desde os anos de 1940, mas de uma percepção transfigurada recebida da sua Cadeia Arcana no Mundo Espiritual, de quem ele se tornou a *Voz* e o *Eidolon*. A Transmissão Horizontal de Poder apenas prepara o Iniciado para unir a sua identidade e força vital com a Indução Vertical. Caso isso não aconteça, a linhagem será sempre uma geração de cegos e mudos guiando outros cegos e mudos.

As linhagens corporativas degeneram e secam, porque quem as representa ou as pretende reclamar, nada foi capaz de receber e realizar, além da eterna e morta repetição de gestos rituais sem consciência. É através da Linha Vertical que se recebe a genuína Iniciação, essa Força Transfiguradora vertida como o Relâmpago pela mão da Egrégora, dos seus Mestres Passados e dos Deuses Tutelares. A Iniciação recebida dos homens só é valida se for complementada com a Iniciação recebida dos Deuses. Não é da concatenação material ao longo de uma cadeia histórica de transmissão ritual que se retira a validade iniciática, mas da Iluminação

---

3. Lascariz, Gilberto. *Ritos e Mistérios Secretos da Antiga Lusitânia*. Sintra: Edições Zéfiro, 2009.
4. Evola, Julius. *Ur & Krur*. Milano: Arché, 1985.

Gnóstica do Iniciado pela transfusão divina, durante ou posteriormente a essa iniciação material. Se a segunda não existir, não se recebeu qualquer indução iniciática e apenas se viveu um teatro. O mundo está cheio de pseudoiniciados que, apoiados na Iniciação Material, falam como cegos.

O Wicca semeou no mundo ocidental um conjunto de úteis paradigmas panteístas sobre o Homem, o Mundo e a Natureza, no contexto da nossa sociedade de consumo. Porém, isso foi muito pouco. A "Marca" de um Iniciado define-se pela sua capacidade criativa para responder aos enigmas maiores da humanidade: Quem sou eu? De onde venho? Para onde vou? Também não se deixaram instruções para uma prática ecofilosófica de vida pagã para os Iniciados, que por natureza estão em colisão com o mundo unidimensional e materialista em que vivem. Mas o que havia de genial e polêmico no Wicca era precisamente advogar um Materialismo Místico, onde o corpo e suas energias vitais eram exaltados pela semântica do rito no campo supraconsciente do Mundo Espiritual. Lembra, sem dúvida, a crença dos sufis descendentes de Mevlevi de que o corpo é divino e é necessário para o florir da alma, como o talo para o desabrochar da flor. Essa tradição vem, sem dúvida, também do Conde de Saint-Simon, de Enfantin e da fase da utopia matriarcal de Eliphas Levi, na época de seu envolvimento com a socialista radical Flora Tristan.

Não deixa, assim, de ser sintomático e suspeito de uma típica inaptidão iniciática para a vivência desse misticismo sensualista, a forma como a nudez ritual foi gradualmente reprimida, até se ter quase eliminado na maioria dos conventículos de Wicca Tradicional. A ignorância das suas raízes místicas impediu que o Wicca gerasse um efeito de massa crítica e uma verdadeira revolução espiritual nos conventículos, adicionado à pressão sempre constante de divisões, perseguições, acusações e a mediocridade do ensinamento mágico e iniciático vigente no seu seio, que Alexander Sanders tanto tentou combater. Isso atingiu um nível de degradação iniciática tal que impediu de surgir hoje uma geração consciente do significado prometeico da herança mágico-religiosa inspiradamente criada por Gerald Gardner.

Grande parte da situação do Wicca atual deve-se também, infelizmente, ao infortúnio de terem sido publicados milhares de livros sobre Wicca em todo o mundo, que cederam ao encanto superficial da sociedade de consumo e ao que se chama *trash literature* ou "lixo literário". A isso, junta-se o exibicionismo, pela imprensa e pelo rádio, de Iniciados malformados nos Processos Iniciáticos e que poderiam ser chamados, parafraseando René Guénon, de "Iniciados Virtuais", pese embora em alguns casos tenham eventualmente recebido a Iniciação "conforme as regras". Na realidade, uma das regras para que a Iniciação seja genuína é que ela dependa não só dos ritos transmitidos "conforme as regras", mas também da "qualidade" das pessoas que os transmitem e os recebem. Esses dois elementos são essenciais para haver autêntica Transmissão Iniciática. Quando o rito de indução é transmitido ou vazado em um recipiente humano, sem a necessária Vocação Iniciática, nada mais se faz do que parodiar um ritual. Vivemos uma época na qual a maioria dos Iniciados são meros parodiantes e o processo iniciático se perverteu.

A nossa época assemelha-se muito àquela que o mundo conheceu nos tempos do movimento Neoplatônico e da expansão gnóstica nos primeiros séculos da era cristã. Porém, esse momento de brilho incandescente foi também o anúncio da sua perda e do seu desaparecimento, pouco depois do conveniente assassínio do Imperador Juliano, o Filósofo, e o surgimento de modelos alienatórios de religião dogmática e despótica. O resultado foi a destruição maciça de todos os locais onde subsistia a liberdade de culto pagão, como a Biblioteca de Alexandria e os grandes santuários da Antiguidade, como os de Serápis, Elêusis, Corinto e Éfeso. Deram-se, a partir de então, imparáveis hecatombes coletivas em nome da religião cristã. Mas o Paganismo sobreviveu por baixo dessa Idade Negra, como um caudal subterrâneo de sapiência que alimentou a filosofia, a poesia, as artes, assim como muitos sonhos e ideais revolucionários. Essa perenidade deve-se ao fato de o Paganismo existir no Instinto de toda a Humanidade. O Paganismo é o paradigma natural do Homem Cósmico. Ele é indestrutível. O Paganismo é, por outro lado, a nossa herança da Idade de Ouro preservada dentro do Instinto da Carne. Enquanto houver corpo e sensorialidade espiritual, o Paganismo continuará a existir. Onde se sufocar o corpo e a sensorialidade, mesmo no quadro de legítimas organizações pagãs, o Paganismo deixará de falar, comunicar-se e existir.

Os meus tempos de Wicca já há muito se foram no sibilar evanescente dos ventos, mas o centro do seu Mistério continua vivo, inviolável e eterno, em tudo o que vivo e escrevo! A chama secreta do Iniciado só pode acender-se e brilhar na intensidade sem medida do vivido. Ao longo da minha vida, esse Mistério tomou a forma de muitos rostos. O Wicca foi um desses rostos em uma fase da minha vida passada. Pobre aquele que se aliena em um dos rostos efêmeros desse Mistério, e não viaja como Caim através dos rostos terríveis e fulgurantes que nos esperam e um dia hão de arder sobre os nossos olhos como o Relâmpago! Nascemos e morremos em cada um desses rostos transitórios que nos tentam, cheios de Sapiência, como a cabeça de Bran e Mimmir ou a cabeça de Sorath, o Dragão!

Quando escrevi este livro, achava ser urgente que se abordasse o Wicca na perspectiva transgressiva do esoterismo e da intensidade do vivido. A maior parte dos autores wiccanianos deixara-nos centenas de livros fúteis e de fundo anedótico, dirigido a um público intelectualmente pouco exigente. Apenas alguns livros de Vivianne Crowley, Stewart Farrar e Ronald Hutton conseguiram, na história editorial do Wicca, quebrar essa tendência para a obsolescência. Eles fizeram esforços em vão para arrancar o Wicca do mundo trivial em que estava sendo engolido sob a cadência de livros, palestras e entrevistas, sem a necessária preparação e profundidade.

Quis esculpir na pele deste livro um Pensamento Novo e criar, como disse um dia o filósofo Henri Bergson, um novo *élan vital*. **É nessa linha de pensamento e sensibilidade que me coloquei ao escrever este livro, que agora dedico, pela Madras Editora, ao público brasileiro.** O Brasil foi um perpétuo caldo de culturas e é uma das poucas nações do mundo onde persistem fermentos daquilo que Rudolf Steiner chamava "Pensamento Vivo". É um país grande e na sua alma couberam muitos Povos e Deuses. É também um país cheio de mentes livres e de imaginação fértil em todos os campos do Conhecimento, sobretudo o Esotérico. Enquanto o meu país se encontra ainda alienado e refém de um esoterismo obsoleto, herdado dos modelos iluministas de Oitocentos e de recensões cristãs do início do século XX, o Brasil sempre teve gerações audazes nas suas sucessivas explorações de campos diversos e proibidos do Esoterismo desde o neognóstico, telêmico e o wiccaniano. Não se estranha que o nosso pensador Agostinho da Silva tenha visto no Brasil o campo social onde germinaria a Espiritualidade Futura. Assim, é nesse corpo de sensibilidade coletiva que é a Alma Brasileira, que deposito este meu livro como uma semente. Que o povo brasileiro se lembre que não são os títulos pomposos de Iniciados Formais que dão testemunho do estado suprarracional da Iniciação, mas a Visão e a Voz daqueles e daquelas que, por meio da boca encantada pelos Antigos Deuses, soltam inspirados os sortilégios da Nova Utopia Pagã. Todo o resto são fugazes vaidades, cujo destino é ser poeira e ruído sem fim.

Gilberto de Lascariz
Monasterium Novarum Flamarum
São Félix da Marinha – Portugal
Annus IV xvii Sol 29° Aquarius Luna 13° Aries Dies Mercurii

Prólogo

A porta mais bem fechada é aquela que se pode deixar aberta.
(provérbio chinês)

Este livro é o primeiro volume de uma trilogia[5] que escrevi há vários anos sobre os aspectos iniciáticos do Wicca Tradicional desenvolvidos no seio do Coventículo TerraSerpente (CTS), nos meados dos anos de 1980 e 1990 em Portugal. Trata-se de um testemunho literário que deixo aqui ao futuro como memória de um trabalho iniciático de características neopagãs, desenvolvido então pela primeira vez em Portugal. Esse trabalho esotérico e iniciático, embora interessante, já faz parte há muito, porém, do meu passado esotérico. Quando resolvi escrever este livro na virada do século XX para XXI, pouco depois de ter publicado meu livro sobre Austin Osman Spare, tinha em mente o fato de que a divulgação do Wicca Tradicional estava desde há dois decênios e meio profundamente identificada e rebaixada ao nível da religiosidade *New Age* e do Neopaganismo de supermercado. Passaram-se sete anos desde esse momento e o panorama mental e espiritual ainda não mudou muito! Sentia, então, que era necessário, por isso, escrever um livro que repusesse o Wicca Craft no seu verdadeiro lugar: o de ser uma Tradição Iniciática e seu mundo íntimo ser muito mais complexo e fascinante do que o de uma prática meramente religiosa e superficialmente *new age*.

Este livro é dirigido, dessa forma, àqueles que pretendem ter uma perspectiva esotérica e misteriosófica do Wicca Tradicional desde sua aparição pública nos inícios dos anos de 1940 até o fim do século XX,

---

5. Trata-se de uma trilogia cujos volumes subsequentes se dedicam ao significado misteriosófico dos Sabates no contexto das forças etéricas que permeiam a Alma Portuguesa, e o volume final, ao significado ritual e teúrgico do seu sacerdócio centrado em uma relação de fundo polar e sexual.

seguindo seus primeiros passos de pesquisa mágica dentro dele, com definições exatas e sugestões úteis. Para aqueles que nunca tiveram a oportunidade de ser aceitos em um conciliábulo genuíno de Wicca Tradicional e para aqueles que pretendem estudar sozinhos esse sistema meditativo e ritual de transformação da alma humana, em consonância com os Deuses Arcaicos, este livro poderá ser de grande ajuda, esclarecendo conceitos, fornecendo pistas de trabalho, estimulando o experimentalismo mágico-religioso wiccaniano apoiado em conceitos exatos sob o ponto de vista do esoterismo.

Este livro, deve ser realçado também, tem dois níveis semânticos: o nível teórico, que constitui a filosofia do Coventículo TerraSerpente, e o nível prático, que é constituído por um conjunto de exercícios e rituais que faziam parte da "Outer Court" do CTS e dos grupos de estudos do Projecto Karnayna. O único ritual genuinamente tradicional usado no Coventículo TerraSerpente e aqui conservado como curiosidade é o *Liber Ritis Chordag Patibulati*. O material teórico é, contudo, típico da época em que eu estava no Coventículo TerraSerpente fazendo um trabalho de dupla corrente: uma manifesta na tradição wiccaniana de raiz alexandriana e a outra na tradição pré-gardneriana e de bruxaria tradicional cujas raízes estavam no Sussex, visível nas constantes referências a Caim, seu Patrono.

Não me poupei na escrita deste livro a cedências populistas de linguagem e uso, por vezes, termos eruditos que o leitor deve experimentar como um desafio intelectual e pesquisar seu significado em dicionários de História das Religiões e enciclopédias de esoterismo. Grande parte do material aqui apresentado, deve ser salientado, é em parte resultante da maneira como o Coventículo TerraSerpente compreendia e praticava a Bruxaria Iniciática nos anos 1980 e inícios de 1990, cuja *praxis* tinha sido herdada da corrente alexandriana do Wicca Tradicional, em que eu havia sido iniciado nos inícios dos anos de 1980.[6] Ele é acompanhado na abertura de cada capítulo por um excerto de um diário pessoal, o *Diário de um Filho de Lúcifer*, que fui escrevendo de forma fragmentária ao estilo de Maeterlick e D'Annunzio ao longo de muitos anos e que retrata muitas das minhas aventuras e vivências no mundo da mágica. A esse conjunto de excertos eu denominei neste livro, por uma questão de conveniência literária, *Diário de um Feiticeiro*.

Não pretendo que este livro seja, de forma alguma, um manual de Wicca Tradicional! Seriam necessárias milhares e milhares de páginas

---

6. Consultar sobre isto o Manifesto TerraSerpente, in: http://www.projectokarnayna.com/projecto-karnayna/manifesto-terraserpente.

para o fazer e, mesmo assim, só poderia defraudar o leitor. A expressão "manual", pela sua origem etimológica associada ao ato de "dar a mão", é uma experiência de encontro físico que se poderá dar apenas no Círculo dos Mistérios. Em essência, o trabalho iniciático wiccaniano exige o que os hindus chamam de "darshan", de um encontro físico santificado entre Mestre e Discípulo! Na impossibilidade de uma Iniciação Mistérica a um genuíno coventículo de Bruxaria Iniciática, relego cada leitor aos meus *workshops* de Wicca Progressiva no Projecto Karnayna, onde encontrará o caminho correto para explorar o trabalho interno do Wicca na perspectiva eclética, solitária e xamânica. Neste livro encontra, também, muitos elementos práticos constituídos por várias meditações e rituais. Contudo, gostaria de realçar mais uma vez que ensinar Wicca por livros seria dissimular a crua objeção de que isso é infelizmente impossível! Advogar a autoiniciação livresca seria dizer que qualquer um poderá ser pintor, iogue, mecânico, e um febril e imaginativo amante, apenas repetindo as fórmulas escritas dos livros, como "as cem posturas eróticas" ou "como se tornar um pintor famoso em uma semana".

O Wicca tornou-se, sociologicamente falando, um fenômeno de contracultura em constante crescimento desde os anos de 1960, resultante de não existirem nele nem dogmas nem livros revelados, mas se enfatizar um conjunto suficientemente aberto de paradigmas, técnicas meditativas e rituais, com que se pode experimentar a espiritualidade neopagã, à semelhança do antigo xamanismo e das heresias gnósticas.

O Wicca Tradicional é um Sistema Iniciático, uma Religião de Mistérios Neopagã, e seu conhecimento é uma experiência íntima, pessoal e intransferível, desencadeada pelas práticas meditativas e rituais sobre os ciclos da Natureza, tipificados nos nossos Sabates e pelos seus Deuses Arcaicos, envolvido de regras de trabalho mágico-religioso que ainda não vieram à luz da imprensa! Não porque sejam grandes segredos técnicos, como no tempo em que os artistas flamengos mantinham em segredo a técnica de pintura a óleo ou os primeiros sumérios guardavam com cuidado a arte da metalurgia do ferro, uns com medo de perderem o grande negócio de arte nos ateliês de Bruges, e os outros, seu poderio e riqueza pela ameaça das suas armas. Também não é um segredo terrível e perigoso, como se pensa por vezes! Trata-se de um segredo iniciático, isto é, resultante do fato de que a experiência místico-iniciática se faz na nossa própria carne, no cerne da nossa própria emoção e ação, e o que confere validade a uma pessoa poderá ser inapropriado para outra.

De qualquer maneira, pela própria expressão "Wicca", que quer dizer entre várias coisas "Sábio", deverá alcançar, pelo menos, aquele grau de Sabedoria Fraternal que nossa Deusa Sapiência concede e da qual emanará não só uma simpatia amorosa por todos os seres, ausente de agressividade gratuita, mas também uma maior compreensão do fundo não racional da vida humana enquanto parte do Todo da Criação. Com este livro, no entanto, o estudante solitário ou, ainda melhor, em grupo, pode apreender a dimensão esotérica do Wicca que não encontra no "wicca para dona de casa" e explorar de forma crível seus próprios potenciais de autodesenvolvimento no contexto da Bruxaria Neopagã. A melhor forma de usar este livro é em um grupo de amigos interessados pela Arte, como faziam os primeiros gnósticos e hermetistas, que se comprometa regularmente a se encontrar, estudar e comentar em conjunto seus conteúdos, tal como se faz nos ramos teosóficos e antroposóficos. Acrescentado aos instrumentos meditativos e rituais por mim aqui transmitidos, e aos adicionalmente facultados nos *workshops* do Projeto Karnayna, fica o leitor com meios poderosos de ação para se tornar um wiccan esclarecido.

Gostaria também de salientar ao público leitor deste meu livro, provavelmente não familiarizado com o multifacetado universo de produção literária sobre Wicca nos países anglo-saxônicos, alguma coisa sobre suas correntes de escrita que acontecem hoje no mundo editorial. Pode-se dizer que, sob o ponto de vista da narrativa e dos conteúdos, existem quatro correntes de produção literária na área wiccaniana: uma corrente esotérica, uma corrente psicológica e historiográfica, uma corrente utópico-romântica e uma corrente popular.

Na primeira predominam preocupações esotéricas na exposição dos seus conteúdos e temos sua maior representatividade em autores como Doreen Valiente, Patricia Crowther, Stewart Farrar e Raven Grimassi. Essa corrente emergiu na Inglaterra, logo no início dos anos de 1940, com os livros do próprio Gerald Gardner como *Witchcraft Today*, filiando-se na tradição anglo-saxônica do livro esotérico, muito em voga, então, entre pessoas tão variadas como Brodie-Innes, Dion Fortune e Aleister Crowley.*

A segunda corrente, de ordem mais intelectual, predomina sobretudo em autores e investigadores como Vivianne Crowley, Aidan Kelly, Ronald Hutton e Philip Heselton, circunscrevendo-se, muitas vezes, a uma geração de professores universitários iniciados no Wicca, cujas

---

* N.E.: Sugerimos a leitura de *Aleister Crowley – A Biografia de um Mago*, de Johann Heyss, Madras Editora.

características de exposição são motivadas por uma preocupação de erudição e constante fundamentação histórica, abrindo horizontes novos de abordagem e consciência histórica.

A terceira corrente tem, sobretudo, sua inspiração mais sofisticada nos livros de Starhawk e Zsuzsanna Budapest, nos quais se privilegia um tipo de literatura de raciocínio criativo entrosada na ação ecopolítica e no movimento feminista, em uma tradição que mergulha suas raízes no Romantismo alemão, na literatura radical do socialismo utópico e na ecologia profunda.

A quarta e última corrente é habitualmente enquadrada no tipo de livro que, desde os fins do século XIX, tem vindo a ser designado por "literatura cor-de-rosa" e, nos Estados Unidos, por *trash literature*. Nos anos de 1970 foi influenciada pela tradição americana dos manuais pósguerra do tipo *do it yourself*. Ela foi representada nas décadas de 1970 e 1980 por Hans Holzer[7] e Abragail & Valeria[8] e retomada mais tarde, nos ano de 1990, com a agressividade comercial da Llewellyn Publications, em autores como Scott Cunningham e Silver Ravenwolf.

Este meu trabalho encontra-se na fronteira das duas primeiras correntes, em virtude da sua abordagem simultaneamente esotérica e historiográfica.

Resta-me concluir, explicando a razão do uso invulgar em todo este livro da expressão Wicca no masculino. Não vejo óbice algum que este substantivo seja usado no feminino, como tem sido usado até aqui nos costumes da linguagem lusa, embora isso possa ser um caso único e invulgar nos usos da linguagem europeia, que o usam sempre no masculino, no mesmo sentido em que expressões de índole religiosa como ioga, Cristianismo, Budismo, etc., também são faladas no masculino. Penso que essa inversão dos usos religiosos da linguagem é necessária e saudável, realçando sua natureza matrifocal e seu espírito de contracorrente. Por isso, ela é bem-vinda! No entanto, essa expressão vem do antigo anglo-saxônico e, originalmente, é uma expressão masculina, sendo a expressão *wicce* a usada no feminino. Foi essa a razão da minha opção linguística do uso do substantivo Wicca no masculino.

---

7. Hans Holzer é um escritor prolífico com mais de cem livros publicados sobre temas sobrenaturais. Na área do Wicca a salientar: *The Truth about Witchcraft*. Garden City, N.Y.: Doubleday, 1969; *The New Pagans: An Inside Report On the Mystery Cults of Today*. Garden City, N.Y.: Doubleday, 1972; *Inside Witchcraft*. New York: Manor Books, 1980.

8. Abragail & Valeria. *How to be a Sensuous Witch*. New York: Paperback Library, 1971. Abragail & Valeria preanuncia muitos anos antes a literatura popular wiccaniana do tipo Scott Cunningham e Silver Ravenwolf.

Não usei, também, ao longo deste livro, a datação cristã, o que seria absurdo na perspectiva de um neopagão, mas a datação neutral usada pelos autores anglo-saxônicos: A.E.C. (Antes da Era Comum) e E.C. (Era Comum).

Para finalizar, quero deixar meu agradecimento a Melusine de Mattos pela paciente revisão e sugestões literárias que fez ao longo da leitura deste manuscrito, principalmente na sua inteligente tradução para o latim, assim como pela sua contribuição artística com tão belas e valiosas fotos na abertura de muitos dos capítulos deste livro.

Desejo deixar, também, minha sentida gratidão a Sofia Vaz Ribeiro e Alexandre Gabriel, da Editora Zéfiro, por acreditarem nas virtudes literárias e iniciáticas da publicação deste trabalho, que já se encontrava esquecido havia vários anos na minha gaveta de manuscritos. Desejo, assim, a todos os leitores uma boa jornada de prazerosa reflexão através das longas folhas deste livro-árvore, com seus 17 folhosos ramos. Que ela possa ser útil a todos aqueles que procuram sua própria autorrevelação espiritual em sintonia com as forças arcaicas do Wicca Tradicional.

Gilberto de Lascariz
Anno iv9 Sol 21° Taurus, Luna 14° Capricorn, Dies Saturnii

O Limiar de Saturno

I
O Limbo da Alma

O Complexo de Jonas – O Limbo das Eras
O Render dos Guardiões – A Era de Saturno – Mudar a Consciência

Não sigas os passos dos homens de antigamente; procura o que eles almejaram.
Matsuo Basho (1644-1694)

No Equinócio da Primavera, quando suaves e almiscaradas brisas sopram em lufadas de vento do interior do continente europeu e toda a terra reverdece e floresce marcando, assim, a anual despedida da treva invernal, em muitas clareiras e bosques esconsos da velha Inglaterra ou nas montanhas altas da Escócia, em jardins privados e apartamentos, sacerdotes e sacerdotisas de um culto aparentemente antigo celebram o regresso de um novo ciclo de transformação da terra. Então, à noite e sob a luz difusa dos astros, a Grande Sacerdotisa e Feiticeira, de pé e nua, com o corpo hieratizado por colares e braceletes de prata, que nos lembra estatuetas de antigas Deusas babilônicas, chama: "Vem Deus Cornudo, Deus Antigo, Vem das profundezas das nossas entranhas, das cavernas, florestas e montanhas...". O mesmo se repete, com muitas outras variações, em alguns outros lugares da velha Europa, desde os frios fiordes da Noruega, descendo ao longo das férteis planícies flamengas até o sul nos vales úmidos e perfumados da costa cantábrica e do litoral português. Mas o que representa no contexto da vida moderna tão racional e tecnológica esse reencontro com o sagrado através de ritos arcaicos propiciadores da fertilidade dos campos, dos mares e, sobretudo, da nossa consciência, e que constituíam o substrato simbólico das culturas mais arcaicas?

Diário de um Feiticeiro, Panoias, Portugal, 1990

O Complexo de Jonas

A história da humanidade, tal como a própria biografia dos indivíduos, não se desenvolve de maneira linear, como tinham imaginado os filósofos e ideólogos do tempo do Iluminismo. No seu percurso somos surpreendidos por processos de crise de crescimento evolutivo, pontos de ruptura e limiares temporais. É por eles que o Passado, enterrado e aparentemente morto no silêncio das pedras, dos hinos arcaicos e das lendas, ou, como é moda hoje dizer, nas profundezas do inconsciente coletivo, regressa em um contexto completamente novo para que as estruturas padronizadas de consciência possam renovar-se e crescer. Em um belo ritual sazonal de Bruxaria Neopagã, publicado por Herman Slater, isso está muito bem enunciado, quando a Alta Sacerdotisa Feiticeira com a vara litúrgica dá uma pancada seca e simbólica no fundo do caldeirão e exclama que "possa a força do Velho entrar no Novo" no Equinócio Primaveril.[9]

Esse fenômeno de recorrência de velhos mitologemas na consciência moderna é patente em certas fases críticas de desenvolvimento individual ou coletivo, em que se joga a metamorfose do nosso ego social. Carl Gustav Jung, o célebre psicoterapeuta suíço fundador da psicologia analítica, conta que, a partir de 1913, começou a confrontar-se com uma torrente de forças e imagens que emergiam dos seus sonhos e invadiam perturbadoramente seu estado de vigília, com uma intensidade tal que muitas vezes temia que pudessem despedaçar sua sanidade mental, tal como tinha acontecido a Friedrich Nietzsche e Gérard de Nerval. Foi a aceitação e a compreensão de que esses impulsos, originários dos mais profundos estratos do seu inconsciente, se dirigiam à autointegração da consciência em um contexto novo de cognição que o estimulou a tentar perceber seu sentido e a tentar articulá-los funcionalmente na estrutura consciente da sua personalidade. É esse confronto entre nosso inconsciente antropológico e nossa consciência prático-utilitária, e o receio de enveredarmos por uma experiência de desagregação psíquica ou, então, de perda do nosso conforto moral e material, que nos impede muitas vezes de nos entregarmos conscientemente à aventura transfiguradora do nosso "Eu" e do nosso mundo, acabando por nos deixarmos morrer em processos de vida inercial.

Na história religiosa do Ocidente, essa espécie de "complexo de Jonas" aplica-se, sobretudo, ao Antigo Paganismo. Foram suas práticas mágico-religiosas que, a partir de um certo momento histórico,

---

9. Slater, Hans (editor). *A Book of Pagan Rituals.* New York: Weiser, Inc, 1978.

acabaram por ser classificadas como Bruxaria e, depois, obsessivamente transformadas pelo Cristianismo em objeto de perseguição religiosa. Os contornos sociológicos dessa perseguição pertencem não só ao foro psiquiátrico e criminal, mas ao revanchismo de um credo intolerante sobre populações resistentes ao desenraizamento das suas crenças e valores religiosos mais profundos. Esse ódio visceral às raízes visionárias e panteístas das sociedades arcaicas ocidentais desenvolveu formas legalistas de crueldade física e psicológica, para nós hoje doentia e intolerável. Desde o Código de Teodósio,[10] passando pelos assassínios em massa dos sacerdotes egípcios ou de populações inteiras, como aconteceu com a missionarização dos países escandinavos e a cruzada contra os albigenses, o Cristianismo legou-nos um sentimento de medo irracional temperado de fascínio por tudo o que são cultos arcaicos. Se nos lembrarmos dos célebres e duradouros processos do Santo Ofício ou do degolamento de 4 mil saxões por ordem de Carlos Magno, apenas por recusarem o batismo, percebemos como se forjou impiedosamente na estrutura da vida psíquica do homem ocidental uma barreira de inibição hereditária, constituída por normas de intolerância, complexos de pavor e sentimentos de culpa interiorizados que impedem, ainda hoje, que a maior parte das pessoas possa fazer um processo de reconversão espiritual e um verdadeiro reencontro com as raízes extáticas da espiritualidade tradicional de fundo panteísta.[11] O papel das terapias modernas tem sido o de reeducar essa experiência de confronto com as Profundezas na perspectiva do crescimento anímico e psicológico. Contudo, as estruturas iniciáticas pagãs de hoje têm tentado, adicionalmente, converter as dimensões noturnas e arcaicas da nossa psique em forças novas, criando um processo de fertilização cruzada capaz de induzir níveis mais profundos e gratificantes de consciência e ação, associados a uma nova ética ecológica. Na realidade, a Antiga Magia ou Bruxaria, como preferirem, tem como mitologema fundamental esse processo de fertilização cruzada por trás do

---

10. No Código de Teodósio, era-se condenado à pena capital por participar não só de cerimônias da "antiga religião", mas também só pelo fato de observar seus templos com a atenção própria de quem o faz com uma intenção além da mera ociosidade visual.

11. Não se julgue que todo esse passado desvaneceu! Ainda há poucos anos um sacerdote australiano reagia violentamente ao fascínio que a Bruxaria Neopagã estava exercendo na sociedade mais jovem e várias escolas dos Estados Unidos da América chegaram a proibir o uso do pentagrama como objeto de ornamento pessoal. A preocupação chegou aos corredores cardinalícios da Igreja Católica Romana, pela voz do então cardeal Joseph Ratzinger, o atual papa Bento XVI, que expulsou o teólogo Gordon Melton por envolvimento com a wiccan Starhawk. Na última reunião conciliar de 2001, debateu-se com preocupação, à porta fechada, a problemática da ascensão das religiões da natureza entre a população culta europeia e americana perante as religiões da salvação.

símbolo suporte fundamental da sua liturgia: a Encruzilhada dentro do Círculo Mágico. No cruzamento de três estradas, em lugares ermos das florestas e nas montanhas odoríferas da Grécia Antiga, eram muitos os gregos que sacrificavam animais a Hécate, a Trívia ou Deusa Tripla, Deusa do Mundo Subterrâneo e Rainha, também, por direito próprio, do Céu e da Terra. Padroeira das feiticeiras helênicas, como as célebres Circe e Medeia imortalizadas por Homero, eram lembradas pela beleza voluptuosa dos seus corpos de mulheres autônomas, instruídas e indomadas. Essa Deusa psicopompa, de quem Hesíodo conta ter sido a *patronesse* dos cavaleiros e a curandeira da loucura, talvez da loucura xamânica que marcava a passagem para a maturidade mágica, constituía a chave terapêutica com que os antigos helenos refaziam sua experiência de unidade ontológica com a memória arcaica. Ficava garantido, assim, que os processos regenerativos da consciência se processassem em harmonia com o refluxo da memória ancestral, prenunciando já toda a psicologia analítica do nosso século XX.

Em lugares semelhantes, mas em outro ponto da Europa, certamente na Irlanda e em Gales, os druidas iam também às solitárias encruzilhadas das florestas sagradas no dia de Samhain, nosso Dia de Todos os Santos, escutar o uivo dos ventos e a força dos elementos para profetizarem o futuro do ano novo. Lugar privilegiado de cura e profecia, a encruzilhada e sua fórmula moderna dos quatro elementos e quadrantes no Wicca, é, por excelência, o símbolo arcaico onde o numinoso se manifesta. Ele representa o cruzamento criador das forças positivas e negativas, masculinas e femininas, lugar de fusão do passado ancestral na memória presente, o ventre onde o espermatozoide e o óvulo simbólicos se combinam para gerar um ser curado e novo. Símbolo cósmico da mãe, como Gustav Jung o definia, a encruzilhada dentro do círculo é a chave simbólica essencial na morfologia de todo o processo iniciático e do Paganismo muito em particular. Tudo isso nos adverte para o fato de a experiência de metamorfose psicológica se desenvolver em um processo de permuta, fusão e síntese do instinto com a razão, do nosso ser espiritual com o Ser Planetar da Terra e dos astros. O símbolo dessa reunificação está bem representado nas figuras andróginas e polimorfas, que os ocidentais ainda se recordam quando rememoram a Grécia Antiga.

Foi da Grécia que vieram muitos dos impulsos espirituais que fizeram as sociedades que hoje estimamos e os princípios cívicos que também defendemos. É a Grécia dos filósofos, dos artistas, dos matemáticos, que do século IV A.E.C. em diante nos legou esses impulsos de liberdade e consciência racional. Mas grande parte dos impulsos que os movimentos de espiritualidade neopagã desenvolveram é muito anterior! Se os primeiros eram impulsos dirigidos ao Futuro, dos quais nós somos hoje seu produto bom ou mau, os segundos dirigem-se ao Passado Arcaico dessa Grécia de agricultores, pastores e montanheses. A Grécia funcionou para as sociedades ocidentais como *limiar de consciência* entre o mundo suprassensível, que se estendia para trás da sua história, e o mundo racional e tangível que se alteava à sua frente, por entre as grandes inovações filosóficas e científicas. Nossa consciência autônoma, livre e racional, era o nível de consciência que se estava preparando no experimentalismo de então e na interrogação filosófica da Academia de Platão. Mas o que nos fascina hoje não é nem Aristóteles nem Platão, nem Péricles nem Tales de Mileto, mas esse Mistério de metamorfose do grão que os cenáculos de Elêusis parecem ter dramatizado na sua caverna de Iniciação, como imagem arquetípica da nossa própria metamorfose. É por esse limbo histórico que ainda temos de passar hoje, se quisermos nos transformar.

> *Síntese: A cultura iniciática e neopagã de hoje é uma cultura de encruzilhada, onde o mundo noturno dos nossos atavismos e da nossa vocação visionária se une ao mundo diurno da nossa cultura artística e intelectual moderna. Ela criou espaço para uma ecologia sagrada e para o diálogo inter-religioso com as formas mais primitivas de espiritualidade.*

O Limbo das Eras

Há uma ironia na forma como o Tempo se dramatiza na nossa vida íntima e pessoal! Em um determinado momento do seu curso, o tempo parece curvar-se paradoxalmente sobre si mesmo e reencontrar-se com a parte do seu passado, que havia deixado nas trevas do olvido. Tudo se move em círculos! Quando esse *encontro* surge, ele transforma-se, então, em um momento psiquicamente muito problemático, um momento de transição coletiva, diria até de Iniciação Grupal a um novo patamar de consciência! A época em que vivemos coabita com essa morte e esse renascimento, como já o escritor Marcel Proust tão bem anunciara na alvorada do século XX. Nesse território de *no man's land* que são as crises, o passado e o presente, assim como a sombra do futuro que se reflete no eterno agora, fundem-se para gerar um novo renascimento. Seu início foi, por isso, anunciado por artistas e filósofos como sendo a emergência de uma nova era de consciência e valores. No universo oculto do esoterismo eram vários os cenáculos ocultistas que se preparavam para anunciar uma fase de radical mutação da percepção, para a qual eram necessários os rudimentos meditativos e mágico-religiosos que anunciavam. Foram, sobretudo, duas personagens que, na primeira metade desse século, através de uma obra monumental de textos e ações de choque se apresentaram como os defensores da era nova: Rudolf Steiner* e Aleister Crowley. Nenhum deles se apoiou no relógio cósmico astrológico que nos anos de 1950 o chamado Movimento *New Age* vai usar e abusar sob a designação de Era de Aquário. Mas apoiavam-se em revelações pessoais e mesmo em princípios de matemática metafísica e cosmológica.

Desde o início do século XX que o mundo cultural sentia o fervilhar da mudança, com os dadaístas e futuristas desencadeando um turbilhão de escândalos e polêmicas sobre o fundamento dos valores humanistas e cristãos. Simultaneamente, as descobertas científicas provocavam-lhes a sensação de uma mutação sem precedentes, amplificada com as descobertas da teoria quântica, do rádio e da eletricidade. Mas era em um outro lugar que esse germe de mutação silenciosamente ia amadurecer: nos subterrâneos da Dordogne e da zona cantábrica. Desde os fins do século XIX que, para espanto do público letrado, começam a emergir do fundo de cavernas inúmeros e avassaladores achados de arte rupestre, descobertos por mero acidente ou acaso. Dava a sensação de que o universo desencadeava, por um estranho sentido de humor, coincidências e circunstâncias casuais que levavam a humanidade culta a confrontar-se com um passado perturbante, cujo acervo estético e religioso, com suas personagens cornígeras, suas Deusas minúsculas desnudadas, de pedra ou osso, que cabiam na palma fechada da mão, se repetirá em uma sucessão infindável até nossas virgens cristãs e *shaktis* e *apsara*s do Hinduísmo. A visão dessas perturbantes manadas de bisontes e cavalos, correndo selvaticamente pelas paredes das cavernas rupestres, ainda hoje nos contagia! A sensação de solidão e mistério vinda, de súbito, da vastidão gelada do Paleolítico, 20 mil anos atrás, perturba-nos! O mundo primitivo que emerge no fim do século XIX e início do XX, através de polêmicas exposições temáticas em Paris sobre a arte da Oceania e a súbita aproximação dos artistas modernos ao seu olhar pictórico, com Gauguin e, mais tarde, Picasso, suscita uma sensação de desconforto e cínica superioridade em psicólogos e fisiólogos ainda influenciados pelas teorias das raças de Gobineau. Através deles e da ideologia colonialista europeia, o mundo primitivo apresentava-se

---

*N.E.: Sugerimos a leitura de *A Filosofia de Rudolf Steiner e a Crise do Pensamento Contemporâneo*, de Andrew Welburn, e *Rudolf Steiner*, coletânea de Richard Seddon, ambos da Madras Editora.

como a antítese do mundo ocidental: uma cultura inferior face à lúcida e superior civilização cristã.

Se os artistas, os escritores e os etnólogos são os primeiros a defender esse mundo arcaico, tomando-o como referência, não só de uma maneira nova de observar e pensar o mundo mas, sobretudo, de o viver, como aconteceu a Gauguin, são no entanto figuras de ocultistas como Aleister Crowley, Austin Osman Spare e Gerald Gardner que o utilizam em uma perspectiva de mutação radical da consciência. Estes esoteristas não tinham nenhuma semelhança com esses sorumbáticos rosacrucianos com ar de pregadores, do tipo piedoso de Max Heindel ou do melancólico Rudolf Steiner! Eles eram estetas e poetas, filósofos e libertinos, pessoas culturalmente sofisticadas para quem a vida recalcada do bom cristão era sinônimo de atonia e imbecilidade face à vida aberta, inocente e corporal que Gauguin descrevia fascinado em *Noa Noa*.¹² Eles percebem, então, que o *limbo fundamental* da nossa vida cognitiva, esse limiar que permite a passagem do cotidiano profano para o sagrado, se encontrava atolado desde a emergência do Platonismo e, depois, da petrificação do Cristianismo em uma instituição eclesiástica fortemente politizada, sob o peso asfixiante de preconceitos, dogmas e imposições morais.

Autorretrato de Austin Osman Spare

Como um caminho deliberadamente obstruído, por entulho doutrinal e moral arrecadado no fundo da nossa psique, como Freud denunciara no início do século XX, conseguiu-se impedir durante a era cristã o acesso direto e pessoal à experiência mágico-religiosa. Essa barreira cognitiva era nosso corpo domesticado e, dentro dele, nossos instintos vitais sufocados, as emoções e a imaginação estranguladas, tudo isso sacrificado, reprimido e transformado pelas religiões monoteístas em um ideal de vida próximo da patologia mais insana, com sua imposição de missa, oração e penitência, o trauma do pecado e a constante inferiorização da mulher[13] como bruxa e devassa. Felizmente

---

12. Gauguin, Paul. *Noa Noa: The Tahitian Journal*. Mineola, NY: Dover Publications, Inc. 1985.
13. A Bíblia fez eco deste misoginismo, como podem exemplificar alguns excertos bíblicos: "Deus disse à mulher: Multiplicarei grandemente os teus sofrimentos e a tua gravidez; darás

tudo isso preparou mais tarde, também, as condições para nossa vida regulada por valores práticos e racionais. Nesse longo drama histórico da humanidade europeia, a Grécia Antiga funcionou então como um marco semântico de clivagem e fronteira entre um estado de percepção baseado na clarividência instintiva e natural, que se estendia para trás dele, e um estado de consciência baseado na apreensão racional, que se abria à sua frente. Ela havia fechado um ciclo! A época em que vivemos reabre esse ciclo antigo! Com ele abrem-se as "portas da percepção" do universo visível e invisível, como partes complementares um do outro. A essa mudança das Eras os grupos esotéricos envolvidos na Magia cerimonial chamavam o Render dos Guardiões.

> *Síntese: Desde o século XIX alguns esoteristas como Rudolf Steiner têm vindo anunciar que a época que se abria no século XX significava a ascensão dos primeiros e tímidos passos da clarividência atávica, que se julgava ter sido definitivamente perdida no passado. Isso significa uma mudança estrutural no conceito de religiosidade no mundo moderno, que deve se assentar no estímulo do individualismo e do experimentalismo mágico, assim como no esforço para transfigurar a clarividência atávica em clarividência lúcida e esclarecida.*

O Render dos Guardiões

Nas teses do esoterismo a humanidade é exposta ciclicamente, de Era em Era, a novos impulsos espirituais. Eles semeiam na esfera da sua consciência e ação germes novos para sua própria metamorfose. Tais épocas são equivalentes, pelos seus fenômenos de crise e transição, a uma verdadeira Iniciação Coletiva. São épocas em que é muito mais fácil crescer e nos transformarmos, adotando os novos impulsos que, do Mundo Espiritual, guiam nosso empenho de autotransformação. O século XX foi uma dessas épocas de Iniciação! Mas a natureza desses impulsos de Iniciação pareciam inclinar-se para a valorização daquilo que no Cristianismo era considerado um mal obsceno: a natureza, o corpo, a liberdade de consciência, a mulher. Desde o fim do século XIX esse "render da guarda", que os grupos tradicionais colocam sob a ação

à luz teus filhos entre dores; contudo, sentir-te-ás atraída para o teu marido, e ele te dominará." – Gênesis 3:16. "O homem não foi criado para a mulher, mas a mulher para o homem". – I Coríntios 11:9. "Que a mulher aprenda em silêncio, com total submissão. A mulher não poderá ensinar nem dominar o homem." – I Timóteo 2:11-12. "A cabeça do homem é Cristo, a cabeça da mulher é o homem e a cabeça de Cristo é Deus." – I Coríntios 11:3.

de forças Arcangélicas, vinha sendo enunciado nos variados domínios da arte e da literatura. Mas essa anunciação era considerada apenas um discurso poético, do domínio do romance e do utópico. O argumento que fundamentava tal enunciado era baseado na necessidade da emergência do Paganismo Arcaico em um contexto novo e mais abrangente e, muito em particular, da Bruxaria Extática e Tradicional. Para homens como Jules Michelet, que anunciava eloquentemente aos seus alunos do cimo solene da sua cátedra universitária na Sorbonne, antes de ser demitido em janeiro de 1848, que as coletividades futuras seriam governadas por "uma visão panteísta e matriarcal da natureza e da sociedade",[14] ou como *sir* James Frazer, que avisava que os cultos do Cristianismo eram apenas substitutos e plágios de segunda categoria dos mitos mediterrâneos dos Deuses Cornígeros, que morriam e ressuscitavam sazonalmente,[15] esses modelos de espiritualidade pagã ainda conservavam forças anímicas que, libertadas no contexto da experiência humana, poderiam ser fermento de progresso da sociedade e do espírito.

Em fins do século XIX os livros *La Sorcière,* de Jules Michelet, e *The Golden Bough,* de *sir* James Frazer, tinham criado o espaço ideológico e imaginário para se começar a projetar o regresso do Paganismo. Poetas como W. B. Yeats associavam ao espírito de independência irlandês, o despertar místico das baladas dos bardos irlandeses e a emergência dos cultos às Divindades celtas, que acreditavam estarem adormecidos nas misteriosas planícies de Boyne,[16] como essenciais para dar um impulso espiritual à luta política. Mas o projeto neopagão só estaria garantido quando, a partir de 1890,[17] surgem descobertas em efeito cascata sobre a pré-história e se começa a refletir sobre a possibilidade de uma sociedade matriarcal, idealizada em 1862 pelo jurista J. J. Bachofen, poder ter sido um fato histórico.[18] Rudolf Steiner, o

---

14. Michelet, Jules. *The People*. Urbana: University of Illinois Press, 1973.
15. Frazer, J. G. *Adonis, Attis, Osiris, Studies in the History of Oriental Religion*. Basingstoke Hampshire, UK: Macmillan,1906; *Spirits of the Corn and the Wild*. Basingstoke Hampshire, UK: MacMillan, 1912 & 1966.
16. Yeats, W. B. *The Secret Rose and Rosa Alchemica*. USA: Wildside Press, 2003; *The Celtic Twilight: Myth, Fantasy & Folklore*. Sturminster Newton, United Kingdom: Prism Press, 1990.
17. Embora as primeiras descobertas arqueológicas provando uma cultura pré-histórica comecem a ser feitas a partir de 1835 na gruta de Chaffaud, em Viena, o conceito de pré-história ainda não estava definido nem interessava muito aos historiadores. Só após as descobertas das grutas da La Mouthe, Combarelles e de Font-de-Gaume, de Pair-non-Pair e de Marsoulas, no período de 1895 a 1901, é que as pinturas rupestres emergiram como prova de uma refinada religiosidade e inteligência artística dos povos pré-históricos.
18. Bachofen, J. J. *Myth Religion and Mother Right*. London: Routledge & Kegan Paul, 1967.

extraordinário pedagogo e filósofo, comentava essa fase articulada da história dizendo: "A humanidade transpôs o Limiar".[19] Para Steiner, esse limiar do tempo histórico, anunciado pela emergência do passado arcaico e a revolução estética das letras e das artes, reproduzia à escala social e humana o limiar da percepção mística, quando o Iniciado se confrontava com o Guardião dos Reinos Invisíveis. Ele era o limbo cognitivo entre a nossa consciência racional e prático-utilitária, onde se havia desenvolvido a humanidade no milênio anterior, desde o helenismo até o cientificismo humanista e cristão, e a consciência clarividente. Mas era também um regresso perigoso a estados de consciência em que os homens podiam sentir-se de novo parte da Natureza e do seu Mundo Suprassensível.

Esse "limiar", que Steiner sentia ter sido desencadeado pelo Arcanjo Miguel, o antigo Espírito Regente da Terra,[20] coincidiu com um fenômeno sociológico extraordinário, que de certa maneira é uma metáfora histórica do despertar do Dragão bíblico: as descobertas arqueológicas. A fronteira que se havia sentido intransponível até então, entre o mundo helênico de Heródoto e Aristóteles e o passado arcaico, que para trás dele se estendia obscuramente através dos milhares de anos do Neolítico e do Paleolítico, estava agora desvanecendo diante das fascinantes descobertas arqueológicas do Abade Breuil e de Arthur Evans associado a uma nova paixão pelo passado, que os românticos alemães e a "Natur Philosophy" haviam deixado como impulso estético e filosófico. Alguns anos depois, o ocultista francês René Guénon afirmaria inquieto diante desses hipogeus e cavernas, palácios e sepulturas, abertos e estudados pelos arqueólogos e depois reabilitados para os museus, dizendo que os "restos anímicos" dessas épocas estavam sendo libertados na consciência humana e estimulando subliminarmente a sociedade, acordando as forças atávicas de seus Antigos Deuses. Era desses múltiplos tesouros arqueológicos, que se desenterravam de Creta às margens do Nilo, da Sibéria até a Cantábrida, na Espanha, que os velhos impulsos espirituais do Paganismo antigo acordavam lentamente. Diante dessa onda poderosa e transfiguradora de forças em sintonia com o Paganismo, várias correntes do Cristianismo reagiam em fins do século XIX esoterizando-se e purgando-se de um passado pouco estimável, desencadeando as tendências esotérico-cristãs de Alice Bailey, Max Heindel e do próprio Steiner, assim como a criação de um novo

---

19. Lievegoed, Docteur B. C. J. *L'Homme Sur le Seuil, ou le pari du développement intérieur*. Paris: Les Trois Arches, 1990.
20. Steiner, Rudolf. *Les Hiérarchies Spirituelles et leur reflet dans le Monde Spirituel*. Lausanne: Editions Anthroposophiques Romandes, 1985.

mito para as ilustres e ociosas senhoras que frequentavam os clubes aristocratas na hora do chá: o Cristo Cósmico ou o Cristo Etérico.

Nas primeiras décadas do século XX, quando Picasso pintava as Demoiselles de Avignon, a mentalidade europeia começava a mudar profundamente. Com ela emergia a receptividade àquilo que se poderia chamar o Mistério de Pã. Em 1891, é reabilitado da turfa de Aars, na região de Himmerland, na Dinamarca, por um daqueles acasos que a Providência teimava ironicamente em fomentar, um caldeirão em prata maciça constituído de 13 painéis retangulares representando cenários míticos de Divindades celtas. Ele reproduzia em alto-relevo uma das imagens mais curiosas do Deus de Chifres, como Guardião dos Animais, ao modelo do Pashupati hindu. Havia sido fabricado em meados do século II A.E.C. por artesãos trácios e, mais ou menos na época do nascimento de Cristo, teria sido aí sepultado como oferenda votiva. Seu surgimento foi visto por muitos esoteristas como sinal de que as forças atávicas dos Velhos Deuses estavam ressurgindo na alma humana, em sintonia com a transposição do Limiar de que falava Steiner. Poucos anos antes, em 1879, já as cavernas de Altamira tinham sido descobertas, também por um mero acaso. Esse período de *acasos objetivos*, como diria anos mais tarde André Breton, coincide com o que o esoterista Rudolf Steiner chamava de chegada da Era do Arcanjo Miguel, o antigo Guardião da Terra. Se para Steiner e Alice Bailey essa *Nova Era* que se anunciava, e que os movimentos *New Age* liderados por David Spangler[21] irão associar em meados da década de 1970 à chegada do Cristo Etérico, era a vinda perigosa de um passado mágico, pelo contrário, os grupos pagãos associavam-na à vinda de um Deus Cornudo que um dia distante havia habitado os campos e as florestas e exortado à prática do amor e da alegria como o mais santo e solene sacramento. Aleister Crowley dirá profeticamente: "A palavra Pecado é Restrição".[22] É essa *restrição* aviltante do cerne da pessoa humana que agora Pã esconjura, anunciando uma época nova de harmonia com o mundo natural.

> *Síntese:* Nós vivemos uma Nova Época de Iniciação, um período de novas oportunidades para semearmos uma nova consciência ecológica e espiritual. Isso corresponde, no Cosmos e na Terra, a um Render dos Guardiões que suplantam as formas religiosas patriarcais e prepara uma era de diálogo entre todos os reinos de vida e consciência. Esse fenômeno está associado ao surgimento de Pã e do Arcanjo Miguel, segundo Steiner, os Antigo Guardiões da Terra.

---

21. Spangler, David. *Revelation: The Birth of a New Age*. Issaquah, WA, U.S.A.: Lorian Press, 1983.
22. Crowley, Aleister. *Liber Legis*, I, 41. USA: 93 Publishing, 1975.

A Era de Saturno

A Nova Era que, há decênios, se anuncia, não é apenas a doce imagem de *marketing* criada pela indústria do livro *New Age* e as mercantilizações de meditação e homeopatia, sob o denominador comum da Era de Aquário. Os astrólogos das eras sabem que essa Nova Era que se avizinha é também o regresso de um Antigo Deus, ou pelo menos de um antigo princípio arquetípico, há longo tempo soterrado nas entranhas do nosso esquecimento coletivo, cuja celebridade se deve por ter sido regente do Mundo Subterrâneo, do Mundo dos Mortos, do Tártaro, como os gregos o chamavam. Trata-se de Saturno! O poeta Horácio, na sua concepção das eras, colocava-o em uma época longínqua e já esquecida, em que o homem havia vivido estreitamente ligado com a Natureza em uma espécie de estado paradisíaco, mas foi Diodoro de Sicília que lhe deu um alcance mítico que nos interessa aqui lembrar. No século I A.E.C., Diodoro apresentou a genealogia dos Atlantes, referindo-se não à Atlântida de que fala Platão e Teopompo, mas aos habitantes das margens do Atlântico, que ele imaginava habitar desde os confins do Mar do Norte até ao Atlas, com um mesmo substrato religioso e cultural. Sobre isso, ele limita-se a fornecer-nos a genealogia mitológica dos Atlantes, sob a regência de Urano e Titea, a mãe dos Titãs, do qual o mais célebre terá sido Prometeu ao roubar o Fogo do Olimpo e transportá-lo escondido em um caule de funcho para despertar a essência inteligente da humanidade.

Saturno é um Rei Divino que emergirá depois da revolta dos Titãs contra seus irmãos Selene e Helius, e que motiva a busca e peregrinação chorosa de Basília, sua mãe, semelhante à de Deméter pela sua filha Perséfone. É então que lhe aparece em sonhos o próprio filho assassinado que lhe desvenda em segredo que ambos, embora mortos, viverão eternamente no céu onde ela poderá contemplá-los todos os dias e deles se lembrar. Helius e Selene são também Titãs, gigantes! É no céu que esses dois gigantes Luminares ainda hoje são contemplados e lembrados nos ritos alegres do Paganismo moderno, sob a dupla alquímica do Sol e da Lua, de Cernunnos e Aradia. Nessa segunda onda mitológica dos Atlantes, Saturno tornar-se-á o Rei mítico do Mar do Norte, e, por isso, será a partir de então chamado por Mar de Saturnus ou Cronos. Cronos ou Coronus, como aparece em uma ara portuguesa surgida em Serzedelo, Guimarães, e mencionada pelo Abade de Baçal, é nosso Cornunos ou Cernunos.[23] Mas Saturno-Cernunos é um Rei de exilados

---

23. Guénon, René. *Symboles De La Science Sacrée*. Paris: Gallimard, 1977. Blázquez, J. Maria. *Diccionario de las Religiones Prerromanas de Hispânia*. Ediciones Istmo, 1975.

e derrotados, como os Anjos Caídos do Livro de Enoch! O que nos interessa aqui realçar, contudo, é que Saturno será encerrado no Mar do Norte, no espaço simbólico do Atlântico, depois do massacre dos Titãs pelos filhos graciosos do Olimpo. A chegada do Wicca em fontes iniciáticas de raiz nórdica, mais precisamente anglo-saxônica, como acreditava Gardner,[24] pode ter sido o ressurgimento simbólico no plano humano desse impulso saturnino adormecido. Essa divindade cornuda não será mais vista apenas à luz tenebrosa do mundo noturno, como vemos representado em Goya nas suas pinturas da "fase negra", mas à luz resplandecente do dia, nas lutas ecológicas e na apologia incondicional da Natureza como primado espiritual do indivíduo e da sociedade.

Nas teorias cíclicas dos Deuses e das Eras essa viragem mítica na Grécia Antiga é comparada a uma mudança profunda dos princípios regentes da consciência humana. Eles passam de uma condição de predomínio das forças noturnas do instinto e da imaginação para uma posição de subalternidade face às forças diurnas do intelecto. Isso terá como consequência todo o "efeito dominó", que o pensamento grego e sua força de racionalidade desencadearão na cultura e civilização do homem moderno. Assim, o advento de Saturno nas teorias cíclicas das Eras, com a chegada da Era de Aquário, deve ser entendido como o regresso das forças noturnas do ser, dos seus elementos arcaicos, de um conjunto de valores que dão a primazia ao corpo, à natureza e à imaginação. Mas também de virada de uma cultura mágico-religiosa de raiz mediterrânea para uma cultura iniciática de raiz nórdica e atlântica! O Wicca é no mundo moderno, muito provavelmente, a mais revolucionária imersão desse impulso espiritual. O surgimento da Bruxaria moderna, tal como foi sistematizada na primeira metade do século XX por Gerald Gardner, terá inevitavelmente a ver com o surgimento desse Saturno.

Saturno é o regente de Capricórnio que, a partir do Solstício do Inverno e sob a imagem do Sol, se ergue e anuncia as sementeiras da próxima Primavera, até o culminar das colheitas no Solstício do Verão. Ele é o próprio Sol ou Helius, em um contexto magico-religioso agricultural. Saturno é, por isso, aquele que vemos aparecer sob a forma do

---

24. Gardner parece ter se baseado na mera etimologia da palavra Wicca para defender essa tese. Existe, pelo que parece, outra razão: o fato de os bretões terem facilmente se cristianizado sob a influência romana e terem sido os anglo-saxões que trouxeram às Ilhas Britânicas muitas das tradições ancestrais, despertando velhos atavismos na alma britânica. Saiba, no entanto, que foram os anglo-saxões, mais tarde, que consolidaram o Cristianismo nas Ilhas Britânicas como religião oficial, renegando o Druidismo, último depositário do saber mágico-religioso dos povos celtas.

Bode e de Archote Estelar iluminado entre os cornos durante os Sabás. Para aqueles que acreditam na ancestralidade dos cultos matriarcais, tal como Bachofen e depois Marija Gimbutas[25] acreditavam, seria também o forte regresso de um novo papel místico e libertário atribuído à mulher moderna, como reflexo da mulher antiga, curandeira e sacerdotisa. A lenda de Saturno encerrado no Mar do Norte, como o próprio Hesíodo conta, subsistiu de forma sublimada em muitos mitos de Ilhas Encantadas imaginadas a poente das Ilhas Britânicas, e as próprias margens da Península Ibérica foram muitas vezes lembradas como lugares remotos de cultos a Saturno, como lembra Estrabão ao falar de um santuário de Saturno no Cabo Espichel ou como nos é lembrado nos cultos aos Deuses dos Mortos, seja a Endovelicus, no outeiro de Rocha da Mina, ou a Serapis em Panoias.[26]

Síntese: Saturno é o Arauto da Era de Aquário, o Velho Rei das Bruxas. Através dele a Idade de Ouro, de que falavam os poetas antigos como Hesíodo, pode renascer na esfera da nossa civilização. Esse renascimento está associado ao surgimento do Paganismo Arcaico e dos seus paradigmas mágico-religiosos.

Mudar a Consciência

Na astrologia, Aquário não é apenas regido por Saturno, mas também por Urano. Isso significa que o homem moderno deverá conseguir combinar a ancestralidade mágica de Saturno e seus ritos arcaicos nas florestas, que nos lembra hoje mais as pinturas da Escola de Fontainebleau e os festivos momentos de Woodstock nos anos de 1960 do que os sabates medievais, com o nível altamente sofisticado, independente e tecnológico de Urano. Na verdade, isso combina extremamente bem com o modelo do bruxo neopagão moderno e sua relação íntima com o sagrado arcaico e as novas tecnologias de informação. Saturno, porém, quase desaparece do discurso mitológico e só os poetas dele se recordam e a ele se referem! Durante todo o século XIX, como Ronald Hutton bem demonstrou,[27] sob o impacto dos poetas românticos e simbolistas, a figura mítica de Pã renascia, em seu substituto, associada a

---

25. Gimbutas, Marija. *The Goddesses and Gods of Old Europe.* University of California Press, Berkeley, California, U.S.A., 1982
26. Lascariz, Gilberto. *Panoias, um Santuário Galaico-Romano aos Deuses Subterrâneos.* Porto: Projecto Karnayna, 2003. Disponível em: http://www.projectokarnayna.com/numens-lusitanos/serapis-cmp.
27. Hutton, Ronald. *The Triumph of the Moon, A History of the Modern Witchcraft.* Oxford: Oxford University Press, 1999.

uma paixão de redescoberta dos valores arcaicos dos povos e a uma celebração dos encantos do campo e do camponês, como fiel depositário de uma sabedoria que havia sobrevivido ao longo de séculos de repressão cristã. Esse fascínio pelo passado anterior à colonização ideológica cristã emparelhava bem com as grandes questões esotéricas e antropológicas à volta do significado da Bruxaria e a utilidade e legitimidade do seu despertar.

É preciso compreender, contudo, que por trás do mito da Nova Era subsiste a questão de saber que tipo de sociedade e que tipo de valores vale a pena preparar para o futuro: se o caminho de harmonia ativa com a Natureza ou se o caminho da sua destruição, preservando um modelo obsoleto de economia e sociedade baseada em recursos limitados, cuja consequência poderá ser a destruição da vida planetária. Redescobrir os mitos e os Deuses do Paganismo arcaico, como faziam os poetas e os socialistas utópicos novecentistas, não era apenas uma moda passageira para dândis fingidos e aristocratas fatigados com a superficialidade urbana, como havia feito o personagem Des Esseintes, do romance *À Rebours,* de Joris-Karl Huysmans (1848-1907). Era, sobretudo, um meio de inflamar a imaginação do leitor, acordando nele as forças reprimidas dos seus instintos vitais e sua vontade de sonhar e, com o sonho, reconstruir sua vida espiritual. Dessa maneira, as formas imaginais dos Deuses ou, como dizem os ocultistas, suas formas-pensamento, foram nutridas pela emoção e a imaginação, condensadas nos ritos secretos das sociedades de Mistérios. Mais tarde, foram os ritos coletivos da geração *hippie* e pop-pagã que os libertaram como forças vivas de mudança da nossa consciência. Quando em 1896 o poeta Yeats advogava o regresso ao culto dos Deuses da Irlanda pagã,[28] como fermento ativo de ação política contra a Inglaterra colonial, o cenário não era muito diferente do de Gandhi e Shri Aurobindo, muitos anos depois, despertando o fervor do Hinduísmo como alavanca da libertação política.

Mudar a consciência para mudar nosso modo de viver, tentar Ser em vez de apenas Existir, nutrindo nossos mitos ancestrais e libertando-os por meio das alegres festividades cósmicas do Novo Paganismo, é a nova palavra de ordem dos grupos mágicos neopagãos. De todas as divindades, ainda sobreviventes no memorial poético e eclesiástico, existe uma que campeia como poeta e profeta, protetora dos campos, bosques e

---

28. A partir de 1896 Yeats está convencido que chegou a Aurora dos Velhos Deuses, descrevendo-o em *The Secret Rose* (1896), *The Tribes of Danu* (1897), e desde 1897 cria uma sociedade nacionalista de fundo místico. Consultar Ronald Hutton, idem, p.157; e Richard Ellman em *Yeats: The Man and the Masks*, London, Faber, 1949, p. 29 e 125-8.

lagos, amante e feiticeiro, e que nos instila ainda hoje a necessidade de integração no Cosmo e na Natureza: o Velho Deus Bode. Sob o apelido de Pã ou Dioniso, de Merlin ou Azazel, trata-se sempre de um rememorar ancestral de Saturno, sob o disfarce das múltiplas "máscaras dos deuses", como Joseph Campbell gostava de chamar. O século XX verá surgir a Força de Pã, que Aleister Crowley* havia cantado e celebrado, por meio da ocorrência de um novo conceito de Bruxaria chamado Wicca! Mas Pã também surgiria, de forma aparentemente mais prosaica, nos concertos de rock durante os anos de 1960 e 1970 que, de Woodstock a Wellington, assaltavam toda a juventude contestadora. Seu espírito rebelde vai afirmar-se em Jim Morrison e John Lennon, na revolução de maio de 1968 e, depois, nos diversos festivais pagãos e nas lutas contra a energia nuclear. Mas esse despertar deve-se em primeiro lugar ao trabalho pioneiro de um homem, que com seu ar de fauno e dândi ilustrou bem o mito de sublevação do Cornífero: Gerald Gardner.

> *Síntese:* A grande ideia por trás do Despertar do Neopaganismo foi a de fazer evoluir a consciência ligando-a à nossa Memória Arcaica e aos Antigos Impulsos Mistéricos, que tomavam a Terra como matriz arquetípica de transformação da nossa alma. Urano lembra-nos, porém, nesta Era que se avizinha, que esse processo espiritual se deve fazer com respeito pela máxima liberdade e autonomia da consciência de cada um, suplantando as formas dogmáticas da religiosidade passada.

---

*N.E.: Sugerimos a leitura de *A Magia de Aleister Crowley – Um Manual dos Rituais de Thelema*, de Lon Milo DuQuette, e *Aleister Crowley – A Biografia de um Mago*, de Johann Heis, ambos da Madras Editora.

As Ondas do Wicca Craeft

II
A Primeira Onda: Pã e Dândi

O Homem das Ilhas – Entre Canibais e Feiticeiros
A Noite Negra da Alma – A Iniciação à Bruxaria – Gardner na Ilha de Man
O Encontro com a Besta – A Aurora do Wicca

> *Bruxaria e Santidade, disse Ambrose, são as únicas realidades.*
> *Cada uma delas é um êxtase, um abandono da vida comum*
> Arthur Machen (1863-1947)

Quando chega o Inverno e o frio mortifica nosso corpo, é tempo de acender as fogueiras e clamar pelos nossos mortos. Nesse dia o frio era mais cortante do que já tenha me lembrado e a lareira, que estava acesa desde o crepúsculo, mostrava o clarão serpenteante das suas chamas como se fossem grandes asas abrindo-se em leque pela grande sala, onde as colunas de pedra moldada pelos velhos canteiros de Cantuária se erguiam como gigantes. Na sala embaixo, na biblioteca e pelos salões e quartos da grande casa, os convivas e feiticeiros conversavam alegremente quando a campainha, de súbito, começou a soar intermitente ao longo dos corredores. Era o momento da chamada para o Círculo. Em silêncio, vultos negros entravam solenemente no grande salão. O tapete foi levantado e no chão, resplandecente como um sol sangrando, apareceu desenhado o Círculo da Arte e seus antigos hieróglifos. Como os velhos magnetizadores de Lyon no tempo de Mesmer, no distante século XVIII, deram-se todos as mãos para criar a cadeia das transmutações e comungar na egrégora. Em silêncio, uma presença muito antiga começou a ser sentida dentro do Círculo. Lembranças e memórias recônditas emergiam e desapareciam intermitentemente como poderosas ondas do mar, como se fosse um velho acordando e tentando lembrar-se. Com o Espírito Tutelar presente, então a cerimônia estava pronta para começar!

Diário de um Feiticeiro, Granja, Portugal, 1988

O Homem das Ilhas

No século. I A.E.C., Plutarco escreveu que, no tempo do imperador Tibério, mais ou menos na época do nascimento de Cristo, um pescador chamado Thamus, ao passar pelas Ilhas Echinades, teria escutado uma voz chamando-o três vezes e asseverando: *Thamus, quando chegares a Palodes, proclama que o Grande Deus Pã morreu*. Essa proclamação foi usada inúmeras vezes pelos demagogos cristãos para realçar que a queda do Paganismo estava prevista no porvir inexorável das coisas. Na realidade, trata-se de uma tradução distorcida de um canto sazonal a Thamuz, alterada de forma maldosa pelos primeiros exegetas cristãos como propaganda antipagã! Dois mil anos depois dessa proclamação, Aleister Crowley promulgou a chegada do Paganismo, como o fizeram antes Keats e Swinburne,[29] em um hino não menos célebre: *Vem turbulento da noite a flux de Pã! Io Pã!*[30] Pã está de novo ressuscitado! Não pelo estrépito das revoltas das sufragistas e das bombas dos anarquistas, mas pelo cântico lírico dos poetas e o trabalho apaixonado dos etnólogos. No século XX, a figura que vem encarnar esse despertar do Deus Pã não é, contudo, Aleister Crowley, mas um colono recém-chegado à Inglaterra, no fim dos anos de 1930, chamado Gerald Gardner. Seu gosto precoce pelo recolhimento nas regiões isoladas, como a Ilha de Man, sua busca apaixonada por relíquias arqueológicas e seu apetite de colecionador por armamento oriental, seu ar faunesco de barba aparada em bico e cabelo desalinhado muito branco à dândi, que lhe dava um ar *"negligé"* de poeta romântico, associado à sua fama de excêntrico e dado à bruxaria, combinava bem com aquele que seria o grande anunciador da Bruxaria Neopagã ao mundo moderno.

A vida de Gardner é muito similar à dos heróis excêntricos de que falava Joseph Conrad. Ele não é o típico *gentleman* britânico, fechado na biblioteca, como o célebre escritor *sir* James Frazer, discorrendo sobre os mistérios arqueológicos da humanidade sem cruzar a porta de casa. Um dia perguntaram a *sir* J. Frazer se ele havia conhecido alguns dos nativos que descreve nos seus livros. Ele respondeu petulante que nunca seria capaz de se aproximar de um selvagem! Frazer é o característico vitoriano recolhido em uma casaca de veludo e que encontra na sua extensa biblioteca privada o mundo inteiro. Gardner é, pelo contrário, o figurino romântico à Lawrence da Arábia (1888-1935) e à David Livingstone (1813-1873), que não se satisfaz com os livros e corre

---

29. Swinburne, Algernon Charles. *Songs Before Sunrise*. London: Heinemann, 1917; Keats, John. *Endymion and Other Poems*. London: Cassell & Co, 1905.
30. Crowley, Aleister. *Hino a Pã*. Tradução de Fernando Pessoa. Lisboa: Revista Presença, 1931.

o mundo para o conquistar e salvar. Em fins do século XIX, está ainda muito longe a prática do antropólogo convivendo com o bruxo em uma aldeia africana ou asiática, como o fará Carlos Castaneda entre os índios mexicanos, ou mesmo dormindo com eles em uma relação intensa de amantes, como fará uma célebre antropóloga americana para estudar suas artes do amor. Na imensa biblioteca da Universidade de Cambridge, Frazer construiu conjecturas sobre o que ainda hoje são referências sacrossantas do Novo Paganismo, sem nunca ter saído de casa. Gardner não é, no entanto, da linhagem sedentária dos *gentleman* de Wall Street nem dos corredores universitários de Cambridge. Ele é um escocês exemplar, típico de uma corrente de visionários itinerantes, inquieto e provocativo, que o século XIX havia criado sob a imagem do romântico e do aventureiro. O paradigma mitológico desse aventureiro cruzando os limites convencionais da sociedade é, sem dúvida, Pã ou Dioniso. O artista Austin Osman Spare, também esteta e feiticeiro, há de pintá-los, na primeira metade do século XX, sentados em pedestais, com seus cornichos e seu falo ereto na mão, já não para fecundar iniciaticamente as moças que o procuravam no bosque, mas para estimular e fertilizar nossa imaginação profética.

O grande "bosque" onde Gardner se recolheu, mais por necessidade material do que por imperativo místico, eram as ilhas do Pacífico, como o fizera anos antes Gauguin ao se refugiar na Polinésia. Parece que toda a sua vida Gardner foi atraído pelas ilhas grandes e pequenas, desde a época em que, pressionado pela asma, sua preceptora, Mrs. McCombie, o levara, na infância, para repousar na Ilha da Madeira e nas costas mediterrâneas da Espanha e da França. Na sua história biográfica não é só a "Ilha" como reserva de cura e sobrevivência que o fascina, mas a ilha encantada que ele descobrirá em Chipre muito mais tarde, sob a forma de recordações reencarnatórias em volta do culto a Afrodite e, já no fim da sua velhice, a própria Ilha de Man. Gardner repete, sem o saber, esse impulso místico de busca de Saturno-Pã, sepultado em uma ilha dos mares ignorados, sejam eles os mares encapelados do Atlântico ou os mares internos do seu inconsciente profundo. Nascido em 13 de junho de 1884, de uma família burguesa de origem escocesa, em Blundellsands, próximo a Liverpool, a cidade que pouco mais de cinquenta anos depois se tornará roteiro obrigatório de uma juventude rebelde associada ao *rock and roll*, Gardner contava na sua árvore genealógica com figuras bastante invulgares. O aventureiro e comandante naval Alan Gardner, que se distinguira como comandante-chefe da Channel Fleet e ajudara a deter a invasão de Napoleão à Inglaterra, era seu antepassado ilustre. Mas na sua família outra ilustre figura era lembrada em casa com fascínio e desdém. Tratava-se de Grissel Gairdner, queimada como bruxa em 1610, em Newburgh! A atração da família pela Bruxaria não morrerá facilmente e continuará no seu avô, famoso por ter se casado com uma bruxa que o levava à noite para o alto das colinas da vizinhança para cerimônias indecentes. Os poderes psíquicos das bruxas pareciam ter sobrevivido na sua família, de geração em geração. Eram essas capacidades latentes e ocultas que fizeram a celebridade e o assombro de muitos bruxos e feiticeiras e explicavam a denúncia apavorada ao Santo Ofício, do outro lado do Atlântico. É, no entanto, sua asma que o perseguirá toda a vida, mais do que o pavor de não ser compreendido, que paradoxalmente o levará sempre para lugares fora do círculo condescendente da sua condição burguesa, e de outra forma o condenaria à medíocre existência de qualquer escocês do seu tempo.

A necessidade de se recolher nas ilhas com temperaturas amenas como a Madeira, as Canárias e Maiorca, como prevenção à asma, irá lançá-lo em uma existência itinerante e solitária através dos mares, desde o Atlântico ao Pacífico, do Mediterrâneo ao Canal de Suez, pela mão de Mrs. Josephine McCombie. Isso irá obrigá-lo a uma existência sem as cumplicidades da infância, sem os segredos dos romances de escola, sem a memória de um passado de amizades idealistas que nutrem a recordação dos velhos no final da sua vida. Em uma estranha inversão do tempo biográfico, sua velhice será ativa e sonhadora, recheada de amigos e admiradores, com uma animação da alma que só a infância conhece, em uma época em que os velhos da sua idade se dedicam a jogar pôquer, a discutir política no Clube dos Conservadores e a testar o crepúsculo da sua virilidade em apostas nas corridas de cavalos ou com bailarinas de aluguel. Assim, na sua solidão e com uma vontade de ferro que o determinará toda a vida a abraçar causas aparentemente perdidas, Gardner aprende sozinho a ler e a escrever aos 7 anos. Foi talvez sua saturnina clausura nas ilhas, entre hotéis e termas, com sua preceptora saracoteando pelos salões de chá e deixando-o na sua solidão de criança nos fundos dos quartos de hotel, que o livrou da influência das forças conservadoras do seu tempo! Não sendo, assim, corrompido pela educação puritana da religião do seu tempo, nem contaminado nem influenciado pelas convenções, normas e caprichos que se incutem na infância às crianças e, desde muito cedo, lhes modelam um espírito submisso e de rebanho, Gardner cresceu livre e inocente. Ele repete na escala humana o mito da clausura de Dioniso em uma caverna ou de Pã no recolhimento da Arcádia, em um destino que parece propositadamente fabricado pelos Deuses, para que, emancipado das forças socializadoras da sua época, ele pudesse crescer em plena liberdade, fortificando as forças do sonho em vez das forças funestas da razão. Não há dúvida de que nesse seu destino há a marca mítica dos Deuses Cornudos!

> *Síntese: A infância de Gardner foi sempre marcada pela reclusão nas ilhas ocidentais e de temperatura amena, como a Madeira e Maiorca. Livre, dessa forma, da socialização puritana do meio burguês onde nascera, ele cresceu e desenvolveu-se como os mitos gregos descrevem com relação à vida de alguns Deuses marginais como Pã e Dioniso. Na sua família havia, no entanto, um claro e cíclico ressurgimento, de geração em geração, de poderes psíquicos que se atribuíam à Bruxaria e que o empurrarão para a descoberta obsessiva das suas origens e das suas práticas.*

Gerald Gardner

Entre Canibais e Feiticeiros

Em 1900, quando Freud publicava a *Ciência dos Sonhos*, Gardner, então com 16 anos, parte para o Ceilão acompanhando Mrs. Combie, que havia casado dois anos antes com um colono rico, David Elkington. Começa então uma vida dupla, dividida entre o trabalho árduo nas plantações de chá e borracha e um interesse pelo sobrenatural. O Ceilão era o grande fornecedor de chá para os salões ingleses e seu pequeno universo de marajás fechados em suntuosos palácios, suas extensas planícies cheias de brumas e seu silêncio rompido pelo rugido do tigre dente-de-sabre deveriam ter impressionando bastante esse jovem inglês. É esse contato pessoal com o Oriente, muito em particular com a Ásia do Sudeste, que vai determinar seu interesse pela Bruxaria, em uma época em que, em um breve regresso ao Reino Unido, ele descobre que seu avô tinha tido uma segunda esposa com fama de bruxa, que o levava para celebrações secretas no alto das colinas, como o reverendo Kirk fizera no século XVIII na Colina das Fadas de Aberfoyle. Seu interesse pelo oculto inicia-se, talvez, nessa época, em que simultaneamente se filia aos Surgensons, uma sociedade de boêmios com interesses espiritualistas, e é iniciado em uma Loja da Franco-Maçonaria, em Colombo, o porto sul do Ceilão. No início do século XX, a Maçonaria funcionava não só como uma corrente rosacruciana de mistérios, mas, sobretudo, como um clube privado de europeus unidos por interesse filosóficos e princípios de solidariedade.

Não há dúvida de que a estrutura ritualista da Maçonaria, muito em particular a da Comaçonaria onde imperavam os membros da Sociedade Teosófica, em que mais tarde foi iniciado, o influenciou profundamente. Isso explica alguns usos e costumes por ele instaurados nos coventículos de Bruxaria durante os anos de 1930 e 1940, que se tornaram referências essenciais para as litanias neopagãs que ele irá reconstruir.[31] Mas, em fins da primeira década do século XX, a Bruxaria deveria ser para ele ainda uma longínqua referência romântica. Isso lhe dará, porém, um sentimento de enraizamento no passado da sua família e a sensação de estar redescobrindo o contexto mágico da sua linhagem. Se assim não fosse, ele teria se sentido um estranho no mundo ameaçador da selva, sem os pais como elemento educador do seu crescimento e cimentador dos seus laços familiares.

Gardner descobria, assim, que no seu sangue corriam os impulsos dos seus antepassados através da máscara da sua atração obsessiva

---

31. Algumas das nítidas influências da Maçonaria estão nos usos litúrgicos como o "quíntuplo beijo" e nos usos da linguagem como a expressão Charge (Instrução). Acrescentemos, também, a paridade entre homem e mulher salvaguardada e enfatizada no trabalho de Loja da Comaçonaria que se reproduz, depois, no sistema de paridade litúrgica dos coventículos.

pelo oculto, como resíduos atávicos sobrevivendo na sua linhagem biológica, restos anímicos de um culto arcaico que o ligava ao passado mítico da Bruxaria.[32]

Quando Gardner chega à mítica ilha do Ceilão, em 1900, Crowley e Allan Bennet deveriam estar não muito distantes dele, em retiro no alto das montanhas, em meditações e pesquisas esotéricas! A probabilidade de ambos terem se cruzado e se interessado por um jovem tão introvertido como Gardner são nulas. Tocaram-se muito de perto, sem saber! Só quase cinquenta anos depois o mesmo se repetirá, mas com outro desfecho. O que é legítimo perguntar é quantas figuras estranhas deverá ele ter conhecido nesse fascinante Oriente e que importância terão tido no seu percurso místico! No Ceilão terá ouvido falar dos iogues tântricos? Será que os conheceu? Nada se sabe a respeito! O tipo de organização de Bruxaria Iniciática que ele irá remodelar irá parecer bastante com os *pujas* tântricos, na sua veneração à Grande Deusa Mãe, na importância que tem a mulher como Sacerdotisa e na celebração da sexualidade como instrumento de transmutação espiritual. Deverá ter conhecido, sem dúvida, os templos hindus conhecidos por *saktisthanas* onde ainda existiam prostitutas-sagradas, as *jogti*, de forma muito semelhante como teria existido nos templos de Ishtar e de Afrodite mais de 2 mil anos antes, já que, desde 1923 a 1936, antes de voltar definitivamente à Inglaterra, foi nomeado, pelo governo britânico, inspetor dos estabelecimentos de ópio. Mas nada é certo, nada se sabe! O biógrafo oficial de Gardner, o famoso escritor Idries Shah, nada relata, sob a máscara do pseudônimo de Jack Bracelin, sobre essa época, a não ser fatos engraçados.[33] Nada subsiste além de conjecturas! Sua presença, contudo, será breve no Ceilão! Em 1908, Gardner parte para Bornéu e aí realmente seu interesse pela Bruxaria parece tornar-se um fato mais sólido.

Em um país com mais de 70 etnias convivendo entre si, desde chineses a indianos, em uma espécie de babel religiosa, Bornéu tornou-se sua aprendizagem na Bruxaria primitiva. Aí, como plantador de borracha, torna-se amigo dos caçadores de cabeças conhecidos e temidos pelo nome de *Dyaks*, e participa de inúmeras cerimônias que irão

---

32. A crença de que, de geração em geração, permanecem resíduos iniciáticos nos praticantes da Bruxaria Hereditária tem sido defendida por vários esotéricos como tendo um suporte biológico, semelhante aos vírus hereditários e conformações mentais, transmitidas via sangue. Isso explicaria a eclosão espontânea de memórias atávicas ligadas ao culto das bruxas. Essa *marca* deixada no sangue é a condição essencial para a Iniciação em alguns coventículos de Bruxaria, como os Mistérios Sabáticos de que Austin Osman Spare foi o principal porta-voz. Lascariz, Gilberto. *O Culto da Bruxaria, no Artista e Escritor Austin Osman Spare*. Porto: Edições Mortas, 1999.
33. Bracelin, Jack. *Gerald Gardner, Witch*. London: The Octagon Press, 1960.

tornar-se muito parecidas com as que ele irá criar sob o signo do Wicca, desenroladas entre um feiticeiro-curandeiro, um *pawang,* e uma jovem em estado de transe. O período da sua estadia em Bornéu é uma fase rica de criação literária e esotérica na Inglaterra, com a tradução de *A Chave do Rei Salomão* por S. L. MacGregor Mathers e o aparecimento do primeiro volume do *Equinox* e do *Book 4* de Aleister Crowley, então o líder vanguardista do movimento esotérico inglês, em uma atitude de afirmação cáustica e visionária que lembrará André Breton e Marinneti no mundo da literatura. Mas o mundo está em mudança súbita e se preparando para a Grande Guerra! Por debaixo do medo da carnificina que se pressagia e das afirmações petulantes de heroísmo entre ingleses e alemães, os surrealistas e futuristas, os mágicos e místicos, estavam desencadeando uma outra guerra: a grande revolta do espírito. Em silêncio, nas densas e noturnas florestas úmidas do Pacífico, Gardner estava se preparando para fazer o mesmo.

> *Síntese: Seu interesse pela Bruxaria é catapultado por um segundo elemento: seu convívio com os nativos da Malásia, onde sobreviviam práticas de Bruxaria, cujas origens mais recuadas se atribuíam ao Paleolítico. Aí ele encontra o resíduo de práticas de Bruxaria arcaica sob a forma de um casal mágico constituído por um feiticeiro pawang e uma jovem médium que o instrui em nome dos espíritos.*

A Noite Negra da Alma

O segundo decênio do século XX vive a expectativa da guerra em escala mundial. Gardner vive também uma outra guerra: a luta contra a malária, o duelo contra a morte! Em Bornéu, onde o clima quente e equatorial propicia as mais variadas doenças infecciosas com suas invasões de mosquitos, sobretudo nas zonas úmidas do interior, Gardner contrai a malária. É nessa fase em que se debate com constantes crises de febre, resultantes da malária, que ele parece ter começado a fazer um estudo profundo da Magia primitiva dos pigmeus. Para isso foi determinante a influência de um inglês tornado nativo de nome Cornwail, do qual nada se sabe hoje, um dos muitos europeus que, a exemplo do espanhol Cabeça de Vaca na América do Norte ou de David Neel abraçando os costumes tibetanos, encontra em um modo de vida primitiva um sentimento de libertação de uma parte primitiva de si mesmo que o torna mais autêntico. Os Saki são, como todos os pigmeus, caçadores-coletores vivendo no meio das florestas úmidas equatoriais, em um estado muito provavelmente semelhante, sob o ponto de vista mágico-religioso, aos dos povos do Paleolítico.

Cada grupo de pigmeus é constituído por pequenos grupos familiares e uma das suas mais frequentes atividades é a caça e a fabricação de instrumentos. Seja o arco ou a flecha, a faca ou a zarabatana, grande parte da sua arte é dedicada a instrumentos de caça. E à Bruxaria! Muito perto deles um outro povo vai despertar, anos mais tarde, a atenção dos psicoterapeutas ocidentais com suas técnicas de sonho lúcido: os Senoi. Ambos pertencem ao povo primitivo de Bornéu, na atual Malásia, antes da chegada dos chineses, indianos e europeus. Seu contato em Bornéu com os guerreiros Ibéu, caçadores de cabeças, tornava-o, por isso, um dos raros europeus a entrar no universo secreto dessas sinistras tribos.

Seu contato com os pigmeus, cujas fotografias acompanharam a edição do livro *Witchcraft Today* (1954), apresentando-o em uma pose de pioneiro extravagante com pistola no coldre e entre indígenas, um pouco à imagem de Conrad nos hebdomadários britânicos, depois do escândalo do seu romance *O Coração das Trevas*, vem conferir-lhe o *charme* de um escritor excêntrico. Ao serem vistas essas fotos de Gardner, o Congo descrito por Conrad transportava-se na imaginação do leitor, de súbito, para a longínqua Malásia, mais longe ainda do que a costa africana e as plantações de cacau do imperador Leopoldo, até as confortáveis *cottages* inglesas onde chegava seu chocolate. Sua celebridade de práticas de caça muito próximas da feitiçaria, que um dia teria sido provavelmente a dos povos europeus do Paleolítico, revela que Gardner contatava discretamente com o que sobrevivia de mais parecido com a antiga Bruxaria europeia e suas práticas mágicas. É aqui que Gardner faz seu primeiro contato com a Bruxaria visionária, ainda ativa em zonas distantes da Ásia, quer seja a da Magia tribal da caça ou dos seus cultos animistas. Na Europa, pouquíssimos anos antes, em 1921, a historiadora Margaret Murray tentava provar que a Bruxaria era de origem pré-histórica e havia sobrevivido clandestinamente em famílias tradicionais nos recantos da Europa Setentrional! Livros como *O Ramo de Ouro*, do antropólogo *sir* James Frazer, pretendiam provar pelo raciocínio comparativo, tão em voga nas ciências históricas de então, a existência de um Paganismo mágico por trás de muitos mitos antigos como os da Deusa Diana, opostos ao Paganismo cívico e erudito das cidades greco-romanas. As múltiplas descobertas pré-históricas que, a partir do início do século XX, se fazem em cascata, revelando à sociedade europeia o mundo artisticamente sofisticado das pinturas rupestres, aliado a uma primeira sistematização das práticas mágicas por grupos herdeiros da Golden Dawn* e a experimentação de novas vias rituais, até aí vedadas

---

*N.E.: Sugerimos a leitura de *A Golden Dawn – A Aurora Dourada*, de Israel Regardie, Madras Editora.

pela infecção da moral e da metafísica cristã, sobretudo através de Dion Fortune e Aleister Crowley, preparam as condições para despontar o surgimento da Bruxaria Neopagã.

Entre as constantes febres provocadas pela malária, a falência dos seus investimentos nas plantações de borracha, resultante da queda de preços provocada pela guerra, e seu estudo mágico, tudo parece mergulhá-lo em uma fase que poderíamos classificar como sendo sua Noite Negra da Alma. Tudo parece ruir à sua volta e estar marcado pela fatalidade! Oitenta por cento dos infectados pela malária morriam irremediavelmente pela Ásia. Sua infecção será, por isso, mais do que uma enfermidade! Ela será o momento de metamorfose, em que no limbo da morte se olha o Adversário de frente e dele se recebe as Chaves dos Mistérios. Trata-se de um figurino de crise e transformação da alma, que tem sua raiz nos mitos iniciáticos e xamânicos que, por vezes, emergem como padrão de crise existencial. Só o fato de nos agarrarmos a algo de transcendente e numinoso, assim como à nossa verdadeira vocação mística, poderá conduzir-nos para a iluminação e a salvação! Essa Noite é a fase de virada para um novo ciclo na vida de Gardner, que se desenvolverá durante os anos de 1930, quando associa aos seus interesses sobre os cultos animistas várias investigações sobre o folclore basco na British Library. Durante seus cada vez mais constantes regressos à Inglaterra, faz suas primeiras visitas às cavernas pré-históricas da França e Inglaterra e às jazidas arqueológicas de Gaza. Conscientemente Gardner procurava no Ocidente pistas de cultos que formassem elos de parentesco com os modelos práticos da Bruxaria com que se familiarizara nas florestas do Pacífico.

> *Síntese: Sua enfermidade resultante da infecção pela malária torna-se não só um teste à sua resistência física e ao seu desejo de viver, mas também uma verdadeira provação iniciática. São as crises existenciais de morte e regeneração que nos colocam diante do Adversário, que é o verdadeiro Mestre do Espírito e da Iniciação. Não é de se estranhar, por isso, que após a vitória sobre essa enfermidade ele prossiga mais determinado a procurar as bases mágico-religiosas da Bruxaria Arcaica.*

A Iniciação à Bruxaria

Gardner retira-se da sua profissão em 1936, com a idade de 52 anos. Começa a segunda fase de arrancada de um projeto de reconstrução da Bruxaria na perspectiva Neopagã, possivelmente ainda muito inconsistente. São várias coincidências que vão propiciar seu amadurecimento e realização! Dois anos depois, retira-se de Londres para New Forest, uma zona frequentada por uma elite de colonos enriquecida no Oriente, onde tem mais espaço para guardar sua prodigiosa e cobiçada coleção de armamento oriental que tinha recolhido nos confins da Ásia. Foi a preocupação de reconstituir uma vida social para sua esposa Donna, com quem tinha se casado 11 anos antes, em 1927, e a necessidade de encontrar pessoas com as mesmas inclinações esotéricas que o leva a frequentar o Teatro Rosacruciano. Ele já está preparando um romance esotérico, *A Goddess Arrives*, que será publicado no ano seguinte, em 1939, e o meio teatral era um lugar útil onde conviver com literatos interessados no esoterismo e pelo seu romance. Como era costume nos meios teosóficos, o Teatro Rosacruciano funcionava como as performances antroposóficas do dr. Steiner, em Dornach! Era um pretexto cultural para, por meio da dramaturgia e dos debates públicos sobre teatro e esoterismo, literatura e misticismo, que desde os simbolistas era considerado e renovado na perspectiva do sagrado, contatar pessoas com vocação para o esoterismo e atraí-las, depois, aos bastidores de uma fraternidade esotérica. Nos bastidores existia uma pequena sociedade secreta de Mistérios sob a designação de *Fellowship of Crotona*! Liderada pela filha da controversa teósofa Annie Besant, apresentava dramas místicos inspirados no Druidismo e em Pitágoras e ministrava conferências sobre esoterismo cristão, hipnotismo e várias vertentes do ocultismo, em um sincretismo místico que deve ter feito Gardner sorrir de ironia. Nele pontificava o pomposo Frater Aurelius, que se dizia lembrar de inúmeras e celebérrimas reencarnações, à semelhança do ambiente delirante que Connan Doyle vira dezenas de anos antes nos meios teosóficos londrinos, com suas visões de fadas e devas, reencarnações e guias espirituais. Mas Gardner tinha medido bem o efeito de uma outra dramaturgia: a sua.

No fim dos anos de 1930, Gardner já era autor respeitado de um livro de armamento oriental, *Kris and Other Malay Weapons* (1939), que o tornava então a maior autoridade viva em armas asiáticas. Ao mesmo tempo, acabava de publicar uma novela com o nome *A Goddess Arrives*. Seu título é, no mínimo, perturbante! Ele anuncia, já em pleno ano de 1939, a possibilidade de a Deusa se encarnar na humanidade sob o signo da Deusa das Bruxas! Os anos de 1930 são uma época rica de produções literárias que despertam o impulso espiritual subjacente ao Paganismo arcaico, não só pela publicação do fascinante livro *The God of The Witches,* de Margaret Murray, em 1933, mas, sobretudo, pelas novelas de Dion Fortune como *The Priestess of the Moon*, que instilam nos leitores a necessidade de reconstituir cultos de mistérios que estivessem em sintonia com os cultos arcaicos do Paganismo primitivo e concedesse um papel sagrado à mulher. Desde fins do século XIX, foram muitas as mulheres a afirmarem-se no meio oculto inglês, como Moina Mathers, a famosa atriz Florence Farr, a líder do movimento de independência da Irlanda, Maud Gonne, Annie Besant, Christine Hartley, etc; e duas grandes organizações ocultas, a Golden Dawn e a Sociedade Teosófica, deviam, inclusive, seu surgimento a duas mulheres: Anna Sprengel e Petrovna Blavatsky. Havia chegado a hora para a Mulher se tornar a timoneira do Espírito. Frequentado por um conjunto de ingleses da classe média ligados à Comaçonaria, constituída por gente vinda da Teosofia e dos meios reconstrucionistas do Druidismo, vivia-se aí um profundo espírito de estudo em grupo e experimentalismo mágico-ritual. Gardner, no entanto, demorou-se pouco tempo nesse meio, embora poderá ter sido lá que terá tido os primeiros contatos sociais com os meios reconstrucionistas da Bruxaria europeia. Habituado às florestas tropicais e ao contato direto com a Magia mais primitiva, esse meio chique de esoterismo livresco deve tê-lo desanimado. De fato, se tomarmos em consideração a hagiografia que lhe será feita por Jack Bracelin, em 1960, parece que este deve ter tido em pouca estima o nível esotérico do grupo. Nessa biografia ele manifesta sua cínica confissão: "Eles tinham lido cuidadosamente muitos livros sobre o assunto: mas, ao contrário do público em geral, tinham lido tudo, porém pareciam não saber nada".

Foi em 1939 que Gardner confessou aquilo que desde os anos de 1990 poucos iniciados hoje acreditam: o de ter sido iniciado em um grupo de Bruxaria Tradicional, segundo um modelo que vinha da penumbra dos conciliábulos do século XVI, em um estilo de transmissão iniciática que Margaret Murray acreditava ser de origem pagã. Esse coventículo parecia de fato encaixar-se de forma demasiado perfeita no modelo descrito por Murray para ser verdade! Desde o ano de 1999 que o reputado historiador Ronald Hutton, com seu livro *The Triumph of The Moon*, fez ruir ruidosamente qualquer possibilidade de isso ser pouco mais do que uma piada ao gosto dos esoteristas amantes de paradoxos, em uma tradição que tem representantes tão reputados como Crowley e Eliphas Levi.* Gerald Gardner declarava ter sido iniciado, em 1939, em um coventículo em New Forest por uma senhora de nome Dorothy Clutterbuck (Dorothy Fordham), habitualmente tratada, como

---

*N.E.: Sugerimos a leitura de *Dogma e Ritual de Alta Magia*, de Eliphas Levi, Madras Editora.

é norma nas tradições antigas da Bruxaria, por Velha Dorothy. Após sua Iniciação, aprendeu a Arte da Bruxaria e foi obrigado a conservar seus mistérios em segredo por força do seu juramento. Não deixa de ser curioso que nessa mesma altura em que Gardner advoga ter sido iniciado em um *coven* de Bruxaria Tradicional tenha sido, alguns anos depois, em 1946, também ordenado bispo gnóstico na Antiga Igreja Britânica, que teria sido criada nas Ilhas durante a introdução do Cristianismo por volta do ano 37 E.C.![34] Depois de 1951, quando se revogou o Witchcraft Act, que punia a prática da Bruxaria na Inglaterra,[35] o juramento perdera sua razão de existir e Gardner resolvera apresentar-se publicamente como praticante. Essa declaração não aparece nos seus livros, mas está volumosamente documentada na biografia que lhe faz seu discípulo Idries Shah, sob o pseudônimo de Jack Bracelin,[36] em *Gerald Gardner, Witch*. Em um cuidadoso plano de *marketing* público organizado entre Gardner e Idries, o livro, então escrito sob o pseudônimo de Bracelin, retrata as peripécias da sua vida e da sua Iniciação em formato apologético e laudatório, como quem escrevesse hoje a vida de caridade e infortúnio de Teresa de Calcutá, recheada de afirmações sem qualquer apoio de notas e referências bibliográficas e historiográficas, como sendo emanado da boca inquestionável do Mestre Iluminado. Complementado com suas sucessivas entrevistas a semanários, Gardner é projetado publicamente como guru de um movimento de Bruxaria Neopagã. O Wicca torna-se o assunto preferido de conversa pelos clubes e salões de chá das aristocratas e tema de bisbilhotice das donas de casa, mas os esotéricos iniciados não lhe dão qualquer importância ou crédito. Em silêncio, sorriem da piada!

Nunca houve, até hoje, ninguém que se apresentasse como membro iniciado desse coventículo de New Forest,[37] a não ser o próprio Gardner.

---

34. Pearson, Joanne. *Wicca and the Christian Heritage: Ritual, Sex and Magic*. New York: Routledge, 2007.
35. Foi dada muita ênfase a essa lei inglesa, o Witchcraft Act, como a razão prioritária para a não publicação antes dessa data das práticas do coventículo de Dorothy Clutterbuck. É um completo contrassenso, já que a lei era punida apenas com multas de valor insignificante e abarcava apenas as práticas de charlatanismo e espoliação patrimonial, por motivo de aconselhamento danoso a terceiros, baseado em aptidões sobrenaturais, não tendo sido aplicada no século XX uma única vez. Por esse motivo, essa justificativa é insensata e serviu de pretexto para explicar a ocultação e posterior revelação de uma pseudolinhagem de bruxaria corporativa.
36. Idries Shah tornou-se o proprietário do clube naturista que havia sido de Gerald Gardner e lugar de reunião do seu *Bricket Wood Coven*, próximo de St. Albans, em Hertfordshire, Inglaterra. Sob o pseudônimo de Arkon Daraul, escreveu outros dois livros, *Witches & Sorcerers* e *Secret Societies*, ambos publicados nos anos de 1960 pela Tandem Books.
37. Tem-se falado da existência de uma professora de música com o pseudônimo de Dafo, que teria existido nesse coventículo, mas que sempre se recusou, mesmo sob o pedido de Doreen Valiente, a confirmar o fato. *Triumph of the Moon*, idem, p. 298.

Até se pode pensar que só Gardner nele existia com seus múltiplos espectros! Recentemente, em 2001, o livro de Philip Heselton,[38] apoiado no diário recém-descoberto da Old Dorothy e nas suas sucessivas sequências poéticas que ilustram temas de gosto campestre e pagão, permeado de algumas referências a possíveis festividades do calendário das bruxas, tem sido usado para demonstrar a possibilidade de ter havido um coventículo de Bruxaria em New Forest. Na realidade, os Sabates tal como são hoje praticados pelas bruxas wiccans são uma criação moderna e tardia de Gardner. Além disso, os mitologemas da sua poesia, que se pretendem de provável inspiração pagã, são uma linguagem típica desde os românticos e um lugar-comum na "literatura de cordel" de meados dos anos de 1930 e 1940. É engraçado como tantos wiccans iniciados tentam demonstrar a verdade histórica de um mero mito de fundação! Seja verdade ou não, a data lendária da fundação do Wicca ficará sendo a da "Iniciação" de Gerald Gardner em 1939. Old Dorothy nada mais é do que uma figura típica dos mitos de fundação das sociedades esotéricas! Ela é equiparável à lenda de Fräulein Anna Sprengel, a fundadora mítica da Golden Dawn, e aos Superiores Desconhecidos da Sociedade Teosófica. O que há de sublime e sarcástico no embuste de Gardner é ele ter escolhido para representar esse papel mítico e de fundamento de uma pessoa real, inacessível no Oriente, atiçando múltiplas e detetivescas dificuldades aos investigadores e criando, assim, uma aura de mistério que se foi adensando e depois diluindo com o tempo. Habitualmente essas personagens míticas não existem no plano físico das nossas realidades tangíveis e das nossas categorias mentais, mas no plano das realidades etérico-astrais. A investigação de Ronald Hutton[39] provou que, embora Old Dorothy tenha existido, como Doreen Valiente havia provado em 1984,[40] ela não corresponde à Velha Dorothy tal como Gardner descreve, mas apenas a uma religiosa e respeitável burguesa bem inserida na sociedade convencional e cristã da sua época.

Gardner na Ilha de Man

A probabilidade de ter existido nos anos de 1930 um coventículo de Bruxaria à imagem do modelo inventado por M. Murray não é, porém, uma possibilidade remota. Na realidade, os membros que

---

38. Heselton, Philip. *Wiccan Roots: Gerald Gardner and the Modern Witchcraft Revival.* Capall Bann Publishing, 2001.
39. Idem.
40. A súmula da sua investigação apareceu pela primeira vez em 1984 em forma de apêndice polêmico em um dos livros de Stewart Farrar. Farrar, Janet & Stewart. *The Witches Bible.* Washington: Phoenix Publishing, Inc., 1988.

se recrutavam na Comaçonaria, onde Gardner foi iniciado quando estava na Inglaterra, e vinham de quadrantes tão diversos como a Teosofia e o Druidismo tornam-o muito provável! Mas em um outro contexto! A Comaçonaria foi até meados do século XX um lugar de grande abertura intelectual e de esforços radicais de síntese e compromisso esotérico entre várias correntes mágicas, funcionando muitas vezes como ponto de reunião, debate e lugar para o nascimento de vários grupos esotéricos colaterais. É muito provável, por isso, que os livros de Margaret Murray tenham tido eco em alguns membros da Comaçonaria e tenha suscitado neles o desejo de fazer uma reconstituição hipotética da Bruxaria da Contrarreforma. O livro que Gardner publicara em forma de romance no ano de 1949, *High Magic's Aid*,* ilustra muito bem o ambiente que se passava nesse grupo. Os materiais rituais que nele se encontram, considerados como sendo as cerimônias estruturais da Bruxaria na sua fase inicial, eram materiais litúrgicos da Comaçonaria readaptados aos Grimórios. Quase poderíamos dizer que o que estamos conhecendo é basicamente o modelo litúrgico de uma segunda obediência Comaçônica! Seja qual for a verdade dos fatos, eu me inclino para a possibilidade de essa primeira e criadora organização de Bruxaria, o coventículo de New Forest, poder ter existido em um contexto meramente experimental entre comaçons, onde a igualdade entre homem e mulher nas suas iniciações e nos seus ritos pode ter criado o contexto para a experiência. O que Gardner vai fazer depois é levar esse material a um nível mais sofisticado de liturgia a partir dos anos de 1950. Para isso, ele terá de atrair novos membros sem qualquer compromisso com os meios tradicionais de Iniciação para

Gerald Gardner

---

*N.E.: Obra publicada em língua portuguesa sob o título *Com o Auxílio da Alta Magia* pela Madras Editora.

testar os materiais por ele inventados e criar o *mood* de um culto à sua personalidade, para que o círculo de mágicos de ocasião tenha um núcleo resistente. Seu programa de marketing centrado à volta da sua biografia, das suas entrevistas e de histórias inconsistentes mas impressionantes como o Cone de Poder contra a invasão nazista[41] vai dar aos jornais material sensacionalista e uma assistência a esse desejo.

> *Síntese: Os anos de 1930 e 1940 são essenciais para a fundação do Wicca, não só porque Gardner teria sido iniciado em um coventículo de Bruxaria em New Forest como, por meio dos seus livros, se prepara para divulgar os materiais rituais ao grande público. Inicialmente esses materiais parecem ser uma fusão de Magia Cerimonial típica dos grimórios com materiais litúrgicos da Comaçonaria, que vai servir de corpo litúrgico ao mito da Bruxaria.*

O Encontro com a Besta

O fim dos anos de 1940 termina com a Europa dividindo-se em dois grandes blocos ideológicos. Mas, em 1947, tudo indica que se está elaborando um outro tratado que vai ser determinante para o ressurgimento do Paganismo Moderno. No dia 1º de maio, o dia em que a natureza se veste de verde e com coroas de flores cingindo os cabelos das donzelas nas festas de Beltaine, dois velhos lobos estão sentados frente a frente: Gerald Gardner e Aleister Crowley. O encontro havia sido propiciado pela amável intercessão de um homem, também dado ao ocultismo e seu discípulo, Arnold Crowther. Com seus mais de 70 anos, Crowley já há muito tempo não sabe o que é a fama iconoclasta dos seus tempos de juventude, nem se recorda já dos seus tempos de esteta e feiticeiro que bradava contra a moral hipócrita e burguesa, como D'Annunzio do cimo da varanda do seu palácio de Fiume. Com certeza recordaria com ironia a forma como a imprensa o havia enxovalhado, no mesmo tom com que havia tratado muitos anos antes Oscar Wilde, apelidando-o com o encantador cognome de "o homem mais horrível do mundo". Isso abriu o caminho da fama para ele, própria de um esteta iconoclasta. Aquele que se apresentara como o Avatar da Besta era agora um ilustre e humilde senhor, com o ar tranquilo da grande solidão. A Besta apocalíptica parece ter sido vista agora de longe e sem o encanto

---

41. A operação Cone de Poder, inspirada na lenda do Cone de Poder das Bruxas britânicas, foi um rito de expulsão realizado em 31 de julho de 1940 por wiccans e membros de fraternidades pagãs com o fim de impedir a invasão da Inglaterra pelas forças de Hitler. Há dúvidas quanto à sua autenticidade.

dos fatos sentimentais da história, os grandes interesses capitalistas que haviam, sem dó nem piedade, preferido atirar-se para a grande hecatombe da Segunda Grande Guerra e sacrificado sua juventude. Se houve um homem que a previu foi sem dúvida Crowley no seu livro *Liber Legis*! Mas, quase à entrada da década de 1950, que Crowley afinal nunca chegou a ver, ele era o mais reputado especialista de Magia existente na face da Terra! Ele era aquele que conhecia todas as suas facetas paradoxais, todas as suas dificuldades, todos os seus enlevos e sofrimentos, mesmo aqueles que eram tabu entre os piedosos rosacrucianos e os delirantes teosofistas. Com seu ar inofensivo de avô, de boné na cabeça, vivendo remediadamente em um quarto de pensão de sua família, depois de ter estourado uma prodigiosa fortuna que havia herdado do pai em investigações sobrenaturais, ele sobrevivia como um dia Maria Naglowska sobreviveu na Paris da *Belle Époque* no início da Primeira Grande Guerra: em um quarto exíguo de uma reles pensão de Hastings.

Ambos haviam sido viajantes e tinham se dedicado ao lado invisível dessa Lua que é a Magia. Em mais três encontros que tiveram semanalmente, pouco antes de morrer no dia 1º de dezembro desse ano, Crowley concedeu a Gardner uma escritura em que lhe confiava, por assinatura do seu próprio punho, a jurisdição sobre a Ordem Templária do Oriente na Inglaterra, então completamente estilhaçada pela guerra. Sua Iniciação ao grau de Minerval foi para ele transmitida por via administrativa, isto é, assinando um papel com garranchos solenes como quem endossa um cheque, tal como era costume entre os círculos maçônicos em tempos de crise. Mais tarde Gardner vai confessar a Doreen Valiente, uma de suas Sacerdotisas, que se tornará tão célebre quanto ele, que lhe havia sido também permitido transferir trechos literários seus para o aperfeiçoamento do *Livro das Sombras*, o missal litúrgico da Bruxaria Neopagã. Durante os últimos seis anos Gardner havia se preocupado em tornar operativos os rituais de Bruxaria em que havia sido "iniciado", e seu material manuscrito constituído pelo livro de notas descoberto pelo investigador Aidan Kelly no Museu Ripley, em Toronto, no fim da década de 1980, o *Ye Book of Ye Art Magical*, que agora é propriedade da Igreja *Wiccan* do Canadá, prova que ele desenvolvia em segredo um trabalho de modernização dos seus materiais.

Seu encontro com Crowley foi determinante, porque parece ter recebido autorização do mesmo para importar alguns dados literários e ritualistas de fundo telêmico para sua tarefa de renovação da Bruxaria Iniciática. Crowley havia conduzido um processo de profunda transmutação da cultura mágica, ressuscitando-lhe sua herança pagã e conduzindo-a por caminhos que se assemelhavam ao da própria Bruxaria visionária, tal como ilustra sua filosofia telêmica na chamada vertente tifoniana. A Ordo Templi Orientis (OTO), que praticava técnicas de Magia sexual com fins de autotransfiguração espiritual nos três últimos graus, pelo que parece segundo o modelo de um tantrismo ocidentalizado e muito sublimado, oriundo dos tempos do gnosticismo de Simão, o Mago, e Carpócatres, esboçar-se-á timidamente no rito de hierogamia simbólica e na prática da nudez cerimonial do Wicca. O ano de 1949 era propício, pois trazia consigo a sensação augural de uma era nova com o fim da Segunda Grande Guerra. Com a reconstrução da Europa a partir dos escombros das bombas alemãs e americanas, emergia uma nova maneira de sentir, que irá dar os primeiros rebentos promissores no existencialismo sartreano e na geração *beatnik*. Mas havia outro acontecimento propício: a descoberta anos antes da Caverna de Lascaux (1942). A figura de Xamã ou Deus Cornudo representado nos recessos mais fundos e secretos da sua caverna vai ter grande impacto sobre os estudiosos do oculto. Com a abertura ao público da caverna de *Trois-Frères*, essa figura vem tornar-se a imagem de marca do ressurgimento do sagrado arcaico. Ela era demasiado semelhante ao Deus Cornudo do Wicca que Gardner estava ressuscitando!

Gardner era um defensor aberto do naturismo e das propriedades terapêuticas da luz solar. Quando esteve no Oriente, viveu entre povos em um estado de quase completa nudez e pressentiu a felicidade da sua maneira de viver, como um dia Gauguin o percebeu entre os indígenas do Taiti, na Polinésia. Ele sentia, como uma boa parte da elite culta inglesa que tinha vivido nas colônias orientais, que o nudismo poderia ser um meio para renovar o homem e a sociedade dos preconceitos e traumas que a moral cristã havia imposto sobre o corpo e a consciência ocidental, cuja defesa vemos assumida na vida e na literatura de escritores como Oscar Wilde e John Keats. Seu polêmico contemporâneo D. W. Lawrence, autor de *Lady Chaterly*, defendia já com audácia que a liberdade não reprimida e a relação inocente com a natureza, tão característica da Bruxaria arcaica, era mais necessária ao ocidental do que sua obsessão por conforto. Essa mistura de naturismo e sagrado do corpo, tão conhecida no Tantrismo, que as novas descobertas da psicologia analítica de Jung, da arqueologia e da etnografia punham a descoberto e em relevo, preparou o ambiente cultural para a emergência da Bruxaria Iniciática e Neopagã. Mas é, sem dúvida, a Aleister Crowley que se devem os maiores créditos! Ele havia destroçado os últimos furúnculos de moralismo cristão na Magia Cerimonial e aberto uma nova via de autorresponsabilidade e autoliberdade na experimentação mágico-religiosa, em acordo com a idiossincrasia própria de cada um e livre do papel coativo dos gurus e das instituições. Quando em 1949, na sua novela *High Magic's Aid*, Gardner retrata uma assembleia de Bruxaria e revela sua filosofia e trabalho ritual, sob a canga de um exercício de literatura de fuga, ninguém supõe no que a Bruxaria Neopagã irá tornar-se, mais tarde, sob a designação Wicca.

Toda a prática de Bruxaria que o livro ilustra se assenta na Magia medieval dos Grimórios. Isso indica que o coventículo em que Gardner havia sido iniciado pela Velha Dorothy em 1939 se apoiava na prática de um tipo de Magia cerimonial característica dos grimórios, cujo sentido prático Papus tinha desmontado e revelado na virada do século XIX para o XX. Para os cultores da Magia Cerimonial, a prestação literária e esotérica de Gardner é absolutamente nula neste livro, comparada com as contribuições anteriores de Brodie-Innes[42] e Ian Ferguson[43] à Bruxaria e sua alegação de ter mantido no passado remoto uma relação estreita com o culto às Fadas. Será necessário esperar até 1954 para seu livro *Witchcraft Today* desencadear um efeito de surpresa que o tornará célebre. Gardner prova estar determinado a devotar o resto dos seus dias à reconstrução hipotética da Bruxaria neopagã, nos moldes sugeridos por M. Murray, como uma técnica mágico-religiosa para o homem da era moderna. Em 1951, pouco tempo depois de a Velha Dorothy ter falecido em Highcliffe, na mesma data em que é abolida na Inglaterra a obsoleta lei contra a bruxaria, *The Witchcraft Act*, Gardner conta ter abandonado o coventículo em que fora iniciado para formar seu próprio agrupamento e parte, pouco depois, para Castletown, na Ilha de Man. Aí compra o Museu da Bruxaria de Cecil Williamson e adiciona ao seu recheio museológico suas preciosas coleções de armas, livros raros, amuletos, objetos litúrgicos de Bruxaria, que havia adquirido ao longo de muitos anos.[44] Mas, só em 1953, depois de iniciar Doreen Valiente, começa uma fase nova que irá erigir o Wicca de hoje.

---

42. Mathers, S. L. MacGregor & Brodie-Innes, J. W. *O Feiticeiro e seu Aprendiz, Escritos Herméticos Desconhecidos*. São Paulo: Editora Pensamento, 1983. Trata-se de uma coletânea feita por R. A. Gilbert dos trabalhos publicados na *Occult Review* por Brodie-Innes entre 1895 e 1920. Brodie-Innes era também célebre pelas suas novelas sobre a temática esotérica da Bruxaria como *The Devil Mistress*, que pode ter influenciado Gardner com sua descrição de Isobel Gowdie invocando nua a Deusa Tripla.
43. Ferguson, Ian. *The Philosophy of the Witchcraft*. London: George G. Harrap & Co. Ltd., 1924.
44. Gardner, Gerald. *O Moinho das Bruxas*. Porto: Projecto Karnayna, 2004. Disponível na internet: http://projectokarnayna.com/Herne/num3/moinho.htm.

Síntese: O fim dos anos de 1940 marca um encontro fundamental que fará história: o encontro de Gerald Gardner com Aleister Crowley. Mas marca também o momento em que Gardner está testando o mito da Bruxaria, tal como revela o Ye Book of Ye Art Magical, *um bloco de notas onde este lançava material poético e ritual em bruto para depois o estruturar em um contexto mais coerente para seu coventículo. Parte dessa estrutura de trabalho foi publicada em 1949, sob o disfarce do seu romance* High Magic's Aid.

A Aurora do Wicca

Os anos de 1950 são, na história da cultura, o berço de uma era de novos valores. Coco Chanel, em Paris, transforma a moda em uma maneira de vestir livre e fluida, em sintonia com a liberdade que se respira após o fim da Grande Guerra. Atrás de Gardner havia também uma geração de contemporâneos seus que haviam transformado radicalmente o esoterismo e que desaparecia silenciosamente. Não só o mítico Aleister Crowley havia falecido, mas também Dion Fortune, Shri Aurobindo e René Guénon. Todos aqueles que haviam aberto uma via nova de experimentalismo no esoterismo haviam desaparecido pouco antes! Ele é o último dos seus criadores e desaparecerá de forma tão obscura como eles. Mas, no início de 1950, ele está ainda no seu aprendizado inicial. Ele receberá as mesmas humilhações públicas pela pena do *Sunday Times* e, também, as mesmas honras, em uma duplicidade de assassínio e reabilitação da honra pública tão ao gosto dos *mass media*. Entre os anos de 1949 e 1957, em três fases que os Farrar classificam por versões A, B e C,[45] Gardner faz várias revisões daquele que será o manual de trabalho litúrgico da Bruxaria moderna. De certa maneira, ele quer criar um grimório, não para ser exibido decorativamente sobre o altar, como acontece na Maçonaria quando vemos a Bíblia deposta sobre a ara no centro da Loja, mas uma ferramenta constituída de litanias, rituais de Iniciação, regras de organização corporativa, princípios de ação e sugestões de iluminação mística. O *Livro das Sombras* é um grimório, um missal, um código legal, um regulamento, um formulário ritual, um receituário, tudo em um só livro! Os elementos estruturais do trabalho mágico do Wicca se assentam, por isso, no chamado *Livro das Sombras*. Dele nada pode ser retirado, porque é ele que preserva de forma escrita a Tradição. Não a tradição oral, mas o suporte físico dela: seus rituais e normas práticas de ação!

---

45. *The Witches Bible*, idem.

O *Livro das Sombras* é a pedra de fundação sobre a qual todo o trabalho esotérico wiccaniano se apoia. Ele é sagrado, imutável e vinculável. Seria bom compará-lo, por isso, a um manual de gestão ou de mecânica: tem as ferramentas rituais, as normas litúrgicas, os deveres dos oficiantes, os rituais, toda a sua estrutura de trabalho mágico-religioso. Não é, como muitos livros religiosos, um código de comportamento sob o peso de metáforas poéticas, ingênuas e contraditórias. Trata-se de um manual onde são reclamadas, como parte imprescindível do trabalho mágico, muitas aptidões da personalidade. Gardner foi genial ao criar um manual de trabalho mágico que, não sendo dogmático no conteúdo, é, porém, dogmático no processo. Ele não define as crenças, mas as técnicas que permitem ter acesso direto e pessoal aos conteúdos ocultos das próprias crenças religiosas arcaicas. É aquilo que os estruturalistas chamariam um *texto aberto*. Nesse sentido, o *Livro* é aquilo que durante toda a Idade Média se denomina *Grimório*, isto é, uma gramática para magistas. Ele traz, por outro lado, influências de um código de liberdade de consciência e ação cuja origem se deve a J. Michelet, quando defendia a Bruxaria no seu livro *La Sorcière* como o único lugar de reunião onde a liberdade de consciência era o bem máximo que a humanidade deveria adorar. Mas um outro velho mito francês veio, também, influenciar: o *Gargântua,* de Rabelais e sua Abadia de Thélème. Cada grupo de bruxos e feiticeiros, de *coven,* como ele chamará, seguindo à letra Margaret Murray, parece uma Abadia de Thélème. Sua influência vem de três credos filosóficos: o credo telêmico lavrado no *Livro da Lei* e na *Missa Gnóstica* de Aleister Crowley, dos quais trechos seus foram integrados no tecido literário dos rituais wiccanianos; o credo das feiticeiras toscanas referido no *Evangelho das Bruxas,* descoberto pelo etnógrafo Leland nos fins do século XIX, no norte de Itália; o credo dândi e *décadent* dos simbolistas franceses, que fez eco na novela rabelaisiana de Pierre Louÿs.[46]

Há três versões principais do *Livro das Sombras,* como os Farrar demonstraram, embora se possa dizer que na realidade existem *sete versões* que correspondem a sete momentos de evolução ritual do próprio Gardner, no período que media entre sua lendária Iniciação em 1939 e sua morte em 1964. Mas ninguém sabe se essa concepção das "sete versões" não seria um mito, porque ninguém as conhece todas. Todas essas versões são tentativas para encontrar uma solução satisfatória

---

46. Parece não haver dúvida que o credo de Rabelais, que tanto influenciou Gardner e Crowley, não teria sido por via do seu *Gargântua*, como aconteceu a este último, mas por via indireta: as leituras do Rei Pausole, de Pierre Louÿs. Sua influência é nítida em Gardner, cujo romance *A Goddess Arrives* parece ter sido profundamente influenciado pela Afrodite desse escritor francês, que mostra um culto à mulher no símbolo da cortesã da Grécia antiga.

para um manual de Bruxaria Neopagã o mais operacional possível e melhor adaptado às necessidades culturais e religiosas do homem moderno. A chegada de Doreen Valiente, em 1953, foi sem dúvida fundamental para o Wicca: ela parece ter depurado com Gardner a excessiva influência que Crowley tinha tido na fase de construção dos rituais depois de 1946 e realçou a influência do *Aradia* de Leland, adicionando-lhe o frescor e fluidez da sua juventude com material poético recolhido de várias fontes. Ela fez uma elegante manta de retalhos literários, tirando de um lado e de outro, em uma sucessão de plágios e graves copismos, mas que no final parece um texto original, resultante da sua engenhosa homogeneidade, riqueza poética e inspirada narrativa. Exemplo disso é, sem dúvida, *A Instrução da Deusa*, misto de Leland e Crowley elegantemente combinados, com uma beleza que nos lembra os Hinos Babilônicos a Ishtar e o Cântico dos Cânticos, de Salomão. Embora a criação desse texto litúrgico, no formato que agora se conhece amplamente pelos meios wiccanianos ecléticos, tenha sido atribuída muitas vezes a Doreen Valiente, na realidade ela sempre negou, sugerindo que apenas teria dado uns meros retoques literários na década de 1950. Foi durante esse período de convivência que muito do material estruturado por Gardner, a partir de várias fontes, teria sido testado e se erguem as fundações do Wicca que conhecemos hoje. Ele veio a caracterizar-se por alguns critérios de organização e ritual:

1. A veneração de uma Grande Deusa Mãe e de um Deus Cornudo;
2. A celebração da nudez como a mais santa manifestação dos Deuses e sua ênfase nos rituais de Magia cerimonial wiccaniana;
3. A prática de rituais articulados com os ritmos lunares e solares, à imagem dos ritos agrícolas arcaicos.
4. A prevalência da polaridade mágica centrada no Sacerdote e na Sacerdotisa;
5. A prática do cerimonial mágico dentro de um círculo consagrado;
6. Um Sistema de Iniciação Tripla desenvolvido entre sexos opostos;
7. Reverência da Força de Vida no Universo e do Prazer e do Amor como seus atos mais sagrados;
8. A crença na reencarnação e no regresso das velhas almas da Bruxaria à época presente.
9. A referência do Norte como a direção mais sagrada dos seus ritos.
10. O uso de um conjunto de armas rituais oriundas dos grimórios de Magia cerimonial e da codificação litúrgica da Golden Dawn.
11. O transe e o êxtase como partes componentes dos seus ritos.

12. Organização em grupos pequenos com o máximo de 13 membros chamados *covens*, segundo o modelo sugerido por Margaret Murray.
13. O culto a Divindades Cornígeras, não em um ato de devoção e adoração, como se faz a um Deus transcendente, mas em uma imanência mística e transfiguradora.

Quando, em 1959, Gardner publica *The Meaning Of the Witchcraft*, aparece pela primeira vez a palavra Wicca! Ela continha na sua própria estrutura semântica e sintática o significado oculto da Bruxaria Iniciática em que ele então dizia ter sido iniciado. A fundação da Bruxaria Neopagã, tal como a conhecemos hoje pela sistematização de Gardner, estava então acabada e suficientemente testada em trabalho ritual de grupo para poder ser revelada. Contudo, até 1964, o ano da sua morte, seu *Livro das Sombras* continuou sempre a evoluir e a transformar-se. É de tal forma veloz sua transformação que um wiccan iniciado pela sua última Sacerdotisa Monique Wilson teve um texto litúrgico ligeiramente diferente do de Doreen Valiente, do início dos anos de 1950, e totalmente diferente do de Patricia Crowther. No ano seguinte, Gardner, uma figura já célebre, é convidado para uma recepção no Palácio de Buckingham para ser agraciado pela rainha em reconhecimento pelos serviços prestados à Inglaterra, nas suas colônias do Extremo Oriente. Nesse mesmo ano falece sua esposa Donna. É a partir de então que sua saúde se debilita e a solidão se estampa no seu rosto, nas muitas fotografias que seus admiradores e correligionários tiram. Em 12 de fevereiro de 1964, quando regressava de barco do Líbano, durante o café da manhã, sofre um ataque cardíaco que se revela fatal. No dia seguinte é sepultado em um cemitério de Túnis, em vala comum, próxima das ruínas do templo de Tanith, regressando dessa forma simbólica à Grande Deusa Mãe, Rainha da Vida e do Renascimento. Gardner nunca chegou a ver o sucesso que sua reforma de Bruxaria teve nas gerações futuras, nos campos diversos da ecologia, do movimento feminista, do interesse pelas culturas célticas e da sua influência sobre modos de vida e de espiritualidade tão profundamente ligados com a Natureza e o Cosmos. Sua modesta intenção era conseguir preservar para o futuro uma forma mais estruturada, sob o ponto de vista esotérico e ritual, o que poderia ser chamado de Bruxaria no mundo moderno. Mas sua repercussão foi avassaladora no mundo do pós-guerra, sobretudo nas gerações que procuravam uma espiritualidade panteísta e novos modos de vida e de consciência, onde o corpo e o espírito se unificassem criativamente em uma nova Arte de viver. A expressão Craft, isto é, Arte, nada mais é do que isso mesmo.

Síntese: Os anos de 1950 e 1960, até a morte de Gerald Gardner, em 1964, são de remodelação dos princípios e técnicas de trabalho mágico do Wicca. É nessa época que o sistema litúrgico wiccaniano se consolida com várias redações de melhoramento do Livro das Sombras. *Com a cooperação de Doreen Valiente, no início dos anos de 1950, sobretudo na composição da Instrução da Deusa, o paradigma religioso fundamental do seu sistema mágico e a metodologia ritual wiccaniana evoluem para uma forma menos dependente dos materiais herdados de Crowley e alcança seu pleno amadurecimento mágico-religioso com uma forte aparência neopagã.*

Britain's chief witch dies at sea

News of the World Reporter — February 23rd, 1964

TO the other passengers aboard the steamer sailing slowly off the North African coast he was just a strange old man appearing as usual in the breakfast lounge.

A grey goatee beard, strange piercing eyes, and a frail form. He was some "old writer" who had been wintering in the Lebanon and the ship had picked him up at Beirut.

When he collapsed and died over the breakfast table, there was the usual flurry. He was alone. Hurried consultations ended in the inevitable decision that he should be buried at the next port of call.

Upheaval

He was buried in Tunis last week—but not before distant relatives in Tennessee, U.S.A., had frantically cabled the Foreign Office about one Dr. Gerald Brosseau Gardner, aged 80, self-confessed witch, keeper of the museum of witchcraft at Castletown, Isle of Man, and author of books on witchcraft.

And when news of his death reached Britain there was a tremendous upheaval throughout every mysterious "witch coven," for Dr. Gardner was an unofficial, but tremendously powerful leader of the thousands of devotees to witchcraft here.

He was the man I heard mentioned many times during my investigations last Autumn into witchcraft in Britain to-day.

Thousands of Manx tourists met him—for he charged a shilling a head to visitors looking over Witch Mill at Castletown. They goggled at the collection of bones, charms, and "evil eyes" and instruments of torture connected with the great European purge of witches in the Middle Ages.

They heard Dr. Gardner (Doctor of Philosophy and Doctor of Literature) proclaim the virtues of the "old faith—older than Christianity" and heard him vow that he was a master of "white witchery."

The people of Castletown knew him only as a recluse, who suddenly came to them in 1946. Which by other records was the year he became a witch after 40 years as a customs officer in Malaya. And there are some who remember him in Liverpool.

But in England I knew him as a power—a leader of witches, who toured the country attending the secret meetings of the witches; advising and arbitrating on disputes.

Mrs. Eleanor Bone, a self-confessed witch of Trinity-road, Balham, London, told me: "The death of Dr. Gardner has shocked us all deeply. There have been discussions as to who should take his place in our craft.

"I am the leader of a coven here in Balham, and I have talked with my counterparts in Sheffield and St. Albans. I anticipate that I will take over Dr. Gardner's role."

Quarrels

"His rise in our craft was almost an accident. But his personality and knowledge made him acceptable in all quarters, except in Scotland.

"Our intention now is to form a central committee of English witches, and I shall probably be voted the liaison officer between all covens."

Great debates — and quarrels — among witches open and secret are raging because of the death of Dr Gardner.

He took many secrets with him to the grave. But the upsurge in witchcraft in Britain which he lived to see is continuing—and even his death may well be accompanied by a further spurt.

DR. GARDNER

III
A Segunda Onda: Bruxaria, Sexo e Rock and Roll

A Rainha de Espadas – Édipo e Feiticeiro – O Rei dos Bruxos
O Alexandrianismo – Faça Você Mesmo – O Caminho Solitário

> *Quando fizeres alguma coisa, inflama-te tão intensamente quanto uma fogueira, para não deixares rastro algum de ti mesmo.*
> Shunryu Suzuki (1904-1971)

Fios de neve caíam na brancura incandescente do crepúsculo como se fosse uma manhã de dezembro. Era, no entanto, Verão e os Pireneus afogueavam-se de brancura como se fosse um diamante. Parecia que tudo se havia invertido: o crepúsculo parecia uma alvorada e o Verão um Inverno. Ao longe, a poucos quilômetros desta aldeia e no sopé da montanha, eu sabia que Montségur estava orgulhosamente erguido. Sabia que por debaixo da montanha, em algum lugar por entre sinuosos caminhos de cabras se chegava à caverna e ao esquife de granito de que me falara Pascal. Como os cátaros queimados em sacrifício, chegava o dia do sacrifício do Deus de Chifres neste início de agosto, coberto de neve e anunciado com relâmpagos. Não há morte em vão! O Deus de Chifres morria, mas dele ficava o pão quente que vinha do forno de Marieta como fosse um sol, suficientemente grande para o repartirmos, comermos e levarmos para as entranhas da nossa alma. Marieta trouxe o pão do forno que esteve assando durante toda a tarde e o colocou na mesa carcomida de carvalho, ossos de nosso senhor Rei Carvalho. Ele cheirava a zimbro e trazia folhas de azevinho colhidas na mata, como se fosse uma coroa. Quando olhei para o pão, ele estava cheio de símbolos antigos e suas crostas, laceradas por chagas e feridas, falavam-me como se fosse um alfabeto antigo. Ela segurou o pão com ambas as mãos e passou-o para as minhas mãos. Depois, sobre ele rezou um encantamento antigo em provençal que me lembrava as preces de Prisciliano pelas matas da Galiza. Ela soletrou: "era assim que minha avó fazia em nome daqueles que haviam morrido no Castelo". Quando sua faca trinchou o pão foi como se ela trinchasse meu corpo e eu fosse o pão cozido, colhido e dilacerado. Por entre as chagas era como se a realidade que conhecia se rachasse e abrisse brechas, e por elas entrasse a Luz de um mundo que ainda não conhecia. Pela primeira vez percebi que tinha andado toda a vida vivendo dentro de uma prisão!

Diário de um Feiticeiro, Lavelanet, Pireneus, França, 1993

A Rainha de Espadas

Rei morto, rei posto. Mas rei ou rainha? Após a morte de Gerald Gardner, em 1964, restava saber quem se incumbiria do papel de timoneiro do Wicca na fase de mudança que se avizinhava! Era justo que esse papel coubesse a uma das suas Altas Sacerdotisas em quem mais confiança ele tivesse depositado, já que fora a ela que Gardner incumbira do papel de organização e responsabilidade dos conciliábulos. Era a ela que cabia o dever de representar a Deusa Mãe no chão sagrado do Círculo da Arte! Isso estava em sintonia com os mitos históricos de então, em que se acreditava piamente em uma época arcaica regida por matriarcas de onde se pensava ter um dia originado a Bruxaria. Imagino Gerald Gardner sonhando com uma tradição iniciática de Bruxaria Neopagã liderada por mulheres excepcionais, que com seu espírito de Iniciadas e Sábias trariam de novo à Terra a força criadora e renovadora da Grande Deusa, faróis vivos de metamorfose da sociedade futura, tal como tinha pretendido anos antes Dion Fortune nos seus romances esotéricos. Mas havia uma grande debilidade nessas sacerdotisas: vinham de uma classe social média-baixa, divididas entre donas de casa, cartomantes, artistas de palco, sem uma grande preparação intelectual e uma certa dose de timidez e puritanismo, para que pudessem servir de porta-voz a um movimento de espírito típico da contracultura mágica, diante de uma juventude rebelde e exigente, cada vez mais cedo autônoma e mais instruída.

Entre todas essas mulheres era talvez a bela e flamejante Dayonis a mais talhada para o papel, apoiada pelo seu companheiro Jack Bracelin, um homem inteligente e culto, de longos bigodes e pose à *dândi*, a quem Gardner confiara a regência do seu conciliábulo de Bricket Wood, em

Hertfordshire. Depois do caso polêmico às voltas de Olive Green,[47] durante sua regência, e da partida de Doreen Valiente, sua posição tornou-se mais autoritária. À frente dela haviam inevitavelmente outras sacerdotisas veteranas e ambiciosas: a encantadora Patricia Crowther, a misteriosa Monique Wilson, etc. A discreta Doreen Valiente, já há algum tempo afastada dos meios gardnerianos, tinha se colocado fora da corrida ao sair abruptamente do seu *coven*. Muitas acabaram por ser escritoras de Wicca, como Lois Bourne e Patricia Crowther, mas foi a um outro homem que coube o papel, a contragosto das matriarcas, de guia do Wicca na sociedade moderna. Esse homem foi Alexander Sanders! Ele não escreveu uma única linha de prosa sobre Wicca. Mas a época que surgia queria ídolos contestadores como se viam nos *boulevards* de Paris e nas ruas de Manchester ou Londres e não fastidiosas prosadoras com aparência de simplórias empregadas domésticas saídas dos anúncios de máquinas de lavar nos *placards* das ruas de Moscou.

Nos anos de 1960, a arte era fundamentalmente um fenômeno de rua, era a performance, o *happening* e a publicidade! Como antes fizera Gardner com sua postura flamejante de esteta e dândi, Alexander Sanders fará o mesmo! Os jornais e as televisões fartaram-se de falar dele, de tirar fotos suas entre jovens dançando nuas à volta do Círculo Mágico, de convidá-lo para *talk shows* na BBC, de escreverem biografias[48] suas, que se esgotavam como se fossem *best-sellers* de estrelas pop, tudo à imagem do que se passava em Woodstock e Wolywood. Contida e puritana como era, a velha guarda de bruxas veteranas iniciadas por Gardner, durante a década do pós-guerra, fazia prosa, mas os louros eram para ele! Mais uma vez parece que o velho e irônico Deus Cornudo escolhe de forma direita seus emissários, mas por linhas tortas! De todos os iniciados, legítimos ou não, não há dúvida de que ele era o que mais se prestava a um papel de Dioniso, muito semelhante no seu tempo ao papel que Jim Morrison e Andy Warhol vieram a representar

---

47. O caso de Olive Green foi a consequência desastrosa de uma operação de grande publicidade a que Gardner havia se exposto ao divulgar sem parcimônia e a iniciar sem prudência pessoas sem qualificação ética e iniciática. Tendo sido aceita em 1959 para Iniciação, acaba depois por transferir o *Livro das Sombras* a Charles Cardell, que estava decidido a desmascarar a autenticidade das suas práticas e suas alegações de linhagem. Ele publica-o na íntegra após a morte de Gardner tentando provar que seus ritos eram um produto sincrético e sem a ancestralidade que ele lhes atribuía. Cardell parece ter sido um genuíno iniciado em Bruxaria Tradicional e suas dúvidas vieram mais tarde provar ser verdadeiras. Adicionalmente, a oposição de Doreen Valiente, em 1957, à narcisista publicidade de Gardner em revistas cor-de-rosa acabaram por ser, também, bem fundadas.

48. Johns, June. *King of the Witches: The World of Alex Sanders*. London: Peter Davies, 1969.

no mundo da música e das artes. Mas quem era esse homem com nome de conquistador da Ásia?

> *Síntese: Depois da morte de Gardner inicia-se a segunda onda do Wicca, ainda designada entre iniciados por Craft, sob o impacto que os mass media desencadeiam na opinião pública inglesa em torno de Alexander Sanders. Simultaneamente, inicia-se a separação entre a concepção fundamentalista da herança de Gardner e a corrente inovadora e iconoclasta que veio a chamar-se de Alexandriana, sob a liderança de Alexander Sanders, que vai ter um forte impacto na juventude pop dos anos de 1970.*

Alexander Sanders

Édipo e Feiticeiro

A história do passado de Alexander Sanders não deixa de ter algumas similaridades com a de Gardner. Similaridades mito-biográficas, entenda-se! Sanders nasceu em 1926, em Manchester, e seu relacionamento com os pais deve ter sido tão distante como o de Gardner, com o agravante de ter vivido uma infância cheia de dificuldades econômicas, com um pai músico que estava permanentemente em turnê, sem dinheiro e alcoolizado, crescendo sob a proteção de uma avó curandeira. É um pouco o mito do filho órfão que temos no *Édipo Rei*, de Sófocles, que nunca chegará a conhecer o pai e a crescer e viver sob o encanto das mulheres. Todo esse passado de sofrimento e confusão ele próprio destruiu, em um rito autofágico, fazendo uma fogueira com todas as suas recordações familiares. Dessa forma, ele queria enterrar seu passado e renascer, como a Fênix, das cinzas da sua biografia! Ele queria ser o Outro, esse "Outro" de que nos fala o poeta simbolista Rimbaud e que as estrelas pop de então, como Jim Morrison, Janis Joplin e John Lennon, procuravam tragicamente.

Vivendo uma vida confusa e mutável na Manchester do tempo dos Beatles, entre a rotina profissional de químico analista, estudante das artes negras e as orgias clandestinas que se faziam entre a juventude iconoclasta de meados dos anos de 1960, Sanders torna-se um verdadeiro psicopompo, descendo aos abismos do excesso sexual e psíquico, que poetas como Georges Bataille advogavam como ascese poética. Se nos lembrarmos da sua personalidade afável, divertida e inteligente, da sua loquacidade e célebre generosidade, poderíamos dizer que Sanders, apesar de tudo, matou bem seu passado e venceu sua herança de dor e limitação. Seu pecado era um desejo imenso de ser célebre, uma inclinação imprudente para gostar de aparecer nas colunas dos jornais cor-de-rosa como o Grande Feiticeiro, acompanhado da sua bela Maxine, por vezes ritualmente desnudada, como John Lennon irá fazer com Yoko Ono no seu protesto *Bed-In for Peace* (1965). Ele não era muito diferente dos mitos de revista popular como Elvis Presley e Jim Morrison. Ele era o Dioniso do fim dos anos de 1960!

Depois de ter casado em 1967 com a bela Maxine, vinte e poucos anos mais nova que ele, ele se muda para Londres, onde habita em um modesto apartamento na zona de Nottinghill Gate. Recordo-me perfeitamente de ter escrito a Alexander Sanders.

Eu era um dos seus jovens admiradores que havia lido *What Witches Do*, de Stewart Farrar, que ele conheceu um ano depois de chegar a Londres, quando foi convidado para consultor técnico do filme

Legend of the Witches. Sua pose libertária e provocatória, que chegava atrasada a Portugal com um vestígio de *rock and roll* por meio de revistas populistas de ocultismo, sob forma de ecos distorcidos, não era para mim muito diferente dos ídolos que eu amava: de Jean Paul Sartre, Aleister Crowley, Georges Bataille e Gurdjieff. Eu era um dos muitos jovens que lhe escreveram as mesmas cartas, lhe batiam à porta todos os dias, lhe telefonavam, quando ao mesmo tempo discutiam nos cafés as revoluções políticas, o problema da energia nuclear e se deliciavam nos festivais *underground* ao lado de morenas doces, de peitos corpulentos, com longos vestidos floridos e transparentes de sílfides. No fim dos anos de 1980, eu fazia um pouco o papel triste de Papus no século XIX ao escrever a Eliphas Levi. Alexander Sanders já estava sepultado em Sussex.

Sanders não era um homem, era um mito! A prova da força perturbadora desse mito é o fato de ainda continuar a desencadear reações sinistras de figuras como Patricia Crowther. Em pleno fim da década de 1990, no seu livro *The Witche's World,* vem de novo, sem qualquer fundamento objetivo e uma boa dose de doentia fixação, afirmar que Sanders havia roubado seu *Livro das Sombras*! Todos nós sabíamos o que diziam as bruxas veteranas: "Alexander não é um genuíno iniciado do Wicca"! A que mais destemida e fantasiosamente o combateu até as raias do ridículo e do contrassenso foi a charmosa Patricia Crowther. Patricia havia sido iniciada por Gardner nos anos de 1960, possivelmente entre 1961 e 1963, mas, no aventuroso declínio da idade, Gerald Gardner afiançou-lhe uma paternal amizade, a que não é estranha a cumplicidade intelectual com seu marido Arnold Crowther. Quando, em 1964, Gardner falecia no mediterrâneo, ela foi com Monique Wilson uma das suas herdeiras testamentárias. Mas Gardner acabara por deixar sua fortuna em espécie a Patricia, realçando seu estatuto de mera herdeira patrimonial, e legou a Monique Wilson todo o seu espólio museológico e literário, em uma espécie de clara passagem de testemunho espiritual. Após sua morte, no entanto, o território britânico acabou por se dividir, implicitamente, em áreas territoriais de influência e responsabilidade dos *covens*, de forma a lhes garantirem o máximo de qualidade e eficiência. Nos últimos anos de vida de Gardner, parecia que isso já estava acontecendo! Ao bom estilo de um bispo gnóstico, já durante sua vida Gardner realçara que os *covens* deviam organizar-se segundo as igrejas congregacionais de antigamente e as reuniões gnósticas, cada um com seus oficiais, vivendo independentes uns dos outros e trabalhando à sua maneira, mas não perdendo de vista a unidade de propósito de todas elas.⁴⁹ Foi isso, sobretudo, o que atiçou a ira de Patricia. Debaixo de sua porta, o iconoclasta Sanders assomava pelas colunas dos jornais e afirmava-se pouco depois o Rei das Bruxas, saindo pura e simplesmente do nada e desafiando sua autoridade territorial e legitimidade iniciática.

Segundo conta Patricia, foi depois de Sanders ter visto uma entrevista sua que ele escreveu algumas cartas solicitando conhecê-la. Patricia recebe-o pouco depois em sua casa e a primeira reação que ela teve foi a de sentir uma instintiva antipatia por Sanders, tal como ela confessou. Uma das suas propostas foi convencer Patricia que utilizasse os *media* como divulgação do Wicca, como já havia feito o próprio Gardner, o que ela naturalmente rejeitou. A experiência de Gardner, um inveterado divulgador do Wicca nos *media,* havia sido um desastre e tinha posto em perigo a honra de outras sacerdotisas na sociedade puritana inglesa. O caminho era a clandestinidade, em consonância com uma verdadeira Religião de Mistérios. Isso não impediu, no entanto, que Sanders, então já comprometido com o jornalista, fabricasse com os amigos uma charada ritualista e a fizesse passar, sob os registros fotográficos, como uma *séance* de bruxaria. Dessa maneira, Sanders amputou inocentemente qualquer possibilidade de vir a ser iniciado no Wicca, ao quebrar a confiança de Patricia e ao desafiá-la no seu próprio terreno. Mas isso não o impediu de ir adiante! Acabou por conhecer Pat Kopanski, uma bruxa iniciada do *coven* da própria Patricia, que havia rompido com os próprios Crowther, e por meio dela conseguiu conhecer a Alta Sacerdotisa Medea, que o iniciou no Wicca e elevou Pat Kopanski a Alta Sacerdotisa. Esse é o ponto de virada da história.

> *Síntese: A morte de Gardner não traz à liderança pública nenhuma das suas sacerdotisas, mas um homem chamado Alexander Sanders. Sua Iniciação no Wicca, embora sendo obscura, pensa-se ter vindo por meio de Pat Kopanski e Medea. Ao contrário das discípulas de Gardner, Sanders era uma pessoa flamejante e integrada no meio da cultura underground inglesa, para quem o Paganismo era uma alternativa religiosa enquadrada na corrente da subcultura pop que então emergia. Sua liderança foi curta, porém! Em um breve período de quatro anos, que se passa entre 1967 e 1973, ele faz uma revolução de mentalidades no Wicca Tradicional.*

---

49. Seims, Melissa. *Charles Clarck, Gardnerian High Priest and Child of the Wica.* The Cauldron. London: Edição Privada, 2005.

O Rei dos Bruxos

Em 1963, Gardner está muito doente. Desde a morte de sua esposa, Donna, sua saúde está em declínio. No crepúsculo da sua vida está se forjando a aurora do novo ciclo. Por um conjunto de circunstâncias invulgares, Medea, a iniciadora de Sanders, acaba com o *coven* após a morte súbita do seu marido e Pat Kopanski, que tem agora a possibilidade de criar seu próprio *coventículo*, vê-se legitimada pelas circunstâncias para o fazer, mas sem o essencial: o *Livro das Sombras*. Em uma carta, que ainda hoje existe, Pat Kopanski sonda Gardner solicitando-lhe o *Livro das Sombras* para iniciar seu *coven*. Se conhecemos bem seu caráter, muito provavelmente ele concedeu-lhe o grimório. Doreen Valiente é peremptória ao afirmar que, provavelmente, Sanders tenha visitado Gardner na Ilha de Man,[50] tendo este último transferido o *Livro das Sombras* àquele.

Apesar das cartas de Patricia e do marido, tentando maldosamente colocar Gardner contra Sanders, este possivelmente fez ouvidos de surdo e seguiu seu instinto. Dessa forma, inicia um novo ciclo no seio do velho que declina: o ciclo alexandriano do Wicca. Patricia Crowther nunca aceitou essa versão dos fatos e preferiu nos seus múltiplos livros denunciar Sanders como uma fraude. O que significava que Gardner, mesmo velho, pensava pela sua própria cabeça e, se fosse necessário, ia contra tudo e contra todos para fazer o que julgava mais importante: alargar o Wicca ao maior número de pessoas e estabelecê-lo como uma Religião de Mistérios, tão aberta como os Mistérios de Elêusis na Antiguidade Pagã. Na história do Wicca isso não era nada novo! Gardner, mesmo com a oposição de várias sacerdotisas, continuou a dar conferências públicas pelos jornais e a televisão, pondo em risco a integridade social dos seus membros e, mesmo contra a opinião do *coven*, iniciou Olive Green, que trouxe imensos dissabores à sua reputação, ao publicar pelos jornais sociais de então suas cartas maculadas pela frustração e o ódio.

Tudo indica que Gardner não pretendia criar uma religião fechada e fundamentalista, secreta e elitista, como aquela que veio a tornar-se em muitos dos grupos dos seus herdeiros. Como os Mistérios de Elêusis, ela poderia ter sido seletivamente aberta, de forma a cumprir as intenções e capacidades de autocrescimento dos seus neófitos, para que, no útero-mãe do coventículo, o Iniciado pudesse crescer

---

50. Doreen Valiente estava convencida de que Alexander Sanders recebera de Gardner seu *Livro das Sombras,* tal como Ronald Hutton confirma no seu *The Triumph of the Moon*, p. 323, idem.

harmoniosamente. Daí os tradicionais juramentos de segredo! O segredo corporativo ao modelo maçônico, em que o Wicca Gardneriano veio a se calcificar, é uma injunção dos seus herdeiros diante da versão aberta de Gardner, em uma espécie de autofagia iniciática, que o filósofo tibetano Chogyam Trungpa tão bem denunciou na esfera do religioso.[51] Para Patricia, mesmo assim, espantava a obscura posse por Sanders de um *Livro das Sombras* autêntico, ela que conhecia bem a independência do Velho Bruxo e que na sua estrutura narrativa era perfeitamente autêntico e semelhante ao seu, mas cuja transmissão ela ignorava ou recusava aceitar como verídica. Tudo isso, em vez de o desautorizar, apenas lhe concedeu uma aura maior de mistério. Patricia dizia que Sanders não era sequer iniciado no Wicca, depois se contradizia e dizia que ele era iniciado, mas só no primeiro grau, voltava a contradizer-se e sugeria que ele era um autoiniciado e teria roubado o *Livro das Sombras*.

Patricia Crowther

Patricia estava completamente confusa na sua pressa de destruir Alexander Sanders! Vistas em contexto, as afirmações de Patricia eram também puro *bluff* de artista de palco em crise de visibilidade. Acusava, mas adiantava apenas conjecturas vagas que, por serem inconsistentes, acabavam por se tornar gratuitamente desonrosas. Comparadas com algumas das suas afirmações na imprensa e que eram pura invenção, como a de ter conhecido Crowley,[52] não é difícil adivinhar até que ponto essas bruxas, essas juramentadas mestras, que têm como código de honra "o perfeito amor e a perfeita verdade", estavam vivendo um pesadelo de contrassenso. Nessa "guerra", outras bruxas preferiam o silêncio e o trabalho, como Doreen Valiente, Rae Bone, Lois Bourne, etc. O pesadelo de se sentirem inexplicavelmente ultrapassadas obrigava todos

---

51. Chogyam, Trungpa. *Pratique da la Voie Tibetaine, Au-Delà du Matérialisme Spirituel*. Paris: Editions du Seuil, 1976.
52. Ronald Hutton sugere a improbabilidade dessa afirmação no seu livro *Triumph of the Moon*.

os iniciados a passar pelo rio Letes e esquecer, esperar a chegada de um novo ciclo e depois agir. Na verdade, elas não percebiam que estavam há muito ultrapassadas no tempo! E que as gerações dos anos de 1960 não eram as mesmas gerações tímidas e sofridas dos anos de 1950.

Em 1965, Sanders tinha quase 40 anos, se confiarmos na data de seu nascimento, em 1926, fornecida pela sua esposa e Alta Sacerdotisa Maxine ao historiador Ronald Hutton.[53] Perante as sacerdotisas veteranas, ele era, por isso, uma geração mais velho. Mesmo assim, sua natureza mutável de eterno adolescente, vivendo como um *teddy boy* de bicos e jogos de influência, charmoso e eloquente, sempre rodeado de uma juventude rebelde, desinibida e bela, em choque com as gerações passadas, deu-lhe um conhecimento profundo das forças vivas da sociedade nessa década de 1960. Quando conhece Maxine, uma jovem e bela adolescente recém-saída de um convento católico, e forma com ela seu primeiro coventículo, o Wicca dá um salto de uma visão provinciana de Bruxaria para dona de casa com delírios de Paganismo para uma ação cultural característica da contracultura. De 1967 até 1973, o ano da sua separação de Maxine, a palavra Wicca tornou-se sinônimo de contracultura, convivendo com o rock e as inovações pictóricas da arte, em sintonia com o processo de maio de 1968 e o Woodstock. Não era fácil para o britânico comum aceitar ver aquelas moças despidas dançando ao redor de uma fogueira para honrar o Deus Cornudo ou a Grande Deusa; não era fácil ver moças e rapazes nus em festivais onde a música e a maconha desinibiam o corpo e o espírito; não era fácil ver jovens contestarem os solenes poderes públicos e seu poder de dispor e agir como bem convinha à moral política. Suas discípulas e discípulos seriam, por isso, sobretudo jovens que vinham de uma classe instruída e cheia de valores autônomos, com a cultura pop entranhada em si, sem preconceitos e ansiando por um modelo cultural que pudesse abarcar seu novo estilo de vida e consciência.

O Wicca forneceu-lhes esse modelo! Deu-lhes um contexto religioso que integrava simultaneamente os valores do corpo e os valores do espírito, os valores da natureza e os valores contestadores. Do seu canteiro sairiam as figuras que iriam marcar a cadência da literatura wiccaniana mais sofisticada nas duas décadas seguintes: Stewart Farrar e Vivianne Crowley. Mas, como o exemplo edipiano dos Deuses Cornudos, sacrificados pela própria Deusa quando consumado seu Destino na obra de fecundação da Natureza, Sanders acabará por ter também sua crucificação. Desde 1968, com a aparição do filme de Roman Polansky,

---

53. Idem.

O Bebê de Rosemary, e a fundação da Igreja de Satã, de Anton LaVey,* na Califórnia, que a imprensa diária muda de uma atitude aberta e benevolente em relação a Sanders para uma atitude de hostilidade. Ela desencadeia uma insensata e rendosa perseguição a ele, acusando-o como força desviante da juventude e dos seus valores cívicos e cristãos. Sanders havia sido inteligente ao precaver-se de uma acusação dessas, quando colocava constantemente o Wicca no mesmo plano do Cristianismo na sua cruzada contra o Mal, seguindo um discurso dualista e pacifista. Humilhados pela imprensa, que havia aproveitado da sua insólita atitude religiosa para capitalizar um maior número de vendas, Sanders adquire o retiro de Selmeston, no interior de South Downs, onde se refugia. Excluído pelo resto da comunidade wiccaniana, que agora respira de alívio por essa crucificação pública, Sanders retira-se para Sussex e inicia em segredo uma outra tarefa, e se despede do século XX com uma grande superioridade de espírito: levar o Wicca ao continente europeu e criar os meios para que ele seja acessível a casais homossexuais. Em 1988, ele morre de câncer. Na cabeceira da sua cama, apenas amigos fiéis se despedem dele. Entre eles encontra-se aquela que será a figura mais sofisticada de escritora wiccaniana no fim do século XX: Vivianne Crowley.

> *Síntese: Os anos de 1967 a 1971 são os anos de formação do movimento alexandriano no Wicca, em analogia com as grandes polêmicas no mundo da música e da arte e o surgimento da cultura hippie. Sua aparição constante nos jornais e na televisão, como antes fizera Gardner, traz uma grande visibilidade ao Wicca, que atrai uma juventude intelectual envolvida com a cultura underground. Simultaneamente, atrai a ira e a incompreensão dos wiccans gardnerianos. Seu papel foi determinante ao colocar o Wicca no seio da grande corrente esotérica ocidental, arrancando-o do reduto da Bruxaria pseudoetnográfica.*

O Alexandrianismo

Durante todos os anos de 1960, o Wicca polarizou-se entre duas forças em tensão: por um lado a força de retração, representada pelos herdeiros de Gardner, que se arvoravam como seus únicos e legítimos sucessores e se fechavam no segredo do coventículo, e por outro, a força

---

*N.E.: Sugerimos a leitura de *A Bruxaria Satânica*, de Anton Szandor LaVey, publicado pela Madras Editora.

de expansão representada pelo inovador dinamismo de Sanders. Na essência, a liturgia de Alexander Sanders é uma herança fiel do que tinha chegado a liturgia do Wicca, depois de múltiplas adições e subtrações textuais, durante a década de 1950 e início da de 1960, no fim da vida de Gardner. Mas as sucessivas acusações públicas por Patricia Crowther a Sanders, em uma atitude obstinada que já se havia repetido também contra Robert Cochrane, obrigaram-no a um *tour de force*: afirmar-se não só como uma tradição diferente da de Gardner, mas mesmo mais antiga. Há nessa resposta uma meia-verdade! Sabe-se que Sanders, no período em que sondava Patricia Crowther, se aproximou de grupos de Bruxaria Tradicional pré-gardneriana. Seu primeiro encontro teria sido com o bruxo pré-gardneriano Paul King de um conventículo de Poynton, a sudeste de Manchester. Sabe-se que antes desse encontro com o *Poynton Coven*, teria se envolvido com as bruxas de Alderley Edge, ao sul de Manchester, em Cheshire, na Inglaterra. Contudo, todos aqueles que poderiam ter desvendado o mistério da sua Iniciação, seja Pat Kopanski, Medea, Maxine Sanders ou mesmo Paul King, nunca o fizeram, demonstrando uma lealdade perturbante, em tudo semelhante à de Dafo, protegendo com seu silêncio o passado de Gardner.

Todos conhecem a história que Sanders provavelmente inventou para sua herança wiccaniana: quando tinha 7 anos de idade, Alexander surpreendeu sua avó Mary Biddy nua e praticando sozinha, no recanto da cozinha, um inédito rito de Bruxaria. Surpreendida, sua avó exigiu-lhe que jurasse segredo quanto à sua bizarra prática e, para garantir que ele fosse cumprido, iniciou-o, também, nos Mistérios da Arte, asseverando solenemente: "a partir de agora és um dos nossos". Ela revela-lhe sua linhagem iniciática, que recuava até ao fundo obscuro do século XIV e ao conciliábulo do galês Owain Glyn Dwr, ao mesmo tempo que o prepara em um longo processo de aprendizagem nos segredos dos unguentos e poções, assim como invocar a Grande Deusa da Lua na Alta Sacerdotisa, sua avó. Foi essa a história que ele contou e que toda a gente escutou com um sorriso sarcástico. Na década de 1960, a história de fundação de Gardner no *coven* de New Forest era tão pouco consistente e convincente como a de Sanders, com a diferença de que as sacerdotisas gardnerianas queriam acreditar piamente que a primeira era verdadeira e a segunda inventada! Em uma época em que se acreditava, tal como Margaret Murray defendera, que teria existido uma transmissão ininterrupta dos saberes taumatúrgicos da Bruxaria desde a Antiguidade Pagã até nossos dias, esse fantasioso argumento tinha ainda muito peso, sobretudo em uma geração que havia se formado nos redutos esotéricos da Teosofia.

A questão da "linhagem mágico-religiosa" que tanto se punha no Wicca era um reflexo distorcido e uma herança doentia que havia herdado da Maçonaria e da OTO, onde constantemente se punha em questão a credibilidade iniciática de seus membros demasiado independentes, se duvidava da regularidade iniciática de outras Lojas maçônicas, em um círculo eutanásico sem fim, que destruía as corporações esotéricas e a sanidade mental dos iniciados. Sanders, ao afirmar-se como herdeiro de uma linhagem autônoma de Bruxaria Neopagã, pretendia pôr-se à parte da questão da autenticidade da sua tradição em relação à linhagem gardneriana e pôr, assim, um ponto final no assunto. Na realidade, Patricia Crowther nunca deixaria cair no esquecimento a questão, porque, enquanto a base litúrgica da corrente de Sanders fosse a própria base litúrgica do Wicca, a questão de plágio e fraude estava sempre na ordem do dia, pelo menos enquanto não fosse esclarecida. Essa questão persistiu durante todo o século XX, quando os materiais litúrgicos do Wicca começam a ser patrimônio público. Desde 1949, o próprio Gardner divulgara partes significativas da sua liturgia no seu romance *High Magic's Aid* e, a partir de 1964, a edição pirata do *Livro das Sombras,* feita por Charles Cardel, colocava à disposição de qualquer destemido investigador as litanias usadas nos coventículos tradicionais. Todavia, para os herdeiros de Gardner, a mirabolante ideia de criar um grupo wiccaniano sem a autenticidade de uma Iniciação regular, ou conforme as regras de transmissão iniciática, com um iniciado e dentro de um conciliábulo, seria o mesmo que alguém pegar no missal católico, acessível em qualquer livraria, e apresentar-se publicamente como Sacerdote católico, fazer missa em sua casa e dar a comunhão e os santíssimos sacramentos. No mínimo, poderia ser motivo de prisão à luz do Código Penal. Os descendentes de Gardner tinham, por isso, razão!

Até 1971, quando Stewart Farrar publica o livro *What Witches Do*, a prática ritual de Sanders, seguida pelos seus míticos trezentos e tal coventículos distribuídos por toda a Inglaterra e, mais tarde, nos Estados Unidos e na Alemanha, não tinha um nome próprio que a designasse. Eram pura e simplesmente wiccans! Farrar vem cognominá-los nesse livro, por uma questão de clareza, de alexandrianos. Era uma sentida homenagem ao seu fundador Alexander Sanders, mas também uma dupla homenagem ao seu pioneirismo, semelhante ao de Alexandre, o Grande, cortando o nó górdio e abrindo as rotas de um ciclo de civilização que se ilustrou na cidade de Alexandria, onde foram feitas as grandes sínteses filosófico-religiosas entre o Oriente e o Ocidente. O nome que o Corão atribui a Alexandre, o Grande, é *El-Ikkándar Dhú-Qarnéyn*, Alexandre, o Senhor dos Dois Cornos. Dela vem também o latinizado teônimo Karnayna, o Patrono Cornígero da Arte praticada por Sanders. Assim, a ênfase do Deus Cornudo na corrente wiccaniana alexandriana torna-se uma alusão astuta ao seu próprio pioneirismo. Esse ardil verbal tem, no contexto operacional da Magia Wiccaniana, a engenhosa consequência de que seus herdeiros, ao se dirigirem a Karnayna em cerimônia de coventículo, e o reverenciar com os ritos apropriados da sua

Alexander Sanders

Tradição, estão homenageando simultaneamente o próprio Alexander Sanders como se ele fosse seu *alter ego*. Hoje, mais de duas décadas passadas após a morte de Sanders, isso significa não só uma reverência ao Deus Protetor das bruxas, mas para todos os alexandrianos uma homenagem ao próprio fundador, em um modelo de prática mágica que se encontra na linha dos cultos mágicos aos Antepassados. Se isso foi mero acaso, então foi um acaso muito perverso.

Uma outra característica do pioneirismo de Alexander Sanders diz respeito às suas sínteses mágico-filosóficas, de que Alexandria foi no passado remoto o paradigma das sínteses das Escolas de Mistérios, em uma época de transição do politeísmo para o monoteísmo religioso em todo o mundo. Sanders é o primeiro a estimular os wiccans a fazerem uma síntese entre os materiais cabalísticos e a tradição do Wicca herdada de Gardner. Mas muitos outros aspectos se realçam no vanguardismo dessa tradição, a saber:

- A homenagem da Deusa como a Grande Criadora e Destruidora, no seu duplo aspecto de Deusa Mãe da Terra e Deusa Donzela das Estrelas, e do Deus Cornudo como o Senhor Doador da Vida e Doador da Morte.
- O uso dos pentagramas, na sua versão completa, ao estilo da Golden Dawn, para talhar o Círculo.
- O uso de material cabalístico.
- O uso da espada cerimonial para talhar o círculo.
- O estímulo constante à pesquisa nas fontes mágico-cerimoniais do nosso passado esotérico sem se envolver com o universo limitado e precário da própria Bruxaria folclórica e etnográfica, na convicção

de que o Wicca era o ponto final de um conjunto de sínteses mágico-filosóficas cujas origens estão na Antiguidade Pagã.
- O uso de um grau preliminar de dedicante antes da Iniciação, sob o formato de *workshops* de instrução mágica e filosófica genérica.
- A ênfase na necessidade de fazer uma ascese que desenvolva harmoniosamente a personalidade do adepto.[54]
- A importância dada a um treino mágico sistematizado, ao estilo desenvolvido nas lojas de trabalho teúrgico, em contraposição ao sistema gardneriano, onde se transmitiam apenas usos e costumes de trabalho litúrgico.
- A atribuição do athame ao elemento Fogo, contrariando a versão gardneriana de atribuí-lo ao elemento Ar.
- A introdução do sistema ritual "vestido de treva", isto é, com trajes cerimoniais, contrariando a exigência gardneriana de completa nudez em todos os ritos.
- A divulgação do Wicca como uma técnica mágico-religiosa de Bruxaria positiva e ao serviço das forças do Bem.
- Um estilo de divulgação do Wicca em sintonia com o estilo das estrelas *pop* de então, seguindo o polêmico exibicionismo de Gardner na imprensa e televisão na década anterior.
- Um sistema de Wicca criado na perspectiva da Alta Magia Cerimonial e sem interesse pela sua reabilitação etnográfica ou suas raízes populares, como acontecera com Gardner.
- A valorização de técnicas de transe e estados alterados de consciência como base da eficácia do trabalho ritual.

Sua tolerância em relação ao Cristianismo e o fato de ceder a uma visão dualista do universo em tensão entre o Bem e o Mal, embora defendida por ele, nunca terá impacto nos seus discípulos nem será seguida pelos seus herdeiros. O ano de 1973, em que Sanders está se preparando para se retirar para Bexhill, em Sussex, é também o ano em que a Alta Sacerdotisa Mary Nesnick cria a tradição *Algard Wicca*. Ela baseia-se nas similaridades entre o sistema de Gardner e Sanders e anuncia a fusão das duas tendências em tensão duas décadas depois. Os anos de 1980 e 1990, em que novas gerações recém-iniciadas esqueceram

---

54. A necessidade de fazer uma ascese que permita a reformulação da estrutura padronizada da personalidade em termos iniciáticos é tão importante nos meios de Iniciação Mágica que o próprio Israel Regardie sugeriu a necessidade de os adeptos de Magia fazerem primeiro terapia em um psicanalista, para que não surgissem processos de aumento patológico do ego, tão habituais nos praticantes de Magia.

as velhas tensões e rivalidades entre ambas as correntes, é uma época fértil, em que iniciados de uma e outra corrente se iniciam em *covens* da corrente oposta e alcançam uma dupla Iniciação corporativa. A roda gira e no Wicca a mudança é a lei da Natureza. Em meados dos anos de 1970, Sanders abandonara o cosmopolitismo londrino e as luzes da ribalta das revistas sensacionalistas, retirando-se em silêncio no gelado Sussex. Visitado por raros e fiéis amigos, como Vivianne Crowley, vem aí a falecer de câncer pulmonar em 30 de abril de 1988, na véspera de Beltaine. O Wicca não voltará a ser mais o que era até então, isto é, um grupo fechado de piedosas senhoras e sorumbáticos cavalheiros, civilizadamente nus em um dia de lua cheia. A juventude via nela uma resposta às suas ânsias de metamorfose psíquica e uma via espiritual que aliava simultaneamente a prática de uma religiosidade pagã com a exploração das zonas mais profundas, tanto do seu corpo como do seu inconsciente antropológico e mágico. O aparecimento da cultura wiccaniana alexandriana está ligado inevitavelmente ao surgimento da cultura pop nas artes e na música em Manchester e Londres e ao seu rompimento radical com o passado. Esse corte acabou por se fazer também com o passado do Wicca Tradicional.

> *Síntese: A característica principal do Alexandrianismo no Wicca foi a importância que ele deu à aprendizagem mágica. Ao contrário dos* covens *gardnerianos que transmitiam por Iniciação apenas usos e costumes mágico-religiosos e em que a aprendizagem se fazia por processos imitativos, vendo os outros fazerem, no alexandrianismo enfatizou-se a necessidade de elaborar círculos de estudo das técnicas meditativas e rituais característicos da Magia, aproximando-a dos sistemas de Teurgia em voga nos cenáculos de Magia Cerimonial.*

Faça Você Mesmo

O fim dos anos de 1970 é uma época de independência de espírito e rejeição de todas as tradições. A década inicia-se da melhor maneira, com o escândalo de George Scott ao rejeitar o Oscar pelo seu filme *Patton* (1970), em plena cerimônia de gala. Em março de 1973, Marlon Brando recusa também o Oscar, reagindo à indústria do cinema pela sua impávida exploração da cultura índia. O que eles querem dizer é que há coisas mais importantes a salvaguardar e homenagear: o indivíduo, independentemente do seu credo e da sua raça. E que a criatividade não é para ser vendida nem recompensada, mas para ser partilhada e ajudar a fazer crescer. Para Marlon Brando, a distorção cinematográfica do massacre dos índios em Wounded Knee, em 1890, era inaceitável. Todos eles advertem que aqueles que agora os homenageiam fazem parte da mesma lógica alienante que eles querem denunciar! Sartre, ao rejeitar o Nobel em 1964, um dos prêmios literários mais cobiçados, o fez porque defendia uma lógica de literatura social e marxista que era o contraposto da forma dominante e alienatória de literatura, que o prêmio tantas vezes recompensara. A consciência de que a moral da sociedade tem uma lógica perversa e destruidora do indivíduo, reproduzindo-se em cadeia pelos meios mais viciosos, era para eles um fator de alienação. Essa recusa da alienação e da irresponsabilidade cívica era sentida na rejeição da guerra do Vietnã e na reação ao uso da energia nuclear. O mundo social e político era sentido como totalitário e homogeneizador, sufocante do "eu" enquanto indivíduo livre e autônomo. Para eles, esse "eu" essencial estava sepultado no Homem Primitivo, de que tanto falaram Rousseau e Gauguin.

No mundo do Wicca passava-se o mesmo! O caso Alexander Sanders, que tinha chegado ao fim, demonstrava como o indivíduo, inserido em um processo grupal, mesmo mágico-religioso, poderia ser alienado da sua verdadeira natureza por um fenômeno de mito *mass media* e o culto da personalidade. Por outro, a insistência sem fundamentos objetivos de Patricia Crowther em acusar uma pessoa, por uma questão de defesa corporativa e de pureza de uma tradição, cujas origens eram puramente inventadas por Gardner, demonstrava até que ponto o grupo celular funcionava, muitas vezes, de forma agressiva e reacionária, destruindo a honra de uma pessoa e levando-a a atos absurdos. Uma e outra eram, de certa maneira, aquilo que os anos de 1970 quiseram enterrar no passado! Aquele que se revê em um guru ou em uma corporação, seja ela religiosa ou iniciática, cristã ou wiccaniana, ou confia mais no fetichismo dos rituais, liturgias e invocações, vive apenas um jogo de ilusões fúteis. Substitui uma forma de delírio por outro, e um pesadelo por outro ainda bem pior, como demonstram as guerras fratricidas em muitas organizações mágicas. Dessa forma, nunca ninguém chegará a conhecer a essência da sua pessoa e seu elo profundo e congênito com a natureza visível e invisível! Simplesmente porque se vê espelhado e alienado no modelo do mestre e do coventículo, que representa no fundo apenas o sopro do Espírito Universal, cristalizado no tempo. Patricia Crowther insurge-se por causa de um modelo completamente inventado, uma dezena de anos antes por Gardner, mas que para ela é sacrossanto e de uma antiguidade reverencial, e Sanders, ao ser atacado, insurge-se por causa do mesmo modelo, que para ele é apenas parte de uma corrente esotérica que vem desde as profundezas do Platonismo até a modernidade. Os dois extremos de demência intelectual tocam-se! O grito de guerra é por isso: *do it yourself*. Faça você mesmo!

A primeira pessoa a lançar esse grito foi Marian Green. Depois Doreen Valiente e Stewart Farrar seguem seu exemplo. De todos os três, Marian é a mais inovadora e genial. Ela apela para que cada indivíduo deixe agora os livros na estante e as lógicas alienatórias de coventículos, igrejas e sacristias, e comece realmente a comunicar-se com a natureza como faziam as bruxas arcaicas.[55] Percebe-se o que ela quer dizer! Raramente se encontra um wiccan que tivesse feito um retiro na natureza durante vários dias. Poucos deles sabem o que é estar em um retiro de montanha, a não ser em encontros fabricados artificialmente por organizações neopagãs, em que multidões de pagãos de improviso vão para uma mata e convivem ruidosamente. Essa vivência sazonal da natureza é um processo homogeneizador e massificador sob o encantador verniz de um evento esotérico! Para uma boa parte dos wiccans e dos neopagãos em geral, a Natureza tornou-se uma figura de estilo no vocabulário esotérico. Sob o pretexto dos Sabates, eles manipulam um léxico ritual, em vários momentos do ano, através da celebração dos ritmos cíclicos do Sol, da Lua e da Terra. Mas isso é apenas literatura dramatizada no conforto do fogão de sala! Resta saber que impactos terão essas encenações, além de meros comichões passageiros de devaneio místico.

Não há autenticidade nesses gestos padronizados e repetidos ao infinito, mês a mês e ano a ano, prescritos nos *Livros das Sombras*![56] Já Pat Kopanski, anos antes, declarou à imprensa não serem mais do que vãos e vazios pruridos de beatitude neopagã.[57] Também Marian Green

---

55. Ela atacou frontalmente a noção tradicional de trabalho wiccaniano em coventículo na sua revista *Quest* sob a pena de Diana Demdike em: *Witches: Cult or Craft?* (Quest 3, setembro de 1970); *The Gardnerian "Heresy"*, Quest 6 (junho de 1971); *Don't let the Wicthcraft Die*, Quest 15 (setembro de 1973). Vale a pena reter o que diz R. Hutton (ibid, p. 337): "Diana Demdike atacou o título de Rei de Alex e com ele toda a noção de que a Bruxaria pagã dependia de treinamento em grupo, iniciação e de duas Divindades claramente definidas. Em vez disso, ela declarou que as Velhas Divindades eram forças elementais e que aquelas que pretendiam ser bruxas deveriam contatá-las diretamente e à sua própria maneira".
56. A primeira crítica à duvidosa utilidade do *Livro das Sombras* foi feita por Marian Green, que o atacou como sendo uma forma fossilizada de ritual. R. Hutton refere-se a isso quando descreve as atitudes de M. Green: "... ela denunciou o *Livro das Sombras* como uma fossilização da Bruxaria e encorajou as pessoas a abandonarem todas as práticas nele prescritas". (idem, p. 337).
57. *News of the World*, 9 de abril de 1967, em *The Witches*, de Alan Whittaker. Ver também Ronald Hutton (in *The Triumph of the Moon*, 1999, Oxford, p. 323): "Em 1967 Kopanski disse a um jornal que eles tinham acabado [seu coventículo] porque estava farta da natureza teatral dos ritos e concluiu que eles eram uma pura perda de tempo".

alerta os wiccans, anos depois, para a fossilização dos seus rituais. No início dos anos de 1970, Marian Green vem, na sua revista *Quest,* pôr o dedo na ferida e advogar o trabalho solitário do Wicca, salientando que a Iniciação da bruxa tradicional se fazia por intercessão dos Espíritos da Natureza. Ela dizia que a bruxa tradicional trabalhava fundamentalmente com os Espíritos da Natureza e não com as formas subjetivas das Divindades pagãs. O que Marian incentiva, por isso, é o contato pessoal e direto com a Natureza! Marian Green havia sido iniciada na tradição gardneriana e o distanciamento que começa a fazer em relação ao Wicca Tradicional Britânico, em que fora iniciada, vai ter efeitos devastadores. Ir para a floresta, sentir a solidão encantatória dos seus recantos e clareiras, viver entre as árvores como um animal ou vegetal, abdicar do conforto superfical da sociedade e, enfim, comunicar-se com a parte primitiva de si mesmo, esse mundo primordial que cada vez mais dificilmente sobrevive na nossa sociedade industrializada e tecnológica, é para ela a verdadeira chave da transformação mística da feiticeira moderna. E aprender as antigas e esquecidas artes das ervas, dos cristais e de comunicação com os Espíritos da Natureza seria o caminho de uma verdadeira aliança com o mundo natural e seus regentes dévicos! Em oposição à filosofia dos coventículos, ela inicia uma nova tendência na aprendizagem wiccaniana: o aprendizado em *workshop.* Seus *workshops* vão funcionar como ateliês de trabalho meditativo e ritual de inspiração neopagã. Contrapondo-se aos receituários tipificados dos livros e ao modelo de aprendizagem imitativa em coventículo, o trabalho livre e não manipulativo em *workshop,* nasce a possibilidade de fornecer ferramentas esotéricas que podem funcionar como alavancas de autossuperação cognitiva, forçando a personalidade padronizada e voltando ao estado de união mística com a Natureza. Dessa união nasce, finalmente, o fluxo intuitivo do mundo espiritual.

A base fundamental do trabalho wiccaniano defendida por Marian é, por isso, reencontrar, por meio dos nossos sentidos transfigurados na natureza, a correspondência entre a terra e o céu, as constelações e as estações, os mitos e os ciclos telúricos, não como quem aprende a usar uma receita de cozinha, mas por intermédio de uma disciplina pessoal de entrosamento no mundo natural. Tratava-se de despertar nossos atavismos reprimidos sob a máscara da nossa personalidade, para que se pudesse dialogar com as forças secretas da Natureza em si mesmo. Não há dúvida de que a imersão física e psíquica na floresta e na montanha, como faziam muitos xamãs, ascetas e mágicos, tem um efeito regenerativo das nossas potencialidades ocultas! E esse é o fim do Wicca. Muitos dos mitos célticos ou protocélticos, como o de Merlin, Odin e Finn McCool, iniciam seu processo regenerativo com um retiro na floresta primitiva, símbolo da Natureza no seu estado primário e não humanizado.[58] É o que se faz simbolicamente na Iniciação ao primeiro grau no Wicca Tradicional, mas apenas de forma metafórica! Quando se é recebido e iniciado dentro do Círculo da Arte, símbolo da protetora e regeneradora matriz do útero feminino, nós representamos simbolicamente por meio disso o regresso à Mãe Natureza. Na essência, esse círculo é a floresta, a montanha, o mar, o céu e as estrelas. Marian, como a donzela companheira de Robin Hood, apela a cada um de nós que encontre sua floresta de Sherwood!

Doreen Valiente e Stewart Farrar farão o mesmo anos depois, mas em uma lógica completamente diferente. Para eles, muito em particular para Valiente, depois de ter sido iniciada no coventículo de Gardner e, mais tarde, de Robert Cochrane, o caminho solitário é o mais rico porque é o mais adaptado à idiossincrasia do praticante. Um coventículo é sempre um modelo de trabalho mágico-religioso feito à imagem dos seus sacerdotes e, por isso, a via solitária, embora sendo um dos caminhos mais difíceis e, por vezes, um dos mais caóticos, é também um dos mais gratificantes. A razão disso é ele se basear nas genuínas forças da nossa alma. Esse era o caminho da bruxa e do bruxo arcaico e, também, o caminho de transformação dos alquimistas e dos xamãs. Seus livros são escritos com o intuito de fornecer meios práticos e teóricos a cada indivíduo interessado por uma vivência tradicional do Wicca, usando os materiais rituais por ela criados e sintetizados no seu *Liber Umbrarum*.[59] Ela percebe que a idiossincrasia da Bruxaria é a "Alma da Natureza" transvazada nas histórias e mitos do povo, como os Irmãos Grimm defendiam no início do século XIX. Ela estimula cada um a encontrar as raízes míticas do lugar onde vive, o *anima locus,* e convida cada um a usar o modelo litúrgico do Wicca como uma ferramenta ritualista, um *template* ritual, para acordar a alma em sintonia com a dimensão mais arcaica da nossa psique.

Stewart Farrar segue um caminho oposto e mais provocador! Pondo em causa a titularidade iniciatória dos rituais tradicionais celebrados em coventículo, onde ele foi iniciado, fornece a descrição detalhada de toda a liturgia alexandrina e gardneriana e convida cada interessado a praticá-la. A partir daqui, a validade iniciatória no Wicca torna-se um critério de pura autenticidade espiritual e não de legitimidade corporativa, alcançada apenas por praticantes que tenham a audácia de

---

58. Cowan, Tom. *Fire in the Head, Shamanism and the celtic spirit.* HarperSanFrancisco, 1993.
59. Valiente, Doreen. *Witchcraft for Tomorrow.* Washington: Phoenix Publishing, 1975 (prim. publ. 1978).

experimentá-los, trazê-los à substância da sua vida e da sua consciência, e que com eles tenham alcançado aquele grau de Sabedoria que é atributo de um contato íntimo com os Deuses Cornígeros da Natureza. Para ele, os rituais herdados de Gardner eram ferramentas de ascensão da consciência aos mundos suprassensíveis da Natureza. Dessa forma, ele colocava-se na "cadeia áurea" do esoterismo hermetista, que vinha dos confins do mundo helenístico e, com Plotino, inaugurara a ideia de que a salvação era apenas uma realização alcançada pelo mérito da vontade e da sabedoria de cada um. Os ritos são alavancas e trampolins para nossa consciência. Se pusermos nosso corpo e nossa consciência de forma apropriada dentro de um rito e o induzirmos ao movimento, seja o movimento de força da Lua ou o do Sol, podemos elevar-nos às esferas secretas do Mundo Mágico. Ele quer dizer apenas isto: *mesmo estando nas tintas para legitimidades de Iniciação formal em um coventículo, a verdadeira Iniciação é a transformação e sabedoria que tenham alcançado com as liturgias wiccanianas*. Esse era o ensinamento de Sanders: pratique e a Iniciação ocorrerá. Como diziam esses grandes solitários que eram os alquimistas: "lê, relê, reza e trabalha". Os dados estavam lançados.

> *Síntese: Inicia-se uma nova defesa da prática solitária wiccaniana enfatizando a autoexploração livre e responsável, apoiada na diversa literatura que os autores gardnerianos e alexandrinos começam a publicar durante os anos de 1970 e 1980. Doreen Valiente, Marian Green e Stewart Farrar aconselham cada pessoa sinceramente interessada no Wicca a praticar seus rituais, porque a experiência espiritual, de que eles são a chave física, depende apenas da persistência e não de títulos pomposos de Iniciação corporativa.*

O Caminho Solitário

Desde os fins dos anos de 1970 até fins do século XX, o tema da Bruxaria Solitária está sempre na ordem do dia. Com suas polêmicas, ele permite engrossar as vitrines das livrarias com livros sempre renovados sobre Wicca. Uma boa parte do Wicca, sua parte superficial cristalizada nos usos, costumes e ritos herdados de Gardner, deixava de ser patrimônio de uma elite de Iniciados para se tornar patrimônio do povo. A maioria desse povo era urbano, aquele que andava de minissaia, casacos de tafetá, ouvia The Doors e caminhava com calças de boca de sino nos festivais de Wembley. É a crença de que a parte material do Wicca, sedimentada nos ritos publicados, seria a essência do próprio Wicca, que inicia um dos mais dementes e obscuros movimentos de banalização esotérica no mundo moderno. No trabalho mágico e esotérico, só 10% é transparente nos ritos. O resto pertence ao trabalho meditativo, à disciplina cognitiva, ao mundo astral, um somatório de fatos intangíveis que só o contato pessoal e direto com um mentor qualificado permite aprender. Ao tomar a parte pelo todo, em um artifício metonímico, o Wicca ia popularizar-se como uma religiosidade alternativa, salvaguardando as chaves esotéricas para os Iniciados genuínos.

A partir dos anos de 1970, o conceito de bruxo solitário lançado por Marian Green, embora encontrando uma expressão feliz para designá-lo mais tarde nos anos de 1990, pela mão da escritora Rae Beth,[60] sob o nome de *hedgewitch*, desencadeou no plano das práticas mágico-religiosas a ideia de que é possível seguir uma prática do Wicca sem o apoio do coventículo ou mesmo de um mentor qualificado. Bastava pegar os materiais literários disponíveis e praticá-los, repeti-los como se fosse uma peça de teatro pessoal e, se possível, a partir dessa base, personalizá-lo. O mentor tornara-se agora a própria Natureza ou seu Espírito Superior. Mas a realidade é que serão muito raros aqueles que conseguirão escutar esses mestres naturais. Por isso, não era nem Magia nem ritual o que se fazia, mas puro fingimento e mau teatro! Contudo, era isso mesmo que propunha Rae Beth e, no clímax do Pop Wicca na Califórnia, o escritor Scott Cunningham.[61] Esse não foi o único modelo de prática mágica do *hedgewitch*. Em uma época em que o conceito era já relativamente assimilado no meio neopagão, o próprio Cunningham não chegou a utilizá-lo para definir o sistema solitário que propunha em fins dos anos de 1980, talvez percebendo que ele tinha um contexto demasiado radical. Ele designava-o por uma expressão neutra e suficientemente aberta, que pudesse satisfazer os baixos níveis de literacia do público a que se dirigia: Bruxaria Solitária. Dois modelos de prática solitária de inspiração wiccaniana existiam depois dos anos de 1980: o Bruxo Solitário e o Hedgewitch.

Foi a necessidade que se começou a fazer sentir no fim dos anos de 1980 nos meios do Wicca,[62] diante da demonstrada impossibilidade de ter havido uma herança tradicional por transmissão corporativa ou pessoal desde os tempos pré-cristãos, que se procurou uma prática de Bruxaria Neopagã mais individualista, baseada em uma relação mística

---

60. Beth, Rae. *Hedge Witch, A Guide to Solitary Witchcraft*. London: Hale, 1990.
61. Cunningham, Scott. *Wicca, A Guide For the Solitary Practicioner*. New York: Llewellyn Publications, 1988; Beth, Rae. *Hedgewitch, A Guide to Solitary Witchcraft*. London: Hale, 1990.
62. Kelly, Aidan. *Crafting the Art of Magick*. Book I: A History of Modern Witchcraft, 1939-1964. St Paul: Llewellyn, 1991.

pessoal com o mundo da natureza. Era o que propunha Marian Green. Foi o que aconteceu também a Louis Bourne, antes de ser iniciada em um coventículo gardneriano e, muito provavelmente, à própria Rae Beth. Mas, se no passado, a tendência solitária wiccaniana acontecia *depois* de se ter tido uma experiência de aprendizagem em um coventículo, já firmada por uma sólida experiência mágica, o mesmo não se passava no fim do século XX. O conceito de um wiccan solitário era um anátema nos meios wiccanianos iniciáticos, mas já tinha sido sugerido por Doreen Valiente, o que lhe dava uma força institucional e uma solene legitimidade, já que ela própria estava na base de reconstrução dos materiais litúrgicos do Wicca tal como os conhecemos hoje. A partir de 1957, quando ela abandona o coventículo de Gerald Gardner, ela própria começa uma carreira de bruxa solitária, entremeada brevemente com encontros esporádicos com o feiticeiro Robert Cochrane. O que ela realça de extraordinário da sua experiência nesses encontros do grupo de Cochrane é o caráter de autenticidade dos seus rituais, com danças selvagens nos picos das montanhas e no seio das florestas, em uma técnica mais xamânica do que cerimonial.

Doreen Valiente

O conceito de *hedgewitch* tem suas origens na Bruxaria prégardneriana.[63] Quatro elementos vieram construir seu conceito:

1. A ênfase na ausência de necessidade de Iniciação corporativa, mas realçando ser indispensável uma Iniciação de índole xamânica, visionária ou espiritual;
2. O regresso às fontes próprias da Bruxaria visionária como reação ao elitismo, grupismo e fundamentalismo gardneriano, em que tinham cristalizado muitos dos coventículos tradicionais;

---

63. Não confundir com a expressão usada por Rae Beth no livro supracitado, que é uma súmula de técnicas de canalização *new age* e wicca popular.

3. O conceito de experimentar sem mestre, tal como Austin Osman Spare havia advogado, em uma ética antinomianista e em uma experiência de onirismo visionário;
4. Uma ética de recusa de todas as normas a não ser a sua própria.

Ao conceito de *Hedgewitch*,[64] a maior parte dos autores envolvidos no movimento de difusão do Wicca por meio do circuito da "cultura de supermercado" opunham um conceito de prática solitária superficial e autoiniciação, tal como vemos transcrito nos manuais modernos de Cunningham e Ravenwolf:

1. A imitação de rituais do Wicca, sem qualquer necessidade de Iniciação corporativa, sendo a crença em um certo número de artigos de fé que define o bruxo wiccaniano;
2. A valorização do "*do-it-yourself*" em uma *praxis* que se espelha na cultura musical de então;
3. O uso de placebos rituais do tipo *kitchen witchcraft* ou de "bruxaria de dona de casa", retratados em filmes série B como *The Craft*;
4. Uma ética de aspecto cívico, que tem suas raízes na máxima de Santo Agostinho[65] e que aparece nos fins dos anos de 1960 sob a pena de Doreen Valiente, com a designação de Regra Wiccan (Wiccan Rede), e como artigo de fé sob a forma "se nenhum mal resultar, faça o que desejar".

Essa última posição deu um ímpeto de massificação aos estudos wiccanianos a partir de um princípio polêmico: o de ser possível ser wiccan bastando acreditar que o era. Finalmente, acabou por confundir a prática wiccaniana com um credo religioso, fazendo surgir nos Estados Unidos igrejas e confissões que se apresentavam como wiccanianas. Essa reviravolta anti-iniciática e de raiz populista reduzia o Wicca a um conjunto de artigos de fé, religiosos e ecológicos, bastando acreditar que se era wiccan para automaticamente o ser. Não é de se estranhar, por isso, o fato de que, em 1998, na sua conferência em Croydon para a Pagan Federation, poucos anos antes de falecer, Doreen Valiente recue face à sua anterior defesa incondicional do caminho solitário, realçando que só *segundo certas circunstâncias* a autoiniciação poderia ser tão válida como a iniciação corporativa.

---

64. Lascariz, Gilberto. *O Caminho Serpenteante do Hedgewitch*. Porto. Projecto Karnayna, 2003. Disponível na web: http://www.projectokarnayna.com/bruxaria-hispanica/hedgewitch.
65. Santo Agostinho chegou a defender "faz o que quiseres e não faças mal a ninguém".

Ao conceito superficial do segundo método de Bruxaria Solitária opõe-se radicalmente o conceito de *hedgewitch*, no contexto de uma grande onda de fundo que já havia sido anunciada por Austin Osman Spare, e que passa por debaixo da corrente do próprio Wicca Tradicional, vindo à superfície de tempos a tempos: a de que a raiz da Bruxaria Neopagã está na sua dimensão visionária e em uma ascese baseada na anomia, isto é, na transgressão de todas as normas interiorizadas, para que possa eclodir o fogo transfigurador dos Velhos Deuses. A raiz desse mandamento era na Bruxaria Arcaica, no tempo da Inquisição, denominado por *à rebours*. Nesse sentido, a "via hedgewytchan" seria contemporânea da "via de mão esquerda" do Tantrismo e de certas práticas de Bruxaria xamânica de raiz céltica e nórdica, que encontramos representada nos mitos de Freyja e Odin, Merlin e Morgana. Recuar até os estratos antropológicos da humanidade e integrá-los no contexto de uma consciência racionalmente padronizada seria o fim dessa Iniciação Solitária.

Síntese: Em inícios dos anos de 1990, o impulso que tinha se desenhado duas décadas antes com a autonomização da prática wiccaniana dos coventículos concretiza-se na defesa da prática solitária em dois autores: Scott Cunningham e Rae Beth. Essa prática solitária baseava-se na adesão emocional a vários artigos de fé wiccaniana, uma ética baseada na wiccan rede e a teatralização de rituais. A ela veio opor-se uma tendência mais profunda de prática da Bruxaria com raízes tradicionais: o Hedgewitch. *Foram as práticas de transe xamânico, uma ética antinomianista e o uso de ervas psicotrópicas neste último, entre outros, que veio radicalizar a experiência da Bruxaria nos fins do século XX.*

IV
A Terceira Onda:
Feministas,
Ecléticos e Ecologistas

A Bruxaria Diânica – O Tempo das Matriarcas – O Falcão das Estrelas
Feiticeiros e Ecologistas – O Caminho Pagão – O Ecletismo Mágico
A Face Dupla de Janus – O Wicca Coca-Cola

Eu acredito em Deus, só que o chamo Natureza.
Frank Lloyd Wright (1867-1959)

À noite, a luz do luar era nossa única condutora e conselheira através dos sinuosos caminhos da montanha até a cascata onde havia visto há poucos anos um Deva. Era nosso propósito subirmos o caminho perigosamente serpentino e, como uma peregrinação improvisada, refletirmos sobre o significado do nosso caminho mágico. Por entre a floresta perfumada de maio, a pequenez e vulgaridade do ser humano perdia-se na imensidão misteriosa da noite. Sentir, pensar, cheirar e caminhar, contemplando os hipnóticos claros-escuros das luzes e das sombras no chão que pisamos, permite que a noite se introduza misteriosamente no nosso espírito, acabando ao fim de algum tempo por entrarmos em uma experiência de transe que acolhe os espíritos no regaço do nosso próprio espírito. Assim, quando chegamos à cascata, ela estava mais desperta e viva do que nunca. A água caía sobre a lagoa como se fosse um vulcão de luz e a Lua refletia-se nela cheia e nua. O silêncio que até então havia nos acompanhado era agora quebrado pelo barulho cantante da cascata. Vivianne juntou-lhe, então, o sussurro suave da sua voz. Não há melhor oferenda aos Devas das fontes e cascatas do que cânticos e hinos.

Do meio da cascata, uma forma se destacou: o corpo imperfeito de uma mulher fada, senhora das fontes. Seu rosto élfico olhava-nos como se houvesse sido despertada pela voz bela e suave de Vivianne. No seu peito brilhavam o que pareciam ser olhos coruscantes. Uma sensação de frio, como se o Inverno houvesse de súbito chegado, inquietou-me o peito e uma sensação inconfundível de agradecimento percorreu meu espírito. De súbito, ao olhar seu rosto, ele tornou-se meu rosto. Pelo seu rosto eu senti a água correndo infindavelmente, jorrando da fonte no pico remoto da montanha, onde brilhavam as Plêiades, e descendo às entranhas da terra. Em um ciclo ourobórico sem fim ela partia e regressava, como se fosse uma serpente, morrendo e renascendo perpetuamente. Percebi, então, como minha própria vida só tinha sentido como parte dessa permanente partida e regresso!

Diário de um Feiticeiro, Serra do Açor, Portugal, 1999

A Bruxaria Diânica

Diana era a Deusa da Caça, Senhora do Latium[66] e seu bosque sagrado nas margens do lago Nemi, na Itália antiga. Desde a fundação de Roma ela foi confundida, sob a influência grega, com Ártemis. Mas ela nunca aceitou de ânimo leve essa fusão apressada! Simplesmente porque ela conservou sempre seus valores distintos dos dela. Ártemis era também caçadora. Mas o que ela caçava, por trás do artifício da caça sangrenta dos animais selvagens, símbolos nos quais, possivelmente, projetava sua rejeição do masculino, eram os homens. Diana, no entanto, tinha uma incumbência ainda mais radical do que a de Ártemis: a de ser a protetora dos servos e dos oprimidos. Ela e Dioniso, na Grécia, estavam associados aos escravos, tendo o poder de libertá-los da opressão e da miséria, nem que fosse pela libertação efêmera do seu êxtase transfiguratório. Ao contrário dela, Ártemis era uma criança cruel e sanguinária, que exigiu de Agamenon sacrifícios extremos, mas que as feministas distorceram voluntariamente em uma espécie de miopia ideológica, transformando-a na protetora das mulheres. Sobretudo das mulheres lésbicas! Assim, acabaram por projetar suas fantasias sexuais nas festas artemisianas no seio dos bosques e por transformá-las em cerimônias de amor lésbico. Desde Merlin Stone até as mais recentes propagandistas do Wicca *New Age,* como Zsuzsanna Budapest e Diane Stein, esse mito distorcido se tornou força de lei entre a comunidade neopagã americana.

---

66. O Lácio (em latim, Latium; em italiano, Lazio) é uma região da Itália central que se estende da Cordilheira dos Apeninos ao Mar Tirreno. Aí floresceu um santuário a Diana nas margens do lago Aricia, hoje um subúrbio de Roma, conhecido pelo seu vinho, desde a Idade do Bronze ao século II E.C.

Nos tempos da Grécia arcaica, quando surgia o equinócio da Primavera, celebravam-se as Antestérias em honra de Dioniso. Então, ao romper da manhã, um cortejo de mascarados percorria a cidade com a estátua de Dioniso em um carro naval e os escravos eram libertos e as obrigações dos endividados eram toleradas e proteladas. Algo se passava de semelhante nos cultos de Diana! Seu sacerdote só poderia ser um escravo evadido dos grilhões do seu amo e que, por um combate audacioso, assassinasse o Sacerdote guardião do seu bosque sagrado. Esse ato de coragem ao se libertar das correntes da escravidão e se refugiar no bosque onde, através de um combate, se torna o Rei Divino, representante terrestre de uma Deusa, tem naturalmente um significado iniciático de morte e renascimento que ainda hoje se preserva nos mistérios wiccanianos. Mas, com a fusão do mito de Ártemis com o de Diana, esta última assumiu muitos dos seus atributos artemisianos. Um deles foi o de protetora da maternidade! Desde o fim do século XIX, por patrocínio intelectual da feminista e sufragista Mathilda Gage,[67] o mito da Bruxaria, que se acreditava ser uma reminiscência dos ritos de Diana, começou a ser monopolizado como um modelo arquetípico da mulher autônoma e livre da tutela do masculino. A própria Comaçonaria, que influenciou o surgimento da liturgia wiccaniana, havia sido criada nesse tempo pela renomada intelectual e sufragista Marie Deraismes e a cumplicidade de alguns membros do Grande Oriente da França. Desde então, a Bruxaria Neopagã iniciou um percurso idêntico, em relação à sua versão arcaica e tradicional, centrada em um Deus Cornudo com facetas de Cernunnos e Dioniso, cujo modelo mitológico se apoiava nas novas teorias do matriarcado, que tinham muito boa aceitação nos grupos marxistas e nos folcloristas da época.

A teoria matriarcal da Grande Deusa Mãe foi aceita no núcleo da liturgia wiccaniana, sobretudo sob a influência de Robert Graves[68] e Gertrude Rachel Levy.[69] Mas foi principalmente em Robert Graves e na importância que este lhe atribuía como arquétipo renovador no futuro da espiritualidade ocidental e sua crença secreta na Bruxaria que Gardner bebeu parte da concepção da Deusa que celebrava nos seus *covens*. Gardner visitou várias vezes R. Graves em Maiorca e conhecia em primeira mão suas opiniões mito-filosóficas sobre essa

---

67. Gage, Joslyn Mathilda. *Women, Church and State*. New York: The Truth Seeker Company, 1893. Disponível na web: http://www.sacred-texts.com/wmn/wcs/
68. Consultar: Graves, Robert. *White Goddess*. London: Faber and Faber, 1961 (prim. pub. 1948).
69. G. Rachel Levy, *The Gate of Horn: A Study of Religions Conceptions of the Stone Age and Their Influence upon European Thought*. London: Faber and Faber, 1948.

questão. Antes disso, porém, já o ritual wiccaniano havia sido influenciado, sob o ponto de vista não ideológico, mas estrutural, pelo modelo de polaridade mágica apresentada por Dion Fortune nas suas novelas iniciáticas.[70] Dentro dos *covens*, ele era praticado em uma perspectiva de mero mecanismo etérico-energético e mobilização do Poder entre celebrantes, onde predominava a Grande Sacerdotisa[71] nua e transfigurada. Até o início dos anos de 1970 o matriarcado era, no entanto, pouco mais do que um mito e uma fantasia de intelectuais marxistas, que vinha do início do século XIX com as descobertas minoicas de Arthur Evans[72] e, mais tarde, de Mallarc nos anos de 1950 em Çatal Hüyük. Mas os anos de 1970 vão mudar radicalmente essa fragilidade de argumentação. A década era então propícia, com mulheres firmes governando os destinos das nações como Golda Meir, a bela Leila Khaled, líder do Movimento da Libertação da Palestina, que passeava com granadas no bolso pelas ruas de Jerusalém, a terrorista Ulrike Meinhof, das Brigadas Baden-Meinhof, a sedutora milionária Patty Hearst, assaltante de bancos e a provocadora estilista Vivienne Westwood. Na rua, a minissaia e as botas de salto alto, que elevavam as formas sensualmente redondas das mulheres em uma pose afirmativamente erótica, punham em alvoroço a humanidade masculina. A mulher elevava-se acima do comum da humanidade e o Feminino virou uma relevante influência cultural na sociedade. Essa década bem poderia ser chamada, por isso, Década de Lilith.

No Wicca, as mulheres tinham adquirido, também, uma atitude de frontalidade intelectual, pesando embora o fato de, por vezes, serem secundadas pelo *marketing* de Sanders. Eram elas que expunham, argumentavam e radicalizavam as ideias, como Doreen Valiente, Bourne, Patricia Crowther, Marian Green e, depois, Starhawk, nos Estados Unidos. De 1971 a 1979, um fenômeno social novo vai ter influências no Wicca Americano: a frente de libertação homossexual. De Picadilly Circus, em Londres, à Quinta Avenida, em Nova York, o movimento *gay* faz manifestações públicas pelos seus direitos. O conceito de sexualidade deixa de ser definido em função de um primado biológico para ser, sobretudo, um paradigma de ordem psicológica e cultural. A polaridade

---

70. Fortune, Dion. *Moon Magic*. Great Britain: Star Books, 1976; *The Sea Pristess*. London: Published by the Author, 1938. *The Goat-Foot God*. London: Star Books/Wyndham, 1976.
71. Fortune, Dion. *The Circuit of Force*. Loughborough, UK: Toth Publications,1998. *The Esoteric Philosophy of the Love and Marriage*. Wellingborough: The Aquarian Press, 1988.
72. Sir Arthur Evans: The Excavations at Knossos, Dilos Holiday World Press 1995-1998; Evans, A.J. (1921-35). The Palace of Minos - Volumes 1-4.

mística que os esoteristas conservadores como Gardner, Crowley e Fortune tinham elevado a princípio máximo da organização do Cosmo era agora transformada em um mero princípio psicológico, em que o religioso era reduzido a um epifenômeno psíquico.[73] Se o religioso era apenas um epifenômeno, então os sexos eram um trivial epifenômeno cultural! Mudar o sexo, conservando o mesmo corpo, era uma questão de mera afirmação da singularidade do indivíduo.

Em 1971, outra corrente do Wicca chega para incluir essas novas tendências da cultura americana: o Wicca Diânico. O nome foi proposto por Zsuzsanna Budapest, em homenagem à Deusa Diana. Não a Diana greco-romana, mas a Diana bíblica (Atos 19) e do *Malleus Malleficarum* (1486),[74] que se considerava a líder das mulheres insubmissas, em um mito criado à imagem e semelhança de Lilith. Não é por acaso que as bruxas italianas a consideram como a companheira divina de Lúcifer, aquele que sob o epíteto de Samael foi o companheiro ofídico de Lilith. Com seu centro na Califórnia, Szuzanna era uma daquelas bruxas contestadoras que começavam a aparecer por geração espontânea nos meios da cultura *underground* americana, invocando histórias inverossímeis de Iniciação pelos seus ancestrais. De origem húngara, cria um modelo de trabalho wiccaniano exclusivamente para mulheres, onde elas podem exprimir sua singularidade lésbica. A possibilidade de uma tradição feminista no Wicca estava já implícita ideologicamente nos materiais de Gardner! Ao considerar que, em ritual tradicional wiccaniano, a mulher era a única que podia oscilar entre os papéis femininos e masculinos como tributo à sua origem primeira e indiferenciada, ele estava inconscientemente abrindo a porta para que o feminismo se aproveitasse desse conceito de latente androgenia feminina e o levasse às últimas consequências. Diana-Ártemis com sua pose *masculinizada*, que fez os espartanos elevarem-na à posição de sua protetora, em uma

---

73. A *Psicologia das Profundezas* de C. G. Jung inaugurou a tendência moderna de redução de todo o fenômeno religioso e mágico a um epifenômeno da psique, sob o artifício de conceitos pseudocientíficos como arquétipo, *anima,* etc. Jung, C. G. *The Collected works in 21 Volumes*. London: Routledge & Kegan Paul.1973.
74. Trata-se de um manual para inquisidores, precedido pela bula *Summis Desiderantes,* emitida pelo papa Inocêncio VIII a 5 de dezembro de 1484, de Heinrich Kramer e Jacob Sprenger, publicado para servir os inquisidores alemães e ajudá-los a reconhecerem, interrogarem e processarem as bruxas. A Igreja Católica nunca reconheceu os conteúdos expressos no livro, apresentando-o na Lista de Obras Proibidas (*Index Librorum Prohibitorum*). Apesar disso, sua ênfase na frase bíblica "não deixareis os feiticeiros com vida" (Éxodo 22:18) alimentou a perseguição às bruxas com seus processos violentos e sua demonologia herética, batendo recordes de publicação entre os séculos XV e XVII.

sexualidade indistinta, mas predominantemente feminina, típica da puberdade, seria o modelo mágico-religioso que serviria de suporte à afirmação da condição homossexual feminina.

Através dos novos rituais wiccanianos, toda mulher podia desenvolver sua personalidade de bruxa à imagem individualizada da Grande Deusa, em um grupo intimista e reservado, de modo a afirmar a totalidade da sua personalidade, tão reprimida em sociedade. Ao contrário do protótipo de bruxa herdado de Alexander Sanders, que as exibia nuas e belas em rituais pelas capas da imprensa cor-de-rosa como o *playboy* Hug Hafnes, Szusana Budapeste opõe-lhe o ideal de uma mulher sexualmente singular que se opõe ao desejo Masculino, afirmando sua natureza de amazona e conquistadora. Sua imagem idealizada de bruxa é congruente com a representação apresentada pelo cientista e ocultista John Whiteside Parsons, quando a descreve armada de uma espada, para se afirmar no mundo dos homens.[75] No fim dos anos de 1970, em plena época da moda *glan*, David Bowie celebra essa androginia masculina nas suas performances musicais e a torna uma banalização cultural. Homossexuais masculinos de inclinação wiccaniana organizam-se também e formam coventículos diânicos em homenagem a Dianus, o companheiro de Diana. O caminho do Wicca está traçado: abrir-se à diversidade do mundo e virar um modelo de pesquisa mágico-religiosa que estimula a pluridimensionalidade humana, sem exceção.

> *Síntese: Desde os anos de 1970 até fins dos de 1980 surge uma terceira onda do Wicca, em que predomina a perspectiva feminista e homossexual. Essa possibilidade já estava potencialmente presente no Wicca Tradicional pela sua exagerada ênfase no Feminino Mágico com facetas androgenizantes. O coventículo torna-se, assim, um lugar sagrado de afirmação da natureza homossexual de muitos wiccans, reflexo da androginia latente dos seus Deuses.*

O Tempo das Matriarcas

Desde os inícios do século XX, a teoria do matriarcado se afirmava com alguma timidez intelectual, embora estivesse em grande estima nos meios da esquerda americana e na escola do pensamento sufragista. O matriarcado tinha percorrido um curioso caminho desde os tempos em que Eduard Gherard adiantara a hipótese de um culto à Deusa Mãe

---

75. Parsons, John Whiteside. *Freedom is a Two-Edged Sword*. New York: Falcon Press, 1989.

nos povos da pré-história.⁷⁶ Depois de Bachofen, ela teve sua adesão por Friedrich Engels e, como já era costume, foram muitos os arqueólogos e etnólogos que se dispuseram a adiantar materiais conjecturais da sua existência. É interessante realçar que muitos dos etnólogos, sobretudo os que circulavam à volta da Escola de Cambridge e da Folklore Society, apostavam em recolher material histórico e antropológico que pudesse comprovar a possibilidade de um modelo pacífico de sociedade arcaica, tendo como centro uma visão feminina do universo, que poetas e estetas, desde meados do século XIX, faziam aparecer nas suas obras. Esse projeto não era inocente! Era um projeto que estava em acordo com uma onda de anticristianismo nos intelectuais herdeiros dos Iluministas e dos Românticos, que viam com preocupação a indiferença da sociedade à influência perniciosa da religião cristã, a religião que se construíra sobre morticínios e hecatombes, sobre o sepultamento de sociedades entrosadas na natureza e os cadáveres dos povos politeístas que haviam sido assassinados, apenas porque resistiam ao seu desenraizamento espiritual. As sucessivas encíclicas contra a democracia, a liberdade e o movimento modernista, escritas e divulgadas pelos papas,⁷⁷ em fins do século XIX e no início do XX, transformava o Cristianismo em algo obsoleto e bárbaro, que urgia descartar da sociedade.

Em 1862, na mesma época em que a defesa do matriarcado de Bachofen e o elogio à Bruxaria de Jules Michelet vinham à luz do dia, o Concílio Vaticano I reunia-se sob a inspiração de Pio X e preparava-se para discutir, por isso, as formas de reação adequada a essa hostilidade da sociedade cultural. Sufragistas de um lado e democratas do outro, contestavam juntos as formas autoritárias, convencionais e antinaturais de uma sociedade, cujos valores mais agressivos haviam sido moldados no seio do Cristianismo. Desde o fim do século XIX até meados dos anos de 1940, a descoberta de artefatos femininos das cíclades e da época minoica, por um lado, e das múltiplas "vênus auragnacianas" do Paleolítico, por outro, estabeleciam como plausível uma época arcaica regida pela mulher, bruxa e curandeira, Sacerdotisa e mãe. Era provável, mas não certo! Ao Feminino foi inevitavelmente associada a função de pivô

---

76. Gerhard, Eduard. *Über Metroen und Göter-Mutter*. Berlin, 1849.
77. São diversos e multifacetados os ataques cegos da Igreja Católica Romana contra a liberdade, a democracia e o movimento modernista em várias encíclicas. Eis algumas: Franco-maçonaria e Naturalismo (Humanum Genus). Leão XIII. 1884; Sobre a natureza da verdadeira liberdade (Libertas Praestantissimum). Leão XIII. 1888; Sobre a democracia cristã (Graves de Communi Re). Leão XIII. 1901.; Sobre o modernismo (Pascendi Dominici Gregis). Pio X. 1907; Condenando os erros do Modernismo (Lamentabili Sane); Pio X. 1907; Juramento contra o Modernismo; Pio X. 1910; Evolução e outros erros (Humani Generis). Pio XII. 1950; etc.

Starhawk

mitológico de um culto que o clero procurou destruir e dissimular: a Bruxaria Neopagã. Mas só em 1979, com a publicação de *The Spiral Dance,* de Starhawk, o mito ganha uma consistência contagiante no seio da juventude americana com preocupações ecológicas. Para o Wicca, começa sua transição de uma religiosidade pagã, intimista e anticonvencional vivida no seio de coventículos fechados para uma filosofia cívica, aberta e de ação direta.

Desde 1974, a arqueóloga Marija Gimbutas vinha explorando os campos arqueológicos de origem neolítica do mundo balcânico, essa zona que os gregos denominavam com admiração e terror por Citia. Ela pretendia demonstrar que essa civilização neolítica se centrava em um culto matriarcal, onde parecia existir uma sociedade pacífica, agricultural e hedonista, onde não existiam armas de guerra. No mesmo ano, o norueguês Arne Naess apresenta a ecologia profunda (*deep ecology*), alegando o abandono das teorias ambientalistas de aspecto econômico e a defesa de uma visão ecocêntrica, aberta à interdependência anímica e espiritual com todas as criaturas. O mundo parecia fluir sob o impulso de forças inspiradas, que vinham das profundezas do nosso inconsciente antropológico. Foi nos anos de 1970 que o congresso de mulheres feministas se reuniu e escolheu a sigla que lançará o feminismo mágico em um novo ciclo: WITCH. Para as mulheres que começaram a usar a palavra *witch* como designação e arquétipo da sua atitude política, ela oferecia-lhes um modelo de mulher independente, revoltada e sábia, adicionado ao carisma de martírio da época inquisitorial, irmanando-a com essa linhagem mítica de mulheres, que Jules Michelet inventara como sendo curandeiras, feiticeiras e herdeiras da velha sabedoria pagã. Por outro lado, ao usar esse cognome, ela se assumia contra a sociedade masculina, em uma reação típica de "complexo de górgona", uma postura frontal e autossuficiente que lhes endurecia o caráter e fortalecia a autoestima como mulheres livres em uma sociedade cristianizada que as subalternizava. A palavra bruxa (*witch*) detinha um forte componente emocional, misto de *glamour* e pavor, conquanto em ambos os casos as assegurasse com o poder sacrílego de uma palavra tabu. O tabu era sinônimo de *mana*, isto é, de poder mágico nas sociedades arcaicas! Ora, esse era o tipo de poder que as feministas radicais estavam precisando! Mas foi Starhawk que deu a essas mulheres dispersas e bem-intencionadas as ferramentas de autolibertação: unindo Bruxaria de inspiração wiccaniana com discurso ecológico, os novos paradigmas arqueológicos de Marija Gimbutas e a ação política típica dos movimentos de esquerda. Essa equação quaternária tornou-se explosiva e a base do que ela chamou de *The Reclaiming*:

Wicca = Bruxaria + Ecologia + Arqueologia + Ação Direta.

A palavra *Reclaiming* contém tudo o que o movimento criado por Starhawk significa. Ela sugere o protesto e a exigência das mulheres feministas que reclamam não só seus direitos de igualdade com os homens, mas também uma nova ação mágico-religiosa de defesa de todo o feminino: o ambiente. O verbo amansar, subjacente a essa palavra inglesa, recorda o Arcano do Tarô, a Força, onde está representada uma donzela amansando um leão. Esse leão é o Sol, o masculino! Mas Starhawk não coloca ingenuamente o feminino contra o masculino! Ela envolve-os em uma lógica comum de interdependência mútua, mas onde o Feminino Mágico predomina! Por isso, ela aceita no seu movimento homens e mulheres em pé de igualdade. Starhawk escreve:

> *Reclaiming é uma tradição da Arte. Para nós, a Deusa é a roda do nascimento, crescimento, morte e regeneração. Por isso, nós*

> *abraçamos o mundo vivo como sagrado, tanto o corpo como o espírito, os ciclos da natureza, da sexualidade nas suas diversas expressões e os elementos do ar, fogo, água e terra que sustentam a vida. Nós sabemos que denominar todas essas coisas como sagradas é um ato inerentemente político, porque tudo o que é sagrado não deve ser nem explorado nem espoliado.*

Não é a mulher, mas o Feminino que ela exorta a ser defendido e valorizado como valor cultural e matriz do desenvolvimento espiritual. Esse autocrescimento está entrosado no ambiente e em uma atitude ecológica. Ser wiccan é reclamar que se reparem as injustiças, os desequilíbrios sociais e que se exija um ambiente são. Acabava o Wicca de salão para passatempo de senhoras ilustres e cavalheiros com ares de Paganismo, para quem o mundo, além dos muros do seu jardim de rosas e begônias, era feio e aflitivo.

> *Síntese: A arqueologia neolítica balcânica, pela voz de Marija Gimbutas e a Deep Ecology de Naess, vem despertar nas gerações mais esclarecidas a necessidade de reivindicarmos a memória de um matriarcado religioso, latente nas civilizações neolíticas. Essas duas tendências criaram a consciência entre os wiccans de que o Feminino Mágico manifestava-se na consciência moderna e que estava reservado à Mulher um papel de natureza salvadora. O movimento do Reclaiming, criado por Starhawk, aparece então para dar voz a esse impulso cultural e espiritual.*

O Falcão das Estrelas

Starhawk quer dizer Falcão das Estrelas. Quem alguma vez esteve em frente dessa mulher, percebe que tem diante de si uma líder espiritual! Sua pose, de queixo levemente erguido e nariz ligeiramente aquilino, confere-lhe uma aparência de falcão concentrado meditativamente na caça. Quem a vê de uma perspectiva por baixo e está sentado de pernas cruzadas no chão macio de uma floresta, como acontece em um de seus muitos *workshops* que vieram a ser chamados *The Witch Camp*, a olha em contraste com o céu estrelado como um verdadeiro Avatar de Deusa. Sua firmeza e sua suavidade, sua flexibilidade intelectual e sua perspectiva holística, mostrando-nos pelo caminho das metáforas e do raciocínio argumentativo as correspondências entre os múltiplos aspectos do real, enquadram-se bem com a perspectiva aérea do falcão, que vê os padrões individuais em função do todo. Oriunda de uma família judaica, seu projeto *Reclaiming* é talvez um dos mais arrojados projetos de Bruxaria Neopagã surgidos na história. Mas por quê?

A resposta está no fato de o *Reclaiming* misturar, por um lado, um modelo de organização religiosa em conciliábulo, que Michelet, Leland e Murray descreveram ter sido atributo da Bruxaria Pós-Renascentista, com o tipo subversivo de grupo social que encontramos nos falanstérios e abadias rabelaisianas. Starhawk confessa que sua ideia de unir ação direta e espiritualidade surgiu quando se constatou a semelhança entre as células ecologistas, em vigor na América, e as células wiccanianas. Na essência, elas não eram muito diferentes dos sistemas celulares da Loja da Maçonaria e dos grupos armados das Brigadas Vermelhas, na Itália. A diferença estava em que uma se dirigia à ação social e a outra à ação espiritual, mas ambas se inspiravam em modelos que eram considerados próprios da contracultura e, simultaneamente, próprios de uma filosofia amorosa do ambiente. Por isso, grande parte do sistema da *Reclaiming* é simultaneamente coletivo e individualista, místico e político, espontâneo e sistematizado, aberto e intimista. Suas características poderão ser definidas pelas seguintes chaves mestras:

1. Ausência de sacerdotes e sacerdotisas, ao contrário do que acontece nos conciliábulos tradicionais do Wicca, e de qualquer forma de liderança corporativa, segundo a ideia de que cada um tem em si o potencial para ser seu próprio discípulo e seu próprio guru.
2. Ausência de Iniciação corporativa e a ênfase em experiências extáticas de Iniciação vividas por meio de transe xamanístico, permitindo que cada indivíduo prescinda de autoridades externas e confie no seu próprio espírito superior, seu verdadeiro Mestre.
3. A consciência de uma relação direta com as partes arcaicas da sua alma por métodos extáticos, estimulando, consequentemente, uma maior responsabilidade política e social, desencadeando o *engagement* ecologista.
4. A ênfase na ideia de "aprender a aprender" por um processo de reprogramação e descondicionamento transformativo do ego, por meio de um intenso trabalho de aprendizagem da percepção holística em áreas diversas, desde a herbologia, o transe, a magia, até a ecosofia e o biorregionalismo.
5. A ausência de liturgias padronizadas, como o *Livro das Sombras* ou os Grimórios típicos da Bruxaria corporativa, e a ênfase colocada na experiência direta do sagrado, em função da sua própria idiossincrasia, encorajando a criatividade de cada um.
6. Uma concepção tripla da constituição arquetípica humana inspirada na antroposofia e nas concepções do Movimento Feri, de Victor

Anderson, em que havia sido iniciada, que permite abrir a unidimensionalidade do ego a uma experiência multifacetada do seu próprio "eu".
7. Uma perspectiva ecosófica e pluricultural do crescimento psicológico e espiritual, em contraste com as perspectivas humanísticas da psicologia centrada no "eu".
8. O uso do Pentagrama, o chamado Pentagrama de Ferro, como modelo arquetípico da rede de interdependência do universo visível e invisível, sobre o qual se desenvolve um trabalho meditativo e autoterapêutico de desenvolvimento psíquico e espiritual.

> *Síntese: Starhawk cria o Reclaiming, cujo objetivo é reclamar uma nova condição feminina de natureza mágica, que na essência era atributo de toda bruxa antiga. Baseado em técnicas de ensinamento em workshop e em pequenos grupos de trabalho e entreajuda, pretende-se despertar por processos meditativos de raiz xamanista e mágica uma nova Consciência da Terra. Para ela, esse despertar tem impacto no ambiente, na sociedade e no surgimento de uma espiritualidade ecocêntrica.*

Feiticeiros e Ecologistas

Em meados de 1970, depois dos anos *hippies* de refúgio em comunidades alternativas, religiões orientais e experiências psicodélicas, a crença no surgimento de um mundo melhor por meio de modos alternativos de vida, que poderiam funcionar como matrizes de uma sociedade mais harmoniosa e justa, desmoronavam! De súbito, acordam e percebem que o racismo, a intolerância religiosa e a exclusão das minorias étnicas ou homossexuais eram o dia a dia, não só em várias partes do terceiro mundo, como a Etiópia, a Índia e a África do Sul, mas dentro do próprio mundo civilizado, como a Irlanda e os Estados Unidos. Não adiantava meter a cabeça debaixo da areia eterna do nirvana budista! As marés Negras, resultantes de mais de 250 mil tonéis de petróleo, tinham vazado do petroleiro Amoco Cadiz e transformado as praias bretãs em areais negros como carvão! A central nuclear de Three Mile Island, na Pensilvânia, estava liberando radioatividade! O pânico instala-se! Afinal, nem mesmo nos monastérios dos lamas, nem nas comunidades dos gurus da Califórnia, que são pagos a preço de ouro, existe serenidade. Em fins dos anos de 1970, uma nova geração começa a lutar pelos valores ambientalistas, baseada em uma nova atitude política, misto de socialismo utópico e religião contracultural.

O livro *The Spiral Dance,* de Starhawk, em 1979, abre a possibilidade de o Wicca se entrosar neste mundo novo com uma atitude de maior responsabilidade, não só cívica, mas sobretudo ecosófica, em defesa da Natureza, que é sua divindade por excelência. Para ela, o Wicca era uma alternativa religiosa no seio da *"deep ecology"*. Se a Terra é a Deusa Imanente das Bruxas, então é preciso lutar para defendê-la! Não podemos ficar de braços cruzados dentro do círculo mágico, desenhado no chão da sala de jantar, à espera de que nossos encantamentos façam o trabalho por nós! Se existe interdependência entre todas as formas de vida e consciência, então é preciso fazer Magia para mudar o mundo, e, ao mudá-lo para melhor, mudarmos a nós mesmos. Lutar com sortilégios, com novas atitudes e novos padrões de comportamento, com manifestações e meios de ação direta, se for necessário. Não só com música e amor, como nos festivais pop! O Wicca deixa de ser um entretenimento místico para meninas em crise de adolescência, ou passatempo de velhos colonos com saudades da nudez asiática, para se tornar uma ferramenta meditativa e política que envolve riscos! Nem que seja passar uns dias nos calabouços do FBI, para transformar a personalidade e fortalecer o caráter de cidadão responsável. Ela dirá:

> *A Bruxaria deve ser vista como a religião da ecologia. Seu objetivo é a harmonia com a natureza, e, consequentemente, com a própria vida...*

Em plena aparição da filosofia *new age* sob o sopro precursor de Spangler, a feiticeira Starhawk ensina pelos seus livros que se tornar bruxa implica uma nova responsabilidade ética pela Terra e a defesa ativa do ambiente, dos direitos das minorias, dos animais e das florestas, da apologia das diferenças. Ela consegue enquadrar uma forma de viver politicamente revolucionária com uma forma ecológica de existir, onde a religiosidade neopagã é o elemento unificador. Desde o comportamento sexual até a maneira de comer e rezar, trabalhar e se divertir, ser bruxa no século XX já não é a mesma coisa que viver como as mulheres do tempo dos artistas pré-rafaelitas, representadas nos seus quadros a óleo, entregues a um estado de sonambulismo místico. Mas de onde lhe vem essa ideia? Vem da consciência de que a Terra, na sua múltipla diversidade de fauna e flora, é a manifestação da própria Deusa. Para a Bruxaria, a Deusa, que era a bela e cativante Lua nas alturas, é espelhada aqui embaixo na Terra, como se a primeira fosse seu espírito e a segunda, seu corpo. Sua força de vida flui através de todos os canais dos nossos vasos sanguíneos, dos nossos fluidos, dos rios, dos ciclos da história, muito em particular através da poesia e da magia. O feminismo pela voz de Starhawk transforma-se de uma ideologia minoritária de luta das mulheres excluídas no mundo masculino, em uma prática holística centrada no Eterno Feminino, abrangendo a fauna, a flora e a humanidade, em um todo espiritual chamado Gaia.

Tornar-se ecologista neopagã era tornar-se também uma feiticeira envolvida na defesa do ambiente, não só com manifestações políticas e abaixo-assinados, mas com experiências meditativas e rituais de Bruxaria dinâmica, que punham o ser humano em sintonia com a parte mais arcaica do seu ser e, dessa forma, com o próprio Universo e a própria Terra. As bruxas ecológicas não têm, por isso, morais absolutas. Têm formas rituais de vivência direta da parte mais terrestre e inconsciente da sua alma, que ao ser desperta acorda, então, uma nova consciência e uma nova necessidade de respeito e amor pela natureza. Ecologia e Bruxaria tornam-se, assim, duas facetas simétricas e complementares de um Todo, cujo Mistério é a Grande Deusa Mãe. Entre o ecologista de ação direta e o ecologista funcionário público de uma agência ambiental, empregado de escritório e político palavroso, que vive de subsídios do próprio poder político ou é ministro ou parlamentar, como vemos em muitas associações ambientais típicas do Estado Providência, a feiticeira-ecologista é uma mulher que pesquisa as entranhas da sua personalidade e as forças que foram reprimidas pela socialização para, depois, libertá-las como potenciadoras dos ritos de ação social e de transformação de uma nova consciência.

Para as novas matriarcas, a verdadeira Iniciação e sua adjunção de que é preciso "sofrer para aprender", como se avisa nos Mistérios de Iniciação, era um fato social positivo que nos tocava a todos diariamente com a destruição do ambiente. Uma vertente da Iniciação Wiccaniana desenvolvia-se, por isso, na própria vida e sociedade, obrigando cada bruxa a desenvolver e manifestar aquela parte arcaica e mágica da sua alma animal, que acordamos nos rituais da Bruxaria e na nossa responsabilidade ambiental. Só assim é possível torná-la uma força de transformação do mundo. As manifestações ambientais e antinucleares ganham uma dimensão nova, tornando-se cerimônias mágicas de ação física e suprassensível, verdadeiras performances mágico-criacionistas contra os poderes econômicos e políticos, a quem não é estranho o mito de Jules Michelet sobre a Bruxaria como uma congregação de mulheres radicais e opositoras dos senhores feudais. Quer diante do Lawrence Weapons Laboratory, em Oakland, quer no Diablo Canion ao lado dos ecologistas no tempo de Ronald Reagan, a contestação é acompanhada sempre de cerimônias mágicas e festas míticas. Parece que estamos de novo no tempo em que os índios sioux faziam suas "danças dos espíritos" antes das grandes sublevações nas reservas índias ou das tentativas frustradas dos xamãs durante o stalinismo, lançando imprecações e feitiços aos construtores do caminho de ferro transiberiano.

A sociedade americana transforma-se em um espaço de luta, que antes era entre padres e iniciados, e agora se desenrola entre feiticeiras de um lado e empresários e militares do outro. Resta saber se essas feiticeiras não estarão representando hoje, ao se arriscarem publicamente nesses protestos cerimonializados, o papel de D. Quixote furiosamente lutando contra os moinhos de vento do capitalismo e da globalização! Como diz Judith Plant: *Muitos de nós, que estamos tentando nos reconectar com a terra, estamos constatando que o que realmente necessitamos é de uma regeneração cultural.* E acrescenta: *O que nós estamos procurando é uma religião que nos conecte com a terra.*[78] A Bruxaria Neopagã fornecia tudo isso! Como instrutora do *Matthew Fox Institute for Culture and Creation*, Starhawk ainda hoje continua a desenvolver e sensibilizar, em seminários e grupos de encontro, suas ideias ecomágicas, em uma tentativa de regeneração política e espiritual.

> *Síntese: A aprendizagem e Iniciação Mágica não nascem de uma cerimônia teatralizada de coventículo. Para Starhawk, a verdadeira Iniciação, que abre espaço à percepção holística e à Sabedoria, dá-se na própria vida, em atos corajosos de defesa do ambiente, em um modo de vida são e natural e em cerimônias mágicas de transfiguração. Sua ética, mais do que a piedosa moral de omissão wiccaniana, herdada da Regra Wiccan de Doreen Valiente, é uma ética frontal de defesa do ambiente e da singularidade espiritual de cada ser humano.*

O Caminho Pagão

O que é um pagão? Na sua terminologia latina, *paganus* era apenas a designação que, com desdém e hostilidade, o cristão dava ao camponês que não revia seus valores transcendentes. A expressão vem de *pagus*, a aldeia remota[79] e, por analogia, seus valores conservadores que resistiam ao desenraizamento diante dos novos valores da cidade. Por acréscimo, refere-se àquele que está preso às raízes da terra e aos velhos costumes. Embora Robin Lane Fox[80] tenha advertido que muito

---

78. Plant, Judith. *Healing The Wound: The Promise of Ecofeminism*. New York: New Society Pub, 1989.
79. Chuvin, Pierre. *A Chronicle of the Last Pagans*. Cambridge: Harvard University Press, 1990.
80. Fox, Robin Lane. *Pagans and Christians in the Mediterranean World from the second Century to the conversion of Constantine*. London: Viking, 1986.

provavelmente o significado que lhe atribuímos hoje não esteja provado e estejamos usando hoje uma semântica sentimental advinda dos românticos e utópicos, como Holderlim e Swimburne, essa palavra concentrou em si, contudo, a revolta por um modo de vida baseado em uma concepção espiritual da Natureza. Desde o fim do século XIX, uma grande reviravolta dos afetos trouxe essa palavra para a ribalta da cultura, primeiro sob o desejo do Romantismo e da *Natur Philosophy* e, mais tarde, já no século XX, da própria cultura *folk* e *pop*. A palavra "pagão" estava, por isso, destinada à celebridade vocabular com o surgimento do interesse pela cultura popular nas artes e na música. Desde o tempo do Romantismo se acreditava, como os irmãos Grimm, que esse camponês que fomos habituados a ver de enxada na mão ou entre o esterco do curral, era um receptáculo de sabedoria antiquíssima, que havia sobrevivido heroicamente ao longo de centenas de anos de repressão cristã. Sob a forma de lendas, baladas, superstições, histórias de fadas e sob a forma da sua vida entrosada nos ciclos da natureza, ser pagão acabaria por ficar associado no século XX, por influência da etnologia e da psicologia das profundezas, a uma prática sofisticada de panteísmo mágico e de ecologia utópica. A expressão *pagão* era, além disso, muito semelhante à de povo no sentido idealista que Hegel e Marx a tomavam. Depois do fracasso dos ideais marxistas e sua defesa do proletariado industrial, a palavra "pagão" apareceu na contracultura, inserida na corrente do *folk* e do *pop*, mas em si nada mais era do que sua sublimação em um novo contexto ideológico: o da cultura mágico-religiosa, nascida da sociedade alternativa proposta nos anos de 1960. O povo do fim dos anos de 1960 já não era nada parecido com o povo rural do mundo pré-industrial. Era uma juventude rebelde e visionária, que irrompia em contestação pelas ruas de Paris em maio de 1968, procurava novos hábitos de vida inseridos na natureza e uma filosofia individualista de tons panteístas. Nos anos de 1970 começa a falar-se, então, em *Pagan Way*, isto é, em um Caminho Pagão. Criado por Joseph Wilson e Ed Fitch, o nome foi aplicado a um sistema de divulgação do Wicca por meio de *workshops* e cursos por correspondência ao longo dos Estados Unidos, poucos anos depois da deflagração contracultural de 1969 em Woodstock. Esse sistema valorizava uma forma de Wicca vivida em encontros rituais na natureza e em um sistema de aprendizagem em *workshop*. Nesse sistema aberto, em vez dos velhos modelos convencionais de Iniciação, típicos do Wicca, eram preferidos os processos naturais de trabalho meditativo com as forças da natureza, de forma a elas induzirem na psique uma autoiniciação natural. Esse movimento constituiu uma forma de adaptar e transformar materiais iniciáticos de origem wiccaniana às necessidades de consumo público mais básicas, criando matrizes de celebração ritual abertas à possibilidade de serem, mais tarde, adaptadas por qualquer pessoa, segundo suas inclinações místicas individuais ou de grupo. Foi esse sistema que serviu de base às celebrações ao ar livre em muitos festivais neopagãos pela Califórnia e pelo resto dos Estados Unidos.

Uma boa parte da juventude que ia a esses *workshops* vinha inevitavelmente do mundo *hippie* e da sua visão universalista e pacifista, associada a uma necessidade de profunda transformação mística fora dos preceitos do Cristianismo. Esses *workshops* alcançaram um sucesso enorme! Eram muito poucos, então, aqueles que estariam preparados para ensinar o caminho do Wicca com alguma consistência mágico-religiosa. A característica dos coventículos gardnerianos criados nos Estados Unidos, por intermédio de Raymond e Rosemary Buckland, era a de ser tão celular e microssocial que era completamente impossível satisfazer a volumosa curiosidade e procura pelos temas wiccanianos. O Wicca, desde sua fundação por Gerald Gardner, era um sistema iniciático fechado, com um sistema de graus que ilustrava os processos evolutivos da alma. Isso não o impediu de dizer: *o Wicca é uma religiã*o. Mas, na cultura dos cenáculos esotéricos a quem ele se dirige, isso queria dizer uma Religião de Mistérios, o que não significa a mesma coisa!

A partir dos anos de 1970 surgiu gradualmente nos Estados Unidos um novo tipo de Wicca, mais aberto e empenhado em evoluir para a experimentação de práticas neopagãs mais sofisticadas e menos dependentes dos modelos novecentistas de Magia. Isso se deve ao fato de os livros de Gerald Gardner serem na época completamente desconhecidos do grande público americano e só terem sido apreciados por meio de vários críticos de segunda linha, conhecendo o Wicca somente por fora. Só Sybil Leek e, depois, Raymond Buckland, eram conhecidos do público americano como tendo uma proximidade interior ao Wicca. No entanto, o primeiro livro de Sybil, *The Diary of a Witch,* já estava disponível para leitura em 1968. O livro *What Witches Do,* de Stewart Farrar, havia sido publicado no Reino Unido em 1971, mas passara despercebido pelo wiccan eclético americano. Diante desse vazio, Ed Ficth e Joseph B. Wilson criam, a partir da matriz do Wicca gardneriano, um novo formato de prática pagã, com ênfase nos mitos célticos, sem necessidade de Iniciação formal, difundido pelos cursos por correspondência, centrado em Dakota do Norte. Os autores tiveram a magnanimidade de dispensar seus direitos autorais e colocar todo o seu material no domínio público, vindo a tornar-se a base ritualista que serviu de alimento espiritual à chegada de uma corrente nova de Wicca chamada de Wicca Eclético.[81]

> *Síntese:* O Caminho Pagão foi um movimento de raiz wiccaniana com características ecléticas, aberto à adaptação pessoal e à livre difusão, criado por Ed Ficth e Joseph Wilson. Sua ênfase era em rituais "wiccan style", solitários e em grupo, em que se dispensava a Iniciação formal em um coventículo e que se entrosava com os mitos célticos. Ele serviu de base ideológica e cerimonial ao despertar do Movimento Eclético no Wicca e criou a oportunidade para uma nova onda de experimentalismo neopagão.

O Ecletismo Mágico

A partir dos anos de 1970, as leituras dos livros escritos pelos iniciados gardnerianos e alexandrianos,[82] como Doreen Valiente, Stewart Farrar e Raymond Buckland, divulgaram muitas das bases de trabalho de coventículo tradicional. Baseado na leitura desses textos surgiu uma forma inventiva de Wicca: o Wicca Eclético. Esse surgimento não se deve apenas a anônimos leitores atraídos pelos valores panteístas e naturalistas, aderindo à moda artística então em voga do *primitiv chic*. Na realidade, vários membros iniciados em coventículos gardnerianos e alexandrianos sentem-se asfixiados pelo sistema padronizado herdado dos seus mestres e transformam suas bases litúrgicas, meditativas e rituais, alargando seu campo de ação cognitiva a novas áreas do conhecimento mágico. Eles têm uma tarefa aparentemente libertadora: partindo das bases gerais da liturgia wiccaniana, alargam-lhe os horizontes para áreas até aí inexploradas, sobretudo as preocupações ecológicas e de autodesenvolvimento místico, em sintonia com a Natureza. O sistema wiccaniano herdado de Gardner fornece-lhes o estilo e os métodos, mas a maneira como os individualizam de forma, por vezes, tão extremista, torna-os um sistema à parte. Na essência, tratam-se de rituais *wiccan style*, mas para o público em geral continua a ser apenas Wicca. Em meados dos anos de 1970, Raymond Buckland, o introdutor do Wicca Gardneriano nos Estados Unidos, rompe com o tradicionalismo

---

81. Todo esse material acabou por ser publicado no intuito de atingir o máximo de difusão através dos livros: Fitch, Ed & Renee, Janine. *Magical Rites from the Crystal Well*. St. Paul: Llewellyn Pub., 1984. Slater, Herman (Ed.). *A Book of Pagan Rituals*. York Beach, Maine: Samuel Weiser, Inc. 1978.
82. Valiente, Doreen. *An ABC of Witchcraft Past and Present*. Washington: Phoenix Publishing, 1986 (primeiramente publicado em 1973); Farrar, Stewart. *What Witches Do: A Modern Coven Revealed*. Washington: Phoenix Publishing, 1983 (primeiramente publicado em 1971). Starhawk. *The Spiral Dance: A Rebirth of the Ancient Religion of the Great Goddess*. San Francisco: Harper & Row, 1979.

wiccaniano, criando o Saxon-Wicca[83] (1974), seguindo a tendência de Ed Fitch e Joseph B. Wilson, que desde 1969 estavam diligenciando uma grande mudança nas práticas e modos de difusão do Wicca.

O caminho eclético, quer tenha sido criado por iniciados no Wicca Tradicional, ou por recém-chegados ao reconstrucionismo pagão, trouxe o questionamento radical do sistema de coventículo herdado de Gardner. Essas novas gerações já não se reconheciam no modelo de organização tradicional em formato de coventículo, em contraste com uma sociedade aberta, avessa a processos cristalizados de organização social e em permanente experimentalismo científico e mágico-religioso. O coventículo é uma engrenagem microssocial organizada na vertical e refletindo a sociedade conservadora e monárquica, que a geração de Gardner acreditava ser o ideal de sociedade, mas que não espelha a sociedade moderna em que vivemos, que está organizada de modo horizontal e democrático. Por outro lado, o sistema de coventículo apresenta similaridades com os sistemas de organização política subversiva, oferecendo o encanto do secretismo a muitos indivíduos que reagem negativamente contra a massificação da sociedade de consumo. Para muitos indivíduos, o sistema de coventículo era uma herança obsoleta das organizações maçônicas e dos períodos de clandestinidade da época de repressão do Santo Ofício e, por isso, sentem que é necessário fazer uma revisão profunda das suas formas de interação social, mágica e religiosa no mundo moderno. O Wicca Eclético despontava com ideias inovadoras, surgindo de duas procedências: por um lado do próprio Wicca Tradicional, que lhe fornece o enquadramento ritual e filosófico e, por outro, da literatura wiccaniana que vulgariza os métodos operativos que servirão de suporte material à sua exploração espiritual. Muitos ecléticos nos Estados Unidos organizam várias iniciativas públicas de grande impacto cultural, que lançaram o Wicca para os braços de uma juventude em colisão com a sociedade e em busca de uma alternativa religiosa de vida:

- A convenção americana *Gnosticon,* da principal iniciativa de Carl Llewellyn Weschcke, o fundador da grande editora Llewellyn Publications;
- A aceitação dos Princípios de Crença Wiccaniana, em 14 de abril de 1974, como plataforma religiosa dos wiccans ecléticos americanos e o estímulo a uma atitude aberta e experimentalista de todo o tipo de ritual "wiccan style".

---

83. Buckland, Raymond. *The Tree: The Complete Book of Saxon Witchcraft,* York Beach: Samuel Weiser, 1974, USA.

- O desenvolvimento de métodos mais abertos de pesquisa mágica wiccaniana, por meio da criação do *Circle Santuary*, em 1975, por Selena Fox e Jim Allen.
- A criação, em 1975, do *Pagan Spirit Gathering*, em Wisconsin, por Selena e Jim, que se tornou o primeiro acampamento wiccaniano, e a criação em 1977 do *Pan-Pagan Festival* pelo *Midwest Pagan Council,* em Ilinois.
- O sucesso editorial dos livros *Spiral Dance*, de Starhawk, e *Drawing Down the Moon,* de Margot Adler, ambos publicados em 1979, que geraram uma onda de experimentalismo wiccaniano fora do patrocínio dos coventículos.

O Wicca ganha maior consciência política pela adoção de uma ética de raiz ambientalista, entrosada na corrente da *deep ecology*, e vira um dos seus movimentos mágico-religiosos mais importantes, substituindo o Budismo. Foi o fato de o Wicca fornecer uma prática mágico-religiosa bem adaptada ao modelo filosófico de universo ecocêntrico apresentado por James Lovelock em *Gaia: A New Look at Life on Earth* (1979),[84] na senda dos princípios ecológicos já antes expostos por Otter Zell da Igreja de Todos os Mundos,[85] que o transformou em motivo de estudo por muitas das gerações envolvidas ativamente na ecologia, que desejavam algo mais do que participar apenas de vigílias antinucleares. Passa-se, assim, do Wicca Britânico Tradicional (BTW), de carácter corporativo e fechado em sociedade secreta, para um Wicca aberto, empenhado em fazer grandes sínteses litúrgicas e filosóficas no seio do seu sistema e no quadro de uma visão eco-globalizante, em consonância com o surgimento da interdisciplinaridade na ciência e a visão holística das novas correntes da psicologia transpessoal.

Otter Zell

---

84. Lovelock, James, *Gaia: A New Look at Life on Earth*. New York: Oxford University Press, 1987 (primeiramente publicado em 1979).
85. Otter Zell da "Church of All Worlds" foi o primeiro a apresentar a teoria da terra como um organismo vivo.

Uma das coisas essenciais que o Caminho Eclético trouxe foi não só o questionamento radical do sistema de coventículo herdado do Wicca Tradicional Britânico, mas, fundamentalmente, dúvidas sobre a utilidade e validade do seu sistema corporativo de Iniciação. À medida que os anos passavam e se desautorizavam as origens históricas e iniciáticas do Wicca,[86] a acusação de ecléticos aos wiccans que não haviam sido iniciados de forma regular tornava-se uma atitude de má-fé. O ecletismo está na raiz e no espírito do próprio esoterismo! Desde os primórdios da história, o esoterismo cresceu e desenvolveu-se por meio do processo de permanente fertilização cruzada entre várias tendências culturais e mágico-religiosas. As investigações históricas sobre o Wicca Tradicional vieram provar, por outro lado, que ele é, ironicamente, o que de mais sincrético se criou na história do esoterismo, com suas dívidas e plágios textuais diretos a Aleister Crowley, à Comaçonaria, Golden Dawn, a Margareth Murray, Jules Michelet e Charles Leland, em um infindável anel de dívidas culturais. O ecletismo permitiu, além disso, trabalhar ritualmente os remanescentes arqueológicos e mitológicos do Paganismo europeu, que não haviam sido abarcados pelo Wicca Tradicional Britânico. Ao fazê-lo, despertou do seio profundo do seu código mágico, constituído por hinos, gestos, arcanos e danças rituais, lendas e cerimônias, os velhos impulsos espirituais da nossa memória arcaica, como fermento de uma nova transformação espiritual.

> *Síntese: A partir do início da década de 1970 surgiu uma nova vertente de Wicca que passou a se denominar como Eclético. Ela é resultante de rupturas ideológicas feitas por iniciados gardnerianos e alexandrianos, no fim dos anos de 1960, e da aparição, por geração espontânea, de wiccans que baseiam sua prática nos métodos divulgados pela literatura wiccaniana. Esse ecletismo trouxe a possibilidade de fazer evoluir o Wicca para uma perspectiva mais ecológica e criou a oportunidade para alargar seus horizontes de experimentalismo ritual. Mas, simultaneamente, trouxe a dúvida sobre a validade dos seus modelos de Iniciação.*

A Face Dupla de Janus

Em fins da década de 1970 e inícios de 1980 não se pôde mais falar de Wicca no singular. Existem muitas e variadas tradições do Wicca, mas todas elas se demarcam em função de duas grandes tendências: o

---

86. Essa desautorização histórica veio do seio dos próprios gardnerianos: de Aidan Kelly e do respeitado historiador Ronald Hutton.

Wicca Tradicional e o Wicca Eclético. Dentro do Wicca Eclético afirmam-se o *Pagan Way*, o *Reclaiming* e o difuso e multifacetado oceano de grupos wiccanianos nascidos por geração espontânea. A tendência do Wicca Tradicional baseava-se em uma crença piedosa na legitimidade corporativa, cujas origens estariam na Egrégora de um Culto de Mistérios e cujos impulsos espirituais haviam surgido e submergido nos múltiplos ciclos da nossa história religiosa, seguindo regras estritas de trabalho ritual que se confundiam com a prática da Bruxaria. Contudo, a segunda corrente tomou a tradição wiccaniana fossilizada na literatura neopagã e no trabalho de coventículo, e reanimou-o. Inspirando-se nos pressupostos da psicologia das profundezas, da antropologia cultural e da filosofia cognitiva, criam um novo meio de exploração da psique e uma nova perspectiva do seu uso, em consonância com as descobertas mais recentes da arqueologia e as novas atitudes ecológicas. Ambas as tendências têm hoje uma função importante representada no campo da Bruxaria Moderna e Neopagã: uma, exterior e aberta, afirmando-se como experimentação religiosa de raiz neopagã, e a outra, fechada e introvertida, assumindo o papel libertador e fecundador da Iniciação. Através do ecletismo wiccaniano despertaram-se os impulsos espirituais do Velho Paganismo Europeu, que não eram abrangidos pela prática da Bruxaria Tradicional, e surgiu um novo enquadramento ecológico e espiritual. Mas, por meio do Tradicionalismo Wiccaniano, recuperaram-se algumas das práticas de Bruxaria Tradicional e voltaram a integrá-las na grande corrente do esoterismo ocidental, arrancando-as, assim, de uma posição de pura marginalidade.

Religião e Iniciação foram sempre sentidas ao longo da história como dois polos opostos em tensão na investigação espiritual: a primeira resplandece no Misticismo e, a segunda, na Teurgia. Essa oposição de paradigmas culturais explica a razão por que o Wicca Tradicional se opõe tanto ao Wicca Eclético! O primeiro, em uma oposição que chega até as raias do chauvinismo e, o segundo, até as raias da ingenuidade. Haverá um futuro em que as duas forças se encontrem: essa será a *terceira via* do Wicca. Para a generalidade dos wiccans isso só acontecerá, porém, em um tempo em que o eclético sair da sua cultura livresca, da sua moral pudica e pequeno-burguesa, e trouxer muito do seu espírito experimentalista ao meio tradicional do Wicca. Por outro lado, será necessário que o wiccan tradicional abandone seus falsos mitos de legitimidade iniciatória e sua pedante postura de iniciado e se disponha a partilhar os impulsos mistéricos com os restantes wiccans! Então, será possível criar espaço de diálogo para uma terceira via wiccaniana.

A ferida aberta no Wicca Tradicional por aqueles que liam cuidadosamente os livros escritos pelos seus iniciados e, depois, criavam organizações de inspiração wiccaniana, tal como aconteceu a partir dos anos de 1980, usando o próprio nome do Wicca para legitimar um experimentalismo pessoal, tem criado uma tensão que até hoje não se desvaneceu. Na verdade, o Wicca Tradicional é intrinsecamente criativo e eclético! É um produto sincrético, mas altamente estável, aberto e harmonioso, sob o ponto de vista do seu ritualismo e dos seus processos iniciáticos. Sem dúvida isso se deve ao seu ecletismo de base, isto é, à sua dívida cultural a sociedades fraternais e filosóficas como a Maçonaria e a grupos mágicos, como a Golden Dawn, aos ritos telêmicos de Crowley e à poesia romântica de Swinburne e Rober Graves, à mitologia e etnografia. Os antecedentes do ecletismo estão no próprio Gardner, que criou o Wicca como um *barman* faria um coquetel: fundindo criativamente materiais arrancados de várias e heteróclitas fontes. Ele é o primeiro eclético! Não nos esqueçamos, porém, de que todo o esoterismo, embora sendo firme na fidelidade aos seus pressupostos filosóficos e iniciáticos, é muito flexível na forma como abriga os impulsos mistéricos do passado. Na sua essência, ele é sincrético! Essa foi sua riqueza e a sua sedução ao longo da história! Tendo se desenvolvido pela fertilização cruzada de várias fontes mágicas e religiosas desde que surgiu em Alexandria e, mais tarde, se desenvolveu na cultura hermetista do século XII e no Renascimento, com suas amálgamas criativas de alquimia, Cabala e Paganismo clássico, o esoterismo é o que se pode chamar hoje um caso de ecletismo filosófico. Filosofia não só no sentido etimológico de amor pela sabedoria mas, fundamentalmente, no sentido em que Platão empregava no *Fedro* ao defini-la como *phaedros melete thanatou*, isto é, a prática e preparação para a morte.

A cultura moderna, desde as artes até a ciência, tem evoluído por processos inventivos que, na sua essência, são puro ecletismo. A raiz do ecletismo está na própria biologia e no corolário da necessidade de diversidade genética, para que as raças não envelheçam nem entrem em colapso. O Wicca Tradicional não corre o risco de mirrar em um sistema obsoleto, no entanto! Ele admite na sua estrutura a inovação e a personalização, com a vantagem que se apoia na transmissão de uma estrutura cosmológica e de técnicas meditativas e rituais já testadas por várias gerações, que funcionam como alicerce para o desenvolvimento personalizado de cada pessoa. Isso garante a ele, apesar do seu elitismo e secretismo, uma diversidade genética e um meio seguro para crescer e dinamizar a alma humana. A seguir temos um quadro comparativo entre as características de uma e outra, para que o leitor possa ter discernimento sobre suas diferenças mais importantes.

Wicca Tradicional	Wicca Eclético
1. Uma concepção iniciática da experiência espiritual e da metamorfose da alma subjacente à prática da Bruxaria Neopagã.	1. Uma concepção religiosa e psicologista da experiência espiritual subjacente à prática da Bruxaria Neopagã.
2. A valorização dos processos cíclicos de transformação do mundo natural na perspectiva iniciática de metamorfose da alma, tal como ilustram seus Sabates.	2. A valorização dos processos cíclicos de transformação do mundo natural na perspectiva ecorreligiosa de sintonização, celebração e comunhão com os Deuses.
3. A valorização da relação arquetípica entre homem e mulher iniciada, na perspectiva de uma polaridade biológica e suprassensível.	3. A valorização da relação arquetípica entre o homem e sua Anima e a mulher e seu Animus, segundo uma polaridade psíquica.
4. A prática de Magia Cerimonial.	4. A prática de uma Ecorreligião Cerimonial.
5. A prática de Bruxaria em grupos fechados e estáveis chamados "*covens*" ou coventículos, onde predomina uma forte valorização dos laços pessoais de empatia entre os membros.	5. A prática de Bruxaria em grupos semifechados e transitórios, onde predomina uma forte valorização do experimentalismo mágico e a capacidade de indução da espontaneidade ritual.
6. Formas solenes e codificadas de rituais onde a espontaneidade está em segundo plano.	6. Formas flexíveis de rituais onde a espontaneidade está em primeiro plano.
7. Uma visão dualista e panteísta do Universo e da divindade.	7. Uma visão politeísta e panteísta do universo e da divindade.
8. Um Sistema Triplo de Iniciação onde predomina a "transmissão de poder" de uma Linhagem Iniciática.	8. Um Sistema de Ritos de Passagem que marcam de forma solene as etapas de aprendizagem dentro do Círculo de Trabalho.
9. Existência de um Sacerdócio investido de uma regularidade apostólica e de um conjunto articulado de tradições e rituais.	9. Inexistência de um sacerdócio e de uma regularidade apostólica e a ênfase na experiência e criatividade pessoal.
10. Subserviência do indivíduo ao Coventículo e à sua autoridade representada pela Alta Sacerdotisa e o Alto Sacerdote.	10. Subserviência do indivíduo apenas a si mesmo e a uma autoridade representada pelo seu Guia Interno.
11. A reverência a um Deus Cornudo da Caça e da Morte, e a uma Deusa Dupla, da Vida e do Renascimento, e aos vários processos de fertilidade, crescimento, morte e metamorfose física por eles desencadeados.	11. A reverência a um Deus da Natureza e uma Deusa Tripla, assim como aos vários processos de fertilidade física e psíquica por eles desencadeados nos ciclos lunares e sazonais.
12. A existência de um livro litúrgico, chamado *Livro das Sombras*, que conserva a estrutura litúrgica do grupo, cuja origem vem de Gerald Gardner, mas que pode ser complementado com grimórios pessoais.	12. A aceitação do Livro da Natureza como único "livro litúrgico" e o estímulo à criação de grimórios pessoais, cuja matriz se inspira nos rituais tradicionais de Gardner.

Síntese: Hoje não se pode falar mais do Wicca como um movimento mágico e religioso homogêneo. Ele está dividido em duas grandes correntes: o Wicca Tradicional e o Wicca Eclético. Muitas das suas diferenças baseiam-se na importância que dão ao modo de Iniciação, organização e exploração meditativa e ritual wiccaniano, embora no seu seio persista sempre a matriz ritual herdada de Gardner.

O Wicca Coca-Cola

Na virada dos anos de 1950, começa um longo declínio do Wicca! Declínio nos seus fundamentos históricos e completo ceticismo sobre sua genealogia, impelido pelas investigações de historiadores e ocultistas como Aidan Kelly (1991),[87] Francis King (1991)[88] e Ronald Hutton (1999).[89] Mas, principalmente, um declínio na banalização comercial do misticismo de supermercado. O grande autor da sua massificação foi Scott Cunningham (1956-1993). Tudo o que havia de sofisticação esotérica em um sistema iniciático e em uma religiosidade neopagã é por ele transformado em uma postura devota, com rastros de panteísmo popular, em que são exaltados os valores da ausência de esforço, isenção de estudo e autossuperação meditativa e ritual, em benefício do devaneio religioso. O Wicca é rebaixado a um teatro de devoção caseira! Até então, o Wicca tinha evoluído como contracultura mágico-religiosa, mas era ainda uma religiosidade para intelectuais que liam Herbert Marcuse, Mircea Eliade, Gustav Jung e David Cooper. Cunningham leva-o para o mundo do supermercado, ao preço do desodorizante e do sabonete, para o povo que tem pouca paciência para ler livros profundos, mas se diverte apaixonadamente a ver as *sitcoms* da televisão, do tipo Sabrina e Mister Ed, "o cavalo que fala".

O conceito do *use e jogue fora*, da literatura comercial americana, já tinha chegado ao Wicca. Hans Holzer já tinha escrito livros de divulgação do Wicca, nos anos de 1970, mas o fez com a elegância formal de um Connan Doyle e a argúcia de um Stephen King. Cunningham tinha a desafetação e a banalidade do escrivão que Kafka ironizara, sentado em uma repartição pública de Praga carimbando processos. Do seu modesto apartamento de San Diego, ele escrevia livros em profusão, onde a palavra era reduzida ao vocabulário mais básico e os conteúdos eram escritos com a simplicidade de quem rabisca em um bloco de notas.

---

87. Kelly, Aidan, idem.
88. King, Francis. *Ritual Magic in England, 1887 to the Present Day.* London: Neville Spearman, 1970; *Sexuality Magic and Perversion.* Los Angeles: Feral House, 2000.
89. Idem.

Seus livros não interpelavam provocativamente a inteligência do leitor! Assim, sua maneira de escrever poderia chegar tanto à empregada doméstica dos bairros pobres do Harlem como ao camponês no Texas. Sua maneira de escrever era propositadamente criada para chegar ao leitor menos instruído. Mas ele trazia algo mais do que má literatura, pouca cultura e fraca imaginação! Ele dizia que para alguém ser wiccan bastava amar e celebrar as forças da Terra, da Lua e do Sol, e fazer seus rituais e devoções mensais. Era muito pouco para ser wiccan, mas para a maior parte das pessoas isso bastava!

Também ele inventou uma rocambolesca história para sua iniciação. Aos 15 anos conhecera uma jovem bruxa tradicional, Dorothy Jones, e com ela aprendeu o Wicca e os conhecimentos básicos de Bruxaria, que mais tarde vai transcrever no *Wicca: A Guide for the Solitary Practitioner*. Na realidade, tudo havia sido muito mais prosaico: seu interesse pelo Wicca vinha das leituras de misticismo *new age* que recolhia da biblioteca de sua mãe. Seus livros são, por isso, escritos sob a forma de sumários, inspirados nos blocos de notas dos colégios americanos. Eles eram um amálgama simplista de devoção à natureza, sem os riscos policiais que Starhawk vivera, com o otimismo religioso dos livros de autoajuda, que proliferavam pelos supermercados e na estante de sua mãe. A crença e a fé da cultura cristã transitavam agora, de forma sublimada, para o neopaganismo urbano e sua filosofia de otimismo ingênuo e crença providencial nas forças da Natureza. Ele aprendera nos *workshops* de Wicca, que fizera durante muitos anos ao longo dos Estados Unidos, que a maioria das pessoas eram muito básicas no seu funcionamento cognitivo. Por isso, ele inventou formas básicas de Wicca, enfeitadas de valores religiosos com que eles já estavam familiarizados no catecismo cristão, misturado de ecologia e paganismo. Vestir-se de roupa colorida, dançar na clareira, adorar com orações a Deusa Mãe, amar a Terra, tudo isso, embora sendo uma bela paródia de patifes, encantou todo mundo, que via o ambiente que se deteriorava e achava a meditação um grande aborrecimento. Foi essa combinação de psicologia de autoajuda, crença panteísta e valorização da Natureza que fez seu sucesso. Ele vestiu tudo isso com o nome Wicca e vendeu muito bem. Mas não se tratava de Wicca!

Cunningham ousou convencer todo mundo que para ser wiccan bastava desejar sê-lo. Para conseguir seu objetivo ele rasura toda a história do Wicca antes da década de 1980. Assim, quem lê pela primeira vez seus livros é levado a pensar que ele nascera naquele momento! Essa depuração ideológica permite fazer uma das maiores falsificações religiosas da história e transformar o Wicca, para a maior parte do público, em um puro artigo de fé. As chaves mestras da sua prática neopagã eram: crença, devoção, alegria e oração. Só que, em vez de ser feita a Cristo, era feita à Mãe Natureza! Em vez de ser feita na igreja, era feita com um Círculo Mágico encenado na sala de jantar, com o dedo ou um caro conjunto de cálices, athames, varas, tudo comprado na loja *new age* ou encomendado pela internet. Há, porém, muito de provocador em tudo isso: é o mesmo que usar o rito da missa cristã e travesti-lo em uma paródia de piquenique, e, em vez de Cristo, celebrar Pã e a Natureza. Dessa maneira, o novo wiccan não se sentia em um território estranho! Ele usava os mesmos valores e práticas religiosas que havia aprendido no Cristianismo, desde a devoção à oração, mas só que aplicados no sentido oposto: o do panteísmo e o de uma celebração pagã, em um ambiente de alegria e autocomiseração.

Cunningham nunca havia sido iniciado em uma genuína Tradição do Wicca! Ele havia seguido os *workshops* de Raven Grimassi e, depois, participado em um dos muitos agrupamentos ecléticos nascidos por geração espontânea, com nomes sonantes e ridículos, como a Tradicional e Reorganizada Ordem do Wicca Gwyddonico e a Antiga Tradição Picto-Gaélica, muito comum, então, nos Estados Unidos. Mas isso fora o bastante para provocar uma grande dor de cabeça aos wiccans tradicionais e muito ceticismo aos ecléticos, que viam suas práticas reduzidas a produto de supermercado. Quando em 1993 ele falece, depois de ter estado enclausurado alguns anos escrevendo, atacado de infecções e consumido pelo câncer, muitos da comunidade wiccan respiram de alívio. Mas os danos foram tão fundos que era tudo irreparável! Uma nova geração de adolescentes, que lera sofregamente seus livros, estava irremediavelmente mal informada e não queria acreditar que, além do superficialismo difundido por Cunningham, havia uma longa história de busca da Sabedoria no Wicca e que, o que até então lera e acreditara, era apenas uma sombra distorcida dessa busca.

> *Síntese: É com a literatura de Scott Cunningham que surge, na década de 1990, uma terceira corrente do Wicca. Ela se enquadra no movimento New Age e baseia-se na premissa de ausência de esforço, típica da filosofia positiva da literatura de autoajuda. Ser wiccan torna-se apenas uma questão de crença, de envolvimento emocional em cerimônias celebratórias às Forças da Natureza e de uma moral complacente e positiva de respeito pelo ser humano e o ambiente.*

O Culto e a Ascese

V
Os Conceitos Fundamentais do Wicca

A Arte e o Rito – O Curso da Sabedoria – Bruxaria e Feitiçaria
A Triplicidade do Wicca – Cultos e Religiões de Mistérios
As Cerimônias do Wicca – O Coventículo de Bruxaria
O Círculo de Trabalho Wiccaniano

> *O Homem de Arte move-se no limiar da sociedade;*
> *ele caminha pelo mundo da Humanidade mas vive fora dela.*
> Andrew Chumbley

Nosso olhar perde-se perpetuamente na diversidade do mundo que o Sol nos revela durante o dia. Assim nós todos, também, nos perdemos nas coisas. Mas o que nos revela a Lua? Valquíria contemplava a Lua do cimo rochoso da montanha ao meu lado e perguntava-me outra vez: "Para onde nos leva a Luz do plenilúnio?". Pelo plenilúnio o mundo fecha-se sobre nós, mas não tão completamente como o Sol, pois sua Luz é como um lago onde podemos recolher as forças do sonho e das visões. Esse era o Antigo Graal. Viéramos ao cimo da serra frondosa e a luz do luar refletida no pequeno lago pirenaico era como um cálice cheio de vida. Mas dele não jorravam as forças da vida, e sim as antigas forças da alma. Já ninguém precisa hoje da sua Vida para nutrir o crescimento das sementes, grãos e plantas, mas nós precisamos ainda da sua Luz para nos alumiar e guiar a alma! Pascal, que tinha ouvido as palavras de Valquíria, pegou sua harpa e começou a dedilhar os acordes provençais que aprendera de seu avô de Toulouse e a cantar com sua voz quente e profunda um velho cântico do Languedoc, como se fosse o eco estranho de um elfo tentando acordar-nos. Seu cântico à Lua sacudia-nos como salgueiros perto de um rio e as pontas do nosso espírito saíam do nosso corpo *como velhas raízes e tocavam a fímbria daquela realidade antiga. A sensação de que a barreira do tempo havia sido derrubada e parte do passado voltava a ser aqui lembrado permanecia nas múltiplas imagens que borbulhavam nas nossas visões: romeiros em procissão pela montanha, vestes brancas e rostos coroados, carnificinas feitas em vão e a longa e profunda harmonia finalmente alcançada. Como um ventre, o Graal borbulhava de luz e vida no meio do lago, sangue e sêmen derramados em sacrifício às eras futuras.*

Diário de um Feiticeiro, S. Juan de la Pena, Espanha, 2004

A Arte e o Rito

Fizemos até aqui uma longa viagem através da história do Wicca ao longo do século XX. Ao longo dessa crônica notamos a necessidade de cada geração, ao chegar pela primeira vez aos seus cenáculos iniciáticos, ser orientada na aprendizagem de um modelo litúrgico e meditativo que permitisse despertar e desenvolver as forças arcaicas adormecidas sob o ornamento da sua personalidade. Muitos esoteristas como Julius Evola e Rudolf Steiner usavam essa designação para se referirem sussurradamente às forças instintivas de clarividência e à intuição mágica, que haviam sido perdidas pelos povos arcaicos ao transitar para modelos de vida e consciência racionalmente organizados. Essas forças atávicas haviam sido abafadas no fundo mais remoto da nossa psique, desde muito cedo, na infância da humanidade, por uma necessidade de socialização do indivíduo a partir de uma visão prático-utilitária do universo material. Foi essa necessidade, erroneamente sentida como ameaça ao *status quo* do Wicca Tradicional, que desencadeou suas mudanças de face durante todo o século XX e provocou primeiro o surgimento do Ecletismo, depois as formas múltiplas de regionalismo wiccaniano e, finalmente, sua banalização na subcultura do "wicca de supermercado".

Quando Gardner quis utilizar pela primeira vez uma definição para a revivificação da Bruxaria que ele estava desencadeando, usou a expressão *Craft*. Ela quer dizer, simplesmente, Arte. Não se tratava da arte erudita, mas da arte popular, da pequena arte de saber fazer as coisas! Eu encontrei essa expressão citada muitas vezes por carpinteiros, pedreiros, marceneiros, quando se apresentavam entre si e interrogavam o interlocutor sobre sua profissão. Era sempre pressuposto que se tratava de uma arte manual, envolvendo o corpo e sua habilidade criadora. Lembra o Baghavad-Gîtâ, quando esclarece que a ioga é "a arte nas ações" ou "a habilidade nas obras"! Sua origem, todavia, é muito mais antiga nas lendas ocidentais! Segundo conta o Livro de Enoque, as artes de transformação dos metais, da cosmética, da agricultura, astronomia e bruxaria, teriam sido ensinadas à primeira humanidade por Azazel, o Anjo Caído, que com seus outros guardiões celestes se apaixonaram pelas mulheres humanas. Um dos filhos dessa união foi Caim, filho de Samael e Eva. Sob a forma da serpente samaélica ele introduziu-se no antro paradisíaco e teria a fecundado, segundo o Zohar. Azazel e Samael patrocinam as primeiras uniões sexuais sacralizadas! Desde os gnósticos cainitas até a *strega* toscana Caim era, por isso, o primeiro nascido do "sangue bruxo", em oposição ao grosso da humanidade descendente do barro de Adão através de seu filho Abel. Caim, que mais tarde é assimilado ao seu descendente Tubal-Cain, era um artista dos metais, um ferreiro, depois de ter sido um agricultor e ter criado a primeira cidade histórica. Nos usos da Bruxaria Tradicional,[90] a origem da palavra Arte vem dessa genealogia mágica. Mas será esta a genealogia do Wicca Craeft?

A designação "arte" em algumas atividades profissionais é de origem corporativa e medieval. O exercício da atividade manual era, então, sentido não apenas como uma ação utilitária dirigida à criação de objetos profanos, mas também como uma oportunidade para viver as dimensões espirituais. Pelo envolvimento total da pessoa humana em uma ação transformadora sacralizante, que todo o processo artístico subentendia, o trabalho manual podia servir de suporte arquetípico e alegoria para a transformação mística do próprio artista, em analogia com a transformação da sua obra. O trabalho é essencialmente transformação de energia em matéria transfigurada! Ele recapitula, por isso, a própria cosmogonia do Universo. No nível Macrocósmico, o trabalho revive no Microcosmo a Criação! Percebia-se, então, porque a transformação da própria matéria bruta, seja a madeira, a pedra ou o metal, era sentida não só como uma metáfora mas como a matriz do próprio processo de transformação mística. O trabalho sacralizado poderia ser usado, então, para acordar as partes mais ocultas da nossa psique, desde que executado de acordo com as mesmas leis cósmicas com que se criou o universo. Isso aconteceu, sobretudo, no ofício do canteiro medieval, onde se conjugava liberdade e criatividade ao talhar frisos, aduelas, gárgulas e pilares, com a normatividade dos modelos sagrados do entalhe. O herdeiro da tradição oficinal místico-medieval é, sem dúvida, o *Compagnonnage*.

---

90. Não se deve confundir Bruxaria Tradicional com Bruxaria Popular. A primeira é um sistema extático e visionário, cujas raízes se encontram no culto aos Velhos Deuses entendidos como os Daimons ou Gênios Tutelares, de uma linhagem de trabalho mágico-religioso, e a segunda é constituída pelas diversas e heteróclitas formas populares de feitiçaria que sobrevivem nos bastidores de todas as religiões, mesmo as cristãs. Tradição é aplicada no sentido de transmissão (do latim *traditio*) de uma Gnose.

Mas a expressão, então usada por Gardner, não era de origem maçônica! As cerimônias sagradas do Wicca nunca são atos de trabalho, mas atos de alegria e repouso, de dissipação e revigoramento, tal como sugerem as expressões Esbat e Sabat. Em uma tradição em que a Arte é vivida como exercício lúdico de transfiguração, é natural pensar que o Wicca tenha suas raízes míticas nos cultos de Dioniso e nos gnósticos libertários, nas festas campesinas e nas cerimônias báquicas. Sua origem enquadra-se bem na ação pedagógica e libertadora dos Anjos Caídos.

O uso da expressão Craft deve-se, também, à divulgação que dela fez William Morris no seu movimento *Arts and Craefts*, então associado ao redespertar das velhas técnicas de trabalho artesanal, sentidas como propícias a uma pacificação profunda do ser e de entrosamento espiritual em um passado mitologizado. William Morris não estava interessado em acordar e desenvolver as técnicas racionais dos canteiros e arquitetos protomaçônicos, mas em rememorar, para a cultura industrial emergente, o sentir equilibrado e natural dos artistas do povo. Todo o trabalho, mesmo o mais banal, enquanto exercício que envolvesse o corpo e a personalidade, podia ser capaz de ser vivido como um verdadeiro processo místico, semelhante ao uso do tear por Gandhi ou do amarrar e costurar do místico sapateiro Eckart. Mas os ocultistas e estudiosos do esoterismo sabiam perfeitamente o que estava subentendido por trás dessa palavra, ao ser utilizada na Bruxaria! Porque havia um outro significado muito divulgado na Idade Média! Não era somente a Arte dos canteiros místicos medievais, de que os maçons se reivindicavam como herdeiros, mas aquilo que na gíria esquecida do povo e bem documentado nos anais da Inquisição se chamava a *Arte do Demônio*. Ela era aplicada aos gramáticos na Idade Média, aos divulgadores das heresias e aos encantadores. Thomas Marlow, no seu drama "Fausto" fala, por isso, da Arte como o poder de encantar pela palavra.

O patrono da Magia é Hermes ou Thot, o Deus da Palavra, do verbo encantatório, do som criador. Para os bispos cristãos isso significava, também, o perigo que os heréticos representavam com seu poder argumentativo ao interpretar, sem o controle da Igreja, os textos bíblicos. A ideia de Arte era, então, pensada como uma gramática mágica associada à sigilização de talismãs e amuletos, representada em muitos Deuses antigos como Odin e Toth, Deuses da escrita e da magia. Mas muitos dos magos medievais, quando usavam a palavra Demônio, entendiam-na no sentido socrático de *Daimon*, de Espírito Superior, isto é, de princípio sobrenatural da personalidade ou no sentido que o teólogo Sinistrari a empregou no século VI, ao defini-los como um escalão de seres suprassensíveis que se encontravam entre o reino dos Anjos e dos Homens. Gerald Gardner percebeu perfeitamente as implicações de tudo isso e, poucos anos depois, mais ou menos em 1959, substituiu-a por Wica! Ele sentia que era necessário encontrar uma palavra inequívoca, mais elegante e misteriosa, que definisse nossa Arte de Metamorfose do Ser. Ele encontrou-a na palavra anglo-saxônica "wica".

> *Síntese:* A expressão *Craeft* ou *Arte* foi originalmente a preferida para a via mágico-religiosa neopagã que veio a ser denominada *Wicca*. Por *Arte* subentendia-se que se tratava de uma técnica de comportamento ritualizado pelos usos e costumes de uma corporação de Mistérios, em que era necessário investir não só o engenho mas, sobretudo, o corpo e seus gestos sagrados, portadores de energia vitais transformadoras da psique. Pela designação *Arte* elegia-se a criatividade material como hierofania do ato divino criador.

O Curso da Sabedoria

Gerald Gardner conta que, quando fora iniciado no coventículo da Velha Dorothy Clutterbuck, ouvira pela primeira vez a palavra Wica e que isso lhe caíra no fundo da mente, ainda atordoada pelo efeito dramático da Iniciação, como uma pedrada no charco, acordando-lhe reminiscências cármicas. Talvez isso se deva ao equívoco fonético da palavra. Contudo, lembremo-nos que as similitudes fonéticas entre diferentes lexemas revelam significados mútuos na cabala fonética, verdadeira *língua das aves* do esoterismo. Possivelmente, ele também não se recordou de tê-la lido associada à Bruxaria em Charles Leland, no seu *Gipsy Sorcery and Fortune Telling,* que fazia parte da sua biblioteca! Quando Gerald Gardner ouviu, então, a expressão Wica, ele encontrou uma secreta familiaridade. Assim reteve-a e começou a usá-la escrita só com um *"c"* e não, como hoje se escreve, com dois "cc", em Wicca. Na realidade, parece que a palavra *wicca* só começou a surgir pela influência de Charles Cardell e do seu panfleto "The Craft of the Wiccens", publicado no magazine *Light* em 1958. Daí passou para os artigos da revista *The People* e difundiu-se nos usos da linguagem inglesa. Escrita só com um *"c"* é lida, em língua inglesa, de forma semelhante a *witch* (bruxa), com a pronúncia do *"c"* como se fosse um *"ch"*. A própria Doreen Valiente tanto usa no seu livro de notas a expressão "witchens" como em cartas a Dafo usa a expressão "wickens", oscilando insegura dos termos![91] A expressão *wica* tinha ressonâncias misteriosas com a

---

91. Seims, Melissa. *The Coven of Atho.* The Cauldron. London: Edição Privada, 2007.

palavra inglesa *witch*, mas com a vantagem de ser um arcaísmo verbal que dava alguma verossimilhança à afirmação de que a Bruxaria seria uma herança das tradições secretas do Paganismo Antigo e dos ritos de fertilidade. A arqueóloga Margaret Murray defendera já, com alguma coragem e muita ingenuidade, essa genealogia e dera mesmo seu aval ao Wicca ao prefaciar o livro de Gerald Gardner, *The Witchcraft Today*, anos antes, em 1954. Um aval que reconhecia suas teses como verossímeis, mas também um ato de solidariedade intelectual com aquele que era seu colega na Folklore Society. Como um bom gestor de *marketing*, Gardner foi, no entanto, transformando a designação do seu movimento mágico-religioso, alterando-a com sutileza à medida que sentia o pulso da opinião pública nas sucessivas entrevistas que dava aos jornais. Ele tinha um grande trunfo a seu favor: o fato de a Bruxaria Neopagã se apresentar como um domínio velado e misterioso, perseguido e clandestino, e que agora se abria com prudência, aos poucos, como uma mulher se revela em sucessivas fases de suspense ao seu amante, mas do qual não se podia revelar nada de substancial, sob pena de quebrar juramentos, provocar a ira e a vingança dos irmãos da Arte, cheia de segredos que ninguém conhecia, a não ser os iniciados.

Nos anos de 1950 da Inglaterra recém-acordada do pesadelo da Segunda Grande Guerra, vivia-se ainda na atmosfera moral e cultural Pós-Vitoriana. Nos meios ocultistas acreditava-se piamente em Mestres Superiores, nas fadas de Connan Doyle e nos Superiores Desconhecidos de Helena Petrovna Blavatsky. Sua designação *wica*, que ele diz ter ouvido pela primeira vez durante sua Iniciação em uma assembleia de Bruxaria, caía assim como uma bomba ribombante à boa maneira surrealista na preconceituosa alta sociedade inglesa, ociosa e fascinada pelo oculto. Os linguistas amadores, envolvidos no ocultismo, não precisaram se torcer muito, segundo a boa tradição que vinha de Fabre D'Olivet, para encontrar uma fascinante e misteriosa etimologia por trás da palavra. No inglês antigo, *wicca* era o nome aplicado ao bruxo masculino e *wicce,* à feiticeira. Os saxões, que ainda celebravam os Deuses de Chifres, quando, no século V, desceram em ondas poderosas de força e vandalismo até os campos férteis dos bretões, que já tinham abraçado o piedoso e frugal Cristianismo de St. Patrick (cerca de 387-461 E.C.), haviam trazido com eles uma outra palavra: *wik*. Foi a utilização mais tarde, pelos descendentes de Gardner, dos dois "*cc*" que lhe veio a ideia de alterar a pronúncia, ao permitir pronunciar a consoante "*c*" como se fosse um "k". Dessa maneira, ele veio pronunciá-la à velha maneira saxônica: *wik*. Este ardil fonético era uma boa manobra de limpeza ideológica. Ao pronunciar-se Wicca como se fosse Wika, e não como Gardner fizera, o movimento sutilmente distanciava-se da má reputação que a palavra *witch* (bruxo) tinha na cultura puritana inglesa. Diante desse fato ocorre-nos lembrar a ironia de Tomasi di Lampedusa quando, ironizando sobre as falsas mudanças da história, dizia que era sempre "necessário mudar alguma coisa para tudo continuar na mesma".

Mas o que era o Wicca? O Wicca era uma *arte* ou *craft*, cujo exercício exigia uma vocação iniciática e uma técnica meditativo-ritual de transformação da matéria bruta da personalidade, em sintonia com os ciclos de metamorfose da Natureza. Não se tratava, então, de uma questão de Fé, mas de uma experiência mística pessoal, uma Gnose! A técnica artística de um homem que talha a pedra de granito e a transforma em uma estátua religiosa, como faziam os escultores medievais, nada tem a ver com uma fé. A antiga religiosidade pagã, como bem esclarece Julius Evola,[92] baseava-se em uma ciência antiga de gestos arcanos, ritualizados com exatidão, que punham o ser humano em ressonância imediata com os Deuses. Servius (c. 370-410) e Lactâncio (c. 250-317) são claros ao afirmarem que para o povo romano antigo, por exemplo, a fé não tinha lugar algum na sua vida e o que importava era a experiência direta e pessoal através do rito. Entre o Rito e os Deuses existe uma relação de vasos comunicantes! É por meio de uma técnica precisa do corpo, posto em movimento ressonante com os Deuses, por meio de gestos sacralizados, que se pode fazer emergir a consciência suprassensível. Para alcançar isso é necessário uma grande dose de arte! O uso do corpo, em particular das mãos e dos olhos, adestrados na execução de uma performance ritual, pode fazer surgir na matéria bruta do nosso ego um modelo arquetípico, até aí submerso nos estratos mais profundos da nossa personalidade. Michelangelo acreditava na mesma teoria! Ao esculpir o mármore, ele dizia que nada criava e apenas, como uma parteira, arrancava da profundeza do mármore-mãe a imagem-força que ele *via* em estado de potência. Nada disso tem a ver com Fé, mas com Arte Clarividente! Mas a expressão Arte estava associada desde muito cedo no imaginário ocidental à *Arte Mágica*, já que a expressão Magia tem suas origens no grego *magick techne*,[93] a arte mágica. É, sobretudo, nesse último sentido que o Wicca é uma Arte!

Muitos wiccans tradicionais usam ainda a antiga expressão do escultor medieval: *talhar* o Círculo, como fosse um ato de talhar a pedra. Essa palavra refere-se ao ato de preparar um espaço sagrado no mundo unidimensional do nosso existir, semelhante ao de um artista talhando

---

92. Evola, Julius. *La Vision Romaine du Sacrée* in *Ur & Krur*, Milano: Archè, 1985 (prim. publ. em 1929).
93. Valiente, Doreen. Idem.

sua pedra ou de um oleiro moldando seu pote. As leis cósmicas que os antigos construtores impunham à matéria por meio da geometria sagrada, do círculo, do pentagrama, do quadrado de ouro, por exemplo, o wiccan costuma aplicá-las à substância etérica e aos planos astrais da Natureza por meio dos seus ritos. Percebe-se, então, por que os wiccans tradicionalistas estabeleceram um parentesco da palavra Wicca com a expressão *wis* (lido o *s* como um *ch*, semelhante a *witch*), que significava "sábio". Era a essa sabedoria pessoal e incomunicável, pela forma visível, evanescente e sensorial de um rito *talhado* que, como uma teia, aprisiona o ego do participante, o transfigura e o conduz pelo caminho da Sabedoria, que se refere o Wicca. Essa expressão teia é sugestiva! Porque *wic* quer dizer "moldar, dar forma, encurvar". Moldar o rito como quem molda o pote na roda de oleiro permite, na roda do círculo, dar forma nova ao nosso velho ego, como se o bruxo fosse um oleiro ou tecelão. Isso está em clara sintonia com a Magia dos nós, dos ligamentos e desligamentos, dos Deuses indo-europeus. Na Iniciação o candidato entra, por isso, no Círculo da Arte ligado e amarrado, sendo depois desligado e desamarrado para receber a Luz dos Antigos Deuses. Em um outro ciclo de Iniciação wiccan, a Deusa é desligada dos seus adereços e ligada pelo Amor ao seu amante, o Deus Cornudo. A natureza desse ligamento é o Amor, mas não o amor sentimental! É o Amor que fazia Crowley dizer: "A Lei é o Amor, o Amor sob a Vontade". No preâmbulo da Iniciação wiccaniana o candidato, ameaçado pela espada fincada ao seu peito, é desafiado pelo Iniciador a dar a senha para entrar nos Mistérios: "eu tenho duas senhas, perfeito amor e perfeita verdade". A raiz mistérica da Arte wiccan está, então, na essência dessas duas palavras.

> *Síntese: O Wicca entrosa-se em um antigo caminho de busca da Sabedoria que se baseia em ritos precisos de inspiração pagã e nos ciclos de força da Natureza. Criando um espaço psíquico de ressonância entre o mundo visível e invisível, flui a lembrança de uma Sabedoria há longo tempo esquecida. Não se trata de um ato de Fé, mas de Arte Mágica, que os gregos antigos designavam por Magick Techne.*

Bruxaria e Feitiçaria

O povo português tem um provérbio antigo que diz: "feiticeira é quem quer e bruxa é só quem puder". Uma outra expressão bem portuguesa, recolhida por Leite de Vasconcelos, é a seguinte: "a bruxa nasce e a feiticeira faz-se"! Bruxaria e Feitiçaria são dois componentes essenciais do Wicca. Porém, de natureza distinta! É tão vulgar, no entanto, ver esses dois conceitos usados de forma acrítica e mal fundamentada, que será útil esclarecer seu significado. Tendo sido usado na literatura etnográfica e sociológica portuguesa,[94] quer como sinônimos, quer com seus significados individualizados mas invertidos, muitas vezes em uma completa incoerência semântica, será necessário estabelecer definitivamente o significado que atribuímos a essas duas palavras. A distinção entre uma e outra já existe nos tratados jurídicos eclesiásticos. A *feitiçaria* é um ato cerimonial, de cunho mágico e religioso, muitas vezes decalcado abusivamente das liturgias cristãs, com fins de intercessão material. O caso da Bruxaria é diferente: ela implicava uma atitude anticristã, que os inquisidores retrataram sob a forma de um pacto com o demônio, metamorfoses animais e orgias ritualizadas, por vezes de cunho xamânico, que os dominicanos e jesuítas usaram mais tarde como base para seu modelo de terrorismo teológico, depois do massacre dos albigenses.

A origem da palavra bruxa é fascinante. Embora sua origem linguística seja atribuída aos usos pré-romanos, apenas porque se desconhece sua origem no latim, sua aparição faz-se durante a fase de perseguição da Inquisição na Espanha. Sua gênese linguística e antropológica surgiu da identificação que se fez, então, entre a bruxa e os sapos dos pântanos. Existe um sapo chamado *bruca*, que em castelhano se pronuncia *brucha*, que

---

94. A literatura etnográfica e sociológica moderna tem sido exígua. Podem ser realçadas, contudo, as seguintes contribuições: Araújo, Maria Benedita. *Magia, Demônio e Força Mágica na Tradição Portuguesa: séculos XVII e XVIII*. Lisboa: Cosmos, 1994; Lobo, Elvira. *A Doença e a Cura, recorrência à Bruxaria na procura de saúde*. V. N. Gaia: Estratégias Criativas, 1995; Martins, José Garrucho. *As Bruxas e o Transe, dos nomes às práticas*. V. N. Gaia: Estratégias Criativas, 1997. Santana, Francisco. *Bruxas e Curandeiros na Lisboa Joanina*. Lisboa:Academia Portuguesa da História, 1997.

foi aplicado às mulheres que praticavam as artes da goetia. O *bruca* é um sapo dos pântanos que condensa a ideia, muito em voga na Espanha, de que a bruxa vive nos lugares isolados da Terra, como o Caim bíblico, onde o ser humano normal não pode viver. Nesse sentido, a bruxa integra-se em um mito europeu de origem xamânica, que acredita que ela habita "entre os mundos": de um lado, o mundo civilizado e, do outro, o mundo sobrenatural. A palavra inglesa *hedgewitch* assemelha-se, na sua filosofia, à da bruxa ibérica. Ambas sugerem que o limbo geográfico e espiritual é o território sacro da Bruxaria. Como o anfíbio, ora vivendo nos recessos escuros dos pântanos e rios, ora à superfície luminosa da terra, crescendo por meio de um processo de metamorfose tripla, irá constituir o modelo ideal para representar a titular de uma arte sagrada e esquecida, cujos contornos espirituais estavam em completa oposição ao Cristianismo. A bruxa, vista pela analogia do sapo, ilustra sua permanente transição visionária entre o mundo terreno e o submundo.

Um dos elementos essenciais para compreender a Bruxaria é saber que, originalmente, ela implicava uma experiência mística e visionária,[95] de características xamanistas ou xamanizantes, já bastante degradada e desfigurada em virtude de a evangelização cristã ter cortado violentamente seus elos mágico-religiosos com o Paganismo animista. Esse caso é bem visível no corredor geográfico-cultural que vai da zona balcânica e romeno-húngara até a zona germânica e escandinava, onde a cristianização foi tardia e a sedimentação da ideologia inquisitorial não foi suficiente para distorcer os fenômenos visionários que implicavam o crime de Bruxaria. Foram os inquisidores medievais que, rejeitando a constatação do Canon Episcopi (século IX) de que os voos mágicos de Diana e Holda eram apenas um fenômeno alucinatório, o objetivaram em um fenômeno físico e sociológico e, depois, o demonizaram. Inverter o Mistérico do Sabat, transformando-o de uma experiência visionária, cuja inconsistência material e difusa subjetividade era difícil fazer caso julgado em um tribunal civil, em um fato objetivo, foi necessário para torná-lo matéria de direito e conformá-lo à tipologia de crime material. É na base dessa objetividade que se constrói o conceito de

---

95. Pócs, Eva. *Between the Living and the Dead*. Budapeste: Central European University Press, 1999 (p. p. 1997); Henningsen, Gustav. *The Witches' Advocat: Basque witchcraft and the spanish inquisition* (1604-1694). Reno. Nevada; Ankarloo and Gustav Henningsen, Eds. *Early Modern European Witchcraft: Centres and Peripheries*. Oxford: Clarendon, 1989. Ginzburg, Carlo. *The Night Battles: Witchcraft and Agrarian Cults in the Sixteenth and Seventeenth Centuries*. Baltimore: Johns Hopkins Univ Pr; 1992 (p. p. 1966). *Ecstasies: Deciphering the Witches' Sabbath*. Chicago: University of Chicago Press; 2004 (p. p. 1989).

Bruxaria jacobina do historiador Jules Michelet e, depois, o modelo de coventículo das bruxas hereditárias, tal como fizera Margaret Murray.

Foi Dion Fortune que propôs entre os meios mágicos, em meados do século XX, que a feitiçaria trabalhava com a força dos elementos e a Bruxaria com a essência por trás deles. Isso significava que a Bruxaria tinha um elemento místico e se baseava em uma relação mágico-religiosa com as forças dévicas que estruturam o mundo vivo por meio dos espíritos elementais. Na terminologia esotérica, as forças que regem as energias elementais são definidas como sendo da natureza dos Devas, um nome da Teosofia que compara esses seres aos espíritos da escala dos Anjos. A Findhorn Foundation baseou seu milagre de transformação do solo arenoso da costa da Escócia em um jardim e pomar fértil nas instruções que lhe foram dadas pelos Devas por meio de Roc Combie.[96] São eles que galvanizam a Natureza com suas forças vitais e a transformam por intermédio dos seres elementais. Na Magia Cerimonial, as forças dos elementos são governadas pelos Reis Elementais, sob a superintendência dos Devas, e sua essência é, por vezes, invocada pelos quatro ventos. Embora a Magia trabalhe apenas com a essência divina por trás deles, muitas vezes desinteressando-se da força elemental que propicia a mudança e a metamorfose, a tradição do Wicca trabalha com ambas. A maneira como isso é feito varia de tradição para tradição.

A egiptóloga Margaret Murray foi a primeira, no seu marcante livro *The Witch Cult in Western Europe,* em 1921, a fazer a distinção entre Bruxaria Operativa e Bruxaria Ritual, uma dicotomia que poderá ter influenciado mais tarde o estudo antropológico de Evans-Pritchard sobre os Azende.[97] Na primeira expressão, ela englobava tudo o que era feitiçaria, com seu rol de encantamentos e feitiços, fossem ou não professados por um cristão e, no segundo, o conjunto heterogêneo de remanescentes religiosos, sob a forma de rituais, liturgias e crenças pagãs, que haviam sobrevivido durante os tempos medievais sob o epíteto global de *Bruxaria*. Nos países continentais, onde predomina a língua latina, os dois termos têm sido usados como sinônimos, resultante da dificuldade em estabelecer uma origem etimológica crível para a própria Bruxaria. É o que tem acontecido em Portugal, embora o sociólogo Moisés Espírito Santo tivesse utilizado uma diferença semântica

---

96. Crombie, Roc Ogilvie. *Conversaciones com Pan*. Barcelona: Publicaciones de Can Ricastell.
97. Evans-Pritchard. *Witchcraft, Oracles and Magic among the Azande* New York, NY.: Oxford University Press, Incorporated, 1976 (prim. publ. 1937).

semelhante para mais tarde abandoná-la inexplicavelmente.[98] Os autores mais recentes, que se têm debruçado sobre a Bruxaria Popular em Portugal, ainda empregam essa desordem terminológica e semeiam imprudentemente confusões semânticas entre uma e outra.[99] Para o wiccan, se a feitiçaria é o aspecto técnico, de ordem meditativa e ritual, com que procura alterar sua vida física e social, então a Bruxaria aplica-se quando passa desse nível meramente empírico para o nível espiritual. É nesse nível que compreendemos a essência dos Deuses Arcaicos como parte da nossa essência humana e da essência de todos as criaturas da Natureza. A primeira é uma tecnologia mágico-sociológica e a segunda, uma tecnologia mágico-religiosa. Nesse último sentido, o homem e a mulher wiccanianos, ao descobrirem-se como parte dos Deuses, descobrem-se, em simultâneo, como parte do reino animal, vegetal e mineral. Isso explica a constante ambivalência nos registos da Bruxaria entre humanidade e animalidade divinizada.

> *Síntese: Existe uma diferença entre Bruxaria e feitiçaria. Por meio da feitiçaria o wiccan desencadeia processos de mudança no mundo material e social, e por meio da Bruxaria busca uma experiência de união extática com seus Deuses. O primeiro é pura Taumaturgia e o segundo, pura Teurgia.*

A Triplicidade do Wicca

Se existe um princípio universal que permeia criativamente todas as coisas, é o da triplicidade na morfologia dos corpos vivos. Desde um organismo social a um organismo biológico, os corpos são dinamizados ciclicamente pelas virtudes do número três. Rudolf Steiner foi o primeiro esotérico a, de forma profunda, depois das elucubrações ocultistas do dr. Gerard Encausse (Papus), aplicar esse princípio ontológico que ele via atuante pela incisão da sua clarividência a todas as formas vivas. Ele aplicou esse princípio dinâmico não só à sociedade, sob o conceito da tripartição social, como às plantas e ao ser humano, desencadeando as bases da homeopatia e da medicina antroposófica.[100] O Wicca é, também, o resultado de três elementos integrados, contendo o número três não só dentro da sua morfologia, sob o sistema tripartido de graus

---

98. Espírito Santo, Moisés. *A Religião Popular Portuguesa*. Lisboa: Assírio & Alvim, 1990 (p. p. 1984).
99. Consultar, sobretudo, os estudos de Elvira Lobo e José Garrucho.
100. Easton, Stewart. *Man and World in the Light of the Anthroposophy*. New York: The Anthroposophic Press, 1975.

iniciáticos, mas também dentro da sua psique, em uma tripartição de forças que formam um todo mágico-filosófico: o elemento Pagão, a Bruxaria e a Feitiçaria.

- O elemento Pagão. Subsiste no Wicca como um *sistema cultual de fundo ecorreligioso, definido como celebração panteísta* de inspiração neopagã, cujas origens se perdem nos velhos cultos da fertilidade e nas práticas de Magia cerimonial, constituído por liturgias, consagrações, invocações, ritos de passagem. Ele constitui o seu *corpus* sintático.
- O elemento Bruxaria. Subsiste como um *sistema iniciático de transformação positiva da alma*, que visa à transfiguração do ser humano à imagem do Deus de Chifres, símbolo da completa integração cósmica e natural do ser humano, abarcando a Humanidade, a Animalidade e a Divindade. Ele afirma-se, sobretudo, no sistema triplo de Iniciação no Wicca. Ele constitui seu *corpus* semântico.
- O elemento Feitiçaria. Subsiste como um *sistema mágico de transformação positiva do mundo material*, que considera a condição sociológica do ser humano como relativa e transitória. Ele procura transformar nossa vida medíocre e limitada segundo as leis cíclicas de transformação da Natureza.

Se a Bruxaria é a dimensão iniciática do Wicca, pela sua analogia à natureza anfíbia e triplamente mutante do sapo totêmico, de onde vem seu nome, então o Paganismo é a superfície formal dos seus ritos litúrgicos. Ela é, apenas, a parte visível do *iceberg*! É necessário usar, porém, a expressão *cultual*, no seu sentido originário: de cultivar! Em virtude da sua relação visceral à "cultura" no sentido agrícola e erudito, essa designação é muito mais apropriada para o wiccan definir sua religiosidade do que a própria expressão "religião"! O lado cultual do Wicca está no seu processo formal, que abarca o domínio mágico e o domínio religioso. Sua terceira dimensão, a feitiçaria, é constituída pelo uso de placebos rituais em encantamentos, feitiços e talismãs. A origem da palavra feitiçaria vem da expressão latina *facticiu*, feitiço, significando algo que é não natural, feito pela arte humana. A prática da feitiçaria adveio de uma forte convicção de que o destino humano podia ser alterado positivamente, quando em harmonia com o mundo natural e as forças de mudança dos seus Deuses Arcaicos. Ninguém tem necessidade de estar condenado a uma condição de imutável mediocridade. Nossa Deusa da Fertilidade e do Círculo do Renascimento é uma metáfora esotérica que nos educa a alterar os modos padronizados e limitados de vida em que vivemos, se os tentarmos fazer à Luz da sua natureza cíclica e arquetípica. Colocar nossa vida limitada e medíocre *dentro* desse Círculo de Renascimento é permitir que nossos processos mineralizados e calcificados de vida e consciência possam se flexibilizar, abrir, brotar e renascer em um contexto novo: esse é o fim da feitiçaria por excelência. Por isso, nós invocamos a Grande Deusa pelo belo hino herdado de Shelley[101] e, depois, ampliado e embelezado por Crowley:[102] *pela semente e a raiz, o talo, a folha, a flor e o fruto, nós Te invocamos...* O destino humano não é uma pedra nem um fóssil, condenado irremediavelmente à adversidade. Como uma planta, podemos viver processos de crescimento e mudança sempre renovados, em todas as áreas do nosso destino: no amor, no trabalho, na saúde e na religião.

Existe uma fórmula que é essencial que todo wiccan compreenda. Ela resume a complexidade mágico-religiosa do Wicca:

Wicca = Misticismo Neopagão + Bruxaria + Feitiçaria

Dizer que o Wicca é apenas uma religião neopagã e a Bruxaria sua parte acessória, que se pode descartar do seu sistema, sem que isso tenha qualquer importância, é uma presunção pudica. Corre-se o risco de, com essa acepção, descaracterizá-la em fórmulas de devoção *new age*. Sua força e sedução vêm dessa fusão de energias aparentemente contraditórias. Para perceber isso, faça o seguinte raciocínio: retire, por exemplo, o segundo e terceiro termo da equação acima mencionada e conserve apenas o primeiro. O que terá? Terá um tipo de neopaganismo como o Druidismo! Retire depois o primeiro termo e conserve os restantes, o que tem? Terá os exemplos de Xamanismo. Finalmente, retire os dois termos iniciais da equação e fique só com a terceira, o que tem? Tem apenas todos os tipos de feitiçaria popular, existentes nos bastidores de todas as religiões do mundo e saciando os desejos viscerais dos seres humanos! O Wicca é o somatório de todas elas! Por natureza, o Wicca não renega nenhuma parte da nossa humanidade. O corpo, a alma e o espírito são todos nutridos pelos seus rituais.

> *Síntese: Faz parte da natureza do Wicca nada rejeitar do ser humano como pecaminoso e intrinsecamente mau. Isso explica sua natureza tripla que sacia tanto os desejos do corpo como as ânsias*

---

101. Shelley, Percy, Song of Proserpine (1820), *The Complete Poetical Works*. NY: Houghton Mifflin, 1901.
102. Crowley, Aleister. *Liber XV, Ecclesiae Gnosticae Catholicae Missae*. in: IV Of the Ceremony of the Opening of the Veil. OTO. 1915.

da alma e as aspirações místicas do nosso espírito. Essa sua natureza está explícita na sua estrutura ritual que abarca o misticismo neopagão, a Bruxaria extática e a prática da feitiçaria.

Cultos e Religiões de Mistérios

A palavra Mistério, que foi aplicada durante muito tempo às dramaturgias religiosas da Natividade e da Páscoa nos adros das nossas igrejas, tem um significado místico que nos interessa aqui salientar. A origem da palavra é grega e quer dizer "estar mudo", "fechar". É habitual pensar-se que o Mistério é uma religiosidade da qual não podemos divulgar a natureza do seu conteúdo, em lembrança da injunção dos Mistérios de Elêusis que exigia, por juramento dos iniciados, que seus dramas fossem conservados secretos. Isso se devia ao fato de eles serem uma hierofania do drama da própria alma, ainda em estado de semente nas profundezas da terra e que se preparava para o deslumbramento da sua manifestação futura. A palavra pode ter sido aplicada não só ao ato de fechar a boca, que evoca a ascese do silêncio, ainda hoje preservada em algumas tradições místicas, mas sobretudo ao ato de fechar os olhos e contemplar seu interior. A Bruxaria arcaica era vivida muitas vezes de olhos fechados e em experiências visionárias, por vezes desencadeadas pelos unguentos. De olhos fechados e absorta, sob o efeito dos psicotrópicos, a bruxa entrava antigamente no interior onírico e supraterrestre do Sabat, onde se comunicava com seus Deuses e Espíritos Familiares. Embora a tradição da Bruxaria tenha sido de índole visionária e vivida como uma forma de xamanismo já decadente, no mundo interno da sua alma, desde o fim do século XIX, assoma uma nova atitude em relação aos cultos arcaicos que veio transformá-la em um culto externo da fertilidade.

Foi Mannardt o primeiro a interpretar os fenômenos ritualistas dos povos arcaicos como um culto da fertilidade. As gerações contemporâneas universalizaram o conceito a tudo o que fosse de índole religiosa e não se enquadrasse nos princípios racionais da religião cristã. Estabeleceu-se, assim, uma nova racionalidade dos cultos arcaicos sob a designação de "culto da fertilidade", que se estendeu naturalmente à Bruxaria, primeiro com Margaret Murray e depois com Gerald Gardner. A origem das religiões de Mistérios, em oposição às religiões cívicas dos cultos gregos, sob a tutela de magistrados, reis e famílias, e aos cultos modernos como o Cristianismo, parece estar na sublimação dos cultos agrícolas de morte e renascimento vegetal na perspectiva da metamorfose da alma. Os Mistérios de Elêusis, que datam pelo menos do século VI A.C, e os mistérios dionisíacos colocavam uma forte ênfase sobre os processos de fertilidade terrestre e seus ciclos de morte e renascimento vegetal, na perspectiva mística. O Wicca é constituído por ritos da fertilidade em uma dupla perspectiva:

1. Em uma perspectiva mágica, atuando sobre os constituintes físicos do seu universo sociológico, considerando que cada feiticeiro deve desencadear processos de crescimento positivo na sua vida pessoal (Craeft);
2. Em uma perspectiva teúrgica, atuando sobre os constituintes suprassensíveis do ser humano e desencadeando sua mutação cognitiva na perspectiva da Sabedoria (Gnose).

Foi a possibilidade de fundir as duas dimensões, física e espiritual, em um todo criativo que originou o uso da expressão "atar" na raiz etimológica da palavra Wicca. É nesse sentido que a expressão Velha Religião,[103] difundida por Charles G. Leland,[104] deve ser entendida! Não no sentido de ser herdeira dos ritos pagãos pré-cristãos dos tempos arcaicos, sobre os quais muito pouco sabemos, mas no sentido de se entrosar em um rito iniciático da fertilidade da alma, que se pensava ser a matriz universal do Paganismo Mistérico. A constante descrição do Wicca, em alguns autores, como uma religião é, assim, paradoxal! A expressão religião tem, na sua origem latina, a acepção de *religare* (religar, tornar a atar), tal como Lactâncio (240 A.E.C. - 320 E.C.) propusera! Todo mundo sabe disso, mas genericamente distorce seu significado, afirmando que ela religa o homem com Deus! A religião institucional de hoje liga apenas os homens entre si na base de um princípio moral superior celebrado nos seus ritos sociais, como a missa, por exemplo. O indivíduo sacrifica-se ao todo social, unido e cimentado pelos ritos da Igreja. Daí a experiência religiosa ter se transformado ao longo do tempo em um conjunto anacrônico de costumes, normas e convenções sobre o corpo e a consciência. Uma religião existe sempre em função de um grupo, de uma comunidade ou da humanidade, como no Cristianismo, pretendendo se seja seu vigilante e evangelizador. Porém, seu sentido mistérico é melhor revelado na acepção que lhe dava Cícero,

---

103. Roy Bowers (Robert Cochrane) alterou-a depois para Velha Fé, tornando-se uma expressão vulgar nos usos da linguagem da Bruxaria Tradicional. Contudo, é uma expressão inadequada para o trabalho mágico-iniciático da Bruxaria Tradicional e suscetível de confundi-la com práticas de devoção e oração típicas do Cristianismo. Jones, E. (Ed.). *1734 Foundations, The Letters and Writings of Roy Bowers*. Somerset: Capall Bann Pub., 2003.
104. A expressão aparece referida por Leland ao mencionar que as bruxas italianas chamavam às suas práticas de Vecchia Religioni (Velha Religião). Leland, Charles. *Aradia*, New York: Samuel Weiser, 1974.

quando afirmava que a *religio* (religião) provinha de *relegere* (ler de novo, recordar as coisas de Deus). Esta anamnese era em essência o fundamento de muitos Mistérios: recordar sua origem divina. A Iniciação Mistérica existe sempre, por isso, apenas para o indivíduo que quer se recordar do Indivíduo. Ela é uma ontologia!

 O que determina o processo de Iniciação é um ato de vontade dinamizada pela meditação e o ritual, transfigurando o indivíduo e fazendo-o transitar para um outro estado de consciência: o da anamnese. Por isso a palavra Iniciação vem da palavra *in ire*, ir para dentro de si mesmo. Nesse estado transfigurado de recordação das suas origens ele pode comunicar-se com os princípios arquetípicos e as forças divinas dentro de si mesmo. O Iniciado é, assim, aquele que se recorda! Ele torna-se um Portador da Luz da Gnose. Daí o epíteto que se dava antigamente aos Iniciados de Portadores do Fogo. Eles eram aqueles que seguravam as tochas de Hécate durante a Iniciação ao Mundo Subterrâneo e lhes revelavam os Mistérios! A religião com seu misticismo depende, pelo contrário, de um estado de graça concedida pela imprevisibilidade do seu Deus e de um sacrifício voluntário do seu "eu" para recebê-lo, até alcançar o estado de êxtase. Visto de outro ângulo, pode-se dizer que, enquanto a religião vê Deus fora de si e apela para sua misericórdia, o Iniciado vê Deus dentro de si e apela para sua força de vontade. *Deus est Hommo*, como dizia Crowley com seu travo poético nietzschiano. Na Magia, o Iniciado gira em torno de *si mesmo,* do seu Daimon. Deuses e Demônios existem dentro de nós! Os Demônios somos nós mesmos. Em uma acepção menor, eles são as forças da inércia dentro da nossa personalidade. Isso está implícito no pentagrama que usamos no peito! Desde Santa Hildegarda de Bingen no século XII até, mais tarde, Agrippa e Paracelso, no século XV, ele tornou-se o símbolo do Microcosmo em que o ser humano era percebido como a súmula do Universo, contendo em si Deuses e Demônios. Isso queria dizer que tudo que existe vive dentro de nós e é aí que os devemos procurar e encontrar. O conceito do Microcosmo foi extremamente revolucionário para a época medieval, quando a Igreja se julgava a Voz de Deus e se assumia como seu juiz e seu carrasco.

 Na Instrução do Wicca, a Deusa adverte de forma semelhante ao Evangelho de Tomé: *se o que procuras não o encontras dentro de ti mesmo, então nunca o encontrarás fora de ti próprio*. Assim, quando o wiccan usa a expressão religioso, sublinha implicitamente que se trata de uma experiência de religiosidade íntima, determinada pela sua vontade de autodesenvolvimento e autotransfiguração. Ela não é produto da nossa fé, mas o desfecho de um longo processo de experimentação cognitiva, que é base da Magia. Ser religioso na época em que vivemos implica responsabilidade, honestidade e absoluta liberdade espiritual, em concordância com um conjunto de processos meditativos, rituais e existenciais. O wiccan tem uma religiosidade que é fundamentalmente mágica, caracterizada pela ressantificação do corpo e do mundo natural, síntese exaltante do Cosmos que ele abençoa pela quíntupla bênção dos seus beijos veneráveis sobre o corpo desnudado da Grande Sacerdotisa nos ritos do plenilúnio.

> *Síntese: O Wicca é uma Religião de Mistérios Neopagã cujo processo de transformação espiritual se baseia nos padrões cíclicos da Natureza e na liberdade de sua consciência, apoiado sobre um conjunto de ferramentas meditativas, rituais e existenciais, como normas principais da sua ação. No seu percurso de transformação mágico-religiosa, o wiccan une o físico e o espiritual, ressantificando o corpo e a natureza.*

As Cerimônias do Wicca

A expressão cerimônia é de origem latina e foi aplicada aos cultos de Ceres, a Deusa romana dos grãos cerealíferos! É nesse sentido que os rituais wiccanianoss são verdadeiras cerimônias. No sentido mais profundo da palavra, são rituais à volta do grão, da semente! Mas, para os wiccans, a semente não é apenas um símbolo de fertilidade vegetal, é a epifania do ser, do espírito divino dentro de nós mesmos e da própria terra, simbolicamente semeado e germinado no *Sabat* de Imbolc. Existe, aliás, um tipo de cereal conhecido por trigo-cornudo. Teria sido essa gramínia que Caim trazia na mão quando nasceu, segundo a tradição mística dos Yezidis. Esse grão é a epifania de nosso Deus de Chifres! Nos rituais lunares, chamados Esbat, come-se o pão de trigo santificado para que se possa crescer e frutificar, morrer e renascer como o Deus Cornígero. Para compreendermos o que isso significa, vejamos uma semente: ela é dura e minúscula. No entanto, em certas condições geológicas e climáticas, essa substância pode transformar-se em uma planta e nutrir a espécie humana. A casca da semente quebra-se e liberta, das profundezas adormecidas de si mesma, um novo ser. O ser humano profano é essa casca. Ele traz um potencial de germinação, mas não sabe disso! Olha-se no espelho todos os dias e apenas se reconhece na casca do seu corpo e da sua personalidade. Na Bruxaria Tradicional pré-gardneriana isso é representado de outra maneira: o corpo é a forja dentro de cuja fornalha existe a fagulha adormecida do Fogo. Só Caim pode acender por nós esse Fogo, imagem perene do nosso Espírito

Superior. Para isso, ele tem de matar Abel, parábola do nosso ego, e cremá-lo em sacrifício como faziam os antigos ferreiros-feiticeiros sumérios. Embora isso não faça parte da tradição wiccaniana, sendo um mito alquímico e iniciático em uso nas tradições de Bruxaria Tradicional Pré-Gardneriana, ele ilustra muito bem as cerimônias de bruxaria alquímica em prática no Coventículo TerraSerpente. As antigas festas religiosas de Ceres visavam a despertar a semente das profundezas da terra gelada no Inverno e do estado de solidificação da alma humana. Essa semente é o princípio espiritual do indivíduo. Essas cerimônias eram celebradas em fevereiro, quando se começava a lavrar a terra endurecida e a abri-la com o arado, com cuja relha Caim teria sacrificado Abel, para depois semeá-la!

Existem dois tipos fundamentais de cerimônias no Wicca: os Esbates e os Sabates. Cada uma delas apela a *dois aspectos diferentes do nosso ser*.

Os *Esbates* são cerimônias celebradas em função da relação cíclica dos Luminares, o Sol e a Lua, assim como do seu impacto sobre nosso mundo inconsciente e antropológico. Elas permitem que nossa consciência passe do seu nível empírico para o nível da percepção

Effloration, 1952 – A. Osman Sparemuito

suprassensível, pela ação dos ritos conjugados com o arco de força sinódica da Lua. Nesses ritos, são as forças lunares da personalidade e seus tropismos que são estimulados. Por isso, são sempre celebrados na Lua Cheia. Sua função é a cura, a taumaturgia, o desenvolvimento das faculdades de clarividência atávica, a feitiçaria, a comunhão psíquica com os Deuses Arcaicos da Tradição.

Os *Sabates* são celebrados em função da relação cíclica do Sol com a Terra e do seu impacto sobre o mundo do nosso espírito. Nessas cerimônias o Sol, hierofania do Espírito Superior do Ser Humano e do Deus Cornígero, é visto refletido na Terra e nos seus ciclos sazonais de fertilidade e esterilidade. Eles são regidos pelo Espírito Invisível do Sol. São as forças solares e sobrenaturais da personalidade que são estimuladas nos seus ritos. Os gregos antigos chamavam a esse Espírito do Sol de Apolyon Karneyos ou Apolo de Chifres. A função dessas cerimônias é não só celebrar os ciclos sazonais da Terra mas, também, preparar o ser humano para uma experiência mística de acolhimento dos seus impulsos de metamorfose na esfera psíquica da sua alma, estimulando a transmutação da personalidade. À primeira vista, poderíamos pensar que os Sabates são festividades de propiciação da fertilidade da terra, mas na realidade eles têm tido uma função muito mais espiritual no seio dos coventículos wiccanianos tradicionais. Existem duas funções na celebração dessas festividades cósmicas: por um lado, o Sabat é a oportunidade cósmica para, por meio dos seus mitos e seus ciclos sazonais, sintonizar-se com a Natureza e a reverenciar como parte física da nossa vida terrestre, mas, por outro, é também um momento especial em que a metamorfose da terra serve de espelho à contemplação da possibilidade da nossa própria transformação.

Embora o Sol esteja sempre presente nos ritos, porque sem ele não existiríamos nem haveria o propósito latente da evolução, os Esbates estão centrados, ao contrário, à volta da Deusa da Lua. Eles realizam-se, por isso, nos dias de Lua Cheia. Existem 13 Esbates por ano, tantos quanto suas luas cheias, daí a santidade desse número na Bruxaria. Todos se recordam de ouvir que no dia de lua cheia os loucos se exaltavam e sua loucura se tornava mais delirante e arrebatadora! O papel da Lua Cheia é o de induzir um arrebatamento místico tal que possa trazer das profundezas do nosso inconsciente antropológico as forças primitivas que eram encarnadas em certos Deuses. Dessa maneira, era possível recordar essa parte arcaica do nosso mundo interior, soterrada sob a máscara do nosso ego prático-utilitário. Esse ato liberatório é uma fonte inesgotável de poder e santidade, que o percurso sinódico da Lua e o seu culminar cósmico na Lua Cheia, ajuda a libertar. Nossos ritos desenvolvem-se, então, segundo certos "tempos cerimoniais",[105] pautados pela Lua e o Sol em relação à Terra, quando as diferentes dimensões do nosso ser podem facilmente entrar em sintonia com eles.

A origem da palavra Esbat vem do francês "esbatre", que quer dizer "desfrutar". Essa expressão refere-se à convicção generalizada de todos os bruxos neopagãos de que a alegria e o amor são os patamares para o verdadeiro conhecimento e perfeição humana. Na Instrução, a Deusa diz, por isso: *todos os atos de prazer e amor são rituais meus*. Nós encontramos essa referência à alegria como limiar da Gnose em muitos julgamentos de Bruxaria pela Inquisição, o que leva Pierre de Lancre a declarar estupefato:

---

[105]. Conceito cunhado por John Hanson Mitchell como sendo a possibilidade de alguns lagares serem espacial e temporalmente fluidos, e onde a noção de confinamento profano se dilui. Mitchel, John Hanson. *Ceremonial Time*. New York: Doubleday, 1984. Foi depois difundido entre os meios da ecologia profunda por Gary Snyder (Snyder, Gary. *The Practice of the Wild*. New York: North Point Press, 1990.)

...o Sabate era um verdadeiro paraíso onde havia mais alegria do que aquela que era possível ser expressa. Aqueles que lá iam achavam o tempo demasiado curto por causa da felicidade e do prazer que eles lá desfrutavam.[106]

O que caracteriza o homem profano, sob o ponto de vista da Iniciação, é o fato de viver apenas em algumas dimensões periféricas da sua pessoa racional e prático-utilitária. É como se vivêssemos em um castelo e estivéssemos fechados nos calabouços ou no curral toda a vida. Há uma frase muito bela, dita por Jesus, na Bíblia: "há muitas moradas na casa de meu Pai" (S. João, cap. XIV, vv. 1 a 3). Essa frase ilustra muito bem a ideia que aqui apresento: como será possível que, sendo nós seres pluridimensionais, estejamos vivendo encerrados em padrões tão limitativos de existência e consciência? Será possível podermo-nos libertar dessa unidimensionalidade, como lhe chamava o filósofo Herbert Marcuse? É essa pluridimensionalidade psíquica que os Sabates celebram! Para concretizar isso, os Sabates tornaram-se festividades cósmicas que tomam o processo cíclico de metamorfose da Terra durante um ano como matriz espiritual do próprio processo de metamorfose da vida e da consciência humana durante uma vida inteira. O figurino mítico dessa multiplicidade psíquica é o xamã, esse ancestral do bruxo e do feiticeiro moderno: ele era o poeta, o curandeiro, o feiticeiro, o sacerdote, o caçador, o psicopompo, o guerreiro e muitas outras coisas. O artista e bruxo tradicional Andrew Chumbley relata, por isso, no rito central da sua covina: *Amor e Honra sejam a Ti concedidas pelo Espírito do Grande Xamã, o Feiticeiro, o Primeiro e Último nascido do Sangue Bruxo. Totem Vivo de Toda a Natureza.*[107]

Um dos maiores mitos modernos dos Sabates é acreditar que eles são festas agrícolas a celebrarem o ciclo de fecundidade da Terra. A fecundidade que o Wicca celebra não é, apenas, a fecundidade reprodutora da Terra mas a fecundidade dos cereais, que, desde os Mistérios da Antiguidade, era o análogo físico do Espírito do Sol. Nos Sabates do Wicca o Sol é visto, por isso, refletido simbolicamente na Terra, particularmente sob a forma de um cereal ou de alguns animais como o bode, o veado, a serpente e o leão, ou mesmo de algumas árvores e arbustos, como o carvalho e o azevinho. É à nossa volta, nas florestas e nos animais, nas árvores e nos elementos, que o Sol dos Mistérios é visto e simbolizado! Vemo-lo imanente na Natureza! Essa maneira

---

106. Lancre, Pierre. *Tableau de l'Inconstance des Mauvais Anges et Démons*. Aubier, Paris: Éd. Nicole Jacques-Chaquin, 1982 (prim. pub. 1612); *"L'Incrédulité et Mescréance du Sortilège."* Paris, 1622.
107. Chumbley, Andrew. *The Azoetia, A Grimoire of the Sabbatic Craft*. Chelmsford: Xoanon Publishers, 1992.

de pensar corresponde a uma época arcaica da evolução humana, em que os homens conservavam ainda algum grau de clarividência atávica, como René Guénon e Rudolf Steiner pensavam, sentindo ainda as forças suprassensíveis solares resplandecendo à sua volta no Mundo da Natureza. Um desses símbolos que ilustra esse conceito que acabo de mencionar é o do Deus Verde, com sua cabeça irradiante de folhas saindo-lhe por todas as aberturas da face como se fosse um sol vegetal.

A vivência espiritual do Sol Vegetal desapareceu como possibilidade de compreensão para a consciência humana, à medida que ela desenvolvia o polo racional da sua personalidade. Com o Helenismo e o surgimento do monoteísmo cristão e, mais tarde, do próprio materialismo científico, essa percepção sobrevém apenas como uma vaga recordação nos mitos, tendo-se tornado inapreensível desde então à compreensão humana. Começa-se então a sentir esse princípio criador como uma força transcendente, distante e inatingível. No Wicca, nós agimos como se estivéssemos ainda nessa época arcaica e há razões para fazer isso! Nossa época espiritual apresenta características muito semelhantes às dessas épocas longínquas, porque as forças de clarividência dos povos e a ânsia de regressar a fases de civilização sobrepostas na natureza estão voltando como possibilidade de experiência cognitiva. A impotência das religiões monoteístas e patriarcais está em não saber lidar com esse fator, porque foram feitas para um tipo de homem que ainda sente a falta de um intermediário consagrado para se aproximar outra vez do Sol Divino. Na aparência, os Sabates do Wicca são festas celebratórias da metamorfose anual da terra e uma maneira de articular de novo nossa consciência com seu ritmo cósmico. O ato de lavrar, semear, colher e plantar permanece simbolicamente nas suas festividades religiosas como atos sagrados. O que se passa hoje nos cenáculos iniciáticos do Wicca não é muito diferente do que se passava antigamente nos Mistérios de Elêusis! Esses atos são vistos não apenas como uma forma de sintonia ritual com os ciclos da natureza mas, sobretudo, como um conjunto de forças suprassensíveis, capazes de induzir o processo de metamorfose do nosso ego, na nossa luta para nos fundirmos no Espírito Universal.

> *Síntese: No Wicca existem dois tipos de cerimônias: o Esbat e o Sabat. Através do Esbat o wiccan liga-se às forças da Lua e traz seus impulsos para o seio da sua consciência, fecundando-a de visões e preparando o despertar da sua clarividência atávica. Mas, através dos Sabates e sua identificação com o Sol Cornígero, na sua jornada de transformação ao longo do ano, tentamos despertar nosso Espírito Superior na estrutura da nossa consciência racional e utilitária.*

O Coventículo de Bruxaria

Para celebrar suas cerimônias, os wiccans reúnem-se em um sistema social celular chamado conciliábulo. A expressão original em inglês é *coven*; contudo, usar essa expressão inglesa no contexto português parece-me desnecessário. A regra da boa linguagem é usarmos termos estrangeiros apenas quando não há equivalentes na nossa língua. Existem equivalentes a esse termo inglês que estiveram em uso por muitos dos etnógrafos portugueses, quando se debruçaram sobre as reuniões de Bruxaria na Península Ibérica. Na Espanha usa-se, por isso, outra expressão: *aquelarre*. Trata-se de uma expressão de origem basca e que significa "o lugar do bode", lembrando as tíases dionisíacas em volta do Bode Dionísio, com quem muitas das bruxas modernas se sentiam irmanadas. Na realidade, a natureza corporativa dos coventículos de Bruxaria, que Margaret Murray tentou demonstrar terem existido, enquadra-se na rememoração das tíases dionisíacas e das assembleias gnósticas.

As tíases dionisíacas eram confrarias iniciáticas de origem grega instituídas por um corpo dignitário de clerotas, de onde veio nossa expressão clero, constituídas por homens e mulheres submetidos a regulamentos secretos, juramentos e induções iniciáticas. Celebravam suas festas em banquetes, lembrando os festins sabáticos da Bruxaria visionária e os banquetes gnósticos. Era a proteção que essas confrarias ofereciam aos deserdados e desfavorecidos, assim como o caráter de família que revestia essa união solidária de homens e mulheres excluídos em volta de Dioniso Libertador, que as aproxima dos coventículos modernos das bruxas europeias. Suscitando a desconfiança das classes patrícias, o Estado Romano procurou, por artifícios jurídicos e ataques torpes, travar seu desenvolvimento e suprimi-las. O decreto de Augusto susteve sua propagação, fazendo fechar grande parte das tíases, exceto aquelas que revestiam o caráter de solidariedade funerária, custeando os enterros. No seu seio vigorava a igualdade entre os oprimidos e deserdados, escravos, veteranos das guerras romanas, pessoas de baixa condição social, entre homens e mulheres. Ele ilustra bem a matriz de liberdade dos coventículos tradicionais de Bruxaria, que levará Franz Joseph Mone,[108] no início do século XIX, a argumentar que a origem da Bruxaria se encontrava nos cultos de mistérios em honra a Dioniso e Hécate. Eles teriam sido difundidos pelos escravos gregos, através da Europa continental, e permanecido de forma degenerada entre as classes desfavorecidas.

---

108. Franz Joseph Mone, idem.

Na gíria da Bruxaria portuguesa nunca existiu a expressão *coven*, mas a expressão "ajuntamento noturno" e "assembleia". O primeiro termo é apenas uma descrição jurídica, embora a expressão vernácula "ajuntar" seja muito interessante, porque lembra a expressão *wicca* que na sua origem anglo-saxônica quer dizer o mesmo. Desde meados do século XIX a expressão foi, porém, traduzida por Leite de Vasconcelos, Luís de Chaves e outros etnógrafos seus contemporâneos, pela designação conciliábulo. A origem da palavra vem do francês *covenere*, que quer dizer "conviver", e teria sido introduzida na Inglaterra por via normanda. Mas sua permanência na literatura da Bruxaria vem da livre confissão de Isobel Gowdie ao Santo Ofício. O figurino de reunião das bruxas em torno do Deus de Chifres é muito semelhante aos dos cultos de Dioniso ao redor do Bode, por isso não é estranho que alguns autores do século XIX tenham visto na Bruxaria medieval e renascentista reminiscências dos cultos dionisíacos e suas tíases. Porém, tem sido habitual usar no Coventículo TerraSerpente a expressão *cova* para suas reuniões, muito parecida foneticamente com *coven*. Sua origem vem da expressão usada na inquisição portuguesa para os calabouços onde atiravam os acusados de Bruxaria e, por via castelhana, de *cueva*. As *cuevas* são cavernas, que ainda hoje vemos pelas zonas montanhosas da Espanha, desde as Astúrias a Aragão, onde as bruxas se abrigavam para suas reuniões secretas. Trata-se de um fenômeno setentrional da Espanha, a mais famosa tendo sido a cueva de Zagarramurdi, na região basca. Esse regresso epidêmico às cavernas, na Bruxaria Hispânica do início do século XVII, é uma reminiscência dos cultos pré-históricos nas cavernas rupestres. O povo hispânico acreditava que esses lugares eram portais para o Submundo, onde viviam os espíritos da terra e dos mortos.[109]

A expressão inglesa *coven* é muito antiga. Sua origem etimológica vem do latim *coventum*, podendo traduzir-se pelas expressões portuguesas coventículo ou conciliábulo, designações com uma grande carga poética, vindo já mencionadas nos anais inquisitoriais espanhóis e, mais tarde, apropriada por Goya em um dos seus quadros sobre a temática da Bruxaria aragonesa. Na sua origem latina a palavra significa pacto, porém pela sua alocução *conventus* tem a particularidade de ser aplicada como denominação quer para as uniões carnais como para as assembleias e reuniões religiosas. O que ela significará sob o ponto de vista esotérico? Coventículo refere-se a uma estrutura corporativa, que se apresenta sob a forma de família ou clã, em que as pessoas estão unidas por um pacto

---

109. Lascariz, Gilberto. *As Bruxas das Astúrias: Um Mito Esotérico a Meditar*. Porto: Projecto Karnayna, 2002. Disponível na web: http://http://www.projectokarnayna.com/bruxaria-hispanica/bruxas-asturias.

social baseado na fusão dos veículos sexuais e um pacto imaterial baseado nos elos sanguíneos com os princípios espirituais representados pelos seus Deuses Tutelares. Esse Pacto com o mundo criador dos Deuses é tradicionalmente celebrado e renovado pelo equivalente da união carnal dos seus sacerdotes.

O clã não é, no Wicca Tradicional, apenas um agregado político e jurídico de seres humanos, mas um corpo social sagrado unido por laços sexuais e de sangue. Pelos seus ritos e tabus ele une o plano humano ao plano suprassensível, de onde velam seus Espíritos Protetores e os Antepassados. Nos tempos arcaicos, o clã era uma *comunidade de sangue* e a Iniciação era transmitida biologicamente pelos imperativos da hereditariedade, um dos aspectos regidos pela Deusa da Lua. Hoje, os clãs mágicos são *comunidades de espírito*. Assim, quando se fala de grupos hereditários de Bruxaria é preciso realçar que não se está referindo a uma sucessão biológica, mas a uma sucessão pela linhagem cármica e espiritual. Desde a tradição xamânica até as práticas tradicionais de Bruxaria, são os Espíritos Tutelares que escolhem seus aprendizes e os reconhecem como sendo da *sua* linhagem, da semente da sua casta. Desde a Alta Idade Média, com a quebra dos vínculos consanguíneos nas famílias guardiãs dos Mistérios e a ruptura da sua linhagem biológica, pelos quais os impulsos de Iniciação se transmitiam, tem vigorado a partir de então os vínculos de espírito à linhagem iniciática.

Na tradição da Bruxaria Iniciática, a linhagem espiritual não é definida como uma afinidade ideológica ou um credo religioso gerado pela adesão comovente a um artigo de fé. Genericamente, os membros são atraídos e escolhidos pelos Espíritos Tutelares que preservam a linhagem iniciática. O Wicca Tradicional ainda é, em alguns raros casos, uma tradição iniciática de coventículo ou clã. Para quem não tem qualquer vínculo com sua linhagem pelas forças do carma, poderá praticar, no entanto, suas formas mais ligeiras de celebração wiccaniana. Os grupos ecléticos de Wicca pelo mundo difundem essa via religiosa. O patrono da nossa linhagem mágica no Coventículo TerraSerpente é Caim, o primeiro nascido da carne do dragão Samael e da rainha das feiticeiras Lilith. Foi pelo sacrifício ritual de seu irmão Abel, metáfora do nosso ego medíocre e limitado, que foi doada a primeira oferenda de sangue aos Deuses nos tempos mitológicos arcaicos. A origem mítica do *athame*, a faca ou adaga cerimonial dos bruxos, vem desses tempos remotos. Ainda hoje, nos ritos de Iniciação da Bruxaria Iniciática se tem de provar ter morto Abel, imagem do nosso ego padronizado, para que se eleve das profundezas abissais do nosso inconsciente racial o místico Caim, o ferreiro alquimista que na sua bigorna talha a pedra preciosa do nosso espírito.

O juramento de Iniciação visa a dar forma jurídica a esse pacto de união com os Espíritos Tutelares da Arte e ao Patrono da Cadeia Mágica. Essa Iniciação coloca o iniciado sob a proteção e instrução simultânea do Magister e dos Espíritos Tutelares e seus Antepassados. A regra fundamental do coventículo, depois de aceito pelos Mestres visíveis e invisíveis, é "perfeito amor e perfeita verdade". Essa máxima aplica-se apenas às características de um coventículo de Bruxaria Iniciática. O que define o coventículo é o *pacto iniciatório* com os Espíritos Tutelares da Arte e deve ser usado apenas em agrupamentos de Wicca com "regularidade iniciática".

> *Síntese: O coventículo é uma estrutura mágico-religiosa cujas raízes se encontram nos mundos suprassensíveis onde velam os Espíritos Tutelares e os Antepassados. Ele baseia-se em um pacto entre os vivos e os mortos, humanos e não humanos, por meio de ritos que criam os nexos vitais entre a estrutura etérica de um Iniciado e a estrutura astral dos Veladores. A cooptação dos membros de um coventículo é determinada por oráculo e instrução dos espíritos tutelares da sua Tradição.*

O Círculo de Trabalho Wiccan

Existe uma segunda forma de organização wiccaniana: o círculo. Ao contrário do coventículo, este tem tendência a ser flexível. Trata-se de uma expressão dirigida exclusivamente aos grupos de Bruxaria Eclética sem regularidade iniciática. Um Círculo é semelhante a um grupo de bons amigos que, em vez de se reunir no restaurante na sexta-feira para conversarem juntos sobre Wicca, reúnem-se solenemente na casa de um deles, estudam e comentam suas teorias mágicas e celebram rituais. São, por princípio, tão abertos a estranhos quanto pode ser um grupo de camaradas muito íntimo: depende do temperamento, da disponibilidade, abertura de espírito e da ideologia mágica do grupo. Na realidade, um bom círculo de trabalho não é muito diferente de um grupo de encontro ao estilo de Carl Rogers. Nele predomina a preocupação de desenvolvimento espiritual na perspectiva do mito wiccaniano, assim como a aceitação incondicional das forças arcaicas do Paganismo como forças de transmutação da Alma. A empatia ritual e o segredo são imprescindíveis em um Círculo, pois permitem criar o *rapport* grupal e o desenvolvimento de uma maior autenticidade entre seus membros. Um círculo wiccaniano que tenha laços de afetividade e unidade ideológica muito grande pode criar uma alma-grupo tão forte que se pode tornar um agrupamento tão fechado como um coventículo e gerar processos de fobia neurótica a potenciais aspirantes, de forma tão intensa que lhes pode criar a ilusão de ser um coventículo possuído pelos Deuses. Porém, a única semelhança que o círculo de trabalho wiccaniano tem com o coventículo iniciático é de ordem externa e exotérica.

Uma alma-grupo não é uma egrégora! A alma-grupo é a unidade espiritual de um grupo social, cujos membros estão ligados subconscientemente por laços de afeto ideológico e religioso. Podemos ver o uso corrente dessa expressão na locução "espírito de grupo" em clubes desportivos e partidos políticos, criando as condições psíquicas para a aceitação do sacrifício voluntário do indivíduo ao todo funcional do corpo social a que pertence, mas também gerando as habituais patologias sociais de veneração ao Chefe e ao Mestre. Seus ritos corporativos com seus hinos, cerimônias, roupas especiais, visam a unir e reforçar o elo de união do indivíduo com o grupo assim como a sua alma gregária. Uma Egrégora é, contudo, um caso diferente! Quando o grupo está unido a uma Egrégora, isso significa que está ligado não apenas pela força ideológica e afetiva dos seus membros mas, também, por via dos vínculos de sangue e dos elos etéricos e astrais dos seus corpos sutis, nos reinos internos, aos Gregori, os Espíritos Tutelares, que descem regularmente sobre a humanidade, como seus Guias Espirituais. Os Gregori são comparados aos Anjos Caídos da Bíblia e dos textos apócrifos, não porque tenham *caído* mas porque desceram e se sacrificaram como Prometeu, por um grupo de seres humanos que se tornaram depositários fiéis do seu espírito e sabedoria. Assim, se os Círculos da Arte são criados *a partir de fora*, por uma união de camaradagem ideológica e cultural, então os coventículos são, pelo contrário, construídos *a partir de dentro*, dos níveis astrais e espirituais da egrégora. Quem entra na Egrégora de um coventículo ou confraria iniciática é escolhido por ele e não pelos seus membros humanos. Dentro do Coventículo TerraSerpente, seus membros são escolhidos por presságios e Oráculos, e sua validação é depois concretizada pela vontade humana do Magister, ambos solenemente unidos sob a forma de um Pacto.

A partir dos anos de 1980, diante da necessidade de unir os membros wiccanianos dispersos pelo mundo, criaram-se também associações de interesse público e sem fins lucrativos, que, não tendo qualquer função iniciática como um coventículo, nem de reunião religiosa como a de um círculo wiccaniano, tem a tarefa de estabelecer regras de ação informativa ao público, em particular à imprensa, disponibilizar meios de defesa jurídica aos seus membros maltratados pela discriminação religiosa, organizar conferências, adquirir livros a baixo custo, etc.

Há várias organizações pelo mundo inteiro, mas a mais importante e fidedigna na Europa é a Pagan Federation. Chamada originalmente Pagan Front quando foi criada em 1971, logo após o retiro de Sanders para Sussex, por membros de vários ramos da Arte, ela possibilitou uma maior tolerância e cooperação entre as várias tendências tradicionais e ecléticas do Wicca. Ser membro dessa organização não implica que se seja iniciado dentro de uma tradição wiccaniana regular ou qualquer outra neopagã. Basta que se conforme a um conjunto muito vago de três princípios e preceitos neopagãos:

1. Amor e afinidade para com a Natureza. Reverência para com a força vital e seus ciclos de vida e morte em eterna renovação.
2. Uma moralidade positiva, segundo a qual o indivíduo é responsável pela descoberta e evolução de sua verdadeira natureza, em harmonia com o mundo externo e a comunidade. Isso é muitas vezes expresso como: "Faça o que quiser, contanto que não prejudique ninguém".
3. Reconhecimento do Divino, o qual transcende gênero, aceitando tanto o aspecto feminino quanto o aspecto masculino da Divindade.

A tendência no futuro será, possivelmente, motivar a criação de organizações que representem a multidão amorfa de neopagãos e, por outro, a criação de organizações unicamente voltadas para representar círculos e coventículos wiccanianos, ao exemplo de outras associações criadas no passado com o anseio de desenvolver uma fraternidade universal de iniciados, tal como aconteceu com a fundação maçônica *FUDOSI*. Poucos coventículos aceitariam ser membros de uma organização dessa natureza, em virtude do seu caráter estritamente iniciático e pessoal, avesso a formas de massificação organizativa, mas os círculos religiosos wiccanianos encontrariam aqui uma boa oportunidade para trocarem experiências. Existem muitas outras organizações, como a *Association of Hedgewitches*, voltada para associar os praticantes solitários wiccanianos do Reino Unido, associações com empenho ecológico, como o *Dragon Project*, e outras como o *Green Circle*, *The Children of Artemis*, entre muitas outras menos conhecidas.

> *Síntese: O círculo de trabalho wiccaniano é uma equipe de pessoas automotivadas, ao estilo dos grupos de encontro da psicologia humanista, para o estudo e exploração mágico-religiosa do Wicca e que, por meio dos seus usos, costumes e rituais, aliado ao seu espírito de privacidade, podem criar uma forte alma-grupo que une seus membros em uma sinergia mágica capaz de desencadear uma verdadeira experiência de transformação da alma.*

VI
Os Paradigmas do Wicca Craeft

Bruxaria e Paganismo – Os Paradigmas do Wicca – O Pentagrama Wiccaniano
Um Símbolo Antigo – O Signo do Arcanjo – A Vênus Mágica
A Rosa Lúcifer – O Pentagrama de Morgana

O pico equivale ao excesso, à exuberância das forças. Ele impele até os limites da intensidade trágica. Liga-se à violação da integridade dos seres. Por isso, ele tanto é vizinho do bem como do mal.
Georges Bataille (1897-1962)

Viajáramos por caminhos orlados de rios e florestas nesse setembro sereno que augurava o outono, e caminháramos muito para chegarmos finalmente a um lugar a que ansiávamos intensamente: o pico da Rocha da Mina. O recinto era escarposo, mas à luz serena do luar memórias antigas aí adormecidas acordavam nas nossas visões e sombras oblíquas cruzavam-se na nossa ascensão até o cimo. No cimo e sob o impacto do luar intenso que trazia as forças fertilizantes do Carneiro vernal, alguém nos esperava: a brancura da sua veste longa era brilhante como um sudário e do seu rosto masculino e maduro emanava a serenidade de alguém que deixa este mundo e parte para o submundo. Na pia, folhas de loureiro estavam queimando e sua fragrância trazia até nós recordações de outros altares em outros remotos lugares. Sua luz serena tinha estado esquecida durante centenas e centenas de anos mas, agora que a espada havia se erguido e invocado seu antigo poder, ele regressava de novo para fertilizar nossas almas. No nosso cérebro ecoou a palavra Andevelicus. Na sua mão esquerda, uma tocha erguida ao alto estelar anunciava a Oriente a chegada de Pégaso. E dos monstros celestes que ele prometia sacrificar. Sabíamos que ele descia agora ao Submundo, mas esse lugar era apenas este lugar terreno onde todos nós agora vivíamos. Por isso, nós sentíamos que ele era uma gloriosa ascensão até nosso mundo.

Diário de um Feiticeiro, Alandroal, Portugal, 2001

Bruxaria e Paganismo

Fomos ensinados desde crianças a ver o mundo como um conjunto de leis objetivas, que não temos qualquer meio material de alterar, ou, então, como uma forma de destino funesto ao qual estamos irrevogavelmente acorrentados. O homem moderno, encerrado na sua dimensão racional e prático-utilitária, sente sua vida como um conjunto de determinações físicas e sociológicas que o limitam e determinam na sua consciência e ação. O mundo espiritual de que nos fala a religião, o esoterismo e a filosofia idealista, referem-se a uma realidade que é inacessível ao conhecimento objetivo. As várias designações teológicas, teosóficas ou mesmo poéticas, que se referem a esse mundo suprassensível, apontam sempre para uma dimensão de realidade e experiência que, em virtude de escapar à nossa observação sensorial e ao nosso conhecimento prático, se tornaram uma nomeação vazia, embora carregada de uma dose inexplicável de solenidade, que nos conforta em relação aos fatos misteriosos e críticos da nossa vida mortal. O religioso, vocacionado para a experiência íntima dessa realidade, face à sua incapacidade de fazer participar cada membro da comunidade humana na verdade metafísica que justifica o exercício do seu sacerdócio, tornou-se, desde muito cedo, uma súmula de normas morais e prescrições de comportamento. Ela tornou-se, por isso, uma substituta solene para a ausência de uma genuína experiência espiritual. O mundo do espírito parece ter se tornado inacessível à espécie humana civilizada!

Essa impossibilidade cognitiva começou a manifestar-se a partir do início da civilização greco-clássica, mais ou menos a partir do século IV A.E.C. Ela corresponde, na perspectiva do esoterismo, à perda irreparável da clarividência instintiva dos povos. Esse recuo da consciência foi resultante não só de novos hábitos alimentares, de uma nova organização social e uma nova concepção antropocêntrica do Universo, aplicada por filósofos e legisladores ao espaço da cidade, entendida aqui como um método de levar a humanidade a romper umbilicalmente com a natureza e a depender menos dela para sua sobrevivência, mas também se deve a um novo impulso espiritual na humanidade. Esse impulso lança na história a possibilidade de desenvolver a consciência livre, lúcida e racional, fundamento espiritual da chamada condição do homem moderno. Pode-se dizer, assim, que a Bruxaria era a sobrevivência obsoleta de uma forma arcaica de cognição suprassensível, baseada nos processos de clarividência atávica e congênita, sobrevivendo no seio de uma sociedade em que o mundo espiritual era já sentido como inacessível. Essa cognição permitia um conhecimento direto do mundo suprassensível e sua elevação à condição que a humanidade chamava de "sábio". Gardner julgava que uma das origens da palavra Wicca era do anglo-saxão *witoan*, que quer dizer *sábio*, e Doreen Valiente defendia a tese de que ela era originária do germânico arcaico onde se pronunciava *witgan*. Esse conhecimento direto do mundo espiritual foi designado durante os primeiros anos da era cristã por Gnose. Era uma sabedoria acessível por um processo de transmutação da personalidade humana, por vezes tão violenta que desencadeava o desabrochar da antiga clarividência e a eclosão de dotes extraordinários de oralidade poética e argumentativa.

Para a sobrevivência da clarividência natural era muitas vezes necessário levar uma vida de entrosamento físico e psicológico no mundo da natureza selvagem e desenvolver um forte sentimento de identidade com o mundo mineral, vegetal e animal. Seguir uma ascese antissocial de regresso ao bom selvagem permitia libertar as forças anímicas adormecidas dentro do seu corpo animal. Todos os relatos de Bruxaria nos rememoram ritos onde a união de Deus e a Besta são consumados em um Homem Novo. Esse despertar do animal selvagem, que sobrevive nas zonas noturnas do nosso inconsciente e nos tropismos da nossa memória genética, é representado no Wicca pela imagem do Deus de Chifres. Grande parte das dificuldades de cristianização dos povos europeus baseou-se na rejeição dessa ligação umbilical com o mundo sagrado da Natureza. Carlos Magno mandava enforcar quem conservasse supersticiosamente nos seus domínios pedras sacrais como as aras e menires dos seus Antepassados e não os derrubasse. S. Martinho de Dume, em Braga, revoltava-se nos seus sermões com essa fixação pagã do povo galaico-português no culto das pedras e árvores. Desde César a Martinho de Tours, por toda a Europa, pedras e florestas foram derrubadas e incendiadas para cortar esse vínculo matricial com a natureza sacralizada. Porém, acabaram por terem de lhe fazer sutis concessões: aceitando-a no seio da sua lógica arquitetônica, com suas colunatas em forma de árvores e frondosas copas, cheias de pássaros e animais míticos, oriundos do imaginário pagão, tal como vemos no românico e, depois, no barroco.

A Bruxaria não foi, porém, esse Paganismo sublimado no contexto arquitetônico do Catolicismo. Já no seio do Helenismo, a Bruxaria era considerada uma forma de experiência mística violenta e radical. Circe e Medeia, as feiticeiras celebradas por Homero, já eram então figuras temidas e incompreendidas pelos próprios pagãos. Embora rejeitado para a periferia da sociedade e da civilização, o arcaico mundo pagão pré-cristão e pré-clássico, de que a Bruxaria era sua experimentação mais radical e mais pessoal, nunca esteve perdido! Surgia na arte e na arquitetura religiosa disfarçada de estilo ou tropo literário, como as cabeças folhadas e as *sheelas-na-gig* com suas representações de mulheres nuas mostrando frontalmente o sexo, com rosto de velha ou apenas toscamente esboçado, encontrado no exterior das igrejas românicas.[110] Na liturgia cristã, esses impulsos manifestavam-se nas circunambulações pascais, nas procissões de Candelária, nas Festas dos Loucos, em que se invertia a ordem social, e nas peregrinações aos labirintos dos lajeados da catedral de Chartres. Nesse regresso das forças arcaicas dos Deuses Pagãos está presente um Mistério: o da possibilidade do reaparecimento, no campo cognitivo da consciência humana, dos antigos impulsos de Clarividência Atávica e sua Memória Arcaica.

No início do século XX, os poetas e esoteristas sentiam que estavam franqueando o limbo da percepção. Eles sentiam-se filhos de Orfeu e referiam-se a esse limiar do conhecimento, que sentiam estar tocando, como sendo um ponto de passagem entre esse mundo visível, apreensível pelos nossos sentidos, e o mundo invisível, acessível durante os nossos sonhos mais numinosos.[111] Pela primeira vez na história da humanidade, podemos ter consciência da interação do mundo espiritual e do mundo material e, na experiência pessoal dessa relação, fundar uma nova filosofia de vida e consciência. O Wicca Tradicional surgiu então como portador desse antigo impulso de espiritualidade pagã. Ele valoriza a experiência direta e pessoal desse mundo remoto que, a partir da revolução grega do aristotelismo, começou gradualmente a esmaecer e a se perder para nossa percepção. Os métodos rituais tornaram-se formas gestuais da nossa imaginação criativa, capazes de colocar em interação todos os níveis da nossa constituição física e psíquica: o corpo, a emoção, o pensamento e a imaginação. A Antiga Sabedoria Intuitiva começava a fluir de novo para o cerne da personalidade humana.

> *Síntese: A Bruxaria é na história espiritual da humanidade a portadora do antigo impulso espiritual do Paganismo Arcaico. A natureza desse impulso é despertar a nossa clarividência etérica e refazer os elos perdidos com os Espíritos da Natureza e os Velhos Deuses, antigos guardiões da fertilidade da Terra e da nossa Alma.*

---

110. Podemos ver este exemplo em Portugal na capela do Castelo de Monsanto, na região de Linda-a-Velha.
111. Essa tendência é muito nítida na geração de poetas chamados orfistas e mais tarde nos simbolistas.

Os Paradigmas do Wicca

Não existe dentro do Wicca Tradicional o que veio a ser chamado, entre os Ecléticos, um Sistema de Crenças. Os princípios desse sistema de crenças foram criados muito tarde, já nos anos de 1970, como um programa ideológico que firmasse a união entre os vários agrupamentos de Bruxaria Neopagã e funcionasse como sua regra de identificação. Esse sistema de crenças permitiu que a cultura *New Age* assimilasse mais facilmente o sistema wiccaniano no seio das suas práticas. Diante dos avanços destrutivos do figurino tradicional do Wicca, sentiu-se também necessidade de definir concretamente quais as fronteiras da sua estrutura mágico-religiosa. Contudo, acabou por ser criado um grande equívoco: ao afirmar-se a existência de um sistema de crenças no Wicca, criaram-se as condições para confundi-lo com as religiões monoteístas e seus artigos de fé. Não se deve confundir, contudo, o chamado Credo Wiccaniano com o Sistema de Crenças. O primeiro refere-se à chamada Instrução da Deusa, *The Charge Of Goddess*, sendo uma designação criada por Stewart Farrar[112] para o texto tradicional recitado durante o Ritual da Lua Cheia, e que estabelece os princípios mágico-religiosos que guiam o praticante do Wicca. O sistema de crenças wiccaniano desenvolveu-se, ao contrário dos autores ecléticos dos anos de 1970, como um conjunto de princípios religiosos basilares, que diferenciavam o praticante do Wicca de outras obediências e agrupamentos pagãos que tomavam a Natureza como referência principal da sua prática ritual. É esse conjunto de referências externas que distingue sociologicamente um praticante do Wicca de outro pagão e lhe confere singularidade no grande mar do Neopaganismo Moderno. A compreensão desses princípios ajuda a perceber sociologicamente a identidade grupal denominada Wicca, mas também funciona como uma matriz ideológica para a experiência direta do sagrado e a transmutação cognitiva do wiccan.

Os princípios de crença mais conhecidos foram propostos em 1990 por Scott Cunningham.[113] Segundo ele, são cinco os princípios que estruturam o Wicca, subentenda-se aqui o Wicca Eclético, e que o distingue de outras organizações religiosas panteístas:

1. A adoração da Deusa e do Deus.
2. A reverência pela Terra.
3. A aceitação da Magia.
4. A aceitação da reencarnação.
5. A rejeição de atividades de proselitismo religioso.

---

112. Witches Bible, idem.
113. Cunningham, Scott. *The Truth About Witchcraft Today*. New York: Llewellyn Publications, 1990.

Para haver alguma utilidade nesse regime de princípios, é necessário ser mais profundo, pois todos os requisitos designados podem ser subscritos por outros movimentos neopagãos. Embora exista um grande consenso dentro do Wicca sobre a adoração da Deusa e do Deus, da reverência pela Terra, da prática da Magia e da recusa absoluta do proselitismo, em relação à questão da reencarnação não há, pelo menos no sentido em que ela é tomada nas religiões orientais, unanimidade de aceitação. Sendo assim, só quatro dos corolários expostos suscitam unanimidade entre os wiccans. Mas sua característica é tão simplista e generalista que dificilmente terá utilidade alguma como elemento definidor da filosofia wiccaniana. Na minha opinião, são cinco os princípios do Sistema de Crença Wiccaniana:

1. A veneração a um Deus de Chifres e uma Deusa da Natureza, símbolos da polaridade universal criadora do Cosmos, existindo em um estado de permanente interação criadora e destruidora.
2. A santificação da Natureza, como espaço de imanência do divino, no seu Ciclo Óctuplo de Metamorfose Vegetal da Terra durante um Ano, base cosmológica dos Sabates e da Metamorfose da Alma.
3. A Prática da Magia como instrumento de desenvolvimento físico e espiritual, por meio de cerimônias integradas no ciclo sinódico da Lua (Esbates).
4. Uma Ética centrada no Amor Mágico, consubstanciada na Wiccan Rede e no conceito de Casal Oculto.
5. Uma Prática de Iniciação Tripla, com ênfase nos antigos modelos de Iniciação Ctônica ou Subterrânea.

Síntese: O sistema de crença foi proposto por Stewart Farrar, mas ele integrava-se em uma filosofia corporativa de trabalho em coventículo. Mais tarde, nos fins dos anos de 1980, com a diluição do Wicca em uma prática new age, foi necessário determinar quais seus princípios religiosos e mágicos, de forma que o distinguisse de outros movimentos panteístas em voga na cultura moderna.

O Pentagrama Wiccaniano

O pentagrama é o símbolo fundamental com que nós ponderamos e aprendemos os ritos, os processos cósmicos e nossas atitudes e ações mágicas dentro de um coventículo. Nele encontramos a síntese de toda a prática wiccaniana. Ao contrário da cruz cristã, que existe para nos lembrar a permanente necessidade de sacrifício e renúncia à vida terrena, à imagem e semelhança de Cristo Crucificado, o Pentagrama existe para nos lembrarmos da nossa integração harmoniosa com o Cosmos. Sob a forma de um diagrama, ele ilustra a interação criadora entre todos esses reinos! Na Maçonaria, ele corresponde ao compasso litúrgico do maçon, com o qual são medidos os ritos, as obras e a cadência das suas ações. O pentagrama é como se fossem cinco compassos justapostos em forma de estrela, porque, como dizia Crowley: "Todo o Homem e Toda a Mulher é uma Estrela". Ele sugere, por isso, uma relação profunda entre, por um lado, os processos humanos e, por outro, os processos cósmicos, como vemos ilustrado na astrologia e na agricultura biodinâmica ao cronometrarem suas previsões com os processos vitais da terra e os processos estelares. O Pentagrama diz-nos em silêncio: *"Eu ensino você a unir a cadência da sua vida com a cadência da Terra e das estrelas".*

A ideia da origem estelar da humanidade não surgiu na comunidade wiccaniana por intermédio de Crowley. Já nos Mistérios Órficos, os iniciados diziam que eram filhos da Terra e do Céu Estrelado. Agrippa representou o ser humano voando nu dentro dessa estrela pentagramática! Dentro do Pentagrama podem ser colocados os cinco princípios citados para se ter uma matriz gráfica que funcione como motivo meditativo.

Adquira um pentagrama que seja, se possível, de prata, ou com uma combinação de prata e estanho, porque é um metal da Lua e Júpiter. Que ele tenha um diâmetro de 3 centímetros ou, então, tenha um tamanho correspondente a um múltiplo de três, por causa da relação desse número com os processos de metamorfose pela interação da polaridade masculina e feminina. Terá assim um objeto com a largura suficiente para que possa manuseá-lo em meditação.

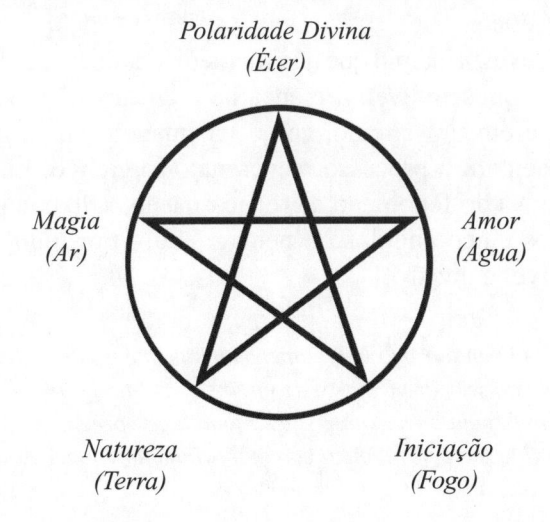

Polaridade Divina
(Éter)

Magia   *Amor*
(Ar)   *(Água)*

Natureza   *Iniciação*
(Terra)   *(Fogo)*

Coloque-o entre as suas mãos. Depois, ponha-o diante de si e na altura do peito, centro rítmico da sua anatomia. Segurando cada ângulo do pentagrama, recite cada princípio e paradigma wiccaniano que lhe está associado, tal como ilustra a imagem anteriormente. Use os cinco paradigmas completos como foram apresentados. Medite sobre eles. Agora pense que todos esses princípios estão interligados da forma como estão ilustrados no desenho. Medite sobre essa inter-relação. Por exemplo: os dois "lugares" onde a polaridade divina se manifesta são externamente na Natureza (Terra) e internamente na experiência de Iniciação (Fogo). Entregando-se às Forças da Natureza (Terra) você descobre a potência do Amor (Água) e aceitando, dentro de si, os impulsos da Iniciação (Fogo), deve estruturá-los com o poder construtivo da Magia (Ar). Note, também, que para que as Divindades possam se manifestar no Amor (Água) e ele tenha o sentido transcendente de uma experiência mágico-religiosa (Ar), é necessário que ele liberte o que tem de natureza não domesticada (Terra) para que possa manifestar o poder criador da Magia. Por outro lado, é necessário entregar-se ao fogo da sua verdadeira Vontade (Fogo), que é a essência dos Deuses (Éter), para apreendê-los no Amor (Água). Visto de um ângulo diferente, você verá que, para que haja um processo iniciático (Iniciação-Fogo), será necessário a prática da Magia-Ar para que os Deuses possam se manifestar no interior do seu corpo e do seu espírito. Medite sobre esse esquema pentagramático, prestando atenção na corrente elementar que flui na circunferência exterior, e nos raios elementares dentro dela, e chegará a conclusões muito interessantes que alargarão o conceito que você tem do Wicca.

Há um sexto princípio que não foi mencionado e que alguns wiccans consideram imprescindível: a crença na reencarnação. Se você inserir o pentagrama em um círculo, como na imagem anterior, a circunferência representará o processo reencarnatório cíclico. Então você tem uma perspectiva do fenômeno da reencarnação, saltando pelo processo formativo dos cinco ângulos do pentagrama e por todos os reinos da natureza visível e invisível.

Síntese: O pentagrama não é apenas um elemento de identificação religiosa do wiccan. Trata-se de um instrumento de trabalho meditativo que ajuda o estudante wiccaniano a compreender a essência da sua vida em consonância com a movimentação cíclica dos ritos e da natureza.

Um Símbolo Antigo

O pentagrama é um dos símbolos mais antigos da humanidade. Pitágoras, na sua comunidade mística da Sicília, considerava-o um símbolo sintético da unidade do homem e do Universo e, com certeza, deve tê-lo utilizado como chave geométrica em técnicas meditativas. É o fato de ser uma forma geométrica com características muito especiais como, por exemplo, a da proporção rítmica e arquetípica entre suas cinco partes e sua analogia à letra grega pentalfa, que deve ter provocado sua utilização mágica muito frequente. Rudolf Steiner, uma das figuras mais fascinantes do mundo moderno, que desde criança detinha capacidades de clarividência atávica e conseguia apreender as forças etéricas no encadeamento criador do Mundo da Natureza, conta que sempre o atormentava a impossibilidade física de transmitir, por meio das formas abstratas da linguagem, aquilo que lhe era dado ver no mundo suprassensível. Foi, porém, quando descobriu a geometria[114] que ele pôde reproduzir rigorosamente a forma como as forças etéricas agiam nas entranhas invisíveis da substância. É essa possibilidade do pentagrama, entre muitas outras formas geométricas sagradas preferidas pelos magistas antigos e modernos, como reproduzir na sua ritmicidade, proporção e beleza, a natureza suprassensível do universo, que o tornou um símbolo muito especial. Com seu uso ritual em *coven* podem ser atualizadas suas forças formativas no contexto da vida mágico-religiosa, tal como podemos ver na prática da ioga, com seus *mudras* e *asanas* e nos conjuros e técnicas talismânicas da Magia cerimonial. Talvez a preferência de Pitágoras pelo Pentagrama se deva a essas preocupações mágico-geométricas.

Personagem polêmica, Pitágoras retirou-se no mundo silvestre, como fizeram os Órficos, e fundou uma comunidade mística na Sicília, onde provavelmente teria sido ensinada a gimnosofia, uma arte meditativa baseada na percepção da geometria secreta do corpo e na manipulação das suas forças etéricas. É essa relação entre o *corpo* e o *Universo* que o pentagrama misteriosamente nos revela. Egípcios, gregos, hebreus, celtas, e tantos outros povos divinizaram as propriedades talismânicas desse modelo geométrico sem saber, provavelmente, o que ele realmente significava. Ísis e Órion aparecem constantemente representados com essa estrela sobre sua cabeça e sua mão e o acesso ao mundo subterrâneo de Set, o *Thuat*, era protegido por um pentagrama sepulcral. O pentagrama parece ser, então, o portal do Céu e da Terra. Na tradição arturiana desenvolvida no século XII, tradição esta já

---

114. Steiner conheceu a geometria aos 14 anos, e um vidente seu contemporâneo, como Austin Osman Spare, tivera, também, a percepção das possibilidades descritivas da geometria do Mundo Invisível.

muito desfigurada pelo esforço de depuração do Paganismo que a havia criado, o pentagrama é o talismã de Morgana, que o dá mais tarde a Gawain para gravá-lo no seu escudo, protometáfora do pentáculo do Wicca. Símbolo ora da Mãe Terra, no Antigo Egito, e de portal para o mundo subterrâneo dos Ancestrais, este ultrapassa a fronteira dos sexos e das civilizações. Ele é a Estrela de que falava Aleister Crowley no seu *Livro da Lei,* quando declara: *todo o homem e toda a mulher é uma estrela (Liber Legis*, I-3*)*. Desde os confins do Egito, onde a estrela pentacular é domínio privado dos Deuses Celestes e Subterrâneos, passando por Pitágoras, que se torna a cifra matemática do Universo, até Agrippa, que é o emblema filosófico do Microcosmo humano, o pentagrama foi passando discretamente de Era em Era como um selo mágico. Se Agrippa, como homem do Renascimento, ainda vê o pentagrama como sendo o envolvimento cósmico e planetar que molda o corpo humano, Crowley coloca-o no seio do próprio espírito humano, dentro do corpo e nas entranhas viscerais da sua carne. Dessa forma, declara implicitamente que cada ser humano, independentemente do sexo, é autossuficiente para crescer e se autodesenvolver segundo as normas da sua própria idiossincrasia espiritual, independentemente das estruturas coativas das instituições mágicas e religiosas.

Libertar o potencial dessa Estrela, que tantas vezes vemos reproduzida nas sementes, é fazer um processo de metamorfose semelhante ao que vemos repetidamente ensaiado na natureza. Dessa maneira, rematamos nossa autoeducação, que em essência é autotransformação. Ao unir criativamente a dimensão consciente à realidade arcaica do seu inconsciente antropológico, o homem descobre-se no fundo de si mesmo como sendo o próprio Universo. Assim, são habituais as *metamorfoses quíntuplas* em alguns Deuses e heróis antigos, como na história de Taliesin, ou em Deuses chifrudos como o Deus Cornígero do Wicca: cervo, touro, carneiro, bode e ser humano. Mais curiosa ainda é a metamorfose do Deus saxão Woden: serpente, peixe, ave, guerreiro, donzela e divindade. Essa possibilidade de Woden poder transformar-se em guerreiro ou donzela, atravessando a barreira biológica e cultural dos sexos, em uma aventura androgínica, leva-nos de novo à repetida declaração de Aleister Crowley no *Liber Legis*, onde insinua que a totalidade psíquica representada pela Estrela só é alcançada quando "todo o homem e toda a mulher" forem totalidades, isto é, não forem mais seres separados mas unificados e interdependentes.[115]

---

115. Tudo isso é explícito quando, no *Liber Legis*, se declara pela voz inspirada de Nuit, a Rainha do Céu: "Que não haja nenhuma diferença para vós, entre uma coisa e qualquer outra coisa, porque daí resultará prejuízo". (LL, I-22) ou "...a dor da divisão é nada, a alegria da dissolução é tudo" (LL, I-30).

A unidade funcional e criativa dos sexos é representada nos coventículos do Wicca pela polaridade mágica do Sacerdote e da Sacerdotisa, e os conceitos esotéricos de complemento mágico-sexual ou de casal oculto. Em termos mágico-operativos, o pentagrama é o *princípio ativo equilibrado dos quatro elementos*. Mas não é um equilíbrio morto e homeostático, é o equilíbrio dinâmico do mundo vivo, resultante da interação criativa das polaridades: por um lado, entre a força feminina da barra diagonal de Terra e Água no pentagrama e, por outro, entre a barra diagonal masculina de Fogo e Ar. Essas barras estão cruzadas em X, símbolo rúnico conhecido por Gebo ou Gyfu, significando um dom concedido ao ser humano pela sua união vital com os Deuses. Esse símbolo subentende uma união perpetuamente fecundadora e doadora de Abastança e Sabedoria. O que é interessante é que, se projetarmos este pentagrama sobre o corpo humano, esse ponto de intercepção aparece focalizado na altura dos órgãos sexuais. Seria assim um símbolo da *Sexualidade Mágica*, da força primal do corpo e do Universo, o ponto de cruzamento transmutatório da vida e da consciência do Iniciado. Na tradição tântrica hindu, essas duas barras e quatro braços simbólicos estão sintetizados no Deus Shiva de quatro braços, dois deles sendo os braços da sua masculinidade e os dois outros da sua feminilidade. A similitude entre Shiva e os Deuses Cornígeros ocidentais, como Cernunnos e Dioniso, aponta para um Mistério implicitamente conhecido das antigas culturas mágicas: o sexo não é uma mera força de reprodução mas uma força de transmutação mística, o mais sagrado sacramento.

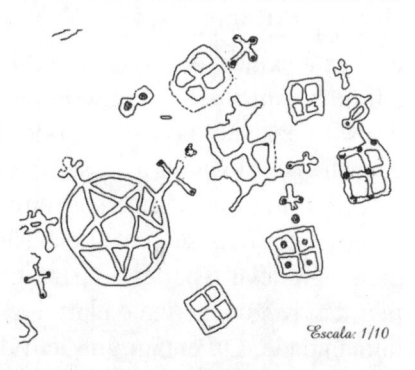

Pentagrama na gravura rupestre de Zebral, Vieira do Minho

Os maniqueus e os cátaros divinizaram o pentagrama como símbolo do Homem Ressuscitado, do Homem Novo, emblema da Estrela de Belém que havia anunciado a aparição da Criança. Em Vieira do Minho, encontramos um pentagrama nas gravuras rupestres de Zebral, mais conhecido pela população local pelo nome de "Laje dos Cantinhos". Curiosamente Crowley colocaria a *Criança Horusiana* no seu duplo aspecto de guerreiro e mágico,[116] como símbolo do *Novo Aeon*. Esses místicos do tempo das

---

116. Heru ou Hórus, o nome grego vulgarmente usado, é uma divindade dual, composta pelos gêmeos Ra-Hoor-Kuit e Heru-Pa-Khered, ou Harpokratés, como era conhecido em grego. O primeiro é o Deus Falcão, a divindade da assertividade e do confronto. O segundo é a "criança não nascida", regente dos segredos espirituais.

catedrais góticas e das lendas arturianas, que acabaram vítimas inocentes de um genocídio cristão, que os amontoaram em um teatro da Paris medieval, como fizeram mais tarde os nazistas aos judeus, e os queimaram ao som de jubilosas hosanas, parecem ter tido um rito de Iniciação que era feito nas cavernas pirenaicas, em uma recordação inconsciente de outras iniciações em outras cavernas não muito longe desse lugar nos tempos pré-históricos. Entre eles vigorava a convicção mística de que o homem ressuscitado emanava espiritualmente pelos cinco pontos do corpo: *as mãos, as pernas e a cabeça*. Na Gruta de Bethlem, em Ussat-Ornolac, próximo da vila de Tarascon, no vale do Ariège, vale muito rico em grutas pré-históricas, o futuro iniciado era colocado dentro de um pentagrama de pedra granítica esculpida na rocha, como se fosse um ataúde e relicário pentagramático, simbolizando dessa maneira que a alma sob o efeito altamente ionizado da caverna e da rocha granítica haviam se unificado com as forças vitais do corpo etérico e, assim, ressuscitado.

No Wicca Tradicional, o pentagrama é estruturado no corpo pela *Postura Estrelada* da Sacerdotisa durante a Instrução, isto é, quando esta está saindo do nível sensorial da sua estrutura física para o nível anímico-espiritual e se encontra com a parte feminina da Divindade e da Natureza. Só assim ela pode derramar com autenticidade a bênção do seu oráculo para a Assembleia. No terceiro grau de Iniciação no Wicca Tradicional, o pentagrama é assumido cerimonialmente no seu significado mais secreto: de fusão das polaridades na hierogamia mágica. Vivenciar o poder do pentagrama é um meio básico para se aproximar da vivência antiga e clarividente das forças divinas na natureza e na humanidade. O Pentagrama tem o poder de conter em si mesmo a possibilidade de estimular nosso desenvolvimento e metamorfose. Porém, o Mistério do Pentagrama só é tocado na fímbria do seu sentido mais profundo, quando dois seres de sexo oposto se unem pela interação amorosa e sexual e experimentam, através dele, a regeneração psíquica ou, no mais intenso dos casos, a transfiguração e as visões. O sentido mágico desse mistério só se coloca, contudo, quando esse encontro mágico tem como objetivo a intensificação da vida psíquica e espiritual.

> *Síntese: Desde o uso do pentagrama nas cavernas iniciatórias pirenaicas pelos cátaros até o uso em coventículo pela Alta Sacerdotisa, quando transita do nível sensorial da sua consciência para o estado de fusão extática com a Grande Deusa, por meio da Postura Pentagramática, está sempre subentendido que esse símbolo geométrico é uma chave esotérica que une o ser humano ao Cosmos.*

O Signo do Arcanjo

É muito fácil encontrar significados múltiplos e contraditórios sobre o pentagrama. Essa polissemia decorre do fato de estarmos lidando com um símbolo cuja natureza é a ambiguidade! Porém, ela nos proporciona um conhecimento de ordem emocional, penetrando o domínio cognitivo dos sonhos e de suas analogias cósmicas. Por um processo meditativo como esse, é possível encontrar a esquecida *Unidade Semântica do Mundo*. Entre muitas significações, o pentagrama é o modelo arquetípico da Grande Mãe, a Rainha dos Elementos, a Senhora Secreta da Natureza. Quando um wiccan olha para o pentagrama desenhado sobre o Pantáculo de trabalho, vê de forma estilizada e sigilosa o corpo desnudado da sua Deusa em postura de parto. O médico, filósofo e mago Cornelius Agrippa, que amava as analogias poéticas e metafísicas, desenhou o pentagrama como se ele fosse a expressão arquetípica do corpo humano e a hierofania do Homem Ressuscitado. Se olhar bem para seu desenho, constatará que ele está em uma posição de voo, de suspensão e rejeição da lei da gravidade, como se fosse um pássaro de asas abertas elevando-se nas alturas celestes. No seu desenho ele está envolto em um círculo ou halo e suas polaridades elementais cruzam-se no nível da sua potência criadora.

O pentagrama tem sido denominado pela tradição rosacruciana por Signum Michael (Signo de S. Miguel), referindo-se ao célebre Arcanjo, matador de dragões e serpentes míticas na mitologia cristã. Trata-se de uma evidente anexação da simbologia pagã. Essa expressão é antiga e vem mencionada nos grimórios medievais. Na teoria das emanações da Cabala, ela coincide com o símbolo da Esfera de Geburah, uma dimensão onde predomina a força agressiva e depurante da energia feminina, epifania das Deusas virgens e guerreiras do Paganismo antigo. Nessa representação cabalística, a força marciana não é uma força masculina, embora a representação dos anjos e arcanjos, cuja origem recua às representações babilônicas das esfinges, tenha uma aparência de ambiguidade muito afeminada. Uma das menos conhecidas atribuições desse arcanjo é o de guardião dos lugares sagrados e o Espírito Regente da Terra. Em uma época remota, antes da revolta dos anjos liderada por Lúcifer, reza a tradição esotérica que o Arcanjo Miguel era o Espírito Tutelar da Terra e o senhor deste mundo. Foi a queda mítica dos Anjos que o fez mudar de função, erguendo-se das entranhas da Terra à sua função atual de

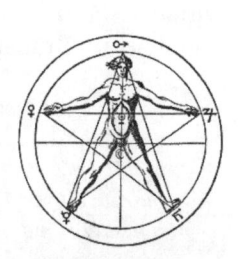

Pentagrama de Agrippa

Espírito do Sol. Ele conserva, ainda hoje, reminiscências da sua velha função telúrica, sendo representado como guardião dos sepulcros e dos lugares sagrados, sobreposto à serpente e ao dragão, antigas teofanias da Mãe Terra. Agrippa, em lembrança desse mito há muito esquecido, atribuiu-lhe a função de Guardião da Alma da Terra.[117] O esoterista Rudolf Steiner julgava que estaríamos vivendo uma nova Época Micaélica e, similarmente, Aleister Crowley anunciou a chegada de uma grande Era sob a inspiração do Deus Hórus,[118] uma espécie de proto-Michael egípcio e antecristão. Em termos esotéricos, significa que esse Arcanjo pode estar rememorando para a humanidade essa sua antiga função de Regente da Terra.

Hórus é uma criança, a criança guerreira e conquistadora do Livro da Lei, representando, segundo os termos do próprio Crowley, as forças vitais em estado de liberdade e a inocência radical, desembaraçada do embuste do pecado. Ele é uma espécie de Eros ou Baco Romano, pois Baco é a romanização tardia de um outro guerreiro que se julgava vindo da Trácia e se dava pelo nome de Dioniso. Seja Hórus uma síntese ou não de Eros, Baco ou Dioniso, a verdade é que a nova moral horusiana refere-se a esse princípio assertivo dionisíaco quando declara que "todo pecado é restrição", e que "A Lei é o Amor, o Amor sob a Vontade". Trata-se de um reconhecimento claro das Forças do Amor. Não o amor recalcado e autossublimado, mas o Amor na sua plena potência de vontade e autotransfiguração.

> *Síntese: O Cristianismo fez uma anexação do pentagrama, a partir do Paganismo, e considerou-o o sigilo do Arcanjo Miguel. Rudolf Steiner e Aleister Crowley, sob a designação do Deus Hórus, atribuíram a esse Arcanjo o papel de regente da era moderna, tornando o pentagrama o símbolo primário de desenvolvimento mágico para quem queira evoluir em sintonia com as Hierarquias Espirituais. Seu uso no Wicca é, também, uma chave mística da Era Micaélica ou Horusiana em que vivemos.*

A Vênus Mágica

Existe uma "prova dos nove" que nos permite determinar o verdadeiro sentido iniciático do pentagrama. Sendo o pentagrama a representação gráfica de uma estrela, a forma de encontrá-lo só poderá ser no céu estrelado! Na verdade, o pentagrama nada mais é do que o modelo

---

117. Jacson, Nigel & Howard, Michael. *The Pillars of Tubal-Cain*. Somerset, UK: Capal Bann Pub., 2000.
118. Em 1904, por meio do Livro da Lei.

geométrico traçado matematicamente no céu pelo percurso de rotação do planeta Vênus ao longo de um ciclo de oito anos. Na linguagem astronômica esse percurso é chamado de "movimento sinódico", referindo-se à duração que separa duas conjunções ou oposições sucessivas de um astro com o Sol. Quando nós olhamos o céu, constatamos que Vênus, como qualquer outro astro, nunca se encontra na mesma constelação no momento da sua máxima luminosidade, simplesmente porque se encontra em movimento. Tudo está em movimento no Cosmos! Tudo está em processo de transição e transformação! Só ao fim de oito anos podemos voltar a encontrar o planeta Vênus no mesmo ponto que o tínhamos visto antes no local em que verificássemos sua conjunção ou oposição com o Sol. Durante esse período de tempo, terá girado 13 vezes em volta do próprio Sol e seus lugares de máxima luminosidade, porque Vênus, tal como a Lua, tem fases crescentes e minguantes de claridade, em função da sua relação de oposição com o Sol, ocupando respectivamente cinco pontos equidistantes entre si no Zodíaco, formando uma estrela de cinco pontas. Desde a Idade Média que se chama a estrela de cinco pontas de "Pentagrama Veneris" ou Pentagrama de Vênus. Os números 8, 13 e 15, que lhe estão associados, são símbolos numerológicos muito estimados no Wicca e importantes na sua codificação meditativa e ritual. O Pentagrama de Vênus aparece morfologicamente definido nas pétalas de muitas flores e está associado, por um raciocínio de força maior, à Deusa do Amor. Não se trata do amor que sustenta juridicamente a ligação interpessoal entre duas pessoas de sexo oposto, mas o amor no seu estado de máxima força de expressão passional. Não se trata, também, do amor como princípio da fecundidade, que tem fundamentado as definições pseudoantropológicas da Bruxaria desde os meados do século XIX.[119] Essa Deusa da Fertilidade era reverenciada desde a Antiguidade em cerimônias solenes, como nas cerimônias sagradas da Bonna Dea, em Roma, ou nas Tesmophoras de Deméter, na Grécia, celebradas em uma atitude reverentemente contida, pois ela era a função mais importante da estrutura da família: a função procriadora. O amor afrodítico, que o pentagrama anuncia, é o amor lúdico e liberto dos vínculos procriadores. É o amor sem medida e dado à sua autossatisfação e autolibertação. É útil para um wiccan patentear alguma característica de Vênus e Afrodite, as Deusas greco-romanas do amor:

---

119. A fundamentação antropológica dos ritos da Bruxaria nos cultos da fertilidade foi um conceito muito usado no século XIX desde Jules Michelet a *sir* George Fraser.

- A Deusa Vênus é reconhecida hoje como a mais genuína sobrevivência das antigas Deusas nuas babilônicas, fenícias e sumérias, que são a última ramificação, no fundo da Idade do Bronze e do Ferro, das *vênus aurignacianas*, também estas sempre nuas.
- A Deusa Vênus ou Afrodite é uma deusa celebrada sempre em monastérios de sacerdotisas e prostitutas, as famosas hetairas, de que falam os autores gregos, reconhecidas e escolhidas entre as moças mais belas das classes aristocráticas, para servirem sacerdotalmente a Deusa, admiradas durante a época clássica pela sua elevada cultura literária e musical e na Irlanda como profetisas e astrônomas.
- A Deusa Vênus tem sempre como templo o espaço natural dos jardins, das fontes e dos pomares, não o espaço fechado dos templos feito pela mão do homem em pedra ou madeira, sendo um claro vestígio de uma recordação arcaica da paisagem mágica e cerimonial.
- A Deusa Vênus está associada, por meio de Afrodite, aos animais selvagens e não domesticados, como dela fala Homero no seu *Hino a Afrodite*.
- A Deusa Vênus está sempre associada na Itália à prática da Feitiçaria. Seu nome Vênus significa: "força nos encantamentos", "força nos feitiços".
- A Deusa Vênus tem, como as bruxas medievais, o ganso e o bode como sua montaria, que nos Sabates veio a ser transformado na representação do Deus de Chifres, em virtude da sua celebrada luxúria equiparada à da Deusa que o montava.

Essa interessante lista de referências obriga-nos a regressar à questão sobre o propósito da escolha por Gerald Gardner da palavra Wicca para designar seu movimento de renascimento mágico da Bruxaria Neopagã. A atração exercida pela Bruxaria descrita por M. Murray sobre o então incógnito Gerald Gardner deve tê-lo levado, por um conjunto de coincidências inquietantes e maravilhosas, a ser iniciado em uma assembleia de Bruxaria e, mais tarde, à sua bem-sucedida tentativa de inserir nela apetrechos com os meios rituais necessários à sua sobrevivência. Não foi só o fato de se ter vivido na Inglaterra uma profunda pesquisa etnográfica e histórica das raízes pagãs da Bruxaria, sobretudo por meio das contribuições vindas da Folclore Society, e de muita gente senti-la então como um eco religioso que vinha misteriosamente do passado e que valia a pena ser revivido. Esse eco amplificava-se com as constantes descobertas da arte rupestre, da psicanálise, da antropologia, cujos ritos lhes parecia falar muito mais fundo do que as cerimônias do Cristianismo. Foi, porém, um outro fato da vida pessoal de Gardner, ao qual genericamente os autores não atribuem qualquer importância, que confirmou sua suspeita de que a Bruxaria podia ser um impulso espiritual que estava sendo de novo despertado na alma humana. Em 1936, Gerald Gardner ocupa o tempo livre em expedições arqueológicas, servindo-se da sua respeitabilidade como perito em armamento oriental. Foi em uma dessas expedições que ele viajou, em 1939, até Chipre, onde aconteceu com ele uma bela e significativa coincidência que, certamente, marcou sua futura filosofia mágico-religiosa.

Ao visitar o pico de um perigoso barranco no Chipre, onde permaneciam respeitáveis vestígios arquelógicos e arquitetônicos do famoso templo de Afrodite, cujo culto havia sido trazido a essas ilhas por navegantes fenícios,[120] ficou estupefato por encontrar a paisagem com o mesmo mar, a mesma cor, temperatura e edifícios religiosos que tantas vezes sonhara, sem compreender seu sentido ou sua misteriosa utilidade. Gardner ficou convencido de que havia recordado em sonho memórias soltas de uma vida passada, transcorrida nos tempos remotos da sua corrente reencarnatória. Essa lembrança convenceu-o pelo resto da vida de ter um dia pertencido a esse lugar de culto. A intuição de que Afrodite espelhava a Deusa da Bruxaria europeia levou-o a escrever seu romance *A Goddess Arrives* (1939). Esse é, também, o ano da sua hipotética Iniciação em uma assembleia de Bruxaria! Pergunto-me se, caso o coventículo de New Forest nunca tivesse existido, não teria sido a esse despertar cármico que ele chamava sua Iniciação, e que mais tarde deu um enredo literário. O título desse livro é premonitório, anunciando muitos anos antes da alteração significativa que ele iria desencadear. Ao colocar seu coventículo, matriz dos *covens* modernos, não sob a liderança inspirada do Magister, como era prática nos conciliábulos de Bruxaria Tradicional, mas da Alta Sacerdotisa como manifestação da Grande Deusa da Fertilidade Mágica, Gardner irá virar do avesso o fundamento teológico e mágico do Paganismo Moderno.

> *Síntese: O pentagrama do Wicca tem sua origem no "Pentagrama Veneris" ou Pentagrama de Vênus. Esse planeta desenha no céu, ao longo de oito anos, um movimento sinódico que reproduz a estrela de cinco pontas nas suas cinco oposições ao Sol. Essa Deusa está associada ao surgimento de memórias cármicas em Gerald Gardner, quando este visitou Chipre, servindo mais tarde de modelo teológico à Bruxaria moderna.*

---

120. Grigson, Geoffrey. *The Goddess of Love*. London: Constable, 1976.

A Rosa Lúcifer

A interdependência entre o sonho e a realidade, tão característica do xamanismo e da Bruxaria visionária antiga, continua a ser, ainda hoje, um utensílio meditativo central para os wiccans tradicionais. Não só de uma Iniciação íntima e inspirada, de que a Iniciação ritual é apenas uma imitação teatral, agindo pelo método de ressonância das analogias e correspondências mágicas, mas também de uma autêntica revolução cognitiva: a da continuidade das forças anímicas do tempo passado na memória do tempo presente. É a lembrança dessa continuidade dentro de um iniciado tradicional que o torna um Portador da Luz. Trata-se da Luz Oculta dos Mistérios Antigos, que a "via úmida" da alquimia dizia ser representada por Lúcifer. Esse Lúcifer Alquímico é a hierofania do Deus de Chifres das assembleias da Bruxaria de hoje.[121] Contudo, refere-se também à Vênus Lúcifer, a Senhora das Rosas, que pela alvorada se ergue no quadrante oriental, entre a noite que findou e o dia que está prestes a começar, entre os mundos. Essa metáfora esotérica anuncia que Vênus Lúcifer é a regente de um antigo método iniciático ainda hoje ensinado em coventículo: o de transitar entre os mundos visíveis e invisíveis. Nesse limbo que se abre entre duas realidades aparentemente antagônicas, a do sonho e a da vigília, abre-se também o portal entre os mundos. Essa velha técnica esotérica está estritamente relacionada com a etimologia da própria palavra Wicca. Wicca vem, possivelmente, do saxão *"wican"*, que quer dizer "atar, prender, encurvar", referindo-se à antiga disciplina esotérica de união das polaridades, do homem com o ambiente, do espírito com a natureza e do estado de sonho com o de vigília. Vênus é a portadora da união sexual dos opostos, mas é sua função luciferina que lhe garante trazer à consciência dos iniciados a Antiga Luz dos Mistérios. Vénus-Lúcifer são, porém, dois Deuses. Um traz a Luz e outro, o Amor. Na Instrução do Deus de Chifres, escrita por Doreen Valiente,[122] ela diz sobre isso: *"Eu sou Lúcifer, o Portador*

---

121. Existe uma ingênua relutância em aceitar essa influência do Lúcifer na prática da Bruxaria moderna em muitos wiccans. Doreen Valiente deveria ter conhecido esse relacionamento secreto entre o Deus Chifrudo, que traz a Luz ao coventículo sob a forma do bode, com sua tocha entre os chifres, e Lúcifer, já que em um dos seus poemas mágicos com características de Instrução, ela se refere com clareza a essa sua linhagem mágica. Ela diz: "Eu sou Lúcifer, o Portador da Luz, e Amun, o Oculto, que trazia os cornos em espiral do carneiro da antiga Khem. Eu sou o Deus com pés de bode...". Valiente; Doreen. *Charge of the Goddess*. London: Hexagon Publications, 2000.
122. Consultar apêndice, *A Instrução do Deus Cornudo*, versão tradicional de D. Valiente.

da Luz... Mas sem o Amor não crio nada que perdure. Assim, eu tenho necessidade da Deusa como ela tem necessidade de mim".

No velho inglês, *"wita"* significa também conselheiro, sugerindo-nos as antigas figuras cornígeras como Merlin e o histrião da corte, com seu capuz tricéfalo, conselheiros de reis. Embora as etimologias tenham sido abandonadas como argumento linguístico na etnografia moderna, suspeitas de construírem ficções culturais, elas servem ainda hoje como uma ferramenta mágico-poética no esoterismo. O pentagrama representa a estrutura oculta do ser humano, lunar e solar, tal como podemos ver no Homem Vitruviano desenhado por Leonardo da Vinci.[123] O fato de o corpo desenhado por Agrippa estar enquadrado pela ação dos planetas é uma clara referência ao fato de ele ser um Microcosmo do Universo. O que menos se conhece nos meios wiccanianos é o fato de o pentagrama estar também relacionado com aquilo que, segundo os cabalistas e mais tarde o próprio Rudolf Steiner, consideravam ser o simétrico do ser humano: a planta.

De todas as plantas, a mais mística é a rosa. Não a rosa dos jardineiros ingleses, que deu o motivo simbólico à tradição mística rosacruciana, mas a rosa selvagem de cinco pétalas. Ela é por excelência a flor de Vênus e Lúcifer. Em algumas tradições wiccanianas, tem sido usado um tipo de pentagrama chamado "pentagrama rosáceo". Trata-se de um pentagrama inscrito em um círculo, com uma rosa sobreposta, cujas pétalas se entrelaçam nos braços da estrela, sugerindo um segundo pentagrama, mas invertido. Esse pentáculo tem a propriedade de realçar que o homem e a planta são simétricos e complementares um do outro. Mas também que Vênus e Lúcifer[124] estão unidos no mistério wiccaniano. Esse tipo de pentáculo existe em muitas catedrais góticas. Na Igreja de S. Francisco, no Porto, podemos ver inscrito esse pentáculo em uma das suas pequenas rosáceas. Essa rosa reforça, na mentalidade neopagã moderna, um desejo inconsciente de fazer regressar esse Pentagrama à sua origem, a antiga Deusa Afrodite, lembrada ainda hoje pelas "rosas de Afrodite". Mas a relação entre a rosa e o pentagrama é ainda mais

---

123. Vitruvius descreveu, em *De Architectura,* as proporções do homem ideal defendendo que era um cânone universal usado na escultura e arquitetura desde o Antigo Egito. Mais tarde, Leonardo Da Vinci fez um desenho sobre esse *homem vitruviano,* e sua relação com o pentagrama inscrito em um círculo e em um quadrado. O centro do quadrado é o falo do homem vitruviano e o centro do círculo, seu plexo solar. A união do quadrado (Lua) e do círculo (Sol) é o cerne do homem vinciano e da postura do corpo em pentagrama. Nessa imagem de Da Vinci encontramos duas posturas tradicionais do wicca em ritual: a postura pé de corvo e a postura do pentagrama.

124. Na tradição das *strega,* a parceira amorosa de Lucifer é Diana, outra faceta venusiana muito em voga no Wicca.

fascinante, como o antropósofo Herbert Grohmann[125] nos revelou. É na sua filotaxia que encontramos o mistério do pentagrama rosáceo. A distribuição das folhas ao longo do caule das rosas segue sempre as leis de um pentagrama regular, distribuindo-se ritmicamente em espiral ao longo de uma fileira de cinco folhas. Foi por meio da rosa que Lucius, na história de Apuleio, se liberta do feitiço que o tinha metamorfoseado em burro, comendo pétalas de rosa e despertando como Iluminado pela visão do mistério da Grande Deusa. Seu simbolismo genital, abrindo-se como o sexo feminino às gotas do orvalho celeste ao romper da alvorada, tornou-a apropriadamente uma planta luciferina. Ela recebe as forças da Luz nas gotas de sêmen do orvalho para fecundá-la e, para quem compreende a metáfora, semear as profundezas do nosso espírito com os impulsos dos Velhos Deuses.

> *Síntese:* o Pentagrama, sendo um símbolo de Vênus, está também associado à rosa, um dos símbolos místicos florais mais antigos da humanidade. Ao longo do seu caule, as folhas distribuem-se, segundo o modelo rítmico do pentágono regular, e suas cinco pétalas acabaram por ser inscritas sobre o pentagrama de algumas tradições wiccanianas. Esse "pentagrama rosáceo" significa que o Homem é o complemento simétrico da planta e da natureza.

O Pentagrama de Morgana

Uma das mais fascinantes origens do pentagrama vem da Deusa celta Morgana. Como a Deusa Afrodite, ela também parece significar "nascida do mar" (*muir gena*), mas também Grande Rainha (*mor rigan*). Nas lendas da costa da Bretanha ela é chamada, por isso, a Sereia do Mar. Desde sua primeira referência literária no "Vita Merlini" (1149/1151), de Geoffrey de Monmouth, em que aparece como física e curandeira, Morgana é conhecida como Regente da Ilha de Avalon. Sabemos que na tradição xamânico-celta e nas tradições bárdicas e lendas populares o mar é a passagem para o Outro Mundo. Aqueles que conseguem atravessar o oceano separador do mundo tangível e invisível, a estrada do sonho e da vidência, alcançam a Ilha Abençoada de Avalon. Nas tradições mitológicas egípcias, o mar é regido por Ísis e, na cultura grega, por Afrodite, ambas sendo conhecidas pela sua exuberância sensual e como reputadas feiticeiras. Célebre curandeira, Morgana recebe

---

125. Grohman, Herbert; *Die Pflanze als Lichtsinnesorgan der erde, und andere Aufsätze*, na Verlag Freies geistesleben. Stuggart, 1981. Edição espanhola: Grohman, Herbert. *La Planta como órgano fotossensorio de la tierra*. Barcelona: Pau de Damasc, 1994.

na Ilha Sagrada seu irmão, rei Artur, depois da sua derrota em Canlam, onde, muito ferido (na "coxa" dizem os cronistas, usando um eufemismo para um ferimento no órgão sexual), procura a cura no talento médico das suas sacerdotisas. No século XV, *sir* Thomas Malory vem mudar drasticamente seu papel e valor nas lendas arturianas, transformando-a na irmã ninfomaníaca, pagã e inimiga do seu irmão cristianizado.

Nas tradições tardias, reescritas pelos zelosos propagadores cristãos, Morgana aparece como rival do rei Artur e defensora do Paganismo face ao Cristianismo emergente, quando os bretões do norte, que se conservaram celtizados em relação aos cristianizados e romanizados bretões do sul, lhes opunham suas tradições célticas. Conhecida pelo seu poder de metamorfose animal, ela era, no entanto, mais célebre pela sua livre sensualidade física, entregue às suas paixões corporais de feiticeira, análoga à Afrodite celebrada por Homero, que a designava Mãe dos Animais Selvagens e a referia como sendo aquela que "plantou o desejo no seu [do homem] coração". O fruto sagrado da sua ilha é a pequena maçã de inverno que frutifica nas suas macieiras. Todos sabemos que, ao cortá-la diagonalmente, reencontramos na brancura íntima da sua polpa as sementes dispostas na forma de um pentagrama. Também as maçãs vermelhas do verão são suas, de um vermelho purpurino, real e sanguíneo, que nos lembra a púrpura de Afrodite. O latente poder transfiguratório representado pela essência oculta da maçã, o célebre fruto da queda adâmica no Cristianismo, mas fruto de ressurreição na tradição celta, tão ligado ao Gênesis e à Serpente, tornou-o uma das hierofanias de Morgana.

Compreende-se agora por que os movimentos cristãos tenham tentado reaver o símbolo do pentagrama e ligá-lo ao Arcanjo Miguel e ao seu papel sacrificial da Serpente e do Dragão. Há uma relação muito estreita e paradoxal do pentagrama, símbolo do amor, com o poder guerreiro, o poder que se fortalece para proteger e conquistar pela violência. Simplesmente porque todo prazer reprimido se transforma muito facilmente em assertividade e energia de disputa, como todos os desportistas sabem. Por esse fato, a luxuriosa Morgana deve ser também uma mulher guerreira, como Ishtar e Afrodite. É ela que arma Gawain com o escudo protegido por um pentêngulo ou pentáculo, teofania de Morrigan ou Morrigana, a Deusa da guerra e do desregramento sexual. Não há dúvidas de que esse pentângulo é uma reminiscência do *Drudenfuss* que os saxões trouxeram da Alemanha, onde era usado como marca apotropaica nas ombreiras das portas e nos objetos domésticos. Gawain é uma figura interessante para o wiccan, porque ele está associado ao seu alter ego, o Cavaleiro Verde, no romance em verso aliterativo *Gawain e o Cavaleiro Verde*, do século XIV. Seu elmo é verde, seu corpo é verde, todo ele é verde e, quando em um torneio simbólico em Camelote lhe é decepada a cabeça por Gawain, ele continua a viver, metaforizando o princípio renovador da Natureza, o Deus Verde e o Homem Folhado, o João Verde das festas de Beltaine.

Morgana é uma Deusa da natureza que, pelo símbolo do pentáculo, se une à imagem de seu consorte, o Deus Verde. São muitas as Deusas celtas ligadas à etimologia de Morgana, Deusas do amor erótico, desregrado e sacralizador do Casal Mágico, mas também Deusas que ensinam as artes da guerra aos seus amantes humanos. São caso exemplar disso as nove bruxas de Glouscester, que ensinam a arte do amor e da guerra aos seus cavaleiros, assim como as nove irmãs de Avalon. Entendamos o que quer dizer para nós esta arte da guerra, a guerra que na sua origem surgiu da caça e que era uma tarefa especializada de feiticeiros. Ainda temos memória disso nos elmos totêmicos dos povos do norte e nos menires-guerreiros dos povos celtiberos ou nas espadas esculpidas da Cornualha, referindo-se à Arte Mágica. São suas armas mágicas que ainda usamos no trabalho ritual, sob a forma da espada e do punhal cerimonial, do Pantáculo na sua forma primitiva de escudo ou patena, da vara dos silfos e do cálice, ou do caldeirão, onde os vivos procuram a fonte de um frenesi guerreiro, para as batalhas, e onde os mortos são lançados para seu renascimento. Vida, morte e renascimento são a promessa de transformação positiva que o Pentagrama traz para o homem moderno.

> *Síntese: o Pentagrama é o símbolo de proteção e transformação que Morgana ofereceu a Gawain na sua busca do Graal. Nessa dádiva, vemos um implícito reconhecimento de Gawain como seu consorte mágico, já que ele era habitualmente representado como as figuras dos Deuses folhados da Primavera. O Pentagrama é o símbolo dessa promessa de união, trazendo o poder de Morgana, a Deusa do Amor, da Guerra e da Magia, à nossa própria busca, tornando, assim, cada wiccan uma hipóstase do próprio Gawain.*

Manuale Exercitorium Pentagramis
Exercícios de Trabalho Diário com o Pentagrama da Arte

Que o wiccan traga sempre o Pentagrama da Arte como símbolo da sua relação com o reino visível e invisível dos Quatro Elementos. Que ele tenha o bom costume de sobre o Pentagrama fazer meditações diárias, pois ele é o *norte* do seu trabalho taumatúrgico. Que nunca se esqueça que o Pentagrama da Arte é um esquema geométrico sagrado que sintetiza processos de vida e consciência dentro do wiccan.

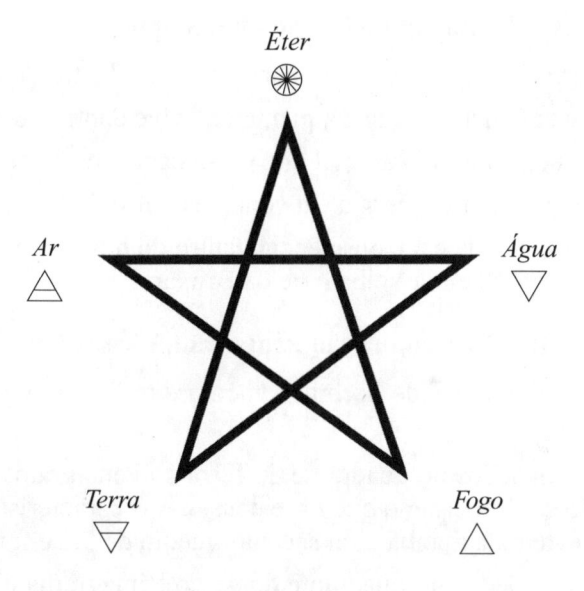

Éter

Ar — *Água*

Terra — *Fogo*

Exercício I: União com os Elementos

Antes de dormir, retire o Pentagrama do peito e coloque os dedos no ângulo de cada quadrante, tal como está designado na imagem acima, e visualize seus valores. Os valores mencionados a seguir são apenas sugestões. Deverá personalizar cada quadrante-elemento em função da sua investigação do mundo elemental, segundo as regras ensinadas em coventículo.

Colocando os dedos no ângulo Terra: Abençoado seja o Poder da Terra e abençoadas suas florestas e montanhas, que vivem na minha carne e nos meus ossos. Ele tem o Poder da Memória e da Estabilidade.

Colocando os dedos no ângulo Água: Abençoado seja o Poder da Água e abençoados seus rios e mares que me correm nas veias. Ele tem o Poder do Sonho e das Visões.

Colocando os dedos no ângulo Ar: Abençoado seja o Poder do Ar e abençoados seus ventos nas alturas do céu que correm céleres no meu sopro. Ele tem o Poder do Conhecimento.

Colocando os dedos no ângulo Fogo: Abençoado seja o Poder do Fogo e abençoados seus relâmpagos e estrelas que refulgem nos meus nervos e tendões. Ele tem o Poder da Paixão e da Transfiguração.

Colocando os dedos no ângulo Éter: Abençoados sejam a Deusa e o Deus de Chifres Regentes da Terra, do Céu e dos Infernos.

Exercício II: Meditação do Corpo Quádruplo

Terra: A terra é meu corpo e o mineral que vive dentro de mim.

Água: A água é meu sangue e a planta que vive dentro de mim.

Ar: O ar é meu sopro e o animal que pulsa dentro de mim.

Fogo: O Fogo é minha energia e a vontade dentro do homem.

Éter: O éter é a Vida e a Consciência dentro do homem. São os Deuses Antigos que protegem a Velha Arte da Bruxaria.

Exercício III: A Rememoração Pentagramática

Ao fim da noite, antes de dormir, rememore o dia que viveu usando o Pentagrama.

1. Coloque os dedos no quadrante de Terra do Pentagrama e rememore o momento do despertar, o que fez e pensou e as características da natureza ambiente pela manhã com seu surgimento de luz e força.

2. Coloque os dedos no quadrante de Ar do Pentagrama e rememore o momento da manhã, desde o fim do despertar até o meio-dia, o que fez e pensou, e as características da natureza ambiente com sua ascensão de luz e força.

3. Coloque os dedos no quadrante de Fogo do Pentagrama e rememore o momento do meio-dia, o que fez e pensou, e as características da natureza ambiente com seu zênite de luz e força.

4. Coloque os dedos no quadrante de Água e rememore o momento do meio-dia até o crepúsculo, o que fez e pensou, e as características da natureza ambiente com sua queda de luz e intensidade de força.

5. Coloque os dedos no quadrante de Éter do Pentagrama e prepare o momento do adormecer. Imagine o sonho como um portal para o Outro Mundo.

Exercício IV: Meditação do Portal do Sonho

Deitado na cama, contemple seu corpo como se fosse um cadáver até alcançar o estado hipnagógico, isto é, aquele estado prévio ao adormecimento quando sua atividade imaginativa está inflamada e seu relaxamento se intensifica. Visualize o Pentagrama diante de si e imagine-o como se fosse um Portal para o Outro Mundo e declare em silêncio: "Este é o Portal do Mundo Visível e Invisível, a Chave Secreta de Hécate que abre os Portões dos Sonhos e das Visões".

Observe-o em silêncio e deixe-se adormecer como quem se dissolve no interior do Pentagrama.

Exercício V: Meditação dos Cinco Paradigmas do Wicca

Rememore os cinco paradigmas da Arte do Wicca tal como ilustra a imagem abaixo. Faça o seguinte exercício com eles para fixar na sua mente:

A Deusa e o Deus
(Par Mítico Primordial)

Prática da Magia — *Amor Mágico*

Natureza — *Iniciação Tripla*

1. Com os dedos na ponta de cima, declare: "Que o Deus (nome) e a Deusa (nome) da Bruxaria me Guiem";

2. Com os dedos na ponta esquerda inferior, declare: "E seus Santuários sagrados nas florestas e montanhas sejam protegidos e reverenciados";

3. Com os dedos na ponta direita superior, declare: "Porque todos os atos de prazer e amor são rituais seus";

4. Com os dedos na ponta esquerda superior, declare: "E os Poderes da Antiga Magia, os instrumentos da nossa transformação":

5. Com os dedos na ponta esquerda inferior, declare: "...com que nos Iniciamos nos seus Mistérios Triplos";

6. Regresse à ponta superior e declare: "Porque pela Transformação nos tornamos perfeitos e poderosos como os Velhos Deuses da Arte".

Exercício VI: Meditação da Estrela Flamejante

Observe o desenho de Agrippa, anterior, e notará que seu centro é ponto genital. Ao contrário da Magia Cerimonial, que coloca o polo irradiante do Pentagrama na altura da cabeça, tal como a exegese mágica de Eliphas Levi defendia, realçando assim o domínio da consciência e da racionalidade sobre o humano, na verdade, desde o Renascimento, secretamente era entendido que esse domínio central do corpo e do espírito era o sexo. Assim, depois de acordar, abra seu corpo em estrela pentagramática e deixe-se repousar semiadormecido na cama. Imagine seu corpo como uma Estrela que roda em torno do centro sexual. Sinta a Energia derramando-se sobre os cinco pontos do corpo: as pernas, que o levarão à ação física para conquistar o mundo diurno; as mãos, que darão forma ao seu desejo de transformação no mundo diurno; a cabeça, com que criará ideias e conceitos no mundo diurno.

Erga-se depois da cama e sinta o pentagrama à sua volta, dinamizando-lhe o corpo e o dia que se abre à sua frente.

VII
Ascese e Aprendizagem Wiccaniana

A Aprendizagem Wiccaniana – Ferreiros e Feiticeiros – Os Retiros Pagãos
Uma Ética Ecológica – Mestres e Gurus – A Magia sem Dogma
Ascese e Liberdade Mágica

> *O Cosmos é um animal mais unificado que qualquer outro animal,
> é o mais perfeito animal.*
> Marsílio Ficino (1433-1499)

Estar tantos dias encerrado na floresta e ter como companhia apenas o chilrear dos pássaros e o rumor das fontes, como claridade apenas o Sol e as estrelas, permite acordar em nós um ser que pensávamos já não existir. O mundo que havia deixado para trás era como se fosse apenas um sonho e meus sonhos já não tinham o rosto do mundo de onde viera, mas o rosto dos seres que pensava, até então, já terem morrido. Tinha vindo até a floresta de Brocelândia, onde Merlin se encerrara para se encontrar com a profundidade inexaurível de si mesmo e, como ele, tinha apenas os animais e as plantas como meus Mestres e Guias entre os mundos. Os Espíritos da Natureza são os melhores guias quando queremos atravessar a barreira deste mundo feito de cimento, conceitos e medos. Uma luz nova inunda esse mundo interior feito com o tecido das Deusas Fiandeiras. Então, seres com feições de fauno colam-se ao nosso rosto. Dessa união nascemos coroados pelos cornichos dos velhos espíritos que guardam os caminhos entre o aquém e o além.

Diário de um Feiticeiro, Bretanha, França, 1990

A Aprendizagem Wiccaniana

Uma das histórias mais interessantes sobre a aprendizagem mágica, muito mencionada nos círculos wiccanianos modernos, é a do Caldeirão de Cerridwen, mencionada no manuscrito galês *Canu Taliesin* (1275 E. C.). Embora a necessidade de uma aprendizagem estruturada no Wicca seja um fato adquirido entre os wiccans, antes e após a Iniciação, nunca houve no Wicca Gardneriano uma prática sistematizada de instrução mágica. As pessoas eram iniciadas e, depois, aprendiam o conjunto de liturgias e rituais do coventículo, vendo os outros fazerem, por um processo de imitação simbiótica muito em voga ainda hoje no Oriente, sobretudo no ensino do Kung-Fu e do Tai-Chi. A noção de instrução wiccaniana, que transmite seu contexto histórico, sociológico e filosófico ao recém-chegado atraído pelo desenvolvimento espiritual wiccaniano, assim como a disciplina constituída por técnicas múltiplas do seu trabalho meditativo e ritual, era totalmente inexistente nos modelos gardnerianos. Alegou-se, para isso, que tal fato se devia à circunstância de as pessoas interessadas pelo Wicca terem então, ao contrário de hoje, em meados dos anos de 1940 e 1950, uma boa instrução esotérica, recebida pelos ramos de Teosofia e pelas Lojas da Maçonaria Mista. Não há provas de que assim seja e, devido à impossibilidade física para o provar, tenho de considerar que se trata apenas de uma absolvição leviana para a ausência de uma instrução mágica em um movimento iniciático. Infelizmente, esse é ainda hoje o modelo de muitas organizações mistéricas como a Maçonaria, onde não existe instrução mágico-religiosa. Foram, no entanto, Ed Fitch nos Estados Unidos e Alexander Sanders na Inglaterra que introduziram no esquema anacrônico do esoterismo gardneriano a noção impensável, até então, de instrução esotérica e o modelo de "um ano e um dia" como base temporal ideal para a preparação do candidato para a Iniciação no primeiro grau. Ambos o fizeram, porém, em uma perspectiva completamente antagônica.

A preocupação de Ed Fitch em criar um sistema introdutório de instrução wiccaniana baseava-se na constatação lógica da inacessibilidade aos coventículos wiccanianos, por parte da nova comunidade intelectual americana. Grande parte dessa comunidade, em busca de alternativas religiosas, havia nascido da contracultura *hippie*, do movimento *underground* das células ecologistas e da luta antinuclear. Ele sentiu a necessidade, então, de criar um sistema de introdução teórica e ritualista do Wicca que fosse exógeno ao seu sistema tradicional. O resultado foi um produto cultural sincrético de rituais ligeiros, mais religiosos do que mágicos! Constituído por ferramentas criativas de natureza meditativa e ritual, muito em voga nas salas de meditação *New Age*, esse sistema permitia aos profanos desenvolverem-se espiritualmente em um contexto neopagão de inspiração wiccaniana. Esses materiais, mais tarde divulgados no seu *Grimoire of Shadows*, passaram de mão em mão, em fotocópia, através de toda a comunidade pagã americana desde pelo menos 1967, acabando por se tornar o sustento ritualístico para o surgimento de grupos ecléticos de Wicca nos anos de 1970, ao longo de todo os Estados Unidos e, mais tarde, o sustentáculo teórico para a defesa do sistema autoiniciatório.

Na mesma época, Sanders estava desenvolvendo seu sistema de ensino *outer court*. A expressão *outer court*, ou átrio exterior, designava o vestíbulo introdutório de trabalho teórico, meditativo e mágico, que preparava as pessoas para futura Iniciação. Aí, era-se solenemente recebido em um Ritual de Dedicação, embora raramente se fosse convidado depois para uma genuína Iniciação. Enquanto o trabalho de Fitch realçava o estudo e exploração dos mitos pagãos e dos modelos mágico-religiosos europeus em voga na cultura universitária, que se enquadravam no espírito da ecologia profunda e em um modo de vida em sintonia com a Natureza, Sanders realçava o estudo diacrônico do esoterismo ocidental e a compreensão das raízes da Bruxaria Britânica. Alexander Sanders era um professor excelente, um comunicador dotado, que combinava humor e conhecimentos de ocultismo de forma criativa e, como Stewart Farrar revelou no seu *What Witches Do*,[126] ele costumava realçar que a instrução wiccaniana não poderia ser separada do contexto da Corrente Arcana do esoterismo ocidental. Dessa maneira, ele enfatizava a ideia de que, ao contrário do que era crença nos meios gardnerianos, o Wicca era somente uma criação moderna, que devia sua eficácia ao fato de ser um modelo iniciático que se entrosava ao legado ritualista do esoterismo ocidental, tal como a investigação histórica veio mais tarde demonstrar.

O modelo de um ano e um dia[127] criado por Sanders vem, provavelmente, da lenda de Cerridwen, cuja origem se reporta ao *Book of Taliesin* (1275 E.C.). Nessa lenda, a Deusa, desejando transformar o seu pouco atraente filho Avaggdu em um sábio que cativasse com sua sapiência uma donzela e a persuadisse a casar com ele, aceitou para

---

126. *What Witches Do*, idem.
127. O modelo de um ano e um dia parece ser o tempo arquetípico do processo de crise e transformação. Ele existe sublinhado em muitas outras lendas. No ciclo mitológico irlandês é mencionado o tempo de um ano e um dia do povo de Nemed errando em sofrimento pelos mares, antes de chegar à prometida Irlanda. Também, entre outros, o tempo de um ano e um dia que Rhiannon pediu ao seu marido, o rei Pwyll, para engravidar. Em todos os casos trata-se de um tempo cerimonial de teste e preparação para a transformação.

seu serviço um rapaz do povo, o mais estúpido que havia na aldeia. Parece irônico que uma Deusa como Cerridwen estivesse convencida, como dizem os árabes, que "a beleza de um homem está na sua sabedoria e a sabedoria das mulheres na sua beleza"! O estúpido camponês Gwion, que é escolhido para mexer a poção do caldeirão, no fundo é a hipostase humana de Avaggdu, não sendo por acaso que ele se tornará mais tarde o bardo Taliesin. Sua tarefa era girar ininterruptamente, durante um ano e um dia, a poção de nove raízes e ervas misturadas com espuma do mar, com que ela havia enchido seu caldeirão, findo o qual só restariam no fundo três gotas preciosas que acordariam a mente idiota do seu filho para a Sabedoria. A história não é muito diferente de uma história zen, em que se conta que o discípulo se aproximou do Mestre para questioná-lo sobre o satori e este o manda varrer o jardim até não haver uma única folha sobre o chão. Pelo movimento repetitivo da vassoura sobre o chão do jardim onde, para desespero do discípulo, as folhas caem sem parar, ou no girar constante da colher de pau no caldeirão, há um momento em que a mente se desprende do ato físico pela monotonia, fadiga e exaustão, descobrindo um espaço de serenidade interior onde eclode a essência espiritual do seu Eu Superior. Foi assim que Gandhi ocupou seu tempo na prisão de Bombaim, trabalhando meditativamente no tear. A aprendizagem começa de forma racional, aprendendo os movimentos corretos dos rituais e liturgias, seus significados internos, mas depois, quando estiverem definitivamente assimilados no corpo e tornado partes integrantes dos seus hábitos cinestésicos, desencadeia o desprendimento do nosso ego de forma que este possa integrar as partes não racionais da sua personalidade.

Durante um ano e um dia correspondente ao ano lunar, o aprendiz vai se preparando por meio de uma dupla aprendizagem: por um lado, recebendo informação objetiva sobre o contexto histórico, filosófico e técnico-ritual para seu autocrescimento no Wicca e, por outro, envolvendo-se pela sua participação afetiva nos ritos e meditações. Tudo isso permite trazer das profundezas do seu inconsciente antropológico as camadas mais arcaicas da sua psique, onde dormem os atavismos da espécie humana. Na realidade, aquilo que se transmite através do ensino wiccaniano é feito de maneira a ser não só recebido racionalmente mas, sobretudo, podendo ser vivenciado! No trabalho esotérico, só as partes não racionais da nossa personalidade é que são importantes no processo de metamorfose mágica. Trata-se de participar com nosso sentimento, imaginação, intuição, sensação e o próprio corpo, isto é, de usar toda aquela parte aparentemente morta da nossa psique que enjeitamos da nossa existência prático-utilitária.[128] Como no esoterismo construtivo dos antigos pedreiros-iniciados, é a pedra que se rejeita nos escombros durante a construção do templo que acaba por ser a pedra-angular, a cabeça do ângulo (*caput anguli*).[129] É nesse sentido que nós dizemos que nossa aprendizagem é uma Arte! Ela usa o lado não racional da nossa imaginação e das nossas memórias arcaicas como fermento de um processo de transmutação psíquica. Aparentemente, esse lado não racional só pode ser alcançado por um ato fastidioso e irracional: o da repetição sem justificação lógica. O que inicia o processo de aprendizagem mágica é o próprio ato de repetição, o próprio rito, e não o Mestre. Este último fornece apenas o contexto para a experiência. No Wicca Tradicional, o Mestre é um parteiro e não um enfermeiro de almas.

> *Síntese: A finalidade da aprendizagem wiccaniana é emancipar a consciência dos seus condicionamentos culturais e trazer das profundezas do inconsciente antropológico as forças adormecidas nas camadas mais arcaicas da sua psique. Ela faz um acordo com a parte aparentemente morta da nossa personalidade: o corpo, as sensações, a imaginação, os afetos e as pulsões mais viscerais, como estímulo do despertar espiritual.*

Ferreiros e Feiticeiros

Uma das situações mais delicadas do mundo de hoje é a ausência em muitas partes do mundo de Mestres qualificados para ensinar o Wicca. Essa situação advém do fato de o Wicca se interligar com múltiplos veios subterrâneos de inspiração esotérica e, por vezes, só um conhecimento pessoal desses sistemas pode tornar consistente o ensino dos métodos wiccanianos. Isso significa que o Mestre wiccaniano tem de ter uma experiência multifacetada das técnicas mágicas ocidentais e orientais. O ensino mágico é também uma vocação! Ressalvando a Inglaterra, nem mesmo a vastidão geográfica dos Estados Unidos ou a pequenez incomensurável de um país como o nosso escapa a esse beco sem saída. É muito normal, na ausência de Mentores e Mestres wiccanianos qualificados, que se disponham a ensinar ou disponibilizar uma parte do seu conhecimento esotérico, o estudante inicie seu estudo sozinho, por sua própria conta e risco. Frequentemente essa aventura começa devorando os livros disponíveis no mercado editorial. Hoje existe,

---

128. Lascariz, Gilberto. *A Ascese, o Esteta e a Moda*. Porto: Última Geração, Edições Mortas, 1991.
129. Guénon, René. *Symboles da la Science Sacrée*. Paris: Gallimard, 1962.

no entanto, uma série de *add-ons* a esses pesquisadores do oculto: os *workshops* dados por lojas *new age*, fundações neopagãs ou em festivais pagãos. Em alguns casos afortunados pode existir a possibilidade de um círculo ou coventículo abrir um curso de estudos, que transcorre tradicionalmente durante o período de "um ano e um dia", para aqueles que pretendam um dia entrar em um conciliábulo.

O conceito de *curso*, em voga no Wicca, é estranho à noção intelectual de *curriculum* e curso de estudos, que encontramos em muitas áreas do conhecimento universitário. No esoterismo ele aplica-se à noção de peregrinação, de "seguir um caminho sagrado", curso ou percurso consagrado. Os patronos dos caminhos sagrados na Antiguidade Pagã eram Hermes e Hécate, ainda hoje patronos da Magia e da Bruxaria. Esse "curso sagrado" ou "caminho divino" é, por tradição, decalcado do caminho que as estrelas delineiam no céu como protótipo de transformação sazonal da própria Terra, matriz iniciatória do nosso próprio caminho mágico. Se olharmos para o percurso sagrado de Elêusis e as peripécias que os neófitos tinham de viver antes de ser iniciados, caminhando 20 quilômetros de Atenas até o Santuário, podemos ter uma noção do que é um curso de trabalho wiccaniano ao longo do ano. O *curso* característico da via esotérica pretende promover no aluno uma purificação e harmonia pacificadora com o Cosmos.

É costume em muitos círculos e coventículos que, só depois de um estudo solitário profundo, revelando um compromisso emocional e intelectual estável com a Arte, seja possível o ensino pessoal transformatório. Muitos são os elementos de socialização religiosa e cultural que o estudante terá de arrancar na sua preparação para a Iniciação. Essa preparação era comparada na tradição do Coventículo TerraSerpente ao ato alquímico de arrancar as impurezas da matéria bruta, através do martelo de Caim sobre a bigorna, antes de ser lançado no círculo de fogo do atanor para ser calcinado e transformado. O trabalho de coventículo é para nós uma forja onde o candidato é lançado à fornalha para ser transfigurado. Grande parte das tradições de Bruxaria Antiga invocava, por isso, a origem do seu ensinamento iniciatório, não pela linha dos cultos da fertilidade, mas pela linhagem dos ferreiros-feiticeiros e de seu patrono Caim. O caldeirão não era, então, o velho caldeirão dos mitos celtas, mas o caldeirão do ferreiro alquimista![130] Existe uma tradição africana que exemplifica isso! No Palo Mayombe,[131] os feiticeiros

---

130. Eliade, Mircea. *Ferreiros e Alquimistas*. Lisboa: Relógio D'Água, 1987.
131. Palo Myombe é uma religião animista africana oriunda do Congo, com influências católicas e modos mediúnicos de possessão e êxtase. Palo é praticado sobretudo no Brasil e em Cuba e tem florescido nos Estados Unidos.

lançam no seu *nganga*, o caldeirão, substâncias vitais, com o fim de reavivar os princípios anímicos dos mortos ou *ngumfe,* portadores da memória ancestral. Esses *mortos* nada mais são no aforismo iniciático do que os impulsos atávicos submersos nos estratos mais profundos do corpo biológico. Sua finalidade é despertar os impulsos iniciáticos dos Ancestrais no contexto da sua nova existência. No xamanismo siberiano eram vulgares, também, as experiências de crise visionária, em que o corpo do candidato a xamã era despedaçado pelos espíritos, seus ossos quebrados e substituídos pelos ossos dos Antepassados da linhagem xamânica.

A tradição da Bruxaria Iniciática não visa à salvação, mas ao despertar dos impulsos iniciáticos adormecidos na estrutura do nosso corpo, herança dos nossos Antepassados! Nosso corpo é a forja e, no seio profundo da sua treva, as brasas frias da fornalha resguardam a chispa de fogo dos nossos Antepassados. Só destruindo o modelo estrutural da personalidade prática, moral e utilitária moderna em que estamos alienados é possível reacender essa fagulha do nosso Espírito. Será assim necessário um tempo de purgação e purificação dessa mancha religiosa e cultural, deposta sociologicamente sobre nossa personalidade, para estarmos receptivos aos Deuses Arcaicos e ao seu processo de transformação espiritual que eles promovem. Envolver-se com o Wicca Tradicional implica abolir os preconceitos herdados do Cristianismo e seus valores teológicos e morais, assim como a ética da sociedade política e econômica de consumismo que nos rodeia. Essa purificação é representada pelo ato da nudez simbólica durante a Iniciação. Nos ritos wiccanianos tradicionais, estar nu representa estar livre das amarras da religião e da sociedade e aceitá-la em "perfeita verdade e perfeito amor", sem reservas.

Um elemento específico da aprendizagem wiccaniana é a importância atribuída à Natureza nos seus processos de metamorfose anual. Trata-se da Roda do Ano, a matriz cósmica e telúrica da própria metamorfose do Iniciado. É importante advertir que essa *roda*, louvada pelos wiccans com celebrações de crise frenética e liberatória é, também, uma roda de tortura, morte e transformação. Ela lembra-nos a roda de tortura dos nossos antepassados acusados e torturados por Bruxaria nos calabouços da Inquisição. Nos nossos métodos é, por isso, enfatizada a necessidade de integrarmos nossos ciclos biológicos pessoais com os ciclos naturais de vida e morte das estações, das constelações e dos planetas que os regem. Não havendo dogmas teológicos no Wicca, a não ser um conjunto de paradigmas a ser preenchidos pela experiência pessoal de cada wiccan, existe contudo um conjunto de leis naturais espelhadas nos próprios processos de transformação físico-etérica da Terra. Elas ilustram os processos de metamorfose do ser humano no seu percurso de autodesenvolvimento e Iniciação. O crescimento do ser humano é, por isso, comparado por nós ao de uma planta. Não é por acaso que encontramos muitas tradições, desde o Tantrismo na Índia até a Cabala no Ocidente Cristão, onde a planta é vivida como uma matriz meditativa onde se espelham os processos de transformação espiritual. Isso se deve ao fato de a planta ser o simétrico da alma humana! Para o wiccan, a Natureza não é apenas para ser reverenciada na ingenuidade dos ritos *new age,* mas para ser assimilada nos processos de metamorfose da sua alma e da sua vida. Se, nos grupos esotérico-cristãos, os graus de desenvolvimento da alma ilustram etapas à imagem dos ciclos de morte e ressurreição, decalcados nas etapas do gradual sofrimento de Cristo para o Calvário, e se os magistas cerimoniais mais racionalistas se apoiam em um mapa abstrato do Cosmos chamado Árvore da Vida, no Wicca esse desafio de crescimento é experimentado dia a dia em sintonia com a natureza e vivido como um fato material e uma aprendizagem espiritual.

Um elemento acrescido de responsabilidade na aprendizagem wiccaniana é a necessidade de autocura. É necessário um longo processo de purificação sobre o próprio caráter antes de ser induzida uma Iniciação. A busca da Iniciação não visa a saciar o desejo de poder, mas a sede de sabedoria e transformação. Naturalmente, esse desfecho traz uma enorme fonte de poder, mas ele é em si mesmo poder responsável, porque é a expressão do amor incondicional. Esse conceito de purificação não tem entre nós um sentido moralístico e místico, característico das religiosidades devotas. Os conceitos religiosos que assimilamos pela educação cristã e a cultura humanista, como o de acreditarmos que, por exemplo, o mundo é uma ilusão que nos prepara por testes de sofrimento para a redenção ou, ao contrário, que funciona na base de leis objetivas e matemáticas, de caráter impessoal, insuscetíveis de serem alteradas pela nossa mente subjetiva treinada, são obstáculos que têm de ser removidos no Caminho Mágico. O problema é que, muitas vezes, esses obstáculos não são suficientemente objetivos para a mente do iniciando. Eles estão implantados na obscuridade do nosso inconsciente e das nossas pulsões mais básicas. Arrancar esses condicionamentos religiosos é a essência da purificação preparatória para o trabalho mágico wiccaniano. Essas e muitas outras crenças subliminais, como a de sermos inexoravelmente vítimas impotentes de circunstâncias sociais ou que não temos poder para mudar nossas limitadas situações de consciência e vida, são transformadas em forças positivas e dinâmicas pelas alavancas meditativas e rituais durante a aprendizagem wiccaniana.

Nas tradições antigas da Bruxaria, o processo de descondicionamento iniciatório era feito por meio de solenes sacrilégios. Isso revelava ao conciliábulo, de forma inequívoca, que se havia libertado dos apegos emocionais à sua religião de nascimento. Na tradição templária, esse ato era também usado como uma forma do recém-iniciado demonstrar para si mesmo que se libertou das formas objetais de espiritualidade, características da superstição cristã. Uma das formas mais objetais e materialistas da espiritualidade cristã é depender de objetos sagrados como substitutos dos princípios metafísicos, que devem buscar dentro de si mesmos. Ao olhar para um Cristo crucificado, o cristão adia sua própria necessidade de autocrucificar-se. Compreendem-se os constantes avisos bíblicos de proibir imagens de Deus, porque eles acabam por se tornar preguiçosos substitutos do necessário esforço de transformação da nossa personalidade. Assim, uma das provas de Iniciação dos templários era, por isso, quebrar e pisar aos pés esses símbolos insensatos da sua religião e da sua alienação. Da mesma forma, o Diabo exigia no Sabat solenes sacrilégios e aparatosos desregramentos. Esses são os melhores antídotos contra a alienação religiosa.

Os objetos litúrgicos são suportes físicos sagrados, que funcionam como alavancas rituais para ampliar nosso poder e conhecimento do mundo sutil. Uma faca de ferro consagrada à prática da Arte amplia nossa vontade nos mundos suprassensíveis e auxilia nosso próprio autocontrole. Quebrar uma cruz aos pés, como faziam provavelmente os Templários, é a manifestação fulgurante de uma forte convicção de que Cristo está dentro de si mesmo e não em um pedaço de pau. No Wicca, não praticamos formas tão drásticas de descondicionamento, embora um autor genial na área da Bruxaria Tradicional, Paul Huson, houvesse proposto provas rituais muito semelhantes, como forma de desapego dos valores cristãos e seus corolários opressivos de pecado e salvação. Para o homem moderno, comprometido com a religião cristã apenas de forma epidérmica e vivendo-a como um mero comportamento social em dias de nascimento, casamento e enterro, não se justifica a necessidade de impor formas de descondicionamento tão drásticas como as que propôs Huson.[132] Na realidade, um período de nove meses ou um ano de árduo trabalho teórico e prático sobre os fundamentos da

---

132. Huson, Paul. *Mastering Witchcraft, A Practical Guide for Witches, Warlocks & Covens*. NY: the Berkley Publishing Group, 1980 (prim. pub. 1970).

personalidade e sob a orientação do Mestre Magister prova melhor o grau de descondicionamento cultural e de adesão e empenho mágico do que estridentes blasfêmias dignas de um filme gótico ou de um concerto de Alice Cooper.

Um outro elemento característico da preparação para Iniciação é o da necessidade de alterarmos nosso padrão de autoestima e autoidentidade, alienada em concepções dualistas de pecado e salvação, impureza e perfeição, para reaprender a considerar que todas as formas de prazer e amor são as formas mais sagradas pelas quais o Divino se manifesta. O desenvolvimento de uma vivência panteísta do Universo vai implicar, inevitavelmente, que cada wiccan viva de forma tal que as Forças de Vida sejam reverenciadas e suscitadas nos relacionamentos interpessoais, em vez de uma concepção do Universo como espaço de luta entre condenação e salvação.

Para a preparação e aprendizagem wiccaniana é útil desenvolver uma concepção da sua espiritualidade como uma Arte. A Arte supõe sempre uma relação com o mundo impuro da matéria e dos objetos, de forma a transformá-los pelas forças da Imaginação Inspirada. Através dela é possível apreender as estruturas do ser e do Universo. O uso da expressão Arte, referindo-se a uma vocação mágico-religiosa, era muito comum entre os alquimistas, bruxos e curandeiros, mas também entre os artesãos. O que define o trabalho mágico do wiccan é uma determinada técnica de trabalho, feita em consonância com determinados princípios cósmicos e não um ato de fé. Embora encontremos algumas pessoas a atribuir insensatamente ao Wicca o epíteto de Velha Fé, uma expressão extorquida a Robert Cochrane, na realidade essa afirmação é um total contrassenso, já que os povos arcaicos e pagãos não tinham fé, mas ritos exatos e precisos para comunicar-se com o Divino. O Artista por excelência é aquele que busca uma Gnose por seu envolvimento com o mundo das formas da natureza, materializando esses princípios cósmicos não só em formas materiais, mas na sua própria vida, elevando-a do seu estado de mero devir vegetativo ao estado de liberdade espiritual. A ideia de beleza, harmonia e proporção, no trabalho dos antigos artistas gregos, espelha uma concepção esotérica do Cosmos e a necessidade de trazer ao mundo profano essas forças irracionais de vida como forças de consciência e de equilíbrio positivo na vida humana.

Os usos da expressão Arte entre praticantes de Bruxaria são tão antigos quanto o *Fausto* de Christopher Marlowe (c. 1588-1589). Seu sentido mais profundo era o de gesto criador compelido por uma vocação e uma técnica de trabalho mágico, capaz de tornar cósmico o caos humano. Muitos artesãos, como os carpinteiros e pedreiros, tratavam sua especialidade profissional como uma Arte, e interpelar alguém sobre qual era sua "arte" era indagar aquilo que ela sabia fazer com o corpo e o espírito, isto é, aquilo que era parte integrante da sua vida. A Arte está embrenhada no corpo por meio de gestos que são ritos sacros que refletem a ordem e a harmonia do Cosmos. Praticá-los é trazer essa força positiva de harmonia para dentro do ser humano que os executa. Seja pelas *asanas* e *mudras* do *iogue,* ou pelos modelos do canteiro-geômetra no talhe da pedra e da catedral, ou seja, pelo movimento rítmico do tear que Gandhi usava ou dos gestos arquetípicos do wiccan desenhando seus pentagramas, triângulos e círculos mágicos, trata-se sempre de gestos capazes de investirem ontologicamente o ser humano de uma realidade que o transcende. Esse exemplo está ilustrado na Arte Mágica wiccaniana que esculpe sobre o espaço amorfo da existência profana formas geométricas como o círculo, o quadrado, o pentagrama, o número de ouro, o triângulo, etc., como se fosse um engenheiro medieval construindo uma catedral figurada.

Um último elemento a realçar na aprendizagem wiccaniana é o da necessidade de uma ética ecológica de vida. Para o wiccan, o ser humano é encarado como parte integrante da Natureza, que ele representa no Pentagrama que traz sempre no peito, sintetizando de forma geométrico-simbólica a união do ser humano com todos os reinos elementais e o mundo espiritual, que os anima e sustenta. Isso desenvolve o caráter através de um profundo respeito e solidariedade para com todas as criaturas, que muitas vezes são consideradas emanações de Deuses e Princípios Cósmicos. Desde o hábito das bruxas arcaicas serem escoltadas com espíritos familiares até o uso de adivinhação com animais, encontram-se reminiscências de cultos xamânicos já mal compreendidos e mal integrados no processo de desenvolvimento espiritual, que tomam a Natureza como a verdadeira Mestra do ser humano.

> *Síntese: O trabalho de aprendizagem wiccaniana é um esforço de descondicionamento purificatório e sintonia com os princípios cósmicos presentes na Natureza. Esse trabalho decorre habitualmente ao longo de um ano e um dia sob a orientação dos Mestres e abarca tanto o corpo como a psique, a consciência como alma. Dessa forma, ele fica preparado para apreender a estrutura secreta da natureza e dos seres.*

Os Retiros Pagãos

Harmonizar-se com a Terra não é somente entregar-se a uma festividade pagã em dias de calendário. Dentro dos cenáculos iniciáticos da Bruxaria, o ritual serve de suporte a uma descida consciente às profundezas da Terra Mãe. Dessa forma podem reintegrar-se na estrutura da personalidade as forças tanto de vida como de morte, tanto suas forças de fecundidade terrestre como também as de fertilidade psíquica. Nos templos da Suméria e da Babilônia e depois, mais tarde, nos templos gregos de Elêusis e da Samotrácia, era necessário descer ritualmente aos Infernos e morrer para sua velha personalidade, para renascer em um contexto novo de consciência espiritualizada. Na Bruxaria Antiga, essa Descida Mistérica era vivida visionariamente por meio de sonhos e pesadelos, como parece ter acontecido com o pintor Austin Osman Spare, no início do século XX. Sua experiência subjetiva era de tal forma intensa que se saía dela totalmente transfigurado. Dessa "morte iniciática" nunca se voltava a ser o mesmo! Vinha-se com uma nova capacidade de percepção, uma nova maneira de estruturar o real. A partir de então, o iniciado podia intuir a essência oculta de todas as coisas. Na tradição mágica moderna, essa descida ao interior da morte era praticada por retiros no deserto e a invocação do Santo Anjo Guardião, ou do Santo Daimon, mas a tradição pagã antiga, tal como se fala nos mitos célticos tardios, na figura de Merlin, fazia-os no interior da floresta mais densa e, possivelmente, entre os túmulos antigos. Mesmo hoje, é essencial para o wiccan fazer o retiro na floresta e estabelecer, sempre que puder, séries regulares de recolhimento de, pelos menos, três ou cinco dias ao longo do ano. O efeito da floresta e da natureza selvagem, seja em um deserto ou em uma floresta, é de quatro ordens:

1. Expor-se a um lugar de forte ionização negativa;
2. Desencadear uma forte dinamização dos sonhos visionários e de arquétipos específicos da sua tradição;
3. Dissolver as limitações do ego;
4. Estimular energicamente o duplo astral.

Para que esse efeito seja garantido, é necessário ir para a floresta, não na perspectiva dos esportes radicais, que se baseiam em uma filosofia que está totalmente centrada no ego e nos seus valores de domínio e autossuficiência, mas na perspectiva mágica. Os esportes radicais são um suceder do cartesianismo e do materialismo moderno, que veem o mundo natural apenas como obstáculo a ser vencido e conquistado, reforçando assim sua alteridade em relação à Natureza. No ideário mágico-pagão vamos para a Natureza com o fim de regressar, na medida do possível, ao estado selvagem, e em uma perspectiva não de controle, mas de empatia. O pagão vai para a natureza em uma relação de empatia e em uma atitude de receptividade. Isso o ajuda a libertar-se da lei da dualidade, de tal forma que a Natureza deixa de ser "aquilo" e ele "isso", e se tornam ambos um Todo. Utilize a floresta como um templo e com a devida reverência, de acordo com as seguintes prescrições:

1. Reconheça ritualmente as forças dos quatro elementos e do espaço sagrado da geografia;
2. Não use sua consciência racional: discipline-se a escutar, a tocar, a saborear, a cheirar, usando apenas os sentidos do corpo;
3. Confie nos seus sonhos e nas suas imagens: dramatize-as e ritualize-as;
4. Se está em grupo, use cerimônias que desenvolvam o sentido de comunidade tribal e tenha sempre muito cuidado com as pessoas que escolher para este retiro;
5. É proibitivo levar tecnologias lúdicas: máquinas fotográficas, rádios, etc. Use instrumentos como o tambor e a flauta, que têm uma ressonância primitiva;
6. Leve consigo algumas histórias arcaicas ligadas aos Deuses da Natureza para contar para si ou aos outros companheiros de retiro durante a noite diante da fogueira;
7. Leve uma oferenda ao espírito do lugar para onde vai: um cristal ou até um pouco de alimento para os animais, e trate respeitosamente o lugar como se fosse uma pessoa;
8. Faça ascensões cerimoniais a locais elevados ao romper da manhã e ao início da noite e em silêncio;
9. Exclua todos os assuntos do mundo comum, de onde veio, na conversa com outras pessoas. Use o corpo para exprimir-se e menos as palavras;
10. Tudo deve ser feito com o máximo de reverência possível com relação a tudo que o envolve: os animais, as árvores, etc.

O retiro nesses lugares ainda não domesticados pela humanidade não é vivido no Paganismo moderno na perspectiva dos esportes radicais, nem mesmo do escutismo. Ambos visam a desenvolver, apenas, técnicas de sobrevivência e aprimorar suas capacidades diárias de autocontrole. Nessa perspectiva, eles visam a aprimorar as faculdades que já utilizamos na prática da nossa vida cotidiana, onde tudo se configura em uma estratégia de racionalidade e força, purgando o corpo e a psique do desconforto do estresse físico e emocional. Na prática do retiro pagão visa-se, pelo contrário, a apreender as mensagens atávicas adormecidas nas células do nosso corpo e desenvolver as capacidades intuitivo-imaginativas. Assim, aprimora-se a consciência das nossas raízes espirituais mais primitivas. Trata-se, pois, de quebrar a estrutura padronizada do nosso ego e libertar as memórias arcaicas soterradas por baixo do verniz da nossa socialização. Nesses lugares surgem, então, de repente, sonhos numinosos e a recordação de épocas passadas. Furtivamente, a Velha Serpente vem espreitar pelas brechas da nossa consciência, trazendo-nos uma capacidade nova de sentir e pensar: a da imaginação mística e poética. Então, ela volta a interpelar-nos: *"come, come e abrir-se-ão teus olhos e tornar-te-ás igual aos Deuses"*.

> *Síntese: A função do retiro pagão na Natureza selvagem, tal como ilustram as lendas de Merlin, visa a acordar a Alma Animal adormecida sob a casca da nossa socialização. Na natureza, as forças atávicas acordam de um longo sono e trazem-nos, do fundo remoto da história, mensagens de união mística com as forças da natureza e os Deuses seus regentes.*

Uma Ética Ecológica

Falar sobre ética em questões mágicas e iniciáticas é um contrassenso. Não é fingindo uma atitude respeitável e cingindo-nos à omissão de atos socialmente reprováveis que nós evoluímos espiritualmente. A ética é apenas uma lei de interação social que promove o equilíbrio e a solidariedade grupal, mas em si não tem qualquer conteúdo espiritual. A identificação da moral à espiritualidade é uma norma de índole religiosa, sem qualquer utilidade para o trabalho iniciático. A Magia, pelo contrário, é uma técnica de transmutação cognitiva. Através dela, nós podemos elevar-nos a um patamar superior de conhecimento que chamamos de "consciência suprassensível". Com essa elevação da consciência surge naturalmente uma elevação do nosso padrão de decência e probidade. Em um contexto diferente, é muito semelhante à concepção moral de Santo Agostinho, para quem as virtudes adquiridas pela força do caráter apenas inspiram o orgulho e a vaidade, enquanto aquelas concedidas pela graça divina são fruto de genuína santidade. A ética esotérica emana naturalmente de cima e não de baixo. Ela nasce do interior do ser humano como disposição da alma, e não como teatro de caridade e piedade cívica ou cristã. Essa herança filosófica é de origem gnóstica, para quem a fé e a piedade não têm valor algum em si mesmos, sob o ponto de vista ontológico, só sendo possível a redenção pela revelação íntima chamada Gnose. Houve, contudo, um conjunto de prescrições rituais, da mesma maneira que existem prescrições médicas antes de uma cirurgia e regras de preparação de um desportista antes de entrar em jogo, mas derivavam apenas da necessidade de uma maior eficácia na performance das operações mágicas. Desde a abstinência sexual até a frugalidade alimentar e a serenidade mental, foram muitas as regras de vida do Magista. Mas elas eram preceitos para uma maior eficácia de execução, como as aplicadas a um jogador de futebol e a um lutador de boxe, antes de entrar no estádio ou no ringue. A natureza mágica e iniciática do Wicca predispunha, então, à inexistência de um código de ética.

Com a decadência iniciática do Wicca, catapultada por membros iniciados na Arte que começaram a banalizá-la em livro e sua inferiorização no nível de um culto religioso, surgiu rapidamente a necessidade de um código de ética social. Nunca houve uma ética wiccaniana escrita em pedra de lei, a não ser 13 princípios de etiqueta ritual em coventículo, criados por Gardner após os conflitos com Doreen Valiente (1953-1957). Tratava-se, então, de um mero código de honra corporativo. No entanto, dois anos depois, em meados de 1959, Gardner faz referência no seu livro *The Meaning of the Witchcraft* à moral do rei Pausol, uma personagem inventada pelo romancista e dândi Pierre Louys (1870-1925) na sua novela *Les Aventures du Roi Pausole*, como sendo a moral do wiccan, exclamando:

> "...[As Bruxas] inclinam-se para a moralidade do lendário Bom Rei Pausol, "Faz o que tu quiseres, desde que não ofendas ninguém". Mas elas acreditam que uma lei é muito importante, "Não faças uso da Magia para conseguir algo que possa agredir alguém e se, para impedir que um grande dano seja feito, tu tenhas de incomodar alguém, tu deves fazê-lo somente para que acabe com o agravo."

É interessante como a literatura romanesca influenciou a nova ética mágica! Aleister Crowley fazia recuar sua moral telêmica no romance *La Vie de Gargantua et de Pantagruel,* de François Rabelais (c. 1483-1553) e Gerald Gardner fazia retroceder a ética wiccaniana à moral inventada pelo decadentista Pierre Louys (1870-1925)! Nos meados dos anos de 1940, os Iniciados wiccanianos estavam pouco interessados em definir uma moral para suas práticas iniciáticas. Eles estavam sobretudo absorvidos em encontrar e definir os meios que a história, a arqueologia e o folclore, ofereciam para legitimar sua origem mágico-religiosa no passado remoto das bruxas visionárias, do Paganismo antecristão e, mais recuado ainda, nas culturas ágrafas. Eles não estavam preocupados com as obtusas questões de ética burguesa. Vindos de meios iniciáticos, sabiam que a ética só se justificava para um grupo de indivíduos não iniciados, pois o que automotiva o Feiticeiro e Magista é a busca da Gnose, da Sabedoria.

Contudo, houve um momento na história esotérica em que a origem da moral na Graça e na Sabedoria foi deformada pelo modelo de ética cristã. Assim, começaram a nascer os primeiros princípios de ética iniciática. Quanto mais as Ordens Iniciáticas estão afastadas das fontes originais do saber mágico e menos nelas fala a Sabedoria, mais elas se acotovelam criando modelos éticos para seus membros, como se fossem uma igreja. Isso aconteceu com o Wicca! Todavia, sua Instrução contém uma série de advertências aparentemente morais! Elas parecem aplicar-se, porém, não à generalidade da humanidade, mas apenas aos wiccans iniciados. Não são normas morais! São até mesmo conselhos para a prática da anomia: *"e vós estareis livres da escravidão; como sinal de que sois totalmente livres estareis nus nos nossos ritos"*! Parece estarmos ouvindo as heresias amorais dos Irmãos do Livre Espírito! Mas trata-se apenas de regras e etiquetas iniciáticas de fundo antinomianista, restringidas aos seus ritos corporativos! Não espanta que assim seja! Os conflitos entre Doreen Valiente e Gerald Gardner, nos meados dos anos de 1950, sobre os princípios legitimadores de liderança nos coventículos wiccanianos, tinham posto a descoberto conflitos latentes e não resolvidos no seio do Wicca Tradicional. Primeiro, passou pela ação de Valiente tentando limpar pudicamente os textos de Gardner de uma influência visível de Crowley, que leva, ainda hoje, a maior parte dos tolos e dos crédulos a rejeitarem sua influência, apenas porque não a veem nos textos revistos por ela. Depois, continuou com sua recusa em abandonar a liderança do coventículo, acabando por partir e se refugiar no grupo rival do bruxo tradicionalista Robert Cochrane. Na Instrução, a Deusa diz:

> *Que eu seja venerada no coração daquele que se regozija; pois vede, todos os atos de amor e prazer são rituais meus. Por isso, haja beleza e força, poder e compaixão, honra e humildade, alegria e reverência dentro de vós.*

Atos de amor e prazer? Esses são os princípios do Caminho de Mão-Esquerda, também ele centrado em uma Divindade nua e impudica, portadora da Gnose! Mas são também os eixos de todo sistema iniciático operativo, onde as quizilas e cisões, resultantes do "complexo de submarino", trazem à superfície as partes imperfeitas da personalidade dos seus membros. Por isso, o Amor deve prevalecer e o Prazer ser partilhado. Contudo, a partir dos anos de 1970, sob a influência do movimento ecológico nos meios ecléticos americanos, surgiu um longo poema, em forma pseudoarcaica, de uma regra de ação moral, cuja característica seria sintetizada no seguinte corolário: *"Oito Palavras Na Lei Wiccaniana Se Deve Respeitar: Se Nenhum Mal Causar, Faça O Que Desejar"*. Essa fórmula mostrava-se estranhamente semelhante à máxima formulada por Aleister Crowley no seu *Liber Legis* (*"Faz a tua Vontade, seja este o todo da Lei* - AL I:40; *Amor é a Lei, amor sob a vontade* - AL I:57") e à de Gardner em 1959 (*"Faz o que quiseres, desde que não ofendas ninguém"*), com uma grandiosa diferença: a tônica passa explicitamente de uma visão antropocêntrica, centrada no indivíduo, para uma perspectiva ecocêntrica, descentralizada na totalidade das criaturas. Ela não diz "ninguém" como fizera Gardner, mas "nada"! Nos vários *Livros das Sombras* que Gardner escrevera e rescrevera, não há qualquer passagem desse verso. Trata-se de uma cortês invenção de Doreen Valiente, feita em 1964, três meses depois de Gardner ter morrido em Túnis, no contexto do que teria sido o primeiro jantar-tertúlia de bruxos organizado na história.

Diante da pressão puritana da moral anglicana em que viviam, com múltiplos ataques aos wiccans pela imprensa sensacionalista da época, acusando-os de satanismo e profanação de cemitérios, até o conflito emergente entre gardnerianos e outros grupos pré-gardnerianos, esse jantar pretendia selar solenemente uma nova época de tolerância de bruxos entre si, independentemente das tendências em que trabalhassem. A "Regra Wiccan", inventada pela veia poética de Valiente, tinha apenas esta finalidade: mera orquestração política entre as várias facções da Bruxaria na Inglaterra. Mas ela rapidamente se difundiu como um vírus pela subcultura neopagã americana, ressurgindo anos depois disfarçada de lei wiccaniana absoluta, como se fossem as Tábuas da Lei do Wicca.

O jantar patrocinado pela revista *Pentagram*, de Gerard Noel, foi em vão. Mas ficaram duas coisas: o início dos wiccans a diferenciarem-se dos satanistas e preparando-lhes uma guerra de proscrição, e a *Wiccan Rede* ou Regra Wiccan, inventada por Doreen Valiente. O fato de Valiente, que já não participava de qualquer *coven* wiccaniano regular, ter cunhado a frase *Wiccan Rede*, parece-nos hoje um fato abusivo, já que atribuía a uma Tradição princípios que ela sabia não existirem, e da qual ela não fazia mais parte. A expressão *Oito Palavras Na Lei Wiccan Se Deve Respeitar, Se Nenhum Mal Causar, Faça O Que Desejar* ganhou celebridade e foi copiada e recopiada muitas vezes, atravessando o Atlântico e chegando aos Estados Unidos, onde foi transcrita pela revista *The Waxing Moon* em 1966. O escritor sensacionalista Hans Holzer transcreve-a depois em 1971 no seu *The Truth About the Witchcraft*.[133] Sanders aceita-a como "mote do wicca" em 1971, já no declínio da sua celebridade, perseguido, colocado à parte e proscrito pelos gardnerianos, incorporando-a no seu *Livro das Sombras*. Valiente a reproduz, mais tarde, em 1973, no seu *ABC of Witchcraft Past and Present*.[134] Em 1975, surge uma versão em inglês arcaico plagiada e branqueada por lady Gwen Thompson, a partir da versão de Valiente, que atribuía abusivamente sua autoria a uma antepassada sua, difundindo-se depois pelo mundo neopagão, como se fosse da sua pluma.

Essa é a fórmula mais inovadora alguma vez criada de comportamento ético! Ela abrange não só o ser humano, como acontece com a moral cristã, mas abraça em uma atitude de solidariedade igualitária todas as criaturas sem exceção, mesmo aquelas que a cultura cristã no Gênesis considera serem criadas para servir o ser humano: os animais, as pedras, as árvores, em suma, a Natureza. A regra não diz "se não fizer mal a ninguém"! Ela não é dirigida apenas ao ser humano! Ela diz: "se nenhum mal resultar". Ela é dirigida para todos os seres e criaturas sem exceção! Na realidade, Gardner subscreveu uma moral wiccaniana de características nitidamente telêmicas, pela ênfase na vontade livre e responsável, mas circunscreveu-a apenas ao mundo humano. Embora sua moral fosse louvável, ela não tinha o âmbito generoso e idealista da regra wiccaniana escrita pela sua herdeira Doreen Valiente. No cerne do Wicca temos hoje, então, duas regras de ação: uma regra exotérica e exterior consumada na Regra Wiccaniana, e um corpo de regras esotéricas de fundo antinomianista exaradas na Instrução. A Regra Wiccan, ao acentuar um valor prático, *"se nenhum mal causar"*, unido ao imperativo anônimo de *"faça o que desejar"*, acentua que são o Desejo e o Prazer os sacramentos essenciais de todos os nossos atos mágico-religiosos. O bruxo e bruxa são, assim, em rito, o equivalente ocidental do *saddhu* tântrico, o *svcchâcâri*, *"aquele que pode fazer tudo o que deseja"*. Ela é uma ética então de anomia, de pura desobediência da lei divina, abando-se à lei de Dioniso: a anagogia do Desejo. A verdadeira ética de Dioniso é não ter ética alguma e despedaçar aos seus pés todas as éticas. O existir é Puro Desejo, sem ofensa nem agravo físico das criaturas racionais e não racionais. Em termos esotéricos, que é o que nos

---

133. Hans Holzer transcreve-a depois, em 1971, no seu *The Truth About the Witchcraft*.
134. *ABC of Witchcraft Past and Present*, idem.

interessa, ser tão fiel ao Desejo é aceitar a dualidade da Vida e da Morte como polos complementares eternos e beber do vinho da trancendência de ambos no Todo.

O wiccan valoriza o espírito de liberdade e iniciativa ao forjar seu próprio destino, mas o desenvolvimento e expansão da sua vida e da sua consciência só podem ter sentido se contribuírem também para uma relação harmoniosa e respeitável com todos os reinos naturais. Essa relação harmoniosa é, também, o que está implícito no poder do Desejo. Em um mundo com suas florestas queimadas todos os anos, com os rios e mares contaminados, em uma sociedade onde os animais são tratados como objetos transferenciais, essa regra wiccaniana é a transição de uma visão passada do Homem como centro do mundo, para uma visão holística, que vê a Natureza e o Mundo como um Todo Espiritual. Assim, cada wiccan reedita o paradigma de Saturno na Idade de Ouro, exilado neste mundo, mas celebrando nas suas festas sagradas a união harmoniosa com todos os seres, os animais, vegetais, humanos e os seres dévicos. É tempo, por isso, de esse Saturno regressar da penumbra dos livros, onde foi saudado pelos sonetos dos poetas e da escuridão dos coventículos, onde é celebrado, para entrar no arraial da vida humana, tornando-se, então, um fermento espiritual de transformação do mundo. A Regra Wiccaniana é a regra de uma nova consciência saturnina, em que não é estranho o surgimento dos impulsos da Era do Aquário.

A Regra Wiccaniana

*Deverás seguir nossas Leis Wiccanianas
Em Perfeito Amor e Perfeita Confiança
Deves viver e deixar viver,
Com justiça deves tomar e com justiça deves ceder.
Que o Círculo seja três vezes traçado,
Porque mantém todo o mal afastado.
Mas, para que o encantamento possa resultar
Em verso, o deves sempre rimar.*

*Sê afável e de convívio delicado
Fala pouco e escuta com cuidado.
Vai sempre em sentido destrogiro na fase de Lua Crescente,
E a Runa das Bruxas entoando sempre.
Vai sempre em sinistrogiro pela fase de Lua Minguante
E canta-o sempre em tom tranquilizante.
Quando a Lua da Senhora for Lua Nova,
Beijar duas vezes sua mão é dupla prova.*

E quando a Lua atingir sua máxima exaltação,
Então segue sempre o que lhe diz o coração.

Quando sopra o vento norte e seu frio corta,
Amarra as velas e tranca sua porta.
Quando do sul soprar o vento benfazejo,
Seu amor em sua boca te dará um beijo.
Quando o vento soprar do poente,
Então as almas se agitam continuamente.
Mas quando o vento do leste soprar
Virão boas notícias para celebrar.

Nove lenhas ardem sob o caldeirão,
Ora queima-as rápido, ora queima-as com lentidão.
Mas ao Sabugueiro, que é a Árvore da Senhora,
Não a queimes ou o castigo não demora!
Quando os ventos se põem a bailar,
Logo os Fogos de Beltaine se terão de abrasar.
E quando a roda girar e o Yule chegar,
É hora de o cepo queimar e o Cornífero reinar.

Observa as árvores, os arbustos e sua flor,
Da Senhora recebam todos bênçãos de amor.
E quando a água do rio brotar em liberdade,
Lança-lhe uma pedra e conhecerás a verdade.
Assim, quando tiveres uma necessidade,
Não te importes com quem te quer maldade.
Por isso com o louco nunca deves andar,
Ou como ele acabas por te tornar.

Feliz encontro e feliz partida,
Alegram sempre o coração, o rosto e a vida.
Sempre a Lei Tríplice respeitarás,
Pois três vezes o que deres é o que sempre receberás.
Mas, quando tiveres algum desgosto,
Põe a Estrela sobre teu rosto.
Com lealdade deves sempre te comportar,
E no teu afeto jamais hás de fraquejar.

Pela força do Sol tudo isso seja alcançado,
E pela força da Lua em mudança seja ele sempre realizado.
Se pela força da vontade o caminho clareares
Não te esqueças nunca de a mente acalmares.

Para que serviriam nossos instrumentos sem a Iluminação?
Que Magia poderia ser alcançada sem a Sabedoria e a Visão?
Assim Oito Palavras Da Lei Wiccaniana Deves Respeitar:
Se Nenhum Mal Causar, Faça O Que Desejar.

> Síntese: Nas tradições iniciáticas em que se enquadravam o Wicca Tradicional não existiam regras éticas, mas regras de trabalho mágico, sintetizadas na sua disciplina interior e no código de honra em círculo. Quando o Wicca decaiu em culto religioso neopagão, surgiu uma ética revolucionária escrita por Doreen Valiente em 1964: a Wiccan Rede (Regra Wiccan). Sua revolução foi ter sido a primeira ética ecocêntrica da humanidade.

Mestres e Gurus

Na época em que vivemos, nunca é demais realçar, é sob o ponto de vista da evolução espiritual e do autodesenvolvimento mágico, completamente diferente das épocas antigas que o Wicca considera ter sido a matriz lendária das suas práticas rituais. Nesses tempos distantes, a aprendizagem mágica era feita por meio de uma transferência mística de Mestre a Discípulo, em um duplo sentido: por um lado, por meio de uma permuta material de conceitos, técnicas e saberes, e, por outro, por meio da chamada "transferência de Poder", que é o cerne da Iniciação. Esse sistema dependia de um relacionamento físico e mental estreito entre um e outro, assim como de um *rapport* emocional. Esse é ainda o sistema de ensino mágico em muitos cenáculos do Wicca. A sobrevivência desse sistema no seio dos coventículos do Wicca é, contudo, apenas uma reminiscência anacrônica da Era de Peixes. Nós vivemos em uma época muito especial: aquela em que, segundo alguns, é marcada pela aparição da clarividência atávica. Esse regresso é um prenúncio da chegada da nova Idade de Ouro.[135] Esse novo contexto espiritual no Universo e na alma humana traz mudanças significativas no trabalho mágico. Ele repercutiu-se no conceito de autorresponsabilidade no desenvolvimento wiccaniano, proposta por muitos autores saídos dos coventículos tradicionais como Doreen Valiente e Stewart Farrar, e a defesa da Iniciação Solitária. Se a época em que vivemos faz aflorar no cerne da nossa alma a velha clarividência, então talvez se possa começar a dispensar gradualmente o Mestre!

---

135. Lascariz, Gilberto. *O Novo Aeon Mágico.* Porto: Projecto Karnayna, 2003. Disponível na web: http://projectokarnayna.com/aeon/aeomag1.htm.

Rudolf Steiner dizia que vivemos na época da *Alma da Consciência*! Isso significava que as forças da alma, que estavam até aí soterradas no mundo noturno dos nossos atavismos, assomam pela primeira vez no mundo diurno da nossa consciência. A palavra "alma" supõe que ela é não só o princípio sobrenatural da nossa personalidade, como seria também aquilo que nos anima, nutre e sustém. Nós damos hoje um sentido diferente ao vocabulário esotérico empregado por Steiner. Concordamos que esta época é assinalada por dois fenômenos: por um lado, o fenômeno do surgimento gradual da clarividência suprassensível na humanidade e, por outro, a manifestação da liberdade e independência da consciência, como premissa da aprendizagem esotérica. No passado, quando não havia esse surgimento das forças suprassensíveis na alma humana, era compreensível que a tônica da aprendizagem esotérica fosse, ao invés da liberdade e da independência, a da subserviência ao Mestre Iluminado. Ele era o único que podia funcionar como canal para essas forças e revelá-las e transmiti-las ao discípulo. Em princípio, as forças de clarividência instintiva começam a estar agora gradualmente disponíveis como capacidade natural na alma humana. Contudo, embora elas já estejam disponíveis a uma pequena parte da humanidade, existem ainda de forma inconsistente, precisando ser corretamente orientadas e focalizadas no trabalho mágico. O Mestre transformou-se, por isso, em Mentor!

Esta é, porém, uma época de grandes perigos espirituais: a de confundirmos a fantasia com a imaginação, a sabedoria com a erudição, o ritual com a mímica teatral, os Deuses com arquétipos. Esse movimento de acelerada profanação do espírito deve-se em grande parte à corrente moderna de psicologização do esoterismo. A psicologização do mundo espiritual é, apenas, um sintoma entre muitos de uma profunda miopia espiritual. Isso está bem ilustrado na lenda de Eros e Psiquê. Psiquê não compreende sua felicidade com Eros porque não o vê e, por incentivo das suas irmãs, atreve-se a descobri-lo enquanto dormia. Embora ela fosse advertida por Eros de que nunca o tentasse ver, como nos velhos mitos egípcios em que Ísis está sempre velada para comum dos mortais, ela não resiste a conduzir sorrateiramente a luz da sua vela para seu rosto e olhá-lo de frente, findo o qual ele desaparece deixando-a só e infeliz. Aquilo que nos traz a sabedoria e a felicidade não pode ser medido, analisado e transformado em uma estrutura explicativa. Pode ser vivido, no entanto! O sagrado não é redutível à retórica e à argumentação. No mundo moderno, as várias correntes da psicologia oferecem-nos a ilusão de que, se arranjarmos uma estrutura explicativa racional do mundo não racional, podemos não só compreendê-lo, como também podemos nos transformar espiritualmente! Mas cedo nos afundamos na perplexidade e frustração diante da verborreia vazia do seu vocabulário!

Ainda hoje são muitos os livros que difundem a ideia de que, se imaginarmos uma determinada Divindade, estaremos a conhecendo no nível profundo da nossa personalidade. Na realidade, estamos apenas interagindo com um conteúdo mental, um motivo da nossa fantasia! Essa superstição moderna, que o movimento da psicologia engendrou e que a cultura de supermercado difunde por meio da "literatura de autoajuda", tem criado todos os falsos mecanismos de autoiniciação pela fantasia, em que a espiritualidade é reduzida a um jogo delirante de vizualizações e teatralizações. É verdade que a Iniciação por um Mestre é apenas o resultado da decadência dos próprios Mistérios, pois a Iniciação era sobretudo concedida pelos Deuses e os Espíritos. O que o Mestre hoje transfere é uma aprendizagem formal e sistematizada, que cria o contexto anímico para a interação com os Deuses e os Espíritos. O erro moderno, herdado da Psicologia das Profundezas, é acreditar que os "espíritos" são conteúdos arquetípicos, subprodutos mentais e epifenômenos da nossa imaginação, acessíveis a qualquer mente sonhadora e preguiçosa. Existem muitas lendas que nos advertem que a Iniciação é desencadeada na esfera pessoal da nossa alma através dos Espíritos! O mais perturbante exemplo que temos na Bruxaria europeia é o de Isobel Gowdie, mas o mais rico de ensinamentos é o de Merlin, que parte para a floresta para ser ensinado pelos "espíritos-animais".

O que caracteriza hoje o ensinamento moderno no Wicca é ter desaparecido o caráter dogmático e autoritário do relacionamento entre Mestre e Discípulo. O Mestre tornou-se um conselheiro e educador, já não é um pai que modela seu filho espiritual. No Wicca, a aprendizagem mágico-religiosa em coventículo é feita, no entanto, por meio de uma estreita simbiose psicossensorial de caráter triplo: (1) do Iniciado com o Magister; (2) os Ciclos da Natureza; (3) e as Divindades e Espíritos Tutelares do coventículo. Isso quer dizer que o sucesso da sua aprendizagem mágica depende de uma fusão psíquica que permite ao Iniciado participar da essência da Tradição. Uma Tradição não é um corpo de saberes fossilizados pelos usos e costumes de uma organização iniciática. Sua origem latina vem de *traditio*, transmitir, significando a transmissão de poder[136] em uma organização iniciática. Os impulsos espirituais,

---

136. René Guénon preferiu usar a expressão "transmissão de uma influência espiritual". Guénon, René. *Aperçus sur L'Initiation*. Paris: Chacornac - Ed. Traditionnelles, 1946.

que são a base do ensinamento mágico, devem ser transmitidos não só por cantos, danças, ritos, lendas e meditações, que pela sua natureza de gestos não utilitários e não racionais podem fazer surgir a dimensão espiritual na pequena dimensão humana do discípulo, mas devem ser também transmitidos pela emanação áurica do Mestre à aura do discípulo. Usufruir das suas forças de transfiguração implica, assim, um fenômeno de osmose. Essa fusão é representada na nossa Tradição pelo triângulo feminino de água, como símbolo principal de Iniciação ao primeiro grau e de dissolução do ego na "Alma-Grupo Mãe" do coventículo.

O sucesso do desenvolvimento wiccaniano é tanto maior quanto maior a osmose do discípulo com o Magister! Mas sua perfeição depende da capacidade que cada um terá para alcançar, mais tarde, a plena autonomia e liberdade de consciência. Esse é o ápice da maturidade na qual o discípulo se ergue à condição de Mestre. Contudo, essa relação simbiótica pode tornar-se alienatória para o Iniciando e transformar o Mestre, em vez de guia, educador e orientador, em um carcereiro limitador da sua liberdade de autocrescimento. O Wicca Tradicional dá muitas vezes uma importância exagerada a essa simbiose quase organísmica entre Mestre e Discípulo, herdada provavelmente da prática darshan que Gardner observara pela Ásia,[137] ao lembrar ao iniciado que aquilo que lhe possibilitou ser aceito no conciliábulo foi ter sido constatado entre as partes uma experiência de "perfeito amor e perfeita confiança". Por meio dessa expressão, ele quer dizer que existem os elos psíquicos necessários para haver a simbiose mágica entre a Egrégora, o Magister e o Iniciado. Só assim pode funcionar a simbiose pedagógica. Essa necessidade de simbiose mágica entre Mestre-Discípulo-Egrégora no Wicca deve-se ao fenômeno conhecido como "sapiência transferencial", relatado por vários parapsicólogos sobre os casos de possessão demoníaca. Essa é, porém, uma forma patológica de simbiose! Foi constatado por muitos observadores que o possuído tinha a capacidade de falar em latim ou grego e ter conhecimentos que se provaram ser resultado de uma osmose psíquica com o exorcista, absorvendo a informação armazenada no seu subconsciente. Grande parte do ensino mágico baseia-se nesse fenômeno de transferência simbiótica de conhecimento na perspectiva positiva de uma Gnose. O próprio regime de organização celular fechada e de *numeros clausulus*, seu

---

[137]. Darshan significa "vendo", por derivação da raiz sânscrita drsh = ver. Significa o ato de ver com reverência e devoção um homem santo, garantindo assim bênçãos suscetíveis de acelerar o processo de crescimento espiritual do devoto.

sistema ritual em que muitas vezes os membros celebram nus, realça o *rapport* entre as partes para que a sinergia da Magia e sua transmissão de "Poder" funcionem.

Um grupo mágico wiccaniano trabalha como uma colmeia. O wiccan deve aprender a sacrificar sua individualidade para o funcionamento total do grupo e, outras vezes, a usar sua própria iniciativa. Quem não tem capacidade desse autossacrifício e, simultaneamente, dessa autoiniciativa, então não tem condições para trabalhar em um coventículo. Não se estranha, portanto, que a Divindade, tantas vezes invocada como Matrona dos círculos wiccanianos seja Ártemis, a Abelha Mestra da sacerdotal colmeia efesiana. A Ártemis efesiana, hoje muito acarinhada pelas bruxas modernas, era conhecida por Rainha Abelha. Na época em que vivemos, sob a influência dupla de Peixes e Aquário,[138] o Wicca realça nos seus métodos iniciatórios as duas abordagens: a abordagem pisciana de entrosamento psíquico no Mestre e na Egrégora, ao modelo da colmeia efesiana, e a abordagem aquariana da autonomia da consciência e da liberdade espiritual. Essa duplicidade é realçada, também, pelo predomínio simultâneo da noção de estrutura ritual e flexibilidade teológica, de disciplina e espontaneidade litúrgica. O Wicca doa a cada membro Iniciado a oportunidade de adaptar seus ensinamentos ao seu próprio autodesenvolvimento. Isso não é uma permissão, é mesmo uma obrigação! Ninguém é espelho do Mestre, só do seu Eu Superior! Na realidade, o Grande Mestre é a própria Vida.

Na Índia Antiga, existia no ensino místico o *guru* e o *uppa guru*! O *uppa guru* era a vida em si mesma, que vinha sob o disfarce de encontros fortuitos, por vezes de forma completamente não convencional, como a de um animal, um mendigo ou mesmo uma prostituta, revelar seus Mistérios a quem está receptivo aos impulsos de crescimento mágico. Herman Hesse discorreu sobre esse fenômeno de aprendizagem espiritual no seu livro *Siddharta*. Personagens como o Merlim das lendas gaulesas e Al Kidhr das lendas islâmicas, ou figuras reais de mestres espirituais como Gurdjieff, Crowley e Krishnamurti, são o exemplo de quem seguiu toda a vida seu *uppa guru*. No fundo, a criação do Wicca por Gardner, que os historiadores modernos enfatizam ser uma pura invenção sincretista inspirada em múltiplas fontes, é o exemplo vivo de um homem que toda a vida seguiu seu *uppa-guru*, isto é, os impulsos espirituais presentes no fluir inspiratório e criador da sua existência.

---

138. Lazaridès, Christian. *Vivons-nous les Commencements de L'Ère des Poissons?* Lausanne: Editions Anthroposophiques Romandes, 1989.

Síntese: O ensino mágico wiccaniano é realizado por meio de uma duplicidade paradoxal: por um lado, é necessária uma experiência de simbiose de sabedoria entre Mestre e Discípulo que harmonize os corpos sutis de um e de outro, tornando possível a transmissão de Poder e, por outro, enfatiza a autonomia e a experimentação por meio de cantos, danças, rituais e meditações, que permitem desenvolver sua intuição mística e expandir sua consciência.

A Magia sem Dogma

Uma das características mais gratificantes do Wicca é a completa ausência de dogmas e uma grande ênfase na experiência pessoal, por meio de técnicas meditativas e rituais. Apoiado na estrutura de ensinamento de um rito e na liberdade de prospecção mágica, cada wiccan desencadeia, dentro da estrutura padronizada da sua personalidade, um processo de transmutação da sua consciência. Esse método de trabalho esotérico estimula a personalização do trabalho mágico nos wiccans mais dotados, já que é por meio de um processo de osmose psíquica com seu Mentor que este vai receber parte significativa da informação mágica não escrita sob forma de impulsos espirituais. Isso explica a imensidão de tradições wiccanianas existentes hoje no mundo! É a essa osmose de sabedoria que se deve a ênfase dada à aprendizagem com um Mestre. Isso implica que o genuíno ensino wiccaniano seja muito pessoal e que seu estudante raras vezes caia em formas de alienação típicas da religião. Em termos práticos significa, também, que ser wiccan é tornar-se wiccan, isto é, ele não depende da afinidade intelectual a um conjunto de artigos de fé, como quem adere a uma religião, mas de um processo de genuína transformação da sua alma e de um contato real com o mundo dos Deuses e seus Espíritos Tutelares.

O Wicca não é uma religião, mas uma Gnose! Essa sua tendência vem do longínquo passado da tradição mágica dos grimórios, onde o desenvolvimento espiritual era proporcional à coragem e lucidez necessárias para penetrar áreas internas e proibidas do seu espírito, pela metáfora da subjugação dos Demônios. Toda a Magia dos grimórios era uma arte de Iniciação Solitária pelo Ser! O primeiro grimório mágico-iniciático foi o tratado egípcio conhecido por *Livro do Conhecimento da Espiral da Força de Rá e a Queda de Tifon*, e sua publicação sob a designação de *Rito do Acéfalo* foi responsável pela maior mudança espiritual da história moderna: a preparação de Crowley para comunicar com seu Daimon e receber, mais tarde, o *Livro da Lei*. Desde Israel Regardie que, porém, muitos magistas entendem esses "Demônios", como fazem os terapeutas da psicologia das profundezas: resistências ancestrais no fundo da nossa psique coletiva. A Magia é uma técnica de autoconhecimento que, pela ação simultânea da Vontade e da Imaginação dinamizadas pelo ritual, permite acessar áreas proibidas à racionalidade e à sua realidade prático-utilitária.

Uma das noções mais ingênuas do mundo mágico moderno, mesmo entre as pessoas eruditas do ocultismo, é a que envolve o uso da sua própria designação: Magia. É mal fundada a explicação dada para a origem da expressão magia, unanimemente apresentada como tendo sido importada para dentro da cultura helenista a partir da reputada tribo persa dos Magos. A origem da palavra Magia é grega, vindo de *mageia*, mais tarde latinizada em *magia*. A origem do equívoco com a tribo persa dos Magos foi, porém, criada voluntariamente na famosa defesa judicial de Apuleio. Acusado em tribunal de prática de Bruxaria, Apuleio foi levado, por uma questão de autodefesa, a criar uma das mais geniais trapaças da história do esoterismo. Ele defendeu que a acusação de mago que lhe era atribuída, como se ele fosse um bruxo, era aplicada na Pérsia aos sábios. É fascinante como os wiccans, ao libertarem a etimologia da expressão *wicca* das suas conotações à Bruxaria, ligando-a ao conceito de "sábio", se reveem na defesa de Apuleio ao se desembaraçar, pelas mesmas razões, da má reputação da palavra *mago*. Invocando excertos do *Alcibiades e Carmidas* de Platão, ele alegou que a Magia era uma prática honrada entre os sábios persas, de tal maneira distinta, que fazia parte da educação dos seus príncipes. Seria, simultaneamente, uma filosofia investigando racionalmente o mundo arquetípico e uma mística criada para homens de alta estirpe. Apuleio era um filósofo interessado profundamente na Bruxaria, como comprova seu livro *Metamorfoses*, mas sua autodefesa em tribunal tornou-se incontornável na história do esoterismo, criando um novo e insensato vocabulário. Ele deixou-nos uma noção sublimada de Magia entendida como método de prospecção filosófica do mundo arquetípico, que agradava tanto a filósofos puritanos como a clérigos com ares de cultura pagã. No início do século XX, o conde Vincenti da Piobetta (P.-V. Piobb) apresentou uma outra definição que parece ser mais crível. Diz ele no seu *Formulaire de Haute Magie* (1907):

> *A raiz da palavra mago é mag. Ela geralmente significa modelar, evocando a ideia conexa de macerar.*

Tocando mais fundo o significado original da palavra Magia, ao defendê-la como sendo um ato de moldar nosso "eu" e nossa vida em função do Cosmos, assim como a implicação de mortificação e transmutação do nosso ego, ele reivindica uma interpretação linguística para uma tradição gnóstica e iniciática que está muito mais ajustada ao seu verdadeiro *leitmotiv*, mais do que as vãs definições hoje em voga de Aleister Crowley e Dion Fortune, com sua ênfase na Vontade como princípio motriz do desenvolvimento mágico. O conde Piobetta sugere que a tradição mágica grega possa ter estado ligada à alquimia e ao uso de substâncias maceradas e pulverizadas para poções, unguentos e incensos alucinatórios e visionários, tal como demonstram as descrições helenista de Medeia e Sagana. Em outro sentido, ao se triturar a calosidade material do nosso ego dentro do Círculo Mágico, liberta-se seu poder quintessencial! O que é interessante é ele sugerir, adicionalmente, que o significado da palavra Magia parece estar, também, associado a uma palavra semelhante, *mageirikos*, aplicada a cozinheiro. Conhecem-se casos de contratos solenemente celebrados entre os Deumolpidas, Guardiões dos Mistérios de Elêusis, e cozinheiros reputados pela sua habilidade no uso do cutelo nos templos místicos. A reputação desses mestres da faca ficou lavrada em pedra até hoje sob as ruínas do Templo de Elêusis, o que demonstra a consideração atribuída a esses homens que trinchavam as carnes para sacrifícios aos Deuses. O athame grimoriano usado dentro do nosso Círculo da Arte é originário desse uso sacrificial eleusínio! É necessário rever o conceito racionalista de Magia, elaborado pelos helenistas e desenvolvido mais tarde pela Tradição Rosacruciana, e restituir-lhe seu verdadeiro alcance: o da transmutação sacrificial do ser humano.

> *Síntese: O uso da palavra Magia, que hoje utilizamos no vocabulário esotérico, tem sua origem em Apuleio e na sua autodefesa da acusação de Bruxaria. Ele argumentou que a Magia era uma prática mística de prospecção filosófica do mundo arquetípico, já defendida por Platão. Sua origem parece vir, porém, da expressão grega "macerar", estando associada ao uso de unguentos e substâncias alucinatórias.*

Ascese e Liberdade Mágica

Um dos erros mais comuns na cultura *new age* é considerar que a prática do Wicca implica uma mera rotina ritual, muitas das vezes de características devotas. Nunca é demais afirmar que o Wicca não é uma religião! Isso criou a convicção universal de que basta reproduzir o comportamento cerimonial externo das práticas wiccanianas, para ser um wiccan. O Wicca é, no entanto, uma religiosidade no sentido que é empregue na Gnose! Quem vê um ritual wiccaniano vê apenas a parte visível do *iceberg*. Noventa por cento do que acontece em um ritual sucede apenas nos mundos internos do Magister e seus associados, não sendo suscetível de ser motivo de cálculo estatístico. Na realidade, o uso eficaz de um ritual implica a capacidade de integrar um conjunto de capacidades ao mesmo tempo: movimentos sagrados compassados com visualizações, ritmos respiratórios e palavras cheias de assonâncias e onomatopeias. Só o treino mágico possibilita essa prática simultânea do Corpo, do Sopro, da Imaginação e da Palavra, para que se possa rodar a chave que abre os reinos secretos da Magia: o transe ritual. No Coventículo TerraSerpente, nós chamamos esses quatro requisitos do transe ritual de os *Quatro Ferreiros da Arte*, em lembrança dos quatro anões ferreiros que forjaram o *Colar de Brisingamen* para Freyja, símbolo do poder mágico do nosso Círculo. A possibilidade de interagir com esses quatro reinos é parte de uma longa ascese desenvolvida dentro dos coventículos.

A palavra ascese sempre esteve ligada ao conceito de disciplina e ao esforço consciente de moldar nossos condicionamentos padronizados, herdados da família e da sociedade, de forma a conquistarmos nossa liberdade espiritual. Em muitas práticas de Bruxaria Antiga, essa ascese é desenvolvida ao estilo de um sacrilégio racionalmente perpetrado. Toda a disciplina autolibertária faz-se sobre os três princípios essenciais da nossa psique: o Pensamento, o Sentimento e a Vontade. Esses três elementos, que são o suporte físico do corpo, da alma e do espírito, permitem o fluir do Quarto Poder: a Energia do Transe Ritual. Na disciplina mística da tradição rosacruz e cristã, o uso da ascese implicava desenvolver os atributos de Castidade, Caridade e Obediência para alcançar o êxtase. Toda a sua mística era uma prática de obediência e sacrifício voluntário a dogmas religiosos, muitas vezes desencadeando as neuroses que classificaria de Complexo de Procrustes. Procrustes era um gigante da Sicília, que, quando apanhava os náufragos que chegavam às margens da sua ilha, os estendia e amarrava à sua cama de ferro. Depois, ora lhes cortava a parte do corpo que sobrava ou esticava a parte que faltava, até encaixar no tamanho adequado da sua cama. As religiões patriarcais funcionaram como uma verdadeira emanação de Procrustres. Cada época semeia impulsos de Iniciação e transformação espiritual em função das necessidades coletivas de desenvolvimento que as Hierarquias Espirituais patrocinam. Os impulsos atuais não são de cortar nossos vínculos à Natureza mas de, agarrando esse cordão umbilical ainda conservado nos recessos do nosso corpo e da nossa imaginação, caminhar e reencontrar o antigo estado de relacionamento harmonioso com a Terra. O Wicca é uma técnica mágico-religiosa que fortalece nossa ressonância física e espiritual com a Alma da Terra. Ele é uma forma de intensificar a chamada "Ressonância Shuman" dos nossos corpos e das nossas almas.

Foi o físico alemão W. Schumann que, em 1952, constatou que a Terra é rodeada por um campo eletromagnético que se eleva do solo até à ionosfera, a cerca de 100 quilômetros acima de nós. Esse campo possui uma ressonância mais ou menos constante da ordem de 7,83 pulsações por segundo. Desconfia-se que ela é responsável pelo equilíbrio da biosfera e a condição harmoniosa de todas as suas formas de vida, tendo-se verificado que todos os vertebrados e nosso próprio cérebro têm a mesma frequência. Fez-se a constatação, depois, que, sempre que os astronautas faziam viagens espaciais e ficavam fora da ressonância Schumann, adoeciam. Criou-se a hipótese de que, provavelmente, não podemos conservar-nos saudáveis fora dessa frequência biológica natural. Durante milhares e milhões de anos, as pulsações da Terra têm se conservado latejando nessa frequência e a vida tem se desenrolado em relativo equilíbrio ecológico. Mas, a partir dos anos de 1980, sob o "efeito de estufa" gerado pela poluição, sua frequência começou a subir de 7,83 para 11 e para 13 hertz por segundo. Vários desequilíbrios ecológicos começaram a ser sentidos com grande violência, desde perturbações climáticas até uma maior atividade dos vulcões e à destruição maciça das nossas florestas. Recuperar essa relação ressonante com a Terra é urgente, não só para nossa saúde física, mas para nossa saúde espiritual. Talvez o desequilíbrio dessa ressonância desperte a população mundial para a necessidade de se sintonizar com a Terra e redescobrir as vantagens espirituais dessa fusão organísmica. O Wicca parece gerar esse efeito de ressonância e trazer um maior equilíbrio físico e espiritual aos seus praticantes.

É tempo de reconquistarmos os velhos valores do Paganismo Mágico. Em 1950, o filósofo Raymond Abellio apresentou os três princípios de ascese mágica para a nova época em que vivemos.[139] Ele anunciava que no nível do corpo deveria prevalecer a prática do erotismo sagrado; no nível psíquico, a criação pela arte; no nível do espírito, a prática da meditação metafísica. Essa ascese tripla baseava-se no fato de o homem moderno ser uma emanação do Kali Yuga e, por isso, não conseguir desprender-se das pulsões do corpo para se elevar à esfera suprassensível. O caminho mais justo para ele não seria, então, a

---

139. Abellio, Raymond. *Para um novo Profetismo*. Lisboa: Arcádia, 1975 (prim. pub. 1950).

mortificação, mas o conhecimento das forças suprassensíveis subjacentes às pulsões mais viscerais do corpo. Austin Osman Spare chama a essa visceralidade de Atavismo. Não houve no século XX um homem que melhor integrasse essas três facetas da ascese mágica do que ele, sendo ao mesmo tempo um libertino mágico, um artista iluminado e um pensador inspirado. O que deve caracterizar a ascese mágica moderna é a necessidade de ela se apoiar nas forças secretas da Natureza e no seu poder criador. A *Ascese Tripla* de Abellio realça que as faculdades criadoras, sejam as do Sexo, da Imaginação ou do Pensamento, são sempre a chave da nossa transmutação espiritual. A razão para isso é simples: é nesses lugares do nosso corpo e da nossa alma que o poder criador está latente. Quando esse poder criador é arrancado dos limites dos nossos modos condicionados de existir, podem libertar o potencial para nos autocriarmos. Mas, como um artista, nós precisamos de regras de trabalho e de um modelo para essa autocriação. São os Deuses Arcaicos que nos fornecem o modelo e são as técnicas meditativas e rituais, transmitidas no Wicca Tradicional, que nos fornecem as regras. A disciplina mágica integra ambas nos ciclos de metamorfose da Natureza, tal como ilustram os Sabates, engendrando pelo tear dos seus gestos sagrados, consubstanciados em rituais, a possibilidade da nossa autotransformação.

> *Síntese:* A primeira enunciação de uma ascese adaptada ao homem pagão moderno foi feita pelo filósofo Raymond Abbelio. Ele advogava a prática do erotismo sagrado, a criação pela arte e a prática da meditação metafísica como meios de transformação da alma humana. O Wicca integra essa tripla ascese em uma arte de viver que reverencia as Forças da Vida e as Forças da Consciência. O que o Wicca traz de implícito nos seus métodos é a ideia adicional de que toda a disciplina mágica deve tornar-se uma ecologia espiritual.

DE ARTE DEOS AMARE
A Técnica Wiccan de Abertura e Fechamento da Aura

Que o wiccan seja previdente e honre seus Deuses no próprio corpo que é seu altar sagrado. Que ele instale diariamente nesse altar de carne, que tem as forças dos animais que moram no Círculo Celeste do Zodíaco, a divina presença de Nossa Senhora Haradea, que é a Divina Mestra, e o Santo Cornífero, seu Guardião.

Que o wiccan tenha como óleo santo uma mistura de bom azeite e boa mirra e o use como óleo de unção na Arte Deos Amare.

1. Ao alvorecer esteja de pé e nu, virado para o Oriente. Eleve, então, sua mão acima da sua cabeça com o Sinal da Mano Cornuta, saudando o Portal da Alvorada de onde a Luz de Vênus-Lúcifer se ergue das Trevas.

2. Depois, descendo-a em Mano Fico até o alto da testa, imagine que essa Luz é atraída dos confins do Oriente até o chacra frontal, que se abre como uma esfera de energia sobre sua testa, enquanto faz sobre ela um X e diz:

EVOHE LUCIFERA HARADEA

3. Desça o braço ao longo do corpo enquanto imagina agora a Luz descendo pelo seu corpo e se enterra no solo pelos pés. Contudo, imagine que a esfera de força, que agora desperta, está no nível do seu sexo, onde repete outro X com a Mano Fica dizendo:

EVOHE LUCIFER KARNAYNA

4. Imagine uma Luz vinda dos confins do quadrante Norte, que penetra seu ombro esquerdo, onde produz outra esfera de energia. Com seu braço direito deve agora ungir o ombro esquerdo com a Mano Fica, deixando depois repousado e cruzado sobre o peito. Enquanto faz outro X, diz:

EKO EKO KARRELYOS

5. Imagine a Luz continuando no nível do seu pescoço e criando outra esfera de Luz sobre o ombro direito. Cruzando agora o braço esquerdo sobre o direito, faça a unção em X do ombro direito, enquanto diz:

EKO EKO BARYOLAS

6. Que os braços repousem cruzados em X sobre o peito e que ambas as mãos se abram na posição da Mano Cornuta sobre os ombros, enquanto imagina que do centro do cruzamento dos seus braços, no nível do coração, brilha intensamente a Luz da Alvorada. Vizualize dentro do coração a imagem de Cernunnos do Caldeirão de Gundstrup. Diga, então:

HARRAHYA!

Nota: se for mulher, deve inverter as Divindades do polo neurossensorial com a do polo genital e vice-versa.

O Sagrado Círculo da Natureza

VIII
O Círculo Mágico

O Círculo da Bruxaria – Figurar o Círculo – Traçar e Talhar
A Matriz do Universo – Os Portais dos Supramundos
A Lua e o Sol – Os Três Mundos

Eu penso que os ritos podem ter incluído uma circunvolução à volta de um ponto ou altar central, que incluía uma forma dramática de Morte e Ressurreição ou Regeneração, ou uma visita ao mundo subterrâneo e um pacto de aliança com o Deus da Morte e do Que Está Além da Morte...

Gerald Gardner (1884-1964)

No centro da clareira havia um carvalho. Os camponeses da vizinhança, que não se atreviam a entrar no bosque à noite, diziam que já estava ali antes dos seus avós e dos avós dos seus avós. Eram necessárias seis pessoas para o abraçar e, complementando sua robustez, saíam do seu tronco dois poderosos braços que se assemelhavam a dois longos cornos. À noite, quando a Lua derrama sua luz de plenilúnio, seu tronco transforma-se deixando ver nele o rosto bem delineado de um homem de chifres com traços caprídeos que nos olhava. Durante a noite é quando as grandes árvores dos bosques acordam e mostram sua face de Deuses esquecidos e humilhados. Eu havia colocado meu corpo encostado ao seu tronco e Valquíria com sua voz doce e firme invocara em mim o Mestre da Floresta, aquele que conhece os caminhos sagrados entre os Vivos e os Mortos. Uma onda de luz desceu sobre mim e nada mais vi além de um outro mundo onde não havia nem Lua nem Sol, mas que era iluminado por uma luz que a atravessava em todas as direções como se fosse ora um eterno crepúsculo, ora uma eterna alvorada. Nesse lugar, a árvore em que me encostara era um portal. Nas florestas, as grandes árvores são à noite a morada dos guardiões que se erguem nas nossas viagens visionárias entre os mundos. Por trás deles, um mundo misterioso de seres nos espera. Sua cerimônia mais sagrada é o alimento solenemente partilhado entre espíritos que caminham na mesma jornada de evolução.

Diário de um Feiticeiro, Vale de Maceira, Portugal, 2004

O Círculo da Bruxaria

Todos os rituais do Wicca iniciam-se com a realização do Círculo Mágico. Chama-se esse ato litúrgico de "talhar o círculo", porque ele é tradicionalmente efetuado com uma faca ou adaga consagrada. Trata-se de criar um círculo à nossa volta e compor um lugar fora do espaço-tempo ou, como se costuma dizer, "entre os mundos". Nos tempos primordiais, o templo era circular como a sala circular do Sidh em New Grange, os *oppidum* e *cromlechs* de observação solar e lunar ou o Tholos de Atreu em Micenas. Mas, ao contrário de todas as religiões que conservam edifícios especiais de pedra para o exercício dos seus rituais, os bruxos e bruxas do Wicca têm sempre de criar e instalar seu espaço sagrado "ab initio", isto é, sempre que iniciam suas celebrações, embora prefiram lugares onde a natureza esteja menos adulterada pela ação humana. A prática de talhar o círculo em cada celebração mágico-religiosa tem sua origem na prática dos grimórios de Magia medieval e renascentista, em que se desenhava a giz ou carvão sobre o solo o círculo das invocações, enquanto se recitavam orações de exorcismo. Mas esse ato é, também, um ressurgimento de lembranças arcaicas do tempo em que os arúspices etruscos e os sacerdotes sumérios delimitavam seu templo em forma circular, à imagem e semelhança do Cosmos. A palavra templo na sua origem latina de *templum*, isto é, espaço, veio da palavra "temno" que no grego e latim também quer dizer cortar, talhar, delimitar e dividir o espaço. Por isso, usamos ainda hoje a expressão "talhar o círculo" e o fazemos com uma lâmina de ferro de uma faca ou espada. O equivalente grego desse espaço sagrado é o *téménos* e o gaulês *németon*, a clareira onde se encontrava o outeiro sagrado, *omphalos* e centro sagrado do mundo. Essa necessidade de delimitar o espaço e torná-lo sagrado, reatualizando o *centro do mundo*, sempre que este se prepara para ritual, confere uma flexibilidade ao sistema wiccaniano que nenhuma religião ou sistema mágico até aqui tinha alcançado. A flexibilidade de, em qualquer momento e lugar, poder transfigurar o espaço profano em espaço sagrado e o Caos em Cosmos. Isso só é possível porque o wiccan reconhece que qualquer lugar é sagrado. O ato de talhar o Círculo Mágico é, então, apenas um ato de reintegrar o Cosmos na Natureza, relembrar sua essência sagrada!

Há uma outra função subentendida na prática do Círculo Wiccaniano: a da possibilidade do Passado e do Futuro se reencontrarem no Eterno Presente do Círculo Mágico. Pela sua configuração circular, que se cria investindo o corpo em um movimento rotativo ritualizado, sincronizado com ritmos respiratórios e visualizações especiais, o wiccan desencadeia o desabrochamento da intemporalidade. Talhar o círculo, todas as vezes que se quer comunicar com o mundo suprassensível, permite que o wiccan se alinhe com o Cosmos que o rodeia e, assim, reforce seus elos íntimos com a grande rede de vida universal. Uma das características relevantes do Círculo Mágico é sua implicação psicológica! Traçá-lo ou desenhá-lo no ar, como é costume entre os wiccans, funciona como uma *gestalt* geometrizada no espaço que rememora nosso passado de imersão no ventre da mãe. O círculo é o primeiro ato cerimonial porque reatualiza o estado de gestação antes do nascimento! Ele é o simbólico Ventre da Grande Mãe que protege e sustém todas as coisas. Na tradição gardneriana e alexandriana, talhar o Círculo Mágico implicava a rememoração desse ato primordial, quando a Sacerdotisa declarava: "eu te conjuro, ó Círculo de Poder, para que sejas... um lugar de encontro de amor, alegria e verdade, um escudo de proteção da perversidade e do mal".

Construir um lugar onde não possamos ser observados nem censurados e onde possa surgir a alegria, o amor e a confiança entre as partes, lembra muito a experiência de dissolução no corpo da nossa mãe biológica. O que se quer restaurar pela ação do círculo ritualizado são esses laços biológicos primais, arquivados como remanescentes subliminais no âmago da nossa carne e voltar a trazê-los à consciência. Ao mesmo tempo que o fazemos, reinvestimos todas as nossas emoções em arquétipos matriarcais. Muitos dos povos antigos associavam, também, o Círculo Hierofânico aos cultos dos mortos! Na realidade, o Círculo Mágico é uma esfera ou caverna, criado segundo o modelo do antigo templo e sepulcro, antes de ser transferido ao ar livre sob a forma de cercado florestal. Foram encontrados muitos cadáveres sepultados nas turfas do norte da Dinamarca enrolados na posição fetal, sugerindo a forma circular do útero e o meio amniótico onde se processa a regeneração física para um futuro renascimento. Muitos dos gestos arcaicos de comunicação reverente com o mundo dos mortos eram de dar três vezes a volta na sepultura, um número associado ao princípio da Vida. Sepultar os cadáveres em postura fetal, em um desejo inconsciente de induzir um novo nascimento, mostra como a vida e a morte estão entrelaçadas no espírito arcaico dos povos. Esse entrelaçamento dos mundos é induzido pelo Círculo Mágico.

Vida e morte estão associadas à vivência não só do Círculo Mágico, mas também a muitos gestos mágico-agrários, que ainda hoje sobrevivem camuflados em gestos supersticiosos por trás das cerimônias simplistas do povo português. Moisés Espírito Santo declarou que os atos rituais agrários portugueses estão ligados em gestos mágico-religiosos de comunicação com o mundo dos mortos,[140] de forma que nenhum gesto de vida poderia ser religiosamente satisfatório se não implicasse a participação dos Antepassados. Uma nova geração de estudiosos da Bruxaria,[141] que surgiu na década de 1990 com estudos sobre sua prática nas zonas alpinas, balcânicas e alemãs, tem realçado que o Sabat era uma experiência extática de jornada visionária para o Mundo dos Mortos. Talhar o Círculo é reatualizar um gesto exemplar arcaico em que vida e morte estão implicitamente conectados, nem que seja pelo ato cerimonial de, ao fazê-lo, querer fazer morrer transitoriamente nosso "eu" empírico. Sem essa morte transitória do ego pelo transe, nenhum ato mágico é possível concretizar, sendo apenas teatro e autoalienação. Essa rede de vida e morte universal com que o bruxo neopagão se alinha nos seus rituais de preparação do Círculo está representado no próprio pentagrama, sob a forma dos quatro elementos e do seu quinto princípio criador. Mais uma vez o pentagrama serve de chave e súmula do nosso viver mágico-religioso. Sem ele não poderíamos medir nossos atos e viver nossa magia.

> *Síntese: O ato de criar o círculo wiccaniano chama-se "talhar o círculo". Essa expressão advém do fato de se usar uma faca para esse fim. Por esse ato, cada wiccan prepara-se para entrar em transe e comunicar-se com os Deuses. A forma do Círculo é deliberada, pois trazemo-la subliminarmente na vivência passada de gestação no ventre de nossa mãe. Da mesma forma que essa experiência de gestação antecede o nascimento no mundo terreno, ela antecede também a Iluminação, sempre que é feito o Círculo Mágico.*

Figurar o Círculo

A melhor forma de compreender a natureza do Círculo Hierofânico é praticá-lo e vivê-lo. Mas isso não significa simplesmente representar o círculo pela dramatização ritual, como vem descrito em todos os manuais populares do Wicca, mas compreendê-lo como uma metáfora que abraça a própria vida. Com seu braço estendido e os dedos indicador e anular como ponteiros, faça um círculo à sua volta. Primeiro, faça o círculo à sua volta em movimento de rotação solar, apenas

---

140. Moises Espírito Santo, idem.
141. Uma geração de historiadores como Eva Pocs, Carlo Ginzburg e Gustav Henningsen deixou um manancial de investigações que nos obrigam a reler o fenômeno da bruxaria.

para experimentar a flexibilidade e naturalidade dos movimentos. Faça quantas vezes forem necessárias, até conseguir fazer com espontaneidade e sem se atordoar. Em uma segunda fase, faça-o usando um ritmo respiratório profundo e natural, sem forçar seu fôlego. Divida o círculo em quatro partes e quatro ciclos respiratórios. Comece a norte e inspire profundamente no primeiro quarto e, depois, expire no segundo. Volte a inspirar no terceiro e expire no quarto lanço, até fechar o círculo de novo. Anote a diferença entre as duas formas de executar o Círculo e se teve uma experiência de mudança qualitativa de sua consciência. Em uma terceira fase, inclua o movimento de passo relaxado e respiração profunda abdominal cadenciada, simultaneamente, com a visualização de energia soltando-se dos dedos. Imagine que a energia é bombeada pela respiração e se solta da ponta dos dedos estendidos, desenhando uma esfera ou barreira luminosa de luz azul esbranquiçada à sua volta.

Coloque-se agora no centro do Círculo e visualize o que acabou de fazer. Mas, em vez de ver o círculo estático, imagine-o em movimento, como se fosse uma barreira de luz pulsante de vida, em movimento rotativo à sua volta. Agora medite sobre o círculo e seu significado. Medite como esse movimento circular de eterno retorno, pelo qual regressa sempre ao mesmo ponto de partida, embora em um contexto completamente novo de experiência, reflete sua própria vida! Imagine o início do círculo como a parte inicial da sua infância e vá crescendo até sua idade atual, colocando calmamente suas etapas de vida e crescimento. Ao colocar nossa vida no Círculo e ver nossa biografia espelhada nele, percebemos que nossa vida não é um movimento contínuo até a exaustão final, pela rota da maturidade e da decadência até a morte, mas uma espiral de processos de vida e morte espelhados na nossa experiência humana mais básica. Na versão sazonal anual dos Sabates, isso está retratado nos processos mitológicos de nascimento, crescimento e morte do Deus Cornudo.

Pelo Caminho do Círculo, que é um glifo do tempo em espiral e sua metamorfose, regressamos sempre ao mesmo lugar e situação arquetípica de vida. Mas quando lá chegamos trazemos um tesouro de experiências que pode nos ensinar a ver o Mistério desse encontro com um sentido completamente novo. Recordo que um dia, na minha adolescência, diante da rotina de ter de aguentar enfadonhamente todos os anos a cerimônia de Páscoa, perguntei ao meu avô por que repetíamos ano após ano a mesma coisa. Houve uma resposta que eu nunca esqueci: à medida que envelhecemos e regressamos ao mesmo lugar, ao mesmo tempo e à mesma celebração do mesmo Mistério, damos uma volta no círculo da nossa vida e trazemos uma somatória de experiências novas, onde esse Mistério e nossa Vida, revelados simbolicamente pela cerimônia de Páscoa, podem ser reinterpretadas à luz de uma nova consciência. A função desses Mistérios é desafiar-nos a compreender, em um contexto de significado mais profundo e abrangente, ver melhor a vida e o Cosmos como partes do Todo. As narrativas fantasiosas do povo e as histórias de fadas estão cheias de episódios em que bruxas e feiticeiras se fecham dentro de um Círculo Mágico para se protegerem ou se comunicarem com o Mundo dos Espíritos. Foi assim que Nimue traçou em volta de Merlin um círculo, enquanto recitava a ladainha que seu Mestre lhe ensinara, estando adormecido debaixo de um espinheiro bravo, e foi assim, também, que a princesa Sherazade traçou em volta do seu palácio um Círculo Mágico, enquanto o encantava com hieróglifos protetores, na História das Mil e Uma Noites.

> *Síntese: O Círculo não é apenas um placebo ritual e um velho talismã de proteção, mas é a metáfora da nossa própria vida, no seu percurso de crises e metamorfoses. Colocar nossa biografia nas etapas construtivas do Círculo Mágico é uma prática tradicional entre os wiccans.*

Traçar e Talhar

Para alguns fundamentalistas, traçar o Círculo Mágico com o dedo é um verdadeiro anátema. Julgo que foi Scott Cunningham o primeiro a estimular essa prática mas, na verdade, ela era habitual nos cenáculos de instrução wiccaniana. Ensinar a traçar o Círculo Mágico sem objetos consagrados é uma forma de estimular os estudantes a dependerem o menos possível de parafernália e quinquilharia ritual. Dessa forma, estimula-se a correta atitude espiritual em relação aos rituais: a atitude de que se deve confiar mais em si mesmo do que em objetos e *gadgets*. Isso propicia uma

Sanders talhando o Círculo

maior flexibilidade ritual e autonomia espiritual. A rejeição da prática do dedo na criação do Círculo Mágico é um anátema, produto mais da ignorância do que do zelo purista. Nenhum objeto tem em si poderes especiais, mesmo que esteja consagrado segundo as normas padronizadas de um "*Livro das Sombras*". A função da sua consagração é ligar a arma ritual à Egrégora do grupo, pô-lo em ressonância com o espírito regente do coventículo e a Tradição em que ele é iniciado, criando um elo de forte empatia energética entre este e o próprio executante. Há uma outra razão, menos conhecida, para a ênfase da consagração das armas rituais na Bruxaria: a de criar um Elemental para viver dentro do punho do athame. A união do espírito do Elemental e do espírito do Magister criam uma sinergia tão grande que transforma o círculo ritual em um verdadeiro templo para a Arte do Wicca.

Quando se lança o anátema da "prática do dedo" na Arte, supõe-se ser absolutamente necessário usar armas rituais, mas cujo significado esotérico muitas vezes não é esclarecido. Uma arma ritual, em primeiro lugar, retira sua fonte taumatúrgica do próprio poder do executante e, depois, do poder da Egrégora e dos Deuses de que é representante terreno. No primeiro caso, que é o caso tipicamente exotérico, o poder advém do próprio executante, da autodisciplina da sua mente e do seu corpo etérico e, nesse caso, tanto poderá criar o círculo com o dedo como com o cortador de unhas ou com o abridos de latas! O que transforma um ser comum em um Magista não é a parafernália comprada em uma loja *new age*, mas a autodisciplina da vontade e da imaginação. Não é de se estranhar que a atitude de relutância ao uso do dedo venha sobretudo de wiccans que são proprietários de lojas *new age*! Uma faca bem afiada de ferro ou aço tem, no entanto, propriedades especiais. O uso do ferro intensifica nossa capacidade para dinamizar e projetar a energia etérica, de uma maneira que a rotina do dedo não faz, pelo menos nos diletantes. Isso se deve às propriedades do magnetismo do ferro e do aço e não propriamente à sua consagração. O uso exclusivo do corpo em ritual desenvolve uma liberdade tal no Magista que o torna independente da sacrossanta quinquilharia das bruxas modernas, que pensam que, pelo fato de criarem um Círculo Mágico com uma adaga, o fazem com consistência e autenticidade. Na maior parte dos casos a ferramenta é apenas um placebo que, pelo artifício de uma arma litúrgica, introduz uma maior autoconfiança no praticante.

Uma das tarefas da Magia é desenvolver em nós uma maior autonomia e liberdade de consciência, criando uma maior autorresponsabilidade nos nossos processos de autocrescimento. Isso passa não só por uma nova concepção do guru e do mestre em matéria de ensinamento esotérico, mas também pela ênfase no desenvolvimento esotérico de métodos que nos ajudem a libertarmo-nos de dependências objetais em assuntos de espiritualidade. Uma das relações objetais persistentes no esoterismo wiccaniano é a excessiva dependência de quinquilharia litúrgica, que demonstra como o Wicca corre o risco de se tornar uma forma obsoleta de espiritualidade, baseada na crença de que são os objetos e seu uso ritual que definem o wiccan. Essa nova superstição deve-se em grande parte aos interesses e à ideologia obsoleta criada por wiccans que têm lojas *new age* e que veem com "vista grossa" o surgimento de uma espiritualidade em que flexibilidade e maturidade sejam o denominador comum à prática do Wicca. Aprender a fazer rituais sem utensílios dá uma maior maturidade psicológica e espiritual do que a dependência criada por uma relação objetualizada e supersticiosa com objetos rituais. O místico e filósofo tibetano Chygyam Trungpa chamava, por isso, a esse fenômeno moderno de subserviência ao lado material da parafernália religiosa de "materialismo espiritual".[142]

A única ferramenta essencial é nosso corpo, com suas emoções e capacidades cognitivas! Quem advoga o uso dos dois sistemas para desenvolver uma maior flexibilidade e independência no Magista e Feiticeiro Wiccaniano tem de acrescentar, também, que o dedo tem propriedades que são ignoradas daqueles que advogam o uso exclusivo do armamento mágico. Critica-se o uso do dedo no talhar do Círculo, mas a verdade é que a eficácia da Magia não depende nem do dedo nem da faca, apenas depende da estrutura energética e etérica do mago e da capacidade que tem de projetá-la em ritual. Para aqueles que não alcançaram ainda esse desenvolvimento, a eficácia também depende da faca, mas apenas porque ela é de ferro. É da sua magnetite de ferro que depende sua eficácia! Segundo o professor Yves Rocard, os magnetizadores e mesmeristas devem sua eficácia curativa à existência anormal de cristais de magnetita de ferro nos ossos dos seus dedos,[143] e julga-se, também, que a orientação das aves ao longo do seu percurso migratório se deve a agulhas de magnetita existentes no seu cérebro! Um outro fato ignorado é que nos dedos indicador e médio circulam terminações nervosas designadas na fisiologia por nervos radiais e que, segundo o esoterismo, são responsáveis pela emanação nervosa e psíquica nos atos de cura por imposição das mãos. Assim, erguer como escândalo o uso, em células de instrução wiccaniana, da prática do dedo, é mais ignorância do que rigor ritual. Nós queremos que nossos ritos sejam praticados tradicionalmente, mas sem exigir que nos sujeitemos a um espírito limitado. Liberdade e flexibilidade estão na ordem do dia cada vez mais em matéria de experimentação esotérica.

---

142. Trungpa, Chögyam. *Pratique de la Voie Tibétaine, Au-delà du Matérialisme Spirituel*. Paris: Éditions du Seuil, 1976.
143. Rocard, Yves. *Le Pendule Explorateur*. Maurecourt: Éditions ERG, 1983.

Foram as próprias circunstâncias históricas que forçaram o Wicca a libertar-se do modo tipicamente padronizado da vivência religiosa cristã para uma experiência mais espontânea e genuína. Depois do ato terrorista no Wold Trade Center, em Nova Iorque, e o atentado de 11 de Março, em Madrid, com os mecanismos de segurança no nível máximo em aeroportos de todo o mundo, torna-se completamente impossível viajar de avião e levar seu athame sem correr riscos de prisão ou, pelo menos, de admoestação. Isso não impede que não possamos praticar nossos ritos de forma tradicional quando viajamos para grandes distâncias. Gerald Gardner afirmou com grande lucidez que "a Bruxaria hoje é mais uma questão de contentar-se com o que se tem". Isso significava que o wiccan devia dispensar, quando fosse necessário, todo instrumento mágico. O que caracterizou a Bruxaria ao longo da sua história recente foi a ausência de uma fixação objetal em parafernália. Isso permitiu que ela sobrevivesse de forma silenciosa. Com dedo ou sem dedo, com athame ou sem athame, a Velha Arte, como insinua Gardner, pertence ao domínio da flexibilidade ritual. Nossas experiências espirituais dependem cada vez mais da nossa coragem em dispensarmos modos obsoletos de prática mágica. Sujeitar-se ao papel de tolo armado de quinquilharia ritual não garante por si só que estejamos praticando dignamente a Tradição Wiccaniana. A única tradição no esoterismo é a flexibilidade e a honestidade. A parafernália mágica, muitas das vezes, serve apenas como uma projeção doentia da nossa necessidade de poder e é uma sintoma de inchar o ego. Como diz nosso povo: *um burro cheio de livros parece um doutor*. Sejam livros, espadas, caldeirões, ou outra coisa qualquer a que emprestamos nosso *glamour* místico, na Magia passa-se o mesmo.

> *Síntese: Um dos anátemas no Wicca tem sido a admoestação do uso do dedo na criação do Círculo Mágico. O uso de uma arma de ferro sob a forma de uma faca ou adaga no Wicca deve-se às propriedades da magnetita de ferro. Estudos feitos com os mesmeristas que curam com as mãos vieram provar que sua eficácia podia depender apenas do alto nível de magnetita de ferro existente nas pontas dos seus dedos. Isso veio alterar o modo de se ver a cerimônia de talhar o Círculo Mágico e trazer-lhe maior flexibilidade e espontaneidade.*

A Matriz do Universo

Por si só, o Círculo Mágico só poderá representar um estado de caos e indiferenciação no Todo Universal. Pode colocar lá dentro a vida inteira, mas, se não puder perceber que o círculo é um movimento dotado de ritmos, nunca se compreenderá seu significado cosmológico! Coloque-se dentro de um círculo desenhado no chão ou visualizado no espaço e tente meditar sobre sua forma arquetípica e verá que o que obterá é muito insubstancial! É insubstancial porque um círculo significa a Totalidade, esse ápice de experiência que é incognoscível e nos escapa à nomeação. Foi Jung o primeiro a notar que, quando seus pacientes sonhavam com formas circulares, estavam próximos da cura, porque no círculo está subentendida a completa integração da complexidade humana, até aí fragmentada e alienada, em um todo funcional e criativo. Durante muito tempo, Jung desenhou círculos com lápis de cores e colocou dentro dele símbolos que lhe ocorriam na sua *rêverie* artística, depois de descobrir que a prática terapêutica do círculo era já há muito desenvolvida pelos orientais nas suas mandalas. Fazer um círculo no Wicca é estimular essa cura vivencial com o sagrado!

Na prática wiccaniana, a expressão Círculo Mágico nem deveria ser um nome apropriado para designar essa fase do ritual, porque na verdade ele é mais uma roda ou uma esfera, com um centro que o sustenta e vários raios que o movem. São esses raios que lhe introduzem a experiência do movimento rítmico, de fluxo e refluxo, segundo ritmos e cadências de vida em metamorfose. Para que um Círculo Mágico seja corretamente *traçado,* ele tem de levar em consideração seu centro. Há uma prática antiga, baseada na competição da espada-na-pedra criada por Merlin. Com uma espada cravada no solo e uma corda amarrada ao seu punho, demarque sobre o chão de terra um círculo, movendo-se rotativamente no espaço. Imagine que esse centro é o âmago do seu ser interior, o núcleo do Universo e que dele se derrama a energia divina criativa através do êmbolo com que traça o círculo. Antigamente, esse centro era um carvalho ou um menir e chamava-se na nossa tradição de Godstone, Pedra Divina. A Espada crivada em uma pedra por Merlin, a Caliburnius, para provar a origem real de Arthur, é um símbolo da reintegração no eixo celeste e marca do verdadeiro soberano-mágico, sendo a origem dessa prática ritual. Se amarrar a outra extremidade da corda ao punho do seu athame e marcar a circunferência do círculo com sua lâmina, você estará usando-a como um ferro de arado! Era assim que os soldados romanos demarcavam cerimonialmente o espaço antes de montar seu acampamento. Aqui, porém, o círculo é visto em função do seu centro. Ele foi criado a partir do núcleo simbólico e criador do Universo onde colocará, mais tarde, sua banca de altar como o Mago no Tarot. Na vida, como na Magia, tudo tem de ter um centro e a função primeira da meditação é centrarmo-nos! Encontrar um centro é encontrar um lugar dentro de si mesmo que espelhe a essência equilibrada e autossuficiente do Universo, um estado de repouso e serenidade a partir do qual brota a criação.

No centro do Círculo coloca-se muitas vezes o altar, que corresponde nas tradições arcaicas ao menir central ou monólito à volta do qual gira a roda das estações e dos mundos visíveis e invisíveis, quer nas Rodas de Medicina dos índios *Cherokee*, quer nos *Cromlechs* do Neolítico europeu. Não é um acaso que se encontre em muitos menires representações de espirais, espadas e báculos, metáfora visível desse centro soberano. Esse centro é a *matriz* fecundada pelo Sol, o princípio transpessoal da nossa personalidade, a árvore mediadora entre os mundos de cima e de baixo. Ao criar uma circunferência a partir do *seu* centro, está representando também a força dual do Universo, a interação criadora e destruidora do macho incognoscível com a fêmea geradora e reprodutora da Natureza. Simbolicamente falando, você está também introduzindo a dimensão tempo. Nos tempos arcaicos, a Lua era não só a propiciadora da fertilidade, pela sua ação germinativa sobre as *águas da vida*, mas também a Mestra do Tempo, por meio de seus ritmos anuais se determinavam os calendários sagrados.

Muitas pessoas pensam que o talhar do Círculo é apenas uma convenção mental que funcionaria como um placebo ritual. A prova do contrário é que um círculo talhado de forma correta pode ser detectado por um radiestesista. Nos meus contatos com alguns radiestesistas ingleses, recordo que John Baker, da British Society of Dowsers, me exemplificou esse estranho fenômeno. Construindo um pensamento-forma de uma linha ou Círculo Mágico dentro de uma sala ou local ao ar livre, outros radiestesistas, ignorando esse fato, detectavam depois, com suas varas e pêndulos, a presença de uma linha de energia que comparavam às linhas ley ou às linhas de água. Muitas linhas ley apareceram naturalmente ligando vários círculos mágicos na Inglaterra, criando um efeito de ressonância em rede entre vários *covens* de Bruxaria Tradicional. Hoje não se sabe se os dólmens, menires e mamoas foram construídos propositadamente sobre linhas de energia ou se sua construção atraiu essas linhas para o local. Parece que centros sagrados construídos e criados corretamente sob o ponto de vista mágico têm o efeito de atrair esses tipos de linhas etéricas que se ligam ao sistema nervoso da Terra e do Cosmos.

> *Síntese: O Círculo Mágico é visto em função de dois termos e conceitos: o centro e a circunferência. Do centro irradia a energia transpessoal da nossa personalidade e como macho ela fecunda a*

matéria envolvente da circunferência. No círculo está sempre presente esta polaridade: o macho solar e a fêmea lunar, abarcando com sua forma inchada e circular do Círculo Mágico todos os processos de vida. Pelo círculo demonstra-se que tudo surge da polaridade.

Os Portais dos Supramundos

Para que o Círculo Mágico funcione como um mostrador do tempo, você precisa compreendê-lo como se fosse um relógio, ou melhor, um cronômetro! Você já tem o círculo e o centro, mas precisa dos ponteiros por onde os ritmos do Cosmos possam ser observados e apreendidos como forças ritmizadoras da sua vida. Basicamente, os grandes ritmizadores dos processos de vida e de consciência da Terra são a Lua e o Sol. Se olhar por onde ambos entram dentro do Círculo, no momento do Equinócio da Primavera, você tem o primeiro elemento do cronômetro mágico. É pelo Oriente que um e outro entram na esfera da Terra e da nossa consciência. Isso tem um significado muito importante para todos os wiccans, da mesma maneira que tiveram para os antigos construtores de templos pagãos e de catedrais cristãs. É por esse referente geocêntrico que as forças da Lua entram dentro da esfera humana, isto é, por esse lugar nós podemos acessar a visão luminosa e clarividente de um remoto passado onde nossos ritos bebem sua força de fecundação e autoiluminação. É a Lua que anuncia tudo isso quando se ergue cheia no horizonte oriental e, depois, declina no Ocidente. Ela traz das profundezas noturnas da Terra e do ser humano as memórias de um passado distante e arcaico.

Essa linha do horizonte, que vai de Leste a Oeste, é a Linha das Transformações Exteriores, dos impulsos para a materialização e desmaterialização desencadeados pelas forças etéricas. É também por essa janela da Terra que o Zodíaco se ergue e se move, como se esse ponto tivesse sido escolhido pelo Cosmos, para entrar dentro da esfera terrena da nossa existência. Nós o chamamos, por isso, de Círculo Terrestre da Arte, como se fosse uma roda de oleiro onde transformamos a matéria argilosa da nossa vida terrena e recriamos nosso mundo. No quadrante oriental, as forças de vida intensificam-se e expandem-se sobre a esfera de vida e, no simétrico quadrante ocidental, elas declinam e retraem-se na esfera de consciência. É por esses lugares simbólicos, esses vigias, como dizemos, que vemos e recebemos os impulsos de vida e consciência. Da mesma maneira que vemos o Círculo como um processo dinâmico e mutável ao redor de um centro estável, em uma lógica de pura polaridade, então com certeza deve haver em qualquer lado do Cosmos e do nosso Círculo uma linha imutável como sua simetria polar.

Se abrirmos os braços em cruz, unindo o Leste ao Oeste, e olharmos para o Norte à noite, encontraremos um ponto fixo no céu, ao redor do qual giram todas as estrelas e em volta do qual o céu inteiro parece circundar. Antes nós descobrimos o eixo diurno e, agora, vamos descobrir o eixo noturno. Mais uma vez, nós usamos a polaridade! Esse ponto imutável da noite é a Estrela Polar, um ponto estelar na constelação da Ursa Menor que está aninhada dentro da constelação do Dragão, que a circunda. Esse ponto é o Eixo Imutável do Círculo. Ligando-se ao ponto Sul, na extremidade oposta, ele cria a Linha das Mudanças Interiores, com suas intensidades de luz e treva entre o nadir e o zênite, o inconsciente e o supraconsciente, o ponto máximo de treva e o ponto máximo de luz. É nesses pontos que se demarcam os solstícios a norte e a sul do Círculo, em Capricórnio e no Caranguejo, que segundo muitas tradições antigas são os lugares onde "nascem" e "morrem" os Deuses da Natureza. Temos, assim, ao nosso redor, quatro vigias como se fossem quatro janelas dentro da esfera da nossa psique e da aura terrestre. Por essas aberturas, a Alma do Magister e a Alma da Terra alinham-se com os movimentos de ascensão e declínio helíaco das estrelas, como grandes impulsionadores cósmicos da vida e da consciência terrestre e humana. Na realidade, a origem dessa prática de alinhamento do círculo com os eixos solsticiais e equinociais é muito antiga, pois os templos eram estruturas matemáticas, onde era possível observar as epifanias dos deuses-estrelas em determinadas épocas do ano. Seu equivalente grego *téménos* quer dizer precisamente isto: parte do céu a observar.

> *Síntese: O círculo só torna um perímetro mágico quando sobre ele são demarcados os pontos rítmicos de mudança e transformação da Terra e do Cosmos. Nesses pontos abrem-se os Portais por onde as Forças Cósmicas entram no rito e na consciência humana para a fecundar e iluminar.*

A Lua e o Sol

O que significa a atividade desses dois luminares dentro do nosso Cosmos terrestre e humano, para que sejam escolhidos como fatores dinamizadores do Círculo Mágico? Em primeiro lugar, devemos ter consciência de que a Tradição do Wicca é uma Tradição Lunar, de prevalência noturna e feminina. Se os adeptos da corrente solar fazem seus ritos durante o dia, alinhando-se com o eixo equinocial Leste-Oeste, nós fazemos durante a noite, alinhando-nos com o eixo solsticial Norte-Sul, porque é durante a noite que percebemos a Lua como nossa guardiã e guia espiritual. Mas a Lua em si mesma tem uma feliz particularidade: seus ritmos energéticos, tal como são visíveis da Terra, dependem da sua relação com a Terra e o Sol. Em primeiro lugar, sua luminosidade é luz solar transformada pelo seu corpo estelar. Por isso, o Sol terá de ser representado sempre dentro do nosso Círculo! Se pela luz do Sol vemos todo o universo visível com o mínimo detalhe e particularidade, ampliando nossa consciência esquematista e racional, então com a luz lunar todos os objetos noturnos se tornam sobretudo visíveis em três momentos privilegiados do mês: os três dias de luar da Lua Cheia. Quando os vemos na sua luz difusa, temos a percepção de que tudo está submerso e fundido em uma imensidão oceânica de natureza gestativa. Essa sensação que a luz da Lua nos dá, de mergulhar os objetos em uma difusa homogeneidade, é aquilo que chamamos hoje de percepção holística. A luz da Lua é difusa e une tudo, enquanto a luz do Sol é concentrada e divide tudo. A função da Lua é a de unificar a percepção visível e invisível e intensificar a função imaginativa da nossa alma. Entre nós, esoteristas, essa função imaginativa arcaica é a clarividência atávica.

No reino do Sol, quando ele mostra todo o esplendor luminoso da sua fase diurna, o fundo cósmico e estelar é desvanecido pela intensidade da sua luz, obrigando-nos a desenvolver a percepção objetiva do nosso mundo terreno, a olhar para onde pomos os pés, por onde caminhamos, e a polarizar e concentrar nossa visão racional, como se estivéssemos dentro de uma prisão. A luz solar cria um horizonte de percepção muito vasto, mas, para nos aproximarmos do real, ela obriga-nos a limitar o âmbito da sua luz, como uma lupa, concentrando parte da sua energia um momento de cada vez. Isso nos obriga a raciocinar e desenvolver estratégias de ação organizativa. Assim, não somos distraídos pelo fundo fascinante do céu estrelado. Mas a Lua vem ritmizar a nossa alma, libertando-a da opacidade do mundo em que o Sol nos deixou durante o dia, levando-nos a sonhar e a entregar-nos à percepção do Universo estrelado dentro da alma da Terra. É curioso que foi nos polos, onde mais de metade do ano tudo está imerso em um espesso mundo noturno, que perduraram até hoje práticas antiquíssimas de clarividência atávica através da sobrevivência histórica do Xamanismo.[144]

O Sol não é excluído dessa noite mistérica! O Sol olha-se transformado no espelho da Lua Mulher. É o Sol Negro, o Sol dos Abismos, afundado no mundo oculto dos mortos e dos nossos tropismos, das nossas

---

144. Hutton, Ronald. *Os Xamãs da Sibéria*. Vila Nova de Gaia: Estratégias Criativas, 1999.

memórias atávicas, que se revê diante da face da mulher lunar e se reconhece como Outro. Por isso, ele traz os chifres irradiantes de cervo como o antigo xamã da caverna de *Trois Frères*, em Ariège, na França. Seus raios de Sol cristalizaram-se à noite em ramagens de cervídeo, deixaram a imponderabilidade do dia, para se mineralizarem em forças noturnas e vegetalistas. Esse poder solar desceu das alturas celestes até a cabeça do feiticeiro como uma emanação de força vital, que lhe anima o cérebro e seus impulsos criativos. Quando a Lua se ergue cheia e desnudada no Oriente, no dia de Lua Cheia, bruxas e feiticeiros bradam o uivo do lobo saudando a epifania da sua Luz dentro do Círculo, como Hécate com suas tochas. Então, das profundezas da nossa carnalidade ergue-se, vindo dos abismos do Setentrião, o Sol Cervídeo, para tomá-la. Então, os homens são conquistados pelo poder frenético do tambor na grande festa do Sabat. Por isso, o altar wiccaniano está sempre dirigido ao norte, o ponto da constância e imutabilidade do Cosmos. Pela sua forma retangular de quadrado duplo horizontal, à medida exata do número de ouro, o altar é a alcova onde a Luz da Lua vem deitar para receber o Deus que, dos abismos e profundezas onde desceu, venha de novo tomá-la e iniciá-la nos velhos ritos. Norte e Leste são as duas aberturas sagradas do Círculo da Lua nas alturas e do Sol nas profundezas.

> *Síntese: Ao colocar o altar no centro do círculo, ele recebe a Luz dos Luminares que se erguem no Oriente. No dia de plenilúnio, a Luz da Lua, ao erguer-se no quadrante oriental, traz sua luminosidade para iluminar o trabalho mágico, deitando-se sobre o altar como se fosse uma cama e possa, assim, receber o Sol. Como em um atanor de alquimia, o Sol e a Lua unem-se sobre esse leito tornando-se, então, um poderoso foco de Poder.*

Os Três Mundos

O mundo em que vivemos não é apenas o mundo diário da nossa existência física. Na nossa consciência perpassam, durante o dia, múltiplos estados psíquicos, desde o estado de vigília e sonho até o estado inconsciente e cataléptico de completo sono. Entre essas fronteiras limítrofes do nosso território psíquico, mapeados pela psicanálise e a psicologia humanista, muitos outros estados também existem, como o estado de devaneio, meditação e transe profundo. Múltiplos mundos existem na nossa existência, em função dos múltiplos estados de consciência que vivemos. Os celtas acreditavam que existiam três mundos no Universo, o mundo do mar, da Terra e do céu, e os xamãs Tungus da

Sibéria pensavam também que nossa existência decorria entre três Universos. A trisquela representava para os celtas o princípio que assegurava não só a integridade triforme do Universo, como a possibilidade de circular por ele. Se compreender bem o que se expôs sobre o Sol e a Lua perceberá que, embora o Círculo da Arte tenha Quatro Quadrantes, só três deles são visíveis, como também têm Três Mundos: o Mundo Médio dos elementos e seus quadrantes e moradas terrestres; o Mundo Inferior das noites estreladas, onde impera a Lua; o Mundo Superior, onde o Sol impera como rei. Quando o bruxo wiccaniano prepara o altar a Norte, o único quadrante invisível do círculo era então, na tradição do Coventículo TerraSerpente, aí elevada a Forquilha e depositado aos seus pés o Caldeirão do Sacrifício e do Renascimento. Na verdade, esses dois ícones fundamentais, o *lingan* e a *yoni* da nossa Arte, foram sob a forma da árvore cósmica e sob a forma dos caldeirões da abundância e do renascimento, o Portal entre o Mundo Profundo abaixo do chão e o Mundo Superior nos céus, entre o Céu e o Inferno.

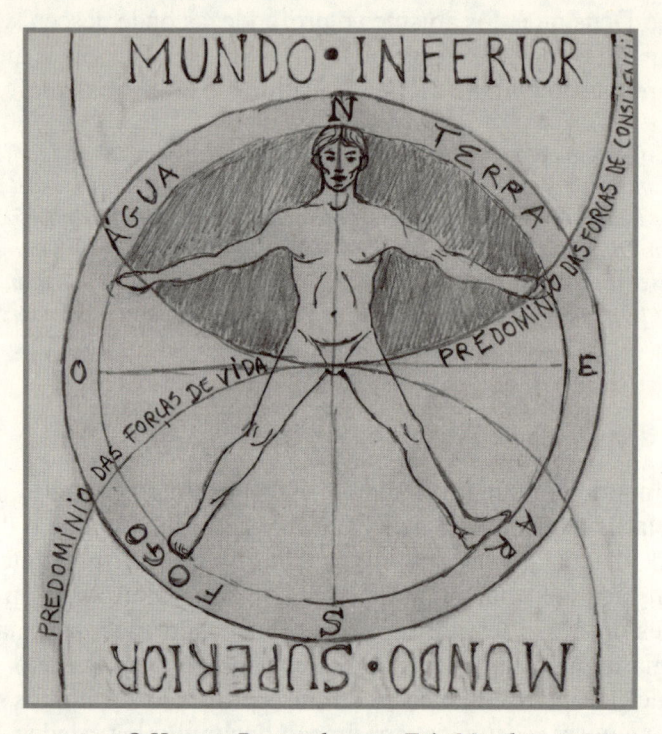

O Homem Pentacular e os Três Mundos

Os quadrantes do Círculo estão no Mundo Médio, que é esse mundo permeado pelas forças de nascimento, crescimento, decadência e extinção. Esse é o lugar de ação das forças do porvir e suas metamorfoses. Nós não trabalhamos nele, mas sobre ele, como o surfista sobre sua prancha, cavalgando as ondas cíclicas do éter. Por isso, essas forças são invocadas *fora* do Círculo da Arte, por meio das Sentinelas de Poder. Porém, o Mundo Médio não é para nós nosso mundo físico, mas sua contraparte etérica, onde pulsam as forças formativas de expansão e retração, de vida e morte. O wiccan coloca-se dentro do Círculo, nesse não lugar onde o Poder existe em estado de vibração pura. Ele contempla fora de si as forças do porvir. Nesse não lugar, a Força bifurca para o Mundo Subterrâneo ou o Mundo Superior conforme a fase ascendente ou descendente do ano, os momentos de exaltação e enfraquecimento da Lua e do Sol. André Piganiol[145] defendia que no passado remoto teriam existido duas tendências religiosas: a telúrica e a uraniana. Sobre essa dualidade votiva e cultual formaram-se correntes diferenciadas de trabalho mágico: as nômadas e pastoris, erguendo seus templos no cimo dos montes, altares ao fogo, comunicando com os pássaros e olhando para o céu, como morada transcendente dos Deuses e a agrária e sedentária, erguendo pedras e cultuando nas clareiras, de tendência telúrica, visceral e feminina. Esses dois mundos suprassensíveis são reminiscências poéticas e mágicas desse dualismo arcaico integrado em um modelo harmonioso tríplice. No Wicca de inspiração céltica e germânica admite-se a existência, além da simetria quaternária dos quatro elementos, dos Três Reinos do Céu, Terra e Subterrâneo, como no xamanismo euro-asiático.

    A existência desses Três Mundos no território da alma humana torna o sistema do Wicca mais complexo e profundo, já que os rituais lunares são executados e projetados pela visão do conciliábulo em um dos seus três reinos, à medida que o ciclo sinódico da Lua se transforma mensalmente. O que a maior parte das pessoas ignora é que essa tripartição vertical do Universo nada mais é, provavelmente, do que a projeção no espaço da tripartição arquetípica humana, paradigma esotérico que foi revelado por Rudolf Steiner e teve úteis consequências na homeopatia. A triplicidade dos mundos é isomórfica da estrutura tríplice do corpo arquetípico humano. Se olharmos para o diagrama anterior, vemos que o mundo celeste ou uraninano tem afinidades com o Sul onde dominam a Luz e o Fogo, e o mundo inferior e telúrico tem afinidades com o Norte,

---

145. Piganiol, André. *Essai sur les Origines de Rome*. Paris: E. de Boccard, 1917.

onde predomina a treva estelar. O primeiro corresponde à parte mais quente (polo matabólico) e a outra à parte mais fria do corpo (polo neurossensorial). O centro rítmico desse diagrama é a encruzilhada do círculo terrestre da Arte sob o polo genital. O Wicca desenvolve ao longo do ano uma série de oito festividades mistéricas, os Sabates, à volta das transformações de um Deus de Chifres que vai se metamorfoseando, à medida que peregrina no seu próprio processo de transformação ao longo dos Três Mundos e da roda sazonal anual, com suas estações e seus ciclos de luz e escuridão.

Síntese: O Wicca tem uma superioridade de trabalho esotérico por se fazer não só "entre os mundos" mas se basear em uma cosmologia e geografia visionária da alma, que se baseia na concepção dos Três Mundos do antigo Xamanismo Europeu. Todo o trabalho de Círculo deve iniciar-se nessa tradição, reconhecendo esses Três Mundos no espaço sagrado, alinhando nossos corpos sutis aos níveis suprassensíveis do Universo.

DE ARTE TRÊS MUNDOS ADJUNGERE
Alinhamento do trabalho mágico com os três níveis da alma terrestre e humana

Que o wiccan, antes de cada meditação e ritual, alinhe seu corpo e espírito aos Três Reinos: Celeste, Terrestre e Infernal. Neles, regem os Deuses, seus Mestres Secretos.

Abra os braços acima da sua cabeça e una as duas palmas das mãos como se segurasse o firmamento noturno e diga:

Em cima o Céu e as Estrelas
Onde rege Nossa Senhora do Luar
Abençoada seja Ela que tem na sua mão o curso
das Estrelas e da Via Láctea

Desça-os lateralmente abertos até alcançar a altura dos seus ombros, como se tocasse com eles o perímetro do círculo da Terra. Então, pare e diga:

À minha volta as Bestas dos Quatro Quadrantes da Terra
Que Elas os guardem e protejam sob a ordem dos Ventos.

Desça mais uma vez os braços até a altura dos seus genitais, como se tocasse o chão, e diga:

Embaixo a Terra Abençoada dos Ancestrais
Onde rege Nosso Senhor o Deus de Chifres
Abençoado seja Ele que os ilumina
com sua Santa Sabedoria

Dessa maneira, o wiccan fez uma afirmação ritualizada de reconhecimento dos Três Mundos na estrutura da sua Alma e no eixo do seu corpo.

Em uma segunda variante, visualize acima da sua cabeça a Lua Cheia e, quando abrir os braços acima da sua cabeça, em sua saudação, imagine que sua Luz se derrama sobre sua cabeça e dentro do seu corpo, como se seu interior fosse um recipiente.

Em seguida, em vez de saudar os quadrantes terrestres, desça os braços lateralmente até a área dos seus genitais. Saude-o como no exercício acima, mas visualize o Sol debaixo da Terra, em oposição à Lua. Sinta seus raios ardentes atravessando a crosta terrestre e entrando pelo seu corpo acima. Durante sua ascensão serpenteante, suba lateralmente os braços, abrindo-os em leque e imaginando que eles tocam o perímetro do Círculo, quando eles estão abertos horizontalmente na altura do seu coração. Declare a saudação anterior, que lhe corresponde. Finalmente, feche-os na altura do seu coração e una-os cruzados sobre o peito dizendo:

> *Onde o Deus e a Deusa se Unem*
> *Em Perpétuo Amor e Fecundidade*
> *Nasce a Fertilidade e a Sabedoria*

Que essa saudação tripla seja o princípio de todos os atos sagrados do wiccan e em todos os atos meditativos e rituais solitários.

Essa cerimônia é uma forma de polarização das duas energias primordiais no nível dos três centros da sua estrutura anímica: a cabeça, sede do pensamento; o coração, sede da emoção; o sexo, sede da vontade.

Através dessa saudação, as forças solares são trazidas, refinadas pelo filtro da Terra, até seu sexo, sede das forças vitais. Mas, polarizando a força lunar no nível da cabeça, esta pode permear o pensamento com sua vitalidade. Ao unir as duas polaridades, solar e lunar, na altura do coração, funde as duas energias nesse lugar de transmutação do sangue e do ar, de forma que elas possam se entrosar no seu corpo, da mesma maneira que o oxigênio se une ao sangue.

IX
No Reino
dos Elementais

Os Filósofos do Imaterial – O Alinhamento Elemental – O Conjuro do Círculo
A Consagração do Círculo – Norte: a Terra dos Sábios
Leste: o Ar dos Sábios – Sul: o Fogo dos Sábios – Oeste: a Água dos Sábios

Sou um inseto que perturba o cérebro do conhecimento para impedi-lo de dormir
Charles Fort (1874–1889)

Em Budapeste, quando as noites caíam muito tarde sobre o agosto quente e seco, nossos corpos ansiavam correr para os bosques que se estendiam lá ao longe nas planícies densas de arvoredo, muito para lá do lago Balatão, já na Transilvânia. Mas ficavam ali, por vezes, deitados um diante do outro, com os astros luminescentes entrando pela janela celebrando nossos desejos. Seu nome, Mnemosyne, ela o havia escolhido, como me havia confessado, em memória de uma Titã, mãe das Nove Musas e amante casual de Zeus. Mas eu achava-a mais parecida com Afrodite, com seus louros cabelos caídos em cascatas de ouro pelas suas espáduas. Sua pele branca como o coral inalava recordações de uma descendência antiga nas montanhas muito a norte, lá longe na Alemanha. Semeava perguntas insistentes e por vezes irônicas. Não que ela já não soubesse suas respostas, mas porque em cada palavra minha encontrava uma espécie de via transversal para o abismo! Dizia:
– Teu conhecimento, não vai para onde toda a gente vai, meu querido feiticeiro!
Eu gostava de lhe responder com a interjeição de Charles Fort:
– Sou um "inseto", querida!
Recordo ainda as marcas do nosso absinto e das nossas lágrimas! Lembro as rugas hieroglíficas do nosso leito, que pela manhã se deleitava interpretando como

uma feiticeira inclinada sobre as folhas do chá no fundo do cálice ou as cinzas da fogueira da véspera. Dizia entre risos:
– Hoje é um dia de luz para nós! Vê como do centro da nossa noite de amor se irradiam mil e uma linhas serpenteantes como raios do Sol, quem sabe caminhos! Vamos... vamos para os Cárpatos amor, para a Montanha! Para a Transilvânia! Lá está o Sol. E está a Lua!

Diário de um Feiticeiro, Budapeste, Hungria, 1996

Os Filósofos do Imaterial

Foi o filósofo grego Empédocles que, no século V A.E.C., delineou pela primeira vez o sistema filosófico dos elementos como estrutura dinâmica da Natureza. Mas foi Aristóteles, um século depois, ao lhe atribuir qualidades físicas e sensoriais, que estabeleceu as bases da alquimia moderna. Essa inovação tornou-se incontornável no estudo da teologia herética e do hermetismo. Para os filósofos da Antiguidade, a grande questão era saber: o que determina o harmonioso processo de metamorfose da matéria? Conhecendo o segredo da sua lei cíclica de mudança, poderíamos adaptá-lo então à vida humana e desencadear mudanças positivas que trouxessem a libertação do sofrimento e da aflição da morte à humanidade. Enquanto Buda procurava, na mesma época, a solução para o sofrimento humano em uma ascese de desapego e descondicionamento psíquico, alguns filósofos gregos estavam mais interessados em transformar o ser humano através da manipulação racional das leis cíclicas da natureza. Para muitos filósofos e místicos da Antiguidade pagã, desde Buda a Platão, a questão do porvir cósmico só podia ser resolvida por meio da libertação da nossa alma da prisão da matéria e do seu ciclo obstinado de mudança, declínio e morte, dissolvendo-a em um mundo imutável e imaterial. Essa concepção radical não desmotivou muitos dos filósofos naturalistas como os alquimistas.

Uma das teorias de base para esses filósofos, cedo envolvidos com a alquimia, foi a teoria da "rotação dos elementos". Essas forças elementais, que Empédocles classificou como sendo a base do próprio processo de metamorfose da matéria, eram apreendidas como sendo de natureza suprassensível. Tratava-se daquilo que chamamos hoje no esoterismo de *forças etéricas* ou *forças formativas*, só perceptíveis à visão clarividente. Por isso, quando nos referimos aos *elementos,* designamo-los por "elementos do sábio", para realçar que não são percebidos pela percepção sensorial do homem comum, mas apenas do clarividente. Se, como Rudolf Steiner, pensarmos que muitos desses filósofos buscavam explicações racionais para fenômenos observáveis apenas à clarividência suprassensível, então podemos entender até que ponto é ainda hoje tão difícil para o homem moderno, permeado pela dúvida cartesiana e seus preconceitos científicos, compreender o papel e a natureza dos "quatro elementos". Em uma época em que se sentia que a clarividência instintiva dos povos estava se desfazendo, muitos místicos e sábios achavam que era necessário deixar às gerações futuras sua visão do mundo imaterial, sob a forma de princípios simbólicos e cosmológicos. A possibilidade de encontrar o caminho para os reinos suprassensíveis tornava-se, assim, possível para as gerações futuras.

O centro da filosofia hermética dos "quatro elementos", que veio a tornar-se fundamental para os esoteristas desde a Idade Média, baseia-se na existência de quatro forças suprassensíveis, "Terra", "Água", "Ar" e "Fogo" que, ao entrarem em uma relação dinâmica entre si, criam o caldo da matéria nas suas múltiplas formas de vida e consciência. Não se deve confundir esses "quatro elementos dos sábios" com as quatro forças da matéria dos físicos atuais. A forma da sua interação não é desordenada! Na opinião dos filósofos hermetistas, ela segue um processo de metamorfose conhecido por "rotação dos elementos". Os elementos entram em rotação e movimento criativo, da mesma forma que nós fazemos com a rotação de um medicamento biodinâmico, ilustrado em muitas das operações da física antiga. O que nos interessa realçar é que esse processo rotativo de transformação da matéria, por intervenção dos "elementos etéricos", foi desde muito cedo assimilado à prática wiccaniana por Gerald Gardner, garantindo ao iniciado a vivência de um processo rotativo da sua própria alma, capaz de desencadear várias transformações psíquicas.

Seu uso no Wicca vem possivelmente das práticas da Maçonaria, onde os quatro elementos estão presentes durante a fase de Iniciação do candidato e também da Golden Dawn com seu célebre Ritual do Pentagrama Menor, que veio a influenciar todas as práticas mágicas modernas. Isso significa que, sob o ponto de vista do Wicca, sempre que fazemos o Círculo Mágico e o alinhamos com o processo rotativo dos elementos, estamos estimulando processos de metamorfose iniciática dentro da alma dos seus praticantes. Mas a eficácia desse alinhamento depende do grau de consciência que se tem dos elos biopsíquicos com o mundo da Natureza e da sua percepção como forças ativas dentro da sua alma. A rotação dos elementos dentro do Vaso do Círculo tem a mesma função que a rotação de uma poção medicamentosa, como ilustra a lenda do caldeirão de Cerridwen: dinamizar a substância da alma humana a ponto de alterar a qualidade da sua consciência. Daí todos os wiccans praticarem exercícios meditativos e rituais para estimularem essas partes elementais da sua natureza, que estão subdesenvolvidas devido à repressão que a sociedade e a religião exerceram sobre elas.

> *Síntese: Os elementos usados no Wicca são forças suprassensíveis não acessíveis à percepção sensorial nem à argumentação lógica, sendo um remanescente da época em que a clarividência instintiva ainda existia nos povos europeus. Pela interação dos elementos, pela Lei Rotativa Ritual, eles desencadeiam mudanças na estrutura da nossa vida e da nossa alma.*

O Alinhamento Elemental

A palavra alinhamento significa "pôr em linha", "em cadeia". Trata-se de um exercício meditativo e ritual em que o wiccan coadjuva solenemente a transmutação dos elementos dentro do Círculo da Arte, como se ele fosse o caldeirão mágico de que falam as lendas célticas. Por esse processo, provoca um efeito de reação em cadeia na sua psique, de forma a dinamizar as forças elementais dentro da sua personalidade e do seu ritual. A questão do alinhamento elemental foi desenvolvida no campo da psicoterapia e da astrologia curativa por influência da psicologia junguiana e da psicologia humanista. Astrólogos de formação psicológica, como Stephen Arroyo, deram-lhe muita importância na sua prática terapêutica. Foi, no entanto, a escola de wiccans envolvidos na psicologia, como Vivianne e Chris Crowley, que lhe deram uma grande atenção como método de preparação do candidato wiccaniano. A história desse alinhamento vem desde quando Aristóteles ensinou a Alexandre, o Grande, a teoria dos elementos! Rudolf Steiner descreve esse momento com sua prosa de autor clarividente, que não resisto a reproduzir aqui:

> *Alexandre conheceu através de Aristóteles que, aquilo que vive no mundo externo como elemento terrestre, aquoso, aéreo e ígneo, vivia também no interior do homem, por causa disso o homem constitui um verdadeiro microcosmo; como nos seus ossos lateja o elemento terra e como o aquoso atua na sua circulação sanguínea e em todos os seus líquidos e jogos vitais, assim o elemento aéreo trabalha na sua respiração, no seu impulso respiratório e na palavra, e também, finalmente, o elemento fogo vive nos seus pensamentos. Dessa maneira, Alexandre experimentava-se a si mesmo vivendo nos elementos do mundo.*[146]

---

146. Steiner, Rudolf. *La Historia Universal a la Luz da la Antroposofia y como fundamento para conocer al Espírito Humano.* (conferência de 27-12-1923). Madrid: Editorial Rudolf Steiner.

A origem do alinhamento ritual dos elementos é encontrada, no entanto, em uma fonte para nós mais fascinante: na história de Merlin. Em um dos textos mais antigos relatando a vida de Merlin, a *Vita Merlini,* de Geoffrey de Monmouth, escrito em latim por volta de 1150, muitos anos antes das infelizes deformações literárias do seu mito por Robert de Boron, nós encontramos uma descrição dos elementos ainda atual para nós:

> *Entretanto Taliesin veio ver Merlin, o profeta que o tinha enviado para saber que vento e tempestade estavam chegando, porque ambos estavam aproximando-se e as nuvens estavam enfraquecendo-se. Ele descreveu as seguintes instruções sob a inspiração de Minerva, sua associada: do nada o Criador do mundo produziu os quatro elementos, para que fossem a causa primeira, assim como o material para criar todas as coisas, quando elas se juntassem em harmonia: o céu, que ele adornou de estrelas e que colocou no alto e que tudo abraça, como uma concha à volta de uma noz; depois ele fez o ar, pronto para formar o som, através do qual dia e noite nos mostram as estrelas; fez depois o mar, que circunda a Terra em quatro círculos e que, com sua poderosa fluidez, bate o ar, gerando os ventos, que são ditos serem quatro em número. Como fundação, ele colocou a Terra, ficando de pé pela sua própria força e sem movimento e que é dividida em cinco partes, e cujo centro não é habitável por causa do seu calor...*

Quando criamos o Círculo Mágico, a primeira coisa que temos de fazer é alinhá-lo pelos eixos diurnos e noturnos do Cosmos. Esses quatro eixos são duas correntes de força: uma feminina, que se move em rotação de Oeste a Leste através do quadrante norte, abraçando a Água e a Terra e a fase noturna do ano, e uma masculina, de Leste a Oeste através do quadrante sul, abarcando o Ar e o Fogo e a fase diurna do ano. Esses quatro eixos cruzam-se no centro do círculo, formando uma cruz orbicular, cifra da transmutação elemental. Se você for ver onde o Sol se levanta ao romper da Primavera, terá uma ideia de onde se situa o eixo leste-oeste, já que o leste se encontra diante de você e o oeste atrás de você, em uma posição simétrica que poderá verificar na hora do crepúsculo. Dessa forma, você alinhou-se com o eixo equinocial, por onde entra e sai a Luz dos Luminares. Porém, para encontrar o eixo noturno, bastará procurar à noite a posição da estrela polar e determinar por simetria a posição do sul. O que você fez foi mais uma vez usar a Polaridade na criação do Círculo e determinar os Quadrantes. Mas os quadrantes não são apenas referentes geográficos mas, sobretudo, aberturas cósmicas dentro do nosso microcosmo. Como se estivéssemos dentro de uma torre figurada pelo Círculo, através dessas quatro aberturas podemos ver as estações e as constelações sazonais, como se fossem janelas da casa fechada do nosso corpo. Podemos ver também as formas constitutivas da nossa vida cognitiva: a atividade dos sentimentos, dos pensamentos, sua ação física e a intuição.

Na tradição wiccaniana, a disposição elemental segue um critério que, à primeira vista, pode ser encarado como estranho à rotação dos elementos. Sua origem vem da tradição cabalística da emanação quádrupla dos mundos. Quando esse sistema foi sobreposto por Gardner à prática do Wicca Tradicional, ele desencadeou uma confusão sistêmica que perdura até hoje. É que o sistema mencionado foi desenhado para ser utilizado, começando a preparação do Círculo a partir do Leste, sendo a trajetória do círculo elemental um reflexo da descida e densificação do espírito na matéria, desde Atziluth até Assiah, fazendo um percurso de gradual encarnação: vindo de Ar, Fogo, Água até a Terra. Conjurando o círculo a partir do leste, segundo o modelo cabalístico, esse sistema funciona muito bem, mas para quem o faz a partir do norte, como os wiccans, pode parecer confuso.

Quadrantes	*Elementos*	*Mundos*
Leste	Ar	Atziluth
Sul	Fogo	Briah
Oeste	Água	Iatzirah
Norte	Terra	Assiah

É a partir da terra elemental do quadrante norte que se inicia a preparação do Círculo Mágico no Wicca. Na Magia Cerimonial, existem dois tipos fundamentais de sistemas elementais: o sistema zodiacal ou cosmocêntrico e o sistema telúrico ou geocêntrico. Quando nos debatemos com a aparente contradição do sistema de conjuro elemental do círculo wiccaniano, é comum seus Mestres dizerem, como me aconteceu um dia distante, na minha aprendizagem, que a disposição dos elementos no círculo são dependentes *apenas* da essência e da forma como sopram os ventos nos quadrantes da Terra. Dessa maneira, as forças elementais são emanações físicas dos ventos fluídicos, veículo dos impulsos espirituais, cuja fonte é o divino incognoscível. Essa ideia veio das leituras de Aristóteles e do seu ensino filosófico e esotérico a Alexandre, o Grande. Rudolf Steiner, uma vez mais, conta-nos como isso aconteceu:

O discípulo de Aristóteles apontou o noroeste e disse: sinto que dali atuam sobre a Terra os espíritos da Água. Imediatamente assinalou para sudoeste dizendo: dali, sinto vindo os espíritos do Ar. Ao assinalar o nordeste, captou os espíritos da Terra que se aproximaram flutuando; apontou o sudeste na direção da Índia e percebeu os espíritos do Fogo aproximando-se e movendo-se na sua direção.

Alexandre, o Grande, sentiu a ação das forças elementais pela maneira como os ventos sopravam no lugar onde estava no momento. É assim que o wiccan deve também situar os elementos do seu círculo de trabalho. Em um dia remoto da minha vida, quando coloquei à minha Mestra a questão dos elementos e seus quadrantes, ela disse-me assim:

Eles estão nos lugares de onde sopram os ventos; na tua terra, os ventos sopram de maneira muito semelhante à da minha terra, aqui no sul da Inglaterra.

Se o vento for frio e seco, ele tem tendência a soprar do Norte e suas características encaixam-se na definição da Terra Elemental, como habitando o norte e sendo frio e seco; se o vento for quente e úmido, ele vem do Leste, e suas características encaixam-se na definição do Ar Elemental; quando ele sopra seco e quente, vem do Sul e suas características encaixam-se na definição do Fogo Elemental; finalmente, quando ele arfa frio e úmido, vem ondulando a partir do Oeste e suas características encaixam-se na definição da Água Elemental.[147] Isso significa que o que determina a disposição dos Elementos do Sábio no Círculo do Wicca não é um modelo padronizado e petrificado de disposição elemental, aplicado sob forma de catecismo, mas um sistema vivo que se determina, a partir dos pontos de onde sopram os Ventos. A posição dos Espíritos dos Elementais não é, então, um credo dogmático, mas o resultado da pura percepção das forças etéricas do lugar.

Preparar o Círculo é para o wiccan um método *vivo*, em que a disposição das forças elementais é meramente tópica, isto é, dependente da estrutura físico-etérica do lugar de trabalho mágico. O Wicca é uma prática mágico-religiosa que se baseia no alinhamento do espaço da alma com o espaço das forças formativas da Terra. Seria absurdo que se colocasse a Terra Elemental, por exemplo, em um lugar de onde sopram ventos com as características de outros elementos. Embora o wiccan conserve o sistema tradicional elemental usado na Magia de salão do

---

147. Lascariz, Gilberto. *O Novo Aeon Mágico*. Porto. Projecto Karnayna, 2002. Disponível na web: http://www. projectokarnayna.com/textos-esotericos/aeon.

século XIX pela Golden Dawn, esboçado para ser conjurado a partir do Leste, o wiccan moderno tem tendência a trabalhar a partir do Norte. Foi Aleister Crowley o primeiro a transformar o Norte no ponto mais sagrado do horizonte do Círculo Mágico nos seus ritos telêmicos, para grande escândalo dos seus compatriotas magistas, e Gardner seguiu-lhe mais tarde as pegadas. O Norte é para nós o ponto de maior constância e silêncio do Círculo Terrestre da Arte. Por isso, antes de começar a talhar o círculo, o wiccan norteia em silêncio sua consciência na direção setentrional. Então, entra em comunhão com os Antepassados da Arte aí sepultados, unipolariza e reorienta sua consciência e, por fim, inicia em silêncio seu movimento de talhamento do círculo. Quando ele chega ao ponto leste começa *realmente* a conjurar o Círculo, porque esse lugar é o lugar onde a palavra se fez verbo criativo e onde o verbo se faz vida.[148]

> *Síntese: O alinhamento do Círculo Mágico visa a ordenar os quadrantes da Terra com o Cosmos e a estrutura arquetípica da alma humana. Só com esses três níveis ajustados, alinhados e em ressonância, pode-se praticar o trabalho mágico.*

O Conjuro do Círculo

São muitas as versões construídas pelos wiccans ecléticos para o conjuro do Círculo. Isso não tem nada de herético, ao contrário do que pensam alguns tradicionalistas. Gardner diz no seu *Livro das Sombras*: "*as palavras pouco interessam, o que interessam são as ideias*". A versão tradicional wiccaniana, que conhecemos hoje, foi copiada da *Clavícula de Salomão*! Com a faca sagrada, o bruxo colocava-se diante do quadrante norte, portal sagrado dos Ancestrais e eixo do polo terrestre, e em silêncio comungava com os Antepassados da Arte. É assim que ainda hoje se faz entre nós! Em silêncio, começava depois a mover-se com a faca apontada na direção do solo sagrado e, quando chegava ao ponto leste, declarava com voz solene:

> *Eu te conjuro, Ó Círculo de Poder,*
> *Para que sejas uma fronteira entre o mundo dos homens e o reino dos espíritos poderosos;*

---

148. Em termos cabalísticos, diríamos que, ao sintonizar-se com o Norte, onde gira o Polo do Universo, o wiccan entra em sintonia com a esfera invisível de Daath na Árvore da Vida, que é um outro símbolo do mesmo polo, e começa a descer ao longo da árvore até a substância da vida terrestre. Em termos práticos, significa que esse talhar do Círculo é um processo descendente do Poder da Vida e da Consciência no lugar preparado do Círculo. É um processo vertical de força projetado na superfície horizontal do território demarcado do templo.

*Sejas um lugar de encontro de amor, alegria e verdade
E um escudo contra toda a maldade e iniquidade;
Sê um baluarte que possa proteger e guardar,
Todo o Poder que dentro de ti se irá levantar.
Por isso, eu aqui te abençoo e te consagro,
Em nome de Cernunnos e Cerrydwen.*[149]

Essa fórmula tem uma estrutura singular! Como o Círculo Mágico, ela é também estruturada em quatro valores essenciais, aos quais se pode atribuir uma propriedade elemental:

Ar: "... Para que sejas uma fronteira entre o mundo dos homens e o reino dos espíritos poderosos". O Quadrante Ar do Sábio nasce na alvorada, separando-se das trevas e dos pesadelos da noite e expandindo os horizontes da nossa percepção.

Água: "... Sejas um lugar de encontro de amor, alegria e verdade". Toda água implica um estado de dissolução e homogeneidade, símbolo do amor que une e funde os seres em um estado voluptuoso de alegria e êxtase.

Terra: "... E um escudo de proteção contra toda a maldade e iniquidade". A densidade e dureza da terra permitem que ela seja usada como força de proteção. Assim como a terra se nutre dos detritos que ela depois recicla e regenera, assim também o círculo se nutre das suas forças telúricas.

Fogo: "Sê um baluarte de proteção que possa proteger e guardar todo o poder que dentro de ti se irá levantar". O fogo garante, adicionalmente, uma maior proteção, destruindo pelo seu poder de combustão todas as forças adversas, ao mesmo tempo que ilumina o círculo e o coventículo.

Esse Círculo de Poder, embora criado com a função de proteção contra os espíritos intrusos, que se acreditava serem atraídos pela ação taumaturga dos feiticeiros como os insetos noturnos pela luz da tenda no deserto, era colocado sob a ênfase do Amor, da Alegria e da Verdade, não de uma mera prescrição religiosa. Ele convida todos os presentes,

---

149. Versão original inglesa: "I conjure thee, O Circle of Power, that thou beest a boundary between the world of men and the realms of the Mighty Ones; a meeting place of love and joy and truth; a shield against all wickedness and evil; a rampart and protection that shall preserve and contain the power that we raise within thee. Wherefore do I bless thee, and consecrate thee, in the names of Cernunnos and Cerridwen".

visíveis e invisíveis, a se unirem sob o signo dionisíaco da Alegria e do Amor para que a Verdade seja transparente entre os mundos e entre todos os seres.

O Círculo realça, também, sua função de vaso alquímico onde o poder, aflorado pela interação dos mundos, possa ser aí acumulado, como o caldeirão lendário onde se operam as várias transmutações do ser humano e da própria matéria, seja o caldeirão do ferreiro Caim, o Patrono das feiticeiras Toscanas, ou o caldeirão das poções de Cerridwen nas tradições céltico-irlandesas. É meditando sobre esses supostos marcos do Círculo que lhe conferimos autenticidade.

A mais antiga conjuração e consagração do Círculo Mágico que conhecemos encontra-se nas tabletes assírias da biblioteca de Assurbanipal. Trata-se do *Surpu*, o mais antigo texto referente à prática do Círculo Mágico! Aí encontramos referenciado o círculo como uma barreira protetora de comunicação com o mundo invisível, e muitos wiccans têm usado partes dessa invocação em virtude da sua antiguidade e da carga astral que encontramos por trás dela.

Ban! Ban!
Barreira que ninguém pode passar,
Barreira dos Deuses que ninguém pode quebrar,
Barreira do Céu e da Terra que ninguém pode mudar,
Que ninguém pode anular,
Que nem Deus nem Homem podem deixar...

Esse trecho tem servido de base a várias criações rituais de conjuros pelos wiccans. Eis dois conjuros do Círculo usado no Projecto Karnayna e nos Círculos da Arte sob sua administração:

Versão 1

Eu te crio e conjuro, Círculo Sagrado
Pelo Poder do Ventre e da Semente
E o Poder dos Cornos e da Serpente
Eu aqui te conjuro como antigamente
Para que o Poder que aqui venha a ser criado
Seja por ti protegido e guardado
Por isso és benzido e abençoado
E por mim selado e amarrado.
E por Karnayna e Haradia consagrado.

Versão 2

Eu te conjuro, ó Criatura Antiga do Círculo;
Círculo dos Deuses que ninguém pode quebrar;

Círculo Sagrado que ninguém pode passar;
Círculo do Céu e da Terra que ninguém pode derrubar;
É teu dever aqui Proteger e Guardar
Todo o Poder que dentro de ti viremos a criar.
Sejas Tu por mim aqui firmado, benzido e amarrado,
E por Karnayna e Herodias consagrado.

Síntese: O Conjuro do Círculo é um Cântico de Poder lançado no espaço para separar o mundo profano do mundo sagrado. O que singulariza a prática wiccaniana diante da Magia Cerimonial é a ênfase que ela coloca no amor, alegria e verdade, como sendo a essência do Círculo e de todo o trabalho mágico.

A Consagração do Círculo

É dentro do círculo talhado que se deve purificar e consagrar o espaço delimitado cerimonialmente. Pela expressão purificar apenas pretendemos dizer que este terá de ser esterilizado, como acontece em uma sala de operações antes de uma cirurgia. Nosso ego experimentará gradualmente dentro dele a dissolução das suas barreiras cognitivas e abrir-se-á a uma experiência de clarividência, onde o Mundo dos Deuses e os Espíritos Tutelares da Arte entrarão no território humano. Por isso, é necessário retirar todo tipo de impurezas, que de outra maneira interfeririam no processo de ampliação da consciência. Chama-se a essa experiência "estar entre os mundos". Em muitas das liturgias religiosas isso é preparado pelo ato de aspersão e defumação ritual do espaço delimitado. Nesse ato estão envolvidas as substâncias dos Quatro Elementos da seguinte forma:

- Pela *aspersão* estão envolvidas a Terra e a Água Elementais, pelo uso da água e do sal consagrados;
- Pela *defumação* estão envolvidos o Ar e o Fogo Elementais, pela combustão e fumaça aromática.

Era assim que se consagrava o espaço nas tribos recônditas do mundo circumpolar da Eurásia entre as tribos Tungus, mas essa experiência sobreviveu em muitas culturas religiosas primitivas e modernas até hoje. O uso da *água benta* foi facilmente apropriado pelos cristãos a partir dos ritos pagãos da Antiguidade, mas nos séculos XVI e XVII as bruxas reapropriaram-se dele, usando-o nas suas cerimônias privadas. A origem do uso da água bendita no Wicca foi inspirada, no entanto, nas *Clavículas de Salomão* e usado nos seus ritos de preparação do Círculo, com uma diferença: na sua preparação, era usada uma faca consagrada chamada athame ou *arthame*, cuja origem se perde nos ritos sacrificiais primitivos.

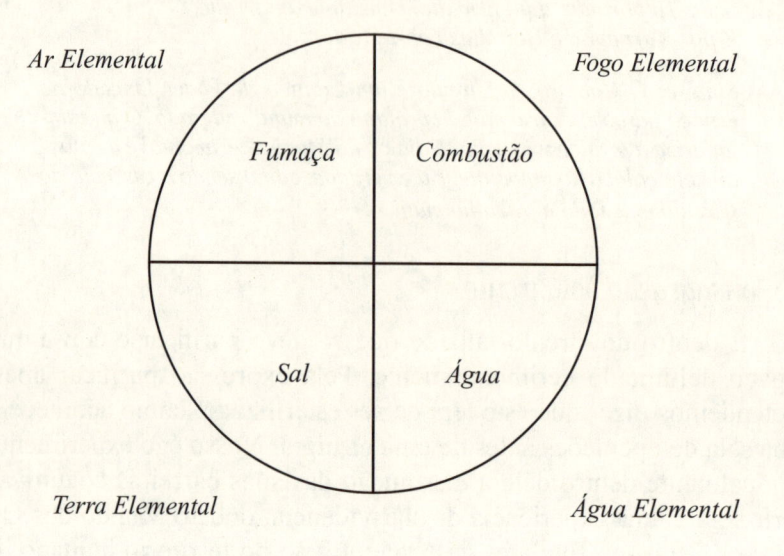

```
        Ar Elemental                    Fogo Elemental

                    Fumaça   Combustão


                      Sal      Água

        Terra Elemental                 Água Elemental
```

Muitos céticos têm posto em dúvida, também, a eficácia da água abençoada, considerando-a apenas uma convenção ritual que age pelo simbolismo da sua função purificatória. Na realidade, a água possui uma das mais bizarras estruturas moleculares que lhe permite reter a informação e memória com que seja carregada.[150] Sua forma curvada, anormal no mundo da natureza, deve-se ao fato de os seus três átomos, dois de hidrogênio e um de oxigênio, não constituírem uma linha direita, como é normal, dobrando-se em um ângulo com cerca de 140°. Porém seu ângulo pode mudar e, dessa forma, ter uma maleabilidade que lhe permite ter uma multiplicidade de formas, como acontece com os flocos de neve. Experiências feitas em várias universidades americanas com diferentes exemplares de água, como a água da fonte e a água benta, demonstraram que esta última apresentava o maior ângulo molecular possível, alcançando um índice superior a 20%.[151] Esse efeito da bênção sobre o ângulo molecular da água e sua irradiação demonstrou que ela podia transportar consigo informações e codificações não físicas.

---

150. Watson, Lyall. *Supernature*. Hodder and Stoughton, 1973.
151. Graves, Tom. *Agulhas de Pedra, Acupuntura da Terra*, Editora Zéfiro, 2005.

A lógica do uso do cálice e da faca litúrgica advém da crença primitiva de que a polaridade deve intervir sempre nos ritos de Bruxaria como símbolo da Polaridade Divina Universal, representada nesse momento pelo Sacerdote e Sacerdotisa do coventículo, interagindo entre si de forma solene. Com o cálice deposto sobre o Pantáculo, a água é exorcizada de todas as suas impurezas físicas e etéricas. Depois, colocando o sal sobre o pantáculo, este é abençoado. A água é exorcizada e o sal é abençoado, porque ele já é puro por natureza. Exorcizada a água e abençoado o sal, são depois unidos em um ato que representa a união cósmica da Terra e da Lua, de forma que o Princípio Feminino se complete na sua natureza.

Consagração da Água e do Sal
(Versão do Projecto Karnayna)

Água

O cálice está cheio de água e deposto sobre o pantáculo. Segurando o athame a Alta-Sacerdotisa exorciza-a traçando o Pentagrama de Esconjuro de Água enquanto clama em voz alta:

> *Eu te exorcizo, criatura da água, que vives nas fontes e nos rios, na bruma e no sangue, para que de ti sejam expulsas todas as impurezas visíveis e invisíveis, e possas receber a graça do divino espírito de Nossa Senhora Habondia, tornando este círculo um lugar sagrado de amor e fertilidade. Por isso, eu te benzo e abençoo pelos potentes e sagrados nomes dos nossos Deuses Karnayna e Habondia.*

Sal

Usando a ponta do athame, o Alto Sacerdote toma três medidas de sal e deposita-as sobre o pantáculo. Depois, é abençoado com o athame, traçando o Pentagrama de Conjuro de Terra.

> *Eu te benzo e abençoo, ó criatura da Terra, tu que tens a forma bela e cristalina dos grãos e das sementes com que se fertilizam nossos campos, tu que és a mais pura entre todas as criaturas, recebe a graça do Divino Espírito de Nossa Senhora Habondia. Possas tu conservar puro este lugar em nome dos sagrados e potentes nomes dos nossos Deuses Karnayna e Habondia.*

União

O Alto Sacerdote agarra o cálice diante da Alta Sacerdotisa. Segurando o Pantáculo onde se encontra o sal consagrado, a Sacerdotisa despeja-o vagarosamente na água enquanto exclama:

Que o Sal se una à Água como a Terra à Lua, e, assim, as potentes forças do Senhor e da Senhora aqui se unam também, para conservar este lugar protegido e abençoado.

Os ritos gardnerianos são nitidamente influenciados pelo trabalho dos cenáculos de Magia cerimonial. Assim, o Círculo deve ser purificado de todas as suas impurezas sensíveis e suprassensíveis, para que possa facilmente alinhar-se com o mundo dos Deuses. Por isso, é constantemente realçado nas suas antigas fórmulas de exorcismo que o que se esconjura é o "mundo dos fantasmas"! Na tradição alexandriana, o Wicca progrediu para uma concepção mais sofisticada, ao argumentar que o que se está fazendo nesse ato é apenas elevar o nível vibratório do lugar e dos assistentes, criando o *mood* para a receptividade místico-visionária que lhe sucede. Essa inovação deve-se, provavelmente, ao fato de Sanders ter sido um bom conhecedor dos processos de Magia mediúnica.

Um segundo ato solene é o da consagração do incenso. Se no primeiro nível se pode dizer que se prepararam as condições para criar o máximo de ressonância astral do lugar, em que se vai oficiar o trabalho mágico, com os espíritos do Mundo Subterrâneo, essa segunda fase da cerimônia de preparação do Círculo criaria um estado de ressonância com o Mundo Superior. Sua função é, por isso, menos de purificação, mas de, pelo poder aromático do incenso, acentuar a sacralidade desse encontro e estimular os níveis subliminais dos participantes. Os índios *cherokee* usavam cachimbos para defumar o espaço e as bruxas portuguesas que conheci na minha infância usavam ervas aromáticas tradicionais, à base de arruda e alecrim, que circulavam sobre a casa, para libertá-la dos "maus espíritos". Pelo ato de queima e fumegação, os níveis do Fogo e Ar elementais são ativados dentro do Círculo.

Purificação e Ativação do Círculo

A Sacerdotisa toma o recipiente de água consagrada e, com o aspersório, salpica em movimento rotativo o círculo, declarando:

Que as águas das chuvas e as grandes marés oceânicas da Terra lavem e purifiquem este lugar, para que, nos unamos todos como as gotas das chuvas, sem barreiras nem formas.

O Sacerdote toma o incensário e, em movimento rotativo, incensa o círculo, enquanto declara:

> *Que as fragrâncias dos bosques e o sol resplandecente da alvorada limpem e purifiquem este lugar, para que, despertos pela sua luz e inspirados pelo vento, nos possamos unir sem barreiras nem formas.*

A Sacerdotisa toma o círio do altar e, movendo-se em rotação pelo perímetro do Círculo, invoca:

> *Este é o Fogo que dardeja e flameja através das profundezas do Universo, o Fogo que vestiu os Deuses na luminosa substância do seu Poder. Ó poderosas Sentinelas do Universo, Vós, poderosos Deuses dos espaços exteriores, Deus e Deusa da Antiga Arte do Sábio, acordai e guiai nosso caminho que é o caminho dos Deuses e dos nossos Antepassados.*

Da união dessas polaridades femininas e masculinas subjacentes aos pares elementais, surge a Luz. Por isso, o último ato de preparação do Círculo é trazer a Luz Central do altar e iluminar o Círculo, significando por esse ato solene que o Fogo Místico, simbolizado no fogo das fogueiras, onde bruxas e feiticeiros foram martirizados pelos cristãos, é lembrado como sendo a essência de transmutação de todas as coisas. Esse processo sintoniza a comunidade dos feiticeiros em uma relação mística com a corrente iniciática vinda do passado, representada pela Luz iluminada, que vem lembrar a Luz não só das fogueiras, onde nossos Antepassados da Arte foram sacrificados, mas também a Luz Astral, onde as formas dos nossos desejos e as formas arcaicas dos Deuses esperam ser carregadas pelo poder dos nossos Ritos.

> *Síntese: O trabalho mágico wiccaniano eleva-se por meio do exorcismo da água e do sal que põe a comunidade de feiticeiros em ressonância anímica com os espíritos do Mundo Subterrâneo. Depois, pela queima de substâncias aromáticas, coloca-a em uma relação de simpatia mística com os Deuses no Mundo Superior.*

Quadrante Norte: a Terra dos Sábios

Terra Elemental – Norte – Meia-Noite – Inverno – Sensação – Pantáculo – Saber

O quadrante Norte é considerado o mais escuro do Círculo da Arte, porque nem o Sol nem a Lua conseguem alcançá-lo no seu aparente movimento cíclico. Associado à estação mais escura do ano, o Inverno, é um lugar de trevas que associa ao mundo do Além e dos Mortos, onde podemos contatar nossos Antepassados e nossas memórias arcaicas. É o quadrante para onde o feiticeiro se dirige quando quer invocar os Deuses que um dia habitaram a Terra. Esse espaço suprassensível é acessível através do despertar daquelas sensações há longo tempo recalcadas pela nossa educação e socialização, sobretudo as sensações que se exaltam no prazer sexual e que nos transportam para uma experiência transitória de morte do nosso ego ou, então, pelas sensações sinestésicas desencadeadas pela dança. A terra elemental rege a esfera da sensação humana, a esfera mais rudimentar da nossa percepção, mas também onde as forças elementais assomam no seu estado mais puro. Seu instrumento litúrgico é o tambor do xamã e o Pantáculo do feiticeiro, ambos reproduzindo na sua superfície, gravados ou pintados, os sigilos das forças arcaicas que guiam e protegem o feiticeiro na sua jornada para o Outro Mundo ou por "entre os mundos". Sendo o Inverno o ponto mais escuro do Círculo Mágico é, porém, a região simbólica em que o Sol está mais próximo da Terra pela sua posição no perigeu e onde a Lua atinge seu máximo brilho anual. Por isso, ele está associado a processos de metamorfose e nascimento de um novo "eu" pelo contato intenso com os Luminares. Procure esse ponto e medite sobre as forças do passado que estruturam e limitam seu renascimento místico e mágico. Pense, voltado para esse ponto cósmico, em que medida as forças arcaicas podem ser despertadas e trazidas de novo para a substância do seu corpo. Use o tambor com batida constante e monótona e apele ao seu espírito guia ou, se não for possível, à sua imaginação mais primal.

Analogias Simbólicas: Norte – Inverno – Sensação Sinestésica – Meia-Noite – Sono – Estabilidade – Segurança – Proteção – Introspecção – Memória Arcaica – Mundo dos Mortos e do Além – Morada dos Deuses Tópicos – Antepassados – Pantáculo e Tambor.

Quadrante Leste: o Ar dos Sábios

Ar Elemental – Leste – Alvorada – Primavera – Pensamento – Athame – Querer

Mova-se serenamente do Norte para o Leste ao longo da circunferência do círculo e imagine agora que a noite e o frio do Inverno cedem espaço à aurora e, depois, ao nascimento do Sol. Veja, a seguir, a Primavera com sua germinação floral e a grande atividade de crescimento vegetal. Banhe-se nessa luz solar que lhe permite ver agora as coisas que o rodeiam com detalhe e, assim, nomeá-las e compreendê-las. Esse é o lugar sagrado dos começos no mundo material, em contraste ao quadrante norte que se referia a um impulso de começo ainda obscuro, meramente espiritual. Perceba a separação entre a treva e a luz, entre a escuridão do Inverno, que agora é deixada para trás, e a luminosidade da Primavera que se anuncia. Perceberá, então, por que muitas feiticeiras atribuem sua faca litúrgica, o athame, a esse quadrante, onde predominam as forças do pensamento que lhes permitem separar as trevas da luz e organizar o mundo. Aqui deve se sentar meditando sobre o que aprendeu até agora no mundo. Esse é o lugar onde encontrará seus alunos futuros e onde se formará como Mestre e Feiticeiro, usando sua faca litúrgica para abrir caminho na sua treva interna e, simultaneamente, embutir e detalhar a jornada da sua alma. Esse é o lugar onde o xamã procura seus cânticos para invocar seu espírito animal, o lugar onde pode crescer e se desenvolver através do pensamento mais amplo e abrangente, desenvolvendo sua consciência com o poder expansivo do Ar. Em sintonia com essa expansão e crescimento diurno, a vegetação cresce até atingir o cume luxuriante da vegetalidade, que invade agora as ramagens das copas das árvores nas alturas.

Analogias Simbólicas: Leste – Ar – Aurora – Primavera – Respiração – Pensamento – Comunicação – Crescimento – Movimento – Flexibilidade – Desprendimento – Expansão dos Limites do nosso Eu – Início de coisas novas e novas ideias – Renovação sexual – Força que arranca a vida do seu estado de inércia – Adaga – Força que quebra as resistências da matéria pesada – Pensamento – Conhecimento – Liberdade – Aprendizagem e Ensino Mágico – Mundo do Crescimento – Morada dos Deuses Mercuriais que ensinam e guiam – Athame e cantos xamânicos.

Quadrante Sul: o Fogo dos Sábios

Fogo Elemental – Sul – Meio-dia – Verão – Intuição – Vara – Ousar

Se continuar a mover-se ao longo da circunferência do círculo, mas agora em direção ao Sul, lembre-se do Sol aumentando de força nas alturas, associado aos dias que se engrandecem. Associe tudo isso à expansão da sua aprendizagem mágica e então atingirá um ápice ou zênite solar, em que tudo o que aprendeu alcançará um estado de síntese. Se unificar a sensação da terra elemental e o pensar do ar elemental vividos nos quadrantes que antes percorreu, alcançará não só uma síntese intelectual, mas um estado de êxtase e sentimento de unidade com o Cosmos, em sintonia com o mistério do Verão e seu efeito narcótico sobre nossa psique. O fogo elemental liberta nossa libido e consciência do confinamento material do corpo, na perspectiva da autotransformação. Trata-se de um quadrante associado ao universo da paixão, sobretudo a paixão criadora do artista que modela e transforma a matéria bruta, tal como faziam Lug e Hefaístos. Medite sobre o que viveu até aqui e aprendeu na área da criatividade artística e o que significa essa experiência de unidade entre o ser e a matéria, o corpo e o espírito. O instrumento do elemento fogo é o chocalho do xamã, que pela sua batida conduz nossa consciência para o êxtase visionário. Mas, também, a vara taumaturga do magista, que com suas duas pontas bifurcadas une os dois mundos, o mundo empírico embaixo e o mundo suprassensível em cima. Por isso, sua representação mais idônea é a Vara Fálica, com uma pinha na ponta, tal como se usa em muitos dos Sabates do Wicca. Aqui você encontrará os Deuses do sexo extático, profundamente erotizados, que nos levam à experiência do êxtase orgíaco, mas também muitos dos Deuses da Soberania que, com seu cetro fálico, se unem à Deusa da Terra, que nessa fase do ano se cobre de beleza e luxúria para se juntar à humanidade. Imagine a Deusa da Terra como as figuras auragnacianas, de corpo túrgido e libidinoso, segurando seus seios palpitantes de vida como se fossem frutos amadurecidos e nutrientes. Estando esse quadrante de Fogo no polo oposto do quadrante de Terra, isso significa que ele sintetiza com sua intuição, perspicaz como um relâmpago, o orgânico com o espiritual.

Analogias Simbólicas: Sul – Verão – Intuição – Meio-Dia – Calor – Ardor – Zênite – Paixão – Inspiração – Iluminação – Êxtase – Sublimação – Deuses da Soberania – Deusas da Fertilidade – Arte – Erotismo – Vara Taumatúrgica e Chocalho Xamânico.

Quadrante Oeste: a Água dos Sábios

Água Elemental – Oeste – Crepúsculo – Outono – Sentimento – Cálice – Calar-se

Continue sua jornada. Desça ao longo do círculo e curve seu passo, como o Sol descendo na sua jornada anual, em sintonia com os frutos que caem maduros para o solo, que se enche agora de folhas douradas. Sinta essa descida ao longo do círculo como a queda de água das cataratas ou uma resplandecente visão do Sol descendo às profundezas do quadrante Oeste. Pense sobre o que significa essa queda nas profundezas oceânicas e o que representa essa dissolução no todo universal, representada pelas águas do mar, onde perdemos nossos limites do ego. É no quadrante da água elemental que habitam os Deuses e Deusas do amor e das visões que, como as formas difusas das alturas celestes ao serem refletidas na superfície espelhada do mar ou dos lagos, estão associadas ao Mistério do Sacrifício. Aprender a libertar tudo que em si é força inercial e nos limita, embora nos pareça confortável, é o segredo místico para que nós possamos evoluir. Viver, aprender e crescer é como viajar com a mochila nas costas, como alguns mestres de sabedoria ilustram: terá de sacrificar, de tempos em tempos, coisas inúteis embora belas, para que sua jornada seja mais rápida e menos pesada, como o Sol se sacrifica nas profundas águas marinhas para se autorregenerar. Nesse quadrante encontra também, por isso, os Deuses Sacrificados como Jesus, Dioniso e Odin. Seu símbolo é o cálice que preanuncia a crucificação de Cristo, na última ceia, é o caldeirão de Cerridwen, onde os heróis mortos mergulham para se regenerarem no ciclo de vida seguinte. Todos nós teremos um dia de passar por essa boca do caldeirão e mergulharmos nas águas profundas da morte para nos regenerarmos. É o Outono, que com seu ciclo ascendente de trevas e a queda da folhagem permite que o solo, depois do esforço de fertilidade do ano, receba os nutrientes físico-químicos sob a forma de húmus gerado pelos restos vitais das folhas mortas, para se preparar para o ciclo de fertilidade seguinte. É o orifício na caverna ou na árvore oca por onde o xamã entra no Mundo Subterrâneo à procura de aconselhamento com os espíritos. É o cálice sabático de onde se bebia o *kikeon* nos Mistérios de Elêusis, nessa época outonal, a bebida fermentada e sagrada, talvez alucinógena, que fazia a consciência penetrar no mundo suprassensível. A água elemental está, assim, associada à emoção mística, ao sentimento que apreende o lado não racional dos fatos da vida e das coisas, à sensibilidade do poeta e do profeta. Como a Pitonisa em Delfos, o Magista tem agora de entrar no ostíolo sagrado que se abre para o mundo telúrico, o mundo inferior do Hades, para onde agora Perséfone desce, como as sementes, para as profundezas da terra.

Analogias Simbólicas: Oeste – Água – Crepúsculo – Outono – Fusão – Dissolução – Amor – Introversão – Imaginação – Sonho – Emoção Mística – Sensibilidade Poética – Crepúsculo – Sonho Visionário – Sonho Lúcido – Deuses Sacrificais – Deusas das Colheitas – Pequena Foice, Caldeirão e Cálice.

De Oferumenta Entibus Elementorum

Que o Wiccan faça suas oferendas aos Espíritos Guardiões dos Elementos dentro do Círculo da Arte e nos Quatro Quadrantes da Terra. Sobre eles, medite sobre seu Poder. Acenda quatro tochas ou círios da cor dos elementos, nas suas respectivas guaritas.
No Norte, ajoelhe-se diante do fogo e coloque um recipiente de ervas secas e cristais orando:

> *Ó Invisível Rei da Terra, que tomaste a Terra por tua morada e fundação e encheste suas profundezas com o poder do teu espírito! Tu, Gob, que fazes ranger as arcadas do Tártaro e fluir nas veias das rochas e nas raízes das plantas os sete espíritos do céu planetar. Vem e veste de brilho resplandecente a escuridão estrelada do nosso espírito. Vive, reina e sê o eterno dispensador dos tesouros do teu Espírito ao meu espírito, que são as memórias antigas da Terra e dos homens, que nós feiticeiros celebramos nesta noite de Lua Cheia.*

No Leste, ajoelhe-se diante do fogo e coloque um recipiente cheio de milho orando:

> *Ó Invisível Rei dos Ventos, cujo sopro dá força e vigor às formas de todas as coisas! Tu, Paralva, que sobes ao pico das montanhas e das nuvens, e caminhas com as asas dos ventos sobre os campos e os mares. Vem e desperta o desejo e o crescimento no coração de todas as criaturas. Sopra teu sopro no espaço sem fim da nossa alma, ó Luz da Inteligência, que trazes a alvorada e os cânticos das brisas primaveris! No fluxo e refluxo sem fim do teu ser, todos nós nos renovamos e crescemos. Vive, reina e sê o eterno dispensador da Luz, que é a Fertilidade da terra e da Inteligência dos homens, com quem nós feiticeiros celebramos esta noite de Lua Cheia.*

No Sul, ajoelhe-se diante do fogo e coloque um recipiente cheio de vinho tinto orando:

> *Ó Invisível Rei do Fogo, que iluminas todas as coisas com a insuportável glória do teu poder e fertilizas a terra com o ribombar dos teus relâmpagos! Tu, Djin, Majestade Escarlate embuçada entre as árvores luxuriantes do Verão, voluptuosa vastidão do céu cheia de estrelas cintilantes. Vem e alimenta de paixão e sabedoria tuas inflamadas criaturas, porque nas tuas fogueiras, um dia distante, todos nós feiticeiros dançamos e cantamos com júbilo e um dia, também, todos nós no teu esplendor perecemos. Por isso, no teu espírito vivem ainda as almas das antigas feiticeiras e feiticeiros. Para ti dançamos todas as noites, porque o prazer é o sacramento que nos sacia com as visões do teu reino de beleza e encantamento. Vive, reina e sê o dispensador da alegria do teu espírito, que é a luxúria da terra e dos homens, com quem nós feiticeiros celebramos esta noite de Lua Cheia.*

No Oeste, ajoelhe-se diante do fogo e coloque um recipiente de leite orando:

> *Ó Invisível Rainha do Mar, que trazes sobre teu seio o cálice com que vertes as chuvas e propagas os aguaceiros que fertilizam a terra e o ventre das tuas mulheres. Tu, Naikza, que abres as cataratas do céu e proteges as águas subterrâneas nos buracos cavernosos da terra. A umidade, que é o sangue da terra, através de teu poder se transforma na seiva das plantas e no suco dos nossos sonhos, com que nutres o espírito dos poetas e videntes. Vem, ó Vastidão dos mares do Ser sem fim, no qual nos perdemos e sempre nos reencontramos! Tu, em cujo fluxo e refluxo perpetuamente nos renovamos! Ó grandeza dos Deuses que se reflete nas tuas profundezas! Vive, reina e sê a dispensadora do amor e das visões do teu espírito, que é a alma da terra e dos homens, com quem nós feiticeiros celebramos esta noite de Lua Cheia.*

O Corpo e o Altar Wiccanianos

X
O Altar Ancestral

A Pedra Sagrada – A Ara e o Círculo da Fertilidade
A Suvasini Tântrica e o Wicca – A Nudez Cerimonial – O Corpo Arcaico
O Esteio do Círculo – O Altar de Face

*O serviço primário que um Magista tem para com seus adeptos é tornar-se
um centro estável por meio do qual as Hierarquias da Luz
possam erguer a humanidade*
W. E. Butler (1898-1978)

Já há muitos meses Selene andava à procura de uma clareira propícia para o trabalho com os Devas. Por um mero acaso, foi nessa tarde quente de junho que descobrimos no seio remoto da floresta uma bela clareira de aveleiras e uma pedra suficientemente grande para que pudesse servir de superfície para todos os itens da Arte. Do fundo da encosta subiam rumores de água correndo pelos riachos e o silêncio e força que emanavam do lugar eram os necessários para nossos trabalhos mágicos. Ao som do tambor ela tinha entrado em visões no Mundo Médio e tinha pedido aos espíritos permissão para esse trabalho. Em oferenda deixamos milho, mel e leite. Na Lua cheia seguinte, pouco depois da meia-noite, desceríamos os sinuosos caminhos que nos levariam à clareira que havíamos preparado. Com sua ajuda, abriríamos o portal da floresta e a Grande Deusa desceria sobre esse lugar. Desde tempos imemoráveis que o dever do feiticeiro tem sido preservar a fertilidade dos solos e a memória dos lugares sagrados para as épocas futuras que virão. Contudo, chegou agora o momento para abrir as portas aos Velhos Deuses, entre as fragas e as florestas, as colinas e os vales.

Diário de um Feiticeiro, Bragança, Portugal, 1995

A Pedra Sagrada

O altar de muitos povos antigos era apenas uma superfície vulgar de pedra, a conhecida pedra de cúpula. Tratava-se de um bloco de rocha com cúpulas semiesféricas gravadas ou naturais, datando do Neolítico. Dele evoluíram, mais tarde, as aras de culto romanas. Assim, originalmente, a maioria dos povos arcaicos não tinha um altar, tal como estamos habituados hoje a ver nas igrejas

Altar de Pedra de Cúpula, Cabeço das Fráguas

cristãs e nos círculos de Magia cerimonial. Para eles tudo era saturado pelo Divino, não se justificando que se escolhesse um lugar particular como foco de comunicação com os Deuses. À medida que os povos arcaicos foram perdendo a percepção suprassensível, alguns espaços da paisagem acabaram por ser sentidos como grandes focos de poder. Aí foram elevados marcos sagrados como locais preferidos de comunhão com os Deuses, diante do resto uniforme e unidimensional do panorama terrestre. Algumas pedras de forte magnetismo geológico devem ter sido o foco preferido de comunicação. Provavelmente o primeiro lugar onde esse foco de poder sentiam foi em uma árvore ancestral, ao pé de uma nascente ou diante de uma pedra de elevado telurismo. Aí eram deixadas oferendas, preces, sacrifícios e rituais sazonais ou ritos de passagem eram celebrados. Jean Przylusky afirmava, por isso, que, na essência, os templos eram espaços da paisagem onde estavam uma nascente, uma pedra e uma árvore.[152] O que caracterizava esse espaço era seu envolvimento matricial, seu estado vegetativo e amniótico, que se reproduz no simbolismo da clareira da Bruxaria Arcaica e do Druidismo. Parece que todos os requisitos ritualísticos, para criar o envolvimento do Círculo Mágico e do altar no Wicca, são devedores de uma sensibilidade ginecológica e uma reminiscência da intimidade feminina. Gilbert Durand diz, por

---

152. Przyluski, Jean. *La Grande Déesse – Introduction à l'étude comparative des religions.* Paris: Payot, 1950.

isso, que "a paisagem silvestre fechada é constitutiva do lugar sagrado" e que "todo o lugar sagrado começa pelo bosque sagrado".[153]

O foco de poder e projeção das emoções religiosas no Neolítico era, sobretudo, uma pedra de cúpula. Contudo, desde o Paleolítico a noção de uma pedra elevada tem servido para lugar de oferenda sacrificial, tal como se constatou em Port-d'Arc, em Vivarais, onde nos anos de 1950 foi encontrada em uma gruta rupestre uma cabeça de urso bem conservada assentada em uma pedra em forma de ara. Foi a partir da pedra ritual que evoluíram depois as estelas e as estátuas religiosas, como epifania lítica das divindades. Creio que essas epifanias líticas evoluíram a partir dos cultos funerários sobre *cairns* do Homem de Neanderthal, quando parece ter começado a primeira constatação de um culto à alma dos mortos. Não é por acaso, assim, que as bruxas galegas ainda se reúnam em volta de pedras megalíticas, como as feiticeiras de Aberdeen faziam em 1596. A essa pedra original e central da religiosidade arcaica, a tradição da Bruxaria chamava *Godstone*, o Ancestral. O *Godstone* é o Falo Divino do Deus Cornígero, arquétipo ocidental pré-shivaíta dos cultos indianos. Trata-se de uma rememoração do tempo em que os "hermes" de pedra e os menires neolíticos eram os altares dos povos arcaicos, sobre os quais se derramavam oferendas de sangue e, mais tarde, de vinho e vitualhas. Muitas dessas pedras apresentam um desenho gravado em padrão, conhecido entre os arqueólogos por "*cup and ring*", com círculos, cruzes, semicírculos, círculos duplos e espirais. Desde tempos remotos que eles são conhecidos entre os bruxos como lugares de poder,[154] onde a barreira entre o mundo das forças sensíveis e das forças suprassensíveis se desfaz e é possível transitar entre ambos os universos. Essa pedra original, que veio mais tarde desembocar estilisticamente na ara romana, o *araceli*, o altar do céu, é representada no Wicca pelo Pantáculo com seus símbolos sagrados gravados, de sugestão estelar, sobre os quais se fazem todas as consagrações do coventículo. Nenhum coventículo de Wicca Tradicional pode trabalhar com eficácia sem essa pedra pantacular, altar portátil por excelência. Ela é a pedra angular do Círculo Mágico. A compreensão do seu significado e o conhecimento quanto ao modo de usar as chaves simbólicas aí inscritas são necessários para abrir a Egrégora e realizar o trabalho mágico em colaboração com os Espíritos e Deuses Tutelares. Poder-se-á

---

153. Durand, Gilbert. *As Estruturas Antropológicas do Imaginário*. Lisboa: Editorial Presença, 1989.
154. Naddair, Kaledon. Pictish and Keltic Shamanism. *Voices from the Circle, The Heritage of Western Paganism*. London: The Aquarian Press,1990.

concluir, assim, que o altar essencial do wiccan é o Pantáculo. É uma lembrança preservada nos coventículos do tempo em que se reverenciavam os Deuses sobre as aras e pedras gravadas neolíticas. Quer seja o Pantáculo inscrito em pedra ou metal, ou gravado temporariamente com a vara do Magister sobre o chão da clareira onde vai trabalhar, esse é o selo de união com os Espíritos Tutelares do Wicca.

A origem da palavra altar vem do latim *altare* que significa o alto, o cume! Na prática mágica ocidental, há basicamente três tipos de altares: o altar do sacrifício, o altar da comunhão e o altar da távola. O primeiro tipo de altar é de forma cúbica e na Magia Cabalística ele é usado como um cubo duplo sobreposto na vertical, herança dos altares de sacrifícios aos Deuses, onde a queima das oferendas de carne e sangue era praticada. Para os cabalistas, ele representa agora o lugar de sacrifício do nosso ego para que, assim, se possa libertar das limitações perceptivas do nosso corpo e abarcar a totalidade visível e invisível da condição humana. As aras funerárias pertencem a esse tipo de altar; por isso, na tradição mágica ele é o tipo de altar preferido para comunicação com os Antepassados.

O altar da comunhão é em forma retangular como se fosse uma mesa de jantar. Esse tipo de altar é um cubo duplo estendido na horizontal, herança dos altares de oblação aos Deuses dos víveres colhidos da terra, o vinho e os cereais. Sua origem está nas lages em argila das *favissas*, fossas onde se faziam oferendas à Terra Mãe. Parece que nessas fossas sacrais se ofereciam carcaças de serpentes. Não se estranha, por isso, que esse altar esteja dirigido para o ponto setentrional das estrelas circumpolares, onde serpenteia a constelação de Dragão! No Wicca Tradicional, esse tipo de altar é bastante usado. Ao ser colocado estendido no eixo leste-oeste, com o Sacerdote olhando de pé para Norte, ele tem a propriedade de receber sobre sua superfície simbólica a Luz dos Luminares, quando esses se erguem nos pontos equinociais à sua direita ou à esquerda. Muitos wiccans chamam, por isso, seu altar de a "Cama do Sol e da Lua", porque os Deuses, sob a forma visível desses dois astros, vêm deitar-se sobre ela quando se erguem no ponto oriental. Pela sua forma retangular ele segue as normas da Seção Aúrea, a *proportio divinæ* do franciscano Lucca Pacciolli di Borgo, do qual deriva o conceito de *retângulo de ouro*. Sua forma de cama ou mesa é uma homenagem ao altar como espaço de comunhão, por meio da figuração ritual das primícias recebidas da terra que são colocadas sobre ele e depois digeridas solenemente. Dessa forma, o altar wiccaniano é um lugar de comunhão e transubstanciação do Sacerdote com seus Deuses.

O altar wiccaniano é, como o altar cristão, um altar de culto que funde os dois tipos de altares citados: o altar de celebração das Forças da Vida, sobre a forma do altar da comunhão, e o altar de celebração das Forças da Morte, sobre a forma do altar cúbico do sacrifício. Isso pode parecer surpreendente para muitos wiccans ecléticos, não familiarizados com as sutilezas do esoterismo, e até pode parecer absurdo para as pessoas não habituadas a pensar e interpretar além das aparências sensoriais. Se descobrir o altar de um templo católico, verá que sob a toalha litúrgica da missa se oculta, embutida na mesa, um pequeno altar de pedra dentro do qual se encontram as relíquias dos mártires. Trata-se de uma recordação da época em que sobre as lajes cinerárias das lareiras dos antigos clãs se ofereciam as primícias das colheitas aos Bons Mortos, os Manes romanos. Mais tarde converteu-se no altar tumular das Religiões de Mistérios. No Cristianismo, acreditou-se muito tempo que os restos mortais dos homens piedosos podiam santificar um altar e ligar seu Sacerdote, pelos vínculos astrais que suas ossadas conservam, à cadeia dos mártires da Igreja. Na essência, trata-se de pura Magia, sob o resguardo da discrição católica. Essa caixa cúbica de pedra negra nada mais é que a reminiscência tribal do tempo em que vigorava o uso do altar sacrificial aos Deuses. Só o Sacerdote pode tocar nela, pois ela é o elo com a cadeia do Além dentro da Igreja, isto é, com sua Egrégora.

No altar wiccaniano não existe o uso de relíquias, mas existe um objeto análogo colocado no centro do altar: o Pantáculo. Esse Pantáculo tem a mesma função que a ara de pedra negra do altar católico. Sobre ele encontra-se inscrita uma série de símbolos hieroglíficos que unem o Bruxo e Sacerdote do Wicca à linhagem dos Antepassados e dos Ancestrais, assim como à Egrégora da Tradição que ele representa, despertando simbolicamente, sempre que o usa, os vínculos etéricos e astrais que lhe conferem o poder de oficiar dentro do Círculo. Assim como se realizam os mais importantes ofícios religiosos e operações eucarísticas sobre a ara escondida por debaixo da toalha da missa, na tampa do altar da comunhão, da mesma maneira a maior parte dos wiccans faz suas operações mágicas sobre a superfície do pantáculo, desde o conjuro à consagração. Na tradição de Robert Cochrane o altar é, porém, chamado *godstone* em homenagem a essa recordação de consagração e sacrifício do Rei Divino sobre a pedra do altar sacrificial. Ela é tomada como se fosse a "pedra de scone", a Pedra da Soberania, sobre a qual os reis irlandeses se sentavam e casavam com a terra para herdarem o direito de reinar. O Alto Sacerdote precisa, também, dessa pedra pentacular para reger sobre o círculo dos elementos. Sabendo usar as chaves que se encontram inscritas nela, ele pode abrir os portais entre os mundos. O altar de R. Cochrane é uma superfície sustentada pelo cruzar de três esteios de madeira sagrada, sobre os quais se coloca a superfície redonda do Pantáculo elemental, reminiscência da mesa dolmênica, mas o altar wiccaniano é muito mais complexo e rico de simbolismo.

O terceiro tipo de altar é uma mesa redonda recordando a Távola Redonda, trazida para Camelote por Gwinevere, como dote de casamento com o rei Artur. Foi sobre essa Távola que Merlin criou a ordem de cavalaria que se celebrizou nas sagas do Graal. Pela sua forma redonda, ela é a superfície côncava do vaso sagrado ou do prato tribal já que, muito possivelmente, esse recipiente era apenas um recipiente de comida. Nos tempos de Natal era costume, em muitas casas portuguesas, a família comer no mesmo prato. Na minha família, havia um prato enormíssimo de barro, herdado ao longo de gerações no qual, no dia de Natal, sob o artifício do rito cristão, se comia depois da Missa do Galo. Ele nos ligava estranhamente em um sentimento coletivo de união com nossos Antepassados que haviam comido e celebrado no mesmo prato. Esse era o costume mágico-religioso no uso do Pantáculo wiccaniano: celebrar a união com os Antepassados da Arte por meio do sangue, ativado pelo poder do alimento consagrado. Pois, quando se consagram as vitualhas sacrificiais em nome dos Antepassados e dos nossos Deuses e delas se come, a energia dos seus espíritos é trazida dentro do nosso sangue para recordar a primitiva refeição totêmica no início dos tempos em que homens e Deuses eram irmãos.

> *Síntese:* O altar wiccaniano é simultaneamente uma fusão do altar de sacrifício e do altar da comunhão. Dessa forma, significa que seu trabalho esotérico se circunscreve a um culto simultaneamente das forças da vida e das forças da morte como limbos sagrados de transição e metamorfose da alma.

A Ara e o Círculo da Fertilidade

Além do altar de pedra que mencionei, existe um outro altar celebrizado na Bruxaria: o do corpo da Alta Sacerdotisa. Sua referência encontra-se no próprio nome adotado por Gardner para se referir à Grande Deusa das Bruxas, inspirado no *Aradia, the Gospel of the Witches* (1899), de Charles Leland. Na sua origem etimológica, Aradia é uma fusão da palavra "ara" e "dea", significando "altar divino". No seu livro, Charles Leland revela o conteúdo de um manual de trabalho mágico-religioso de um coventículo de Bruxaria, que lhe teria sido confiado por Madalena, uma jovem bruxa toscana. Na realidade, o *Aradia* de Leland parece ser um texto compactado de referências modernas e antigas. O século XIX parece ter tido uma paixão enorme por essas imposturas literárias e muitos livros, que foram considerados descobertas originais, acabaram por ser denunciados como charlatanismo. Foi o que aconteceu, por exemplo, ao Mabinogion, com partes substanciais forjadas por lady Guest e outras baseadas nos textos pseudo-históricos do fundador do "Bardismo" do século XVIII, Iolo Morganwg (Edward Williams, 1747-1826). No mundo do Novecentos, os pensadores revolucionários e anticlericais parecem seguir as pegadas dos clérigos medievais, com suas invenções de santos e mártires que nunca existiram.

Existe um texto ritual muito belo, fundador da tradição wiccaniana, usado como guia litúrgico de Iniciação ao Terceiro Grau do Wicca Tradicional. Nesse texto, a bruxa está nua e estendida sobre o círculo, com o corpo aberto e exposto sob a forma de um pentagrama, enquanto o Sacerdote ajoelhado diante dela declara:

> *Ajudai-me a erguer o antigo altar, que nos dias passados todos adoravam, o Grande Altar de todas as coisas; porque, nos velhos tempos, a mulher era o altar.*

Na prática do Wicca Tradicional são raras as vezes em que o Sacerdote se ajoelha. A única exceção que existe é em duas circunstâncias especiais: a primeira, quando diante da Sacerdotisa invoca a Deusa sobre ela; a segunda, quando é consagrado o vinho sabático. Isso é muito significativo! O altar por excelência é o corpo da Sacerdotisa, seja sob a forma da sua anatomia ou da metáfora do cálice ritual! Na tradição oculta, o altar é considerado um ponto de emanação de poder muito especial e na própria missa católica, por exemplo, o lugar do altar é tratado com suprema reverência e tabu, ao ponto de até muito recentemente não poder sequer ser tocado pelas mulheres. Em algumas religiões, esse lugar era chamado o *adytum*, um lugar habitualmente mergulhado nas trevas e completamente vedado à presença e ao olhar dos profanos. Era o *Sanctum Sanctorum* do templo de Salomão e o *Secos* do templo egípcio, descrito por Estrabão, onde só os sacerdotes podiam entrar.

Mas por que é que a mulher é tratada no Wicca como um altar? Em primeiro lugar, porque o Wicca é uma religiosidade que se considera herdeira dos cultos da fertilidade. Por isso, a mulher terá de ser reverenciada, pois é nela que se elabora o processo da Criação, depois de ser fecundada pelo macho-solar. O macho fecunda a mulher e depois retira-se do processo criador, tornando-se a mulher o receptáculo lunar dos próprios processos de fertilidade. Lembremos aqui que fecundidade e fertilidade são momentos diferentes do processo criador: a fertilidade só importa na mulher, enquanto a fecundidade é um fenômeno que pertence aos dois. Isso explica porque no Wicca Tradicional nunca é permitido que uma mulher continue seu papel de Sacerdotisa a partir do momento em que perde sua juventude. Pela palavra "juventude" Gardner queria simplesmente dizer que a mulher teria de ter capacidade reprodutiva. A partir do momento em que ela alcançava a menopausa, devia retirar-se e ceder seu lugar a uma Sacerdotisa mais jovem. Não poderia ser de outro modo! Se a Sacerdotisa é a epifania da Fertilidade Terrestre, então ela deverá ser biologicamente fértil.

Existem muitas referências ao corpo da mulher como altar. As *vênus auragnacianas* são, por exemplo, consideradas altares portáteis das tribos nômades de caçadores de mamutes do Paleolítico. Essa conclusão surgiu do fato de haver na sua base um orifício, que poderia ter sido usado para fixar um suporte. Mas existem também referências de ritos campestres em que as mulheres se desnudavam nos campos e eram fecundadas pelos homens no desejo de simultaneamente fecundar o solo, como se houvesse uma identidade entre a mulher e a terra. Esse hábito campesino tem antecedentes mitológicos, sendo contado na história de Afrodite copulando com Endimion no alto do Monte Ida, assim como na história de Freyja copulando com os quatro anões metalúrgicos no mundo subterrâneo. O hábito de ir para a floresta na noite de Beltaine, na véspera de 1º de maio, é outro antecedente folclórico, mas em Portugal também temos antecedentes semelhantes. O costume de ir dormir com as moças para o pinhal no dia de Páscoa, na Festa da Goma, no Gerês, assim como os merendeiros de Carranzede de Ansiães, seguido do sono reparador no pinhal, celebrado depois do equinócio da Primavera, são reminiscências de ritos já semidesfigurados de propiciação da fertilidade. Todos eles nos sugerem a necessidade de abandonar o corpo ao prazer lúdico da festa, sob a forma da comida, do sono, da alegria e do amor. São ritos que desarmam as energias do corpo na natureza, galvanizando as forças telúricas do lugar e fortalecendo seus espíritos silvestres.

> *Síntese: O altar por excelência do Wicca é o corpo nu da sacerdotisa, hipóstase da própria Terra e de seus poderes de fertilidade e metamorfose, tal como é ilustrado no terceiro grau de Iniciação no Wicca.*

A *Suvasini Tântrica* e o *Wicca*

Nos grupos wiccanianos eclécticos, muito envolvidos com os problemas ambientais e a globalização, a fertilidade é um grande tema político e iniciático que tem raízes culturais no movimento da contracultura e no socialismo utópico do Novecentos, assim como no programa de libertação da mulher, que lhe estiveram associados desde Charles Fourrier.[155] Nos anos de 1970, esse movimento conheceu um ímpeto novo, por meio do Wicca Diânico e da *Reclaiming*. Nos grupos tradicionais de Bruxaria Iniciática, desde o Wytcha ao Wicca Tradicional Britânico, o grande tema era, contudo, a fertilidade da alma e a transmutação do Eu, tomando os princípios vitais do corpo como forças aplicadas sobre as alavancas rituais para projetar a consciência do Iniciado aos estratos mais elevados da sua alma. Unindo as forças vitais às forças da consciência criou-se, assim, um método mágico-religioso que pode transformar o Adepto. Essa concepção do processo iniciático, baseada nas energias corporais, traz logo à nossa memória as tradições tântricas do Oriente.

É lícito pensarmos se Gardner não teria sido influenciado, nos seus mais de trinta anos vividos no Oriente, pelas literaturas tântricas. Não há provas de que assim seja! Aliás, não há prova de nada sobre esses muitos anos vividos no Oriente. A verdade é que a Grande Sacerdotisa no Wicca tem muitas semelhanças com a Suvasini dos grupos hindus de "mão esquerda". Tal como a Suvasini, a Grande Sacerdotisa é escolhida pela sua capacidade de ser o veículo da Grande Deusa e do seu Poder Mágico para o Círculo de Adoração por meio do transe. É muito claro que o sistema de coventículo tradicional tem mais semelhanças com os *chacras pujas* dos círculos *kaulas* da Índia do que com os grupos de Bruxaria Visionária, descritos por Margaret Murray! Também nos círculos *kaula* se exige que a Mulher seja dotada de juventude, mesmo que não seja bela. Muitos místicos tântricos antigos e modernos escolhiam mesmo jovens com alguns traços de feiúra para que não se criasse qualquer apego amoroso entre o místico e a Sacerdotisa. A razão da escolha da Sacerdotisa baseava-se em um conjunto de regras tradicionais, mas a mais importante era a possibilidade de seu corpo ter um alto nível de radiação etérico-sexual designado *kalas*.

Kala é um termo hindu que significa, segundo Kenneth Grant,[156] "o tempo, a estrela, o perfume, o unguento". Tudo isso tem, de alguma maneira, a ver com a tradição da Bruxaria Europeia. Uma das posturas rituais da Sacerdotisa é, aliás, a da Estrela do Pentagrama! Pela palavra *Kalas* sugeria tratar-se de um eflúvio corporal, sentido pelos místicos altamente sensíveis como emanando dos órgãos sexuais da mulher, como um perfume imponderável ou um conjunto de vibrações etéricas,

---

155. Fourrier, Charles. *El Falansterio*. Disponível na web: http://www.antorcha.net/biblioteca_virtual/filosofia/falansterio/falansterio.html.
156. Grant, Kenneth. *Aleister Crowley and the Hidden God*. London: Skoob Books, 1973.

que no plano humano era o tipo de vibração correspondente ao das Deusas Lunares. É nessa posição que a Suma Sacerdotisa emana a aura da Grande Deusa durante a Instrução para o coventículo. Existe uma Deusa Nua que exemplifica isso: a Deusa egípcia Nuit. Ela está nua e curvada em 'U' invertido, como se fosse um portal, tendo a abóbada do céu à noite pintada sobre seu corpo desnudado e coberto de estrelas. A expressão consagrada no Wicca para a nudez cerimonial é *vestida do céu*, uma expressão que é a tradução do sânscrito *digambara*, sendo essa a forma pela qual a Sacerdotisa deve apresentar-se no Círculo de Adoração e saudada nos *chacra puja*. As estrelas no corpo de Nuit não são nada mais do que esses pontos de emanação aúrica, os *kalas*, aquilo que no Vodu é conhecido por *points-chauds*, que derramam no Círculo seu eflúvio lunar, que é venerado quando o Sacerdote lhe beija oito vezes em cinco áreas do corpo no Rito do Quíntuplo Beijo.

Não há dúvida de que esse rito se enxerta na prática dos *nyasa* tântricos. Nesse rito, os seus praticantes tocam várias partes do corpo, ao mesmo tempo que pronunciam vários *mantras* e visualizam a Devata, isto é, a Deusa. Por esse processo sacramental, diviniza-se o corpo como a manifestação mais sagrada da Grande Deusa Mãe. Gardner pode ter pensado que essas práticas tântricas que sobreviveram na Ásia podiam estar relacionadas com os beijos impudicos, *l'osculum sub cauda*, que os perseguidores da Inquisição diziam ter encontrado nas confissões das bruxas. No Sabat Extático, o Diabo exigia que as partes baixas do seu corpo fossem beijadas solenemente, sobretudo o falo e o cóccix, como praxe de choque moral e revelação dos Mistérios. Nas histórias de fadas, a bruxa feia transforma-se muitas vezes em formosa princesa, por meio de um beijo místico, símbolo do amor incondicional. Esses beijos litúrgicos atestam o amor do wiccan ao corpo humano como a mais santa e tangível manifestação do Divino. Na Instrução da Deusa não é estranho que esta, pela voz da Sacerdotisa, declare à assembleia reunida: "todos os atos de prazer e amor são rituais meus".

Um dos ritos essenciais do Wicca é, então, o Quíntuplo Beijo! O bruxo saúda e beija determinadas partes do corpo da bruxa, em um rito feito entre membros de sexo oposto, reconhecendo por esse ato a Divindade do seu corpo, como um altar de carne inflamada pelo Fogo do Logos. São cinco as áreas onde o beijo e a saudação são conferidos, mas são oito os beijos no corpo. A soma dá 13, referindo-se de forma hieroglífica ao ano lunar de 13 meses e ao corpo aúrico da Terra celebrado nos oitos sabates anuais. Dessa maneira, ele está reconhecendo solenemente que a Alta Sacerdotisa é a hipostase da Grande Mãe, Senhora dos Animais Selvagens e do Espírito Planetar da Terra. Pelo número cinco, correspondente às cinco pontas do pentagrama, esse ato lembra também que "toda mulher é uma estrela", como diria Crowley, e que o corpo cerimonial é um ícone pentagramático, tal como Agrippa pintara no seu *Philosophia Oculta* e como Robert Fludd desenhara no frontispício do seu *Uriusque Cosmi* em 1617. O conceito místico do corpo como sendo a hierofania do pentagrama surgiu com uma mística cristã, Santa Hildegarda de Bingen. Ela considerava que a proporção divina do pentagrama representava a proporção divina do céu refletida no corpo humano! No Tantra, o corpo é olhado como um altar de sacrifícios e um tabernáculo, domicílio de carne da Divindade! Essa palavra vem da palavra "tenda" e os sacerdotes católicos sabem que seu altar também se chamava a *tenda*, onde está guardado o santo cálice da eucaristia. Possivelmente a palavra *tenda* pode referir-se a uma metáfora mística de envolvimento áurico de um espaço, como pretende John Mumford, e que, por ser considerado sagrado, é representado pelo pavilhão, que vemos sempre representado nas tapeçarias do Licórnio.[157]

Essa emanação áurica do corpo está associada a determinados pontos e vórtices de energia sutil, dentro do duplo humano, que os orientais chamam *chacras* e os feiticeiros vodus, *points-chauds*. Assim como no *Reiki*, certos pontos do corpo são ativados e equilibrados pela imposição das mãos, no Wicca, certas partes do corpo são saudadas porque trazem os poderes básicos da Deusa da Lua e do Deus do Sol à esfera do rito. Não se trata somente de uma saudação osculada: cada área do corpo é beijada como foco de vizualização de determinados aspectos da Divindade. Esta é a chave secreta do rito: as vizualizações das formas de poder que são investidas no corpo da Alta Sacerdotisa. Elas são guardadas como chaves preciosas dentro dos coventículos tradicionais e nem sequer são transcritas no *Livro das Sombras*. A mulher, em virtude da sua analogia lunar, pode mais do que ninguém emanar essa força que os cabalistas, sob a designação de Shekinah (Espírito Santo), consideravam estar alojada nos órgãos sexuais,[158] em "*la boca sacra*"! Nos ritos mágicos do Wicca, a Sacerdotisa nada mais é do que uma analogia física da Shakti hindu, com a diferença de que os wiccans não consideram o universo visível uma ilusão que precisa ser reabsorvida no espírito universal, mas uma realidade que em si é espiritual e exige ser reintegrada na esfera humana. Por isso, os cabalistas medievais representavam o Adão Kadmon nu e projetado sobre a Árvore da Vida, símbolo do Universo, da mesma maneira que nós hoje o imaginamos projetado no nosso Pentagrama. Sendo a Sacerdotisa o símbolo simultâneo da

---

157. Lascariz, Gilberto. *O Pentagrama e a Dama do Licórnio*. Porto. Projecto Karnayna, 2002. Disponível na web: http://projectokarnayna.com/textos-esotericos/licornio.
158. *O Culto da Bruxaria*, idem.

Lua e da Terra, isso significaria que ela seria simultaneamente Malkuth e Yesod, nas práticas cabalísticas. O Portal de Malkut é o próprio sexo feminino, o *sacrum*! Isso explica a razão do cálice ser por excelência seu símbolo e seu corpo ser sempre saudado com reverência.

O Rito do Quíntuplo Beijo inicia-se sempre depois de o Círculo ter sido talhado e os Guardiões invocados. Então o Sumo Sacerdote depõe sobre a cabeça da Suma Sacerdotisa a coroa lunar e ajoelha-se diante dela. Diante da Suma Sacerdotisa, na Postura do Senhor da Morte, ela eleva-se pelos ósculos e vizualizações anagógicas à *Postura de Pé-de-Corvo* e, depois, à *Postura Pentagramática*. Quando os beijos atingem o ventre, a Suma Sacerdotisa se desdobra da posição de Senhor da Morte, de quem recebeu todo o seu poder delegado, para a Postura da Bendição ou Pé-de-Corvo. Trata-se de uma *postura instrumental* em que a Suma Sacerdotisa, com as pernas unidas pelos calcanhares e os braços erguidos em V, transforma o corpo em um ícone de carne viva sobre o qual o Sumo Sacerdote medita brevemente sobre a Grande Deusa Mãe. Essa postura é a *stadha* Algiz, a Runa do Cervo e portal dos Ancestrais! Através dela, a própria Alta Sacerdotisa torna-se um canal vivo da Memória Atávica do clã mistérico. A Alta Sacerdotisa, pelos marcos dos ósculos, entra gradualmente em transe e transforma-se, por momentos, na Mater Tenebrarum, em Ísis Negra levantando o Véu do Abismo.

A postura da Mater Tenebrarum nada mais é do que o glifo dos genitais da Grande Deusa, a *Matrix Veneris*, que aparece inscrito desde os confins das cavernas pré-históricas. Mas é, também, o símbolo da encruzilhada e da trindade criadora feminina. O lugar onde antigamente se erguia uma estaca bifurcada ou tridentina, cetro de Hades e Serápis, sendo considerado um lugar de sepulcro e paz. Essa *postura funerária e infernal* e a do *corpo pentacular* encontram-se sugeridas no desenho do Homem Vitruviano feito por Leonardo da Vinci em torno de 1490, inspirado no conceito de Marco Vitruvio Polião desenvolvido nos Dez Livros de Arquitetura. Ela é uma das três posturas, juntamente

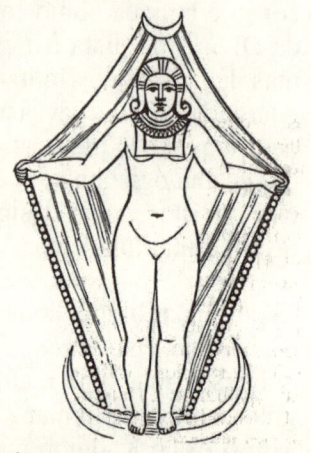

Ísis levantando o Véu do Abismo

com a do Senhor dos Mortos, que é usada tradicionalmente para invocação da Deusa em rito. O Alto Sacerdote ajoelha-se e inicia, então, o que é conhecido pelo Quíntuplo Beijo. A Suma Sacerdotisa inicia o ritual na Postura do Senhor da Morte com suas armas ctônicas e sacrificiais, o Mangual e o Athame,[159] empunhadas com os braços cruzados sobre o peito, como é visto na inconografia egípcia ao representarem Osíris. Dessa forma, ela assume a condição de Rainha dos Mortos, com seu chicote ou mangual em uma mão e a faca goética dos sacrifícios na outra. Chegando ao terceiro beijo, no ventre, então ela abre e eleva imediatamente seus braços para a Postura da Bendição. Durante esse rito, o Sumo Sacerdote vai se elevando da sua posição ajoelhado até ficar de pé e no mesmo nível da Suma Sacerdotisa pelo poder anagógico do ósculo, subindo ao longo do seu corpo como a Serpente, até terminarem unidos e abraçados. Unidos pelos calcanhares e os lábios formam uma bateria mágica pela polarização irradiante dos corpos desnudos, ao estilo das posturas reivindicadas na Magia Sexualis, de Pascal Beverly Randolph. Nesse ato eles afirmam sua condição de Casal Mágico a serviço dos Antigos Deuses. Esse princípio ritual prepara assim a magnetização de ambos os Sumo Sacerdotes, para que a Evocação da Mater Tenebrarum, que se lhe segue e possa retornar na Postura Pentagramática, exaltando sua condição celeste. Assim, as duas Naturezas, Rainha dos Mortos e Rainha Mãe dos Vivos, são demarcadas ao longo das duas partes inferior e superior do seu corpo, como duas regiões cósmicas, e transcendidas depois na Rainha dos Céus.

Rito Tradicional do Quíntuplo Beijo

A Suma Sacerdotisa encontra-se na postura do Senhor da Morte e o Sumo Sacerdote, ajoelhado diante dela.

Abençoados sejam teus pés
que te trouxeram por estes sagrados caminhos.
(O Sacerdote beija-lhe, então, os dois pés.)

Abençoados sejam teus joelhos,
que se ajoelharão no altar sagrado entre as clareiras e colinas.
(O Sacerdote beija-lhe, então, os dois joelhos.)

Abençoado seja teu ventre,
sem o qual nós não existiríamos,
Divino Caldeirão da Sabedoria
onde todos nós somos destruídos e renovados.
(O Sacerdote beija-lhe, então, o ventre.)

---

159. A Tradição Alexandriana manda que os usos sejam a Vara e o Chicote ou Mangual, porém a Tradição Gardneriana está mais de acordo com o significado do rito ao exigir que se faça com o Athame e o Mangual.

Neste momento, a Suma Sacerdotisa abre seu corpo na Postura do Pentáculo, braços e pernas afastados formando um pentagrama com seu corpo:

> *Abençoado sejam teus seios,*
> *formados em perfeita harmonia e beleza*
> *pois deles são nutridos os homens e os Deuses.*
> (O Sacerdote beija-lhe, então, os dois seios.)
>
> *Abençoado sejam teus lábios,*
> *que pronunciarão as palavras e os cânticos*
> *dos nossos sagrados encantamentos.*

O Sacerdote beija-a, então, permanecendo unidos pelos calcanhares e os lábios que se tocam, formando a bateria sacramental de Poder.

> *Síntese: O conceito mágico de Sacerdotisa no Wicca Tradicional tem parentescos com a Suvasini nas tradições de mão esquerda do Tantrismo e com o culto da nudez cerimonial, encarnação da Grande Deusa, cujas origens se perdem já no Paleolítico. A prática do "quíntuplo beijo" em Esbat reforça essa visão do corpo feminino da Alta Sacerdotisa como Microcosmo do Universo e teofania da Alma do Mundo.*

A Nudez Cerimonial

O altar mais ancestral que conhecemos é o corpo desnudo da mulher. No rito de Iniciação ao terceiro grau, essa concepção esotérica é realçada de forma literal e incisiva. Sobre o corpo desnudado da Sacerdotisa, posicionado em forma de pentagrama e repousando no chão sagrado do Círculo, o Sacerdote clama:

> *Porque nos velhos tempos, a Mulher era o altar. Seja o altar assim baseado e firmado; e o sagrado ponto seja o ponto dentro do centro do círculo.*

Se tomarmos as Vênus Auragnacianas como o primeiro ídolo e altar portátil por excelência, então essa afirmação é exata! Quando, nos anos de 1960, o arqueólogo Leroi-Gourhan resolveu tomar a tarefa ciclópica de estudar as pinturas rupestres de centenas de cavernas do sul da França,[160] por sistemas comparativos e estatísticos, ele constatou que essas imagens, que adornam as paredes dos santuários Paleolíticos e aparecem sob a forma de ídolos portáteis, seguem um

---
160. Leroi-Gourhan, André. *La Pre-Historia*. Barcelona: Editorial Labor (2ª edición), 1974.

cânone matemático preciso. Ao olhar as poucas esculturas que resistiram ao tempo, ele descobriu, também, uma coisa interessante, que estava debaixo dos olhos de quem conhecesse as várias figuras da Antiguidade: todas essas imagens seguiam um estilo padronizado como cânone da sua arte sacra! Nesse cânone, a representação do corpo feminino divinizado obedecia a um conjunto de leis iconográficas de forma a realçar a zona dos peitos e dos órgãos sexuais. Essa área da sacralidade do corpo feminino era a área de reprodução, onde projetamos nossos desejos mais intensos, sejam eles eróticos ou religiosos.

São centenas e milhares as estatuetas a ser desenterradas de mulheres e Deusas nuas, atribuídas ao Neolítico. Quando *sir* Arthur Evans as desenterra em Creta, no fim do século XIX, ele conclui que seriam representações de concubinas de reis cretenses. Foi preciso poucos anos para ele concluir que provavelmente seriam representações de Deusas. Nelas perdurava, ainda, a mesma estilística que encontramos nos ídolos femininos do Paleolítico. Nada evoluíra durante milhares de anos de arte sacra: os mesmos peitos e zonas púbicas eram sempre realçados. Além disso, juntava-se a constatação que elas se apresentavam pintadas com múltiplos desenhos geométricos sobre o corpo. A arqueóloga Marija Gimbutas[161] procurou interpretá-las de forma imaginativa, na segunda metade do século XX. Concluiu-se, então, que as mulheres representadas nessas figurações se tatuavam. Para elas, a nudez era vestida pela tatuagem que lhes impunha sobre o corpo uma experiência de sublimação do corpo da natureza em corpo hieratizado. No Wicca, essa hieratização é premeditadamente feita pelo uso dos *bigghes*, cujas origens parecem estar em uma outra forma de sublimação do corpo erotizável em um corpo santificado: a joalheria das sacerdotisas sumérias e babilônicas. Os *bigghes* são vários adornos rituais usados na Bruxaria Tradicional, que têm o papel de tornar sagrada a nudez da sacerdotisa: a tiara lunar, o colar de âmbar e azeviche, representando o curso cíclico da vida e da morte, de que a Deusa é regente, e os braceletes.

Mas por que se deve estar nu nos rituais da Bruxaria Tradicional? Em primeiro lugar, a adoção da nudez é uma prova irrefutável de dedicação à Arte e a aceitação do corpo como a mais preciosa ferramenta mágico-religiosa. O corpo é nosso vaso de transmutação das energias. O sistema tradicional de ritual desnudado desenvolve uma tão grande confiança entre as partes que cria o *rapport* necessário para que a Magia flua entre elas, cresça e se desenvolva em algo potencialmente maravilhoso. Estar nu é deixar para trás tudo o que está associado ao

---

161. Gimbutas, Marijas. *The Goddesses and Gods of the Old Europe*. London: Thames and Hudson, 1974.

vestuário: o narcisismo com que investimos no nosso ego, por meio das roupas belas, o estatuto que lhe atribuímos, a função econômica que elas representam. Pelo ato de despir o vestuário e estar nu, abandonamos nossa personalidade, expomo-nos e defrontamo-nos com a interrogação: "Sem nada que agora me defina e diga quem eu sou, então quem realmente sou eu?". A exposição do corpo desnudado em ritual pode estar enraizada na velha crença europeia de que a exposição dos órgãos genitais afastava os maus espíritos e os demônios. Era um ato apotropaico! Essa crença perdurou nos canteiros medievais, que decoraram os beirais das igrejas românicas de escandalosas representações dos órgãos sexuais, tal como atesta, por exemplo, a Capela de S. Miguel, na aldeia de Monsanto, em Idanha-a-Velha. Os órgãos genitais eram sentidos como um talismã de poder pelos povos antigos.

Foi o bispo galaico-português Prisciliano que durante a cristandade foi provavelmente o primeiro a usar a nudez de forma litúrgica nas florestas da Galiza. Orando com suas discípulas nuas e sob as estrelas brilhantes do céu à noite, ele considerava que a nudez humana era um símbolo de regresso a um estado de inocência paradisíaca. Ele acreditava que, para se encontrar com Deus, tinha de se aceitar viver essa inocência solene, não apenas em uma postura teológica e intelectual, nem tampouco em uma postura abstrata e moral, mas nesse estado de exposição e vulnerabilidade física que o corpo desnudado propicia. Foram muitos os místicos hereges que durante toda a Idade Média viviam como os *sadhus* da Índia, atravessando nus as estradas da Europa e pregando o despojamento da sociedade sem nada sobre seu corpo, como os Amaurianos.[162] Na Instrução da Deusa, é, logo no início do seu texto, defendido:... *e como sinal de que estareis realmente livres, estareis nus nos meus ritos.*

O uso da nudez com fins cerimoniais, de que a Bruxaria Tradicional é herdeira, tem raízes muito arcaicas. No Antigo Egito, as sacerdotisas usavam o *byssus*, um tipo de linho muito branco e transparente, que moldava o corpo das sacerdotisas e revelava as formas da sua anatomia com elegância, sensualidade e a precisão de um cinzel de artista. Um governador romano chegou a ver essas sacerdotisas despindo seu *byssus* para orarem ao sol e oferecendo sua nudez ao seu brilho luminescente, enquanto lhe cantavam seus hinos.[163] Foi Scarlat Lambrino[164] que

---

162. Alexandrian. *Os Libertadores do Amor*. Lisboa: Via Editora, 1979.
163. Brillant, Maurice. *Les Mystères D'Eleusis*. Paris: La Renaissance du Livre, 1920; Bosc, Ernest. *Isis Devoilée ou L'Egyptologie Sacrée*. Paris: Perrin et C., 1897.
164. Lambrino, Scarlat. *Le Dieu Lusitanien Endovelilicus*. Coimbra: Bulletin des Études Portuguaises, 1952.

mencionou que no mundo romano as representações artísticas da nudez eram exclusivamente reservadas aos Deuses e Heróis. Dessa forma, a nudez era a maneira mais prática de oração para se aproximar do Divino, arrancando a máscara da nossa sociabilidade e da nossa personalidade, representada no vestuário e seus vínculos sociais subliminares. Sabe-se, baseado nas descrições de Plínio, o Velho, que as moças bretãs tingiam de negro seu corpo, com um pigmento feito à base de vegetal, e que nuas e "negras como as etíopes" participavam em algumas cerimônias religiosas.[165]

São várias as representações de bruxas desnudadas que percorrem os livros e quadros a óleo através da Europa, desde o Renascimento até o século XIX de Goya. Os livros populares, que começam a ser usados como base da propaganda antibruxaria, depois da descoberta da imprensa por Gutemberg, representa-as nuas e de corpo envelhecido, rugoso e celulítico, insinuando dessa forma tão pouco apetecível não só a imoralidade das práticas da Bruxaria como a necessidade de reprimi-la pelo crime da obscenidade. O corpo feminino era desenhado feio e de mau gosto, enquanto suporte do desejo e causa do pecado original. No entanto, são os pintores e gravadores que representam esses sabates de forma, por vezes, luxuriosa e obsessiva. Um dos autores mais fecundos foi Hans Baldung Green, no século XVI, alemão, com suas maravilhosas ilustrações, como "As Bruxas no seu Trabalho" e o "Sabat das Bruxas" e, possivelmente, alguns quadros de Bosh inspiram-se em visões semelhantes de um mundo em crise, paralelo mitopoético do mundo visionário do Sabat. Albrecht Durer foi outro gravador muito atraído por essa temática e "As Quatro Feiticeiras", que representa nuas e ao estilo das representações elegantes romanas das Três Graças, contradisseram o rebaixamento eclesiástico do corpo da bruxa ao nível da obscenidade, desencadeando a curiosidade, o desejo e a ânsia nos homens e mulheres do seu tempo. Mas aquele que mais nos toca o imaginário da Bruxaria é, sem dúvida, o espanhol Francisco Goya. Durante a fase da sua surdez, retira-se para a Quinta Del Sordo, perto de Madrid, e pinta as assembleias da Bruxaria basca e aragonesa, em figurações visionárias dignas do pesadelo, sintoma do seu terror diante da proximidade da morte. "Duas Bruxas Voando Em uma Vassoura" é um tema típico desse período! No mundo Moderno, foi sobretudo o pintor da escola de realismo fantástico Ernst Graff e Austin Osman Spare que trouxeram para nosso imaginário as visões de um mundo onde a Deusa e a Besta se reconciliam.

---

165. Dechelette, Joseph. *Le manuel d'archéologie préhistorique, celtique et gallo-romaine.* Paris: Picard, 2000 (p. p. 1910).

Síntese: Desde as Vênus Auragnacianas o corpo feminino é encarado como um altar e o Wicca Tradicional retoma nos seus ritos essa visão mágico-religiosa do corpo desnudado e hieratizado da Alta-Sacerdotisa como o altar por excelência, do trabalho mágico da Bruxaria Tradicional.

O *Corpo Arcaico*

Uma das ideias revolucionárias de Gardner foi a de que a energia do corpo, estimulada e acelerada pelos rituais, era a base biológica da eficácia mágica da Bruxaria. Dessa maneira, ele opunha à cultura mágica e sublimada de raiz cabalística e cristã, em vigor nas organizações rosacrucianas, a noção mesmeriana de que a energia mágica era de origem corporal. Ele inverte a fórmula da fonte do poder mágico, do espírito para o corpo! Ao defender essa opinião, Gardner estava se colocando em uma tradição que vinha de Mesmer, sob a designação de magnetismo animal e que, depois, seu discípulo Henri Bergasse desenvolveu com genialidade. O mesmerista Henri Bergasse afirmava peremptoriamente, nas vésperas da Revolução Francesa, que, quanto mais primitivas as civilizações e as culturas, mais facilmente se tinha acesso a essa energia radiante. Isso acontecia porque, segundo ele, essas culturas estavam mais próximas do corpo e da natureza do que os ocidentais. Os rituais wiccanianos seriam, assim, próteses rituais ou alavancas cerimoniais que serviriam de apoio ao processo de precipitação dessa energia no corpo humano. Essa aceleração deveria ser levada a um ponto de pico tal que pudesse ser libertada nos rituais, como a flecha de um arco depois de dilatado pela pressão muscular do arqueiro e solta em direção ao seu alvo: a união com os Deuses Arcaicos. Gardner estava familiarizado com a nudez inofensiva dos povos do Pacífico e, alguns anos antes, já Gauguin escrevera, na Ilha Martinica, para escândalo da sociedade puritana europeia, sobre esse mundo considerado bárbaro, mas espelhando a serenidade e a paz de espírito que faltava ao europeu cristão e civilizado.

Essa paz não se encontrava no mundo artificioso, burguês e adulterado das sociedades cristãs ocidentais. Segundo Gauguin, isso se devia ao fato de os povos indígenas terem uma relação não reprimida com o corpo e viverem em harmonia com o ambiente natural da floresta e dos rios, da montanha e dos campos, dos ventos e das fogueiras. Grande parte da filosofia naturalista baseava-se nessa premissa: a da saúde física e psicológica só poder ser alcançada quando o corpo fosse de novo reconduzido a uma relação desinibida e não traumatizada com a Natureza. Tratava-se, então, de uma ecologia do corpo e do espírito, muitos anos antes de surgir a preocupação de uma ecologia do ambiente! Nos anos de 1930, em que Gardner foi viver em New Forest, no meio rico e excêntrico do sul da Inglaterra, depois dos escândalos de Sara Bernardt, muitas das tendências revolucionárias do bailado artístico e das artes pictóricas passavam, também, por conduzir o corpo da sua posição de anatomia disciplinada pela racionalidade estética para o corpo aberto e selvagem do homem primitivo. O corpo abria-se pela primeira vez à sua profundeza, onde vogavam a libido e a memória ancestral. O Wicca passava, então, por ser um meio meditativo e ritual que nos fazia participar desse movimento de libertação do corpo e permitia precipitar a transmutação do ego.

No Sabat antigo é sempre destacado que a Sacerdotisa deve estar nua, enquanto o Sacerdote deve estar vestido! Mas não vestido de qualquer forma! Vestido com a pele dos animais totêmicos que residem por debaixo da sua pele de homem educado e socializado. Forças animais adormecidas no fundo dos seus tropismos e que se libertam na experiência visionária da viagem xamânica para o Submundo. Era, talvez em homenagem a essa prática ancestral, por isso que Alexander Sanders estava sempre vestido ao lado de todos os feiticeiros e feiticeiras desnudadas. As más línguas diziam em comentários maldosos pelos *pubs* londrinos, onde se reuniam para discutir o Wicca, que estava Alex na posição de dono do seu harém, sem compreender o que isso significava no contexto mágico! Todas as descrições dos clérigos sobre o Sabat e suas práticas tradicionais referem-se à presença dentro do coventículo de um homem mascarado com cornos e um grande manto negro, por vezes até com um falo de madeira à vista, e que era o Homem de Negro do Sabat. Esse Homem significava, pela sua posição de mascarado, o pacto de união entre a assembleia de feiticeiros e o mundo oculto dos nossos atavismos e dos Deuses.

Síntese: A ousadia do Wicca Tradicional em valorizar ritualmente o corpo advém do fato de Mesmer ser considerado o depositário vivo de energias psicovitais, que o ocultismo designa habitualmente por forças etéricas. Ao serem estimuladas pelo ritual, desencadeiam processos de metamorfose na consciência do Magister. Para isso, os ritos wiccanianos fazem regressar ritualmente nosso corpo socializado ao seu estado de natureza.

O Esteio do Círculo

Tradicionalmente, o altar wiccaniano orienta-se em relação ao norte magnético da Terra, isto é, ao polo celeste. Ao olharmos através dessa fissura do quadrante norte, temos diante da nossa visão as estrelas circumpolares e a constelação do Dragão. Nessa constelação encontra-se Thuban, a estrela para onde o eixo da Terra apontava há milhares de anos. Essa época coincidia com a grande fase do gelo. Hoje, esse eixo encontra-se na Ursa Menor, próximo da estrela Polaris. Foi precisamente ao longo desse eixo norte-sul que o historiador Vincent Scully[166] notou, quando viajava ao longo da Grécia e de Creta para fazer um levantamento do contexto icônico-geográfico da paisagem envolvente dos templos micênicos e gregos, que nesse ponto se elevavam regularmente montanhas com formas cônicas, isto é, triangulares. Nesse ponto polar, a cabeça do Dragão é precisamente um triângulo e a montanha cônica reflete-a majestosamente na Terra.

Se nos colocarmos diante do quadrante norte do nosso Círculo e imaginarmos o que se passa durante o ano solar, constataremos que à nossa direita os dias gradualmente vão crescendo a partir do quadrante solsticial de Inverno, tornando-se iguais às noites no Equinócio Vernal e alcançando seu apogeu diurno no Solstício do Verão, no sul simbólico do Círculo. À nossa esquerda, os dias vão diminuindo e as noites gradualmente vão crescendo de forma inversa, sendo iguais aos dias no Equinócio do Outono e alcançando de novo seu apogeu de trevas no Solstício do Inverno, no quadrante setentrional. Ao olhar para o norte do seu Círculo Mágico, que é nosso glifo mágico, verá que ao seu lado direito tem a Terra e o Ar e, ao seu lado esquerdo, de forma simétrica, tem o Fogo e a Água. O magister está envolvido de cada lado pelo Enxofre e o Mercúrio alquímicos. Ele é o Sal Alquímico da metamorfose! Se colocar esse movimento que vai de Terra-Ar-Fogo-Água no Pentagrama verá que ele desenha uma lemniscata, símbolo do infinito. Também notará que na metade superior do Círculo, de Ar e Fogo, predomina o dia com as estações de Primavera e Verão, e na outra metade de Água e Terra, predominam a noite e as estações de Outono e Inverno. O que a rotação ritual dos elementos está, então, sugerindo para nós, é que ela nos permite ter a vivência do infinito na multiplicidade da nossa experiência finita.

---

166. Scully, Vincent *The Earth, the Temple and the Gods.* New Haven, Connecticut: Yale University Press, 1962.

No Wicca, o Princípio Masculino deverá ser colocado na metade noturna da Roda e o Feminino na sua metade diurna. Isso parece um contrassenso para muitas pessoas habituadas a pensar em termos de Luz e Trevas como análogo da Dualidade do Sol e da Lua, do Masculino e do Feminino, mas explica por que em várias seções do ritual tradicional wiccaniano, como a consagração do pão e do vinho, seja o Alto Sacerdote que toma o cálice e não a Alta Sacerdotisa, que segura então o athame. Isso se deve ao fato de que o importante no trabalho ritual wiccaniano é compreender a relação física desses luminares com a Terra. É durante o Solstício de Inverno que, paradoxalmente, o Sol está mais próximo da Terra, em virtude da sua posição no perigeu, enquanto a Lua só está próxima da Terra no Solstício do Verão. É, por isso, que temos no Solstício do Inverno, quando predomina o elemento Terra, o Bode Solar imperando, e no Solstício de Verão, a Lua Canceriana dominando no céu. Dentro do Círculo, isso representa o *yin* e *yang,* porque, embora a Sacerdotisa seja a epifania da Lua que domina a Noite, ela está regendo os meses em que o Dia e as Forças da Fertilidade prevalecem, isto é, nos quadrantes de Ar e Fogo. Por outro lado, o Sacerdote, sendo o Sol, está regendo os meses em que a Noite domina e com ela as Forças da Consciência Imaginativa predominam, nos quadrantes de Água e Terra. Lembremo-nos, contudo, que é em virtude de trabalharmos em ritual com as forças Vitais, que os Esbates estão sob a regência da Sacerdotisa durante a parte do ano em que a natureza floresce e frutifica. Nessa época, a Lua está mais próxima da Terra, correspondendo ao tempo de frutificação na Natureza, quando as forças da vida e da fertilidade estão muito ativas nos solos. O Bruxo e Sacerdote rege o coventículo durante a parte noturna do Círculo, porque equivale às forças da Morte e da Consciência Imaginativa,[167] quando o Sol está mais baixo e mais próximo da Terra.

Síntese: O esteio do círculo orienta-se na direção norte-sul, ao redor do qual rodam a Terra e o zodíaco e se processam as metamorfoses ctônicas e cósmicas. O Círculo da Arte e seu altar estão em conexão íntima com esse pilar cósmico de mudanças e transformações.

---

167. Poderá parecer absurdo ao leitor não familiarizado com os princípios esotéricos que a consciência esteja ligada com o princípio noturno e os processos catabólicos típicos da morte. Isso só poderá ser compreendido na perspectiva apresentada por Steiner e percebendo que a consciência só pode evoluir pela introdução das forças de mineralização no polo encefálico, de onde se retraíram todas as forças vitais, sobrevivendo apenas as minimamente indispensáveis. Consultar: Easton, Stewart C. *Man and World in the Light of Anthroposophy.* NY: Anthroposophic Press 1975; Hartmann, O. J. *Anthroposophie.* Paris: Triades, 1966.

O Altar de Face

Na prática wiccaniana, um altar não é um espaço de adoração, mas um espaço de ação. Ele é usado para que se coloque sobre ele os vários itens da Arte que serão usados nas cerimônias. O Wicca não é uma religião social, em que a crença e a fé sejam um fator relevante. Sendo uma prática iniciática, a Vontade e a Imaginação tornaram-se, por isso, as duas grandes forças polares do seu trabalho mágico. Gardner era um Magister e nunca teve o hábito de praticar com altares religiosos, diante dos quais devemos submeter-nos aos Deuses em devoção. Os antigos egípcios oravam aos Deuses de pé, como vemos nas suas estelas e gravuras. Foram provavelmente os babilônios os primeiros a trazer a prática da oração por meio de prostrações, como conhecemos no mundo muçulmano de hoje, e nas cerimônias cristãs atuais. Ao contrário do altar mágico, a função do altar de adoração é de ser uma superfície que, com seus vários símbolos, representa a força dos seus Deuses, de forma que possa estimular a libertação das emoções pelos hinos e orações, criando uma empatia entre o praticante e os princípios divinos da sua religião.

O altar wiccaniano é, por excelência, o próprio círculo desenhado no chão, como vemos nos grimórios, e representa a geografia visionária do mundo suprassensível. O altar é um mapa cósmico que ajuda a consciência a penetrar o território invisível dos Deuses e dos Espíritos.

Alexander Sanders ritualizando ao ar livre

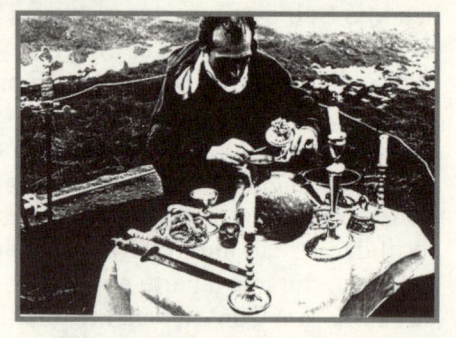

Sua superfície é o chão consagrado da terra! Independentemente de o altar ter sido o chão sagrado do Círculo ou um móvel em pedra consagrado para o exercício religioso, houve sempre um ponto particular desse espaço, que foi escolhido para centro focal de comunicação extática com os Deuses. É esse ponto focal no chão sagrado que se convencionou ser o altar por excelência. Nas antigas práticas xamânicas, podia ser um arbusto ou uma árvore por onde se viajava entre os mundos visíveis e invisíveis e onde se colocavam as oferendas para os espíritos. Para o wiccan, é o carvalho onde Herne se sacrificou! Mas podia ser, também, uma pedra ou uma fonte sagrada simbolizando esse ponto focal, como parece ter sido praticado entre nós durante a Alta Idade Média e que S. Martinho de Dume acusa, em Braga, como sendo cultos ao Diabo. Esse ponto focal está sempre rodeado de tabus que reforçam a sacralidade do lugar. Entre nós isso pode ser constatado pelo cuidado de não se tocar os objetos do altar que são manuseados pelos sacerdotes.

Os itens litúrgicos não se distribuem de qualquer maneira sobre o altar, pela simples razão de que ele deve ilustrar o mundo mágico e a paisagem mitológica da alma. O altar é um mapa da alma e do Universo. A primeira regra é que haja duas velas representativas do princípio masculino e feminino do Universo e sua polaridade cósmica. O Universo é como um espaço de interação entre dois polos, representado pela ação criadora e destruidora dos seus Deuses. Abaixo dessa polaridade, representada pelos dois círios, deve estar ao centro o pantáculo. Nessa posição forma-se simbolicamente um triângulo invertido, símbolo do ventre da grande Deusa Mãe Natureza. Depois de formado esse triângulo simbólico, a Sacerdotisa beija o Pantáculo e prossegue. Do lado esquerdo, deve colocar as armas sacrificais do princípio masculino: o athame, a vara, o boline e o turíbulo. Do lado direito deve colocar os paramentos femininos da fertilidade: o corno ou a cratera para o vinho sabático e o cálice para a água que irá ser consagrada para as aspersões do círculo. Se estiver virado para o norte terá, dessa maneira, ao seu lado direito o movimento crescente do ano mágico, com as armas femininas atuando de forma anabólica nos estratos etéricos dos solos e, à esquerda, seu movimento decrescente, com as armas masculinas atuando de forma catabólica sobre a natureza. Virado, assim, para o norte, e com o altar disposto no centro e em forma retangular, a Luz simbólica da Lua do plenilúnio quando entra pelo Leste, o momento de sua maior força, "ilumina" o trabalho mágico. Como o Eremita do *Tarot*, nós olhamos para o quadrante de maior escuridão e do nosso inconsciente atávico, o Setentrião, com essa Luz Lunar sobre nossos olhos. A Luz Lunar entra no Círculo, é saudada e, depois, vem vitalizar nossa clarividência para que, ao olharmos para o Setentrião, possamos ver os Deuses e os Antepassados da Arte.

> *Síntese:* Na essência, o altar wiccaniano é o próprio Círculo da Arte e a superfície onde os membros da assembleia wiccaniana trabalham, mas o foco do Poder é sempre uma superfície especial onde se distribuem os itens litúrgicos e que sintetiza as forças do Cosmos e da Terra espelhadas no Círculo do Trabalho. O altar é assim um mapa meditativo e um mapa do Universo mágico.

Manuale Exercitorum Circuli

O wiccan deve exercitar-se com suas armas de poder, das quais o athame é a mais excelente dentre todas. Que o athame seja limpo de adornos triviais e seja encastado de punho negro, feito em boa madeira de carvalho, pois nele se sacrificou nosso Senhor, o Cornífero. Que ele se exercite com ela como um guerreiro e um artista ao redor do Círculo da Arte e que o corpo lhe conceda seu poder pelo sopro e a visão.

Prática Primeira

Que o wiccan divida o espaço em quatro partes, cada um alinhado com os quadrantes, e o marque com um objeto litúrgico correspondente: ao Norte, o Pantáculo, a Leste, o Turíbulo, a Sul, a Vara e a Oeste, o Cálice. Que o wiccan medite em cada um desses quadrantes nas quatro horas axiais do dia, sobre uma das estações do ano e um dos elementos que o rege.

De pé, olhando para o Norte, medite sobre o Inverno. Depois inspire, enquanto caminha até ao quadrante Leste segurando o athame, apontado ao chão e marcando o Círculo. Caminhe com a serenidade do Urso, visualizando a escuridão do Inverno. Que a inspiração e o passo do seu caminho sejam vagarosos, de modo que o Leste seja alcançado de pulmões cheios.

Do quadrante da Primavera, que acabou de alcançar, até o quadrante do Oriente, continue a caminhar com o passo pausado do Carneiro, enquanto expira gradualmente e visualiza a força de expansão da estação. Pela expiração saem da terra os brotos e as folhas e os dias crescem até o apogeu do Verão.

No Verão, inspire e continue a caminhar pausadamente com o vigor do Cervo, visualizando o apogeu floral da estação e a força solar sendo absorvida nos frutos e armazenada na formação das sementes. Nesse caminho de introversão e declínio, os dias vão também gradualmente diminuindo.

Quando chegar ao quadrante Oeste, onde se celebra o Equinócio do Outono, estará de pulmões cheios, como a terra está cheia de frutos e searas prontas para ser colhidas. Então expire, enquanto visualiza as folhas caindo e, com elas, o Sol caindo também no horizonte ao crepúsculo. Caminhe com o passo pausado do Touro, que caminha para seu sacrifício eterno, de cujo sangue todas as coisas se renovarão.

Repita sete vezes esse exercício, até que a relação das estações, do ciclo respiratório e dos quadrantes associados ao movimento lento do seu respectivo Animal de Poder se torne inconsciente. Quando isso acontecer, então imagine que seu corpo é o corpo do Animal de Poder que caminha no seu quadrante, até que sua força vital se torne a força anímica do animal sagrado.

Prática Segunda

Nesta prática, você deverá inspirar em movimento, caminhando no espaço entre os quadrantes, por exemplo entre o norte e o leste, e expirar em posição extática, virado para cada quadrante, enquanto vibra o nome do Rei do Elemento ou seu Vento Regente.

Partindo do norte, comece a mover-se ao longo do perímetro do Círculo e comece a inspirar. Ao chegar ao quadrante leste, pare e retenha, por breves momentos, a inspiração. Depois, expire vibrando o nome de Paralva ou Notus, imaginando que a palavra vai pela expansão do sopro para seu quadrante respectivo, onde o visualiza cintilando na cor do elemento.

Faça o mesmo para o resto dos quadrantes, caminhando pela inspiração e expirando com a vibração do santo nome do Rei do Elementos.

Prática Terceira

Quando se tornar proficiente nessa arte ritual, então faça o seguinte: retenha o sopro em cada quadrante, visualizando no coração o Santo Nome do Rei do Elemento ou do seu Vento Regente e expire soltando o nome, que sobe pela garganta e pela boca, soltando-se no infinito espaço do quadrante, enquanto soletra alto e vibrante seu nome. Quando tiver aperfeiçoado essa técnica, visualize os nomes em tebano dentro do coração e cintilando, depois, na morada elemental do seu quadrante.

O Armamento da Feiticeira

XI
O Armamento Mágico Wiccaniano

As Ferramentas Litúrgicas – As Armas Mágicas – A Adaga Ritual
Marcas e Símbolos do Athame – O Cálice Sabático – A Vara do Fogo
O Pantáculo da Arte – As Marcas do Pantáculo

> *Eu constatei que o passado e o presente são meras ilusões, que eles existem apenas no presente, que é o que existe e tudo que existe.*
> Alan Watts (1915-1973)

Havia lhe dito muitas vezes que as armas mágicas eram extensões físicas dos seres elementais e seus espíritos regentes. Acrescentara-lhe nessa noite, também, que o athame que ela solenemente segurava na mão só se tornaria útil quando com ele despertasse os ventos e os trouxesse ao redor do círculo. Estava uma noite esplêndida de agosto e a temperatura seca permitia ver Vega e a Águia sobre nós. Ela segurou timidamente a faca. Disse-lhe que se concentrasse no nome do seu regente e visse suspenso sobre o ar o sigilo que lhe havia ensinado a ver com os olhos do seu espírito. De súbito, seu rosto transformou-se e sua voz límpida e perfurante, como o grito do falcão, rasgou o silêncio da noite que nos abraçava. Confiante, ela vibrou seu nome e graciosamente moveu-se ao redor do círculo de pedras que nos envolvia. Primeiro, veio timidamente uma pequena brisa perfumada que trazia os odores salinos da Cantábrida, depois afluiu o vento e, finalmente, eclodiu a tempestade que, como um tufão, rodopiou alegremente à nossa volta. Ela estava finalmente preparada para ser a portadora dos ventos. Dos ventos que protegem o círculo com seus velozes podengos e dos ventos que, como os pássaros, conduzem nossos desejos e esperanças ao Outro Mundo. No seu rosto brilhava um sorriso de felicidade e surpresa. Ela nunca pensara ser capaz de acordar os Ventos! Mas os Ventos tinham *acordado e tinham lhe trazido preciosos presentes: o de serem seus companheiros na viagem entre os mundos. Agora ela podia convocá-los, retê-los nos nós das suas cordas e soltá-los nos seus encantamentos de poder.*

Diário de um Feiticeiro, La Luna, Espanha, 1999

As Ferramentas Litúrgicas

Wicca Craeft quer dizer "arte de moldar" ou "arte do sábio". Não há arte sem ferramentas nem existe matéria bruta que possamos transformar em obras de poder e beleza sem seu uso. Na história da Iniciação Mágico-Religiosa, a matéria bruta é, muitas das vezes, nossa personalidade padronizada. E as ferramentas que permitem moldá-la, segundo uma matriz arquetípica que varia de tradição para tradição, são as potências da nossa psique: o pensamento, a imaginação, a emoção e a sensação. São os quatro elementos sutis que trazemos na constituição cognitiva da nossa personalidade e que, desde Empédocles, são usados como esquema básico do trabalho mágico. Na história da Magia, as ferramentas litúrgicas têm sido usadas como meios para focalizar, manipular e libertar essas potências cognitivas, assim como de projetar nossa vontade sobre os reinos visíveis e invisíveis, de forma semelhante à do feiticeiro aborígene usando o osso afiado de uma clavícula humana para lançar seu feitiço.

Na história inicial da humanidade, a arma libertou gradualmente nossa consciência do seu estado primitivo, pelo uso sincronizado da mão e do cérebro nas estratégias de caça, como defendera o antropólogo Raymond Dart,[168] Quando a arma cedeu seu lugar à ferramenta, como centro de importância nas comunidades agrícolas neolíticas, ela desencadeou, com seus ritmos de trabalho sincronizados com os ciclos da Natureza, impulsos constantes sobre nossa estrutura nervosa, estimulando zonas neurológicas até aí desconhecidas. Muitas das ferramentas do mágico e do bruxo são antigas armas de guerra e de caça, como a espada, a faca, a lança ou, então, ferramentas agrícolas e de cozinha, como o prato sob a forma de patena ou o copo sob a forma do cálice. Esses instrumentos trazem a recordação de um tempo em que as armas e ferramentas haviam estimulado, pelo uso diário e em sincronia com os ritmos dos dias e das estações, áreas do nosso equipamento cerebral e psíquico. Viver e morrer, amar e comer, caçar e semear foram as preocupações básicas da humanidade durante milhares de anos, em uma economia de subsistência difícil. Foram, por isso, inevitavelmente

---

168. Dart, Raymond; Craig, Dennis. *Adventures with the Missing Link.* New York: Harper & Brothers, 1959.

sacralizadas sob muitas formas, em função das culturas que as criaram. Elas eram sacralizadas não apenas pelo fato de nos sustentarem com as energias vivas dos animais e das plantas, mas pelo fato de, ao sermos alimentados por eles, vivermos um mistério de consubstanciação em que nos tornamos partes do Todo Vivo.

Durante os longos e frios milhares de anos do Paleolítico, os animais forneciam a carne, os ossos e as peles, para fazer arpões, pentes, bastões, roupas, e sua gordura fornecia-nos o combustível para o fogo. O Homem estava completamente envolvido pelo animal de uma maneira que nem sequer podemos hoje imaginar: o animal entrava no seu corpo pela sua carne que comia, envolvia-o com as peles que o vestiam e protegiam do frio, armava suas mãos de lanças e arpões, embelezava seus cabelos com seus ossos sob a forma de pentes e simbolizava a soberania dos chefes tribais com seus bastões de comando. Foi seu uso regular que, muito possivelmente, levou o feiticeiro a perceber que o espírito do animal estava psiquicamente presente nas suas partes orgânicas: nasceu então a "magia do contágio" e da "ação do semelhante sobre o semelhante". Recordo-me, quanto ao que acabo de dizer, de uma situação pessoal que me deu uma lição sobre essa relação mágica com os animais. Anos atrás, comprei no mercado negro de Moscou um casaco de peles de um animal que na época não conseguia classificar. Minha compra foi decidida mais pelo fato de a minha imagem diante do espelho me lembrar as gravuras de xamãs vestidos de peles animais, que apareceram publicadas no século XVIII e se tornaram famosas entre a opinião pública inglesa, do que por qualquer atração por esse tipo de vestuário, que tanto furor fazia na geração hippie dos anos de 1960. O que me impressionou mais tarde, no entanto, foi o fato de, ao começar a usá-lo, me sentir várias vezes um felino correndo pelas estepes frias e geladas, com o faro e a visão aguçada de um predador. A sensação era tão estranha que parecia sentir o odor animal envolvendo-me e escutar seus uivos. Eram experiências bizarras de metamorfose animal na minha imaginação, por vezes quase de somatização! Quando o levei a uma casa de peles para me informar sobre sua origem, o comerciante afiançou-me que era uma pele de uma raça de lobo quase extinta da Sibéria. Senti pena do lobo por, dessa forma tão pueril, ter dado sua vida para satisfazer a vaidade humana, mas seu espírito continuava vivo e ligado à sua cobertura de pelo e comunicava-se comigo sem ressentimento nem tristeza, por ter encontrado alguém que partilhasse seu espírito.

Grande parte das ferramentas litúrgicas da Bruxaria antiga, tal como relatam os grimórios, era feita de materiais animais ou vegetais, porque adicionavam à consciência do Magister a consciência e força do espírito animal ou vegetal. Varas de aveleira e sabugueiro para invocar os silfos, ou de freixo, para adivinhação e profecia, cornos de cervo, para o punho da faca ou para a tiara cerimonial, peles de lobo ou de cabra como toalha litúrgica, eram formas de trazer suas forças vitais e seus espíritos como coadjuvantes nos rituais arcaicos, da mesma forma que os índios americanos com as penas e garras dos seus espíritos animais protetores suspensas na cintura e na cabeça. Com a Idade do Bronze, e mais tarde a Idade do Ferro, a prata e o ouro, o cobre e o ferro, começaram a ser usados para as matérias duras das ferramentas, em função não só da sua durabilidade como das suas funções mágicas. Foi a percepção clarividente de que algumas substâncias minerais tinham ressonância com algumas estrelas e constelações, e com certos princípios arquetípicos animais, que tornou célebre seu uso. Embora os leitores possam pensar que essa ideia é um maravilhoso delírio poético, no século XX, um discípulo de Rudolf Steiner, o célebre Ehrenfried Pfeifer, comprovou, por meio do processo de cristalização sensível, que algumas substâncias minerais usadas na Magia talismânica eram estimuladas molecularmente quando seus planetas regentes estavam acima do horizonte.[169] Na Bruxaria Moderna, as ferramentas fundamentais da sua liturgia são quatro e ligadas aos "quatro elementos" que Empédocles e mais tarde Jung definiram como base da estrutura elementar da matéria e da nossa psique, a saber:

Pantáculo – Terra – Norte – Sensação
Athame – Ar – Leste – Pensamento
Vara – Fogo – Sul – Intuição
Cálice – Água – Oeste – Sentimento

A origem dessas ferramentas mágicas veio, na sua maior parte, da *Clavícula do Rei Salomão*, na tradução inglesa de Mc Gregor Matthers, que muito influenciou a primeira redação do *Livro das Sombras*, de Gardner. Seu uso foi, no entanto, determinado pelas práticas de Magia cerimonial sistematizadas por Eliphas Levi e Papus, cujas origens se encontram nos grimórios medievais e renascentistas e nos manuscritos ocultistas de Agrippa e Paracelso, no fim do Renascimento. Não há wiccan que não tenha pelo menos essas quatro ferramentas litúrgicas! Uma das disciplinas mais praticadas entre os aprendizes do Wicca é usá-las como

---

169. Kolisko, L. *Agriculture of Tomorrow.* Colchester, UK: Acorn Press, 1978; Schwenk, Theodor. *Sensitive Chaos: The Creation of Flowing Forms in Water and Air.* Forest Row, United Kingdom: Rudolf Steiner Press, 1990.

estimuladores de alguns princípios essenciais da sua personalidade, que estão em correlação com as forças dos elementos, para projetá-los no espaço consagrado do Círculo. Com elas, talha-se o círculo, invocam-se os Elementais e reverenciam-se os Deuses, consagram-se amuletos, talismãs e objetos de uso cerimonial. Uma maneira tradicional de usá-las e compreendê-las no Wicca é alinhá-las em um pentagrama ou em um quadrado e perceber suas funções e relações entre si.

> *Síntese: As ferramentas agrícolas e de caça foram desde os tempos mais recuados sacralizadas e premeditadas como extensões físicas de forças divinas, mas no Wicca elas funcionam essencialmente como extensões ritualistas que ajudam a materializar os níveis subjetivos da realidade suprassensível no ritual mágico.*

As Armas Mágicas

A importância da arma na história da Magia é deveras interessante. Sua influência no Paganismo Moderno deve-se, fundamentalmente, ao mito dos Thuatha De Danaan e à forma como foi divulgado pelo poeta Yeats e, mais tarde, pelo movimento de revivalismo céltico na Inglaterra. Na lenda, os Thuatha trouxeram quatro armas-talismãs: a Lança de Nuadha, a Espada de Lug, a Pedra Lia Fail ou Pedra do Destino e o Caldeirão de Dagda. Cada um desses talismãs havia sido trazido de quatro regiões cósmicas, Falias, Gorias, Finias e Murias, símbolo das quatro regiões do círculo mágico. Esses talismãs são analogias das nossas ferramentas wiccanianas:

Pantáculo – Terra – Norte – Pedra Lia Fail
Athame – Ar – Leste – Espada de Lug
Vara – Fogo – Sul – Lança de Nuada
Cálice – Água – Oeste – Caldeirão da Abundância

Os magos ingleses, que vinham do estrato filosófico de inspiração pagã, que na Inglaterra vitoriana tinha suas origens em Yeats, perceberam rapidamente que essas armas de guerra mitológica eram as armas do Paganismo Mágico. Yeats sugere-o em muitos dos seus livros ensaísticos, na época em que sua luta pela independência da Irlanda estava associada, na sua opinião, ao redespertar dos Deuses tópicos da sua pátria. A função que o Magista wiccaniano atribui à arma litúrgica é de reintegrá-lo no Cosmos, através do combate místico com as forças inerciais da sua cultura e da sua personalidade, para que possa libertá-lo para o nível superior de uma consciência divinizada. Terá sido, provavelmente, o uso constante da arma na estratégia de luta e caça nos animais de grande porte, durante milhares e milhares de anos, que lhe terá desencadeado uma multiplicidade de estímulos no sistema nervoso, levando-o gradualmente a criar as bases fisiológicas para o desenvolvimento posterior da racionalidade. Mas o Magista não pretende desenvolver os domínios da sua racionalidade, que é uma aquisição sociológica frequentemente obtida nas escolas e universidades, mas, como os poetas visionários, ele pretende acordar as potências da Imaginação e da Vontade Livre e Verdadeira, seus Instintos Vitais recalcados ou dinamizados nas suas evasões lúdicas.

A importância da arma como instrumento sagrado tem sua filiação nos Mistérios Nórdicos, face aos Mistérios Mediterrâneos onde predominam sobretudo as ferramentas como base da sua liturgia, como vemos na lenda da doação do arado por Deméter a Triptolomeno na fundação dos Mistérios de Elêusis, na Grécia. É curioso, no entanto, realçar que nos Mistérios do Wicca nós encontramos uma síntese entre os Mistérios Mediterrâneos e os Mistérios Nórdicos, os mistérios da fertilidade e os mistérios guerreiros. Seja pelo cálice e a patena, característica dos Mistérios agrícolas mediterrâneos, ou seja, pela adaga e a vara litúrgica na sua referência aos mistérios nórdicos, o Wicca privilegia, na Era em que vivemos, um diálogo e uma síntese entre essas duas dimensões do ser humano: a união dos mistérios femininos e masculinos em um Único e Só Mistério.

Mistérios da Fertilidade *(Ferramentas)*	*Mistérios da Caça/Guerra* *(Armas)*
Cálice	Faca
Patena	Vara

Síntese: O armamento mágico não tem sua raiz histórica apenas nos grimórios medievais, mas sobretudo no memorial neopagão dos Thuata Da Danaan e seus Quatro Tesouros. As quatro armas litúrgicas são, também, uma herança esotérica dos Mistérios Nórdicos e Mediterrâneos, hoje reconciliados na Corrente Mágica do Wicca.

A Adaga Ritual

O instrumento litúrgico e ritual por excelência do wiccan é, sem dúvida, o athame ou arthame, como alguns tradicionalistas preferem pronunciar. As várias atualizações do *Livro das Sombras* feitas por Gardner conservam sempre incólume sua definição de "verdadeira arma das bruxas". Essa arma não existia na coleção de instrumentos mágicos dos grupos cerimoniais de raiz rosacruciana e maçônica como a Golden Dawn, havendo apenas uma arma parecida: uma adaga com o punho pintado na cor do elemento que ela representava. Na tradição de Gardner, trata-se de uma faca de caça, de gume duplo e com punho negro, de uma madeira sagrada, como o carvalho ou o espinheiro bravo. Em algumas tradições mais secretas, é feita de osso humano ou corno de corço ou veado. O fato de ele ter usado o negro para o punho dessa arma, seguindo de perto uma das versões da Clavícula do Rei Salomão, realça a universalidade de funções que se lhe atribui e que transcende as limitadas funções elementais do Ar, que habitualmente se lhe atribuía. A origem da palavra nos grimórios goéticos vem do grego Athamas e do seu radical *a-dam*, da qual se originou o *adamantus*, um ferro muito puro e de fortes virtudes magnéticas, com o qual se fazia as pequenas foices para ceifar o trigo, aproximando assim esse instrumento goético de Caim, que trouxe o trigo nas tradições secretas dos Yeziddis e com o qual teria sacrificado Abel. É, portanto, em alguns cenáculos iniciáticos de Bruxaria Tradicional, a arma que degola o ego do aprendiz. Ele tem a dupla natureza: por um lado, é a ferramenta destrutiva da personalidade profana do adepto, semelhante ao Raio mas, por outro, é o instrumento criativo sob o designativo de *Phallus Adamantus*.

Sua origem vem dos ritos sacrificiais dos caçadores nos tempos arcaicos. Com seu gume, talhava-se a carne do animal e separava-se a gordura das peles, enquanto sua ponta aguçada era usada para perfurar os órgãos vitais das suas vítimas durante as caçadas. O sacrifício, por excelência, durante a Antiguidade pagã, foi sem dúvida o da oferta de carne animal no altar sacrificial aos Deuses. O Sacerdote era muitas vezes escolhido entre o mais exímio usuário no corte e talhamento das carnes, como prova a exigência dos Hierofantes nos cultos mistéricos de Elêusis, ao escolherem os talhantes mais distintos da cidade para servirem no sacrifício aos Deuses Subterrâneos. Em Panoias, próximo de Vila-Real, em Portugal, ergue-se um dos santuários megalíticos mais invulgares da Península Ibérica, entre penhascos com tinas purificatórias e iniciatórias, onde o sangue das vítimas animais corria para mergulhar os candidatos à Iniciação no seu néctar vital. Lá deve ter havido, também, especialistas no uso da faca e do corte sacrificial.

Provavelmente a primeira faca tenha sido o biface em sílex. A faca de sílex deveria ter sido bastante cortante, mas a primeira verdadeira faca poderá ter sido de ferro meteórico. A ideia de uma arma como o athame ter sido em um passado remoto feita de ferro meteórico deveria ter sido uma coisa espantosa, porque se sabia que havia caído do Céu como um dia Lúcifer, Prometeu e outros Deuses desceram das alturas siderais para as entranhas da Terra. Tratava-se, então, de um instrumento feito do substrato material das estrelas. O *adze* de Set, cujo nome pode ter origem no hieróglifo *stp* (setep) que tinha a forma do *adze* que os egípcios usavam na Cerimônia de Abertura da Boca, para insuflar vida às estátuas e às múmias, e o *purba* tibetano, são dois exemplos de armas litúrgicas de ferro meteórico. A história de Caim como ferreiro taumatúrgico, filho de Eva e da Serpente Samael, segundo o apócrifo Evangelho de Felipe, sugere a ideia de que esse ferreiro mítico, possível metalurgista do ferro meteórico, pela sua descendência luciferina, foi o Mestre-Ancestral da Tradição Arcaica da Bruxaria. O ferreiro sempre esteve envolvido em tabus em muitas culturas, porque era ele que lidava com o fogo, considerado ser o Princípio Criador do Cosmos. Sem ele, não era possível a sociedade humana existir tal como a conheciam, porque da sua forja e da sua caldeira surgiam as armas, ferramentas e todos os belos objetos de decoração religiosa e profana. As bruxas modernas pós-Gardner contam, no entanto, uma história muito diferente e tão encantadora como a primeira: a da sua origem estar nos antigos cultos da fertilidade dos campos e dos animais. Na realidade, os primeiros comentadores dos cultos da fertilidade, como *sir* James Frazer, sugeriram que eles não eram cerimônias orgíacas e belos afagos de amor no meio das searas, mas sobretudo atos sanguinários de assassínio ritual, em que o sangue da vítima humana nutriria a terra semeada, como acontecia em muitas mortes de Reis Divinos. Nesse caso, o athame viria de um rito agrícola sacrificial esquecido e transformado na faca sacrificatória de Hécate, Rainha dos Demônios do Submundo e matrona das Feiticeiras. A história bíblica do agricultor Caim matando seu irmão Abel no meio do campo, pode ter vindo também de uma prática de sacrifício ritual de características agrárias de origem cananita ou babilônica. Pergunta-se muitas vezes que instrumento ele terá usado, se uma pedra ou uma relha de arado, mas acredito que tenha sido o *adze sethiano*, que era usado sob forma de enxada para cavar a terra e abrir a boca dos mortos e transfigurá-los.

Uma das exigências dessa adaga ritual é que ela seja de ferro ou aço. O ferro, em virtude da propriedade do seu magnetismo, é um precioso acumulador das energias vitais. Por isso, é usado na Magia! A Magia Cerimonial clássica, herdeira de autores como Eliphas Levi e Papus, defendia o uso da faca de ferro em virtude, também, da sua aptidão para dar curto-circuito nas cargas elétricas. Seu uso na Magia cerimonial baseava-se, assim, apenas no comportamento elétrico das pontas de ferro. Muitos dos fenômenos etéricos com que os magistas lidavam pautavam-se pelas mesmas leis que regem a eletricidade e o magnetismo. Compreenda bem as leis do magnetismo e os efeitos das pontas de ferro sobre ele, e compreenderá muitas das leis ocultas do athame no Wicca. O uso das facas de ferro para banir as fadas e outros seres do invisível, quando assediavam e obsidiavam os seres humanos, encontra-se bem documentado na antropologia inglesa nas áreas da Irlanda. Em Portugal existem muitas referências nos processos da Inquisição sobre o uso de pontas de ferro sob a forma de facas e espadas pelas feiticeiras portuguesas, para talhar as doenças e como proteção dos maus espíritos.[170] Sua eficácia era tão célebre que os santos da Igreja católica que assistiam a esses atos de devoção e feitiçaria popular, patronos da feiticeira, foram rapidamente dotados de lâminas aguçadas de ferro, como S. Bartolomeu e Santo André.

É o uso do ferro e a forma dupla da sua lâmina que leva a que se use o athame como atribuição ao elemento Ar. O ferro tem a propriedade de ser o veículo de oxigenação das células e a forma da sua lâmina lembra muito uma folha, sendo reconhecida ainda hoje por esse nome entre os armeiros. Erguer o athame diante de si é como ter uma folha na mão lembrando, por isso, o quadrante da Primavera e do Ar, que ele representa e atualiza dentro do Círculo Sagrado. Por outro lado, ele é o separador entre as trevas do Inverno abaixo do círculo, no quadrante da Terra, e a luz do elemento Ar acima, que ele anuncia diante de si cortando os dois mundos como o pensamento recorta, na substância inerte das sensações, os conceitos e ideias com que ilumina o mundo.

Habitualmente, o cabo da faca de caça ritual é sempre pintado de negro pelo wiccan. Há quem use, no entanto, uma adaga em vez de uma faca. Embora Gerald Gardner tenha sido no seu tempo um dos maiores especialistas mundiais em armamento oriental, sobretudo das Kris, ele parece ter preferido a faca de caça à adaga. Pode-se, com propriedade, atribuir o início do uso e costume da adaga em rito a Alexander Sanders. Uma adaga é uma arma de defesa e luta. Seu punho costuma também ser pintado de negro, mas com a diferença de que a tradição manda que este seja de espinheiro bravo – *prunus spinosa* – ou outra madeira que seja simbólica do Deus Cornígero reverenciado em coventículo. Sobre o punho e a lâmina são pintados os símbolos da Arte, que sintetizam as linhas mestras do trabalho mágico-religioso na tradição do seu praticante, assim como dos seus Deuses Oragos. Mas nas tradições mais secretas da Bruxaria Tradicional Pré-Gardneriana, que ainda hoje existem, não são

---

170. Bethencourt, Francisco. *O Imaginário da Magia: feiticeiros, saludadores e nigromantes no século XVI*. Lisboa: Projeto Universidade Aberta, 1987.

pintados os símbolos convencionais do Wicca, mas os sigilos e marcas comunicados pelos Espíritos Tutelares da Arte, segundo uma tradição oracular que vem já dos praticantes da Goétia e dos xamãs. Muitos praticantes do *Witcha*, a forma mais tradicional e antiga da Bruxaria que sobrevive hoje, usam também o osso animal ou humano como punho da adaga, da mesma forma que os cristãos usavam relíquias de mártires sob o altar ou os aborígenes da Austrália usavam uma tíbia afiada. Elas adicionam ao athame a possibilidade de serem um vínculo astral com o Além e os Espíritos Totêmicos do Coventículo. Nesse caso, os sigilos oraculares são pintados com o sangue do espírito animal totêmico na lâmina, ao bom estilo da Goétia, em vez do punho.

Não existe unanimidade entre os praticantes do Wicca Britânico Tradicional sobre qual o tamanho do athame, mas a linha orientadora fundamental é que ele seja do tamanho do falo humano ou do tamanho correspondente à distância entre o cólon do útero e a vagina. Evidentemente esse cânone é

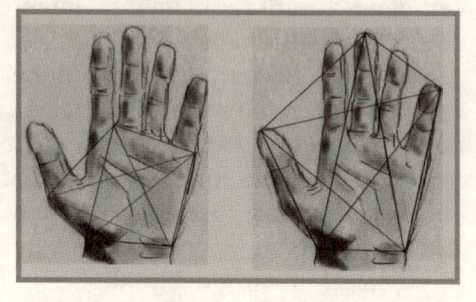

A relação da mão com o Pentagrama

muito difícil de aplicar! A razão desse costume vem do fato da adaga cerimonial wiccaniana ser o fetiche do Falo Criador do Deus Cornígero. A forma mais prática de encontrar a medida exata da lâmina é considerar a distância que vai entre o punho da mão e a ponta do dedo médio que, segundo muitas superstições, corresponde aproximadamente ao tamanho do falo do seu portador. Quanto ao punho, este deverá ser do diâmetro da palma da mão. Essa medida associa simbolicamente o athame não só ao falo procriador do Deus Cornígero, mas também ao Pentagrama. É sobre a palma da mão que encontramos inscrito simbolicamente o Pentagrama da Arte. Assim, em virtude do seu simbolismo fálico e pentagramático, o athame é usado sempre na consagração do vinho sabático e no talhe astral dos Pentagramas. Com ele se selam os quadrantes e se consagram os itens do círculo.

Existem vários usos e costumes atribuídos ao athame. Nas cerimônias do Wicca, ele é usado como utensílio ritual de projeção da nossa vontade no mundo visível e invisível, invocando e chamando os Espíritos Protetores e os Espíritos Guardiões dentro do Círculo. Com o athame, é possível abrir uma clareira, tanto no sentido empírico como quando fazemos o Círculo Mágico pelo talhe simbólico do espaço profano, quer na nossa própria vida, por meio do lançamento de encantamentos positivos. Com essa arma, consagramos e lançamos nossos encantamentos, da mesma maneira que o feiticeiro aborígene australiano usava seu osso nos feitiços. Por isso, diz nossa Tradição, que seu punho, para ser poderoso, deverá ser feito do osso do Animal Totêmico do Coventículo ou do Espírito Animal Guia.

Lembremos, no entanto, que a lâmina do athame é sempre dupla, para nos lembrarmos que esta deve ser usada dentro do Círculo Mágico com os dois deveres fundamentais: "perfeito amor e perfeita verdade". Muitas vezes, a lâmina também é tripla, porque a reentrância central da lâmina, que é o ponto de junção dos dois gumes, é muitas vezes realçada na sua confecção. Nesse caso, ela adverte que tudo o que fazemos com esse instrumento sagrado deve ser pensado segundo a Lei da Polaridade e que, mais cedo ou mais tarde, toda ação deve ter uma reação, e que seu efeito reverte com força tripla. Na verdade, a força etérica lançada pelo athame vai na direção mais curta entre dois pontos, a do emissor e a do receptor. Mas, se essa força não for absorvida pelo receptor, ela recurva, criando o que se chama o "efeito bumerangue". Segundo a doutrina mágica, as energias etéricas movem-se sempre em círculo, quando não são reabsorvidas no seu percurso. A duplicidade da lâmina lembra-nos, por isso, que devemos usá-la com equilíbrio e para fins de harmonia. Mesmo assim, se a energia lançada no exterior do círculo não for reabsorvida pelo receptor, este retornará três vezes sobre nós, quer para o bem ou para o mal. O athame não é somente uma faca de conjuro e consagração, mas também uma súmula do processo de desenvolvimento mágico. Assim como a faca elemental do Ar abre uma clareira, para que o espírito representado pelo Sol possa entrar na esfera terrestre, da mesma maneira a faca estabelece as etapas pelas quais nós desenvolvemos nosso espírito. Daí Gardner ter sugerido de forma subentendida ela ser "a verdadeira arma do bruxo". Essas etapas encontram-se bem especificadas em sigilos e sinais na superfície do seu punho. Esses sinais marcam e rematam as etapas do desenvolvimento mágico do wiccan. Na Tradição do Coventículo TerraSerpente estava estabelecido que existem Cinco Etapas de Evolução Mágica inscritas no punho do athame: a etapa de percepção e conhecimento visionário do mundo elemental do Ar, que rege o Athame (Primeira Etapa); de domínio e controle do Círculo (Segunda Etapa); de conciliação dos opostos polarizados da sua natureza masculina e feminina (Terceira Etapa); de comunicação consciente com os Deuses Oragos (Quarta Etapa); e, finalmente, de união destes com a Roda de Transformação do Ano

(Quinta Etapa). À medida que o wiccan vai superando essas etapas, ele vai marcando o punho do seu athame e firmando, assim, sua aprendizagem mágico-religiosa.

> *Síntese: O athame ou arthame, associado habitualmente ao elemento Ar no Wicca, é a arma central de trabalho mágico do wiccan, sendo usada para consagrar e vitalizar os itens da sua prática mágica, polarizar a vontade transfigurada dentro do ritual e talhar o Círculo.*

Marcas e Símbolos do Athame

As marcas taumatúrgicas do athame têm suas origens nos ferretes e sigilos dos ferreiros-feiticeiros que encantavam as espadas e lhes colocavam os sinetes dos espíritos protetores sobre os punhos ou as lâminas. Trata-se de uma marca de posse pelo espírito tutelar que habita a lâmina e que, unida à marca pessoal do seu portador, estabelece um pacto escrito de união solene das suas forças para a prática da Magia. Essa foi a origem da heráldica. Antigamente, a lâmina era mergulhada nas brasas da forja toda a noite e, em estado de vigília meditativa, o ferreiro invocava toda a noite os espíritos da sua linhagem para proteger a lâmina e trazer a força da Egrégora ao seu uso. Retirada solenemente da forja quando o Sol se erguia no horizonte oriental, era erguida incandescente em sua saudação enquanto se invocava o poder do Fogo Celeste e o Espírito Tutelar do fogo terrestre onde a arma havia sido aquecida. Depois era mergulhada na água do caldeiro e, assim, batizada com um novo nome. Assim nascia um novo ser: a espada e a adaga mágica. Só depois lhe eram colocadas as marcas e os sigilos secretos da confraria, enquanto esfriava na pia de pedra.

Não existem hoje ferreiros disponíveis como antigamente para servir condignamente os praticantes da Arte e, na maior parte dos casos, estes terão de se contentar em adquirir as facas e punhais já fabricados. Daí a importância da personalização do seu punho. Por meio dessa gradual personalização, a adaga transforma-se em uma criatura mágica e cumpre sua função como genuíno athame. Uma faca e um punhal só são um athame depois de serem consagrados segundo as regras da Arte. Assim, ninguém encontrará em uma loja de quinquilharias pagãs um athame já pronto para si. Um athame é gerado da mesma maneira como foi criado o mundo e, nesse ato criador, é revivida a própria cosmogonia.

O punho dessa ferramenta mágica tornou-se assim uma superfície que, por um lado, registra o pacto com os espíritos que moram na arma e, por outro, é um registo atualizado do nível de desenvolvimento e perícia alcançada na Arte pelo seu portador. Só quando tiver explorado, conhecido, controlado e transigido com os reinos das forças formativas do Ar, por meio de experiências visionárias, meditativas e rituais, deverá inscrever sobre o punho do seu athame o símbolo alquímico do Ar em cor amarelo forte e, dentro dele, o sigilo do seu Regente Elemental. Se isso não acontecer, seu athame será apenas um ornamento para suas horas de tédio e um brinquedo para seus passatempos de diletantismo mágico. Um athame é poderoso, não pela inscrição gratuita desses sigilos, mas pelo grau de perícia e conhecimento que alcançou ao passar pelas etapas mágicas de autotransformação e pelo grau de *rapport* desenvolvido com os Espíritos Tutelares da Arte. Sem isso, o athame é apenas uma faca adornada de símbolos e a certidão solene de uma vã e tola ostentação.

Existem cinco etapas de trabalho registadas solenemente segundo nossa Tradição sobre o punho e a lâmina do athame:

Primeira Etapa: quando tiver explorado visionária e meditativamente o reino etérico do Ar e tiver conseguido contatar seu Espírito Regente, consolidando um forte compromisso de intercâmbio mútuo, colocará então no alto do punho o símbolo alquímico do Ar: um triângulo barrado em cor amarelo forte, e dentro dele o sigilo secreto do seu Daimon.

Segunda Etapa: quando tiver explorado todos os quatro reinos dos elementos de forma crível, deverá inscrever o pentagrama sobre o athame. Mais tarde, depois de ter alcançado a perícia em talhar o Círculo da Arte e souber consagrar e conjurar com o athame, deverá envolver esse pentagrama dentro de um círculo.

Terceira Etapa: quando tiver desenvolvido seus poderes suprassensíveis a ponto de conseguir invocar os Deuses da Arte dentro do Círculo, deverá colocar por baixo do Pentagrama o Sigilo de Poder da Arte.

Quarta Etapa: quando começar a trabalhar com sua contraparte sexual e mágica, física e visionária, deverá colocar os dois sigilos, em forma serpentina, um diante do outro. Só mais tarde, quando tiver conseguido interagir sexual e ritualmente de forma mágica com sua Sacerdotisa deverá,

As Marcas do Athame

então, uni-los na sua ponta superior. Assim unidos formarão um Portal pelo qual as energias dos Deuses se derramarão dentro do Círculo da Arte e da sua Vida.

Quinta Etapa: Quando conhecer os mistérios do Sabat e tiver peregrinado ao longo da Roda do Ano de forma visionária, meditativa e ritual, e tiver sentido os impulsos de transformação na sua vida então deverá, finalmente, colocar debaixo dele o símbolo da cruz óctupla dos Sabates.

"Se Nenhum Mal Resultar, Faça o que Desejar"

No lado avesso do punho ou, então, sobre a própria lâmina, deverá inscrever ou pintar em dourado uma sentença em alfabeto mágico que resuma para si o uso que vai dar a essa arma sagrada ou, então, um trecho de um texto tradicional da Arte. O alfabeto deve ser tebano ou estilo malaquim. Veja abaixo o exemplo de uma sentença wiccan feita em alfabeto tebano, usando a regra wiccaniana como sentença mágica.

Finalmente, coloque também uma marca no pomo do athame. Essa marca genericamente é do seu Coventículo e terá sido comunicada durante a Iniciação pelos seus Mestres. Nesse momento ela será marcada com o ferrete da sua linhagem.

Síntese: É tradicional no Wicca Iniciático colocar marcas e símbolos no athame que assinalam as etapas do seu desenvolvimento mágico na Arte, assim como seus vínculos físicos e etéricos com os Espíritos Tutelares, Deuses, Egrégora e irmãos vivos e finados da Arte.

O Cálice Sabático

De todos os cálices e caldeirões contados nas lendas e sagas foi, sem dúvida, o Graal, o mais célebre no Ocidente. Sua busca lendária deve-se a um fenômeno de crise da Natureza: a terra está em um estado de infertilidade e impotência autorregenerante. Trata-se daquilo que as sagas graálicas denominam Terra Devastada. Em todas as culturas, esse acontecimento era um fenômeno anual transitório de crise da fertilidade na natureza, representado por uma busca do Princípio Criador até o Mundo Subterrâneo. Mas os criadores do mito do Graal têm o pressentimento de que essa devastação da Terra não é apenas um fato do calendário natural. Diante da condição humana atual de amnésia coletiva das forças suprassensíveis da Natureza, a devastação da Terra é inevitável, como atestam os efeitos nocivos do capitalismo industrial! Há nos autores dessas novelas populares de fundo iniciático, vendidas nas feiras pelos saltimbancos e contadas nas cortes europeias, a intuição desesperada de que o ser humano está em uma encruzilhada entre a perda de contato com os Deuses, anunciada pelo mito da Terra Devastada, e a necessidade de salvação pelo Cálice da Abundância. Toda a busca do Graal é um ato desesperado de regresso às Origens!

Nós vivemos ainda hoje no ciclo da Terra Devastada, aquilo que os hindus chamavam o Kali Yuga. O prenúncio dessa devastação já está anunciado nas lendas graálicas do século XII, recriadas literariamente pelos prelados medievais como Robert de Boron, sob o verniz do Cristianismo! Vivemos uma crise de poluição do planeta, de distribuição injusta de riqueza com um fosso cada vez maior entre ricos e pobres, alienação industrial e predominância da subcultura de supermercado. Isso é sentido pelos esoteristas mais conscientes como sendo um sintoma de profunda atonia e esvaziamento da nossa alma. Desse sentimento, autores como René Guénon[171] e Julius Evola[172] fizeram eco nos seus trabalhos esotéricos, mas em vão! Descobrir o Vaso, no sentido em que falamos de "descobrir" a Mulher, em sentido real e metafórico, não era apenas um ato de fertilidade da terra e da nossa alma, mas um passo para a Gnose. Ora, quando o Graal passava no dia de Pentecostes diante dos cavaleiros reunidos à volta da Távola, estes ficavam tão estupefatos pelo prodígio da sua aparição que se esqueciam de lhe perguntar: "Quem és? Para que serves?". Perdendo a capacidade de se interrogar, perdia-se o Graal. A busca e as aventuras dos guerreiros iniciados era um ato desesperado de, pela força e a coragem, compensar sua incapacidade de interrogar os Mistérios e, assim, interrogar-se a si mesmo. Da mesma maneira, as Cruzadas, tentando conquistar Jerusalém, alimentavam sua profunda defasagem com a Jerusalém Interior. Essa interrogação mistérica foi estimulada, no entanto, pelas heresias e foi a miopia dogmática dos clérigos, ao sacrificá-las nas fogueiras, que tornou inevitável a devastação física e espiritual até hoje.

O Cálice não é para o wiccan apenas um recipiente especial simbolizando o órgão sexual feminino, que é penetrado solenemente no plenilúnio pela faca litúrgica do feiticeiro, simulando, assim, a união dos Deuses Arcaicos! Ele é, sobretudo, um talismã de amor, usado para alcançar o êxtase de maneira lúcida e autoconsciente. Não há dúvida alguma de que esse êxtase é, na tradição do Wicca, o êxtase sexual.

---
171. Guénon, René. *A Crise do Mundo Moderno*. Lisboa: Editorial Veja, 1977.
172. Evola, Julius. *Rivolta contra il Mondo Moderno*. Milão: Fratelli Bocca, 1951.

Não se trata de êxtase só no sentido de uma euforia biológica e genital! Mas de um verdadeiro estado extático que só algumas mulheres especiais, conhecidas na tradiçao de mão esquerda por Mulheres Escarlates, têm, por uma configuraçao da sua alma, acesso. Um dos exemplos conhecidos dessas mulheres foi a bruxa escocesa Isobel Gowdie e a sacerdotisa vodu Marie Laveau, em New Orleans. Na realidade, o Wicca Tradicional, quando é herdeiro das tradições antinomianistas da Bruxaria Tradicional Europeia, conserva características rituais próprias de uma emanação corporativa da Corrente de Mão Esquerda, genuíno precursor de um *vama-marga* ocidental. Na história do Gênesis, o Conhecimento Secreto está sempre associado à descoberta da beatitude da sexualidade. Só depois de se descobrirem nus, um diante do outro, é que Adão e Eva foram capazes de se libertar do estado vegetativo e anoréxico em que viviam e começaram a interrogar-se. Na sua essência, o Cálice fala-nos do Mistério do Amor e da Iluminação Luciferina! Existe uma tradição bem consolidada nos costumes mágicos de que o Cálice deve ser-nos presenteado por alguém que nos ama ou aprecia bastante, para que o cálice, trazendo as forças do amor subjacentes a essa oferenda, possa atrair o Amor dos Deuses, na boa lógica de que "o semelhante atrai o semelhante".

Algum armamentário da Arte

O Cristianismo inventou a história de José de Arimateia, na qual se fala sobre ele ter recebido o cálice que teria recebido a água e o sangue jorrados da chaga aberta pelo centurião Longinus, no corpo sacrificado de Cristo. Mas a história é mais antiga que a lenda cristã e é de origem pagã. Nos mitos gnósticos contava-se a seguinte história: quando Lúcifer combateu com o Arcanjo Miguel, este teria arrebatado, pelo embate da espada sobre sua testa, uma esmeralda resplandecente que coroava sua fronte, tendo caído na Terra sobre a fronte de Caim. Trata-se da transmissão da Secreta Gnose pelo efeito de *coup-de-foudre*! Dessa maneira, ele tornou-se o Primeiro Sábio Iluminado, Guardião da Gnose Luciferina. Noé transportou-a na sua Arca durante o Dilúvio, tendo sido mandado que ela fosse lapidada, por ordem do rei Salomão, sob a forma de um cálice ou de um prato. Esse mito gnóstico deixou ecos no romance graálico *Parsifal,* de Wolfram Von Eschenbach, tendo sido utilizado nos meios iniciáticos da Bruxaria pré-gardneriana. Talvez essa "esmeralda" se refira ao ferro meteórico e ao fato de, quando encontrado, se apresentar com o tom verde resultante da ferrugem. Talvez seja este o Leão Verde dos alquimistas e se refira não só ao ferro meteórico, mas também à emanação etérica do mundo vegetal no momento mais luxuriante do ano. No Verão, quando o Sol está na constelação de Leão, e pela sua fase descendente depois do Solstício, "cai" como um meteoro, ele é colhido simbolicamente sob a forma do trigo maduro e transformado no pão em Lammas! Durante esse período do ano, quando Leão está glorificado pela passagem do Sol, não é por acaso que os meteoros caem também abundantemente do céu.

No Wicca, o cálice pode ter múltiplas formas, mas a mais querida é sem dúvida aquela cujo bojo lembra, visto de frente, a forma de um seio ou do "monte de vênus". Dessa forma, o cálice torna-se, nos ritos e meditações wiccanianos, um símbolo do ventre e dos seios nutrientes da Grande Deusa Mãe, tal como vemos em muitas representações de Ísis e de muitas Deusas mediterrâneas. Existem muitos recipientes litúrgicos de origem neolítica, encontrados nos túmulos descobertos nos Bálcãs, que têm a forma de seios. Eles são recipientes funerários que asseguram a fertilidade e o renascimento das almas dos mortos após seu repouso no Além. O cálice, pela sua ligação ao quadrante oeste, tem uma duplicidade paradoxal: por um lado, corresponde ao momento de maior abundância do ano, quando a constelação de Virgem é transitada pelo Sol e se faz as colheitas, e, por outro, marca o momento da morte transitória da natureza, pela sua ligação ao Escorpião e às noites que começam a predominar sobre os dias. Ele é o portador da Vida e o anunciador da Morte! Recipiente de fertilidade no mundo dos vivos e de ressurreição no mundo dos mortos, esses cálices podem ser de prata, cerâmica ou vidro. Uma das representações preferidas do cálice é a de órgão sexual feminino, não só no sentido genital mas no sentido cognitivo, tal como falavam os filósofos e poetas românticos alemães. Para eles eram os sentimentos e as emoções, características do quadrante de água, que trazem a oportunidade de fusão da nossa consciência com os princípios superiores da nossa personalidade. Como dizia o teólogo alemão Friedrich Schleiermarcher, o núcleo de toda experiência religiosa não é nem o dogma nem a doutrina, nem tampouco a ética, mas o sentimento.[173] Porque ele é o único que permite à nossa personalidade finita abarcar o infinito do Criador.

O cálice deve ser tomado pelo Iniciado como o *kteis,* sempre aberto da Grande Deusa, o Portal Sagrado sempre livre de Sheela-Na-Gig, do qual fluem as Águas da Vida. Mas o Cálice Sabático por excelência é o que tem a forma de um corno negro de vaca e que, pela sua abertura e formato, lembrando a púbis triangular do Eterno Feminino, apela à nossa imaginação sexual. Muitas vezes decorados com rebordos de prata, esses cornos garantem, pelas forças etéricas que os impregnam, um aditivo mágico muito importante ao vinho da congregação. O uso do corno com fins de fertilização é conhecido na agricultura biodinâmica criada pelo filósofo e esoterista Rudolf Steiner. Em virtude de se considerar o corno como uma parte do animal onde as forças vitais estão acumuladas em grande intensidade, resultante da propriedade da sílica, ele é utilizado como receptáculo dos preparados biodinâmicos entre os agricultores e como recipiente do vinho sabático entre os wiccans tradicionais. No Equinócio da Primavera, esses cornos são enterrados festivamente nos campos dos sítios antroposóficos cheios de composto biodinâmico, para funcionarem como ativadores das forças formativas do solo. É dessa Magia agrária, redescoberta por Steiner, que vem o mito dos cornos de abundância aos quais se atribuem a propriedade de fertilização dos solos, dos animais e das mulheres.

Muitas Deusas mediterrâneas trazem cornos, como Hathor, Astarte, Ísis, e todas elas são lembradas como portadoras da fertilidade aos solos e coletividades, que as recebiam nos seus altares comunitários. No Wicca Tradicional, quando se consagra o vinho, o cálice sabático é tratado da mesma maneira. Ele é o símbolo não só do sangue divino do Rei Veado sacrificado, mas também da fecundação da Deusa Virgem. Essa tradição tem suas origens no tantrismo, onde essas substâncias são consideradas portadoras de *kalas,* responsáveis pelos processos de abertura visionária da alma. Por isso, no Coventículo TerraSerpente há a tradição de pintar em volta de sua borda os sigilos do alfabeto do desejo ou os 13 sigilos das 13 faces da Deusa no ciclo de um ano lunar. O wiccan eclético, que desconhece essa tradição, coloca habitualmente uma sentença literária que represente para si o poder do cálice e que tenha sido tirada de um texto sagrado da Arte. Durante três ciclos sinódicos lunares, deverá meditar sobre essa sentença e, depois de ter absorvido todo o seu sentido e alcance prático, deverá pintá-la em prateado ou azul-marinho sobre a borda do cálice em alfabeto tebano.

---

173. Schleiermarcher, Friedrich. *Discours Sur la Religion,* 1799.

> *Síntese: O Cálice, associado habitualmente ao elemento Água, tem suas origens nos banquetes báquicos e nos mitos do Graal, sendo usado para representar as forças femininas nas cerimônias wiccanianas. Com ele, recebe-se o vinho e pela sua forma se invocam as Divindades femininas dentro do círculo.*

A Vara do Fogo

A tradição wiccaniana usa a Vara representando preferencialmente o Fogo. Sua conexão com o fogo relaciona-se com o fato de ser o símbolo ritual das tochas artemisianas e hecatianas que nos permitem ver na escuridão do mundo suprassensível. Ela pode ser feita de metal ou de uma madeira que represente esse elemento: loureiro, com que os gregos arcaicos faziam o fogo, esfregando suas hastes sobre uma base de madeira; funcho, onde Prometeu escondeu o fogo do Olimpo; pinheiro, tão acarinhado pelo Deus Pã; carvalho, pela sua proverbial sabedoria e sua relação com Herne e Zeus, o Deus dos trovões. Embora as árvores sejam aqui referidas em função do seu simbolismo com os Deuses Helênicos, devem ser escolhidas de preferência em função do panteão com que o wiccan trabalha.

Manda a tradição nos grimórios da Bruxaria, no entanto, que ela seja feita de sabugueiro, aveleira, freixo ou macieira e cortada no dia de Beltaine pelo nascer do Sol. O ramo de onde é cortado deve ser "virgem", isto é, sem flores nem frutos. Ele deve ser cortado para ter o tamanho que vai do cotovelo ao dedo médio. Trata-se da medida conhecida por "decúbito faraônico", que era usado como medida padrão na construção dos túmulos egípcios. Depois de colhida, a vara deve ser colocada para secar durante dois ou três dias. Sua casca deve ser depois removida e, finalmente, pintada de vermelho. Mais tarde, suas pontas devem ser ferradas com pontas de prego ou, se quiser, uma das suas pontas podem ser adornadas com um cristal associado ao elemento fogo: como uma ametista, uma granada, ou, se for rico o bastante, com um belo rubi. Depois, no dia e hora de Marte ou Sol, como preferir, deve consagrá-la quando a Lua for crescente no céu e esteja em uma das constelações de Fogo. Deve sempre se lembrar que em Magia o bruxo toma sempre a astrologia sideral, que tem como referência as constelações, quando pretende agir sobre o mundo da natureza, e a astrologia tropical, que tem como referência os signos, quando pretende agir sobre o mundo humano. Essa é uma lei que nunca deve esquecer! Por isso, terá de estudar e conhecer o céu e reconhecer suas constelações, porque as consagrações dos nossos itens litúrgicos são feitas sempre em função da posição da Lua e de certos planetas sobre elas.

A função da Vara é invocar os Guardiões e, por vezes, os Deuses dentro do círculo. Segurar uma vara ritualmente cria a sensação de estar alcançando os mundos invisíveis e comunicando-se com seus habitantes lá em cima no empíreo. É, por isso, tradicional que essa vara seja dividida em sete áreas, representando os níveis de realidade sutil associados aos sete planetas, que são habitualmente tomados como esquema esotérico do mundo suprassensível. Essa vara não é a "vara dos silfos" dos grimórios medievais, cuja função é a de controlar as forças caóticas e instáveis dos habitantes do mundo do ar e do mundo etérico das fadas, mas é um instrumento mágico a ser usado para se comunicar com os reinos dos Devas. Se souber discar os códigos certos representados pelos nomes de poder dos Guardiões e dos Deuses, conseguirá contatar essas forças e trazê-las ao mundo visível. Nesse caso, a Vara é o meio da Imaginação Plástica, do Mundo Astral. O Fogo é o elemento mais sutil da natureza e, por isso, é o mais próximo do Divino. Daí ter sido usado como unificador de comunicação com os Devas da Arte.

No Círculo da Arte o quadrante Sul, que ele rege, não é apenas um ponto geográfico do horizonte terrestre, mas um ponto que tem analogia com o Supramundo, da mesma forma que o Norte tem com o Submundo. O feiticeiro deverá ter, também, uma Vara dos Silfos, se trabalha com os habitantes desse mundo suprassensível que é conhecido por Mundo das Fadas. Nesse caso, deve colocar na ponta um pentagrama de latão ou estanho como a vara das fadas madrinhas. É pelo fato de o quadrante Sul estar oposto e por cima do quadrante Norte, que a vara dos silfos tem esse poder de agir sobre o Submundo das Fadas. Nesse caso, seu trabalho seguirá parâmetros ritualistas que o levará a ter de deixar de usar lâminas de ferro dentro do círculo, porque é sabido que as fadas são avessas a esse metal. Usará a vara da mesma maneira que usa o athame. Por regra tradicional, a vara deverá ser, nesse caso, de aveleira e deverá colhê-la em um dia de Mercúrio, quarta-feira, ao romper da alvorada em uma fase de lua crescente.

Além das varas supracitadas existem outras varas: a vara reta, de sugestão fálica, em virtude da inclusão de uma pinha na sua ponta e símbolo da integridade mágica pela sua forma aprumada e dura, e a vara sinuosa ou a vara-serpente, que os bruxos tradicionais do *Witcha* usam. Habitualmente ela deverá ter o tamanho que vai do seu cóccix à base do seu cérebro, porque ela representa não só sua coluna vertebral, por onde o fogo do sexo e da sabedoria transitam, mas também representa a Serpente da Sabedoria, o relâmpago destruidor e criador em que o Anjo-Bode Azazel se manifesta. Genericamente é feita de salgueiro pela forma encurvada dos seus ramos e adornada com runas e segredos mágicos transmitidos pelos Espíritos Tutelares do coventículo. Sobre ambas as varas deverá inscrever sigilos e sentenças da Arte, escritas em rúnico ou tebano.

> *Síntese: A Vara, associada habitualmente ao elemento Fogo no Wicca, tem suas origens nas tochas iniciáticas dos cultos de Ártemis e Hécate, sendo usada para invocar os Guardiões e os Deuses dentro do Círculo.*

O Pantáculo da Arte

Uma das peças rituais que subsiste na prática mágica do Wicca e sobre a qual quase nada de suficientemente útil se tem escrito para instrução é o Pantáculo ou pentáculo. Na verdade, essas duas expressões aplicam-se a duas coisas diferentes, embora se assemelhem pelo fato de serem uma superfície redonda e plana, tal como vemos sobre os altares dos magistas e dos wiccans. Na essência, a palavra pentáculo significa "cinco chaves". Esse termo aplica-se quando sobre essa superfície está inscrito apenas um pentagrama. O pantáculo, contudo, quer dizer "todas as chaves". Esse último é, habitualmente, constituído por uma série de signos, marcas e sigilos inscritos sobre sua superfície, por vezes sob a forma de alfabetos arcaicos. Eles exigem ser decifrados e meditados pelo aprendiz, já que neles se encontram as energias essenciais do coventículo e da sua Tradição.

Nos altares das várias celebrações wiccanianas, esses objetos podem encontrar-se em muitos materiais como o barro, o mármore ou o granito, a madeira e o latão, mas a tradição manda que seja de cobre. A opção do cobre deve-se ao fato simples de esse utensílio litúrgico ser o símbolo do elemento terra e ser um metal venusiano. Vênus rege o Touro no Zodíaco, que por sua vez é um dos Quatro Querubins vistos por Enoque e um dos quatro aspectos da Esfinge Elemental. Por tudo isso, o cobre é um metal muito apropriado para atrair as forças elementais de Terra ao interior do Círculo. Pode-se pensar, no entanto, que valor terão essas escolhas de metais simbólicos na prática da Magia e da Bruxaria Wiccaniana. Na realidade, sempre se considerou que se devem escolher materiais que tenham uma ressonância entre os vários planos da criação e sejam específicos para o tipo de trabalho mágico que irá ser praticado. Não é por acaso que nós utilizamos habitualmente ferro (Marte) para nosso athame, prata (Lua) para nosso cálice e cobre (Vênus) para nosso pantáculo, sendo a vara a única que não é totalmente metálica.

A ausência de informação deixada por Gardner quanto à maneira específica de consagrar o Pantáculo, sendo encarado apenas como uma superfície onde se inscrevem os símbolos tradicionais que sintetizam a tradição do Wicca, e o fato de autores como Aleister Crowley informarem que o Pantáculo era uma superfície sem qualquer utilidade no arsenal do magista,[174] a não ser representar a visão do Magista e das suas relações com o universo visível e invisível, trouxe, sem dúvida, uma gradual deteriorização desse utensílio mágico. Os grupos wiccanianos

*Pantáculo Tradicional
e a exatidão setenária dos sigilos*

ecléticos atribuem a esse utensílio litúrgico pouco mais significado prático do que os católicos atribuem à patena usada na eucaristia da Missa. Embora a origem do Pantáculo seja a de ter sido usado como um escudo protetor, elevado diante dos Demônios quando os antigos praticavam a necromancia e a demonologia, é nos antigos escudos xamânicos e nas "pedras de enfeitiçamento" do Paleolítico que nós podemos encontrar vestígios da sua primeira aparição. Sobre a superfície dos seus escudos e tambores, os xamãs representavam de forma gráfica sua visão mágica do mundo, com a Árvore do Mundo e seus três níveis de realidade, como vemos nos escudos Tungus. Aí encontramos figurados, também, os Espíritos Auxiliares que os conduzem nas suas viagens visionárias. Sabe-se que os caçadores do Paleolítico não partiam para suas caçadas sem terem cumprido ritos propiciatórios e de enfeitiçamento da caça. Foram encontradas, por isso, muitas placas de enfeitiçamento e H-L. Movius encontrou uma delas na caverna de Colombière, que nos interessa aqui especificar. Ela era de forma redonda e sobre ela estavam inscritas figuras sobrepostas dos espíritos animais que o caçador pretendia caçar. Trata-se do primeiro

---

174. Crowley, Aleister. *Magick in Theory & Practice*. NY: Dover, 1929.

protótipo de Pantáculo que conhecemos! Os Pantáculos dos grimórios medievais, usados para controlar os Espíritos, poderão ser uma reminiscência atávica dessas placas! Conhecemos do neolítico, também, selos em barro, moldados em forma circular, com ideogramas e que Marija Gimbutas catalogou e interpretou como sendo de Deusas Neolíticas. Serão nossos Pantáculos, com nossos ideogramas mágicos, uma recordação dos usos e costumes religiosos desse passado remoto?

O Pantáculo tradicional do Wicca é de origem gardneriana. No seu centro está o pentagrama rodeado de sete símbolos dispostos geometricamente, de forma a sugerir uma estrela sétupla. De forma velada está aqui inscrito o setenário! Era costume, até então, o Pantáculo de Magia Cerimonial ter duas faces inscritas: uma que representava o Microcosmo e a outra o Macrocosmo. Gardner foi inovador ao unir as duas faces em uma só face, o Microcosmo representado pelo pentagrama e o Macrocosmo pelo setenário de sigilos, de modo que se pudesse usar essa superfície como um prato ou patena ritual. Ao se colocar essa ferramenta orientada para o ângulo Norte, que rege o quadrante elemental de Terra, o que se está fazendo é usar o Pantáculo como uma forma de vínculo físico-etérico com a memória arcaica e a Egrégora do coventículo. A primeira e mais importante tarefa em ritual de coventículo é, por isso, quando a Alta Sacerdotisa e o Alto Sacerdote depõem suas mãos sobrepostas sobre o Pantáculo no altar para contatarem e se unirem à Egrégora e aos Antepassados da Arte. Ligando-se, assim, às Forças do Passado, é possível começar a girar a roda da Magia e trazê-los como impulso vivo para o presente.

Pode utilizar-se o Pantáculo não só como o velho "escudo de medicina" dos índios americanos e os tambores xamânicos dos feiticeiros siberianos, mas também sob forma de patena, isto é, de prato sagrado onde as comidas consagradas são depositadas e se celebra o pacto com os Velhos Deuses, na forma de uma eucaristia primitiva e coletiva. Sua origem está na *patella* romana, um prato sacrificial aos Penates, os gênios protetores da riqueza e da linhagem da família romana, onde se colocavam oferendas de alimento aos Antepassados. Ainda hoje os wiccans não só consagram o alimento sacrificial aos Deuses no Pantáculo, como colocam sobre ele todos os itens da sua arte para serem consagrados. É essa função do Pantáculo wiccaniano que indica ao estudioso de Magia que sua origem está nas patellas romanas e não nos grimórios medievais e renascentistas.

Intensificação das Forças de Consciência

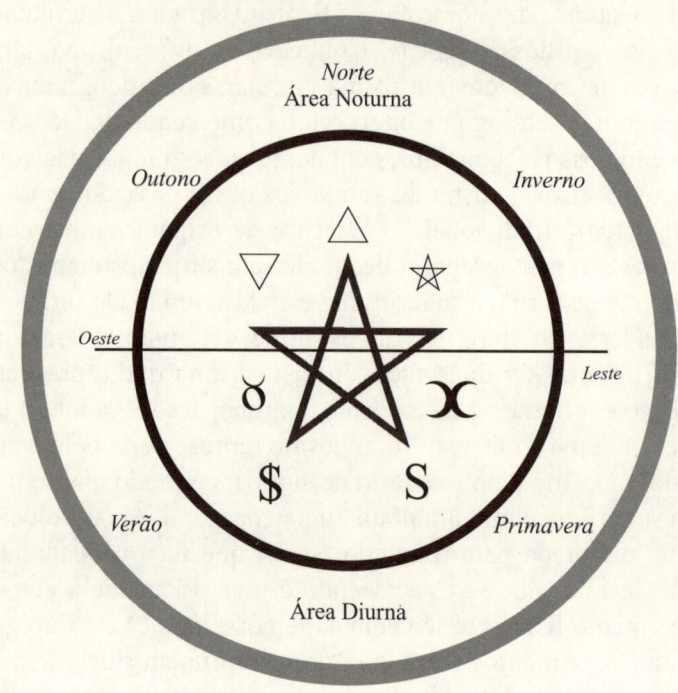

Norte
Área Noturna

Outono　　　　　　　　*Inverno*

Oeste　　　　　　　　　　　　　Leste

Verão　　　　　　　　*Primavera*

Área Diurna

Intensificação das Forças de Vida

Além da propriedade que tem o Pantáculo wiccaniano de funcionar como um talismã que une o coventículo à Egrégora e aos Antepassados da Arte, quando se trata de um "grupo contatado", o Pantáculo funciona também como um mapa do reino invisível. Se usar o triângulo de fogo △, que vê inscrito no Pantáculo, como um ponteiro apontando o norte sagrado do Círculo, notará que a seção noturna do Círculo é dominada por sinais fechados com linha retas, característicos da ação mineralizante das forças astrais durante a fase noturna do ano, e que na parte inferior predominam formas circulares e abertas, próprias das forças etéricas atuando na fase diurna do ano. Essa dupla natureza dos sigilos corta o círculo em duas partes: uma, onde predominam as forças da consciência e abrange o território elemental de Água e Terra, e outra, onde predominam as forças da vida, abrangendo o território elemental de Fogo e Ar. Dessa forma, ele divide o Círculo da Arte em duas esferas de ação: o Submundo e o Supramundo.

Uma outra função esquecida e ignorada do Pantáculo é o fato de ele funcionar como uma bateria psíquica, onde as energias criadas no ritual são armazenadas e usadas para ativar a Egrégora do coventículo. É, por isso, que esse Pantáculo deve ser sempre de cobre, em virtude de ser bom condutor da energia. Sobre a superfície do Pantáculo estão inscritos símbolos da Arte que funcionam como chaves simbólicas que nos dão acesso a diferentes facetas da egrégora. Esse utensílio é, na essência, um brasão heráldico que representa as forças formadoras do clã, seu totem. É curioso salientar que, desde as representações do pentagrama feitas por Leonardo da Vinci e Agrippa von Nettesheim, se tem associado esse símbolo ao Homem Microcósmico. Na realidade, o que está representado sobre o Pantáculo é o símbolo da Grande Deusa Mãe, já que este é colocado no quadrante da Terra Elemental. Aí "vemos" sugerida, na forma pentagramática do pentáculo, uma mulher desnuda e de pernas abertas em posição de parto, um pouco como vemos em muitas imagens de Shakti na Índia e nas sheela-na-gig, símbolo da fertilidade e do mundo sensório, portal para o mundo invisível. É por isso que sobre o Pantáculo tudo é consagrado, desde os itens da nossa liturgia até nossa própria vida, que nela simbolicamente é depositada. Sua razão deve-se ao fato de o pentagrama ser o glifo da Deusa Mãe, da Anima Mundi. Toda a soberania nos tempos arcaicos parece ter decorrido de um casamento simbólico com a Terra Mãe e, pelo pantáculo, nós renovamos esse matrimônio simbólico e esse pacto mágico.

> *Síntese: O Pantáculo, associado habitualmente ao elemento Terra, tem provavelmente suas origens remotas nas pedras de enfeitiçamento, nos selos sacerdotais e nas patelas romanas, assim como nos pentáculos de proteção dos magistas medievais, sendo usado no Wicca fundamentalmente como uma superfície para consagrar os itens da sua arte, assim como para sintonizar com as forças do Submundo e a Egrégora da respectiva tradição.*

As Marcas do Pantáculo

O Pantáculo é uma representação gráfica e sigilar das forças suprassensíveis e não humanas atuando dentro de uma determinada Tradição. Os sigilos e a forma como são distribuídos no Pantáculo escondem chaves de trabalho esotérico e a forma de se orientar no trabalho mágico. Esse é o genuíno livro da Arte. Trata-se de um "livro" simbólico de pedra, madeira, barro ou cobre, não muito diferente das tabletes babilônicas em barro, onde se inscreviam as histórias e proezas dos seus Reis e Deuses, ou desses "livro de pedra" de que falava Fulcanelli, quando se referia aos portais das catedrais e moradas filosofais da França. O Pantáculo é, na realidade, um portal para o Submundo da nossa psique! A forma de "ler" o Pantáculo depende de cada Tradição, mas a melhor maneira de fazê-lo, como se ensinava no Coventículo TerraSerpente, é alinhar seu triângulo de fogo, como se fosse um ponteiro de uma bússola, com o Norte elemental do Círculo. Se você interligar simbolicamente os símbolos que estão dentro do pequeno círculo do Pantáculo ao Grande Círculo da Arte, que está desenhado ou assinalado no chão do seu templo, e que demarcam os quatro territórios dos elementos, estações e da vida e metamorfose dos Deuses, você terá a chave principal para compreender seu uso.

As marcas do Pantáculo dividem-se propositadamente em dois tipos: as marcas de tendência circular e as marcas de tendência angulosa. Essas últimas estão no alto do Pantáculo e abarcam o reino de treva nas estações do Outono e Inverno, quando os processos de homogeneização e mineralização estão atuando na Natureza. Nessa fase sazonal, tudo é acometido por processos de decadência e morte para que, assim, a consciência possa eclodir. Foi necessário introduzir processos de morte no seio dos organismos para que os conteúdos da percepção se emancipassem do seio vegetativo das forças vitais e se transformassem em informação racional. Não é por acaso que nosso cérebro e o cristalino dos olhos, que refletem as impressões do mundo sensível, são a parte mais "morta" do nosso corpo.

Na seção inferior do Pantáculo encontram-se, pelo contrário, marcas fluidas e circulares que predominam na natureza quando a vida está entregue aos processos de crescimento e transfiguração, no seio da Primavera e do Verão. Elas correspondem à parte inferior do corpo humano, onde predominam as forças reprodutoras do nosso polo metabólico. Quando se é

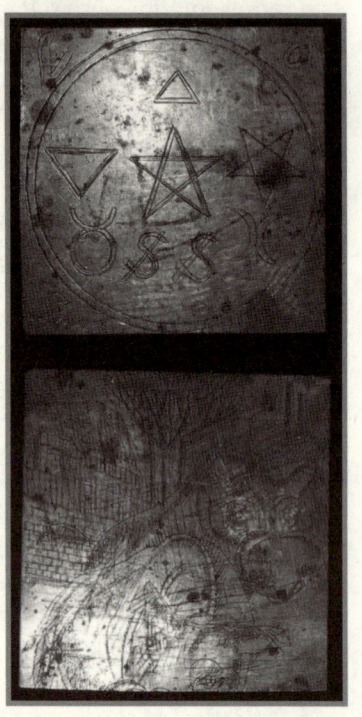

Pantáculo Primitivo Gardneriano. No início do Wicca, nos anos de 1940, quando o primeiro coven foi estabelecido, o pantáculo era quadrado como os talismãs planetares. No reverso do pantáculo existia a representação de um teriomorfo, herança da Bruxaria Tradicional e seus Familiares. Aqui são os cães guardiões de Annwn, o Mundo Subterrâneo.

iniciado, esses símbolos são colocados dentro da aura, como sementes dentro da terra, para que possam, alimentadas pelas meditações e rituais, ser atualizadas no campo cognitivo humano. Assim, é preciso realçar que esses sigilos não têm a função descritiva e narrativa de um livro, mas a função de, pelo seu simbolismo e seu caráter não racional, servir de foco para a meditação e os ritos. Toda e qualquer especulação sobres essas cifras místéricas são apenas aproximações superficiais, porque sua função é germinar dentro da consciência do iniciado uma experiência de sensibilidade e conhecimento que não é redutível a uma reflexão filosófica. Daí o laconismo dos autores iniciados sobre o sentido dessas marcas pantaculares.

Ao olharmos o Pantáculo, notamos que existem Três níveis de arrumação das marcas sigilares sobre sua superfície. Essa triplicidade sigilar é a chave para os três mundos da nossa psique, do nosso corpo, do Cosmos e seus espíritos e Deuses. Elas têm de ser apreendidas, também, em três níveis de cognição: o nível racional, imaginativo e intuitivo. Esses três modos de conhecimento estão associados a três modos de prospecção mágica: a ritual, meditativa e visionária. As marcas do polo encefálico e dos processos de mineralização do Outono e Inverno especificam os três graus de evolução da consciência dentro de um coventículo tradicional. Mas elas são mais do que isso. São símbolos carregados no mundo astral que podem abrir partes do território secreto da nossa alma. Correspondem à cabeça e ao pescoço do corpo do wiccan, onde se abre a consciência lúcida, racional e imaginativa, e onde está o órgão da voz que manifesta no ritual o Poder Triplo dos Deuses, equivalente ao AWEN dos Druidas e ao IAO dos antigos Gnósticos. Seja sob a forma do triângulo feminino, símbolo da Mãe Natureza, que no Outono abre os portais do supramundo para os homens penetrarem no seio do seu espírito, ou seja, o pentagrama invertido, que desce nas noites de Inverno como um raio ao seio da terra para iluminar os recessos suprassensíveis da nossa alma, trata-se, em ambos os casos, de marcas sigilares que atuam nas entranhas da nossa psique para abrir as fontes mais arcaicas da memória ancestral.

As marcas do polo metabólico e dos processos de fertilização da Primavera e do Verão correspondem a marcas sigilares que definem a forma como os Deuses atuam na Natureza. Elas especificam as forças que trabalham no mundo telúrico da nossa psique e no lugar de trabalho do círculo. Correspondem à zona sexual do corpo humano, onde temos tendência a afundar-nos em estados de inconsciência e êxtase. Nesses lugares, as forças vitais estão em estado livre e podem ser focalizadas para fertilizarem nosso mundo físico. Assim, de um lado temos a representação do Deus Cornígero e, de outro, a Deusa da Lua. Uma regendo as forças de exuberância e, o outro, as forças de declínio, representadas pela dupla força serpentina das energias telúricas que se veem no fundo do pantáculo. Se você colocar o Pantáculo orientado a norte pelo ponteiro do sigilo alquímico do fogo, notará que o Deus Cornígero ♉ cai no Outono, regendo a fase das ceifas e das colheitas, enquanto a Deusa ♓ eleva-se na Primavera, durante a fase do arar, plantar e semear. O primeiro segura o malho da joeira que tritura o grão na eira, sob a forma do sigilo da serpente crucificada durante setembro, e a segunda rege as forças livres da fecundação sob a forma da serpente em ereção, pronta para penetrar a terra e fertilizar os solos durante maio no Beltaine. Essa Serpente Dupla é o duplo fogo ctônico do Solstício de Verão, reflexo do Fogo Espiritual que se vê brilhando incandescente no alto do Pantáculo, sob a forma do triângulo de fogo.

A marca do Polo Rítmico é o Pentagrama que une esses dois mundos, o Cosmos em cima e a natureza em baixo, a força da consciência e a força da vida, fazendo dessa forma girar os processos de transmutação da alma. Não é de se estranhar, por isso, que muitas vezes apareça dentro dele o sigilo de oito raios dos sabates, que demarcam o longo ciclo anual de transição da alma do Iniciado. Olhando esse pentagrama, *O Corpo e o Pentáculo*,

O Corpo e o Pentáculo

podemos ver com nossa visão etérica ora uma mulher grávida no momento do parto, ora um homem em ereção pronto para a fecundação.

> *Síntese: O Pantáculo deve ser lido na sua constituição tripla. Essa chave semântica da sua tripla natureza ilustra a natureza arquetípica do ser humano, que tem na sua anatomia suprasensível o Mundo Superior, Médio e Inferior. Sob sua superfície encontramos transcritos os símbolos fundamentais de trabalho na Arte e um mapa secreto da alma e do Universo.*

LIBER RITI CONSECRATIONIS ENSILICI MAGI
A dedicação do Athame no Wicca Craeft

O wiccan deve sempre se lembrar que a dedicação do athame, mesmo antes de ele ser consagrado e iniciado em *coven*, é a tarefa primeira e fundamental de todos os seus ritos. Por meio do athame consagram-se todos os outros itens, de tal forma que se pode dizer que é a ferramenta-mãe de todas as ferramentas litúrgicas.

Nessa técnica aqui apresentada, a dedicação do athame segue um sistema processual em consonância com o grau de estudo e desenvolvimento do aprendiz em estudos em um círculo externo de dedicantes em *coven* de Wicca Craeft.

Que o wiccan saiba que a Dedicação é a confirmação cerimonial de uma arma ou ferramenta prático-utilitária a um fim mágico-religioso. Pressupõe-se, então, que essa cerimônia seja feita apenas com a intervenção dos poderes dos Elementos, pois é realizada por alguém que ainda não foi iniciado no coventículo. Na essência, trata-se de uma vitalização áurica do objeto. A Dedicação é sempre feita em Nome do Rei dos Espíritos Elementais, que é Senhor ou Senhora da respectiva arma litúrgica.

Adicionalmente, que o wican reconheça que, pela Consagração da ferramenta ou arma litúrgica em coventículo, esta vai ser transformada em criatura sagrada pela intervenção dos Mestres Iniciadores, dos Patronos da Arte e dos Deuses Fundacionais do Wicca. Ela é sempre feita em Nome dos Deuses da Arte do Wicca e dos Antepassados protetores da sua Linhagem, cujos nomes só os Mestres conhecem.

Itens para Dedicação do Athame
4 velas das cores elementais.
1 vela roxa.
1 tigela de sal.
1 taça cheia de água da fonte.
Incenso: olíbano com alfazema, em porcentagens iguais.

Fases de dedicação do Athame

Parte Interna: Vizualização do seu Templo Astral

Estude o texto abaixo e memorize-o. Depois, sente-se em um lugar calmo e vizualize uma montanha brilhando em um dia de Lua Cheia. Suba-a serenamente. No seu pico encontrará um templo megalítico, ou se preferir uma torre antiga, ou mesmo apenas uma clareira. Dentro desse recinto sagrado, declare: *ESTE É MEU SANCTUM TEMPLO*. Faça primeiro a dedicação do seu athame no astral, isto é, em imaginação exaltada. Faça-o muitas e muitas vezes, até impregnar os reinos astrais com a força do seu desejo. Só depois, então, escolha cuidadosamente um dia, se possível terça-feira e em que Marte esteja acima do horizonte e bem colocado, fazendo então o ritual em plenitude, no nível simultaneamente astral e físico. Trabalhe sempre de dentro para fora em rito.

Fase Externa: Preparar o Círculo

Mobilize a energia etérica do seu plexo solar. Quando tiver criado e desenvolvido intensa energização etérica, projete através dos seus dedos, enquanto cria um círculo à sua volta de luz cor de açafrão flamejante, a cor do elemento a que o athame está vinculado no Wicca. Faça seu círculo astral, partindo sempre do Leste, onde rege essa sua arma. Visualize depois à sua volta uma esfera de cor açafrão dentro da qual irá trabalhar. Declare, enquanto faz este círculo:

> *Eu te conjuro, Antiga Criatura do Círculo;*
> *Círculo dos Deuses que ninguém pode quebrar;*
> *Círculo Sagrado que ninguém pode passar;*
> *Círculo do Céu e da Terra que ninguém pode derrubar;*
> *Aqui sejas tu firmado, benzido e amarrado,*
> *E por Karnayna e Herodia aqui consagrado.*

Firmando o Templo

O Portal do Templo em cada quadrante é sempre um umbral criado sob forma de dois carvalhos, cujos troncos se erguem firmes e nodosos como duas colunas. Acenda a vela do portal leste, visualizando tridimensionalmente o Portal. Declare, então:

> *Eu aqui te firmo com o Poder do Ar*
> *O Conhecimento e a Ousadia são o esteio do Círculo*

Acenda a vela do Portal sul, visualizando-a tridimensionalmente à sua volta. Declare:

> *Eu aqui te firmo com o Poder do Fogo*
> *O Amor e a Transfiguração são o esteio do Círculo*

Acenda a vela do Portal leste visualizando-a tridimensionalmente à sua volta. Declare:

> *Eu aqui te firmo com o Poder da Água*
> *As Visões e a Profecia são o esteio do Círculo*

Acenda a vela do Portal norte, visualizando-a tridimensionalmente à sua volta. Declare:

> *Eu aqui te firmo com o Poder da Terra*
> *A Estabilidade e a Memória são o esteio do Círculo*

Nesse momento, você está rodeado de quatro velas e do templo astral de trabalho, que é uma clareira de oito frondosos e antigos carvalhos, visualizados tridimensionalmente à sua volta. Veja não o lugar físico onde está executando esse ritual, seja sua sala ou seu quarto, mas seu templo astral.

Purificação

Passe o athame pelo sal e visualize a energia do seu plexo frontal derramando-se pelos seus braços e purificando o Athame, dizendo:

> *Eu te purifico pelo Poder da Terra, ó Faca da nossa Arte*
> *Para que, pela tua Proteção, haja sempre Segurança na Adversidade*

Salpique com água da fonte o athame e visualize a energia do seu plexo cardíaco derramando-se pelos seus braços e purificando o Athame, dizendo:

> *Eu te purifico pelo Poder da Água, ó Faca da nossa Arte*
> *Para que, pela tua Proteção, haja sempre Equilíbrio na Adversidade*

Passe o athame pela fumaça do incenso e visualize a energia do seu plexo solar, derramando-se pelos seus braços e purificando o Athame, dizendo:

> *Eu te purifico pelo Poder do Ar, ó Faca da nossa Arte*
> *Para que, pela tua Proteção, haja sempre Força na Adversidade*

Passe o athame pelo fogo e visualize a energia do seu plexo genital, derramando-se pelos seus braços e purificando o Athame, dizendo:

> *Eu te purifico pelo Poder do Fogo, ó Faca da nossa Arte*
> *Para que, pela tua Proteção, haja sempre Iluminação na Adversidade*

Dedicação

Deponha a faca que vai transformar no seu Athame sobre sua mão esquerda. Depois ponha sua mão direita sobre o athame, mas distante em alguns centímetros. Energize o plexo solar, trazendo a energia criada às suas mãos e com a Mano Cornuta trace/invoque o Poder do Ar com um Pentagrama Elemental de Ar, em cor amarelo açafrão, sobre ele dizendo:

Eu te crio e dedico como Faca Sagrada da Arte, para que sejas meu athame para talhares, conjurares e consagrares dentro do Círculo todas as obras em que sou bruxo e feiticeiro. Em nome de Paralva, Rei dos Ares e dos Santos, Patronos da nossa Arte, Herodia e Karnayna, eu te consagro.

Parte Externa

Faça agora o trabalho, que praticou no astral, no mundo físico. A ideia é fazê-lo por fases: faça primeiro a preparação do Círculo até conseguir ter suficiente detalhe e força. Faça a seguir a fase de firmar o templo, e assim sucessivamente. Isso levará vários dias de trabalho árduo. Lembre-se de que o trabalho mágico é feito primeiro internamente no astral e só depois será projetado no mundo físico. Lembre-se desta regra de ouro:

TRABALHE SEMPRE DE DENTRO PARA FORA

Vitalização Pessoal

O athame deverá ser agora vitalizado com a energia bioetérica do seu portador, devendo dormir com o athame debaixo do travesseiro durante um meio ciclo sinódico completo da Lua, desde a lua nova até a lua cheia seguinte.

Marcas e Símbolos

Deverá marcar o punho do seu athame com o símbolo do Ar, em cor amarela de tom forte e, dentro dele, o sigilo do seu Regente Elemental. Nada mais ponha sobre ele, pois sua maestria só poderá ser reconhecida pelos Mestres e Mestras. Eles ordenarão o direito e o momento em que deve colocar os símbolos restantes, conforme seu progresso em *coven*.

Consecrating the Sword or the Athame.

(Note. if possible lay any ney weapon touching an already consecrated one.. Sword to sword . Athame to Athame etc. The ⚥ 1 send you is this cónsecrated .)

Prepare Circle and purify .all tools must be consecrated by a man and a woman. both as naked as drawn swords.

Place sword. or Athame on Altar. Touching wi-th already consecrated weapon say. "I conjure thee O Sword (Or Athame) of Steel,that thou serve me for a strength and a defence in all Magical opperations, against all mine enemies , visable and invisable. ln the names of """""" and """""". 1 conjure thee anew by the Holy Name """"" and """"", that thou servest me for a protection in all adversities, So Aid Me." Sprinkle and Cense. say. ḃḃḃḃ " 1 conjure thee O Sword of Steel, by the Great Gods and the Gentle Goddesses, by the virtue of the Heavens, of the Stars, of the Spirits who preside over them.that tho mayest recieve such virtues that 1 mayest obtain the end that 1 desire in all things wherein 1 shall use thee, by the power of """""" and """"".

Consecrating the Wand or any other tool.

"""""" and '"""""" Deign to bless and to consecrate this Wand, t at it may obtain necessary virtue through thee for all acts of love and hntyn, sprinkle and cense. """"" and """""" Bless this instrimunt Beauty. prepared in thine honour."(ln the vase of the ⚥ and Cords, add "That it may only serve for a good use and end."and to thy Glory."

All instruments when consecrated should be presented to their User by giving the ▽ sign.salute{if they are oorking in the 1st degree or the sign of the higher degree if they are working that.)

Then it should be placed between the breasts, and the two workers should embrace.it being held in plave by their bodies. The New Owner should use it imediatly. i.e. Cast. (Thaoe) Circle with Sword or Athame. Wave wand to 4 quarters. our somthing with whibe handled knife. etc. Cords and ⚥ should be used at once. (This is one of the jokes of the Craft. you are always finding that somone must be purified.)

Trecho do Livro das Sombras, *de Gerald Gardner, na sua versão de 1956-1961, referente à consagração do athame e da vara. Oriundo da linhagem de Charles Clarck. Compilação privada.*

XII
O Armamento Litúrgico do Wiccan

As Ferramentas do Feiticeiro – A Espada e o Caldeirão – A Vassoura Ritual
A Túnica Cerimonial – As Cordas e a Estaca
Os Incensos – Colares, Tiaras e Braceletes

> *A verdade de uma coisa está em senti-la e não em pensá-la.*
> Stanley Kubrick (1928-1999)

A noite era escura como breu. Na encruzilhada só se viam os penedos que, ao luar, pareciam guardiões ancestrais. O Magister havia lhe dito que à noite os espíritos se despem das suas formas de árvore e pedra e retomam a forma secreta dos seus espíritos, perscrutando nosso mundo. Disse-lhe também que, por isso, era necessário desnudar-se da sua forma humana, deixando no caminho mágico suas vestes mundanas. E assim, nua, ela chegou à encruzilhada e nua escutou as evocações aos Deuses. Então, o Magister disse-lhe em voz solene: "abre as tuas mãos e recebe aquilo que os Deuses te doam, para semeares a terra e a elevares à tua consciência". Ela abriu as mãos e recebeu a vassoura que, antes dela, havia sido tocada por outras mulheres e homens da Arte. Disse-lhe depois: primeiro terás de varrer o círculo da terra e purificá-la, da mesma forma que deves purificar o corpo para receber a semente dos Deuses. Vivianne pegou na vassoura e varreu e cantou o refrão com que se purificava o círculo. Depois, ele levou-a ao centro do altar e pegou na forquilha e disse-lhe: depois da purificação deves elevar a estaca cornígera de nosso Senhor, no seio profundo da floresta. Ela pegou na estaca e fincou-a no solo no fundo escuro do quadrante norte. E o Magister acrescentou: esta é a estaca onde nossos antepassados morreram e onde terás de morrer para ressuscitar. Ela é a Árvore do Mundo. Em nome dos nossos Antepassados, acendemos o círio da Arte. Então, elevando um círio entre os chifres da estaca, aí o depositou e alumiou. Como à sepultura de um ente querido, ele fez oferendas de vinho e mel, leite e trigo, e contou-lhe como era o caminho sagrado através do labirinto do outro mundo, como a ele se chegava e dele se voltava.

Diário de um Feiticeiro, Panoias, Portugal, 1997

As Ferramentas do Feiticeiro

O uso de artefatos de lavoura ou da vida doméstica e da caça, com fins ritualísticos e mágicos, é uma das características mais curiosas do Wicca. Utensílios comuns, sem aparente significado místico, além daquele que se lhe empresta funcionalmente na vida prático-utilitária, são muitas vezes investidos pelos wiccans de uma forte sacralidade. Tem-se escrito que esse fenômeno se deve, pura e simplesmente, ao fato de que a clandestinidade imposta pela intolerância cristã e a perseguição ciosa e desvairada dos inquisidores obrigava ao uso de artefatos tão comuns que passariam irreconhecíveis aos olhos dos perseguidores. É característico da vida moderna encarar o mundo prático e utilitário completamente ausente de sentido religioso. A mentalidade moderna típica da especialização científica acha que o sagrado deverá ter artefatos especializados. Nas sociedades antigas, a separação entre sagrado e profano era muito tênue e muitos dos objetos aparentemente pueris poderiam ser revestidos de uma forte sacralidade. Poderiam ser mesmo uma hierofania!

O fato mais curioso de sacralidade de um objeto é o do arado no Mistério de Elêusis. A revelação do Mistério Eleusínio termina pela dádiva, de Deméter a Triptolomeno, de um arado que se reveste de fortes significados mágicos. Dessa forma, o arado tornou-se não só um instrumento revolucionário do trabalho agrícola, mas também um instrumento sagrado, símbolo de fecundação da terra e preparação para a vinda de sua filha, Perséfone. O arado vence a dureza da terra e abre-a, para que, assim receptiva, possa receber as sementes do Sol por intermédio do ser humano e anunciar a chegada de Core na Primavera. O ser humano é para os Deuses o que as abelhas são para as flores. Nós polinizamos a terra com a essência dos Deuses, para que esta possa se elevar da sua materialidade até a beleza perfeita do Cosmos. Talvez seja esse fato que explique o costume das legiões romanas, antes de fazerem seus acampamentos, consagrarem o chão, arando-o em círculo e fazendo, depois, suas libações aos Deuses. Mas o fato mais surpreendente dessa sacralização é o dos instrumentos do ferreiro, que com sua forja e caldeira trabalha os metais e os transforma. Essas ferramentas chegam a ponto de ser personalizadas e batizadas, conferindo-lhes uma personalidade.

Tudo pode servir para a elevação da nossa consciência profana até a esfera divina. Desde o tear usado por Gandhi até o fio e tesoura do Mestre Eckart, desde a vassoura com que o discípulo zen varre meditativamente o jardim até a espada do samurai e a lança cravada no corpo de Cristo, tudo pode preencher uma função sagrada, se conhecermos a maneira de usá-lo. O filósofo e místico Graff Durkheim conta ter tido uma profunda experiência de comunhão com o divino, depois de ter simplesmente segurado um pedaço de ferro.[175] Muitas vezes não são apenas as configurações dos objetos e sua função, mas sua estrutura molecular que podem ter um efeito ativo na psique de quem se tornou sensitivo às forças suprassensíveis, por meio da meditação e de uma ascese. Muitas das vezes não são só os objetos que trazem um indutor à nossa psique. São a forma como os usamos! Quando seguramos uma vassoura para varrer ou trabalhamos em um tear, os movimentos do nosso corpo, quando formados sob a ação do ritmo, podem, em consonância com os ritmos meditativos do nosso cérebro, provocar uma sucessão de ondas em cadeia que quebram o dique perceptivo do nosso ego. São vários os objetos comuns que podem servir de endereço para os Deuses. Múltiplas são as formas pelas quais eles podem servir de alavancas para erguer nossa alma da sua obscuridade até a esfera luminosa da supraconsciência. É, no entanto, seu uso dentro do ritmo e do rito que os tornam poderosos.

Quando uma bruxa varre o chão do Círculo sob a ação do ritmo do seu cântico, em consonância com o ritmo da sua respiração e da sua batida cardíaca, e em sintonia com a cadência do seu movimento corporal, essa vassoura tão pueril e vulgar torna-se uma ferramenta poderosa para a percepção extrassensorial. O Wicca não é uma exceção no uso dos instrumentos domésticos para libertar nossa clarividência atávica e alargar nosso horizonte espiritual. Da vassoura ao caldeirão, da estaca e forquilha da lavoura até a espada e aos adereços de beleza feminina, são muitos e diversos os instrumentos sacralizantes e sagrados da nossa Arte. Eles não são apenas símbolos de algo metafísico e inacessível à nossa consciência ou à nossa compreensão racional. São ferramentas de trabalho e, sobretudo, instrumentos de diversão sagrada.

Síntese: Desde o arado até o tear, as ferramentas eram na Antiguidade pagã objetos sagrados doados pelos Deuses à humanidade e tanto induziam a transformação da terra como, pelo poder meditativo e ritual, permitiam induzir a expansão mística da consciência.

---

175. Durkheim, Graf. *Dialoque Sur le Chemin Initiatique*. Paris: Albin Michel.

A Espada e o Caldeirão

O caldeirão de ferro, redondo como um ventre grávido de vida e baseado sobre seus três pés, como se fosse um tripé de pitonisa, é um dos objetos mais belos e mais ricos de significado entre os wiccans. É muito raro encontrarmos uma imagem da feiticeira sem seu caldeirão. Embora o caldeirão fosse apenas uma panela de cozinha usada em todos os lares desde a Antiguidade pagã até nossos dias, sua associação à Bruxaria vem através da via erudita dos clérigos e artistas que haviam lido as narrativas dos autores gregos sobre Medeia. Dentro dele, a bruxa preparava suas poções, seus unguentos, óleos e venenos, ou usava-o cheio de água, como um espelho esmaecido pelas chamas da lareira, servindo de portal para as visões. O pintor pré-rafaelita John William Waterhouse (1849-1917) pintou Medeia ao lado do caldeirão e segurando uma vara longa e afiada com que traçava o Círculo Mágico no chão, e em uma das suas versões de Circe deixa-se tentar por representá-la de pé sobre Leviatã, segurando um recipiente que, na essência, é um substituto do próprio caldeirão. Nem sempre o caldeirão de ferro era um instrumento mágico. A bruxa irlandesa Alice Kyteler usava no século XIV uma caveira de ladrão, da mesma maneira que os monges tibetanos usavam as *kapalas*.[176] O que, na maior parte das vezes, os wiccans não se lembram é que o caldeirão era usado também pelo ferreiro. A fabricação de caldeirões era a atividade principal dos ciganos, célebres por terem difundido muitas práticas de Bruxaria, cujas características se encontram enraizadas nas velhas heresias gnósticas. Como nômades sentiam-se irmanados com o mito do errante Caim e tornaram-se os difusores de práticas tradicionais de Bruxaria, que se misturaram às práticas indígenas europeias, alargando e sofisticando os horizontes da Arte.

O caldeirão, seja pela sua função de suporte à transformação das plantas alimentares ou das poções e dos metais na forja, era o recipiente sagrado das transmutações. Pela sua forma sugestiva de ventre inchado de vida, propiciou o simbolismo adequado a muitas das suas utilizações mágicas modernas no Wicca. Um dos simbolismos mais sugestivos é o do Caldeirão de Cerridwen. A lenda aparece apenas transcrita no *Hanes Taliesin*, a História de Taliesin, inventada por uma plêiade de videntes patriotas, os *Gogynfeirdd*,[177] durante os séculos XII/XIII das invasões

---

176. Kapala é traduzível por "taça", "vaso" e, também, "caveira".
177. O mais antigo manuscrito Canu Taliesin é de 1275 e o historiador Ronald Hutton defende que a ortografia desses poemas é ao estilo da literatura galesa dos séculos XII e XIII, muito depois da conversão cristã, não sendo por isso genuinamente celta como se tem ingenuamente defendido. Segundo ele, teria sido escrito por um grupo de videntes patriotas no período de 1080 a 1350. Hutton, Ronald. *The Pagan Religions of the Ancient British Isles. Their Nature and Legacy*. Oxford: Blackwell, 1991.

normandas, mas que pelo ardil de um mito pseudogalês ilustra o processo de transmutação iniciática do ser humano. O simplório Gwion havia sido escolhido pela Deusa para mexer o caldeirão das suas poções que induziriam a sabedoria no seu filho Agfade, mas, por ironia do destino, as três gotas soltam-se pela fervura no fim de um ano e um dia e caem na sua mão. Cheio de dor, leva-a à boca, sendo levado a um estado extático que vai transformá-lo, mais tarde, em Taliesin. É pela boca dos tolos que muitas vezes está a promessa da Sabedoria e, naturalmente, será pela boca de encantador e de poeta que o bardo Taliesin se tornará célebre. No Coventículo TerraSerpente a boca do caldeirão está adornada, por isso, pelos sigilos sagrados dos espíritos e seus três pés são símbolos do poder triplo da Grande Deusa do Círculo do Renascimento, na sua faceta de donzela, mãe e anciã.

Na realidade, o caldeirão que vemos no círculo nada mais é do que uma representação da "alma do lugar". Sua abertura é um signo visível dos orifícios xamânicos que encontramos nas cavernas e fontes, que são usados como pontos de transição entre os mundos. Nos grupos tradicionais, ele é usado da mesma forma que as cavidades naturais da paisagem por onde o xamã siberiano entrava no mundo subterrâneo com seus Espíritos Animais e se comunicava com os Antepassados. Da cavidade do caldeirão são chamados nossos antepassados da Arte. Não é possível, no entanto, ver o caldeirão funcionalmente isolado do fogo. Seus pés de ferro são para ser colocados sobre a fogueira e, cosmologicamente falando, para transformar a sopa primitiva de Vida em força de Consciência. Se o caldeirão representa a Água Cósmica, então seu princípio complementar é o Fogo Cósmico. O símbolo ideal desse fogo cósmico é a Espada. Antigamente, o caldeirão seria feito do ferro terrestre extraído das minas, enquanto a espada seria feita do ferro cósmico dos meteoros caídos do céu. Feita de ferro, como a caldeira, sua criação é engendrada na forja do ferreiro-feiticeiro. Embora se considere que a espada é uma arma da nobreza, sendo, por isso, encontrada em muitos túmulos medievais como símbolo da fidalguia, ela chegou a ser usada pela burguesia na sua fase de ascensão capitalista como símbolo do seu estatuto social. Alguns comerciantes ricos e homens de lei davam tanto valor a esse símbolo de fidalguia que, durante o século XVIII, colocam nos seus túmulos a representação esculpida do seu corpo segurando-a solenemente. Na realidade, a origem da espada vem da coleção de armas e ferramentas que se criaram na era do bronze e do ferro e permitiram a passagem violenta da era Neolítica dos agricultores para a era da rapina dos nômades da Idade do Bronze e do Ferro. Essa arma marca, por isso, a emancipação da consciência da humanidade das forças da natureza, através da sua ligação aos cultos estelares.

A espada, originalmente, era uma faca grande de dois gumes cortantes, usada para esquartejar o corpo do animal e para bater e retalhar a vítima. Só mais tarde, quando começaram a usar armaduras de metal, começaram a fazer espadas, onde a preocupação foi criar uma ponta afiada de forma a poder furá-las. Foram os mitos do Graal que, sobretudo, alimentaram os mitos das espadas mágicas, símbolo não só da soberania terrestre, mas também da soberania espiritual. Para muitos, tradicionalistas que, na senda de René Guénon, viam a casta guerreira como subserviente à casta sacerdotal, a partir da leitura dos regimes de castas indianas, considerados arquetípicos das sociedades arcaicas indo-europeias, nos mitos do Graal aparece, pelo contrário, um ideal de vida espiritual que se fundamenta na cavalaria como a verdadeira casta do espírito. A própria expressão *cavalaria* relega para *alguém que anda a cavalo*, encarnando a sujeição das forças da animalidade ao espírito do Iniciado. A própria expressão serviu muitas vezes para simbolizar a transmissão de uma mensagem espiritual por meio dos obstáculos da linguagem prático-utilitária e perdurou no mundo ocidental na expressão rabínica "Cabala". A relação entre cavalo e cavaleiro é tão estranha que, por vezes, irmanam em uma fraternidade mística comum, da mesma forma que os espíritos animais irmanavam com os xamãs e as antigas bruxas europeias com seus "animais familiares". Em muitas culturas euro-asiáticas, germânicas e célticas, a espada e o cavalo são, por isso, muitas vezes sepultados com seu proprietário. Na Europa, os "homens-cavalos" eram feiticeiros que detinham o poder de acalmar os cavalos e curá-los. Nos dias intercalares do fim do ano, saíam à rua mascarados invertendo, pelo ruído infernal da sua música e o indecoro do seu comportamento, a ordem social estabelecida, ilustrando durante o dia o que à noite viviam, quando se erguiam do seu corpo em espírito e partiam para os campos do Sabat.

No Wicca Tradicional, a Espada está profundamente ligada ao Mundo

Eleanor (Rae) Bone conjurando os Guardiões

Subterrâneo. No mito wiccaniano, ela é conferida pelo Deus Cornígero à Deusa quando ela se encontra com ele nas suas profundezas. Esse mito iniciático em que o Deus Cornígero deposita a Espada aos pés da Deusa, nas trevas do Mundo Subterrâneo, refere-se ao fato de o poder da Deusa ser um poder delegado, da mesma maneira que a luminosidade da Lua é um dom delegado do Sol. Essa alegoria subverte o mito a que estamos habituados nas leituras arturianas, em que a espada é concedida a um soberano por uma entidade feminina guardiã do Submundo, como vemos na história da Dama do Lago e do Rei Artur. Sua relação com o Mundo dos Mortos está bem explícita nessa narrativa iniciática, não só pelo fato de ela ser um instrumento de morte, mas pelo fato de ser usada pelos necromantes, como Odisseus, na saga descrita por Homero, usando-a para invocar os espíritos dos mortos. O que lhe dá essa autoridade taumatúrgica é o precioso parentesco da sua natureza metálica, simultaneamente, com as entranhas da terra e as alturas celestes. Na verdade, o minério de ferro, de que é feita a espada, é desenterrado do fundo da terra, mas sua geração está no mundo estelar, resquício das eras longínquas em que a Terra era ainda uma estrela incandescente. O poder atrativo do seu magnetismo foi usado de forma inconsciente, desde muito cedo, para atrair os espíritos a cederem sua vontade ao reino dos vivos, da mesma forma que uma estrela sorvendo, pela força da sua gravidade, os corpos celestes para o interior da sua órbita, para o íntimo do Círculo Mágico. Não será um acaso, então, que a espada seja a peça fundamental da Iniciação Mágica! Com ela se atrai para o interior do coventículo as Divindades e os espíritos que estejam em afinidade com seu trabalho mágico-religioso.

Foi Alexander Sanders que veio difundir o uso da espada para invocar os Guardiões do Círculo. Na realidade, é muito mais prático usar uma espada do que um athame para conjurar o círculo, permitindo uma grande elegância de movimentos e a possibilidade de talhar símbolos de grandes dimensões que funcionam como portais visionários para a descida dos Espíritos no interior do Círculo. Sua natureza ferrosa em consonância com sua natureza celeste torna-a um instrumento ritual de grande perícia mágica.

Síntese: O caldeirão é o utensílio mágico das grandes transformações dentro do Círculo da Arte e símbolo do ventre da Grande Deusa no plenilúnio, portadora das forças de metamorfose. Ao contrário, a espada é a portadora das forças da consciência atávica, alargando e fertilizando os horizontes limitados de consciência e ação racional humana. Ambos são símbolos do submundo.

A Vassoura Ritual

Um dos nomes pelos quais eram conhecidas as feiticeiras era "amazonas da vassoura". Feiticeira e vassoura são ainda hoje indissociáveis na nossa imaginação! A vassoura ritual tem sido um dos instrumentos litúrgicos mais carregados de beleza e utilidade dentro de um Círculo Mágico do Wicca. A vassoura inicia, pelo seu movimento cadenciado com o cântico da feiticeira, o trabalho do Esbat. Sua aparição é muito mais antiga do que se pensa, porque já encontramos vassouras rituais sendo usadas pelos antigos sacerdotes egípcios. É um erro, no entanto, considerar que a vassoura é um instrumento predominantemente feminino. Trata-se apenas de uma limitação sexista imposta pelos nossos estatutos culturais e sociais. Conhecemos relatos antropológicos do uso de vassouras rituais pelos camponeses alemães, que as cavalgavam em volta do campo para protegê-lo da inveja da vizinhança, enquanto gritavam esconjuros.[178] A representação mais conhecida que temos é de Robin Goodfellow em ilustrações do século XVII, com uma vassoura sobre as costas e a congregação dançando em círculo e embriagada à sua volta. Robin era o Deus Tutelar das bruxas de Somerset, que o chamavam três vezes à noite, antes de partirem nas suas cavalgadas mágicas. Mas não há dúvida de que, além de ser um objeto que afasta o mau, purificando e esconjurando os lugares de trabalho mágico, é também uma reminiscência ritual xamânica de transição entre os mundos. Isso explica o fato de ser colocada sempre à entrada da porta de casa como guardiã, vigiando a transição entre o interior e o exterior. A vassoura ou a forquilha usada pelos bruxos como montaria é muitas vezes o repositório dos espíritos guardiões da feiticeira, tal como vemos nas ilustrações antigas, sob a forma do gato negro suspenso acrobaticamente na ponta do cabo, quando as bruxas viajavam visionariamente para o Sabat.

A criação do Círculo Mágico é indissociável da ideia de incubação no ventre da Grande Mãe. Como as antigas cidades desenhadas em círculo e corridas de ameias, um círculo é um espaço gregário da assembleia, é um local sagrado. Todas as urbes antigas são, por isso, dedicadas a Deusas, sobre cuja cabeça seus veneradores colocam as ameias e as chaves da cidade. Todo o Círculo Mágico tem sua Deusa protetora e é ela que, por intermédio da sacerdotisa, delega no Wicca sua vassoura à Donzela Guardiã das Portas. Pergunto-me se essa tradição enraizada entre os wiccans não se deve ao fato curioso de a vassoura ter sido usada

---

178. Kaufmann, Andrea. *La Chevauchée des Sorcières*. Paris: Éditions Vega, 2000.

pelas parteiras romanas para limpar o lugar de parto com esconjuros, forma primitiva de esterilização. O círculo é um lugar de parto mágico e espiritual, seja em um momento de Iniciação ou de celebração. No Wicca, ele começa sempre pela limpeza ritual com a vassoura. Adornada, por vezes, de campainhas suspensas ao longo do seu cabo, ela anuncia à sua passagem o momento de transição entre os mundos, como os ventos saudando a chegada das feiticeiras na colina sagrada de Venusberg!

A função da vassoura no quadro ritual wiccaniano moderno tem sido a de preparar o *mood* ritual e fazer a limpeza físico-etérica do círculo mágico. Pela limpeza, retira-se tudo o que existe de elementos residuais e em decomposição no astral, fazendo a simples atividade de varrê-lo para fora do círculo, ao ritmo do encantamento. A forma adequada de esconjurar com a vassoura é através da sinergia criada pelo movimento, o canto, a respiração e a visualização, tal como ensinamos no Projecto Karnayna. Isso torna o treino do encantamento com a vassoura um verdadeiro exercício meditativo e mágico que exige muito tempo de dedicação e treino para conseguir fazê-lo com perfeição. A vassoura tanto pode ser usada

Vassoura de Bruxa.
Museu de Bruxaria e Magia de Boscastle
© *Adrian Bryn-Evans*

para varrer como para cavalgar em volta do círculo lançando as imprecações. No século XVII, as bruxas escocesas cavalgavam caules de centeio, que nas suas viagens visionárias se transformavam em cavalos. Os xamãs Buriat, da Sibéria, cavalgavam, de forma semelhante, um bastão com uma cabeça esculpida de cavalo, representando o espírito animal que os conduzia alucinatoriamente para o Submundo. Os cavalos estão associados às Deusas das Bruxas, como Diana, Holda e Hécate, e no Egito ao Deus Set, lembrança arcaica da montaria visionária sobre o espírito animal para viajar em êxtase para o Sabat. Uma forma de lançar o encantamento da vassoura é pela rima. Enquanto se varre o círculo, a rima é cantada e vibrada, como a do exemplo seguinte:

Vassoura da Bruxa, Vassoura do Vento;
Varre para Fora, Varre de Dentro;
Varre de Dentro, Varre para Fora;
É chegada a Hora,
Do Teu Culto Recordar;
Senhora do Vento, Senhora do Luar;
Varre para Fora, Varre de Dentro;
Vassoura da Bruxa, Deusa do Vento
É Hora do Esbat Celebrar.

O vínculo da vassoura à Bruxaria é tão arcaico e enraizado na memória coletiva da humanidade que os espanhóis, quando chegaram às Américas, descobriram para seu espanto que a Deusa das bruxas asteca, Tlazolteotl, tal como é ainda hoje mostrado no Codex Mesoamericano, também voava na vassoura, como suas congêneres hispânicas e nórdicas. Em Portugal, o uso ritual da vassoura está corroborado nos contos populares tradicionais, nos anais inquisitoriais, assim como nos livros de linhagens. Montadas em seus corcéis, as bruxas portuguesas voavam na imaginação até Sevilha, como contam as crônicas inquisitoriais, soltando o encantamento: *por cima de silvais e por baixo de olivais*.[179] A história da "mulher com pés de cabra", recolhida em Vinhais por Alexandre Herculano, mas provavelmente transmitida pelos jograis a partir da versão do *Quarto Livro de Linhagens do Conde D. Pedro* (1340), contém um dos mais belíssimos encantamentos da vassoura alguma vez registrados em livro. Eis a toada do encantamento:

Pelo cabo da vassoura,
Pela corda da polé,
Pela víbora que vê,
Pela Sura e pela Toura;
Pela vara do condão,
Pelo pano da peneira,
Pela velha feiticeira,
Do finado pela mão...

No Wicca, a vassoura ritual é um símbolo bicéfalo: é o emblema do triângulo púbico da Deusa, quando erguida e fincada no solo, mas, quando usada para montar, cavalgar e dançar em volta do Círculo, torna-se a insígnia do Falo Divino do Deus de Chifres. Na essência, é um símbolo ambivalente: o bastão é o princípio masculino e as ramagens,

---

179. Vasconcelos, J. Leite de. *Tradições Populares de Portugal*. Porto: Livraria Portuense de Clavel & Cª., 1882.

o elemento feminino, unidos um ao outro. Mas nem todas as tradições usam esse símbolo litúrgico, que pode ser completamente dispensado da prática wiccaniana. Depois de usada para limpar o espaço cerimonial, a vassoura ritual deve ser deitada a noroeste ou mantida pela Donzela nesse ponto do círculo. Existem muitas variações na escolha da madeira utilizada na vassoura ritual, variando de grupo para grupo e de indivíduo para indivíduo, segundo as analogias simbólicas das árvores com os Deuses que elas reverenciam. Assim, a matéria de que é feita a vassoura pode variar, tendo em conta que a ramagem corresponde à Árvore da Deusa e a vara, à Árvore do Deus. Muitas tradições consideram a vassoura como sendo o símbolo dos primeiros Ancestrais Divinos. Na Tradição Nórdica, por exemplo, o primeiro homem e mulher nasceram de um freixo e de um ulmeiro. Tradicionalmente, o cabo da vassoura é de freixo e suas ramagens são de bétula, unidas por flexíveis ramos de salgueiro, símbolo das forças lunares. Algumas tradições usam uma mistura de varas de aveleira, bétula e sorveira na sua ramagem, simbolizando a Sabedoria, Purificação e a Proteção. A Vassoura é uma epifania da Árvore do Mundo. Nela, os heróis são sacrificados e transfigurados. Arranje uma vassoura para seu uso ritual, se quise-la como ferramenta tradicional, usando as analogias das árvores com seus Deuses, em função das suas lendas e iconografias. Na verdade, a vassoura é o instrumento litúrgico mais sublime da Bruxaria.

> *Síntese: A vassoura ritual é usada habitualmente no Wicca como um instrumento de Encantamento, quando se varre o círculo e se expulsam todas as forças inerciais latentes dentro da área de trabalho. Ela faz parte da memória arcaica dos povos e desde a Sibéria até o México ela tem sido privilégio das bruxas quando cruzam os mundos visíveis e invisíveis.*

A Túnica Cerimonial

Sempre fez parte dos hábitos rituais do Wicca, na sua fase gardneriana, estar em círculo completamente desnudado. Chamava-se a isso *skyclad*, isto é, vestido de céu. Embora tenha sido Alexander Sanders que teve o atrevimento de expor para as fotografias dos jornalistas seu coventículo de feiticeiras totalmente nuas, em uma provocação que não é estranha à filosofia de contestação da juventude, posando nua pelos concertos de Woodstock ou mesmo de John Lennon com Yoko Ono, refastelados nus na sua cama, foi ele também que, paradoxalmente, introduziu a prática do vestuário cerimonial no Wicca. Os grupos tradicionais de Bruxaria Iniciática anteriores a Gardner eram *robed covens*, isto é, coventículos vestidos, ao contrário do que ele próprio argumentara, apoiando-se nas novelas de mistério[180] e nos folhetos e pinturas sobre o Sabat, que estavam em voga nas representações artísticas desde o fim do Renascimento. Isso se explica pelo fato de, ao contrário do Wicca, que privilegiava seus rituais no interior intimista da casa, estes terem sido frequentemente praticados ao ar livre e de noite, salvo situações excepcionais. O clima da Inglaterra não permitia outra coisa além do vestuário nas noites frias, que mesmo em maio e junho são bastante desagradáveis a quem tenha a coragem de vagar nu pela floresta, mesmo quando os costumes mágicos o incitam em um dia de Sabat como o de Beltaine.

O uso do vestuário cerimonial que vemos em algumas fotos da época, com Alexander Sanders ou Doreen Valiente, na sua fase em que era discípula de Robert Cochrane, apresenta algumas diferenças sutis do vestuário usado em outros grupos mágicos, como os da Golden Dawn. Em ambos os casos, o vestuário é um robe negro que cobre o corpo inteiro, da cabeça à ponta dos pés, mas o vestuário ritual wiccan tem um pormenor muito específico: o de o seu capuz ser pontiagudo. A origem do traje negro na Magia cerimonial moderna não está, como muitas pessoas erradamente julgam, nos trajes monásticos cristãos medievais, mas no uso do que se chamava o "hábito cátaro". Os cátaros tornaram-se conhecidos no sul da França pelo seu traje negro encarapuçado, que usavam nas suas viagens de evangelização, o que lhes permitia uma fácil camuflagem quando perseguidos pela Inquisição. Acusados frequentemente de práticas de Bruxaria pela Igreja, foram exterminados impiedosamente pelo papa Inocêncio III. No entanto, o uso do vestuário negro entre os wiccans não deve seus créditos só ao catarismo. Ele remonta às representações dos *génius cucullatus*, que guiavam os crentes como espíritos tutelares, sob a forma de figuras encarapuçadas, e que parecem remontar aos cerimoniais dos *telesphoros* na Grécia Antiga. Jean Markale diz que os "vestuários que ocultam a quase totalidade de uma personagem são atributos dos seres que pertencem ao mundo

---

180. Parece que a literatura influenciou profundamente o surgimento do Paganismo moderno. Em relação à tradição desnudada em rito das feiticeiras, parece que sua inclusão no culto da Deusa no Wicca foi precipitado, segundo Ronald Hutton, desde 1867, pelo célebre poema de James Thompson, intitulado *The Naked Goddess* e a novela esotérica de Broddies-Innes, *The Devil's Mistress*, que retrata a bruxa Isobel Gowdie nua invocando a Deusa da Lua. Como diz Hutton, o próprio Rober Graves namorou o tema, apresentando também a bruxa desnudada em *Seven Days in New Crete*.

subterrâneo",[181] uma genealogia de que o Wicca se considera herdeiro espiritual.

Muitas figuras e Divindades tradicionais foram célebres pelos seus capuzes, desde Mannannan, que tinha a Ilha de Man como sua morada, que Gerald Gardner, desde muito cedo, tomou como seu refúgio espiritual, mas também Robin Hood ou Wood, sugerindo uma analogia entre seu ocultamento pelo vestuário e o ocultamento pela floresta, em um modelo que nos lembra os "homens verdes" esculpidos nos coros e fachadas das catedrais góticas e barrocas. Não há dúvida, no entanto, de que o capuz em forma pontiaguda típica do wiccan, que celebrizaram as representações das feiticeiras durante muitos séculos, se deve também a outros Deuses Subterrâneos, os Cabiros. Eles eram Deuses Ferreiros que viviam nas cavernas da Samotrácia, cujos Mistérios estavam sob a administração de sua mãe Hécate. Existem em muitas culturas, desde o Oriente ao Ocidente, lendas de gnomos ou Pigmeus, que guiam os viajantes nas regiões isoladas e são representados encarapuçados da mesma forma que os wiccans. É o caso dos *monakhoi*, os mensageiros de Hermes, antigo Deus cornudo da Grécia arcaica, que apareciam nas encruzilhadas e detinham o poder da adivinhação quando consultados pelos viajantes perdidos.

O capuz ou gorro pontiagudo que tapava as orelhas, como Hermes e Mitra usavam, refere-se ao fato de o despertar da percepção suprassensível exigir um corte radical com a área do cérebro central, onde se processa nossa consciência. Esse corte cognitivo é provocado pela isolação sensorial do capuz. Inclinado sobre a fronte e tapando-lhe os olhos, o capuz isola a mente do meio ambiente e ajuda-a a concentrar-se nos conteúdos da sua imaginação ativados pelos encantamentos. O mito de Midas, o rei que usava um gorro para esconder as orelhas de burro com que Apolo o amaldiçoara, representa, pelo contrário, o desejo inconsciente de o povo grego se desligar do mundo suprassensível, não desejando escutar mais os pequenos Deuses da Natureza, mas seguirem os Deuses da racionalidade e seu modelo de civilização urbana. O burro e a proeminência das orelhas sugere curiosamente o misterioso Deus Set no Antigo Egito, com suas orelhas salientes e seu desejo fálico, mas também sugere a representação de Cernunnos no capitel encontrado no coro de Notre Dame. Aí podemos ver Cernunnos com orelhas pontiagudas, indicando de forma clara que se refere a Divindades que se ligam à necessidade de "escutar" os Espíritos e as forças do Outro Mundo. Perdemos nossa capacidade de escutar aqueles que as bruxas antigamente

---

181. Markale, Jean. *Merlin L'Enchanteur*. Paris: Albin Michel, 1992.

chamavam seus "familiares" e, assim, perdemos o segredo de como nos ligarmos novamente às forças da criatividade mágica. Mas a exigência de que se esteja nu por debaixo do robe ritual em cerimônia de coventículo, tal como Dion Fortune advogara no seu romance esotérico *A Sacerdotisa da Lua*, pode não ter fundamento nas práticas esotéricas antigas. Sua origem parece ter estado na recomendação da estilista Madame Violet, uma das figuras marcantes da moda Belle Époque e uma artista fascinada pela utopia esotérica de generalizar o uso do vestuário grego como uma forma de reatualizar o espírito místico helênico. Ela recomendara peremptoriamente que se usasse sempre seus vestidos de corte ritualista com o corpo nu por baixo.

Um dos fatos mais curiosos do vestuário wiccaniano é o que se refere ao caso de Alexander Sanders ser sempre representado completamente vestido entre a congregação nua. Sugeriram-se muitas explicações para isso: timidez, narcisismo, desconforto com seu corpo, manipulação, etc. Nenhumas dessas explicações compreendeu o significado desse comportamento inédito. Sanders representa no contexto wiccaniano o mito de Dioniso, um ser ambivalente, dividido polemicamente entre o revoltado e o extático. Em um culto mistérico onde a Deusa predomina haveria razão para o Grande Sacerdote estar sugestivamente vestido de vestes femininas. Assim se passava no culto de Hércules, na Lídia, e de Sabazius, na Frigia, onde os sacerdotes se vestiam de mulheres, e o mesmo se passava entre as tribos germânicas do norte e entre os sacerdotes de Cibele, em Creta e em Roma, e um pouco por todo o mundo, desde a Patagônia ao Equador. Devemos interrogar-nos se o sucesso com que se adotou o uso do porte de longo robe negro, entre os círculos wiccanianos, não se deverá menos ao pudor persistente na cultura ocidental e mais a uma reminiscente memória: a recordação difusa de que os cultos à Deusa implicariam que todos se lhe assemelhem na sua feminilidade. Os longos robes não deixam de estar associados às vestes femininas no subconsciente do homem ocidental e seu porte cria um sentimento de incontida feminilidade na rígida mentalidade masculina do homem de hoje. Sua prática na Bruxaria europeia parece ter estado bem consolidada, se fizermos fé em Jean Bodin[182] (1530-1596) e Reginald Scott[183] (c. 1485-1533), que descrevem seus casos de travestismo mágico. Isso explicaria a teimosa atitude de Sanders. Explicaria também sua conhecida disposição bissexual e a persistente

---
182. Bodin, Jean. *De la démonomanie des Sorciers*. Anvers: Arnould Coninx, 1586.
183. Scott, Reginald. *A Discovery of Witchcraft*. London: 1584

elucidação desde o século XVII de que a Bruxaria europeia seria um culto dionisíaco difuso entre as pessoas do povo.[184]

> *Síntese:* O uso do traje negro com capuz cônico que predomina no *Wicca* tem suas origens históricas e lendárias nos gênios *cucullatos* e nos *monakhoi*, que guiavam os crentes nos mistérios e nos caminhos isolados, mas sua razão prática deve-se à necessidade de isolar meditativamente a mente e guiá-la através dos conteúdos da imaginação que foram ativados poderosamente pelos encantamentos e os ritos.

As Cordas e a Estaca

A Bruxaria Tradicional conserva no seu memorial um símbolo fundamental que traz consigo recordações angustiosas: a Estaca. Sobre ela, os cristãos amarraram milhares de pessoas inocentes acusadas de bruxaria, cuja única nota de culpa era a de terem uma opinião diferente daquela que a leitura eclesiástica da Bíblia impunha. Trata-se de um genocídio macabro, executado por uma religião cega e embebedada pelo seu poder. Diante da estaca, nós recordamos em cada Esbat e Sabat esse martírio passado! É muito curioso o fato de os cristãos terem escolhido a estaca como lugar de suplício e morticínio dos hereges, símbolo antigo que fazia John Milton (1608-1674) afirmar com escárnio: "Nossos antepassados adoravam pedras e estacas". Na realidade, eles não adoravam estacas, da mesma forma que o cristão não adora os títeres de pau que vemos nos seus altares, mas adoravam

Estaca-Árvore como Altar-Pilar de culto

---

184. Frank Joseph Mone (*"Uber das Hexenwesen", Anzeiger fur Kunfle der Teustschen Vorzeit*, 1839) defendeu em meados do século XIX que a Bruxaria era um culto secreto a Dioniso e Hécate, trazido pelos escravos gregos para as zonas da Alemanha. Esse modelo de secretismo e organização vai influenciar M. Murray. Sobre toda essa questão, consultar: Cohn, Norman. *Europe's Inners Demons*. Falmer: Sussex University Press, 1975.

o princípio espiritual que eles representavam. Os objetos de culto são suportes visuais que facilitam à nossa imaginação os meios físicos para transpor as dificuldades de apreensão do reino invisível. Símbolo da Árvore do Mundo, Eixo Cósmico que perfura a Terra no seu eixo norte-sul, a Estaca Tradicional apresenta a particularidade de ser bifurcada na sua extremidade superior e, por vezes, adornada de um círio onde brilha em lembrança dos nossos Antepassados.

A Estaca é o altar mais básico e fundamental de um feiticeiro tradicional e é o símbolo do Deus de Chifres, com suas duas pontas abertas e erguidas como se fossem cornos. Sua origem aparece sugerida em um outro Deus de Chifres da Antiguidade pagã: Hermes. Seu nome deu o epíteto às pedras fálicas que se encontravam distribuídas pela Grécia Arcaica e marcavam os cruzamentos dos caminhos por entre florestas e montanhas, desde que Pisístrato (527-514 A.E.C.) as mandara restaurar. Deus das Encruzilhadas como a Deusa das bruxas, Hécate, Hermes era o protetor da transição entre os mundos visíveis e invisíveis, subterrâneo e cósmico. Um dos costumes mais curiosos da Estaca da Arte, que sobreviveu até hoje, foi nas caçadas aristocráticas dos tempos medievais. Depois de se desmanchar a presa, a primeira coisa que se fazia era arrancar-lhe os testículos e o coração e, depois, dependurá-los em uma estaca de dois gumes, para serem comidos pelo caçador que a matou. Consideradas serem as partes mais saborosas do animal, as vísceras sempre tiveram uma potência de invocação mágica pelo fato de conterem seus princípios vitais. Esse hábito ficou, provavelmente, dos tempos arcaicos em que essas porções de carne eram doadas na estaca totêmica em oferenda ao Deus da Caça: o testículo como suporte telúrico do seu poder gerador e o coração como suporte celeste da sua alma. Nos cultos romanos, ofereciam-se as vísceras ao fogo e os altares de sacrifício são, pelo seu alongamento vertical, prováveis reminiscências das estacas cultuais de pedra que conhecemos desde a época megalítica.

A Estaca Ritual é essencialmente o polo central à volta do qual gira o Universo. Nas tradições xamânicas euro-asiáticas, desce-se por uma estaca cultual ou uma árvore sagrada para alcançar o Mundo Subterrâneo, onde se encontram os Antepassados e os Espíritos Animais ou, então, sobe-se até a morada dos Deuses no Mundo Superior. Essa ideia está bem expressa nas descidas mágicas dos Deuses e Deusas ao Mundo Subterrâneo através de uma escada em caracol. Na Suméria, desenvolveu-se a ideia de que essa descida era constituída por sete portas e implicava, à sua passagem, desembaraçar-se da nossa humanidade por meio do ato de despir nossas roupagens. Estar nu é, em termos mágicos, significativo de estar no Mundo Subterrâneo e entre os Espíritos. Isso explica a prática da nudez ritual na Bruxaria arcaica, toda ela centrada no Submundo, e sua revalidação moderna no Wicca Tradicional, cujo sistema iniciático é de tendência ctônica. Foi a partir desse modelo iniciático de descida ao Mundo Subterrâneo que se desenvolveu o *strip-tease* das sacerdotisas babilônicas. Essa simbologia existe no Wicca Tradicional por meio da descida da Deusa ao Submundo para se encontrar com o Senhor da Morte, o Deus Cornudo. Ela é desafiada em cada um dos portões a retirar suas roupagens e essa manobra ritual permite que ela se confronte com a essência de si mesma: a ideia de que no cerne da Vida existe o potencial da Morte e no cerne da Morte existe o potencial da Vida, e que nada existe isolado e nada nos permite culpar as forças extremas de destruição, porque elas são parte da mesma Lei Cósmica. A estaca tanto é a árvore do sacrifício na qual Odin se suspendeu para conhecer as runas (Mistério) e a estaca na qual se enfiou a cabeça decepada de Bran, o Abençoado, como é a vara fálica e verdejante do Deus Verde de Chifres. Na essência, nós estamos *amarrados* todos a essa lei cíclica de vida e morte, que nossa Estaca representa e da qual o Deus Cornudo é sua mais poderosa teofania. Nunca se poderá compreender o mistério do Deus Cornudo sem aceitarmos estar amarrados à sua lei iniciática onde a morte, embora esteja sempre presente, tem também a promessa da ressurreição em um nível superior de vida e consciência.

As cordas são um elemento imprescindível no ritual de Iniciação e um instrumento indispensável de aprendizagem mágica. Elas amarram-nos à estaca que ampara nossa transformação como aos Deuses da linhagem por um pacto místico. No nosso sistema de ensino wiccaniano habitualmente propomos aos alunos dar um nó para cada exercício meditativo e ritual, de forma que possa servir como uma escada para descer à sua profundeza. Quando esses exercícios estiverem aperfeiçoados, já não haverá mais necessidade de conservá-los na corda e os nós são desfeitos, para que se façam outros nós que exemplificam lições a aprender no processo de aprendizagem mágica wiccaniana. Essa prática dos nós vem do rito dos "nós de bruxa", usados para as viagens visionárias pelo mundo astral. Trazidas ao redor da cintura, como era hábito dos Templários, dividindo a parte superior e inferior do corpo, a corda ritual marca também nosso compromisso e ligação simbólica com o Mestre da Arte e a união visceral aos Deuses que veneramos. Outras vezes são trazidas ao pescoço como as estolas dos bispos em memória dos sacrificados nas estacas da inquisição. Não há nenhum ato mágico-religioso, seja feito *vestido de céu* ou *vestido de treva*, que não comece pela meditação de nos aliar aos Deuses amarrando nossa corda ao redor da cintura. Ela funciona como um cordão umbilical simbólico de união à nossa Egrégora e aos Deuses. Por meio desse ato, separamo-nos da nossa consciência diurna e mergulhamos na consciência noturna. Quando um Mestre astucioso nas artes da Bruxaria Tradicional sabe amarrar os membros e o corpo de um aprendiz, e, pelo ardil da manipulação do fluxo do seu sangue, consegue induzir um efeito de curto-circuito no seu cérebro, ele consegue, então, mostrar-lhe de forma direta a face dos seus Deuses. Como um sacrificado, o Iniciado vai amarrado de corpo ao mundo subterrâneo e ao universo interior mais abissal, para que possa olhar de frente as memórias arcaicas da sua linhagem. O trabalho wiccaniano, sob o ponto de vista iniciático e tradicional, é um despertar dos impulsos do carma depostos em nós pelos Velhos Deuses e os Guardiões.

> *Síntese: A Estaca é tanto o locus do sacrifício como da renovação, quer sob a forma de ícone totêmico do Deus Cornudo da Morte e das Caçadas Selvagens, quer sob a forma fetichista da Árvore florescente do Mundo do Deus Fálico de Chifres. Pelas cordas da Iniciação, o wiccan está amarrado a esse poder duplo de morte e renascimento, que é o glifo da própria Natureza.*

Os Incensos

Não há ritual mágico que não tenha seu incenso e seu turiferário. O poder do incenso na Bruxaria e na Magia advém da sua potencialidade para estimular nossa imaginação mais primitiva, que sobrevive de forma degradada sob a forma da fantasia do homem comum. Se a performance dos nossos atos sociais e econômicos depende da perícia da visão articulada com nossas capacidades racionais, então a proficiência mágica depende da imaginação e dos arquétipos primitivos que são elevados da sombra dos sonhos e do esquecimento ao perímetro do Círculo da Arte. Nem sempre é fácil conseguir esse objetivo, porque somos seres que desenvolveram a visão como seu sentido principal de sobrevivência. Através dela, um conjunto de impulsos sensoriais entram no nosso cérebro central e ativam circuitos de resposta condicionada pela nossa cultura e nossos padrões de cognição racional, que nos ajustam às tarefas da nossa sobrevivência física e psicológica. Existe, no entanto, um órgão sensorial que consegue atravessar essa barreira do cérebro central e chegar às suas partes mais primitivas. Trata-se daquela parte do cérebro que nos irmana com os animais e que funcionava nos tempos arcaicos como a base da nossa sobrevivência: o olfato. O caçador primitivo dependia mais do olfato do que da visão para sua sobrevivência, da mesma forma que grande parte dos animais! Na Magia, o olfato é um dos instrumentos mais sofisticados de estímulo de zonas adormecidas do cérebro réptil. Sabe-se hoje que os nervos do olfato estão conectados com o lobo temporal do cérebro, onde as memórias estão armazenadas, estando ligado também à região límbica, responsável pelos nossos impulsos mais básicos, como o apetite, o pavor e o sexo.

Os cientistas descobriram recentemente que muitas das informações processadas pela percepção dos nossos narizes nunca chegam a alcançar o cérebro central. Assim, elas acabam por não ser registadas como odor mas sentidas como emoção. A história do perfume, como um utensílio mágico-religioso de estímulo emocional e das nossas memórias primitivas, é conhecida nas artes do amor e da magia. O primeiro vestígio arqueológico do uso dos incensos tinha, até há pouco tempo, 5 mil anos, mas arqueólogos russos recentemente desenterraram das tundras geladas do Ártico siberiano, onde o xamanismo fez uma longa história de prestígio, desde os confins do Paleolítico, o corpo de um feiticeiro enterrado com sua bolsa de curandeiro, onde se encontraram bolas de ervas aromáticas, cuja finalidade era provavelmente de ordem mágico-odorífera. Como a fisiologia do odor hoje reconhece, o perfume ou o incenso desencadeia reações no nível mais profundo do nosso inconsciente, passando pelo cérebro sem ser detectado e alcançando as regiões obscuras dos nossos tropismos. Desde a Antiguidade, a função do incenso era, por isso, um meio não só de mascarar os odores nauseabundos das carnes dos animais sacrificados na ara do altar, mas induzir um sentimento de bem-estar anímico e espiritual e conduzir, através da sua fumaça, as exortações e intimações ao mundo dos Deuses. A crença de que a fumaça do incenso podia transportar as orações ao mundo invisível é uma metáfora singela para a possibilidade que ela tem de chegar às zonas noturnas dos nossos arquétipos primitivos e induzir atos inexplicados de cura, proteção, amor e heroísmo.

Convencionou-se denominar incenso a toda mistura de componentes aromáticos, tais como resinas, gomas, madeiras, cascas, raízes, etc., que entrem na prática de queima controlada com a finalidade de libertar odores para perfumar ambientes. Os componentes desses incensos são misturas de resinas, cascas, sementes, madeiras, folhas, flores, substâncias minerais pulverizadas. A eles se podem adicionar também óleos e líquidos, como faziam os gregos e os romanos. No trabalho wiccaniano, o incenso é um elemento imprescindível de treino e trabalho mágico, sendo cuidadosamente confeccionado em função das características dos seus rituais. A função básica é, no entanto, a de elevar vibratoriamente o ambiente, ativar as partes arcaicas da nossa psique e servir de agente mediador das intenções humanas ao mundo suprassensível das forças criadoras. A fumaça que ascende do braseiro significa, abstratamente falando, a transmutação da matéria constituída pelas suas ervas e resinas em energia. Trata-se de um processo simbólico de transformação da forma em força e da correspondente elevação da pessoa e do lugar a um plano superior de realidade. Como Lavoisier, nós pensamos que "nada se perde e tudo se transforma". Daí a necessidade da intenção com que se "carrega" o incenso ter de ser bem especificada e clara, porque as forma-pensamentos que lhe associamos e com que os carregamos durante a criação da mistura é elevada aos níveis suprassensíveis.

Foi Dion Fortune, no seu romance esotérico *A Sacerdotisa da Lua*, a primeira a classificar os incensos entre psicológicos e teológicos. É uma classificação absolutamente necessária a se ter em mente pelo aprendiz de feiticeiro. Os incensos "psicológicos" agem sobre nosso sistema nervoso central e os "teológicos" sobre nosso sistema límbico. Os primeiros fazem reagir a parte mais periférica e evolutivamente recente do nosso cérebro, com suas sensações de bem-estar, indutoras de relaxamento físico e psicológico. Esses incensos são os incensos de pau e cone. São incensos com uma fraca composição de resinas e muito leves, que se podem denominar incensos aromáticos. São usados como ambientadores no interior da casa, das lojas comerciais e dos centros de meditação *new age*. Os incensos "teológicos" são bastante fortes no aroma e desencadeiam uma grande quantidade de fumaça necessária para as materializações dos Espíritos e para conduzir as evocações do mundo invisível para o mundo tangível, fazendo reagir a parte mais antiga do nosso cérebro. É com essa parte antiga do cérebro que nós trabalhamos dentro do Wicca. Dentro dos incensos teológicos deve-se fazer também uma divisão muito importante: entre incensos doces, amargos e fétidos. Os primeiros são usados para estimular as forças da prosperidade, do amor, do crescimento, do desenvolvimento anímico e intelectual e a percepção espiritual, enquanto os "amargos" são, sobretudo, usados como meios de limpeza, purificação e proteção. Os últimos, os "fétidos", como a arruda e a asa fétida, por exemplo, são usados como meio de exorcismo.

Síntese: Os incensos rituais são habitualmente de resina, por causa da intensidade do seu aroma e da sua fumaça. Eles têm a propriedade de estimular as partes mais primitivas do nosso cérebro, com que habitualmente trabalhamos em magia, e assim despertar as forças atávicas e as imagens primitivas com que os ritos tradicionais de Bruxaria trabalham.

Colares, Tiaras e Braceletes

A expressão *vestido de céu,* criada para designar a prática da nudez ritualizada em coventículo, tal como manda a Deusa desde o evangelho de *Aradia* de Charles Leland, é uma expressão inexistente na Europa e que Gardner importou do Oriente, traduzido a partir do sânscrito *digambara*. A semelhança que Gardner constatou entre os grupos tântricos hindus de estrato *kaula*, mais por leitura das obras do orientalista *sir* George Woodroffe (1865-1936), sob o pseudônimo de Arthur Avalon, do que por um genuíno contato pessoal, e as assembleias de Bruxaria, tal como descrevem os inquisidores, levou-o a usar essa expressão para a nudez cerimonial praticada nos ritos tradicionais do Wicca. A libertação do corpo no plano mágico e ritual, como modo de acessar a dimensão mais arcaica da religiosidade neopagã, é um processo inovador trazido por Gardner ao meio esotérico. A civilização ocidental dessacralizou o corpo, por meio de normas repressivas que foram interiorizadas tragicamente na psique ocidental, desencadeando no plano da consciência um subsequente predomínio do polo racional e moral. Impediu-se, assim, a humanidade ocidental de vivenciar a dimensão *celeste* da sua espiritualidade refletida na dimensão *terrestre* da sua carnalidade, que muitos gnósticos e cultos de mistérios elevavam como glifo da realização humana. Essa filosofia começa a ser de novo anunciada, contudo, no Renascimento. Através dos desenhos pentagramáticos de Cornelius Agrippa von Nettesheim e Leonardo da Vinci, a perfeição humana começa a ser representada por um corpo nu e em levitação, abarcando a abóbada estrelada do céu.

O corpo desnudado em ritual do wiccan tradicional é, contudo, um corpo hieratizado. Não é um corpo naturalista! Não há muita diferença entre o corpo de um wiccan tradicional nu e transfigurado por colares, braceletes e tiaras e o corpo metamorfoseado das pinturas modernas de H. R. Gigger. Quem vê diante de si o corpo desnudado da Sacerdotisa transfigurado pelo rito, vê a Divindade Arcaica da Natureza de novo na Terra. Não há visão mais intensa, bela e profunda do que essa! A tiara sobre a alva testa circundando a cabeça, o colar de âmbar e azeviche contornando-lhe o pescoço e moldando sua voz com o poder da Vida e da Morte, ou então de conchas caindo-lhe sobre os peitos como vemos em algumas estátuas neolíticas, e os braceletes cingindo-lhe os braços esguios, formam um triângulo simbólico de fogo sobre a parte superior do corpo do Sacerdote e da Sacerdotisa, signo sacro da sua metamorfose e transmutação. Quer seja a tiara cornuda saturnina do Deus Cornígero, com seus poderosos chifres de cervo, ou a discreta tiara lunar da Grande Deusa, em qualquer caso elas funcionam como pontas receptoras das Forças dos Deuses, que são polarizadas no nível do "terceiro olho" e, depois, distribuídas pelo chacra laríngeo e dispersadas pelos braços que energizam os rituais. Esses adereços ritualistas, mais do que nos remeter para recordações passadas de Deusas desnudas erguendo seus braços para receber o poder dos astros e restituí-lo à terra, seja ao campo por semear ou à vida árida da alma humana, são dispositivos simbólicos que polarizam as energias do Cosmos na alma dos seus portadores. Os corpos dos oficiantes tornam-se, então, verdadeiros talismãs de poder.

A origem da tiara cervídea é muito antiga e já a encontramos representada no feiticeiro de *Trois Frères* e esculpida no Vale Camonica, no norte de Itália (400 A.E.C.). O significado esotérico dos chifres de cervo depostos sobre a cabeça vem da necessidade de o feiticeiro se apoderar da vitalidade animal e, por rituais apropriados, usá-la como estimulante do seu polo cerebral. Irrigando seu cérebro com as forças etéricas condensadas nos chifres, ele tem o poder de se unir astralmente à divindade cervídea e participar da sua força, engenho e sabedoria natural. Os chifres são forças de vitalidade irradiante mineralizadas no polo cerebral.

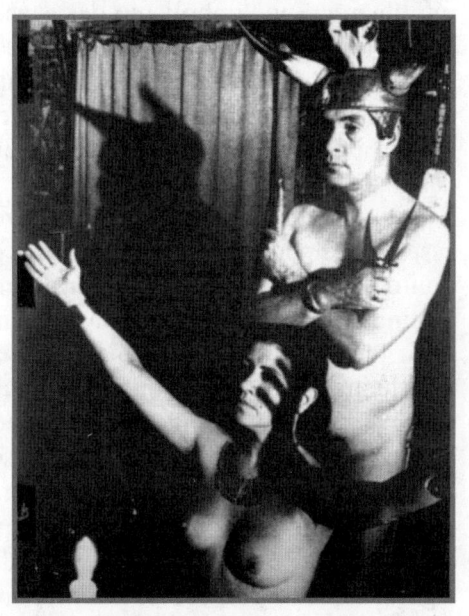

Monique Wilson e seu companheiro 'Loic' (Campbell) com tiara

Por meios dos cornos apeados sobre sua cabeça, o Magister torna-se o Deus Psicopompo encarnado, que atravessa as fronteiras visíveis do nosso mundo empírico e entra no reino dos Deuses arcaicos e dos seus Antepassados, Guardiões da Arte. Encontraram-se chifres de cervo depostos sobre os crânios de cadáveres em túmulos mesolíticos das ilhas Téviec e de Hoédic, perto de Quiberon, na Bretanha Armórica,[185] sugerindo que sua função era garantir o amparo do Deus Psicopompo no Além. Existe, no entanto, uma história que ilustra essa função das tiaras cervídeas: a de Herne, da Floresta de Windsor. Conta a lenda, mencionada por Skakespeare em *As felizes viúvas de Windsor*, que estando o rei na caçada com seu escudeiro, Richard Herne, este se deparou com um portentoso veado. Ferido e enraivecido, pelas mortais incursões do monarca, este ataca-o frontalmente. Para salvá-lo, seu escudeiro rapidamente se interpõe entre ambos, ficando à beira da morte. É nesse momento que um feiticeiro emerge da floresta e conta ao rei que, se permitisse que ele amputasse as hastes do veado morto pelo escudeiro e as colocasse sobre sua cabeça, o curaria de morte certa. O escudeiro é ressuscitado, mas fica condenado a conservar presas à sua testa as hastes do veado. A história permaneceu no memorial inglês como uma lenda cheia de significados esotéricos, que os wiccans introduziram no simbolismo das suas tiaras por meio das correntes de Bruxaria Tradicional onde permanecera intocada. Dessa forma, cada Magister é, dentro do coventículo, um homem curado e ressuscitado pela Iniciação aos Mistérios do Rei Veado, que o arrancou da morte no mundo profano, tornando-se o modelo humano do *curandeiro ferido* das tradições xamânicas.

O segundo adereço é o colar de azeviche e âmbar. Tradicionalmente, essas são as pedras usadas nos colares de Bruxaria Tradicional, mas está muito em voga o uso de conchas, simbolizando o dom da fertilidade feminina, tal como vemos em algumas imagens neolíticas. O uso do colar tem uma dupla origem: por um lado, nos mistérios afroditianos do Mediterrâneo e, por outro, no mundo nórdico e entre as tradições mágicas dos Vanir, sendo associado ao colar Brisingamen. Nos Eddas, conta-se que a Deusa Freyja recebeu seus poderes sobre o amor, a cura, a guerra e a profecia por meio de um colar-talismã que lhe teria sido oferecido pelos quatro anões do Submundo. A oferta desse colar só foi possível pela contrapartida da sua dádiva física, sexual e amorosa. Isso significa que os poderes do Submundo, de que ela é titular, são conferidos por meio da sexualidade amorosa e sagrada que, no plano terrestre, repete à escala humana a força criadora do Cosmos. A Alta Sacerdotisa wiccaniana, ao usar o colar sagrado do coventículo, realça essa sua simbólica soberania sobre os quatro mundos e seus quatro poderes, mas

---

185. Fortemps, Jean-Luc Duvivier de. *Le Brame, Images et Rituel*. Paris: Éditions du Perron-Liège, 1985.

adverte que sua posse foi o resultado da sua união amorosa e sexual com as forças do Submundo. Daí sua posse só ser permitida em rito depois de ter passado pela Iniciação do segundo grau, quando ela desce ao Mundo Subterrâneo. Sua origem é, contudo, controversa: ela aparece, também, nos colares e braceletes usados pelas sacerdotisas prostitutas dos templos de Afrodite e Ishtar que, à imagem da sua Deusa, dispensavam generosamente seus favores de amor sensual, garantindo-lhes um contato íntimo e consagrante com uma das suas encarnações terrestres. Na realidade, a Alta Sacerdotisa é a encarnação da sensualidade terrestre da Grande Deusa, e isso explica a convicção de Gardner de que um coventículo genuíno deveria ter sacerdotisas na plenitude da sua exuberância física e sexual.

> *Síntese: A Tiara Cervídea representa a potência da Morte e da Vida e é uma recordação do mito de Herne Ressuscitado, na pessoa do Alto Sacerdote, enquanto a Tiara Crescente simboliza a potência do Amor na pessoa da Alta Sacerdotisa. Ambas são tiaras cornígeras e formas de identificação física com os Deuses da Arte, no seu duplo aspecto de Morte e Vida, assegurando que seus sacerdotes sejam suas teofanias no Círculo Mágico.*

Liber Ritis Chordag Patibulati

Que o feiticeiro adquira uma corda de boa fabricação e que ela seja de cor verde, pois é a cor da putrefação e da ressurreição de nosso Divino Senhor, o Rei Cervídeo das Florestas. Que ela tenha três vezes o comprimento do seu corpo em altura e que a ela seja acrescentada a medida do diâmetro do seu pescoço e dos seus pés unidos pelos calcanhares, pois assim se suspenderam entre os mundos aqueles que tinham de atravessá-los. Que o Postulante esteja "vestido de céu" para que possa receber a corda entre a cintura, separando os dois mundos, inferior e superior da sua alma.

Que sobre um altar esteja a pele de um cervídeo, e sobre ela seu crânio e chifres enramalhetados com folhas de carvalho, freixo e espinheiro bravo. E entre os chifres haja uma tocha para iluminar o santo rito. Haja também uma taça cheia de vinho tinto e um turíbulo cheio de incenso de mirra e cipreste de boa qualidade. Seja o rito preparado e celebrado quando Saturno esteja visível no céu e sempre em uma noite de sábado, que é sua noite preferida. Ou, então, que seja em Yule esse rito celebrado.

Seja, também, na hora de Saturno e haja um círculo desenhado no chão a carvão, com seus sagrados sigilos, que encontrará nos Grimórios da Arte. Que o altar esteja dirigido onde o astro se eleva.

O Santo Rito

1

Verta um pouco de vinho sobre a cabeça do cervídeo e declare:

> *Abençoado sejas Tu, Secreto Senhor das Florestas de Carvalho, Freixo e Cipreste. Tu, que és aquele que se sacrificou sob a Árvore da Vida quando o visco floresce e cujo santo nome é o rugido do veado: Herne Karnayna... Herne Karnayna... Herne Karnayna.*
>
> *Para proteger o Rei, tu mataste nosso Santo Rei e, porém, foste ferido, morto e ressuscitado pelo Mestre Cervídeo das Florestas. Em troca da vida, abdicaste da arte de caçar e matar. Em troca da Vida que te cedo eu, Senhor das Florestas, que agora te procuro entre os bosques?*

Medite sobre o que cede em troca da vida transfigurada de Guardião da Floresta.

2

Acenda agora a tocha e declare:

> *O Rei e o Cervo são um só, pois o Divino Espírito traz a Marca da Besta e a Marca dos Reis. Sua Luz Soberana brilha em esplendor pelas florestas, pois aquele que vê sua Luz é clarividente e traz os galhos do cervo divino sobre sua cabeça e é, por isso, um Ressuscitado. Com minha cabeça coroada pela tua Luz e teus Raios Cervídeos onde cai o Relâmpago, que guardo eu na tua floresta, Santo Senhor?*

Medite sobre o que guardará na floresta, que é a Tradição de que é herdeiro.

3

Pegue sua corda e eleve-a à Luz e declare, depois, tocando-a sobre o crânio do cervídeo:

> *Esta é a corda patibular da minha Arte e o testemunho de quem foi morto e ressuscitado. Com cordas as Mestras e os Mestres da Arte foram amarrados e sacrificados. Esta é a corda de Herne, suspenso eternamente sobre a Árvore da Vida, entre os Mundos, quando seu Espírito voa para as Verdes Colinas dos Sabates.*

Pegue a corda e cinja três vezes sua cintura dizendo:

> *Seja eu o Ressuscitado da Corda Patibular. Por isso, três vezes eu a cinjo sobre meu ventre. Três vezes eu rodeio meu corpo, como cerco o Círculo. Três vezes seja Herne Karnayna honrado, nas clareiras e sobre o Carvalho Desnudado, quando a Cabeça do Cervo se ergue no céu de Yule.*

Depois de cingir seu corpo três vezes, dê um nó e deixe as pontas caírem sobre o corpo formando um Tau, e diga:

> *Sobre meu corpo trago o Carvalho Patibular e o Relâmpago do Céu.*

Os Guardiões da Arte

XIII
Sentinelas e Guardiões da Arte

Entrar no Submundo – A Egrégora e a Alma-Grupo
A Chegada dos Grigori – Os Senhores dos Principiados
Os Gigantes das Colinas – Os Anjos Caídos – Os Guardiões Raciais
As Torres de Vigia – Os Devas e Reis Elementais

Os Deuses, meu querido rapaz, são lentes que o homem sábio criou para focalizar as grandes forças da Natureza.
Dion Fortune (1890-1946)

Do fundo da floresta, a coruja sussurrava intermitentemente um misterioso cântico que quebrava o grande mar de silêncio que nos rodeava. Ao longe estavam os Cárpatos. Era dia de lua cheia! Mnemosine vitalizou o círculo com as águas sagradas que trouxemos das fontes de Herinia, antes de subirmos o monte e entrarmos na clareira sagrada de Herodia. A luz dourada do luar de setembro derramava-se sobre a imensidão da floresta e os aromas de cedro, que das entranhas antiquíssimas das montanhas e planícies subiam até aquele lugar, consagrava o círculo que se abria entre os mundos. Como dentro de um caldeirão, o luar baixava dentro da clareira, que nossos pés nus pisavam como se caminhássemos entre labaredas vegetais. Então, elevando a espada para o pico que se perfilava ao longe, ela clamou: "Eu vos chamo das profundezas abissais do tempo, de entre a neblina e os sepulcros, vós, Poderosos Guardiões Ancestrais...". Como um incêndio, uma onda de calor entrou de súbito dentro do círculo. O piar da coruja emudeceu. Um silêncio de assombro e admiração caiu sobre nós! Para nossa surpresa, os lobos iniciaram ao longe o cântico lúgubre do seu uivo. Do cimo distante dos Cárpatos, os uivos ecoaram pelo longo tapete de floresta e chegaram até nós, estilhaçando-se nas fragas em múltiplas e humanas vozes. Os Guardiões haviam chegado! Pelo uivo do lobo, traduzido no eco distorcido das pedras, a voz inefável dos Poderosos assomavam aos nossos ouvidos!

Diário de um Feiticeiro, Cárpatos, Romênia, 1995

Entrar no Submundo

O mundo antigo tinha uma forte percepção das fronteiras políticas e geográficas em que estavam encerrados. Ampliar essas fronteiras, como fez Alexandre da Macedônia, o rei Xerxes da Pérsia e, mais tarde, os imperadores romanos, era ampliar seu carisma, sua riqueza e os horizontes da sua cultura. Não era só o mundo terreno que estava partilhado em territórios, rodeados de fronteiras ciosamente guardadas. O mundo espiritual e sua geografia mágica era um mundo tão multifacetado, perigoso e fascinante como o mundo desconhecido das Américas para os espanhóis, ou a Índia para os ingleses do século XIX. Ele representava o mundo em que se sentiam livres ou iluminados. Atravessar a fronteira entre o mundo sensível e terreno e o mundo suprassensível e espiritual implicava passar por todo um preparativo cerimonial, como partir para uma longa e perigosa viagem. Os próprios Deuses tinham de passar através dessas fronteiras iniciatórias, como Ishtar, por exemplo, ao descer ao Mundo Subterrâneo, onde teve de se sujeitar à humilhação de abandonar aos seus guardiões seus belos trajes de Rainha do Céu, até ficar nua e vulnerável diante da face sombria da sua própria irmã Ereshkigal, a Rainha dos Mortos. Entrar no Submundo implica sempre esse duplo ato: o desnudamento da nossa humanidade e o confronto com os Guardiões. Será natural que, sendo o Wicca um sistema iniciático com ênfase no mundo ctônico, os Guardiões tenham uma tão grande importância.

A teoria dos Guardiões é tão antiga quanto a humanidade. Os xamãs da Sibéria, que preservaram formas imutáveis de cerimonial mágico, cujas origens se perdem no fundo distante do Paleolítico, seguiam toda uma etiqueta de contratos e pactos com entidades que os guiavam nos mundos invisíveis. Mas não há dúvida de que a tese dos Guardiões do Círculo no esoterismo wiccaniano e em toda a cultura mágica inglesa se deve à influência de John Dee. O mundo sobrenatural de John Dee espelha bem o Império Britânico e sua administração colonial, com sua burocrática ordem de Gênios e Anjos, da mesma forma que a demonologia medieval espelhava o estado feudal dos seus contemporâneos. Talvez nossa maneira de ver o mundo se reflita na maneira como pensamos poder cooperar com as Hierarquias Espirituais! Não será estranho, por isso, que a revisão do universo mágico feita por Aleister Crowley, embora reflita a cultura esotérica de raiz vitoriana em que viveu, tenha um estilo apaixonado e ousado, o que não é estranho à cultura do capitalismo liberal e um certo romantismo de base. Crowley dizia ter escrito seu livro *Magick* para engenheiros e artistas e que sua Arte Mágica seria mais familiar ao mundo do técnico industrial do que ao do místico e do sacerdote. Na vida mágica, todos nos confrontamos com o mundo invisível, muitas vezes em função das forças culturais e espirituais que estão atuando em uma dada época. Esoteristas geniais como Rudolf Steiner diriam, em uma linguagem diversa mas com o mesmo sentido, que os processos espirituais evoluem de época para época em função das forças que as Hierarquias Espirituais trazem a um dado momento da história da humanidade. Essas Hierarquias são também uma classe particular de Guardiões que engendram os impulsos de Iniciação na humanidade.

Nos primórdios da aparição do Wicca, os Guardiões eram denominados "os Poderosos", tal como atestam as versões mais antigas do *Livro das Sombras*, de Gerald Gardner e Alexander Sanders. Eles não só guardavam o perímetro do Círculo Mágico, mas testemunhavam o rito. Paradoxalmente, esses Poderosos eram os Mortos Abençoados, sacrificados, elevados e transfigurados em Elphame. A versão das Sentinelas das Torres de vigia é uma adição tardia usada, muitas vezes, para exemplificação pública em livros e palestras, sobre o modo processual de trabalho wiccaniano. Porém, paradoxalmente, as versões mais modernas dos *Livros das Sombras*, quer de Gardner, quer de Sanders, integraram o modelo exotérico, em uma época em que se tem tendência a acentuar o modo cerimonial de trabalho, aquilo que Sanders chamava Wicca Cerimonial. A prática de solicitar o testemunho vivo dos Mortos Abençoados foi desaparecendo entre as gerações mais antigas e gradualmente perdendo-se. Eis como era o rito de Invocação das Sentinelas ou Torres de Vigia, conhecido nas várias versões do *Livro das Sombras* de Gardner e Sanders:

A Invocação dos Guardiões

Vós, Senhores da Torre de Vigia do Leste, Vós, Senhores do Ar; eu vos evoco, convoco e chamo para testemunhar nossos ritos e guardar o Círculo!

Vós, Senhores da Torre de Vigia do Sul, Vós, Senhores do Fogo; eu vos evoco, convoco e chamo para testemunhar nossos ritos e guardar o Círculo!

Vós, Senhores da Torre de Vigia do Oeste, Vós, Senhores da Água; eu vos evoco, convoco e chamo para testemunhar nossos ritos e guardar o Círculo!

Vós, Senhores da Torre de Vigia do Norte, Vós, Senhores da Terra; eu vos evoco, convoco e chamo para testemunhar nossos ritos e guardar o Círculo!

As expressões "guardar" e "testemunhar" do rito wiccaniano têm sido interpretadas em um sentido meramente profano e utilitário. A expressão guardar o Círculo não tem para o wiccan o sentido de proteção das ameaças do mundo visível e invisível. Guardar significa conter, preservar, conservar em seu poder. Sua tarefa é preservar o poder do Círculo contrabalançado com as forças dos Deuses e da Egrégora. Ao conservar-se o Círculo Mágico dentro da esfera áurica da sua essência dévica, nós participamos da sua essência e fortalecemos o rito. Além de guardarem o Círculo, os Guardiões também testemunham nossos ritos! Não no sentido de serem espectadores metafísicos, que observam o espectáculo da cerimônia, mas no sentido de "passarem um testemunho". Era por esse motivo que os Mortos Poderosos da velha recensão wiccaniana eram invocados, pelo menos antes de ser contaminados pelas tradições da Magia Cerimonial. São eles que nos ajudam a sintonizar com a Linhagem Iniciática, derramando sobre nossos ritos as forças atávicas que fluem dos confins remotos dos tempos. Eles são os Guardiões da Linhagem de Iniciação, a quem revelamos as chaves simbólicas pelas quais podemos entrar no reino suprassensível. Esses símbolos e sigilos que traçamos no ar de forma solene são os códigos que permitem abrir o tesouro da egrégora. Se marcamos os números ou as letras corretas e na ordem exata, podemos estar certos de que seremos capazes de abrir o poder latente da nossa memória arcaica dentro da esfera da nossa consciência. Claro que essa memória ancestral só emergirá se o Iniciado trouxer na sua alma os vínculos atávicos e seus impulsos virais no sangue e na carne do seu corpo transfigurado em rito.

Síntese: Todo o trabalho mágico implica passar a fronteira profana da nossa humanidade e entrar em um reino desconhecido onde o sagrado se manifesta. Essa fronteira é habitualmente guardada por espíritos guardiões. Ao unir nossa esfera de vida e consciência à aura desses seres dévicos, nós podemos nos sintonizar com a linhagem de uma determinada tradição e seus impulsos que vêm do passado remoto.

A Egrégora e a Alma-Grupo

A expressão Egrégora, embora nos lembre a palavra "agregar", era um nome atribuído a uma estirpe de seres espirituais chamados Grigori, Sentinelas, Vigilantes, Guardiões. A expressão Grigori é de origem grega, *egregorein*, significando velar. Uma Egrégora não é um agregado psíquico de indivíduos que fazem parte de um grupo social. Isso é a alma-grupo! A alma-grupo é a força coletiva personalizada em um ser-grupal, como um enxame, funcionando em uníssono. Ela revela o caráter gregário do *modus vivendi* das tribos e dos clãs arcaicos, sobrevivendo nos grupos mágicos modernos como um vestígio fóssil da época em que os grupos humanos funcionavam sob a superintendência de uma alma coletiva, como os animais e as plantas. Daí a constante simpatia e fusão entre as almas-grupo humanas e as almas-grupo animais, personificadas nas suas representações totêmicas e nas suas formas heráldicas. Enquanto a alma-grupo é criada de baixo para cima, isto é, de um corpo social heterogênio de indivíduos para uma entidade coletiva suprassocial, pela união comunitária dos membros do círculo e o cimento psíquico dos seus ritos privados, a Egrégora é criada sempre de cima para baixo. Como um campo magnetizado agindo dos mundos superiores e agregando seus membros, pela influência suprassensível dos Guardiões, formam um corpo social, cuja gênese está no mundo invisível. São eles que ditam as leis, as normas, os ensinamentos, os ritos, de que os Mestres Mentores são os recipiendários e transmitem, depois, de forma estruturada aos membros iniciados. Foi assim que nasceram algumas das maiores escolas de mistérios da atualidade e alguns dos coventículos mais originais do Wicca. Nós podemos escolher nossa alma-grupo, mas, para sermos parte de uma Egrégora, precisamos ser escolhidos por ela! A Egrégora é constituída pela união simultânea dos Antepassados e das Hierarquias Espirituais, que atraem para seu seio os seres humanos em sintonia com seus impulsos de desenvolvimento místico e mágico. Por isso, diz-se na gíria esotérica que "quando o discípulo está preparado, o Mestre aparece". O Mestre é sempre o criado e o enviado da Egrégora.

Grigori e gregário são expressões foneticamente muito semelhantes e, embora não sejam a mesma coisa, fazem parte do mesmo enigma mágico! A Egrégora age através da substância vital da alma-grupo, mas isso não significa *ipso facto* que toda a alma-grupo tenha uma Egrégora. Quando a Egrégora está presente na alma-grupo de um círculo de trabalho esotérico, seja qual for sua tradição, diz-se que é um grupo *contactado*. Isso quer dizer que é um grupo que tem elos espirituais com as

Hierarquias. Um grupo é como um corpo humano: tem um corpo físico constituído pelo conjunto dos seus membros; tem uma alma que a anima funcionalmente, sendo sua alma-grupo; finalmente pode ter, também, uma Egrégora, que representa seu espírito. Um grupo esotérico não tem uma Egrégora, pelo contrário, é a Egrégora que tem o grupo! Os caçadores primitivos, em cuja Arte se inspira o Wicca, podem ter sido guildas guerreiras unidas a um espírito totêmico, que havia estabelecido cooperação com a humanidade por intermédio de um pacto criado pelo xamã, celebrado e renovado regularmente por ritos. Prudence Jones[186] sugeriu que a tradição dos "guerreiros do norte" pode ter sido originada a partir das práticas mágicas da caça. Todas as antigas guildas de guerreiros, como os Berseker na Germânia, os Fianna na Irlanda ou mesmo os Templários da Idade Média europeia, tinham ritos bizarros e surpreendentes que reforçavam os elos de camaradagem e interação fraternal entre seus membros, essencial para o trabalho cooperativo em grupo na caça ou na guerra. Ainda hoje se usa, nos rituais de Iniciação do Wicca Tradicional, a expressão "perfeito amor e perfeita verdade", sugerindo esse elo gregário iniciático que o indivíduo tem de dispor quando entra na Alma-Grupo do Coventículo. Sem essa atitude, é impossível entrar no ambiente gregário do clã e receber os influxos da Egrégora. Esse *rapport* é absolutamente necessário! No passado, as guildas cinegéticas e guerreiras tinham Guardiões e Espíritos Tutelares, ambos epifanias dos espíritos dos antigos chefes de guerra, cuja lembrança sobreviveu na heráldica e nos elmos dos cavaleiros. Os guerreiros galaico-portugueses são vestígios dessa época em que se divinizavam os mortos como Guardiões. Seus ritos permitiam reforçar os elos de camaradagem dos membros entre si, mas criavam também uma relação de simbiose etérica e astral com os espíritos guias e tutelares.

O Espírito Totêmico da Bruxaria arcaica pode ter sido o bode e o veado, ou algum outro animal cornudo, como o touro e o carneiro, com que o caçador devia se identificar para absorver suas qualidades físicas nas suas caçadas e nas suas explorações visionárias. Nos aquelarres, o Bode Negro era a divindade tutelar das bruxas bascas e asturianas! No entanto, o lobo foi também encarado pelos povos setentrionais como o espírito totêmico da Bruxaria, de uma forma tão intensa que em algumas línguas germânicas e nórdicas a palavra era usada simultaneamente para designar a bruxa. Talvez seja necessário lembrar que algumas das características físicas do veado e do lobo totêmico são sua capacidade

---

186. Jones, Prudence & Pennick, Nigel. *A History of Pagan Europe*. London: Routledge, 1995.

de se dissimularem nas entranhas labirínticas da floresta e moverem-se silenciosamente pelas vastidões hostis, assim como sua elevada sensibilidade, concentração e frontalidade. As qualidades dos Guardiões influenciam a qualidade do trabalho do grupo, através da sua aura de vida e experiência. Os Guardiões são matrizes de energia para estimular o campo aúrico do Magista. Por meio dos Guardiões, o mundo visível tem uma porta de conexão com o invisível, não de forma caótica e diluída, mas sintonizada com a onda de vida do grupo racial a que o Iniciado pertence. Haveria assim, no Wicca, variados tipos de guardiões e espíritos tutelares, dependendo do sistema mágico de trabalho. Poder-se-ia enumerar os seguintes tipos: guardiões epocais, raciais, estelares, tribais, elementares e dévicos. Não falarei mais, porém, dos Mortos Poderosos, pois fazem parte dos Mistérios mais privados dos nossos coventículos.

> *Síntese: O que caracteriza o trabalho mágico de um coventículo wiccaniano tradicional é ele ser a expressão visível de uma entidade coletiva suprassensível chamada Egrégora, cujas origens se reportam aos clãs dos povos primitivos, sob a superintendência de espíritos totêmicos. A Egrégora une sua aura à aura dos membros presentes em rito e estimula suas memórias arcaicas e sua clarividência atávica. Uma egrégora trabalha com os olhos dos Guardiões, que regem seu coventículo e o corpo dos iniciados.*

A Chegada dos Grigori

Uma das mais emblemáticas anarquias no Wicca Popular é a confusão que faz entre os Guardiões da Bruxaria Neopagã e os Guardiões do Judaísmo e do Cristianismo. São muitas as vezes em que se encontram referências no Wicca Eclético aos tradicionais guardiões dos cabalistas hebreus e cristãos – Rafael, Miguel, Uriel e Gabriel – como sendo os Guardiões do Círculo da Arte. É surpreendente, porém, como se misturam valores judaico-cristãos com práticas neopagãs e se amalgamam os fervorosos paladinos do monoteísmo a uma prática mágica e religiosa cujas origens são panteístas e antecristãs! Na realidade, os Guardiões arcaicos da Bruxaria e de alguns cenáculos de Wicca Tradicional sempre foram os Grigori, isto é, os Guardiões Pré-Diluvianos. Mas mencionar os Grigori exige que se esclareça outro velho equívoco: o que confunde os Grigori com os Nephilin (do hebraico *nephilun*, caídos, guardiões), os Anjos Caídos e com Satã. No Gênesis eles são chamados por Ben Elohim, os Filhos de Deus. Os Grigori desceram sobre o Monte Hermon, tal como descreve o Livro de Enoque, com a função de supervisionar o desenvolvimento da raça humana e reconduzi-la ao estádio edênico inicial. Rapidamente sua missão tornou-se prometeica! Atraídos pela beleza das mulheres, fecundaram-nas e ensinaram-lhes a alcançar um estágio superior de humanidade, semelhante aos Deuses. Essa força de atração que a beleza das mulheres exerceu sobre os primeiros Deuses pode ser entendida em sentido esotérico como uma atração das forças espirituais de origem celeste pelas forças vitais e telúricas que as mulheres encarnavam, sentidas como sendo complementares uma da outra. Era o Fogo Primordial, a quintessência da matéria e a substância vital dos Velhos Deuses, que se sentia refletido no Fogo Telúrico da sexualidade humana, como se um e outro fossem a mesma energia sagrada em níveis de realidade diferente.

Esse Mistério Cósmico de que fala Enoque pode ter acontecido no fim do Neolítico, quando se deu a passagem para as épocas dos metais, insinuando de forma metafórica a união entre os cultos celestes, ligados ao trabalho do ferro cósmico, com os cultos agrários e ctônicos, criando uma corrente nova de Iniciação na humanidade. Nesse processo de fusão mistérica, o princípio feminino e masculino uniram-se para criar um novo impulso espiritual! Essa complexa tarefa de autodeificação implicou a transmissão e o uso de saberes até aí vedados à humanidade, associados à descoberta das tecnologias do fogo e à fabricação de utensílios de metal. Para a tradição cabalística, a Bruxaria tem sua origem histórica nesse momento lendário, descrito com brevidade literária no Cap. VI do Gênesis e no livro apócrifo de Enoque, no seu Cap. VII, quando os Grigori transmitiram às mulheres, pelo fogo da sua seiva e do seu espírito, a chispa da Iniciação. O início da Bruxaria está assim indissociável do aparecimento das metalurgias e das ferramentas, que nossos instrumentos mágicos espelham sobre nossos altares. Seu impulso de vida e consciência está na época antediluviana e seus regentes daimônicos. Esse é o primeiro momento de revelação do caminho de mão esquerda à humanidade e a Bruxaria Daimônica sua primeira epifania.

No passado longínquo da humanidade, Deus destacou uma classe de Anjos chamados Guardiões ou Grigori, cuja função era reconduzir a humanidade ao estágio original de Consciência, pelo regresso ao estágio pré-humano de dissolução vegetativa no divino. Esses Anjos, contrariando a ordem divina, introduziram na consciência humana um elemento novo sob o ponto de vista evolutivo, induzindo-lhes a liberdade espiritual e criando uma nova humanidade, livre e autoconsciente pelo domínio das tecnologias da guerra e da beleza, da agricultura e da medicina. Como conta Enoque, as mulheres foram as primeiras aprendizes e depositárias do seu saber tecnológico e mágico. Em virtude dessa rebelião cósmica, esses seres angélicos passaram da sua condição de Anjos à condição de Demônios ou *Daimonius*, os guias espirituais imanentes na estrutura vital humana, tal como ilustra a vida filosófica e inquietante de Sócrates. Eles ganharam assim uma *dupla natureza*: terrestre e celeste. Ao contrário de todos os outros Anjos, cuja substância é feita na malha resplandecente do éter, nunca conseguindo descer na opacidade da matéria, esses *Daimonius* adquiriram a possibilidade de, ao serem parte dos dois mundos, poderem ser também os guias e guardiões entre os mundos visíveis e invisíveis. Esses Primeiros Deuses não desceram apenas sobre a terra e suas forças telúricas, mas também sobre as forças vitais do sangue e da sexualidade, onde estão adormecidos como forças de libertação espiritual. A Contrainiciação da Bruxaria Tradicional visa ao seu despertar e, com ele, à nossa deificação!

Basicamente, os Grigori são o embrião da cultura, a enzima celeste da nossa emancipação do estágio vegetativo da fé e das crenças, para um novo estágio de autoconsciência, que vai dar origem mais tarde a duas tendências: a Gnose e a Ciência. Da união desses Anjos com as mulheres nasceu a linhagem mais antiga da bruxa que conhecemos hoje. Foi por meio das mulheres que o poder dos Anjos amaldiçoados entrou na humanidade e por seus filhos se divulgou a fabricação das armas de guerra e as armas de magia. Surgiu o domínio do fogo e com ele a Magia e a metalurgia. Essa estimada linhagem de Bruxaria recua, contudo, até um estágio muito anterior ao da Idade do Ferro, quando o ferro meteórico havia sido usado nos ritos sagrados. Foi esse ferro cósmico, que por vezes tombava do céu, metáfora cósmica para a descida, segundo uns, e queda, segundo outros, dos Anjos civilizadores nas entranhas da humanidade.

O líder dessa campanha prometeica foi Azazel, o Anjo-Bode. Trata-se do bode saudado e reverenciado na Bruxaria Arcaica e que, em lembrança da sua origem estelar, traz uma tocha entre seus cornos, símbolo do meteoro incandescente que no passado remoto da humanidade desceu do céu para a primeira assembleia de bruxos e bruxas. Ele foi o primeiro nascido do Fogo Divino, antes de todas as demais criaturas! Foi através da atração sexual que esses seres desceram à essência da humanidade. Essa lenda revela o surgimento da sacralidade do sexo, oposta à sexualidade animal e reprodutiva, celebrada pelas bruxas antigas e modernas, ao exigirem que a nudez fosse seu único vestuário. Vestuário branco de carne e que na sua alvura lembra as sombras do Submundo, onde reina Azazel! Mas também vestuário celeste de um corpo que está coberto apenas pelas estrelas de onde vieram os Grigori. A Instrução do Wicca, por isso, é muito clara: *E como sinal de que estais verdadeiramente livres, estareis nus nos nossos ritos*. Gardner que, provavelmente, conhecia a lenda dos Grigori, transvazada no *Aradia*, de Charles Leland, dizia que essa nudez era estar "vestido de céu", isto é, no estágio primeiro em que os Anjos viram as primeiras feiticeiras e as fecundaram com o fogo cósmico do seu espírito. Os Grigori são a corrente de Iniciação Primordial ainda hoje invocada no seio da Bruxaria Tradicional pela crítica palavra "sentinela" quando o Alto Sacerdote clama, por exemplo: *Eu vos evoco, convoco e chamo Senhores do Fogo, Senhores das Sentinelas do Sul*. O uso da nudez ritual na Bruxaria baseou-se nesse efeito atrativo da sexualidade sobre certos princípios superiores da consciência, sob o artifício verbal da metáfora dos Grigori. Essas Sentinelas são ainda hoje os protetores prediletos de alguns coventículos tradicionais de Wicca, onde a nudez da Sacerdotisa é celebrada como foco sagrado, altar sobre o qual desceram os seres siderais que trouxeram a Gnose, em uma corrente sem fim de Anjos, Demônios e Homens, unindo-se e reunindo-se até ao fim dos tempos.

Conta a tradição que os filhos nascidos dos Grigori, os gigantes Nephilim, ainda trazem a memória dessa filiação espiritual, a chamada Marca de Caim, que os torna diferentes do resto da humanidade subjugada e vegetativa, filha de Adão e Eva. A estrela de cinco pontas, o Pentagrama, ao ser usada suspensa sobre nosso peito, é para nós a lembrança da nossa filiação a esses Seres de Luz que nos guiaram e são recordados como nossos progenitores e guias. Poetas como Baudelaire, Rimbaud e Victor Hugo celebraram esses gênios criadores da rebelião na sua poesia, e não é estranho que Jules Michelet, autor de um dos livros mais influentes no imaginário da Bruxaria moderna, retrate as bruxas como revolucionárias atuando contra o sistema opressivo da Igreja e da nobreza, aliadas no esforço de combater a supressão da liberdade humana. Essa vertente luciferina, no sentido de Portadora da Luz, não a luz da cega obediência moral, mas da consciência livre e esclarecida pelo êxtase poético, foi lembrada por Rimbaud na sua carta a Paul Demeny (15 de maio de 1871) quando declara:

> *Todas as formas de amor, de sofrimento, de loucura; ele próprio [o poeta] busca e esgota todos os venenos, para apenas conservar deles sua quintessência; inefável tortura aquela em que tem necessidade de toda a fé, de toda a força sobre-humana, e que se torna entre todos o grande doente, o grande criminoso, o grande maldito – e o supremo Sábio! – Porque ele atinge o desconhecido.*

Síntese: Sob o artifício literário da expressão Egrégora está subentendida uma relação íntima e secreta criada no passado arcaico da humanidade entre as primeiras assembleias de Bruxaria e os anjos celebrados como Grigori, no Livro de Enoque. O líder dessa rebelião foi Azazel, um Anjo com rosto de bode, a primeira criatura nascida do fogo divino, que terá descido sob as entranhas da carne e do espírito das primeiras feiticeiras, induzindo-lhes a autonomia e liberdade espiritual.

Os Senhores dos Principiados

Não é um acaso que S. Paulo diga que os Principiados guardam os "lugares altos". Eles são uma classe de Anjos que têm na hierarquia divina uma posição ambígua no Terceiro Céu. É, porém, uma referência implícita a esses lugares no alto dos montes, outeiros e colinas, onde estavam colocados os templos dos cananeus, sobre os quais desceram os Grigori. Mas há uma relação surpreendente entre esses Anjos do escalão dos Principiados e as Sentinelas do Wicca. Conta Enoque que, depois da desobediência das Sentinelas às ordens pronunciadas por Deus, foram enviados os quatro paladinos, Miguel, Uriel, Gabriel e Rafael, para aniquilarem os filhos que estes tinham tido com as mulheres e expulsá-los para o Terceiro Céu. Desde então, esses Quatro Anjos substituíram as Antigas Sentinelas na sua função de direção espiritual da humanidade. É a eles que os cabalistas, os esoteristas cristãos e os restantes cultos monoteístas oriundos da Palestina se apoiam como potenciadores do desenvolvimento espiritual humano. Através desse acontecimento cósmico, surgiu um novo ciclo de desenvolvimento espiritual e, com ele, veio a mudança das Sentinelas. O Wicca pretende, contudo, despertar e revitalizar as formas arcaicas de espiritualidade e o conhecimento transmitido pelas Velhas Sentinelas, e que regressam nesse novo amanhecer da Era de Saturno, que o Aquário anuncia. No Capítulo 8:3 Enoque cita com recriminação:

> *Semjaza ensinou os encantamentos e a recolha das raízes, Armarus a fazer os encantamentos, Baraqijal, a astrologia, Kababel, as constelações, Ezeqael, o conhecimento das nuvens, Araqiel, os sinais da Terra, Shansiel, os sinais do Sol e Sariel, o curso da Lua.*

Com os ensinamentos dos Anjos desobedientes, sejam os de saber interpretar os sinais da Terra, do Sol e da Lua para sintonizar a agricultura e a caça com os ciclos celestes, assim como os do recolhimento das raízes e das ervas com fins extáticos, iniciam-se as tecnologias mágicas que nós hoje denominamos Bruxaria. As Sentinelas foram expulsas para o norte e exiladas no terceiro céu, e seus filhos foram aniquilados pelo dilúvio. O dilúvio bíblico é a fronteira entre duas épocas de desenvolvimento espiritual: uma que era potenciada pelas forças do futuro, e outra que se pretendia motivada pelas forças do passado, sob a égide do Judaismo e do Cristianismo. Essa é uma das razões, também, porque o norte é considerado o ponto sagrado da Arte do Wicca. Os Principiados são uma classe atípica de Anjos por que, embora sendo de origem celeste, têm a função de governar zonas específicas do território, determinados grupos humanos, aos quais estão vinculados como guardiões e regentes angelicais. Trata-se de uma nova terminologia para definir os Espíritos do Lugar, os *Genii Loci*, mas agora disfarçada sob o lustre de uma nova linguagem teológica. Esse fenômeno é característico de um conflito mítico desenrolado nos tempos arcaicos entre as culturas

Invocando os Poderosos em um coventículo gardneriano

matriarcais e os cultos patriarcais, descrito em muitos mitos como a destruição da serpente Tiamat por Marduk, ou de Zeus matando seu pai Cronos. Trata-se, presumivelmente, de uma fase de transição dos cultos ctônicos da natureza para os cultos uranianos dos Deuses transcendentes, e o surgimento de novas formas de organização social e política centradas em classes guerreiras, que muitos arqueólogos associam à chegada dos indo-europeus à Europa.

É necessário realçar que os filhos desses Anjos com as mulheres nasceram gigantes. Eles são os Nephilin! Enoque afirma que teriam devastado a ordem pacífica dos povos, colocando-a à beira da sua completa extinção. Zeus e, mais tarde, Hércules, lutam cansativamente com os gigantes e espíritos animais poderosos, para libertar a humanidade do que consideravam ser as forças adversas que ameaçavam sua felicidade natural. Um desses gigantes, Prometeu, foi o responsável pela dádiva do Fogo Divino à consciência humana, trazendo-o do Olimpo, escondido em um caule de funcho. Não se vê, por isso, como eles poderiam ter sido forças de retardamento evolutivo! Eles trouxeram os meios para libertar a humanidade da tutela dos Deuses. Daí sua criminosa extinção. O que chamamos Anjos, que em grego e latim significam *mensageiros,* refere-se a formas já alteradas e sublimadas dos antigos espíritos animais. Uma das curiosas reminiscências do animismo antigo é a que permanece no seio do Cristianismo sob o disfarce dos Anjos, que com suas asas, mas também, por vezes, suas faces zoomórficas, como a de Azazel, são formas sublimadas de um animismo mal compreendido e com relutância assimilado na espiritualidade moderna. A vigilância desses Anjos, no Terceiro Céu, ficou sob a administração de quatro seres: Haniel, Cerviel, Requiel e Nisrosh. Eles são ainda hoje Sentinelas muito apreciadas por algumas bruxas tradicionais. Possivelmente esses Principiados têm também uma relação com os antigos guardiões siderais da Babilônia, de onde, aliás, veio a representação que conhecemos hoje dos Anjos no monoteísmo moderno.

> *Síntese: A teologia cristã, ao expulsar os Grigori para o Terceiro Céu, criou um feliz paradoxo: tornaram-nos regentes dos territórios, da mesma maneira que os antigos espíritos do lugar. Dessa forma, a teologia repunha-os na sua função de guardiões da Natureza e dos primeiros grupos humanos, tal como no passado haviam sido guardiões dos clãs. Os vestígios animais que perduram ainda hoje nos Anjos, não só com suas asas mas, também, com suas faces por vezes animalizadas, são uma lembrança fortemente animista na cultura ocidental mal cristianizada.*

Os Gigantes das Colinas

Existe uma classe de mitos que apresentam semelhanças estranhas com a chegada dos Grigori, acontecendo possivelmente na mesma época. Trata-se dos Tuatha Da Danan, na Irlanda! Também eles vieram do "céu", desceram sobre uma elevação montanhosa e trouxeram a Gnose sob o simbolismo dos seus "quatro tesouros". Ainda hoje, as quatro armas elementais do trabalho ritual wiccaniano são para muitos dos seus praticantes uma representação desses quatro poderes elementais: a lança de Lug, a espada de Nuada, o caldeirão de Dagda e a Pedra de Fail. Eles correspondiam às quatro regiões cósmicas associadas às quatro direções do espaço. Eles são os guardiões da raça céltico-irlandesa. Quando foram vencidos pelos Fomori, refugiaram-se nas colinas distantes e solitárias e no interior dos montes e túmulos onde, segundo as lendas do povo, ainda lá continuam. Eles tornaram-se, então, guardiões de determinados territórios sagrados, como os Anjos Caídos da classe dos Principiados de que falava S. Paulo.

Alguns desses lugares são zonas onde se preserva ainda na memória lembranças desfocadas desse encontro com os primeiros Deuses, sob a forma literária das lendas de fadas. O Povo das Fadas pertence a uma classe de seres que, segundo os missionários cristãos,[187] eram Filhos de Lúcifer. Eles parecem ter misturado a lenda da beleza e queda de Lúcifer com a dos Grigori, e mais tarde com o culto das fadas, para criarem a paternidade desses seres lendários que, por vezes, têm a forma de gigantes e a graciosidade dos Anjos pré-diluvianos, com suas asas. O culto das fadas conheceu um grande interesse dos esoteristas neopagãos depois da publicação, em 1911, do livro *The Fairy Faith in Celtic Countries*, de Evans-Wentz, um erudito em religiões comparadas que, em 1919, viajou ao Tibete e se tornou monge budista. Foi, mais tarde, o esoterista Brodie-Innes, no seu artigo *Rituais de Bruxaria* no *Occult Review* (1917), que despertou a curiosidade do meio ocultista britânico pela sua sugestão de estes poderem estar relacionados com os espíritos elementais, como espíritos auxiliares da bruxa arcaica. A investigação espiritual de R. J. Stewart sobre esses seres suprassensíveis levou-o a dizer: *em um certo sentido, algumas ordens de fadas são os elementais da Magia medieval e renascentista*.[188] A expressão Fada é muito interessante, porque sua origem latina a liga a *fata*, destino, um dos Deuses primais que os gregos sempre representavam de forma tripla. Eram as

---

[187]. Stewart, R. J. *Power Within the Land*. Dorset: Element Books, 1992.
[188]. Stewart R. J. *Earth Light, The Ancient Path to Transformation*. Dorset: Element Books, 1992.

nornas dos povos nórdicos e as *parcas* e as *moiras* dos gregos, são as nossas *mouras encantadas* de serpentes que vivem durante todo o ano escondidas debaixo dos rochedos e acordam no Solstício do Verão, para desencadear um processo de Iniciação ao homem que se atreva a entrar no território sacro dos seus penhascos e florestas.

Segundo as descrições dos etnólogos portugueses, as fadas ou *moiras* aparecem de forma fantasmagórica, vestidas de branco ou transformadas em ganso, nadando nos rios a alguns viajantes noturnos. Mas, ao lembrarmos que as fadas eram representadas na tradição italiana nuas, aladas e segurando um frasco de poções, que as bruxas associavam ao seu unguento visionário, e realçarmos, ainda, que eram dirigidas por Diana como sua rainha, percebemos, então, os elos internos e invisíveis que ligam esse culto estranho e mal compreendido, por um lado, ao culto adulterado das bruxas modernas e, por outro, aos cultos xamanistas e animistas dos povos antigos. O universo das Fadas penetrou o mundo erudito medieval por meio da feiticeira Nimue, a Senhora do Lago, com quem o cornígero Merlin se envolveu amorosamente e preparou o ciclo futuro que agora estamos abrindo na psique coletiva. Brodie-Innes foi um dos esoteristas mais interessantes do século XX, que desencadeou, mais do que Gardner nos anos de 1940, o interesse pela Bruxaria na perspectiva do esoterismo das Fadas. Mais tarde, o trabalho da esoterista Christine C. Thompson, no Templo Merlin da Stella Matutina, despertou a corrente mistérica imanente nas tradições céltico-arturianas.[189] Esse momento funcionou como o despertar da alma-grupo céltica na psique europeia.

Se entendermos a Fada como uma entidade feminina sem corpo denso, e vivendo na essência líquida da vida, a chamada quintessência da matéria, então ela deveria ser entendida como a verdadeira animadora dos processos de vida elemental. Na realidade, elas são consideradas as animadoras da natureza e em alguns grupos tântricos elas são, na forma das Dakinis, as estimuladoras do processo de metamorfose da alma dos próprios iniciados, sendo por vezes necessário executar casamentos mágicos e fazer pactos com elas para animar esse processo de autotransformação.[190] Sejam como animadoras dos processos vitais nas plantas, ou como animadoras dos processos espirituais, as fadas são Divindades tutelares que algumas tradições cristãs consideravam

---

189. Richardson, Alan & Hughes, Geoff. *Ancient Magicks for a New Age, Rituals from Merlin Temple*. St Paul: Llewellyn Publications, 1992 (prim. pub. 1989).
190. Govinda, Lama Anagarika. *Les Fondements de la Mystique Tibétaine*. Paris: Albin Michel, 1960.

ser herdeiras de Lúcifer, depois da sua queda, e dos Grigori, vivendo nas profundezas da terra. Na realidade, o Deus Cornudo da Bruxaria Arcaica era chamado Rei das Fadas. Elas ficaram, assim, associadas aos Anjos da classe dos Principiados, como *genius loci* de certas paisagens sagradas. Como na tradição xamanista, certos lugares eram considerados portais especiais para o mundo das Fadas, como as aberturas naturais nas montanhas, árvores e rochedos, certos pântanos e poços. Ainda hoje, na tradição portuguesa das *moiras encantadas,* o processo de encontro com esses seres está bem exemplificado na lenda tradicional da Dama Pé de Cabra e nos relatos de encontros sobrenaturais de camponeses nas zonas mais selvagens da natureza, como seus lugares mais sagrados. Vivendo em um mundo paralelo, em sistema tribal e regidos por um Rei e uma Rainha dos Elfos, que espelha o modelo do coventículo humano da Bruxaria moderna, as Fadas, como Deusas Tutelares e Iniciadoras, tornaram-se um mito esotérico e iniciático de bruxos como Victor H. Anderson (1917-2001), fundador do movimento Feri, que teve na figura do poeta-bardo Gwydion Penderwyn (Tom Delong) seu expoente mais conhecido e radical.

> *Síntese: As Fadas apresentam estranhas semelhanças com o mito dos Grigori e dos Anjos Caídos, à semelhança dos Thuata Da Danaam, na Irlanda. Em ambos os casos, esses seres sobreviveram como instrutores espirituais em determinados lugares da natureza, colinas, cavernas e montanhas, que as bruxas antigas privilegiavam como lugares de trabalho mágico. O mito sobrevive nas Moiras Encantadas portuguesas, que iniciam os mais audazes entre os penhascos, no dia de Solstício de Verão.*

Os Anjos Caídos

Existe uma outra classe de mitos relacionados com os Anjos, que é muito querida na memória das bruxas europeias, sobretudo de estrato italiano: o mito da Queda de Lúcifer. Quando Charles Leland, um etnólogo amador, adquire da bruxa toscana Madalena um grimório de trabalho do seu coventículo, que veio a publicar sob a designação de *Aradia, o Evangelho das Bruxas*, em 1898, suas origens míticas são aí apresentadas como resultantes da união de Diana e Lúcifer e da aparição de sua filha Aradia ou Herodia na terra, como a Avatar e Guia Espiritual das bruxas. Trata-se do primeiro Avatar Feminino na história esotérica, onde habitualmente os homens predominam, como se a vida espiritual refletisse com ironia a cega misoginia das civilizações. Mas quem é realmente Lúcifer? Há muitos mal-entendidos em torno desse personagem mítico. O nome de Lúcifer está associado a uma rebelião diferente da dos Grigori e dos seus filhos, os Nephilim, embora a expressão Nephilim signifique "caídos" e se ligue misteriosamente ao mito luciferino por vias oblíquas. Não porque tenham caído do céu como Lúcifer, mas porque caíram no pecado da luxúria e da desobediência. Sob essa acusação, movida por judeus e cristãos, está subentendido que sua praxis iniciática era antinomianista, ao estilo dos gnósticos cainitas e ofitas.

Lúcifer aparece confundido, também, com o mito de Satã e associado a uma prova de humildade exigida por Deus aos seus Anjos: a de se submeterem à sua criação mais recente, o ser humano. É conhecida a história de todos os ocidentais formados no Cristianismo da origem do pecado do orgulho. Satã rejeita submeter-se diante do ser humano e prosternar-se em sua adoração. Dessa forma metafórica ele rejeita submeter-se ao próprio Deus que o criou, porque o ser humano foi feito à sua "imagem e semelhança". Tratava-se de uma imagem distorcida, porém, já que nascida apenas do barro da carne e sem o fogo divino da consciência livre e esclarecida de que Satã havia sido criado. Compreende-se, então, sua relutância em se prosternar diante de uma imagem imperfeita. A lenda não vem na Bíblia, onde Satã é apresentado como o dileto assistente de Deus no *Livro de Jó* e nos *Números*, testando a lealdade dos seus súditos com uma sagacidade ao mesmo tempo ardilosa e perturbante. A história vem do livro apócrifo *A Vida de Adão e Eva* (c. 100 A.E.C./200 E.C.) Aí, ele exclama: *eu colocarei meu assento sobre as estrelas do céu e serei semelhante ao Altíssimo*. Trata-se de um texto muito semelhante ao que Isaías havia escrito antes (XIV, 12-15, Velho Testamento), o que significa que já pairava entre judeus a crença de que a queda de que ele falava se referia a Satã. Quando S. Jerônimo traduziu a Bíblia para o latim, no século IV, teve a ideia mirabolante de traduzir o trecho em que Isaías se referia ao nome de um rei babilônico pelo nome do Lúcifer e transformar a queda e soberba do seu reino em um mito de escala cósmica.

Lúcifer é uma designação inventada por S. Jerônimo. Não se encontra em parte alguma da Bíblia seu nome, a não ser associado, por tradução deturpada, com um título dinástico babilônico. Isso é muito pouco para fazer dele um Anjo Sublime. Mas as palavras de Isaías são tão semelhantes às que se atribui a Satã, no apócrifo *A Vida de Adão e Eva,* que parece ser um devoto plágio, como se um e outro fossem a mesma pessoa. Dessa forma, Lúcifer aparece como um disfarce literário de Satã, transferindo-se a função de um Anjo, que existia, para outro, que não existia. Mas essa desvirtuada tradução trouxe algo de perigoso e incômodo para os teólogos vindouros: trazia as sementes de uma nova mitologia mistérica, que associava Satã não ao terrível tentador, mas à função de Portador da Luz, o significado etimológico de Lúcifer. Ora, no panteão romano, Lúcifer é um insignificante espírito alado, com aparência de cupido, que segura a tocha nos túmulos e está associado à aurora e à promessa de ressurreição na alvorada da vida futura além-túmulo. Essa sua associação ao mundo dos mortos e ao seu cargo de portador da tocha, tal como Hécate e Ártemis, prepara o terreno mitológico para ser associado às novas heresias gnósticas e, mais tarde, aos cultos da Bruxaria. O fato de a Bruxaria ser uma obstinada sobrevivência de cultos de Iniciação ao Mundo Subterrâneo no seio da cristandade veio tornar esse Satã-Lúcifer seu padroeiro. Eles só eram cultos da fertilidade, também, pelo fato inevitável de as sementes terem de passar no Inverno pelo processo de morte, para que a natureza ressuscitasse na Primavera. Foi a partir daqui que surgiram as lendas gnósticas dos anjos divididos, mais uma vez, em duas facções e a lutarem entre si, mas com Lúcifer e Miguel no plano central da disputa. No século XV E.C., o mito luciferino estava muito adiantado, com o romance *Parsifal* a entrosá-lo na corrente do Graal. Trata-se de um mito velho de raiz prometeica que se veste de roupas mitológicas novas no seio do Cristianismo, sedutor e perigoso, mas cheio de virtualidades para que homens inteligentes se sirvam dele para se alçarem acima da fútil condição humana.

Desse mito inventado surgiram duas lendas associadas a Lúcifer: uma associada à origem do Graal e, a outra, à Descida do Fogo na consciência primitiva do ser humano, ao estilo de Azazel e Prometeu. Foi por isso que Jules Michelet entrosou a Bruxaria no satanismo gnóstico e em uma revolta social do povo na escala de uma festa saturnal, em que o Diabo funcionava como um libertador de escravos. No *Parsifal,* de Von Eschenbach, ecoando os mitos dos *minnesingers* medievais, ele é associado ao surgimento do Graal. Segundo ele relata, na contenda cósmica entre Lúcifer e o Arcanjo Miguel, no início dos tempos, este último arrancou-lhe da sua alva e luciferina fronte a esmeralda que luzia na sua face, vindo a cair na terra onde pisava Caim. Com sua descida, era o próprio Espírito do Fogo, o primeiro ser nascido de Deus, que baixava às entranhas da matéria e da própria humanidade. Que ironia! Miguel, ao vencer Lúcifer, fez com que ele descesse à essência da humanidade e se desencadeasse tudo aquilo que estava tentando evitar. Que vitória inútil, a de Miguel! Que derrota astuciosa, a de Lúcifer! Sobre esse mito existem apenas descrições esparsas, mas as heresias do gnosticismo e do esoterismo atarefaram-se em inventá-las e reinventá-las como fermento inspirador dos seus processos místicos. No século XIX, esse mito sobrevivia com força renovada entre os poetas românticos como Baudelaire e Victor Hugo, e nos cenáculos de Bruxaria Tradicional da Itália e da Alemanha. Julis Evola, Aleister Crowley e Gregor Gregorius tentariam despertá-lo no seio do esoterismo moderno. Ainda hoje, vemos essa Pedra Preciosa, caída do céu e estilhaçada na Terra, em muitas imagens divinas na Índia e mesmo no próprio Buda, que a traz sob a forma da *urna* na testa. Ela fica associada a uma tarefa ciclópica que o iniciado tem de cumprir, como nas histórias de Psiquê e Afrodite: a de reunir, pedaço a pedaço, essa pedra e reconstituí-la de novo na sua personalidade. Ao reconstituir essa pedra, a Pedra do Sábio, de certa maneira, reconstituímos nossa verdadeira e esquecida identidade. Esse mito está associado, também, à perda da clarividência atávica dos povos no passado remoto da nossa história, representada por uma queda no mundo sensorial dos sentidos. Lúcifer é, assim, o portador de uma promessa de emancipação espiritual que está associada ao seu nome latino de Portador da Luz: a de fazer aparecer a consciência clarividente passada e com ela a percepção da totalidade visível e invisível.

Sob o patrocínio de Lúcifer, sempre esteve implícita uma atitude de desobediência moral à ordem estabelecida. As civilizações são responsáveis por uma profunda alienação dos povos, sob o ardiloso pretexto da autoridade revelada dos profetas e guias espirituais das religiões sociais. Sob seu impulso nasceu, assim, em múltiplos momentos da história, formas não manipulativas de pesquisa espiritual e uma profunda aversão aos princípios de autoridade. Não é por acaso que, na versão das *strega*, Diana tenha emparceirado com Lúcifer: ela era no alto do Palatino a protetora dos escravos, dos humilhados e dos ofendidos e, no seu santuário de Nemi, no Lacium, seu Sacerdote estava associado ao culto do carvalho. Ao contrário dos outros Mistérios, seu sacerdócio não era dirigido por uma família aristocrata, que monopolizava ociosamente o sacerdócio mistérico, mas por um escravo anônimo que tivesse fugido corajosamente à sua servidão e humilhação. Cada novo iniciado ao culto de Diana Lucífera, independentemente da sua condição social, é um escravo fugitivo da alienação da ordem social e profana. Não é estranho, por isso, que se acusassem as assembleias visionárias da Bruxaria de praticarem ritos dionisíacos, cerimônias de desregramento a esse Dioniso que era conhecido por Liber, o Libertador. Mas a razão adicional para o fato de Diana e Lúcifer terem se tornado patronos da velha Arte nas bruxas italianas deve-se ao fato de virem mencionados na Bíblia. Sua adoção pela bruxa arcaica era não só o testemunho da sua aversão à religião cristã, mas também o pretexto para um sacrilégio libertador. Os Anjos Caídos que desceram na humanidade com Lúcifer são considerados, por isso, como Guardiões Protetores de alguns coventículos de Bruxaria e invocados como portadores da Luz Libertadora dentro dos ritos.

> *Síntese: É por via das correntes gnósticas, da literatura germânica sobre o Graal e do recolhimento de material litúrgico de Bruxaria toscana, na Itália, por Charles Leland, que ele compila no seu Aradia, que ressurge Lúcifer como Patrono da Arte, o Portador do Fogo da Iluminação e da Libertação, em algumas correntes de Bruxaria Tradicional. Esse Lúcifer Gnóstico é uma hipóstase de Azazel, o Anjo-Bode dos sabates das feiticeiras.*

Os Guardiões Raciais

Ao falarmos dessa classe de Guardiões, entramos em um território completamente diferente dos guardiões até aqui mencionados. Eles são a fronteira de separação entre a versão antiga e tradicional da Bruxaria Iniciática e a versão moderna, neopagã e, tantas vezes, superficial. Isso tem a ver com o fato de o Wicca pretender, através das suas narrativas pseudoarqueológicas modernas, apresentadas sobretudo na literatura de "wicca de supermercado", ser o legítimo herdeiro dos cultos antigos da fertilidade, característico do Paganismo. Esses cultos eram a expressão da alma secreta da raça e dos povos, nutrida pelos seus ritos e adorações. Ao despertar esses guardiões adormecidos da nossa alma racial pretende-se despertar na alma coletiva, por um efeito de reação em cadeia, uma maior consciência ecológica e espiritual nos povos.

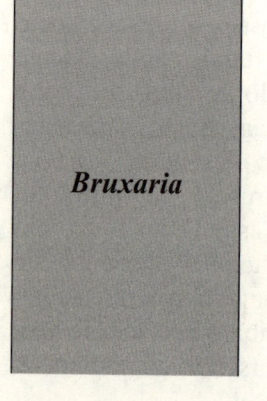

Bruxaria	**Versão Arcaica e Tradicional** *Os Poderosos Grigori* *Os Principiados e os Anjos Caídos* *As Fadas e os Thuata Da Danaan* **Versão Moderna e Eclética** *Os Guardiões Raciais* *As Torres de Vigia* *Os Devas e Reis Elementais*

Todo o Paganismo histórico já menciona nos seus relatos, desde a Babilônia à Grécia e Roma, a existência da Bruxaria, como uma religiosidade mágica proscrita. Ela era sentida da mesma forma que o cristão sentiria mais tarde: como agindo contra as normas estabelecidas do próprio Paganismo instituído e como um regresso obsoleto a formas de asselvajamento mágico-religioso, próximas do xamanismo. Tratava-se de forças que regiam as comunidades construídas pelos laços de sangue. Assim, os Guardiões Raciais poderiam definir-se como forças de despertar dos cultos extintos do pré-paganismo e indutores, pelas forças do sangue, de uma relação mais natural com o ambiente. A primeira tentativa conhecida para despertar esses guardiões, na perspectiva céltica, foi feita pelo escritor W. B. Yeats. Ele salientou a necessidade de acordar os velhos Deuses do Paganismo Irlandês, de forma que pudessem funcionar como estimuladores da identidade nacional irlandesa na luta contra a ocupação inglesa. A luta de um povo é a luta de uma comunidade de sangue e, só acordando os guardiões da sua raça, pode elevar-se e transfigurar sua alma coletiva. Por intermédio de uma geração de intelectuais que liam Gobineau e sua teoria das raças, os Velhos Deuses da Terra despertavam de novo.

Foram, contudo, os trabalhos de Dion Fortune que salientaram a necessidade dos ritos neopagãos serem guardados e testemunhados pelos antigos guardiões, mestres e avatares dos cultos passados. Ainda hoje, muitos grupos de praticantes pró-celtas usam os guardiões mencionados por Fortune, divulgados sob a pena da sua discípula Dolores Ashcroft-Nowicky, Cernunnos, Arthor, como Sentinelas do Círculo.[191] Muitos grupos wiccanianos, que exploram a tradição arturiana, usam também Merlin, Artur, Morgana e Nimue como Guardiões das quatro direções da consciência mágica. Outros ainda usam os Ventos, quando trabalham na tradição helênica, da mesma forma que os magistas da Golden Dawn usam os quatro filhos de Hórus como guardiões dos quatro portais do círculo mágico. No Egito os guardiões, por excelência, contudo, eram os *Netaru*. Eles são os quatro Deuses portadores da civilização aos egípcios: Osíris, Ptah, Hórus e Toth. Na tabela seguinte você pode encontrar várias versões segundo suas inclinações mágico-religiosas e que os grupos ecléticos usam para explorar sua religiosidade neopagã em um contexto moderno:

---

191. Ashcroft-Nowicki, Dolores. *First steps in Ritual. Self, Efective Techniques for Experiencing the Inner Worlds*. Dartford: Aquarian Press, 1982.

Tradição	Terra/Norte	Ar/Leste	Fogo/Sul	Água/Oeste
Helênica	Borias	Eúrios	Notus	Zéfiros
Céltica	Arthor	Cernunnos	Epona	Mona
Graálica	Morgana	Merlin	Artur	Nimue
Babilônica	Fomalhaut	Aldebaran	Regulus	Antares
Nórdica	Grerr	Dvalin	Alfrig	Berling

A ideia dos Guardiões Raciais pode parecer polêmica para os autores modernos que veem na teoria das raças a origem de muitos males modernos, mas ela deve ser compreendida no contexto do século XIX e da influência da Teosofia e do Romantismo Alemão, por uma geração de intelectuais e esoteristas. Sob a ameaça da revolução industrial e a profanação do mundo natural, surge uma funda melancolia e saudade das épocas passadas de entrosamento poético na natureza, que vem alimentar o filão do Paganismo moderno. No final do século XIX, até inícios da Primeira Grande Guerra, em plena política de expansão colonial, os grandes países europeus elaboraram, a partir das investigações da paleontologia, a ideia das raças evoluindo em diferentes velocidades. Modelos de sociedade que seguiam as formas mais elementares de civilização eram considerados atrasados e um peso morto na evolução. Se esse discurso era usado para justificar uma política colonial repressiva, como descreve Joseph Conrad no seu romance *Coração das Trevas*, no plano interno ele justificava a autoridade de uma classe burguesa e aristocrática sobre o contingente universal das classes trabalhadores e uma inferiorização da mulher e dos impulsos físicos e estéticos.

Alguns movimentos rosacrucianos e teosóficos usaram a ideia pseudocientífica das raças para justificar formas de autossublimação e perpetuar os modelos caducos de espiritualidade cristã. A "teoria dos raios mágicos", desde o *raio verde* celta ao *raio puro violeta* da Magia cerimonial cristã, desenvolvida pelos teósofos ingleses e fundada na teoria das raças e suas criações culturais e religiosas, era usada muitas vezes para definir formas superiores e inferiores, legítimas e ilegítimas de pesquisa religiosa. Alguns artistas e esoteristas começaram a pensar que as forças instintivas e os modelos de sociedade primitiva eram modelos mais humanos do que o aparelho jurídico e social da autoridade eclesiástica. Desde os mesmeristas jacobinos do século XVIII, começou a intuir-se que os povos arcaicos estavam mais próximos desse poder, que era considerado o verdadeiro fundamento da felicidade humana. Para eles, era possível acordar essas forças primitivas como fermento criador de uma nova consciência, usando as formas imaginais dos seus Deuses mais primitivos e seu *modus vivendi* cultural e religioso. Para o Wicca, que havia sido criado por um homem que vivera a maior parte da sua vida no meio das tribos mais primitivas da Ásia e era um conhecido defensor do naturismo, seus guardiões eram simultaneamente os guardiões da natureza e da alma arcaica do povo britânico. A psique multifacetada do povo britânico, com origens diversas nos povos nórdicos, celtas e germânicos, veio a tornar também o Wicca multifacetado na sua vivência mágico-religiosa.

O wiccan estava entre dois mundos: o solo e sua paisagem ainda não domesticada pelo ser humano e os pequenos Deuses guardiões dessa mesma paisagem. São esses "pequenos deuses", de quem fala Gardner,[192] que são seus guardiões raciais. Para o esoterista de raiz romântica, a raça é como um jardim: ele é um produto complexo, rico e multifacetado, resultante do trabalho humano, das qualidades do solo e sua flora e fauna, e dos Deuses que trabalham nos processos formativos dessa mesma paisagem. Os wiccans começaram assim, sobretudo no revivalismo céltico dos anos de 1960 e 1970, a usarem os Guardiões Tópicos e Raciais, da mesma forma que os cabalistas usavam os Arcanjos nos quadrantes do seu Círculo Mágico, mas com uma função completamente diversa: a de induzir gradualmente uma sintonização com o passado arcaico e o inconsciente antropológico, por meio das forças etéricas do sangue e da raça. Tudo isso levou a uma avidez de material etnográfico que os ajudasse a reaver parte do seu passado antropológico, do qual o wiccan sentia fazer parte. Conduziu-o, também, à defesa mais esclarecida, empenhada e iluminada pelo ambiente, não em uma perspectiva de preocupação meramente ecológica mas na necessidade de preservar o patrimônio ambiente como parte do seu patrimônio cultural e espiritual, em busca das origens da sua poesia, da sua música e da forma dos seus Deuses primais. Grande parte desse movimento mágico desenvolveu-se entre os wiccans ecléticos envolvidos no revivalismo céltico, germânico e nórdico, que acreditavam, como Gardner, que grande parte dos seus impulsos espirituais eram não só de origem anglo-saxônica, mas recuavam a práticas mágicas muito mais ancestrais.

> *Síntese: Em uma época de massificação e globalização, o Wicca sentia, por vezes, necessidade de se reencontrar com os regentes das almas das raças e suas Hierarquias Espirituais, levando à ressurreição dos Deuses tópicos há muito esquecidos. Grande parte desse movimento de simpatia pelos guardiões raciais nasceu entre o revivalismo céltico, germânico e nórdico dos anos de 1960, em muitas frentes artísticas, da poesia à música.*

---

192. Gardner, Gerald *Meaning of Witchcraft*. NY: Magickal Childe, 1982. (p.p. 1959).

As Torres de Vigia

Alexander Sanders foi buscar em John Dee e no seu sistema enoquiano a expressão Torres de Vigia ou Sentinelas para designar esses seres intermediários que se erguem no perímetro do Círculo da Arte, como velhas imagens cósmicas dos Deuses Guardiões, entre a realidade visível e invisível. Ele usou, no contexto do Wicca Cerimonial, não só a teoria das Torres de Vigia como, inclusivamente, importou as regiões cósmicas que lhe estavam associadas dentro do círculo mágico. Essa é também a razão por que os wiccans atribuem aos quadrantes do Círculo da Arte valores cósmicos e telúricos específicos: Norte/Terra; Leste/Ar; Sul/Fogo; Oeste/Água. Ao usar o vocabulário enoquiano das Sentinelas, Sanders pressupunha, assim, que sua natureza, ao contrário do que muita gente pensa, era de ordem angelical. A razão da hostilidade, contudo, de muitos wiccans menos instruídos na Arte Mágica em relação aos Anjos, como Guardiões no Wicca, deve-se à sua identificação com a angelogia cristã! Não nos enganemos, porém: esses Anjos não eram aqueles que os vitorianos e os simbolistas gostavam de pintar nos seus quadros a óleo e que os cristãos ainda se recordavam!

Sanders nunca deixou uma referência escrita sobre a identidade dos Guardiões dessas Torres de Vigia! Temos, então, de nos socorrer no próprio John Dee! Na Teurgia enoquiana das Torres de Vigia, a Terra é imaginada rodeada por quatro grandes regiões cósmicas, que dividem o espaço entre o planeta Terra e o Sol, no interior da sua órbita terrestre. Do ponto de vista heliocêntrico, isso significa que o trabalho mágico se desenvolve *dentro* da grande órbita da Terra, equivalente ao Mundo Inferior, onde o Sol tem a primazia de ser seu centro metafísico. Essa divisão quádrupla tem, além disso, afinidades íntimas com o círculo quádruplo das estações, das etapas alquímicas de transmutação, com as quatro raças e os quatro elementos. Sanders, na sua fase de fascínio pelos Grimórios, pode ter usado a expressão Sentinela propositadamente para sugerir algo mais do que os wiccans *new age* hoje acreditam serem os Guardiões e Sentinelas do Círculo: os seres elementais da natureza. Na realidade, a natureza dos Anjos que John Dee classificou como sendo enoquianos, em homenagem a Enoque, a quem tanto devemos a minuciosa descrição dos Anjos rebeldes, sob as ordens de Azazel, tem muito pouco de cristã! Neles pulsam os ventos da liberdade e da rebelião, que trazem a Luz da Iniciação à humanidade.

Uma das razões por que os *covens* nunca especificaram os nomes dos Guardiões das Torres de Vigia foi simplesmente porque, mesmo sabendo seu nome, nós não podemos nem vê-los nem interagir com eles, pelo menos enquanto estivermos tolhidos pelos nossos corpos humanos. Como diz Gerald Schueller: *não podemos ver as Sentinelas – elas são invisíveis aos nossos olhos. Nossos ouvidos não podem ouvir seus sons; nossos narizes não podem cheirar seu odor. Mas o Corpo de Luz pode ver sua glória e ouvir sua música e cheirar suas fragrâncias.*[193] Isso quer dizer que a visão e comunicação com o reino das Sentinelas e seus Vigias só é possível pela visão clarividente. Não há, assim, palavras que possam nomeá-los na nossa realidade material, embora se tenha desenvolvido o uso e costume entre alguns coventículos, com ênfase na prática da Magia Cerimonial, a invocá-los pelos seus nomes enoquianos.

A **Torre de Vigia do Norte** é a Sentinela da Terra e é guardada pelo Santo Rei IKZHIKAL, sob a influência do Santo Nome MOR-DIAL-HKTGA. Abrange a região que vai do centro da Terra até a Lua. Ela sustenta e cria nosso mundo físico, trazendo-lhe força e estabilidade. Sob sua dependência encontram-se todas as criaturas que são responsáveis pelos belos matizes das nossas plantas e as formas dos minerais. Ela trabalha nas forças do nosso corpo denso.

A **Torre de Vigia do Oeste** é a Sentinela da Água e é guardada pelo Santo Rei RAAGIOSL, sob a influência do Santo Nome MPH-ARSL-GAIOL. Através dos fluxos formativos das suas forças vitais, garante a continuidade e metamorfose de todos os processos de vida. Como um espelho, reflete na sua superfície brilhante as formas imaginais da nossa consciência, ela traz também fertilidade à nossa imaginação. Ela trabalha nas forças do nosso corpo etérico e das nossas forças de geração física e artística. Sua região estende-se desde a superfície da Terra até o verde planeta Vênus, a Deusa do Amor.

A **Torre de Vigia do Leste** é a Sentinela do Ar e é guardada pelo Santo Rei BATAIVAH, sob a influência do Santo Nome ORO-IBAH-AOZPI. Através dos seus impulsos, pensamentos e ideias, vem expandir nosso limitado mundo perceptivo. Suas forças deram nascimento à lógica, mas seu fim útil é fazer surgir o pensamento como conteúdo que reflete as forças do Mundo Divino. É nesse sentido que ele

---

193. Schueller, Gerald. *The Enoquian Workbook, A Complete Guide to Angelic Magic.* St. Paul, Minnesota: Llewellyn Publications, 1995.

é um pensamento reflexivo, porque reflete não a ordem racional das nossas sensações, mas a ordem não racional do mundo perceptivo. Sua região estende-se desde a superfície da Terra até as regiões de Mercúrio. Seu guardião apresenta as facetas mercuriais de todos os Deuses.

A **Torre de Vigia do Sul** é a Sentinela do Fogo e é guardada pelo Santo Rei EDLPRNAA, sob a influência do Santo Nome OIP-TEAA-PDOKE. Suas forças criam constantes processos de destruição e criação, como se a Terra e a alma humana fossem a forja de um ferreiro cósmico. Sem seu impulso não é possível a experiência de assertividade que nos ergueu da condição hominídea dos primeiros primatas, nem mesmo seria possível a Iluminação. Sua região estende-se desde a superfície da Terra, em todas as direções, até a superfície incandescente do Sol.

Existe na tradição enoquiana uma segunda chave, que torna essas Sentinelas uma unidade: a Tablete de União. Trata-se de uma chave simbólica que apresenta as forças causais, como a quintessência, que traz unidade e criatividade evolutiva às forças emanadas dessas quatro regiões cósmicas. No Wicca, essa União é representada pelos Dois Deuses Primais, celebrados em rito e unidos na alma dos seus Altos Sacerdotes.

Síntese: O nome genuíno para os Guardiões do Wicca Tradicional é o de Sentinela ou Torre de Vigia. Com essa designação, cuja origem remonta à angelogia enoquiana, de John Dee, o wiccan refere-se a uma classe de seres cuja natureza é pertencerem à esfera interna da órbita da Terra, representando as forças cósmicas da sua Alma.

Os Devas e Reis Elementais

A necessidade de o wiccan se conectar psiquicamente com a parte mais primitiva da corrente evolutiva da alma humana e a parcela mais arcaica da nossa história genética e espiritual veio transformar os Guardiões em figuras muito semelhantes aos Espíritos Totêmicos dos povos tribais, mas em uma versão mais requintadamente moderna. Na história e prática taumatúrgica do Wicca, Gardner e Sanders sempre tiveram uma atitude de prudência no seu relacionamento com o mundo elemental. Na tradição oculta e no xamanismo europeu, os Mestres costumam advertir que confiemos com muita prudência nos Elementais. Gardner parece ter sido muito explícito quanto a isso, porque reservava apenas para os Iniciados dos Altos Graus o trabalho e cooperação com eles, e apenas para tarefas especiais em Círculo. Porém, nos anos de 1940, na mesma época que Gardner compilava seu *Livro das Sombras*, Christine Hartley, amiga íntima de Gardner, desenvolvia na Loja Merlin da Ordo Stella Matutina um sofisticado trabalho de pesquisa ritual e mágica, baseado na cooperação com os Elementais e a Corrente Draconiana, presente como impulsos atávicos por trás da Alma Céltica no mito do Pendragon. Tratava-se de desenvolver uma experiência mística de fusão consciente com as fases arcaicas da humanidade, em que a Serpente era ainda a figura espiritual tutelar dos povos. Mas se tratava, também, de uma questão eminentemente prática: usar as forças mais elementares da matéria como forças indutoras de um processo de transfiguração mágica, de que o Dragão era o modelo e o mito.

Se para o wiccan seu processo de transformação mística reproduz, na escala humana, o próprio processo de metamorfose do mundo vegetal, hierofania da natureza inteira, então as forças de fertilidade vegetal, animal e humana seriam a chave do seu trabalho mágico. A força de emancipação espiritual do wiccan é a Força da Vida ou, se quisermos usar uma expressão mais genuinamente esotérica, as forças formativas ou etéricas. Não se trata apenas da fertilidade na sua acepção biológica, mas em um contexto muito mais vasto: da criatividade e transformação da alma humana. Trabalhar com as forças da vida implicava, por isso, sob o ponto de vista esotérico e mágico, trabalhar com os Devas ou os Anjos. Não os Anjos Mensageiros do Cristianismo, mas uma classe de Anjos mais próxima da humanidade e que, segundo vários esoteristas, foi uma corrente evolutiva paralela e irmã da cadeia evolutiva humana: os Devas.

Todos os processos de metamorfose da nossa vida, seja a vida mais elementar de uma planta, ao complexo mais vasto da Terra, implica, na perspectiva do esoterismo, a ação inteligente de determinados seres da escala dos Anjos: os Devas. A terminologia foi importada do sânscrito por via da Teosofia. Mas cedo se implantou no vocabulário esotérico ocidental, por meio de Rudolf Steiner e Max Heindel. A força que esses Devas regiam era a Força da Vida. O fato de o Wicca se definir como uma corrente esotérica pagã, que trabalha esotericamente com as forças da fertilidade, implicava inexoravelmente que ela, se for um grupo genuinamente mágico, tenha de se envolver com os Devas. Não se estranha, por isso, que as técnicas teúrgicas para convocar os Anjos Planetares tivessem sido introduzidas em ritual wiccaniano por Maxine Sanders e fizessem parte da sua instrução em *coven*.

A expressão Deva quer dizer, em sânscrito, "brilhante". Os persas têm uma expressão muito semelhante para esses seres: *devs*! Essa expressão refere-se ao fato de a sua constituição "corporal" ser da substância luminosa do éter. São turbilhões rodopiantes de energia luminosa muito brilhante, cuja função é garantir a perfeição dos padrões arquetípicos das plantas e de todas as criaturas dos reinos elementais, existentes nas regiões imateriais do mundo abstrato. Eles controlam as forças formativas e etéricas necessárias aos processos de crescimento e transformação dos organismos. São os elementais que manipulam engenhosamente essas forças e as densificam nos organismos. Os elementais são seus artesãos, da mesma forma que os Devas são os arquitetos. É estranho que muitos wiccans, que conhecem a importância que o termo Arte e Artesão teve como seu elemento fundador, assim como o papel que as forças da fertilidade tomam nos seus trabalhos mágicos, nunca tenham tomado consciência de que para a consecução desse objetivo precisam da colaboração dos Devas, dos seres elementais e das hostes dos espíritos da natureza! Embora o termo Deva tenha sido usado como substituto da nomenclatura Anjo, a verdade é que, embora esses seres tenham sido os emissários celestiais das regiões mais sublimes do Cosmos, regiam, também, as forças da criatividade humana e terrestre.

Os Devas são os manipuladores das forças vitais! Isso enquadra-se na tradição mágica ocidental para quem os Anjos, mais do que graciosos mensageiros colocados entre os remotos arquétipos divinos e a humanidade, são os "guardiões das forças de propagação e procriação nas plantas, nos animais e no ser humano".[194] Isso se deve ao fato de eles viverem na substância do éter, que é o veículo das forças formativas e criadoras, que os seres semi-inteligentes como os silfos, gnomos, ondinas e salamandras especializam-se durante o ciclo de transformação anual da Terra. Isso se enquadra perfeitamente na noção do Wicca como um culto mágico da fertilidade. A fertilidade é tradicionalmente um poder da Lua e são os Anjos Dévicos seus regentes e condutores. A própria Bíblia está cheia de belas histórias em que os Anjos anunciam a geração de filhos e a perpetuidade da raça, anunciando o nascimento de Samuel e Sansão, de Jesus e João Batista, confirmando, dessa forma, sua regência sobre as forças da propagação humana e terrestre.

A maior parte das práticas wiccanianas em Esbat são rotinas de conteúdo pragmático que visam a ter um impacto no contexto físico e social. Para que as forças do mundo suprassensível possam penetrar o

---

[194]. Heindel, Max. *Os Espíritos e as Forças da Natureza*. Lisboa: Fraternidade Rosa-cruz, 1983.

mundo denso, os wiccan necessitam da colaboração dos Devas e dos Elementais. Os Devas são seres inteligentes que canalizam os padrões arquetípicos de todas as formas para os seres elementais que, depois, constroem as contrapartes etéricas de todos os organismos, sejam os organismos vivos de uma planta ou os organismos criados artificialmente pelos seres humanos sob a forma de ideais. O wiccan, para ter resultados, tem de colaborar com esses seres. Na tradição oculta, o regente dos Devas e dos Seres Elementais é o Deus Pã. Foi a identificação que o Cristianismo fez entre esse Gênio silvestre e o Diabo que influenciou muitos wiccans a ter tanta relutância em entrar em uma relação de simbiose anímica com ele. Pã é o Deus Pai de toda a Natureza, por isso seu nome grego significa "tudo". Ele abarca tudo e todas as formas de vida. Ele é o Espírito Regente e Solar sobre a Alma Feminina e Lunar da Terra. Na Bruxaria Arcaica isso era conhecido, pois se designava o Deus Cornudo como o Rei dos Elfos.

Os espíritos da natureza, na sua multiplicidade infinita, desde os espíritos dos trovões e da chuva até os espíritos dos rios, regatos e ribeiros, dos penhascos e montanhas, dos ventos, neblinas e das estrelas, em uma infinidade de famílias, constituídas pelos seres imateriais de todos os fenômenos e espécies naturais, são regidos por Reis Elementais. Eles são o princípio consciente das almas coletivas constituídas por todas as criaturas características desse elemento. Isso significa que, além do Espírito Totêmico da alma coletiva de uma determinada espécie animal ou vegetal, seja o lobo ou o pinheiro, por exemplo, existe um princípio superior que subjaz a todas as almas coletivas das espécies, segundo sua afinidade elemental. Assim, embora existam almas coletivas de leões, éguas, veados, por exemplo, que os xamãs conhecem nas suas práticas visionárias, muitos dos magistas do Renascimento convencionaram representar essa multiplicidade de formas de consciência grupal sob a superintendência de um princípio espiritual coletivo que é seu Rei Elemental. Trata-se, provavelmente, de uma mera convenção ocidental e uma projeção no campo do experimentalismo mágico do cientismo nascente, que se esforçava por classificar em classes, espécies e subespécies a realidade visível, de forma a poder controlá-la mais facilmente.

Os grimórios medievais e renascentistas deixaram-nos os nomes dos Reis Elementais. O nome dos seres suprassensíveis é muito importante na prática mágica, pois é uma chave vibratória que reproduz no plano fonético a vibração anímica de cada um desses seres. O nome

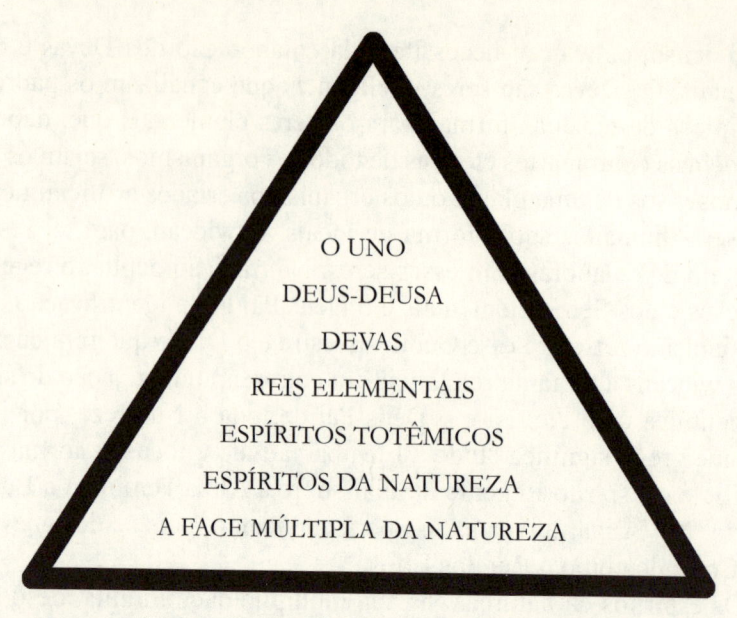

```
              O UNO
            DEUS-DEUSA
              DEVAS
          REIS ELEMENTAIS
        ESPÍRITOS TOTÊMICOS
       ESPÍRITOS DA NATUREZA
      A FACE MÚLTIPLA DA NATUREZA
```

Modelo Hierárquico do Mundo Suprassensível

mágico é a potência espiritual que anima uma criatura. Há muitas dúvidas quanto ao fato de todos esses nomes terem hoje qualquer utilidade! O wiccan deve, como o antigo xamã, explorar de forma visionária os mundos suprassensíveis dos elementos, por meio de técnicas meditativas e rituais aprendidas no seu coventículo, que lhe permita entrar em um pacto de cooperação com eles. Seus nomes são transmitidos em visões aos Iniciados e são eles que são vibrados nas suas moradas elementais do Círculo Mágico. Nomes como Gob (Regente do Elemento Terra), Paralda (Regente do Elemento Ar), Djin (Regente do Elemento Fogo) e Naicza (Rainha do Elemento Água) são hoje nada mais do que palavras solenes e vazias, usadas de forma inconsciente e sem qualquer eficácia. Isso reforçou a crença de que todos os ritos wiccans são teatro sacro e cerimônia religiosa, onde a imponente exterioridade formal é a marca de água do seu trabalho mágico.

Noventa por cento do trabalho mágico em ritual wiccaniano é preparado e realizado no nível etérico e astral, inacessível à percepção de um ser humano comum. Da mesma maneira, os nomes genuínos dos Guardiões só lhe poderão ser transmitidos no plano das forças formativas que exploram pelas suas visões. O Wicca é uma Arte! Não é uma arte morta feita de solenes salamaleques e imponente fingimento. Sua lei natural é a flexibilidade. O grande erro é julgar que sua flexibilidade é de ordem formal e que, assim, pode legitimar todos os hibridismos e fantasiosas invenções. Sua flexibilidade nasce do contato íntimo com o território da Alma da Natureza, onde esses seres, sejam os Grigori, os Devas ou os Reis Elementais, instruem os Iniciados sobre as pontes rituais com o Mundo dos Espíritos e suas Forças Arcaicas. Algumas dessas pontes são conhecidas através dos gestos e danças sacras, ritos e ritmos cósmicos, mas como uma fechadura precisa da chave genuína para abrir sua porta, assim o Magista precisa da potência dos Nomes para evocar esses seres no interior do Círculo Mágico.

Síntese: A singularidade da Arte Mágica do Wicca Tradicional é ela se considerar herdeira e praticante dos antigos cultos pré-cristãos da fertilidade. É natural que, assim, seus guardiões sejam muitas vezes os Anjos Dévicos, que plasmam as forças formativas e etéricas responsáveis por todos os processos de vida da Terra, transmitindo aos seres elementais não só sua força de vida, mas também seus padrões arquetípicos. Esses padrões arquetípicos, sobre os quais se estruturam as plantas, são os mesmos que estruturam a alma do Iniciado wiccaniano.

Manuale Vocatorii Vigilis Circuli

Razões de uso do Pentagrama na Arte

O uso do Pentagrama na Arte deve-se ao fato de ele ser o sigilo da esfera de Geburah no modelo cabalista do Universo. Trata-se de uma Sephira de força de índole feminina. Sua atividade no Cosmos é caracterizada pelo poder catabólico, análoga à força de Marte na astrologia, capaz de romper as formas padronizadas de consciência e vida e abrir, nessa opacidade, uma oportunidade de fertilização psíquica e renovação vital, por meio do derramamento de determinados Impulsos Espirituais de natureza Feminina.

Sendo o Pentagrama, também, a forma pela qual o Microcosmo reflete a grandeza do Macrocosmo, seria inevitável que os Magistas e Feiticeiros usassem esse elo de parentesco com o Divino para subjugar as forças da criação originadas do próprio Divino. A partir do fim do século XIX, a Ordem da Golden Dawn desenvolveu o uso do pentagrama que se tornará a ferramenta do trabalho mágico moderno. A forma humanizada do pentagrama que conhecemos desde sua representação na Filosofia Oculta de Agrippa* ensina-nos que estamos projetando na esfera do espaço a forma arquetípica ou divina do ser humano, o Adão Kadmon. É a oportunidade, então, para vermo-nos no espelho do Macroprosopus, nossa Dimensão Espiritual Ideal.

Três tipos de Pentagrama na Arte

Há uma regra essencial em uso no Wicca, que diz respeito aos Pentagramas, e que se pode facilmente escalonar da seguinte maneira:

Os Pentagramas Menores são usados para evocar os Elementais e seus Reis.

Os Pentagramas Maiores, para evocar os Ventos e os Guardiões.

Os Pentagramas Ativos e Passivos, para invocar e evocar os Deuses.

O uso cerimonial do Pentagrama Menor, aqui usado, deve-se ao fato de o elemento Terra ser, por um lado, a esfera de atividade onde nossos ritos se polarizam, em virtude de trabalharmos com as formas divinas da Deusa Mãe e do Deus de Chifres, mas também ao fato de o Círculo ser alinhado com a Alma da Terra. Existe uma terceira razão, que se deve ao fato de a Terra ser alquimicamente a síntese perfeita dos três elementos superiores e, em todos os casos, não ser considerada como um verdadeiro elemento.

---

* N.E.: Sugerimos a leitura de *Três Livros de Filosofia Oculta*, publicado pela Madras Editora.

Talhe do Pentagrama Menor na Arte

Exercício 1

Coloque-se próximo da periferia do Círculo e de um Quadrante.
Pela inspiração, leve a lâmina do athame aos lábios.
Pela expiração, sopre sobre a lâmina do athame e depois beije-a como símbolo do falo procriador do nosso Senhor, o Deus Cornígero.
Pela inspiração, afaste de si a mão com o athame na altura da sua testa e em 1, como está exemplificado no Pentagrama;
Pela expiração, trace o braço do pentagrama até 2, levando-o até a seção esquerda da sua bacia;
Pela inspiração, trace o braço do pentagrama até 3, até a altura do ombro direito;
Retenha a respiração e trace o braço horizontal do pentagrama até 4, no ombro esquerdo;
Pela expiração, trace o braço até 5, na seção direita da bacia;
Pela inspiração, trace até 6, de novo no chacra coronal;
Pela expiração, trace até 7;
Pela inspiração, traga a lâmina até os lábios.
Retenha desta vez os pulmões cheios e beije a lâmina do athame, como sendo o falo procriador do nosso Senhor, o Deus Cornígero.

Exercício 2

Faça o mesmo exercício, mas junte-lhe a cor de cada elemento no traçado do pentagrama, a saber:

>Terra – Verde floresta
>Água – Azul-marinho
>Ar – Amarelo açafrão
>Fogo – Vermelho fogo

Exercício 3

Neste exercício, você irá colocar qualidades e valores associados à cor do traçado do Pentagrama e irá usar a voz como elemento projetor da sua Vontade.

Se for dia, visualize o Sol acima de si e, se for noite, a Lua.

Imagine um fio umbilical pulsante de energia ligando o Sol ou a Lua ao seu chacra coronal, no alto do seu crânio.

Inspire e deixe que a energia entre no seu corpo e desça pela coluna vertebral e se aloje no seu chacra solar. Absorva essa energia do Sol ou da Lua.

A partir daí, ela expande-se pelo seu braço e sai pela lâmina do seu athame.

Com seu athame, talhe à sua volta, em cada ponto do quadrante mágico, quatro pentagramas, unindo-os por uma linha de luz azul muito clara e fria.

A forma de talhamento do Pentagrama é sempre a mesma e segue as regras de talhe cerimonial de Eliphas Levi. Altere a cor elemental dos pentagramas apenas, e o tipo de declaração de força que o ativa no plano astral.

Regras de Talhe do Pentagrama:

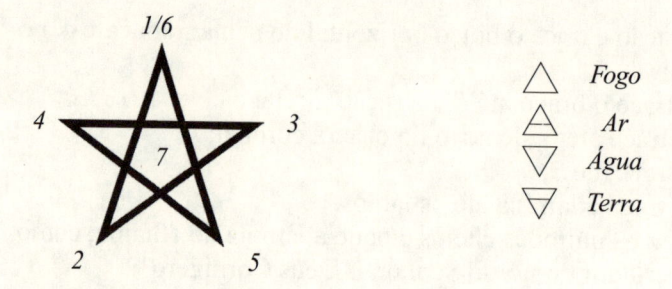

△ Fogo
⩟ Ar
▽ Água
⩡ Terra

Terra-Norte (traçado em cor verde-escura):
1. Salve Espírito da Terra.
2. Que és conhecido entre nós por Ghob.
3. E reges o Quadrante do Norte.
4. E o pico das trevas da meia-noite.
5. E o silêncio misterioso do Inverno.
6. Tu que guardas as velhas Memórias Pagãs.
7. Traçar o Triângulo de terra enquanto diz: Abençoado sejas!

Ar-Leste (traçado em cor amarelo pálido):

1. Salve Espírito do Ar.
2. Que és conhecido entre nós por Paralva.
3. E reges o Quadrante do Leste.
4. E o nascer da Alvorada.
5. O desabrochar da Primavera.
6. Tu que trazes o Conhecimento Pagão.
7. Traçar o Triângulo de Ar e dizer: Abençoado sejas!

Fogo-Sul (traçado em cor vermelho fogo):

1. Salve Espírito do Fogo.
2. Que és conhecido entre nós por Djin.
3. E reges o Quadrante do Sul.
4. E o zênite do Meio-Dia.
5. O esplendor do Verão.
6. Tu que trazes a Transfiguração Pagã.
7. Traçar o Triângulo de Fogo e dizer: Abençoado sejas!

Água-Oeste (traçado em cor azul-marinho):

1. Salve Espírito da Água.
2. Que és conhecido entre nós por Naiksa.
3. E reges o Quadrante do Oeste.
4. E o declínio do Crepúsculo.
5. E as colheitas do Outono.
6. Tu que trazes a Vidência Pagã.
7. Traçar o Triângulo de Água e dizer: Abençoado sejas!

Exercício 4

Fique de pé na direção respectiva do quadrante do elemento onde vai invocá-lo.

Erga o athame na direção do quadrante de Ar. Sinta que está nu no alto de uma montanha rodeado de vento. Imagine seu corpo oco, apenas uma forma de energia. Inspire e deixe que o vento entre no seu corpo.

Trace agora o pentagrama segundo o exercício 3.

Erga o athame na direção do quadrante de Fogo. Sinta que está nu em um campo de searas e que o calor é ardente como se houvesse fogo à sua volta.

Imagine seu corpo oco, apenas uma forma de energia. Inspire e deixe que o fogo entre no seu corpo.

Trace agora o pentagrama segundo o exercício 3.

Erga o athame na direção do quadrante da Água. Sinta que está nu no fundo do oceano azul e que a água é úmida e fria à sua volta. Imagine seu corpo oco, apenas uma forma de energia. Inspire e deixe que a água entre no seu corpo.

Trace agora o pentagrama segundo o exercício 3.

Erga o athame na direção do quadrante da Terra. Sinta que está nu no fundo de uma floresta e que é uma árvore, ou então que está no meio da terra ou dentro de uma pedra. Imagine seu corpo oco, apenas uma forma de energia. Inspire e deixe que a força da terra entre dentro do seu corpo.

Trace agora o pentagrama segundo o exercício 3.

Criação do Sigilo dos Reis Elementais

O sigilo dos reis elementais é quase desconhecido no uso wiccaniano eclético. Iremos neste manual conhecer o modo da sua criação. Usaremos para isso uma tabela chamada Kamea dos Elementos e, a partir do valor de cada palavra, baseado na relação numérica entre a letra e o número, iremos descobrir seu sigilo.

Ar			Terra			Água			Fogo		
2	7	6	6	7	2	4	9	2	6	1	8
9	5	1	1	5	9	3	5	7	7	5	3
4	3	8	8	3	4	8	1	6	2	9	4

1	2	3	4	5	6	7	8	9
a	*b*	*c*	*d*	*e*	*f*	*g*	*h*	*i*
j	*k*	*l*	*m*	*n*	*o*	*p*	*q*	*r*
s	*t*	*u*	*v*	*w*	*y*	*x*	*z*	-

Exercício 5

Encontre o valor para os seguintes nomes dos Reis Elementais:

Terra: GOB
Ar: PARALVA
Fogo: DJIN
Água: NAIKSA

Depois de encontrar o valor, crie o sigilo. Lembre-se de que o sigilo se inicia sempre por uma pequena esfera e acaba por uma flecha ou uma cruz, como os sigilos dos daimons dos elementos abaixo.

Para não se esquecer, coloque o sigilo dentro de cada uma das faces do pentagrama. Aqui ao lado você encontra o sigilo dos demônios dos elementos colocados no pentagrama. Faça o mesmo para seu sigilo dos reis elementais. Coloque esse sigilo na abertura do seu grimório como proteção da sua busca esotérica, como é tradição entre nós.

Exercício 6

Arranje uma cartolina branca e papel espelho, na cor complementar à e cada elemento.

Trace um pentagrama sobre o papel espelho e depois recorte o pentagrama e cole sobre a cartolina.

Sobre o pentagrama, desenhe com giz de cera preto o sigilo do rei elemental.

Suspenda a bandeira elemental sobre a parede na altura dos seus olhos, quer esteja de pé ou sentado.

Arranje uma lâmpada de escritório e coloque-a sobre um apoio, para que sua luz seja projetada com intensidade sobre a bandeira elemental.

Deixe o quarto no escuro, enquanto faz o exercício.

Apague a luz no fim de 30 segundos e verá um fosfeno projetado à sua frente.

Vibre o nome de poder do Rei Elemental e deixe que, ao sair o nome e o ar, leve sua consciência para dentro do portal do Pentagrama.

As Divindades do Wicca Craeft

XIV
O Deus de Chifres

Em Busca dos Deuses – Os Velhos Deuses – O Cervídeo Divino
O Duplo Cornígero – A Esfera de Pã e Apolo
Robin, o Encarapuçado – O Deus Tricéfalo

Eu sou Lúcifer, o Portador da Luz, e Amun, o Oculto, que trazia os cornos em espiral do carneiro da antiga Khem. Eu sou o Deus com pés de bode nos bosques iluminados pelo sol da Tessália.
Doreen Valiente (1922-1999)

O pico do outono tinha chegado demasiado cedo e a umidade e neblina se alastravam até os vales por onde serpenteavam os ribeiros. Assim, já os primeiros cogumelos despontavam e se erguiam tutelares nos caminhos! Havíamos iluminado as velas em círculo na clareira e o lugar, de súbito, lembrou-nos uma sepultura adornada de círios e folhas silvestres. Tínhamos vindo à floresta nesse dia de outubro para nos despedirmos dos velhos amigos que haviam escolhido as árvores mais antigas do bosque para repouso do seu espírito e que haviam nos guiado até muitos lugares secretos e sagrados do nosso próprio espírito. Valquíria começou a tocar o bodhram no seu tom cavo e meu espírito desprendeu-se do corpo e partiu para as entranhas do Submundo. Cavalgando o Cervo Branco, desci ao longo das raízes do velho freixo e entrei no reino do nosso Mestre, o Senhor Cornígero. Uma canção ecoava nos meus ouvidos à minha chegada, em uma voz doce e lânguida de donzela e demônio: "bem-vindo, filho das brumas, à casa de tua Mãe, bem-vindo, filho das trevas, à casa de teu Pai, filho da serpente e do bode...". E em um longo e murmurante cântico encontrei-me de novo na mesma floresta de onde havia partido. Mas não era a mesma floresta, mas uma espécie de reflexo feito de sombras e duplicidades como se fosse um sonho ou um reflexo no espelho irreal do tempo. Valquíria estava envolta no seu robe negro que lhe tapava o rosto, mas suas mãos fulgiam brancas como luzes tremeluzentes batendo o tambor com *paixão. O que via não era seu corpo, mas a sombra do seu espírito. À sua volta os espíritos escutavam circunspectos a chegada do outono e da Noite Primordial. De súbito, ao longe, quando o Sol desceu pela encosta das montanhas, ergueu-se uma outra luz, mais bela que a primeira: um Bode Negro, armado de archote entre seus cornos, ergueu-se no meio da noite que principiava. Sobre archote brilhava o primeiro crescente da Lua, como uma foice afiando a lâmina para as colheitas. Sobre seu rosto caprino soltavam-se cachos de uva madura e do seu falo soltava-se o odor doce dos gladíolos.*

Diário de um Feiticeiro, Piódão, Portugal, 1999

Em Busca dos Deuses

Se existe um elemento característico da Bruxaria Tradicional é seu culto aos Deuses Cornudos. Essa sua associação tem como origem provável os escândalos dos cultos dionisíacos em Roma, no século I A.E.C., que levou o Senado romano à sua firme proibição. Mas como o fruto proibido é o mais apetecido, os ritos dionisíacos continuaram clandestinamente com grande vigor e sofisticação, tal como atestam os frisos tumulares e os afrescos pintados na Vila dos Mistérios. Já nesses tempos antigos, a prática da Bruxaria era respeitada com temor, mas de forma alguma era ainda associada à acepção que ela veio a ter nos meados do século XX. A Bruxaria referia-se, então, a formas de xamanismo extático que sobreviviam em estado de declínio e fragmentação na periferia da religião e da sociedade. Foi a constatação que os cultos aos Espíritos da Natureza eram uma das religiosidades mais resistentes à evangelização cristã que levou a que se começasse equipará-los ao culto do Diabo. Iniciava-se, então, uma longa empreitada de perseguição e impiedoso morticínio em que se forjava um novo conceito de Bruxaria. Na base dessa empreitada estavam muitos dos clérigos mais eruditos do mundo medieval, bons conhecedores dos textos greco-latinos. Nasce, então, o modelo da Bruxaria em uma conexão às formas extáticas do Paganismo, com caráter orgíaco e animista, no anseio de representá-lo tão caduco e selvagem como os antigos gregos no tempo de Péricles e de Aristóteles o consideravam. Representações cornudas e Bruxaria permaneceram, desde então, indissociáveis.

A noção demonológica de Bruxaria, que começa a nascer na Idade Média, é uma ideologia recente que surge gradualmente entre o século IV e o VI e começa a afirmar-se no século XIII com as representações dos Infernos na igreja românica de Vezelay, na França. Antes dessa acepção, construída em pleno surgimento da Inquisição (1233 E.C.), a Bruxaria era claramente associada aos cultos mais primitivos de religiosidade: o culto dos astros, das pedras, das árvores, das fontes, em suma, dos fenômenos da natureza, como emanações do Divino. É assim que S. Agostinho, Patrick, S. Martinho de Dume e S. Martinho de Tours a descrevem em uma linha de pensamento que é repetida sem fim desde o século V E.C. em diante. O Wicca é, porém, uma reconstrução hipotética recente, elaborada por Gerald Gardner a partir de quatro bases essenciais: (1) as descobertas etnográficas e arqueológicas que surgem desde a segunda metade do século XIX e da primeira metade do século XX; (2) a Magia Cerimonial no modelo elaborado pela Golden Dawn e, depois, por Aleister Crowley; (3) o sistema iniciático inspirado na Comaçonaria; (4) os ritos dionisíacos expressos na Vila dos Mistérios. O processo de formação do Wicca pode ser comparado a uma técnica de *collage* em arte: por meio do processo de sobreposição de vestígios arqueológicos e conceitos cosmológicos advindos de várias fontes, na crença de que todos os ritos, por variados que sejam, se religam sempre a uma fonte comum de caráter mágico-cerimonial. Para os esoteristas, todas as formas iniciáticas são originárias de uma Tradição Primordial, a partir da qual foi se afastando, fragmentando e desfigurando, por adaptação às necessidades diversas do meio e das mentalidades. Isso explicaria a similitude interna de mitos e técnicas entre culturas geográfica e temporalmente distantes. Orientados por esse princípio de investigação, seria possível reconstituir os ritos dos povos arcaicos pelas analogias da história comparativa das religiões.

No século XIX e início do século XX, o sistema comparativo de análise das religiões era levado a um grau tão grande de excesso especulativo que os ritos de Elêusis chegaram a ser lidos à luz dos ritos de passagem dos índios americanos *cherokee*. Esse sistema era usado pelo sistema cabalístico, que acreditava que todas as representações multifacetadas e heterogêneas dos Deuses eram Forças Divinas Universais existindo no complexo cognitivo humano, diferenciadas apenas em função dos contextos culturais específicos de cada época. A Cabala funcionava como o sistema explicativo universal de todos os cultos e sistemas de Iniciação na geração ocultista de Gardner. Ela tornou-se a matriz universal de trabalho mágico mais clara e prática até hoje conhecida. Se nós tomássemos o sistema cabalístico das emanações,[195] poderíamos dizer, então, que o sistema dos Esbates do Wicca abarcariam os níveis de realidade entre Tiphareth e o nível de Malkuth, sendo Yesod[196]

---

195. Lascariz, Gilberto. *A Cabala Pagã*. Porto. Projecto Karnayna, 2002. Disponível na web: http://www.projectokarnayna.com/textos-esotericos/cabala
196. Embora isso se possa afirmar em relação aos Esbates, é necessário realçar que os Sabates são formas de peregrinar ao longo da "árvore da vida", tomando a roda do ano sabático como um esquema do universo invisível projetado no espaço e no tempo terrestre.

o elemento ritmizador das energias da grande Epifania da Deusa. Em uma linguagem menos sussurrada, pode-se afirmar que o Wicca procura compreender e manipular as forças etéricas expressas nos processos de transformação da nossa vida terrestre e humana. Assim, seus ciclos de nascimento, crescimento, morte e renascimento, poderão ser usados na perspectiva da metamorfose psicológica e social por meio de métodos meditativos, ritos e encantamentos.

Para o esoterismo, desde os antigos cultos de fertilidade até a alquimia, a metamorfose é resultante de dois fatores cósmicos universais: o Sol e a Lua, a Força e a Forma, o Espírito e a Carne. Tudo depende da escala em que quisermos usá-la! Poderíamos dizer, então, que os Deuses do Wicca devem espelhar essa polaridade criadora de metamorfoses pelo corredor sem fim da vida, da morte e das mudanças cíclicas, em todos os níveis de realidade, desde o sensível ao suprassensível. Esses dois Deuses são, sem dúvida, os Deuses Primais da humanidade: o Deus Cornudo e a Deusa Mãe. Eles são as formas mais arcaicas que conhecemos de culto e adoração. Por isso, Gerald Gardner chamava aos Deuses da Bruxaria Tradicional que pretendia despertar na alma ocidental, em uma linguagem emprestada de Charles Leland e Margaret Murray, de Velhos Deuses. Era uma expressão usada para definir os Deuses da Antiga Bruxaria, que ele acreditava serem uma herança fragmentada do Paganismo mais arcaico. Trata-se dos Deuses Primais da Criação, Destruição e Regeneração.

Em uma carta escrita a T. C. Lebridge, que hoje faz parte do conjunto de cartas de Gerald Gardner que Ronald Hutton denominou "Toronto Collection", ele parece, contudo, desconhecer quais são os Deuses da Bruxaria, porque lhe escreve perguntando qual será o verdadeiro nome da Deusa. Não sabemos qual foi sua resposta, mas, na tradição iniciática, os nomes dos Deuses cultuados em um coventículo nunca são revelados, fazendo parte do segredo do seu juramento e a base iconográfica sobre a qual se desenvolve um intenso relacionamento pessoal por meio de vários trabalhos meditativos e rituais. Não é por acaso que M. Murray, a egiptóloga que nos anos de 1920 e 1930 investiu todo o seu esforço intelectual em pesquisar os anais inquisitoriais e interpretá-los à luz do paradigma da origem neopagã da Bruxaria, foi a prefaciadora do primeiro livro ensaístico de Gardner sobre Wicca, *The Witchcraft Today* (1954). Será em Margaret Murray e nos etnólogos das correntes comparativas, em voga na Folclore Society e na Universidade de Cambridge, que poderemos encontrar a resposta para esse enigma dos Velhos Deuses, pois Gardner, ao estabelecer o Wicca como sendo o último legado cultural e religioso da antiga Bruxaria, apoiou-se nas bases científicas em vigor nas ciências humanísticas para torná-lo inteligível e crível.

> *Síntese: O nome usado no Wicca Tradicional para seus Deuses é Velhos Deuses, referindo-se aos Deuses primais da Criação, Destruição e Regeneração. O nome foi introduzido na linguagem esotérica neopagã por Charles Leland e Margaret Murray. Os verdadeiros nomes dos Deuses em coventículo são, porém, conservados sempre secretos, pois eles são os dispensadores de todos os processos íntimos de transformação da alma humana.*

Os Velhos Deuses

Os Velhos Deuses, uma expressão que a egiptóloga Margaret Murray usava com letra grande nos seus livros, são os Deuses Primitivos, representados em muitas mitologias como um casal divino, criador do Universo visível e invisível. Nas lendas mitológicas, foram seus descendentes que os destronaram, por meio de uma revolta geracional, tal como encontramos nas lendas da criação do mundo da mitologia grega e babilônica, ora em Cronos e Gaia, ora em Tiamat, destronados por Zeus e Marduk. Trata-se, então, de Deuses apresentados destronados, como falavam os poetas românticos e simbolistas franceses, desde Victor Hugo a Rimbaud, da mesma forma que Satã é apresentado como corrnígero e destronado da sua grandeza celeste em muitos relatos teológicos e literários. Eles equivalem na Cabala às esferas de Binah e Chokmah, representadas ambas respectivamente pelos órgãos de geração humana, a forma mais básica e arcaica de representar a criação cósmica em termos humanos, e que encontramos expresso com crueza pictórica nas galerias das cavernas pré-históricas sob forma de signos sexuados. Não é, então, por acaso, que terá sido pelo sexo que os Grigori desceram à consciência da humanidade! Não é por acaso, também, que a Deusa apareça no Wicca desnudada, sem nada que a cubra e esconda ao olhar humano. Tal como as Deusas da pré-história, ela está livre de qualquer elemento exterior e civilizador, revelando com audácia seus órgãos sexuais, seu poder criador.

Não será estranho, também, que o Deus do Wicca e da Bruxaria Visionária se apresente com cornos e elementos animalescos como alguns Anjos babilônicos, sugerindo um estágio de consciência humana em que se sentia que as duas esferas, animal e humana, não estavam ainda completamente separadas uma da outra. Nós encontramos uma imagem muito semelhante nas cavernas pré-históricas de Trois Frères, no Ariège, e em Forneau-du-Diable, em Bourdeilles, ambas no sul da França. Elas têm por volta de 20 mil anos e são as representações mais antigas do divino que conhecemos. Trata-se da representação de um personagem masculino em uma postura de coluna inclinada, como que dançando e coberto da cabeça aos pés por várias partes de animais. Seus cornos são de veado, seus olhos parecem de coruja, sua cauda de cavalo. Ele está em uma galeria que tem a seus pés uma multiplicidade de animais sobre os quais, pelo que podemos concluir, age como seu regente guardião, mas está em uma posição tal que quem está embaixo no anfiteatro não os vê. Foi colocado propositadamente para ser visto apenas por uma seleta plêiade de eleitos. A multiplicidade de animais que o cobre e pelos quais, como à transparência, o corpo humano foi cuidadosamente desenhado, para nos sugerir que o ser humano é a essência desses animais, faz-nos pensar que seu autor quis representar um Deus Onisciente, criador de todos os animais.

Nessas cavernas do Paleolítico há uma outra representação: a de mulheres desnudadas, expondo seus órgãos sexuais em posturas que, por vezes,

Gravura de Jan Ziarnkho (XVII)

nos fazem lembrar as vênus reclinadas. A historiadora Claudine Cohen escreve sobre essa vênus de forma eloquente dizendo: "um corpo de mulher sem rosto, reduzido a objeto do desejo – um ventre, um sexo, a fenda da vulva, a entreabertura das coxas, a curva da anca. Tal é a mulher das origens, a mais antiga de todas".[197] Foi de tal forma dada importância aos órgãos sexuais dessas representações que a cabeça e os membros são apenas sugeridos de forma a realçar tanto quanto possível essa parte da sua anatomia. Não será por acaso que os primeiros arqueólogos, ao verem essas imagens, as definissem como criações pornográficas dos povos selvagens de outrora. Essas imagens não são muito diferentes das imagens que os inquisidores atacavam como sendo a dos Deuses obscenos da Bruxaria que perseguiam com animosidade, o Diabo e a Rainha Prostituta do Sabat. Na gravura de Jan Ziarnko, no *Tabelau de L'Inconstance des Mauvais Anges et Démons*, de Pierre de Lancre (1612), eles são apresentados sentados em dois tronos como figuras da realeza divina do Sabat. O que é interessante realçar é que

---

197. Cohen, Claudine. *La femme des origines. Images de la femme dans la préhistoire occidentale.* Paris: Belin-Herscher, 2003.

todo o mundo iconográfico do Paleolítico só começou a ser descoberto a partir do último decênio do século XIX, antecedendo todas as mudanças de mentalidade sobre o religioso que vingarão mais tarde no século XX. A imagem dos Deuses das bruxas que os inquisidores revelaram, se foram forjados pela sua mente distorcida e misógina como se pensa, então no mínimo o que se poderá dizer é que foi uma grande premonição arqueológica. Essas Divindades cervídeas desaparecem enigmaticamente a partir de um certo momento da história da humanidade. Os seres humanos dispensam-nas como fonte de equilíbrio espiritual quando começam a depender menos da caça. A partir do fim do século XIX, face às descobertas de *sir* Arthur Evans, em Creta, e aos monumentais estudos de *sir* James Frazer, começa a forjar-se o modelo de divindade arcaica que será predominante no Wicca. Foi no seio das universidades e nos recessos das suas bibliotecas, muito em particular na geração da Escola de Cambridge, mais do que no fundo dos campos e entre o povo, que o conceito do divino no Wicca começou a ser forjado.

> *Síntese: As primeiras imagens iconográficas dos Deuses da Bruxaria que hoje são reverenciados no Wicca aparecem na arte rupestre, e só alcançaram a importância que têm hoje, no seio dos círculos mágicos modernos, à custa das descobertas arqueológicas e do revivalismo literário da Bruxaria, que se inicia a partir do fim do século XIX. O conceito de divindade do Wicca é devedor dessa contribuição.*

O Cervídeo Divino

Quando o Wicca vem a público nos anos de 1950, por meio dos livros de Gerald Gardner, Cernunnos é aí mencionado como sendo o polo masculino do Casal Divino Primal da Bruxaria ressuscitada. Trata-se de um nome latinizado, descoberto sobre uma das faces do chamado "Pilar dos Nautas de Paris", que se encontra hoje no Museu de Cluny, diante da bela ilha do Sena. A origem da palavra é de raiz pré-indo-europeia. Vem de *krn*, que significa corno, crânio, que perdurou na língua alemã sob a forma de *kern*, grão, e no latim na palavra carne. Algumas Deusas latinas, como Ceres, e gregas, como Kore, procedem da mesma raiz linguística. A divindade luso-romana Corono, que aparece em uma ara encontrada em Corcedelo, Guimarães, pode ter a mesma origem! Segundo Persigout Jean-Paul, a palavra significa "o belo encornado" ou "aquele que tem o crânio como o cervo".[198] Sobre uma das faces do

---

198. Jean-Paul, Persigout. *Dictionnaire de Mythologie Celte*. Monaco: Editions du Rocher, 1990.

Pilar dos Nautas encontra-se o rosto de um Deus Cornudo, com seus chifres cervídeos proeminentes. Sobre as outras três faces laterais, vemos seres humanos e animais em tamanho miniatural. Parece insinuar, assim, ser seu Gênio Tutelar guiando-os por trás das outras faces do pilar.

Cernunnos é uma imagem icônica que ressuscita na nossa lembrança o xamã, com sua touca cervídea imperando sobre os animais, tal como está pintado na caverna de Trois Frères, na França. Ele foi encontrado sob o altar da catedral de Notre Dame de Paris, em 1711, uma emblemática obra do gótico, construída em uma época em que o tema do diabo era atribuído a todas as práticas religiosas populares de fundo gentílico. Ele só não foi destruído a marretadas, como aconteceu com muitas outras Divindades pagãs, porque assim era possível simbolizar a vitória do Cristianismo sobre a velha religiosidade pagã. Dessa maneira, o Sacerdote, ao celebrar a missa sobre o altar, estava literalmente calcando aos pés o "demônio". O segredo dessa relíquia, mandada construir pelos seus veneradores da tribo gaulesa dos Parisi, foi bem conservado pelos construtores medievais que, em vez de sacrificar um carneiro nos seus fundamentos, como parece ter sido seu costume, foram mais longe e quiseram sacrificar o próprio Deus Cornudo. Não fosse a feliz oportunidade do pavimento, sobre o qual estava o altar, ter desmoronado, ainda hoje ignoraríamos o nome desse Deus, que encontramos representado desde a tundra siberiana até a Grécia e nos limites setentrionais de Portugal.

Como o Deus Cervídeo de Ariège, mais a sul, na Provence, Cernunnos tem chifres de cervo, mas com a diferença de que, aqui, seu rosto é completamente humano e sem a máscara animal. Nessa época civilizacional, o Deus Cornudo já não precisava da interface dos espíritos animais para se atualizar na consciência humana. Ele revela-se no próprio espírito humano pela potência divinizadora dos seus chifres irradiantes de cervídeo, tão irradiantes como os raios do sol e os galhos das árvores centenárias. Ele é barbudo, de meia-idade, com um rosto

Cernunnos no Pilar dos Nautas de Paris

solene e respeitoso, trazendo suspenso, dos seus cornos, dois anéis que parecem duas moedas aneladas, do tipo corrente usado na Gália. Nesse período do século I E.C. devem ter existido muitas imagens representando essa divindade! No sul da Península Ibérica, em Numância, foi encontrado, 200 anos antes, mais ou menos em 133 A.E.C, um Cernunnos representado pintado sobre um vaso, com seus braços erguidos e com chifres de cervo, lembrando o Cernunnos dos Alpes Lombardos, em Val Camonica. Sua extensão deveria ter sido muito grande no território europeu. Mas até nós chegaram apenas pouco mais de 30 figurações de corpo inteiro esculpidas em altares de pedra. Mesmo assim, isso só foi possível pelo fato de a romanização ter vencido um tabu muito enraizado nos hábitos dos povos celtas: a representação iconográfica das suas divindades.

Nada ainda existe das representações escultóricas dessa figura antes da romanização, embora esse ser divino tenha traços estilísticos que demonstram ser herdeiro do mesmo Deus Cervídeo que vemos mais a sul, na caverna de Ariège. Só em arte rupestre ao ar livre ou no fundo de cavernas. Sua posição sentada em muitas das suas imagens, como a de Reims, hoje no Museu Saint Remi, ou a de Châteauroux, no Museu Bertrand, é semelhante ao Deus Cervídeo sentado de pernas cruzadas ao modelo dos budas como aparece no Caldeirão de Gundstrup, descoberto em 1891, na Jutlandia, a atual Dinamarca. Aí ele está também sentado de pernas cruzadas e rodeado de animais, como o lobo, o javali, o leão, o veado e o touro. Na sua mão, ele segura uma Serpente Cornuda e, na outra, o torque, símbolo da alta estirpe divina. Ele está rodeado não só de animais, mas também de folhagem, que irrompe no chão, e nos seus cornos, tal como vemos em uma representação do Bode do Sabat feita pelo pintor espanhol Goya. Francisco Goya nunca tinha visto essas imagens de Deuses Cervídeos, mas sua lembrança arcaica tinha ficado armazenada no fundo escuro da sua memória antropológica e apareceu nos mitos do Sabat do seu tempo. Pelo simbolismo da Serpente que ele segura, realça-se o caráter de renovação e fecundidade vegetal e animal. Sua postura é de uma grande dignidade e serenidade, realçada pelos seus olhos semicerrados, como que em meditação, sentado no chão, de pernas cruzadas, em uma postura que só pode rivalizar com as representações de Shiva, na Índia, e que na sua forma de Pashupati, Senhor dos Animais, aparece em uma posição semelhante. No Vale Camonica, nas encostas dos Alpes Italianos, em uma das suas pedras encontra-se também essa figura, mas de pé e vestido em uma toga estilizada, enquanto segura um torque em cada mão. Mais uma vez encontramos aqui a Serpente Cornuda ao seu lado. Também em Cirencester, no Museu Corinium, na Inglaterra, ele segura serpentes em cada mão e, na mesma região, em Southbroom, no Wiltshire, ele aparece representado em bronze, de cornos e em pé, segurando serpentes que se enrolam a seus pés.

A Serpente e os cornos de cervídeo parecem acompanhá-lo por toda a parte e por todo o lado. Ele deve ter sido chamado pelo mesmo nome latinizado que encontramos no Pilar dos Nautas: o Belo Cornudo. Seja de pé ou sentado como Buda, sua posição é sempre solene. Trata-se do Deus da abundância e da prosperidade, porque na Gália suas imagens representam-no segurando sempre uma bolsa na altura dos genitais, da qual se soltam moedas, como se ele estivesse ejaculando, para reforçar propositadamente sua fecundidade nos processos mais materiais. Por vezes, essas moedas parecem sementes caindo do seu abdome para o chão, como alimento para os animais que pastam embaixo. Não é por acaso que esse Deus aparece associado ao Sol em uma moeda encontrada em Hampshire e traga entre seus chifres de veado uma roda solar. Chamavam-lhe Belatucadros, o Reluzente, e os romanos associavam-no a Marte, o Deus da Guerra. Sua relação com a caça no Paleolítico indica-nos que, além de ser um Deus de abundância e fertilidade, teria sido também um Deus da Morte, protegendo como guerreiro e caçador sua comunidade. Seu desaparecimento após o Paleolítico, onde parece ter sido associado à caça e aos xamãs caçadores, levou a que em uma época simetricamente semelhante, a Idade do Bronze e do Ferro, onde a perícia da caça foi transposta para a perícia na guerra, ele reaparecesse com grande força. Vida e Morte são suas facetas. Com a Força da Vida, ele estimula a prosperidade dos rebanhos e da vegetação, mas pela Força da Morte ele traz o sustento pela caça e a proteção pela violência mortífera das suas armas. Por isso, para representar essa polaridade em um único símbolo, só a serpente e o veado poderiam fazê-lo. Como a serpente, o veado segue um processo de metamorfose com seus chifres caindo no fim do Inverno, nascendo de novo na Primavera e exibindo-se luzentes e brancos como lascas afiadas em pleno Verão, para voltarem a cair depois dos dias de cio no outono. Ambos, serpente e veado, são Mestres da Metamorfose.

Síntese: A primeira imagem do Deus Cornudo aparece na pintura do Xamã, na caverna de Trois Frères. Com as descobertas no século XIX de representações de Deuses cornudos, sobretudo com o achado do Caldeirão de Gundstrup, essa divindade primitiva começa a ganhar forma e significado. Sua representação tem uma grande homogeneidade: chifres de cervo, associação a veados e serpentes, rodeado de animais, doando do seio do seu abdome ou do seu falo, sob a forma de um saco, as sementes, símbolo do alimento e da abundância, aparecendo, muitas vezes, mergulhado em um estado de absorção mística.

O Duplo Cornígero

O conceito de fertilidade foi muito importante no Wicca para definir o Deus de Chifres. Mas existem Deuses cornígeros de variados tipos! Na cultura neolítica de Vinça, nos Bálcãs, a região que a arqueóloga Marija Gimbutas chamava Velha Europa, desenvolveu-se no IV milênio a representação de uma divindade cornuda, com rosto de carneiro, segurando seu pênis ereto, como estivesse prestes a ejacular. A representação do altar de Reims em que Cernunnos "ejacula" sementes não deixa de ser um legado tardio da mesma ideia! Essa imagem perdura até o tempo do Egito faraônico com a representação do Deus Min, na mesma postura, e portador da fertilidade. O Wicca não associa sua divindade masculina a um cornígero qualquer! Foi ao cervídeo divinizado, emblema de metamorfoses cíclicas, que ela foi associada. Ela surge na representação do deus-xamã de Trois Frères e funde-se gradualmente, milhares de anos depois, nas figuras gregas de Dioniso. Também ele aparece representado como portador da sexualidade extática, com

Altar romano-gaulês de Reims a Cernunnos

seu falo sempre em ereção e sua cabeça com serpentes. Nas suas formas arcaicas anteriores às suas formas bovídeas, Dioniso era também um Deus Veado. Essa distinção é importante, porque o bovídeo é um animal doméstico e o cervídeo é um animal selvagem. Ele parece ser o harmonizador das *duas naturezas* na humanidade: a natureza domada da civilização e a natureza indomada da vida selvagem. Mas devemos lembrar-nos, também, de que o que chamamos Boi Cretense, que se reflete esmaecido na imagem do Boi Dioniso, não é o boi sobrevivente de hoje, que puxou submissamente o arado dos nossos campos, mas o auroque, o touro selvagem. Ele subsiste hoje apenas no touro ibérico e é o ator principal das touradas portuguesas e espanholas. Mas o touro não é Cernunnos, embora seja cornudo.

O Deus Cervídeo é uma divindade da fertilidade, mas não existe nenhuma representação sua com características fálicas. Sua fecundidade era apresentada com discrição e uma sofisticação tal que levava os artistas a representá-lo escultoricamente de forma mais elaborada, por meio da sugestão oblíqua de sacos cheios de cereais soltando-se com generosidade no nível do seu sexo ou da folhagem brotando dos seus chifres. Na Jutlândia, esse Cernunnos é tão sublimado como Shiva ou Buda o foram na Índia, sendo figurado em uma atitude de impassibilidade física e vacuidade mística, vestido com uma *braca* e exibindo um rosto sem qualquer pilosidade, que lhe dá um aspecto andrógino. Nesse Cernunnos nós encontramos uma dualidade explícita abrangendo, por um lado, as formas taurinas em que se tornaram nesse fim do milênio figuras como Dioniso, em uma época que parece estar regida pelo signo de Touro, e as formas cervídeas já quase em extinção no resto dos povos, que vem das épocas glaciais regidas pelo Capricórnio e que surgem na era de Carneiro, tal como vemos exemplificado no Vale Camonica, na Itália e depois na Gália, Jutlândia e Ilhas Britânicas. J. Weisweiler, que tinha estudado em detalhe esse fenômeno[199] da polaridade touro-cervo, estava convencido de que a Europa Ocidental era o ponto de convergência de duas correntes de civilização: a civilização ártica do cervo e a civilização mediterrânea do touro. Sob seus pés, abaixo da plataforma em que Cernunnos está sentado, encontram-se o touro e o veado, de um lado e de outro. Ao seu lado e acima encontramos quase sempre Apolo e Mercúrio. Ele tem uma polaridade divina acima e uma polaridade animal abaixo, mas ele é o centro desse quaternário. Essa dualidade aparece explícita na representação do Deus Pã, animal no polo inferior do corpo e divina no polo da sua consciência!

---

199. Weisweiler, J. Paideuma, IV, 1958; Markale, Jean. *Les Celtes et La Civilisation Celtique*. Paris: Ed. Payot, 1969.

Essas representações colocam-nos grandes questões, sobretudo àqueles wiccans que procuram compreender os elos perdidos da iconografia do Deus Cornudo na história. Uma grande questão e um desmedido mal-entendido é o tema da fertilidade no Wicca. Entre os iniciados na Arte, esse conceito de fertilidade dos Deuses cornígeros não é apenas uma apologia ingênua da livre expressão dos impulsos de vida e suas pulsões mais básicas, entendidas como a mais santa expressão da energia criadora sob a forma das suas livres criações ritualistas de alegria e amor, mas é também a apologia da Morte como parte intrínseca dela. O Deus Cornudo é o Falo e a Caveira! É isso que é revolucionário diante do Cristianismo e de todas as religiões monoteístas: no Cristianismo, as forças de vida são sublimadas e completamente desfiguradas, pela sua exclusiva função de subordinação à procriação, enquanto a morte, que é sempre lembrada na tortura de Cristo crucificado, é compreendida apenas à luz da redenção do pecado e como uma força de desmaterialização do "eu". Na Bruxaria Iniciática há mais do que isso: ela é a dança criadora da energia que abrange os processos cíclicos de Vida e Morte. A primeira dança ritual registrada que existe é precisamente a do Xamã de Trois Frères! Uma dança solitária semelhante à dança da criação e da destruição cíclica do mundo por Shiva. No Wicca, a Morte está subordinada à Vida pela Lei do Amor, da mesma forma que o Deus está subordinado à Deusa. Não há dúvida de que essa dualidade de Deus-Deusa é uma inversão do que se passa no Mistério Cristão, onde a Mãe aparece subordinada ao seu Filho e secundarizada, da mesma forma que o Filho secundarizado ao seu Pai transcendente. Isso é assumido claramente como um sacrilégio positivo diante do pensamento cristão e encarado como um paradigma filosófico e mágico de consequências revitalizantes para a cultura moderna, ao colocar a mulher no mesmo nível de dignidade sacerdotal que o homem. Foi essa a razão de muitas feministas se aproximarem do Wicca: porque ele fornecia um contexto espiritual para uma legítima reivindicação política.

Foram Mannardt e *sir* James Frazer, no final do século XIX, que impuseram no meio intelectual anglo-saxônico a ideia, hoje universalmente aceita, de que os sacrifícios sanguinários da Antiguidade pagã eram parte intrínseca dos cultos da fertilidade. Nós estamos habituados a pensar que os cultos da fertilidade eram coitos e cópulas ritualizadas, tal como descreve a etnografia nas imagens poéticas dos camponeses acasalando nos campos para fertilizá-los e em orgias mistéricas propiciadoras da fecundidade dos solos, mas esquecemo-nos de que o clímax da sexualidade se faz pela experiência orgásmica de uma morte transitória. Nessas figuras gaulesas de Cernunnos, que aparecem em altares de pedra por toda a Gália, ele é emparceirado, por isso, pelo Deus Psicopompo Mercúrio e por Apolo, símbolo da inspiração profética. Mercúrio é um Deus das viagens e dos comerciantes, sejam viagens terrenas ou extraterrenas e, por isso, não é estranho ver Cernunnos no pilar dos navegantes com moedas nos cornos. Não é um acaso, também, que Apolo esteja ligado à profecia e à serpente píton que ele matou, libertando os poderes da libido, soterrados nos recessos do metabolismo humano, no plano superior do êxtase inspiratório que o poder da profecia anuncia.

Pormenor do Caldeirão de Gundstrup (circa 100 A.E.C.)

O Deus cornígero já aparece em Forneau du Diable tocando flauta, como fazia Dioniso, a divindade do êxtase. Na Bruxaria Iniciática, ele é mais do que isso: é o Rei das Encruzilhadas e o Senhor dos Sabates, cujo recinto é um círculo que forma, com seus quadrantes, um quaternário simbólico da Terra e um lugar de transição mercurial entre os mundos visíveis e invisíveis. Esse centro do Círculo da Arte, onde se cruzam os braços dos quadrantes, tanto pode ser a caveira com suas tíbias cruzadas como a rosa e o falo que florescem pela fusão dos polos sexuais.

Nos cultos e mistérios da Antiguidade mediterrânea, há sempre um Deus Cornígero, cujas origens podem estar relacionadas com os cultos neolíticos da agricultura, que se apaixona por uma Deusa formosa, morre por causa dela, desce ao Inferno, onde permanece durante a parte invernal do ano, e regressa no eclodir da Primavera. Esquecemo-nos de que essa figura divinizada é algumas vezes um ser humano e não um Deus, que percorre a tragédia amorosa de se envolver com as Deusas em um processo de fertilidade, morte e ressureição. Mesmo os Mistérios de Elêusis, na última fase do Helenismo, celebram a descida ao Hades para trazer Core, não através de uma divindade olímpica, mas de um herói humano como Triptolomeno, realçando que essa possibilidade já não pode ser feita pelos Deuses, mas teria de ser feita pelo próprio ser humano. Isso significa que o mundo helênico já sentia que era ao ser humano que cabia então o papel de "descer" às profundezas da Alma da Terra, e não aos Deuses. Era um sacrifício humano que estava no centro do Paganismo e que tinha proporções divinas, que se anunciava poucos séculos antes da chegada de Cristo e sua crucificação mistérica. Frazer afirma, por isso, que o mito do sacrifício de Cristo na cruz era um mito desfigurado dos seus propósitos originais e decalcado dos mitos de morte e renascimento dos heróis pagãos como Áthis e Adônis.

Nos mitos, esse herói desce das alturas no verão, onde se une a uma Deusa diurna e celeste, como fez por exemplo Adônis com Afrodite, depois desce ao Mundo Subterrâneo para se unir à sua regente noturna e telúrica, como o próprio Adônis fez com Perséfone. São duas facetas solares realçadas agora nesse mito cornígero: a da fase de ascensão das suas forças telúricas, sob a forma da explosão da libido e do renascer da natureza na Primavera e a fase do seu declínio, que é sentido como uma introversão necessária para que as energias vitais se reciclem, alquimizem e transfigurem em novos processos de consciência. Trata-se de um herói com a dupla faceta de Divindade da Fertilidade e do Mundo dos Mortos, como o Janus latino ou o Janicot das bruxas bascas, que ora olha para o Passado com uma das faces e ora olha o Futuro com a outra. É precisamente no Ano-Novo, nesse meato intercalar do calendário solar e do antigo calendário, que o Bode das Antigas Iniciações, pelo simbolismo da constelação de Capricórnio, marca o início de ascensão do Sol na Roda do Ano.

Na inscrição de uma moeda de cunhagem céltica, ele é representado como sendo a roda de metamorfose do ano, trazendo o Sol entre seus chifres de cervo. Trata-se provavelmente de uma hipóstase céltica do nórdico Ingvi, o rei dos Cervos, que vive entre os Elfos Brancos. O nome alemão para cervo é *hirsh*, uma estranha combinação da raiz *herr*, Mestre ou Senhor, e o radical *sche*, que significa brilhar, mostrar. Em suma, ele é o "Mestre que mostra", isto é, revela a Luz dos Mistérios, pois do mesmo radical apareceu *scheinen*, brilhar, iluminar. O Cervo Branco é uma verdadeira Divindade Lucifériaca, portadora da Luz da Gnose. No alto da Valhala impera o veado Eykthirnir, símbolo da linhagem dos mortos transfigurados, sobre cujos chifres caem as gotículas melíferas de orvalho, misturado pelo mel das abelhas que esvoaçam e polinizam Ygdrasil. Dele se faz o hidromel! Em um sentido semelhante, encontramos na floresta de Brocelândia, na capela iniciática do Graal em Tréhorenteuc, o Cervo Branco.

Se olharmos para as representações gregas dos sátiros e de Pã, vemos que na sua anatomia está espelhado esse mistério mágico mas de forma simétrica, como se fosse um reflexo especular: na área inferior do seu corpo predomina seu sexo em ereção, cheio de fecundidade, com os atavismos animais predominantes na forma caprínea do seu corpo, enquanto na área do polo superior do corpo, a cabeça aparece humanizada e divinizada pelos chifres irradiantes, onde predominam a consciência inspirada e as visões proféticas. Essa representação é muito antiga e já encontramos em Forneau du Diable com o deus-xamã com cornos de boi tocando um instrumento musical em forma de arco. Na área de Essex, no século XVII, encontramos uma figura semelhante, Robin Goodfellow, dirigindo uma dança de camponeses. É curioso lembrar que os etruscos caçavam os animais liderados por músicos que tocavam assobios e flautas no seio das florestas para imobilizá-los e assombrá-los. A atividade da caça é sobretudo invernal e não é por acaso que o Deus da Caça é um Deus dos Mortos. Porque é ele que propicia a morte sangrenta da caça e a morte visionária do feiticeiro e xamã, induzindo-lhes assim a possibilidade de entrar no mundo dos espíritos.

O Cervo Branco na Capela do Graal em Tréhorenteuc, Bretanha, França

> *Síntese: O Deus Cornudo é simultaneamente um Deus da fertilidade e um Deus da morte e da inspiração profética. Essa dualidade está sempre presente na forma não só da sua anatomia, como em Pã com uma parte animal, com falo em ereção, e uma parte humana, divinizada pelos chifres e a inspiração musical, mas também na permanente dualidade que o acompanha pelos altares gauleses, onde está rodeado de Mercúrio e Apolo, do cervo e do touro.*

A Esfera de Pã e Apolo

Vivemos nossa vida lutando entre impulsos que nos atraem para as profundezas do metabolismo das nossas pulsões vitais e da nossa sexualidade, e a necessidade de os reprimirmos e elevarmo-nos à limpidez plácida da racionalidade. A diferença entre pulsão e racionalidade, corpo e espírito, tornou-se uma ferida psíquica aberta na humanidade, que tem suas raízes nesse momento da história que foi o esplendor da civilização grega e do orfismo. Quer pelos assassínios rituais que heróis, em múltiplos lugares do mundo, fizeram de figuras cornígeras divinizadas, seja de Osíris por Set, do Minotauro por Teseu e do Touro de Ishtar por Gilgamesh, só para citar alguns exemplos, esse momento é interpretado por muitos autores esotéricos como a passagem da clarividência atávica dos povos para a esfera de uma racionalidade transcendente. Um dos mitos essenciais que o exemplifica, útil para compreender os cultos do Wicca, é o mito do concurso musical entre Apolo e Pã. Trata-se de um mito muito importante que nos auxilia a compreender o que se passou nessa fase remota de transição da consciência, em uma humanidade vivendo ainda na esfera dos seus atavismos e que se preparava para emergir na dimensão de uma nova consciência que ansiava vir à esfera do transcendente.

Trata-se de uma competição sob o patrocínio de dois instrumentos musicais: a lira e a flauta. Nesse concurso, sob a regência do espírito da montanha, o rei Midas toma o partido de Pã. Por causa disso, acaba amaldiçoado por Apolo, que transforma suas orelhas em orelhas de burro. Midas escondia suas orelhas de asno em um belo turbante, mas seu barbeiro, não resistindo divulgar o triste milagre, enterrou imprudentemente o segredo perto de uns caniços. Por toda a Grécia, os caniços sussurravam a quem passasse: "O rei Midas tem orelhas de burro"! Midas suicidou-se de vergonha! Essa morte é simbólica. É a morte do "eu" fadado a escutar e compreender o Universo na faixa limitativa da consciência dos espíritos animais, porque rejeitou a oportunidade que lhe foi oferecida para ouvir os impulsos intuitivos representados por Apolo. Para esses povos, que têm nas histórias contadas de aldeia em aldeia pelos cantores, o verdadeiro ensino religioso, isso representa uma advertência: de que os cultos animistas do passado são regressivos e alienatórios. Existe na estatuária de Cernunnos, no Pilar dos Nautas, uma singularidade que nos interessa aqui realçar para essa história: a de esta divindade ter duas orelhas diferentes. Uma que é de um animal, e outra de um ser humano. Ao contrário de Pã e Midas, que sentiam que os antigos impulsos espirituais eram o único critério de harmonia e beleza, e ao contrário também de Apolo, que achava o mesmo em relação aos impulsos intuitivos do transcendente trazidos aos ouvidos das musas, essa imagem de Cernunnos ensina-nos que deveríamos aprender a conciliar as duas sensibilidades na nossa via iniciática. Na formação do caçador era muito importante não só ter um bom ouvido, mas ser capaz de filtrar racionalmente na multiplicidade caótica dos sons da natureza a aproximação distante das presas e ter a precisão do seu abate. Não é por acaso que os alquimistas consideravam que a língua sagrada da sua Arte era a "língua dos pássaros", isto é, a faculdade de escutar no caótico sussurrar dos nossos pensamentos os impulsos intuitivos dos Deuses e dos espíritos animais.

Ouvir as "vozes" dos Deuses e dos Espíritos era um desafio iniciático antigo. Lailoken, que é uma hierofania de Merlin, escutava vozes dentro de si e foi forçado a retirar-se para a floresta e passar a escutar apenas as vozes dos animais, para conseguir compreender a voz da sua intuição divina e, assim, transmiti-la sob o formato das suas profecias. Pelo simbolismo dos instrumentos musicais e a arte de escutar, tomada aqui como metáfora espiritual, essa dualidade é bem compreendida: a lira é tocada apoiada no ombro e o som límpido e agudo que das suas cordas pode ser arrebatado difunde-se na altura da cabeça para a esfera do transcendente. Através do filtro dos órgãos cerebrais da nossa racionalidade, é possível agir na esfera do pensamento, transportando-a para a contemplação do mundo espiritual e do Logos. Mas, no tocar da flauta, o som é difundido para baixo, para a terra e o chão que nós pisamos, saindo na altura dos nossos órgãos sexuais como se fosse um falo e estivesse, assim, nutrindo a matéria morta do solo que pisamos com seu som fecundador.

Pelo mito do Deus Cornígero, é mostrado de forma alegórica e ritual que os processos espirituais necessitam da harmonização das duas esferas: aquela que ascende às esferas celestes, acompanhando o ciclo ascendente do ano a partir de Capricórnio, e aquela que desce e se entrega aos poderes telúricos e subterrâneos a partir do signo de Caranguejo. Esse ciclo duplo era representado nos países celtas pela divisão da roda sazonal do ano em duas partes, que tinham como eixo não os solstícios, mas as festas de *Beltaine* e *Samhain*. Por meio dessa divisão cerimonial do ano, mencionada no *Mabinogion*, a fase diurna que se desencadeava a partir de maio era regida por *Gwythyr ap Greidyawl* e a fase noturna, iniciada no *Halloween,* era regida por *Gwinn Ap Nud*, lutando e revezando-se um ao outro na partilha da bela *Creiddylad*, a Terra Mãe. Poderíamos dizer que esse Deus Duplo se reveza entre as entranhas da terra no inverno e as extremidades do fogo nas alturas do verão. Essa duplicidade divina aparece colocada muitas vezes sobre o Pentagrama nas duas extremidades inferiores, estando nas três extremidades superiores colocada a Deusa Tripla do Círculo do Renascimento.

Deusa Mãe

Deusa Donzela   *Deusa Anciã*

Deusa Touro   *Deusa Veado*
(Caveira)   *(Falo)*

O Pentagrama como Cifra dos Deuses

Embora o nome Cernunnos venha gravado no Pilar dos Nautas de Paris, muito possivelmente o nome dessa divindade era *Cern* ou *Kern*, porque o sufixo *unos* era aplicado na língua romanizada aos nomes pessoais. Em gaélico o "C" é lido sempre como um "K", como era tradição nos povos célticos. Em Dorset, na colina de caulino de Cern Abbas, existe uma figura esculpida muito célebre que representa esse princípio de fertilidade em um rude gigante com seu falo em ereção e uma clava na mão. Nos tempos passados, as mulheres que desejavam ter filhos sentavam-se sobre o falo do gigante. No dia de *Beltaine* era costume erguer-se um Pilar de Maio, precisamente no ponto acima da sua cabeça conhecido por *Friyng Pan*, a que se atribuía propriedades talismânicas de fertilidade. Mas no Halloween provavelmente ele era *Herne*, que é uma alteração linguística de *Cern* ou *Kern* no dialeto popular e que vem de *Horn*, corno. Sua pronúncia é semelhante a *Horn*, isto é, Cornudo, e desde sua descrição por Shakespeare em *As Alegres Viúvas de Windsor* tornou-se famoso, sendo visto espectralmente com sua matilha de cães do inferno em grande alarde pela floresta de Windsor procurando, como *Gwinn Ap Nud* em Glastonbury Thor, os pagãos falecidos no ano precedente, para levá-los de regresso ao mundo subterrâneo. Trata-se de um mito que nos sugere que nesse período intercalar do ano, que vai do Halloween ao Yule, existem impulsos atávicos que são despertos dentro dos Filhos da Arte, que os levam a atravessar as fronteiras do mundo empírico e a entrar visionariamente nos reinos do Submundo, em busca de conhecimento, conforto e transformação.

O ocidente greco-latino e mais tarde a cultura judaico-cristã, que infectaram o pensamento holístico dos povos indígenas da Europa, viram esses aspectos da vida e da consciência como dualidades inconciliáveis, que impuseram aos povos que cristianizaram. Como duas metades, uma negra e outra branca do espectro de luz, esse modo de pensar empurrou para as entranhas do Submundo do nosso inconsciente pessoal, por um processo de recalcamento, todas as pulsões dionisíacas, impedindo-nos de apreciar com plena liberdade e serenidade uma espiritualidade onde a alegria e o amor faziam parte intrínseca uma da outra. Realçando de forma exagerada, até os limites do patológico, as forças apolíneas de cerebralização, que vemos hoje expresso no *modus vivendi* do homem moderno, criou-se uma enfermidade psicológica que chamamos alienação. Essa dupla tendência entre os processos de morte, característicos da padronização extrema do pensamento racional da nossa cultura moderna, e os processos de evasão lúdica das nossas pulsões instintivas, precisa ser de novo harmonizada. Essa conciliação é uma oportunidade de reencontro com nossa genuína cultura europeia e o mundo primitivo adormecido dentro de nós. Esse regresso criará o ressurgimento espiritual do Paganismo, conhecido entre os esoteristas por Era de Saturno. O Wicca Tradicional, sobretudo aquele que preserva ainda os eixos iniciáticos da Contrainiciação, mostra o caminho para essa Nova Era pela hipóstase céltica de Saturno: Cernunnos.

> *Síntese: Cernunnos mostra o caminho para reconciliarmos a faceta diurna e noturna do nosso ser. Harmonizar o corpo e o espírito, a vida e a morte, em uma oitava superior de consciência é o centro de toda a Gnose wiccaniana. Essa dupla esfera do conhecimento havia sido separada no passado remoto da nossa civilização e representada entre o povo helênico pela competição musical entre Apolo e Pã. Na época em que vivemos, Cernunnos, com sua dupla orelha animal e humana, é o anunciador dessa conciliação espiritual. Cernunnos é a cifra da Gnose Pagã Moderna.*

Robin, o Encarapuçado

O nome de Robin esteve associado a um conjunto de baladas populares inglesas inspiradas em um lendário grupo de indigentes e excluídos que combatiam os excessos do poder político. Mas o nome esteve também associado a um culto de Bruxaria na figura de Robin Wood ou Robin Goodfellow, durante o século XVII. Jules Michelet, que associava a prática do Sabat a uma organização de contestação político-religiosa e à necessidade natural de dar uma dimensão mística a uma revolta clandestina contra a dupla tirania do clero e dos senhores feudais, poderia ter encontrado ali alimento documental para sua especulação histórica. Como Merlin nas lendas de Robert de Boron, Robin Hood aparece sempre encarapuçado (Hood), mas de verde para assim facilmente se camuflar na floresta de Sherwood e escapar da perseguição dos soldados do governador de Nothingham. Muitos autores associaram-no, por isso, a uma representação sazonal que aparece no dia de *Beltaine*. Trata-se do Homem Verde que emerge da floresta coberto de folhagem e aparece representado nos capitéis de várias igrejas, sobretudo escocesas e espanholas, sob a forma misteriosa de um rosto folhado, soltando rebentos de hera ou carvalho dos orifícios do seu rosto. Os sobrenaturais habitantes das florestas de pinheiro e cedro, que os povos helênicos acreditavam que vagassem pelos seus trilhos e clareiras, estavam associados a Pã e aos Sátiros e, muitas vezes, foram considerados como truculentos "foras da lei", sem princípios cívicos nem morais, como a *troupe* dos *Gana* que seguiam o cornígero Shiva na Índia. As primeiras baladas do século XIV cantam como Robin Hood vivia feliz como fora da lei com seus companheiros no seio da floresta de Sherwood. Os relatos moralistas deixaram-nos exemplos das virtudes de bem viver em plena liberdade e igualdade na natureza, frente ao mundo civilizado, onde a competitividade, a vontade de poder e a desigualdade descaracterizaram a felicidade natural do homem. Robin Hood antecipava de vários séculos Rousseau e David Thoreau! Parece que, seguindo os ditames do Diabo no Sabat, eles tinham como princípio de retidão mais os prazeres e a vida livre e despreocupada do que a servidão. É a mesma liberdade que o Diabo elevava à máxima virtude da feiticeira nos seus sermões nos Sabates, em contraposição à penitência e redenção submissa ao poder eclesiástico! Como o Diabo do Sabat, Robin também tinha uma forte aversão aos ricos que viviam à custa da espoliação de taxas e impostos injustos como sustento da sua riqueza. Ressalvando isso, Robin Wood ou Hood, dos bosques ou encarapuçado, vivia como uma espécie de Deus Pã, com seus sátiros no meio da floresta e sob os centenários carvalhos que os protegiam como uma muralha. A existência de seres com atavismos animais e vivendo na floresta é universal. Em Portugal era muito vulgar o pavor respeitoso que se tinha das florestas, que se acreditava estarem habitadas por diabos e faunos, como é descrito entre nós em *Andam Faunos pelo Bosque*, de José Régio, ou nas visões poéticas do Marão em Teixeira de Pascoaes.

A sensação de que a floresta foi o santuário primitivo da humanidade ainda sobrevive nas igrejas românicas. Com seus pilares vegetalistas, como se fossem troncos de árvores e a sinuosa vegetação nos seus capitéis, essas igrejas são uma verdadeira floresta de pedra. Para os celtas, a floresta era sagrada e um lugar de retiro e encontro com os Deuses, conhecido por *nemeton*. Por causa dessa natural santidade, S. Martinho de Tours, entre muitos outros missionários, atarefou-se em destruir muitos desses lugares na Gália, como havia feito séculos antes César com suas legiões romanas e fez, também, São Martinho de Braga (século V) pelas escondidas montanhas do nosso interior transmontano. Nas representações escultóricas, Cernunnos aparece como o Senhor das Florestas e dos Animais Selvagens, como vemos no Caldeirão de Gundestrup e, por essa razão, ele é chamado entre os bruxos tradicionais de o Senhor das Trevas, referindo-se às trevas das florestas primitivas com sua flora densa e centenária, assim como ao negrume cintilante da noite e à sinistra escuridão da morte que nos recicla e regenera.

O Caldeirão de Gundstrup

Nas crenças populares inglesas, Robin Wood era considerado filho de Herne, a divindade cervídea da Caçada Selvagem, que aparece na Floresta de Windsor ao romper da noite de Halloween. Muitas vezes são-lhe atribuídas capacidades taumatúrgicas e, por isso, chamam-lhe também o "bruxo da floresta de Sherwood". Na figura de Robin encontra-se insinuada a face do Deus Cornudo na sua etapa de ascensão solar, no ciclo que vai do solstício de Inverno, em que este começa gradualmente a subir no horizonte, até o solstício de Verão, quando atinge sua máxima plenitude. É na Primavera, porém, quando a terra se cobre de folhagem e a vida clorofilina traz os poderes do Sol para dentro da estrutura vegetal que, de falo ereto, ele se ergue perseguindo como Pã as moças no bosque. Por isso o vemos no caldeirão de Gundestrup com folhas brotando dos seus chifres e sentado em transe sobre o chão salpicado de brotos. Quer seja vestido de verde com uma capa, quer nas crenças populares, tem o poder de desencadear a metamorfose do espírito e levá-lo em voo para os reinos suprassensíveis, como vemos na representação irlandesa de Mannanam e nos feiticeiros xamãs siberianos, quer seja representado com um rosto folhado, símbolo da consciência transfigurada pelo êxtase, do qual brotam heras e folhas de carvalho, ou mesmo parreiras ou serpentes como em Dioniso, realça-se sempre a ideia da necessidade de fusão da consciência humana no mundo vegetal. Através dessa faceta divina do Cornudo, o Wicca sugere a necessidade de o homem moderno ter de refazer urgentemente não só seus velhos vínculos de solidariedade animal com a natureza não domesticada, mas também a necessidade de se retirar na floresta, como epicentro de um processo de autotransformação.

A indispensabilidade de participação mística com a Natureza e seus espíritos na Bruxaria Tradicional levou Marian Green a pôr em dúvida a suposição de que o Wicca seria um culto aos Deuses. Para ela, o Wicca é fundamentalmente um processo de transmutação da psique por meio do contato íntimo com as forças mais primais da Natureza, antes da sua descaracterização em ídolos humanizados. Não se poderá apreender o sentido e alcance dos mitos vegetalistas do Wicca se não se compreender que, segundo o esoterismo, o vegetal é o simétrico etérico do ser humano. Temos a planta arquetípica dentro das forças formativas do nosso corpo etérico e nos seus ciclos de crescimento e transformação durante toda a nossa vida. Todo o trabalho esotérico dentro do Wicca se inicia, por isso, por esse processo vegetalista, representado no símbolo da mãe natureza com o triângulo invertido no primeiro grau de Iniciação. No tantrismo, isso é muito explícito, quando se coloca no corpo etérico do iogue, ao longo da sua coluna vertebral, um caule de flores de lótus, como se ele fosse uma árvore. Os cabalistas trabalham sobre esse corpo etérico, da mesma maneira que os iogues, através de uma árvore simbólica, representando a ascensão dos mundos suprassensíveis. Poderíamos afirmar que a faceta do Deus Cornudo como Senhor da Fertilidade e da Abundância, Rei das Florestas, está relacionada com o culto primitivo às árvores. Ele representa a fase ascendente solar em que o wiccan trabalha misticamente sobre o vegetal que vive nas forças etéricas do seu organismo! Ao contrário, sua faceta de Deus da Morte representa a fase descendente solar, em que seu trabalho mágico é sobre o animal que sobrevive nas forças astrais do seu organismo.

Robin Goodfellow aparece representado nas gravuras e baladas populares do século XVII. Traz o que parecem ser cornos bovídeos e o rosto de um homem barbudo e sorridente de meia-idade. Seus cascos de caprídeo, a vassoura que segura com uma mão sobre o ombro como se fosse uma enxada transportada por um lavrador, a corneta das montarias suspensa dos ombros e uma vela reluzente na sua mão, enquanto em sua volta roda uma dança de camponeses, reproduz uma cerimônia popular de que se perdeu o significado mágico. Robin quer dizer "chama reluzente" e as bruxas de Somerset

Robin Goodfellow
(Gravura de His Mad Pranckes and Merry Jests, 1639)

consideravam-no o Espírito Tutelar dos seus coventículos. Ele parece ser o Divino Portador do Fogo! A cerimônia aqui descrita pode estar associada a algum ritual popular, depois demonizado pela Igreja, cuja função seria a propiciação das forças solares, porque ele traz não só um fogo aceso, mas também um falo artificial dependurado na sua cintura. Através do Sol, que se quer chamar e propiciar pela chama do fogo, ele pretende acordar as forças vitais da natureza e trazer abundantes colheitas à comunidade. Existe uma festividade sabática de origem céltica nos ritos do Wicca chamado o Sabat de *Imbolc* ou *Candlemas*, que corresponde a uma festividade de purificação e libertação das forças inerciais do ano e um culto ao fogo, na forma de candeias iluminadas para propiciar o crescimento do Sol. Há poucos anos, essa festa religiosa era ainda celebrada pelas camponesas das aldeias em Portugal, que percorriam o perímetro da aldeia em uma procissão iluminada de círios, em um rito inconsciente de demarcação e sacralização do território antes das sementeiras, aquilo que na Inglaterra é conhecido por *beating the ground*.

Ao vermos a imagem de Robin Goodfelow, salta à vista a escala em que este é representado, em tamanho gigante e com os celebrantes em tamanho reduzido e esboçados em borrões de tinta negra. Dá-nos a sensação de que Robin, além de ser gigante, é transparente, como um espírito tutelando a festa e alguém a quem se estivesse adorando e celebrando. Ele parece estar dançando, como o Xamã de Trois Frères, e a vela que traz na mão está desenhada de tal forma que parece que ele empunha, em vez de uma vela, uma faca tosca, reluzente e de duplo gume. Em alguns coventículos tradicionais, a faca cerimonial do bruxo, o athame, é considerada como um talismã ritual do elemento fogo. Mas sua chama relega para um outro ícone do Sabat: o Bode Negro do Sabat. Trazendo uma tocha entre seus cornos, ele ilumina com a luz da Sabedoria Ancestral os recessos profundos da alma dos feiticeiros e acorda suas lembranças arcaicas. Seja trazendo a tocha na mão, como faz Robin Goodfellow, ou entre os cornos, como o Janicot dos sabates bascos, em todos os casos sugere-se que essa divindade é a Portadora do Fogo da Iniciação e da Fertilidade. Ele traz o fogo da fertilidade no seu falo em ereção e pela chama reluzente entre seus chifres traz o fogo inspirador da Gnose.

> *Síntese: Robin Wood foi na Inglaterra a hipóstase de uma antiga divindade das bruxas: Robin, o Chama Reluzente. As baladas que o celebram falam da liberdade e igualdade entre todas as criaturas, de que o Sabat antigo faz eco nos registos inquisitoriais. Ele é o Portador do Fogo resplandecente, seja sob a forma do fogo sexual indutor da fertilidade, ou sob a forma do fogo místico indutor da Iniciação Mistérica.*

O Deus Tricéfalo

Até aqui, percorremos um conceito de divindade cornífera de características duplas, tal como Frazer sugerira no seu *The Golden Bough* e que, de forma mais elaborada, está presente no mito da Roda do Ano do Wicca. Mas o texto fundamental sobre o Deus Cornudo no Wicca Tradicional não é o produto fantasioso de muitos autores wiccanianos, mas o texto litúrgico conhecido como "A Lenda da Descida da Deusa ao Mundo Subterrâneo". Nele nós encontramos sua mais genuína descrição! Nesse texto iniciático, é expresso que o Deus Cornudo é o Rei dos Mortos e Senhor da Magia. A cerimônia sexual que se lhe segue no mito não parece ser um rito de fecundação agrícola nem uma cerimônia de fertilidade *stricto sensu*, mas sim um rito de "passagem de poder", uma Iniciação. Não é por acaso que esse acontecimento mítico não se passa nem nos campos nem nas florestas, mas, como nos Mistérios de Elêusis e em todos os Mistérios Antigos, desde os da Samotrácia aos da Babilônia, no seio profundo do Mundo Inferior. Isso nos leva à seguinte conclusão: o Wicca tem uma concepção Tripla do Deus Cornudo. O Deus Cornudo na sua faceta dupla joga seus processos de metamorfose durante todo o Ciclo Anual dos Sabates, mas esse Deus da Magia, de que fala o guia ritual de Iniciação wiccaniano, joga sua ação durante os ritos do plenilúnio e em um momento especial da vida do wiccan: o da sua Iniciação a Sacerdote ou Sacerdotisa. Temos então três facetas! As duas facetas características dos Sabates e uma faceta própria do Esbat. Essa última faceta é aquela que empresta unidade e coesão à faceta dupla da divindade, é seu princípio essencial e a chave de volta de todo o sistema.

A lenda conta que a Deusa, desejando conhecer todos os Mistérios do Universo e não encontrando resposta para o sofrimento que sentia, ao ver tudo aquilo que ela amava e criava ter um dia de morrer e perecer por obra do Terrível Senhor da Morte, resolveu descer ao Mundo Subterrâneo e interpelar o Senhor das Sombras. Sua descida é um modelo inspirado tanto nos textos gnósticos que descrevem a queda de Sophia como nos textos babilônicos e gregos, em que é imposta à própria Deusa o dever de tirar todos os seus trajes, ornamentos e joias que lhe cobrem o corpo, sendo amarrada e levada nua diante do Senhor do Mundo Subterrâneo. Ao vê-la, o Senhor das Sombras fica apaixonado pela sua determinação e beleza e, como Hades nos Mistérios de Elêusis, tenta convencer a Deusa para que fique e o ame para sempre no Mundo Subterrâneo. Ela recusa horrorizada! Vamos ler o trecho que reproduz esse elemento dramático:

Era tal a sua beleza, que a Morte diante dela se ajoelhou e depositou sua espada e coroa aos seus pés, e beijou-os dizendo: "Abençoados sejam teus pés que te trouxeram por estes caminhos. Ficai comigo, mas deixai-me colocar minhas frias mãos sobre vosso coração".

Ela replicou: "Eu não te amo. Por que razão fazeis todas as coisas que eu amo perecer e morrer e, ainda por cima, tendes prazer nisso?".

"Senhora", replicou a Morte, "é a idade e o destino, contra o qual eu não tenho solução. Com a idade todas as coisas se debilitam, mas quando o homem morre eu dou-lhe repouso, paz e força, para que ele possa regressar. Mas tu és formosa. Não regresses, ficai comigo."

Nesse trecho litúrgico, a Morte funciona como princípio de transição e lugar sobrenatural, onde a alma repousa e se prepara para sua vida futura. Aqui é expressa a crença wiccaniana na reencarnação: *eu dou-lhe repouso, paz e força, para que ele possa regressar*. O Deus da Morte, que, à primeira vista, parece terrível e austero, é apresentado como uma divindade compreensiva e misericordiosa, guardiã da Magia e dos Mistérios do Renascimento. Nas tradições mágicas das bruxas, transvazadas no Wicca, esse lugar de morte não é o Inferno cristão nem o Tártaro grego. Trata-se de um lugar conhecido por *Siddhe* e que Platão descreve no *Fedro* como sendo a Verdadeira Terra, onde a alegria, a música e o amor acompanham os tempos de repouso nesse mundo subterrâneo, que muito se parece ao mundo das Fadas.

A descida a esse lugar faz-se pelos orifícios das colinas, as chamadas colinas ocas, e para nele se entrar todos os ornamentos e trajes de corpo têm de ser tirados. A prática da nudez ritualizada no Wicca deve-se a essa nudez cerimonial dentro do Mundo Subterrâneo, cujas origens vêm já desde os Mistérios Babilônicos. Em sentido mágico, estar nu em rito equivale ao ato de estar no Submundo! Isso significa que o Círculo Mágico colocado entre o mundo dos homens e o mundo dos Deuses é afinal o Mundo dos Mortos! Estar "entre os mundos" significa para o Iniciado estar nesse limbo que se ergue entre o morrer e o renascer: o mundo do Siddhe. Aí encontramos nossos antepassados da Arte e os impulsos que trouxemos com o novo nascimento. Ao contrário da prática eclético-religiosa do Wicca, que coloca a ênfase do ritual no mundo da Natureza vitalizada pela floresta, o Wicca Tradicional sempre colocou seu círculo no Mundo dos Mortos. Aí encontramos Cernunnos, o Senhor da Magia, da Morte e do Renascimento, como seu Deus Tutelar. Não é por acaso, então, que seus ritos são realizados à noite e não durante o dia!

Atribui-se a essa Divindade Ctônica o papel de Senhor da Caça. Isso não é uma expressão vulgar para nós, como é tomada apressadamente por muitos wiccans ecléticos. Trata-se de uma expressão iniciática na qual se oculta sob essa expressão o Rito do Massacre do Cervo. Trata-se de um ordálio ritual de Bruxaria Tradicional muito secreto, e portanto pré-gardneriano, baseado na caça, massacre e desmembramento do Cervo, cuja carne é consumida eucaristicamente. Sob sua cabeça erguida no topo da estaca, na clareira da floresta, quando o Capricórnio se ergue a Oriente, celebra-se então uma hierogamia. Grande parte da chave desse rito secreto está obliquamente descrita nos enunciados da lenda gaélica de Herne e na lenda francesa de Melusine.

No Wicca, o Senhor da Caça rege o ciclo de esterilidade sazonal, durante o outono e inverno, assim como o ciclo interior de renascimento da alma e das sementes. Ele tem uma relação íntima com essa divindade remota e primitiva, de que os povos celtas seriam descendentes, o Dis Pater, Senhor do Mundo Subterrâneo.[200] A função protetora da caça atribuída ao Deus Cornudo vem provavelmente do Abade Breuil[201] na sua especulação sobre o Deus-Xamã de Trois Frères. Essa expressão é mais equívoca do que à primeira vista parece, porque lhe associamos inconscientemente batidas de caça, com feiticeiros-caçadores de faca na mão e lutando corpo a corpo com animais de grande porte. A Magia cinegética não está associada à caça no sentido utilitário que nós usamos hoje e do qual perdemos completamente seu sentido iniciático. Esse caráter iniciático da caça sobreviveu apenas nos sistemas de Iniciação Xamânica euro-asiática e nos ritos de passagem dos guerreiros nórdicos. Na essência, a Magia cinegética era uma jornada visionária ao Reino dos Mortos, em particular ao reino subterrâneo de Hell ou Holda, onde estão os Antepassados e os Espíritos Animais, em busca de auxílio e proteção para a boa caça.

Quando entre wiccans se fala da caça, não se está usando o conceito sociológico de estratégia, perseguição e abate da presa, mas de jornada espiritual ao mundo dos espíritos animais. Essa confusão deve-se ao fato de esse Deus Arcaico ser um veado, que os primeiros arqueólogos estavam convencidos ter sido o alimento básico do homem do Paleolítico. Sabe-se hoje que o veado pode ter tido um estatuto de tabu durante o Paleolítico, como hoje têm as vacas na Índia, porque durante

---
200. César, Júlio. *Gerra das Gálias*. Madrid: Gredos, 1985.
201. Capitan (L.), Breuil (H.), Peyrony (D.), La Croze à Gontran (Tayac), *Grotte à Dessins Aurignaciens,* Revue Anthropologique n° 7-8, 1914. Bouyssonie (J.), Breuil (Abbé Henri), *Collections Préhistoriques*, Planches - Album N°1 (Musée d'Ethnographie et de Préhistoire du Bardo), Arts et Métiers Graphiques, 1956.

muitos milênios nunca chegou a ser a base da sua alimentação, embora fosse representado nas pinturas parietais das cavernas rupestres e dos subabrigos e ter sido o sustentáculo de um culto de feiticeiros. Era ele que dominava no Reino dos Mortos. Não dos mortos comuns, mas das linhagens nobres, cujos membros haviam sido santificados pela bravura na guerra. Eles tinham um lugar à parte do morto comum, equivalente ao Valhalla dos nórdico-germanos. Isso explica a presença de chifres de veado em várias sepulturas coroando a cabeça do morto, desde o Mesolítico em Vedbaek, na Dinamarca, até os mausoléus reais dos hititas, em Halaca Höyük. Na Irlanda preservou-se a tradição esotérica de envolver em uma mortalha de pele de cervo figuras gradas da Sabedoria Mística, tal como aconteceu a St. Patrick, St. Edern e St. Théleau e ao próprio tio de Isolda nas lendas. Chamavam-lhes os "santos de cervo"!

Cernunnos é aquele que traz sobre sua cabeça os cornos do veado ou do bode. É um erro clássico e muito divulgado atribuir o título de Cernunnos, no sentido de Deus Tutelar do Wicca, a todas as Divindades que tenham cornos. Ao contrário dos outros animais cornudos sagrade os como o touro e o carneiro, os cornos do veado apresentam uma particularidade que sempre o tornou apropriado para ser usado como símbolo do nosso sistema iniciático. Essa particularidade vem do fato de os cornos do veado caírem e renascerem ciclicamente e esse fenômeno se sincronizar com a cadência das estações. Depois da fase da "brama", que no outono inunda as florestas de rugidos cervinos, o veado prepara-se pelo seu ritual de acasalamento para fertilizar a corça, mas pouco tempo depois, já no fundo do inverno e após o Solstício, seus cornos caem deixando-o descoroado. Trata-se do momento em que o Deus Cornudo depositou aos pés da Deusa sua coroa cervídea quando esta visitou o Submundo. Quando chega a primavera, eles brotam de novo em compasso com a floração e germinação na natureza; até meados de agosto, eles crescem até luzirem brancos como terríveis e afiadas navalhas. Durante essa fase de crescimento, eles apresentam o detalhe de estarem envolvidos por uma fina matéria esponjosa e aveludada que os torna muito semelhantes aos galhos de árvores cheios de musgo. No pico do verão, os corços têm suas armaduras amadurecidas e iniciam o enfadonho trabalho de arrancar essa película que os cobre raspando-os pelos troncos de árvores, expondo-os depois brilhantes e majestosos como marfim ao Sol esplêndido de agosto. Essa propriedade de renascimento dos cornos pode ter sido tão admirada que explica por que encontramos muitos cornos de cervídeo ao lado dos cadáveres sepultados pelos povos do Paleolítico e do Neolítico. Talvez ele seja um talismã do Deus que garante o repouso no além e seu futuro renascimento.

A outra particularidade desses cornos de cervídeo é serem irradiantes como o Sol. Não é estranho, por isso, ver sobre sua cabeça e entre seus chifres a roda solar ou, como no milagre de São Hubert, com a Cruz de Cristo ressuscitado. Essas armações lembram muito os galhos de árvores, sobretudo no inverno, quando eles se despem da sua vestimenta vegetal. Dessa forma, o veado tinha mais vocação do que qualquer outro animal cornígero para simbolizar os processos iniciáticos de morte e renascimento, assim como os processos sazonais da vida humana. Quer na sua faceta de Deus Veado, encarapuçado pela vida vegetal em floração, como vemos em Merlin, no Cernunnos de Gundstrup e nas figurações do Homem Verde, ou representado nas suas figurações mais apavorantes como Herne e Gwin Ap Nud, Condutor das Almas, na sua famosa Caçada Selvagem, na essência essa divindade é simultaneamente dois Deuses em um só Deus, e um só Deus em dois Deuses. Isso poderá ter a ver com o mistério esotérico do Sol Triplo.[202]

Deve-se, no entanto, realçar aqui qual a razão, sob o ponto de vista do esoterismo, do uso dos cornos de veado em muitas das tradições xamânicas do norte europeu e na tradição mágica do Wicca. Sua explicação esotérica está não só no fato de os veados, como todos os animais cornudos, atacarem ou marrarem pela cabeça, mas pelo simbolismo da sua irradiação solar significar a transferência das forças da impulsividade e da sexualidade para a esfera cerebral, desencadeando o êxtase visionário. Na anatomia esotérica, tal como Rudolf Steiner a revelou a partir de 1917 e serve hoje de base à medicina antroposófica, a cabeça é comparada à parte mais morta do nosso corpo. É sobre sua superfície mineralizada que se podem refletir as forças do espírito, revelando à consciência seus conteúdos espirituais. Ao contrário do resto do corpo etérico, em que seus plexos de energia formativa, os chamados chacras, são tradicionalmente representados abrindo-se em múltiplas pétalas, na tradição oriental o chacra coronal tem apenas duas pétalas que, quando abertas e desenvolvidas, irradiam como se fossem dois cornos de raios cintilantes. Tal como vemos representado no Moisés de Michelangelo e de Sandro Botticelli, na representação de Aura Mazda e em algumas cabeças de Buda, com turbilhões de energia floral no seu toucado, quando se abre esse polo espiritual na cúpula do nosso crânio e se manifesta seu potencial divino, ele revela-se por uma irradiação dupla que no Wicca é figurada nos duplos cornos e no duplo rosto de Cernunnos. Ele representa o Iniciado Iluminado pela antiga clarividência e que surge no Sabat

---

202. Vrede, E. *Le Ciel des Dieux*. Paris: Tríades, 1973.

descrito pelos inquisidores, sob a forma do Homem de Negro, Saturnus Redivivus.

Talvez a tendência em ver o Deus do Wicca como duplo se deva à literatura moderna que sobre ele se debruçou. Esse fato prende-se, no entanto, a um fato mais profundo: à possibilidade de termos perdido a capacidade de ver a unidade do Universo visível e invisível e termos tendência a dividir tudo em polos opostos. Isso não era assim na Antiguidade pagã, onde o número 3 era um símbolo sagrado pela simples razão de que ele nos abria a possibilidade de reencontrar na dualidade do mundo natural aquilo que os une e os complementa. Esse fenômeno pode estar relacionado com o fato de termos tendência, pelo estrabismo da nossa cultura religiosa monoteísta, a ver tudo em dualidades inconciliáveis. Desde o Concílio de Constantinopla, no século IX, precisamente quando o Cânon Episcopi descreve as visões de mulheres em cavalgadas visionárias pelos céus da Dinamarca, acaba-se com o dogma da constituição humana em corpo, alma e espírito. Ao abolir-se a alma como elemento intermediário do corpo com o divino, pretendia-se criar um sistema de monopólio espiritual por um clero que nos queria impor a ideia que só a Igreja Cristã, na ausência de um elemento imanente de apreensão do divino, poderia fazer essa intermediação pelo seu sacerdócio. Foi uma exclusão da alma por decreto conciliar! As gerações que vieram a ser instruídas nesse erro teológico deixaram-nos uma herança terrível, que se ilustra na intolerância patológica da Inquisição e nos decretos papais que, até fins do século XIX, condenavam a liberdade de opinião e a tolerância religiosa. Deixamos de ver o Sol na sua triplicidade e dividimo-lo em Sol negro e Sol de luz.

Na Gália Romana, surgiu na estatuária uma divindade tricéfala que está associada a Cernunnos e Mercúrio, quer sob a forma de três rostos em um só, como em um altar de Reims, ou de três Deuses tendo no centro o próprio Deus Cernunnos. Essa triplicidade significa que, na essência, o Deus Cornudo é o princípio unificado das dualidades, que habitualmente são representadas pelo conflito entre a forma apolínea e mercurial dos Deuses romanos, um que representa a força do pico solar com Apolo e outra a força do Nadir no Psicopompo Mercúrio. Os egípcios e os gregos já entendiam, também, que existiam três níveis de apreensão do mistério solar sob a forma de Amon, Rá e Osíris, ou de Zeus, Apolo e Hélios. Eles correspondem ao nível físico-etérico, astral e espiritual do ser humano. Cernunnos representa a força rítmica de unificação entre os dois polos. O polo inferior, com seus impulsos físico-etéricos, presente nos processos vitais de crescimento e regeneração sexual, enquanto ligado à região inferior do seu corpo sob a forma do falo ereto ou da bolsa e cornucópia derramando a prosperidade. Mas tem também correspondência com o nível astral, sugerido pela forma vibrante dos seus chifres irradiantes sobre a cabeça, ligado ao polo superior da consciência, e que irradiam nas entranhas da alma suas forças vitais, introvertendo-as na esfera da imaginação pela profecia e o pensar inspirado. Assim o vemos ainda hoje em Dioniso, com a cabeça cheia de parras, heras e serpentes.

Síntese: Cernunnos é o princípio unificador de duas tendências na estrutura arquetípica humana: a estrutura metabólica, onde predominam as forças vitais e a estrutura neurossensorial, onde predominam as forças astrais. Sob a forma de princípio rítmico equilibrante, ele traz uma tocha entre seus cornos, como um tridente luminoso. Essa triplicidade está associada aos Deuses Cornudos triplos da Gália e ao mistério esotérico do Sol Triplo.

Liber Ritis Artis Solem Deum Amare
Alinhamento com o Sol Espiritual, Hipóstase de Karnayna

Segundo as tradições antigas, nenhum animal além da águia podia olhar o Sol de frente. Não olhe o Sol de frente porque pode provocar ferimentos irremediáveis na retina. Seu esplendor é tão grande que, mesmo com os olhos fechados, sua luminosidade intensa atravessa a película epidérmica das nossas pálpebras, dando-nos um clarão suficientemente forte para o saudarmos sem sermos feridos pela sua luz. Habitualmente, aconselhamos a olhar o Sol do Meio-Dia sempre de olhos fechados. Ao fecharmos os olhos, por outro lado, queremos simbolizar que o Sol que queremos saudar é o Sol dentro de nós mesmos, refletido no Sol fora de nós. Ele é aquilo que na tradição oculta se chama o Sol Interior ou o Sol por trás do Sol. Assim, quando fechar os olhos, pense neste conceito: queremos saudar o Sol por trás do Sol.

Esse Sol é representado entre nós por Karnayna, que ainda hoje vemos representado no Caldeirão de Gundstrup: ele traz na sua mão direita o torque, símbolo do Sol Ascendente, e na sua esquerda a Serpente, símbolo do Sol Descendente. Lembre-se de que essas significações não são dados históricos, mas são significações que nós criamos e desenvolvemos em meditação e ritual e consideramos úteis para nos aproximarmos do simbolismo do Deus de Chifres do Caldeirão de Gundstrup. Lembre-se também de que não sabemos ao certo que seu nome seja Karnayna. Utilizamos essa designação funcional somente pela sua significação geral de Senhor de Chifres, aplicada a essas Divindades. Nossa posição intelectual, ao usarmos esse nome genérico, está bem fundamentada, para nós, no fato de ele ser usado no Corão aplicado a Alexandre, o Grande, e no fato de o encontrarmos em latim gaulicizado no Pilar dos Nautas, em Paris, sob o nome de Cernunnos (leia Cernunnos como Kernunos e não Sernunos, como erradamente se faz, porque ele quer dizer "o Cornudo").

As Saudações ao Sol

Nós encontramos muitas referências de saudação ao Sol como princípio vital da Terra e do desenvolvimento espiritual da humanidade, desde eras remotas. Akenaton fazia suas reuniões de Estado ao ar livre, para que os influxos do Sol o iluminassem nas suas decisões políticas, e os sacerdotes egípcios, desde épocas antigas, desenvolveram saudações diárias ao Sol Amoun Ra, nos três momentos do dia: ao amanhecer, no seu zênite e no crepúsculo. Tinham também um rito altamente secreto à meia-noite, a hora em que Amoun Ra lutava com o monstro Tifon. Nem só os egípcios tiveram essas saudações! Nas tradições populares portuguesas, temos muitos exemplos de saudação ao Sol e à Lua, tal como descrevem os antropólogos amadores do século XIX. Mas a tradição mágica de saudação ao Sol foi desenvolvida nos cenáculos da Golden Dawn como um instrumento diário de oração ao Sol, como hipóstase do Eu Superior, nos seus ordálios diários de encarnação no corpo denso da humanidade.

Pelo alinhamento da nossa aura com a aura do Sol, absorvemos os impulsos espirituais desse astro na essência da nossa personalidade. No Wicca, e nas múltiplas tradições pagãs que hoje estão tentando reconstruí-la, o Sol é habitualmente visto refletido na Natureza e nos seus ciclos sazonais, tendo por vezes simbolizações zoomórficas. Nós, wiccans, vemos mais facilmente o Sol refletido na espiga de trigo ou no veado de chifres florescentes no Verão do que no princípio abstrato de uma Lei Universal ou mesmo em uma representação antropomórfica. A desvantagem, segundo nós, de antropomorfização dos Deuses e Princípios Cósmicos é que ela realça a parte mais profana da nossa humanidade, ao espelhar a dimensão exterior do nosso ser que temos expresso no nosso corpo. Por isso, preferimos, muitas vezes, as formas vegetais e animais que são para nós mais apelativas e significativas, tal como no xamanismo.

Saudação da Manhã

Neste exercício, nós utilizamos nomes de Divindades gregas apenas como sugestão geral, porque é um panteão fácil e acessível a todos e que podemos encontrar em qualquer livro escolar. Devem os estudantes substituí-las pelos nomes de Deuses adequados de outros panteões com que sintam afinidade.

O Sol ergue-se no quadrante do Leste e do Ar.

Permaneça de pé diante do Leste e abra os braços em U, formando um ângulo reto com o braço e antebraço, de punhos fechados, enquanto declara:

> *Evohé, Reino da Alvorada, Reino da Primavera*
> *IO Evohé Espírito do Ar, que trazes a renovação e o crescimento a todos os seres.*

Desça agora os braços e cruze-os sobre o peito de forma a permanecerem na saudação céltica tradicional: entrelaçados sobre o peito com a mão direita descansando sobre o ombro esquerdo e a esquerda sobre o ombro direito. Ambas as mãos formam a Mano Cornuta.

Visualize os raios do Sol tocando suas mãos, sinta a qualidade elementar da sua presença e da sua emanação. Declare a seguinte saudação:

1:
Evohe, Karnayna
IO Sol de Chifres de Veado
Tu que és Pã, Kernunos e Dionisos,
E conhecido por tantos e prestigiosos nomes.

2:
Tu que te levantas pela manhã
Com as ramagens floridas dos teus chifres
De falo ereto na mão.

3:
Derrama a Luz Fecundante do teu Poder
A Luz que inspira Poetas, Guerreiros e Amantes;
O coito do Bode pela manhã e a canção dos bardos
São dons preciosos do teu Poder, Ó Deus de Chifres.

Una agora as mãos sobre a garganta na posição de oração, sede do poder do verbo criador. Veja seu chacra da garganta iluminar-se. Ressoe para dentro do seu corpo o seguinte mantra*: IO EVOHE PÃ KARNAYNA.*

Saudação do Meio-Dia

O Sol alcançou agora o quadrante do Sul e do Fogo.
Volte a abrir os braços em U e declare as qualidades seguintes:

Evohé, Reino do Meio-Dia, Reino do Verão.
IO Evohé, Espírito do Fogo, que trazes a exaltação e a iluminação a todos os seres.

Desça agora os braços e cruze-os sobre o peito de forma a permanecerem na saudação céltica tradicional: entrelaçados sobre o peito com a mão direita descansando sobre o ombro esquerdo e a esquerda sobre o ombro direito. Ambas as mãos formam a Mano Cornuta. Declare a seguinte saudação:

1:
Evohe, Karnayna
IO Sol com teu Rosto Folhado
Tu que és Caim e Dioniso, o Homem Verde da Natureza
Conhecido por tantos e prestigiosos nomes.

2:
Tu que alcançaste as alturas resplandecentes do céu,
No Zênite, és o Fogo Triunfante
Na terra, és a Beleza ofuscante.

3:
Derrama o calor transfigurante do teu Poder,
O Fogo dos Iluminados e o grão dourado dos campos.
A luxúria do Bode e o êxtase das Bacantes
São dons preciosos do teu Poder, Ó Deus de Chifres.

Una agora as mãos sobre o coração ou plexo solar na posição de oração. Veja um desse chacras iluminar-se. Ressoe para dentro do seu corpo o seguinte mantra: IO EVOHE PÃ KARNAYNA.

Saudação do Crepúsculo

O Sol alcançou agora o quadrante do Oeste e da Água.
Volte a abrir os braços em U e declare a seguinte fórmula:

Evohé, Reino do Crepúsculo, Reino do Outono.
IO Evohé, Espírito da Água, que trazes o sonho e as visões
a todos os seres.

Faça a mesma posição de braços que antes e em Mano Cornuta. Declare a seguinte saudação:

1:
Evohe, Karnayna
IO Sol, com Fortes Chifres de Touro
Tu que és Minotauro, Osíris, Adônis,
Conhecido por tantos e prestigiosos nomes.

2:
Tu, que desces para o regaço afetuoso da Noite
Com teus cornos coroados de espigas e vinhas,
Ao som do tímbalo e oboé das bruxas e bacantes.

3:
É na Festa do Vinho e à luz das estrelas e candeias
Que o Sol, Nosso Senhor, é Deus das Visões
Os tambores dos Xamãs e o oráculo das Mênades
São dons preciosos do teu Poder, Ó Deus de Chifres.

Desça as mãos ao longo do corpo até os genitais e una aí suas mãos em oração, na posição invertida. Veja seu chacra iluminar-se. Ressoe para dentro do seu corpo o seguinte mantra: *IO EVOHE PÃ KARNAYNA.*

XV
A Deusa Mãe Natureza

As Deusas das Bruxas – A Deusa Mãe – A Deusa Dupla – A Anima Mundi
Aradia e Herodia – O Mistério da Triplicidade – A Hekaté Phosphorus

> *Mãe da Fertilidade, em cujo seio existe água, cujo rosto é acariciado pelo ar e que abriga no coração o fogo do Sol, origem de toda a vida, graça renovada das estações, responde favoravelmente à minha súplica...*
> Aleister Crowley (1875-1947)

Ao plenilúnio a Deusa é chamada a descer no Círculo e tomar por breves momentos o corpo da Alta Sacerdotisa e pelos seus lábios transmitir seus conselhos. Vivianne havia tomado o espelho entre seus braços e procurado captar o reflexo da Lua para que nos seus filamentos de luz, onde os espíritos se banham à noite, ela descesse ao interior da clareira e nos iluminasse. Sobre seu reflexo entoou e cantou os encantamentos para que o espelho, vitalizado pelos condensadores fluídicos, absorvesse seus raios e a essência da sua energia. Depois, orientou cuidadosamente o reflexo do espelho para a face da Sacerdotisa que se elevava no setentrião do círculo. Dessa maneira, a Lua cheia embebeu sua face e levou as forças lunares para as profundezas do seu espírito. Assim, a própria Terra e o Submundo, onde seu corpo celeste não tinha possibilidade de entrar no seu movimento caprichoso de oscilação, recebia também suas forças vitalizantes. A luz que lhe tombou sobre a face sublinhou seu rosto, desfez-lhe as formas convencionais da sua aparência humana e, como um escultor esculpindo a pedra, acordou nela o corpo transfigurado de Habondia. De braços abertos, abarcando os equinócios, e as pernas semiabertas, abraçando o Submundo, ela declarou: "Eu sou a beleza da terra verde, a Lua branca entre as estrelas...". Nessa noite, sob o afago da clareira e por entre os rostos disformes das árvores que trazem o conselho dos espíritos, a Deusa desceu diante das nossas faces. O tempo sem tempo circundava-nos finalmente e imagens antigas de rainhas esquecidas na poeira do tempo erguiam-se diante de nós para semear ciclos novos de Sabedoria.

Diário de um Feiticeiro, Serra do Açor, Portugal, 1999

As Deusas das Bruxas

Uma das crenças mais enraizadas no Neopaganismo moderno é aquela que associa o culto do Wicca ao culto da Deusa Mãe. Nos relatos inquisitoriais, as referências aproximativas a uma provável Deusa celebrada nos coventículos de Bruxaria podem ser inferidas, pela primeira vez, a partir de confissões feitas livremente no tribunal eclesiástico de Toulouse, no século XIV e, mais tarde, na representação da Rainha do Sabat que percorre o imaginário da Contrarreforma. É verdade que existem documentos anteriores, mas todos eles são indiretos e induzidos pelos clérigos. No *Tableau de L'Inconstance des Mauvais Anges*, de Pierre de Lancre (1612), a Rainha do Sabat aparece sentada em um trono adornado de folhas e flores ao lado do Bode, segurando as serpentes hecatianas e presidindo como uma Rainha nas cerimônias sobrenaturais que são celebradas no interior das experiências visionárias das bruxas. Sob a expressão Rainha do Sabat, encontra-se uma referência implícita à famosa Rainha do Sabá, que amara Salomão, e à reminiscência rabínica de que ela era Sacerdotisa de um culto de prostituição sagrada. Ela teria convencido o rei Salomão a ter tolerância para com os cultos do paganismo. Muitas das vezes essa personagem é apresentada como se fosse uma sedutora com conhecimentos mágicos, que lembra muito os conhecimentos herdados dos Grigori. Para reforçar essa ideia, os rabinos apresentam-na como filha de Lilith e com vestígios animistas, sobretudo pés de cabra.

Quer seja a Bruxaria Sobrenatural,[203] que se exprime nos seus conteúdos visionários e xamanísticos, quer seja a mera Bruxaria folclórica e naturalista que os etnógrafos pensavam ter sobrevivido nas práticas supersticiosas e clandestinas do povo europeu, todas elas, sem exceção, são parcas de uma evidência indiscutível de um culto à Deusa Mãe. As bruxas tratavam sua divindade por Senhora, de uma forma muito semelhante à que os católicos falam da mãe de Jesus. No tribunal de Toulouse, em 1384, uma curandeira chamada Sibila afirmava, sem ameaça nem tortura, de livre e espontânea vontade, que regularmente frequentava os "Entretenimentos da Senhora Oresta" e, seis anos depois, uma outra mulher confessava nos mesmos termos que habitualmente viajava em espírito para os "Entretenimentos de Irodiade". Aí a comida era em abundância, recebiam instruções sobre ervas alucinatórias e venenosas,

---

203. Bruxaria Sobrenatural foi um conceito apresentado por Eva Pocs no seu *Between the Living and the Dead* (1999) para distingui-la dos modelos de curandeirismo popular e da Bruxaria supersticiosa característica do folclore. Ela pretende reter sua dimensão visionária, tal como ilustra a demonologia medieval.

parodiavam despudoradamente o Cristianismo e juravam segredo a Herodias e a Luciferros sobre o que aprendiam e com quem celebravam. Estamos diante de um juramento típico de uma sociedade iniciática feito em nome da própria Deusa. Essas paródias iniciáticas em muito pouco se distinguiam das festas gnósticas dos carpocratinianos, por exemplo, cujos comportamentos imorais lhes permitiam arrancar a máscara da sociabilidade e fazer surgir sua condição natural e divina. Neste, como em muitos relatos inquisitórios, a Bruxaria parece mais um movimento gnóstico antinomianista. Suas Divindades parecem saciar simultaneamente os sentidos e o conhecimento mágico, antecipando o gnosticismo estético do poeta William Blake,[204] mas nunca a fertilidade dos campos e dos animais que muitas das vezes amaldiçoam. A Deusa Mãe no Wicca é um mito moderno e traz o brilho intelectual dos folcloristas do século XIX, obcecados pela fertilidade. O conceito de fertilidade servia de explicação para tudo o que encontravam de bizarro nos hábitos do Paganismo Antigo e não se enquadrava nos seus modelos humanistas e cristãos.

Existem, porém, figuras femininas sobrenaturais que tutelavam o trabalho mágico das bruxas e poderiam ser equiparadas a divindades, embora elas não tenham vínculo algum a cultos pagãos conhecidos. Era isso que levava Robert Cochrane a suspeitar que a Bruxaria Tradicional não tinha suas origens no Paganismo. Se a Bruxaria pós-cristã permanece infestada pela imagem diabolizada dos Deuses Cornudos criada pela teologia, na época pré-cristã eram as Deusas que pareciam tutelar diretamente a feitiçaria. A elas se recorria pedindo favores eróticos ou pecuniários. Uma dessas Deusas era Vênus! Na época latina, ela era não só a Deusa do Amor, mas também dos encantamentos e protetora das feiticeiras latinas. O fato de ser a única Deusa que posava nua entre o recato moral de outras Deusas ataviadas sugere que ela pode ser uma reminiscência tardia das Divindades nuas, que sobreviveram durante milhares de anos, desde o Paleolítico até o fim da Idade do Ferro. Mas, no século X, surge uma reviravolta conceitual importante em relação à Bruxaria! O *Canon Episcopi* vem apresentar e reinterpretar, à luz da erudição greco-latina dos seus clérigos redatores, a viagem xamânico-visionária de mulheres em transe, que julgavam voar com Diana pelos céus da Dinamarca, como sendo um rebuliço de mulheres pervertidas pelo demônio. Assim, diz o *Canon Episcopi*:

---

204. Lascariz, Gilberto, *O Culto da Bruxaria no Artista e Escritor Austin Osman Spare*. Porto: Edições Mortas, 1999.

> *Algumas mulheres malvadas deixaram-se perverter pelo Diabo e influenciar por ilusões e fantasias induzidas pelos demônios, de maneira que acreditam sair de noite montadas em animais na companhia de Diana, a Deusa pagã, e de uma horda de mulheres. Acreditam atravessar enormes distâncias no silêncio da noite e dizem obedecer às ordens de Diana, que as chama para aparecer em determinadas noites para que lhe prestem serviço.*

O hábito permaneceu desde então até a atualidade, colocando toda a reunião nas florestas em dias de Lua cheia sob o patrocínio de Diana. Isso deve-se ao fato de ela ser relacionada na Bíblia com o Paganismo, reminiscência provável da Diana-Ártemis que S. Paulo tentara destruir durante sua evangelização em Éfeso. Assim, o nome de Diana acabou por ter uma carga de blasfêmia e transformar-se em uma tentadora atração sobre aqueles e aquelas que se sentiam humilhados e ofendidos pelo Cristianismo instituído e os poderes políticos que ele protegia.

Embora o nome de Diana tenha sido usado como generalização pelos clérigos para definir as práticas supersticiosas de mulheres, sejam elas curandeiras e mágicas ou alucinadas e histéricas, na realidade encontramos várias denominações do que parecem ter sido Divindades tutelares em reuniões de bruxas. Figuras divinizadas de estrato exclusivo da Bruxaria como Zobiana, Bensozia, Satia, Nocticula, Habondia, Orionta, parecem ter estado associadas a Divindades guardiãs de bruxas solitárias e de coventículos, sem qualquer difusão popular, cujos nomes são alcunhas que indicam apenas sua função. Assim, por exemplo, Satia quer dizer "satisfação" ou "aquela que satisfaz" e Habondia ou Dame Habonde refere-se a alguém que proporciona a "abundância". As Deusas das bruxas, quando citadas, parecem estar na categoria do que chamamos Divindades Tutelares! Mas também seria possível incluí-las no grupo específico de "servidores", referindo-se esse termo a uma técnica de personalização de determinadas funções psíquicas e forças da natureza, desenvolvidos pelos magistas com vista a manipular a realidade. Contudo, algumas dessas Deusas mencionadas pelos clérigos, e depois diabolizadas por eles, aparecem também como Divindades pagãs, cuja raiz sociológica se encontra na primitiva religiosidade europeia, como Holda, Morgana, Mari e Hécate, por exemplo, das quais se conhece a estrutura mitológica.

Existiriam, assim, duas categorias de Deusas atribuídas às bruxas: por um lado, um conhecido conjunto de Deusas mitológicas e pagãs, como Lilith, Holda e Diana, por exemplo, que foram reverenciadas por um grande número de crentes ou reverentes e, por outro, um conjunto de Divindades tutelares de características corporativas, sem qualquer relação direta com o paganismo, cujo nome se conhece apenas pela sua alcunha e são consideradas protetoras dos clãs de Bruxaria. Alguns esoteristas julgam que essas últimas Divindades podem ser enquadradas no tipo de formas-pensamento criadas e vitalizadas pelos ritos mágicos. Assim, a feiticeira Yvonne Frost tinha razão em denominar as Divindades da Bruxaria como "pedras de poder", isto é, estruturas físicas e mentais revigoradas pelos ritos, e que funcionam como baterias astrais para a consecução da feitiçaria. Na realidade, essa prática está bem enraizada na Magia Cerimonial, onde as Divindades não são vistas como entidades transcendentes criadoras da humanidade mas, pelo contrário, criadas pelos próprios seres humanos ao longo da sua história mágico-religiosa. Dessa forma, os Altos Sacerdotes e Hierofantes do passado representavam as forças da Natureza que não compreendiam através de formas imaginais e suprassensíveis que continham as forças vitais do Universo, permitindo-lhes manipular o nível causal da realidade e usá-las como escada para sua própria evolução. Poder-se-ia dizer, então, que a iconografia mágica, ao contrário da iconografia religiosa, se transformou em uma linguagem operativa capaz de classificar e manipular as leis da natureza. Não é por acaso que os Deuses da Magia são tradicionalmente as Divindades tutelares da língua sagrada como Toth ou Odin. Por influência da Bíblia, a Deusa Diana ficou na memória coletiva como símbolo simultâneo de uma divindade tutelar e de uma divindade instituída pelo Paganismo. Associada na Antiguidade pagã aos escravos e às mulheres, era a última reminiscência de um Paganismo telúrico e mágico, resistindo à sua própria dissolução e sobrevivendo clandestinamente por entre os sonetos dos poetas e a arte escultórica dos artistas.

Síntese: Nos relatos da Bruxaria descrita nos primeiros julgamentos na Alta Idade Média, em que as bruxas se defendem sem coação física, não há indício algum de que se tenha praticado um culto à Deusa Mãe. Pelo contrário, tudo indica que a Bruxaria é uma extensão do gnosticismo com resquícios extáticos e com uma ênfase no Culto dos Mortos. O conceito de Deusa Mãe é uma invenção moderna em autores do século XIX que o Wicca integrou no seu sistema mágico-religioso.

A Deusa Mãe

A associação da Bruxaria moderna à Deusa Mãe não é um fenômeno recente e, embora suas raízes se apoiem nas descobertas arqueológicas do último século e meio sobre as civilizações do Neolítico, como culturas agrícolas centradas em volta de Divindades da fertilidade, é porém na própria Bíblia que nasce o tema e depois se desenvolve no *Canon Episcopi* (século IX) e no *Malleus Malleficarum* (XV).[205] Através deste último, ele passou à ideologia persecutória da Inquisição! Nos Atos dos Apóstolos, a palavra Diana aparece associada implicitamente ao nome de Ártemis ao ser chamada por "Diana, Mãe dos Efésios". Em Éfeso, no tempo em que S. Paulo pregava, não havia um culto a Diana tal como era praticado pela plebe no monte Aventino, em Roma ou em Aricia, nos seus bosques e à luz de procissões de tochas em agosto, mas sim a Ártemis! No entanto, no mundo mediterrâneo completamente romanizado, a Deusa grega Ártemis, cujas origens míticas parecem ser como as de Dioniso, na indomável e longínqua Trácia, era tratada pelo seu análogo latino Diana. Desde o século IV, no seu templo reconstruído pela Liga Latina no alto do Monte Aventino, nos arredores de Roma, que se vê uma cópia da Ártemis grega, irmã de Apolo. Isso aconteceu depois de o rei etrusco Servius ter erguido, antes disso, uma estátua a Ártemis de Éfeso nesse mesmo lugar. Isso demonstra bem o significado da transição de funções de uma Diana-Ártemis de caráter neolítico e matricial para uma Diana-Ártemis de caráter guerreiro, próprio da transição das mentalidades romanas. Os romanos foram os primeiros a entender que não era necessário destruir os velhos cultos que encontravam e tropeçavam nas suas conquistas, porque todas as Divindades eram facetas de um mesmo princípio espiritual representado pelos seus Deuses. Eles foram os primeiros a desenvolver uma política de ecletismo religioso! Essa tolerância e ecletismo, pelo qual os cultos dos povos bárbaros eram absorvidos no seio da própria religião romana, à medida que eram conquistados, faziam parte da sua ideologia de pacificação dos vencidos pelos vencedores.

A Ártemis grega no Vaso François – 570/560 A.E.C.

Diana, embora sendo, desde o tempo dos etruscos, comparada a Ártemis, na realidade é bastante diferente do seu figurino grego e mesmo

---

205. Sprenger, Jacob. *Malleus Malleficarum*. Lyon: C.Bourgeat, 1669. Sua primeira publicação é de 1486.

do seu modelo efésio. A Ártemis dos gregos apresenta-se sob a forma de uma donzela que se recusa a crescer a partir dos 3 anos e passar à fase da adolescência, preferindo viver em uma eterna infância entre as montanhas mais agrestes do mundo e em exercícios de caça, patrocinando de longe os nascimentos e a guerra. Essa recusa de crescer e se socializar por intermédio das forças civilizadores olimpianas nada mais é do que a necessidade de permanecer no reduto fechado das pulsões não socializadas. Esse reduto por excelência era a violência que chegava às raias do assassínio e da vingança, como se vê na sua exigência a Agamenon em sacrificar-lhe a filha Ifigênia e no assassínio ciumento da ninfa Calisto. Foi, sobretudo, esse último aspecto de divindade impiedosa e sem princípio moral que celebrizou Ártemis entre os espartanos e os atenienses. As mulheres gregas rezavam-lhe, no entanto, pelas suas virtudes de parteira! Se ela era a mediadora da morte pela violência guerreira, era, contudo, aquela que levava as adolescentes ao patamar de passagem para a vida adulta. Mas Ártemis não atravessava esse patamar! Apenas conduzia até suas fronteiras aquelas moças que, tendo chegado à sua idade, não queriam como ela ficar donzelas para sempre.

Essa Ártemis grega não é a Ártemis efésia! Sua confusão deveu-se ao fato de Homero, no século VIII A.E.C., chamar Ártemis por *Potnia Théron*, a Senhora dos Animais, que sua faceta efésia, no outro lado do Mar Egeu, traz no véu que lhe cobre o polo sexual e metabólico. Na realidade, como dizia James George Frazer, "não havia um culto público a Ártemis, a Casta".[206] A frase grega significa: *aquela que possui um grande rebanho de gado*. Tratava-se de uma Deusa Virgem que, paradoxalmente, tutelava a fecundidade animal do seu rebanho, no seu sentido real e alegórico, como é empregado na Bíblia. Com sua face negra, ela pertence ao grupo das chamadas Deusas Negras, de que os Templários falaram muitos séculos depois pela Europa, durante as Cruzadas. Contudo, embora essa Ártemis efésia tenha sido chamada a Grande Mãe, ela era uma Deusa Virgem e de características impudicas! É na sua raiz céltica *werg* (potência), muito mais do que na origem latina da palavra, *virgo*, pese embora a relação do seu radical *vir* com *viril*, que nós podemos encontrar seu antigo significado mágico-religioso. Não deixa de ser curioso que a palavra *Vria*, em sânscrito, seja o que é oculto e, simultaneamente, tudo que se expande e transborda de plenitude. Assim, ela refere-se não só ao estado da mulher não casada, pela origem grega dessa palavra em *parthenos*, que amava e concebia fora das normas de

---

206. Frazer, James George. *The Golden Bough*. Hertfordshire: Wordsworth Editions Ltd, 1993 (13 vols. - 1ª ed., 1890-1915).

pudor público e dos elos conjugais, ao modelo das Prostitutas Sagradas, mas sobretudo de força que transborda dos limites, fecundando tudo o que toca. Essa *Potência-Vida*, que surge do seu impudor de *Mater Tenebrarum*, é conhecida por Ojas entre os *saddhus* da Índia. Entre muitos ocultistas alemães ligados à Ordem de Thule, a palavra *Vril* significava o mesmo entre eles, embora sua ênfase fosse na sua hipóstase solar.

No tempo de S. Paulo, essa Ártemis impera sozinha em Éfeso, rodeada de uma plêiade de sacerdotisas chamadas *melissas* (abelhas) e de uma Alta Sacerdotisa que tinha o nome de *essen*, Rainha das Abelhas, mas sem qualquer implicação religiosa com a prática da morte violenta que conhecemos no seu figurino grego! Quando S. Paulo parte para Éfeso e ameaça com o evangelho e sua palavra virulenta e misógina a integridade religiosa das populações de Éfeso, este é vaiado pelas mulheres, clamando em júbilo: *Grande é a Ártemis de Éfeso.* Só em 380 E.C., através dos golpes de marreta e martelo por ordens do Imperador Constantino, o Cristianismo conseguiu calar pelo argumento da força aquela que Plínio, o Velho, chamara a "Luz da Ásia".

Com seu corpo seminu palpitando de múltiplas protuberâncias ao longo do seu tórax, como se fossem múltiplos seios ou escrotos, e seu templo rodeado de jardins e lagoas, onde suas cabras e pavões apascentavam em liberdade, ela vive acompanhada pelas suas cortesãs sagradas, como sua congênere espartana com suas musas. Em um primeiro relance, são várias as coisas que atraíram a ira evangélica de S. Paulo: um culto completamente centrado à volta de uma Deusa profundamente sexualizada e em um estado de participação mística com a Natureza, sob a forma dos seus adornos animais que lhe cobriam o ventre, o sexo e os membros inferiores, onde a fertilidade animal é seu atributo e tutela primordial; em um sistema clerical centrado na mulher como Rainha-Sacerdotisa dos Mistérios lendariamente criados pelas Amazonas; na predominância de um culto em que a sexualidade era uma cerimônia sagrada e consagrante; e, por último, no fato de tudo girar em volta de prostitutas sacerdotisas, como nos cultos de Afrodite, em Corinto e em Chipre. S. Paulo, embora casado, era a típica figura de um misógino que sente que sua missão é destruir purificatoriamente tudo que tenha qualquer traço de sexualidade extática. Não é estranho, por isso, que Corinto, onde dominava o santuário de Afrodite, e Éfeso, onde predominava Diana-Ártemis, tenham sido seu objeto principal de missionarismo e o motivo assanhado dos seus insultos arrogantes e puritanos.

A função do culto efésio não foi apenas a de propiciar a fertilidade da abelha-mestra, Rainha do cortiço-coventículo sob a imagem de

Ártemis. Por seu intermédio, a comunidade recebia a fertilidade irradiante que nutria os solos e os animais de suculentas forças etéricas. Sua outra função foi a de elevar a consciência do polo sexual da primitiva religiosidade pagã para a esfera da consciência. Isso era feito pela palavra ritmada pelo canto. No século IV A.E.C., momento emblemático de transição da consciência atávica para a consciência livre e racional na alma ocidental, inicia-se uma dupla transformação dos mistérios ocidentais: por um lado, por meio dos cenáculos iniciáticos da Academia Platônica em Atenas, onde a consciência era desenvolvida pelo impulso libertador da razão humana, apoiada na palavra interrogadora e argumentadora e, por outro, em Éfeso, onde os Mistérios Artemisianos desenvolviam o espírito pelos hinos poéticos. Pela ritmização da palavra cantada pelo poder sublimatório dos seus hinos, como Rudolf Steiner declara, a Sacerdotisa artemisiana desenvolvia a palavra poética para aproximar a consciência do mundo divino. Disciplinar a locução pela voz ritmada e a palavra poética e, depois, projetá-la pela força encantatória dos hinos, era uma forma de projetar a alma para as esferas artemisianas, da mesma forma que as *volvas*, nas tribos da Escandinávia, faziam com os cantos xamânicos do *seidr,* entrando em transe e viajando ao mundo suprassensível. Ambas as vias iniciáticas, a platônica e a artemisiana, pretendiam arrancar a consciência à esfera emocional e instintiva dos povos! O canto e o sexo ritual eram o centro da ascese artemisisana. Ambas tinham alcançado tamanha importância que nos seus Mistérios se exigia não só uma linhagem nobre mas, também, uma bela voz e bela face às candidatas para seu sacerdócio, da mesma maneira que em Elêusis se exigia a boa pronúncia para ser recebido em Iniciação.

Permaneçamos um pouco em silêncio e contemplação diante dessa imagem de Ártemis de Éfeso. Ártemis é negra e sobre o pescoço traz um peitoral em forma de Lua crescente, sob o qual florescem múltiplos seios. Da sua anca desce uma veste onde leões, bois, cabras e abelhas ficam em volta, símbolo triunfante da fecundidade terrestre. Ela é virgem, mas dela também é toda a progenitura da Terra! Seus sacerdotes são, como os de Cibele e Ishtar, homens castrados. Ela propicia a

Ártemis de Éfeso

fecundidade, mas não é ela que reproduz, são as mulheres. Cada mulher é sua teofania. Sua presença emana vida e fertilidade sobre toda a existência. Pela sua cobertura de formas animais e vegetalistas, ela diz-nos em silêncio que sua vida não está em um mundo distante e metafísico, mas no seio da própria natureza. Para o efésio, as forças de Ártemis estavam presentes em todos os lados: no boi que puxa o arado, na cabra que pasta nas montanhas, no cortiço onde as abelhas preparam o mel, entre os veados, no seio escondido da floresta, no corpo desnudado da mulher entregue à força criadora do seu desejo. É nesse sentido que ela é a Mãe! Não no sentido que foi tomado na contracultura feminista e lesbiana americana dos anos de 1970, envolvida com o Wicca, em que era reverenciada como símbolo da mulher autônoma dos homens e entregue à ciosa afirmação dos seus direitos. Essa é a Ártemis Tauria, a imatura que não quis crescer e se entrega à violência gratuita e caprichosa! O templo de Ártemis em Éfeso havia sido fundado pelas Amazonas e isso explica a atração que essa divindade veio exercer sobre o feminismo místico moderno. Na verdade, o mundo da Ártemis espartana, a Orthia, era o mundo das mulheres antes do surgimento da sexualidade, o mundo da violência predadora e selvagem representada pelo crescente lunar na forma do arco e da cimitarra. É sua polaridade de virgem virilizada. Essa Ártemis, virgem e afastada dos homens, não é a de Éfeso. Ela prefere permanecer na fria existência da pré-puberdade e não crescer para a vida adulta de interação responsável. Mas a Ártemis Efésia é mais do que isso: é a Magna Mater. É aquela que reintegra a humanidade na Natureza e no Cosmos.

Nós vimos que através de Ártemis, as forças da sexualidade são elevadas do plano reprodutor para o nível da consciência extática pelo poder do cântico litúrgico. Essa ascese era coadjuvada pela prática da sexualidade cerimonial celebrada pelas suas cortesãs. Como a Lua ritmando entre uma fase ascendente de energia e outra fase descendente de força, Ártemis abraça os dois aspectos da vida e da consciência: por um lado, a sexualidade que desencadeia a união mística com o mundo da Natureza e, por outro, o canto sagrado que desencadeia a união com o mundo espiritual. Estamos habituados a entender o conceito de mãe desfocado pelos nossos condicionamentos religiosos judaico-cristãos, como se ela fosse a eterna parturiente com o ventre cheio de vida ou com o filho recém-nascido ao colo, como vemos nas representações de Ísis e da Virgem Maria. Paradoxalmente, mesmo essas mães divinas são puras e ausentes de desejo! Muitas das culturas religiosas patriarcais e dualistas só aceitaram a mãe divinizada castrando-a das suas mais notórias pulsões de vida. Enquanto o conceito de virgem divina era entendido na Antiguidade pagã como uma sexualidade liberta da sua função reprodutiva e entregue à Magia da fertilização da natureza, dos seus campos e dos seus animais, na religiosidade patriarcal ela tornou-se a frígida divinizada que reproduz por dever e não por desejo.

Para o wiccan, a Deusa Mãe é representada de forma paradoxal. Ela não é nem a fêmea reprodutora nem a fêmea virginal da cultura patriarcal. Na iconografia wiccaniana, ela está associada ao estágio do desejo, liberto do propósito de fecundação, e que se exprime na plenitude da paixão. É a Lua cheia correspondendo à fase de ovulação na mulher. Refere-se, por isso, ao estágio afroditiano do amor, quando a mulher está entregue à livre fruição do seu desejo e do seu êxtase. Assim, muitos autores chamam-na também de Virgem. Se houve uma palavra que mais equívoco gerou foi essa escolha de *sir* Arthur Evans para definir um dos aspectos da Deusa, que ele encontrou em Creta, simultaneamente virgem e fecunda. É interessante realçar que um dos ritos fundamentais da cultura minoica que ele pesquisou parece ter sido um ritual de cortesãs eclesiásticas, muito conhecido em outros cultos como os de Afrodite, Ishtar, Inana e Astarte, onde uma Sacerdotisa representando a Deusa se despe cerimonialmente diante do crente e tem relações sexuais com ele. Desde a primeira descoberta, em 1894, de uma estatueta paleolítica em marfim, de corpo nu e romboide, a chamada Vênus de Laussel, que o tema da Deusa Mãe começou a sondar o cérebro de muitos historiadores, sem nunca ter sido assumido publicamente. Embora o jurista Bachoffen tenha proposto, já em 1857, o matriarcado como modelo das sociedades arcaicas, só em meados dos anos de 1950, uma prolífica produção de feministas radicais, apoiadas pela arqueologia especulativa e fantasista de Marija Gimbutas, ousaram propor o tema. O tema da Deusa Mãe, porém, já era discutido há muito, sem se misturar com a discussão do matriarcado, no seio da psicanálise dos mitos sagrados desde Freud e Jung e, sobretudo, por muitos historiadores, desde que havia sido aceito como modelo plausível pelo eminente arqueólogo Arthur Evans. Se essa Deusa Mãe era celebrada, não pelas mães guardiãs do lar e da família, mas por sacerdotisas prostitutas, mulheres para quem o amor físico era um Mistério e uma Opus, por outro lado, essa sexualidade era vivida como uma ascese que lhes permitia capturar a Energia Criadora, de que a própria Deusa era Tutelar, e difundi-la, através do poder do canto, pelos solos, florestas e animais. Recordo-me de um santo *saddhu* um dia ter me dito na Índia, muito próximo de Benares, a cidade santa de Shiva, que a aura de Buda, nos tempos em que ele ainda vivia, se difundia por toda a Índia e parte da Ásia, estimulando a libertação da consciência humana e a solução do sofrimento humano. Na realidade, o santuário de Ártemis em Éfeso representava, antes de ser destruído por fanáticos cristãos, um polo poderoso semelhante de difusão de uma ecoconsciência religiosa. O segredo dessa ecoconsciência baseava-se na participação mística nas Forças de Vida, quer através da elevação da sexualidade ao domínio artemisiano, quer da transmutação da consciência humana na sublimação extática do canto. S. Paulo tinha suas sinistras razões para torná-la o propósito principal da sua vindita.

> *Síntese:* Na Antiguidade houve sempre duas Ártemis: a Ártemis infantil, no estágio narcisista da pré-puberdade e nutridora da guerra, e a Ártemis nutridora da paz e da abundância em Éfeso. A Ártemis, que é muitas vezes lembrada nos círculos do Wicca, é uma faceta da Grande Mãe de Éfeso. Aqui era celebrada uma ascese baseada no canto sublimatório e em uma forma de sexualidade cerimonial que se poderia chamar de Magia da fertilidade.

A Deusa Dupla

Um dos nomes que as bruxas latinas davam a Diana era Jana. Esse nome está associado à contraparte feminina de um outro Deus do Latium, na Itália: Janus, o Deus de Duas Faces. Será lícito perguntar se sob esse nome não estará representado o nome das Divindades duplas que Frazer propunha em 1914 ser a natureza de muitas Deusas da Antiguidade.[207] No texto litúrgico wiccaniano, conhecido por "Instrução da Deusa", ela é aí representada de forma dupla como Deusa Mãe e como Deusa Donzela. A primeira rege a vida da terra e a segunda, o mistério da noite estrelada. Originalmente, essa Instrução era uma peça única, mas parece ter sido Stewart Farrar[208] que a dividiu em duas partes para ilustrar melhor essa sua duplicidade. Podemos ver aqui a duplicidade da Diana-Ártemis romana, oscilando entre a faceta efésia de aspecto telúrico, onde imperam as forças da fertilidade, e a Ártemis Espartana de aspecto guerreiro e selvagem, ligada à caça e aos bosques isolados das montanhas. Em sua honra, os rapazes mostravam sua

---

207. Frazer, J. G., *Spirits of the Corn and the Wild* (1914), vol. 1, 35-91, 129-70. Ver também: Ronald Hutton, *The Triumph of the Moon, A History of the Modern Witchcraft* (1999), Oxford University Press.
208. Farrar, Stewart. *The Witches Way: Principles, Rituals and Beliefs of Modern Witchcraf* (1984), Robert Hale Press, UK.

virilidade e devoção sendo chicoteados e ejaculando em um sacrifício de doação vital, hoje ofensiva para nós. Na Instrução, não há dúvida de que o Amor, no sentido em que as prostitutas sacerdotisas o tomavam, era tomado em elevada estirpe, pois ela declara que *todos os atos de prazer e amor são rituais meus*, ou quando incentiva: *dançai, festejai, fazei música e fazei amor, tudo em meu louvor e adoração.*[209] São muitas as alusões que nos revelam que a Deusa, sugerida no Wicca Tradicional, nada tem a ver com a concepção maternal e reprodutora da Deusa Mãe, tão ao gosto new age. Expressões como "sou aquela que é encontrada no fim do desejo" são frases demasiado explícitas para se perder tempo argumentando sobre conceitos de Deusas Mães consideradas guardiãs da integridade reprodutora da família, ao estilo da crença do velho fascismo mussoliniano de "religião, família e autoridade".

Quando James Frazer lançou a ideia de que as Deusas eram duplas, ele acreditava, na base das suas investigações de etnólogo, que ela era a personificação da Natureza no símbolo do grão. Tomava como base desse simbolismo o Mistério de Deméter e Perséfone, argumentando, como Arthur Evans fez quando se referiu ao culto da Deusa Mãe em Creta, em 1901, que ela era simultaneamente virgem e mãe. Já Edmund Chambers admitiu em 1903 a hipótese que a Deusa dos povos da pré-história poderia ter sido apenas uma só Deusa Mãe frente à unidade estilística das Deusas Neolíticas e Paleolíticas, representada de modos diferentes, conforme os contextos culturais, mas com uma dupla faceta de criadora e destruidora.[210] Dessa forma, essa Deusa encarnava a Vida no seu ciclo de oscilação entre a fertilidade na fase luminosa do ano, em que as árvores floriam e os campos germinavam, e a esterilidade na sua fase escura, quando se iniciavam as ceifas e o inverno, com sua aparência de morte e promessa de regeneração. Esse tema agrário, engendrado de múltiplas formas pelas narrativas mitológicas, ao longo de séculos e milênios, circulava através de todos os cultos do mediterrâneo!

A partir de um certo momento da história, quando a consciência humana começou a libertar-se gradualmente da clarividência instintiva que modelava sua religiosidade, esses ritos passam de um conjunto de cerimônias fecundatórias que rememoravam o mito dos Deuses imersos nos processos vitais da terra para um sofisticado sistema iniciático de morte e ressurreição sob o simbolismo do grão. Esses mitos começam a ser vistos, a partir de então, não só nos ciclos da natureza, mas também na própria alma humana. Eles vão funcionar como modelo de metamorfose da alma, tal como é exemplificado nos Mistérios de Elêusis.

---

209. Leia a Instrução no apêndice.
210. Ronald Hutton, idem.

Os ritos que não evoluíram começaram gradualmente a decair e a estagnar em superstições e a ser empurrados, sob a força de evolução da ciência e da técnica, para a periferia da crendice e da feitiçaria popular. Eram essas praxes de propiciação da fertilidade que muitos etnólogos do século XIX acreditavam ter sido a base mágico-religiosa da feitiçaria.

Arqueólogos e historiadores acreditavam, como Apuleio e Plutarco, que a Deusa dos povos antigos era única e uma só, independentemente dos seus múltiplos nomes. Por comodidade de representação ritual e religiosa, ela havia sido representada como duas pessoas distintas, duas faces autônomas no teatro da vida e da consciência cósmica, tal como vemos em Deméter e Perséfone. Ao estudarmos a Instrução do Wicca notamos, contudo, que a natureza da Deusa do Wicca tem muito pouco a ver com a fertilidade como seu princípio regente. Para um wiccan tradicional, essa visão era sentida como limitada mas, a partir dos anos de 1970, quando o desequilíbrio ambiental começou a ser sentido como inevitável e surge a tese de James Lovelock sobre Gaia, a noção de fertilidade mágica teve de voltar a ser recuperada para a consciência moderna. É verdade que essa Deusa wiccaniana é *aquela da qual todas as coisas vieram e à qual todas as coisas vão regressar*, como diz a Instrução, mas em todo esse texto litúrgico, que é o fundamento do seu sistema mágico-religioso, a preocupação fundamental parece ser não a dos processos de fertilidade terrestre em um mundo civilizado dominado pela industrialização e uma mecanização cada vez maior, mas de despertar aquelas forças de vida e morte que tinham sido o suporte mistérico dos cultos da fertilidade na perspectiva do êxtase. É muito claro nas citações da Instrução que a Deusa do Wicca é uma Deusa da Gnose, uma Divindade tutelar do êxtase afroditiano. Ela diz em uma certa parte: *pois meu é o êxtase do espírito e minha também é a alegria sobre a Terra, porque minha lei é o amor para todos os seres*. A antiga duplicidade entre Vida e Morte está também presente nessa Instrução, porque ela "*sobre a terra concede o conhecimento do espírito eterno e, para além da morte, concede a paz, a liberdade e a reunião com os que se foram antes*", mas em nenhuma das suas partes poderemos concluir que Gardner pretendesse recriar um culto da fertilidade na base de uma Grande Deusa Mãe. Isso é uma invenção dos wiccanianos ecléticos!

Desde o início do século XIX, a tendência de alguns teólogos e juristas católicos era de justificar a dizimação das bruxas como um ato sanitário sob o ponto de vista civilizacional. Segundo eles, estavam exterminando da sociedade formas obscenas e obsoletas de Paganismo, que indignavam a boa consciência de qualquer pessoa civilizada.[211] Mas já havia, então, uma forte tendência entre o meio intelectual dos artistas, etnólogos, literatos e historiadores, de encarar o Paganismo como uma herança da qual havíamos recebido não só os valores da democracia e os valores filosóficos da liberdade de consciência, mas também os valores essenciais da imaginação poética. Não é por acaso que uma das primeiras tentativas para ressuscitar a Deusa na memória da vanguarda cultural europeia de Novecentos foi pela difusão da poesia de Keats, onde ela é homenageada como uma Deusa Inspiradora. Ele exorta o poder inspirador de Selene e de Endimion, símbolo de todo poeta, a se retirar no mundo eterno da imaginação inspiratória. Selene, com suas asas de Deusa da Lua Cheia, transporta-nos de novo, pela beleza da sua radiação lunar, à rememoração do estado de participação mística com a Natureza dos tempos arcaicos. É nesse sentido que a Deusa do Wicca é muito importante: a de despertadora das forças lunares do passado no contexto da vida presente, excessivamente padronizada pela razão prático-utilitária. Esse despertar, que está sugerido nas expressões "alegria da terra" e "êxtase do espírito" da Instrução, é considerado ser mediado pelo Amor Mágico.

Segundo Mario Perniola,[212] as formas antigas de possessão mística haviam sido divididas por Platão em quatro categorias ou *manias*: a mania mântica de Apolo; a mania liberatória de Dioniso; a mania inspiratória das Musas; e a mania amorosa proveniente de Afrodite e Eros. A possessão amorosa que a Instrução sugere tanto pode fazer-se pela estimulação afroditiana do corpo, na expressão "alegria da terra", que é representada no pentagrama que o wiccan traz ao peito, como pela sua transcendência dionisíaca no uso da expressão "êxtase do espírito". Dioniso e Afrodite parecem ser a chave filosófica da espiritualidade wiccaniana. Grande parte das Deusas antigas, que a Bruxaria moderna

*Ídolo estilo Sheilla-Na-Gig.
(Museu Martins Sarmento,
oriundo da região de Guimarães)*

---

211. Autores como Karl Ernst Jarcke, que em 1828 *("Ein Hexenprozess", Annalen der Deustshen und Auslandischen Criminal-Rechts*-Pflege, 1) defendia que a Bruxaria era uma forma fossilizada e degenerada de cultos pagãos. Mais tarde, em 1839, Frank Joseph Mone defendia o mesmo ponto de vista. Cohn, Norman: Idem.
212. Perniola, Mario. *Do Sentir*. Lisboa: Editorial Presença, 1993.

veio reivindicar como matronas da Arte, é formada por Deusas cujo corpo e suas pulsões de vida e êxtase são muito realçados, em uma tradição que está implícita na representação das Deusas em estado de completa nudez. Desde a representação da paleolítica Vênus de Willendorf até a Vênus romana, essa Deusa tem na expressão da nudez e na exposição da sua sexualidade o símbolo e a chave dos seus processos mágicos. Seja pelo amor físico, que nos induz uma experiência de êxtase biológico, ou seja, pelo êxtase meramente espiritual, cujas repercussões se sentem em estados de erotização psíquica, como eram conhecidos dos místicos medievais, nesse símbolo da anatomia feminina está sempre expresso o poder do Amor. Seja o amor que atrai a vida para dentro do espírito, como no erotismo místico, ou o espírito para dentro do corpo, como no ato sexual reprodutor, em ambos os casos o processo dá-se por um efeito cênico de desnudamento do corpo e da alma, que teve impacto nas ideias esotéricas construídas sobre o corpo como mediador do espírito na matéria. É essa dualidade do amor como portador das primícias da terra e do êxtase, de fecundidade dos solos e de fertilidade da alma, que está representada na Deusa do Wicca.

Nos anos de 1980, os grupos alexandrianos iniciaram o costume de dividir a Instrução em duas partes, para realçar sua natureza dupla: uma dedicada à Deusa Mãe e a outra à Deusa das Estrelas. Mas originalmente a Instrução era uma só peça litúrgica! É dever nosso realçar o que esta Deusa diz nesse texto: "*sobre a terra eu dou o conhecimento do espírito eterno*". Ela não diz como as outras Deusas Mães do passado neolítico: "*eu dou a fertilidade e a abundância aos vossos campos*". Essa associação da Deusa Mãe ao conhecimento, em vez da fertilidade, é profundamente original. A fertilidade que essa Deusa doa, se quiséssemos continuar a fixar-nos na ideia da fertilidade como a força religiosa motriz do Paganismo, como vem sendo defendido desde os trabalhos de Mannardt, é a fertilidade no plano psíquico, no nível da alma. Dessa forma, as forças vitais são despertadas, estimuladas e intensificadas ritualmente para aguçar a consciência clarividente e, com sua luz lunar, iluminar os conteúdos ocultos da alma. Ao contrário da luz solar, que pela sua intensidade e frieza individualiza todos os objetos da nossa percepção, a luz lunar tem a particularidade de, pela sua luz difusa, fundir todos os conteúdos da nossa percepção em um todo orgânico. No entanto, as Deusas Mães tinham no passado um caráter profundamente telúrico, sendo associadas à terra pelas suas formas romboides, como vemos nas suas representações neolíticas. Esse duplo aspecto de Deusa, presidindo sobre o crescimento físico da natureza, parece estar ausente da Instrução, embora ela diga:

"Porque vê: eu sou a Mãe de todas as criaturas e meu amor é abundantemente derramado sobre a terra. Eu, que sou a beleza da terra verde, e a Lua branca entre as estrelas, e o mistério das águas e o desejo no coração dos homens..."

Síntese: A ideia de Deusas Duplas patrocinando os processos de metamorfose da natureza aparece na investigação histórica com Edmund Chambers (1903) e James Frazer (1914) e propaga-se pelos meios neopagãos, vindo a influenciar os coventículos tradicionais do Wicca. Nesse modelo, ela favorece a fertilidade terrestre e a regeneração da alma após a morte iniciática e sua descida ao Submundo.

A Anima Mundi

A Terra e a Lua são consideradas partes complementares do mesmo Mistério. Em essência elas são uma só, tal como sugere a Instrução, dizendo que ela é a *beleza da terra verde e a lua Branca entre as estrelas*. Nessa tarefa, ela preenche seu papel de Mãe de todas as criaturas. Isso se deve ao fato de a Terra não ser vista pelos wiccans como sendo apenas o corpo astronômico em que pisamos e vivemos, mas como a esfera de atividade etérico-astral que tem como limite a Lua. No esoterismo, a expressão *Terra Mãe* é entendida como sendo o espaço que vai do centro físico da Terra até os limites da órbita da Lua. A Lua é o limiar cósmico pelo qual a Terra interage com o exterior dos planetas superiores e o interior do Universo orbital da Terra, onde giram os planetas inferiores. Nesse sistema, a Lua tem uma faceta binária, porque na sua rotação ao redor da Terra ela perfila-se ora dentro da órbita da Terra, ora fora dela. Essa sua dualidade espelha a dualidade da Terra como Deusa Mãe: criadora e destruidora, protetora e guerreira, nutriente e libertadora dos vínculos mortais. No esoterismo, esse ciclo binário está também associado à natureza dupla da Lua: a que suscita as forças de reprodução, criando formas organísmicas cujos processos de crescimento nos lança em direção ao Futuro, e que suscita as forças da hereditariedade, movendo-nos na direção do Passado e das suas memórias atávicas. Por isso, a Lua está associada na Bruxaria às forças de fertilidade física, mas também às forças de fertilidade da nossa alma, pelas quais as memórias arcaicas são trazidas do passado remoto para o presente através da sua *Iluminação*.

Lua Cheia: Fora da Órbita Terrestre – Cósmica – Deusa da Fertilidade Terrestre.
Lua Nova: Dentro da Órbita Terrestre – Telúrica – Deusa da Fertilidade da Alma.

A Anima Mundi segundo Robert Fludd (1671)

Na tradição esotérica a Lua é, simultaneamente, o Portal do Nascimento e o Portal da Morte! Não é estranho, por isso, ver mencionado na Instrução o seguinte: *eu sou a alma da natureza da qual todas as coisas vieram e à qual todas as coisas regressam*. A Alma da Natureza, que é mencionada na parte invocatória da Deusa das Estrelas, na sua faceta de Donzela Artemisiana, refere-se a uma tradição já muito antiga que tem suas raízes no platonismo. Desde Plotino que se aceita dentro do esoterismo a existência de uma Energia Universal de caráter feminino, que permeia o Universo, muito semelhante ao conceito de *shakti* no Hinduísmo. Ela é representada desnudada e de pé, com aspectos afroditianos, como se vê na sua representação feita pelos alquimistas e neoplatonistas na imagem da *Alma do Mundo*, bem clara no *Utriusque Cosmi Historia,* de Robert Fludd (1617). A energia é, para os wiccans, como para os hindus seguidores de Shiva, sempre feminina. Ela é, como diz John Ferguson,[213] o *Mana* do universo. Encontramos isso sugerido em uma gravura da Idade da Pedra, na Argélia: aí vemos um caçador, na atitude de se preparar para lançar a seta mortífera do seu arco sobre a presa, ligado por um barbante ou um fio de luz entre seu falo em ereção e os genitais de uma mulher, por trás dele. Pelo que parece, é seu vínculo ao Feminino que é o princípio dinâmico inspirador da sua astúcia venatória. Essa Deusa é chamada a Alma do Mundo ou *Anima Mundi*, entre os alquimistas, e é a Rainha da Natureza.

Existem duas facetas da *Anima Mundi,* cujas raízes filosóficas se encontram no monge irlandês Scotus Erigena: por um lado a da natureza visível, em permanente processo de devir, denominada *natura naturata* e, por outro, a natureza invisível das forças em metamorfose, que é designada por *natura naturans*. As duas facetas da Instrução wiccaniana referem-se a esses dois aspectos da Natureza sob a designação sibilina da Deusa Mãe e da Deusa das Estrelas. Se nós tirássemos da Instrução esse separador inventado pelos alexandrianos e a lêssemos como uma só, então perceberíamos que essa Deusa é a Força Universal

---

213. Ferguson, John. *Bibliographical notes on the witchcraft literature of Scotland.* Edinburgh: 1897.

à qual os alquimistas se referem e que, na sua função de *Natura Naturans*, é a Potência que desencadeia as metamorfoses da alma. Porém, os movimentos de Wicca Eclético, preocupados com o ambiente e a deterioração irresponsável do nosso ecossistema, rebaixaram esse conceito de Deusa para o nível da fútil fertilidade terrestre, no intuito de estimular a população neopagã a adorá-la e a criar, assim, um efeito de *massa crítica* que levasse a uma transformação das mentalidades e do ambiente.

> *Síntese: A Deusa do Wicca é uma deusa do Amor na dupla acepção de portadora da fecundidade à vida padronizada dos solos e da vida humana, e de portadora da fertilidade da alma, pela indução de estados místicos de êxtase mágico. Sobre esse duplo conceito está também o princípio esotérico e filosófico da Natureza, como sendo simultaneamente visível (natura naturata) e invisível (natura naturans). Essa sua duplicidade está realçada no texto fundamental do Wicca, conhecido como "A Instrução da Deusa".*

Aradia e Herodia

Aradia representa em uma só personagem a *dupla natureza* da Deusa da Bruxaria Tradicional. Ela é uma divindade representada como uma donzela de formas afroditianas, portadora quer da exultação amorosa como do conhecimento extático. Aparece mencionada, pela primeira vez, no *Aradia, o Evangelho das Bruxas,* de Charles Leland, no fim do século XIX, em Florença, por meio de uma jovem cigana chamada Madalena e teria pertencido a um coventículo de feiticeiras toscanas. Não se encontra essa divindade nos anais mitológicos mas trata-se, possivelmente, de uma distorção linguística da personagem bíblica Herodíades ou Herodia, a mulher de Herodes, responsável, com sua filha Salomé, pelo degolamento de S. João Batista. O velho decreto de condenação da Bruxaria, conhecido por *Canon Episcopi*, apresentava-a como sendo, juntamente com Diana, a Deusa das bruxas. As bruxas gaulesas e medievais adoravam-na, por isso, sob esse nome, e é a essa condenação eclesiástica que nós devemos argumentar para explicar o fato de as bruxas toscanas terem construído o mito da sua Deusa Aradia como filha de Diana. Mas a história de Salomé e Herodia fascinou muitos escritores e artistas da segunda metade do século XIX, como Gustave Flaubert e Oscar Wilde e, com certeza, teria chegado a Madalena ou Leland como figurino da mulher insubmissa e amaldiçoada.

Herodia e Salomé não podem ser vistas como separadas, mas como partes do mesmo drama: a mãe e a filha são uma só. Na história conhecida do degolamento de S. João Batista encena-se, por trás do sacrilégio, um rito Mistérico, muito semelhante ao de Ishtar descendo ao mundo subterrâneo para recuperar seu amante Dumuzi. A originalidade dessa versão é trazer uma mensagem inesperada e libertadora: ao ser degolado, S. João Batista, representação do ideal ascético de rejeição da Natureza, revitaliza o panteísmo em riscos de desaparição. Reproduzindo o mito babilônico de descida aos Infernos, Salomé teve de tirar também suas roupagens, em uma dança ritualizada de forma sensual e impetuosa, até aparecer nua e vulnerável como Ishtar diante da sua irmã Ereskhkigal, Rainha do Mundo Subterrâneo, que na essência é Herodia, de pé por trás de Herodes. A origem do seu *strip-tease* é, por isso, um resquício já tardio e deformado pelas lendas cristãs de um ritual sazonal da fertilidade, mas cujo alcance transcende o próprio sentido de fertilidade agrária.

No Evangelho resgatado por Leland, Aradia é apresentada como filha de Diana e Lúcifer e é enviada à Terra para voltar a ensinar os antigos mistérios da Bruxaria, que é aí chamada por *vecchia religione*, a velha religião. Nessa mitologia, encontramos reunidas as duas antigas tradições da Bruxaria: a linhagem da Bruxaria Mistérica dos Nephilim, que muita gente considerava ter sido liderada por Azazel, e a linhagem greco-latina do Paganismo Mistérico representada por Diana. Aradia é um avatar feminino que teve a missão cósmica de reunir as duas correntes iniciáticas em uma só, na continuação de outros avatares espirituais como Krishna, Buda ou Cristo. A diferença é que Aradia não rompe com os mistérios do passado e reintegra-os nos impulsos espirituais da época presente, fundindo o velho ao novo. Seu papel não é de uma Deusa da Fertilidade, mas de Deusa da Gnose como Sofia, anunciando uma Nova Era e abrindo no corpo e no espírito dos seus discípulos caminhos para a percepção do Divino Feminino no seio da própria Natureza. Embora ela tenha um corpo de donzela afroditiana que lembra a alada celeste Selene, semelhante a Salomé, despindo os véus de tule e seda que se esvoaçam como asas à volta do seu corpo, no seu bailado de torção desnudante, no entanto, seu nome é o de sua mãe Herodia.

Doreen Valiente propôs[214] a fantasiosa etimologia da palavra Aradia como sendo de língua céltica e *"conectada com áiridh, os pastos do verão para o qual o gado era levado em Beltaine (1º de maio) e do qual retornavam no quadrante do inverno no Samhain (1º de novembro)"*. Porém, sua origem é indiscutivelmente latina e encontra-se sussurrada

---

214. *Witchcraft for Tomorrow*, idem.

nos lábios do povo pela geografia da Romênia, Itália e Portugal. Ela pode ter surgido, contudo, por uma deformação da palavra Aricia, o bosque da Deusa Diana, sua mãe, que existia no Lacium! Na raiz latina dessa palavra está o substantivo "ara", que é um pequeno altar de oferendas aos Deuses e também, provavelmente, o verbo "arar", que é uma clara referência à agricultura, lembrando-nos dos Mistérios Eleusínios com a oferenda do arado por Deméter a Triptolemus. Ainda hoje podemos contemplar a lua crescente brilhando enigmaticamente sobre os campos, no fim de tarde, tutelando os camponeses no seu labor de fecundação dos solos. As pessoas do povo sentiam essa presença celeste como acolhedora e benfeitora. Ela auxiliava com suas forças etéricas o lavrar e semear nas aldeias do interior. O prefixo *dia* vem de *dea*, que em latim significa "deusa". Assim, a palavra completa poderia traduzir-se por "*o altar da Deusa*" ou "*a Deusa que ara*". Encontra-se muitas vezes a palavra "*aradia*" nos usos da linguagem do povo português, castelhano e italiano, com uma deformação de pronúncia quando se referiam à "*terra aradea*" e presente na toponímia de algumas aldeias e montanhas de Portugal e da Romênia. Sua promessa de aparição nas reuniões das bruxas recorda muito a frase de Cristo, quando diz que, sempre que três ou mais dos seus discípulos se reunirem em seu nome, ele estará presente entre eles. Janet Farrar dizia de forma inspirada que o "*seu templo tem sido os bosques, sua oração, o sussurro da fogueira, sua adoração, um segredo cuidadosamente guardado*".[215] Qual será, então, esse Segredo? Julgo que já obliquamente o revelei!

> *Síntese: A Deusa Aradia é uma deformação da palavra Herodia, e tem sido usada como divindade tutelar dos mistérios wiccanianos. Suas características expressas no Evangelho das Bruxas, de Charles Leland, assim como na Instrução da Deusa no Wicca, configura uma divindade protetora da Gnose, semelhante a Sofia. Pela sua etimologia, ela parece estar associada, contudo, ao arar dos campos e às aras onde se ofereciam as primícias das colheitas.*

O Mistério da Triplicidade

Uma das características da Deusa no Wicca, em um modelo icônico que vem desde o Paleolítico, é o da sua nudez. Já se viu que a prática da nudez ritualizada está ligada ao culto dos mortos e à ideia de que o mundo subterrâneo é o lugar por excelência dos processos de regeneração e metamorfose dos organismos e da nossa própria alma. Os gregos

---

215. Farrar, Janet & Stewart, *The Witches' Goddess,* p. 167, Phoenix Publishing Inc, 1987.

já sentiam essa nudez ritualizada como ameaçadora, tal como vemos exemplificado na metáfora da Górgona, uma Deusa primeva do mundo subterrâneo, que transformava aqueles que a olhassem em pedra. Não é por acaso que na Instrução do Wicca a Deusa diz: *"E diante da minha face bem-amada dos Deuses e dos homens, deixai que vosso ser mais íntimo e divino seja imerso na felicidade do meu ser infinito"*. É obvio que essa face é uma referência à face da Medusa, uma das Três Górgonas, e à possibilidade de nós bruxos voltarmos a poder olhá-la de frente. Não tenho dúvidas também de que essa *face* é uma metonímia para o corpo inteiro, porque ela termina a frase com a promessa de um êxtase arrebatador típico de um ato sexual. O corpo é revelado como símbolo primário dessa religiosidade, não só ao ser representado impresso invisível no pentagrama que trazemos ao peito, tal como conhecemos pelo glifo de Cornelius Agrippa von Nettesheim e Leonardo da Vinci, mas também pelo fato de a nudez ser considerada um elemento litúrgico essencial dos grupos de Bruxaria Tradicional.

Desde meados de 1917, os trabalhos de Rudolf Steiner revelaram a polaridade como esquema arquetípico fundamental do corpo humano,[216] interligados em um terceiro polo rítmico, que permite a interação criativa de ambos. Entre o polo encefálico da cabeça e o polo metabólico dos membros e do ventre, existe uma forte interação rítmica que espelha o próprio processo cósmico, representado na maneira como os nossos Deuses interagem entre si. A nossa consciência ora se centra no polo encefálico, durante a fase diurna, ora se desvanece no polo metabólico por meio do sonho, sono e imaginação, na fase noturna da consciência. É sabido que todo processo vital na Natureza ora se faz em uma ascensão encarnatória da energia etérica, durante sua fase de crescimento, espelhando a fase crescente do ano, ora em uma descida desencarnatória, na fase minguante de envelhecimento. Vemos esse princípio utilizado pelos cabalistas e tantristas ao ascenderem e baixarem a força etérica ao longo do corpo, imitando o processo de encarnação e desencarnação com fins espirituais. Sobre esse esquema desenvolveu-se a medicina antroposófica, reconhecida hoje em muitos países europeus e cientistas antroposóficos, como Ita Wegman, Lili Kolisko, A. Leroi e Bernard Lievegoed, deixaram-nos um precioso patrimônio de pesquisas e resultados científicos, que parecem provar o

---

216. Os estudos de Rudolf Steiner sobre a triplicidade do ser humano iniciam-se em 1904 com dois livros, *Theosophy* e *Knowledge of the Higher Worlds and its Attainement*, mas só em 1917 ele faz a correlação com a triplicidade do corpo como seu suporte somático. Suas intuições foram detalhadas três anos depois em 20 palestras dadas em Dornach e publicadas em *Spiritual Science ad Medicine*.

bom fundamento desse princípio de polaridade. O próprio Carl Gustav Jung acreditava que a solução da crise psicológica só era resolvida pela união dos opostos polares da nossa psique, para que a saúde não fosse apenas um equilíbrio biológico, mas um sintoma holístico de cura total da pessoa humana, que ele chamava de individuação.

O corpo físico é uma estrutura arquetipicamente tripartida. Ela é apresentada como uma polaridade criada pela força de tensão entre o polo neurossensorial, em cima na cabeça, e o polo metabólico e dos membros em baixo, interligados por um polo rítmico central, que os faz interagir através do seu ritmo criador, representado pela respiração e a circulação sanguínea. É essa estrutura tripla do corpo que explica e justifica o uso da Deusa Tripla como suporte iconográfico de trabalho mágico-cerimonial nos coventículos do Wicca Eclético. Na realidade, ao representarmos a Deusa Tripla, apenas estamos projetando inconscientemente nossa própria estrutura tripla, arquetípica, imanente no nosso corpo. Pode-se esquematizar a relação da Deusa com a organização tripla do corpo humano da seguinte forma:

1. No polo neurossensorial da cabeça, onde as forças de vida estão reduzidas ao mínimo e onde os processos de mineralização alcançaram sua máxima perfeição, para que sirvam de superfície de reflexão ao pensamento, impera a Deusa Anciã, a Senhora Guardiã das Memórias Arcaicas e Rainha dos Mortos. Essa Deusa é vista sempre de face descoberta, estando o resto do seu corpo imerso na obscuridade do seu manto noturno, fazendo prevalecer o polo neurossensorial da sua natureza. O Pantáculo, a Pequena Foice, o Athame e a Caveira são seus fetiches.

2. No polo metabólico e dos membros, onde as forças de vida estão em grande atividade e se situam os órgãos de reprodução, impera a Deusa Donzela do quarto crescente, associada à libertação da força da inércia pelo movimento impetuoso e a ação audaciosa, ampliando nosso território e horizonte físico e espiritual. Não é estranho, então, que uma das mais conhecidas representações da Deusa Caçadora seja aquela em que suas pernas estão demarcadas pela musculação e a tensão do movimento, como se fossem a parte essencial do seu corpo. A Vara e o Cálice são seus fetiches.

3. No polo rítmico encontramos a predominância dos seios e do ventre, como temos nas Deusas paleolíticas e em muitas Deusas sumérias, fenícias e babilônicas. Sua representação revelando o corpo, ora inteiramente nu, ora seminu, significa que ela abrange a totalidade do corpo pela sua função rítmica de harmonização

das polaridades. O fato de essa representação ser uma projeção do polo rítmico está bem esclarecido pela sua postura de segurar e realçar os seios, aleitando os mortais. Esse centro harmonizador do coração é representado pela Grande Mãe, que equilibra a faceta da anciã e da donzela dentro de si. Não é, por isso, surpreendente, que se diga entre Iniciados do Wicca que bastaria harmonizarmo-nos com a Deusa Mãe na Lua Cheia para imediatamente estarmos em relação com as Três. O Caldeirão, as Cordas e a Espada são seus fetiches.

A ideia de uma triplicidade divina é muito antiga, pois os gregos primitivos e, mais tarde, os celtas, viveram fascinados pela representação dos processos vitais e anímicos das Deusas sob a forma de uma triplicidade. O efeito da triplicidade é de nos fazer saltar a consciência do modo padronizado de uma percepção dualista para a percepção da síntese de ambas em um plano superior de consciência, como Hegel fez na filosofia idealista, por meio do conceito de dialética. Só que Hegel via a triplicidade de forma horizontal, nos processos temporais criativos, e os gregos viam-na, ao contrário, de forma vertical, como uma ascensão para os arquétipos. Nós experimentamos habitualmente os processos de polaridade como dualísticos e antagônicos, e não como complementares e harmonizantes: tentar perceber as dualidades como polaridades e criar um espaço de contemplação e receptividade, onde possamos ver surgir o número 3, isto é, a síntese e seu princípio unificador, é a tarefa de toda aprendizagem wiccaniana. Muito possivelmente essa triplicidade feminina surgiu da concepção tripla das estações em muitos povos do Mediterrâneo. No mito Eleusínio é constante essa triplicidade na imagem de Deméter, Ártemis e Atena e, depois, de Hécate, Perséfone e Deméter. Mas sua origem está nas formas mais primitivas de representação do divino entre os povos helênicos. Suas Deusas primitivas estavam sempre escalonadas em grupos de três, como as três Górgonas, as três Parcas, as três Erínias, as três Moiras e todas elas estavam vinculadas às forças mais primais do Universo. Se nos lembrarmos que Gardner afirmara que o Wicca celebrava os Velhos Deuses e que, por trás dessa expressão, se representavam as forças primais da Terra, não é de se estranhar que a partir de um certo momento este tenha se interessado tanto pelo tema da Deusa Tripla como substrato histórico da Deusa do Wicca.

Foi a partir de 1948, depois da publicação de *White Goddess*,[217] de Robert Graves, que Gardner pode ter começado a interessar-se de forma

---

217. Idem, 1961.

consistente pelo conceito da Deusa Tripla na Bruxaria. Graves vivia então em Málaga, no sul da Espanha, onde Gardner deve tê-lo visitado várias vezes! Devem ter conversado, muito possivelmente, sobre esse tema, porque foi precisamente a alegação de Graves de que as Deusas Antigas eram todas triplas que levaram muitos wiccans a preferirem esse tipo de representação. Para isso, abdicaram do conceito de musa inspiradora na triplicidade divina, criada por Graves, e retomaram o velho conceito sugerido quarenta anos antes por Jane Hellen Harrisson,[218] alargando-lhe o conceito a campos mais vastos e utilitários. O formato hoje muito divulgado da Deusa Tripla em Deusas Donzela, Mãe e Anciã, não parece ter sido praticado nos coventículos originais do tempo de Gardner e nada o sugere na Instrução. No entanto, os círculos ecléticos que se formaram a partir da leitura e reinterpretação dos livros de Wicca publicados nos anos de 1970, assim como o sistema de ensino público do *Pagan Way*, privilegiou esse modelo. A triplicidade divina feminina era demasiado sedutora, porque se encaixava muito bem nos ritmos sinuosos da Lua que ela representava. Não podia ficar, então, ignorada pelos próprios gardnerianos e o sistema tradicional de Wicca, através de alguns dos seus herdeiros, começou a absorver esse modelo nas suas práticas rituais, tal como se nota em vários livros de Patricia Crowther e Lois Bourne.

As Funções da Deusa Tripla

Deusa Donzela: Rege a Lua Crescente. É uma Deusa de traços artemisianos, de temperamento combativo, lembrando as amazonas ou as Deusas virgens e guerreiras como Atena. Está associada ao quadrante leste, onde predomina o Elemento Ar. Com a força do seu arco e flecha ela traz poder aos encantamentos, alargando os horizontes do pensamento e sua ação sobre o mundo visível. Seu símbolo é o athame e a vara. Corresponde à fase da pré-puberdade na mulher.

Deusa Mãe: Rege a Lua Cheia. É uma Deusa de traços afrodíticos, nua e sensual, pronta para ser fecundada e garantir a abundância terrena. Sua imagem nasceu nas remotas tribos do Paleolítico, passou pelas Deusas da fertilidade do Neolítico até as Deusas Prostitutas da Babilônia e dos cultos a Afrodite. É uma Deusa do êxtase e do amor. A fertilidade que ela generosamente oferece tanto

---

218. Jane Hellen Harrisson, *Prolegomena to the Study of Greek Religion*. New Jersey: Princeton Univ Press, 1991 (prim. pub. 1903).

pode abranger o mundo terreno como supraterreno. Está associada ao quadrante Sul, onde predomina o Elemento Fogo. É o fogo tanto da paixão criadora como da Iluminação. Seu símbolo é a espada e o caldeirão. Corresponde à fase de fecundidade sexual e espiritual da mulher.

Deusa Anciã: Rege a Lua Minguante. É uma Deusa de traços hecatianos, guia dos Mortos e dos Iniciados ao Mundo Subterrâneo. Está associada ao quadrante oeste, onde predomina o Elemento Água. Com sua foice lunar, ela destrói tudo que é supérfluo, como as águas oceânicas dissolvendo as formas obsoletas da existência e desencadeando o desenvolvimento espiritual na humanidade. Com seu caldeirão, ela recebe as Almas e ajuda a fazer a transição para o Siddhe. Seu símbolo é a foice, o cálice e o pantáculo. Corresponde à fase de pós-menopausa na mulher.

O erro da concepção tripla da divindade feminina no Wicca é vê-la como dividida, quando ela é apenas uma só! Isso se deve ao fato de essa triplicidade ser as três fases visíveis e principais da Lua. Nós devemos habituar-nos a ver as três *ao mesmo tempo*. É esse o caminho do trabalho mágico e a solução do paradoxo tão difícil de compreender durante a aprendizagem wiccaniana. Por meio de exercícios meditativos e rituais, o wiccan acaba por aprender a observar os fenômenos da sua existência, a partir de uma matriz tripla e não de maneira dualista. Essa triplicidade permite acessar a unidade subjacente de todas as coisas. Esse ponto de fusão e exclusão das três forças é a Lua Negra, que não se vê no horizonte. É o olho da visão panorâmica e da clarividência, que permite essa experiência da Alma. Assim, a esmeralda perdida é restituída à fronte do Antigo Portador da Luz.

Síntese: A Deusa Tripla é uma projeção inconsciente da triplicidade arquetípica do ser humano. A Deusa Donzela, Deusa Mãe e Deusa Anciã representam o esforço de apreensão nas dualidades aparentes do universo visível de uma unidade subjacente. Embora a unidade de todas as coisas seja inapreensível à razão humana, as formas triplas de representação ajudam a representá-la. A Deusa Mãe é aquela que nos faz acessar a experiência de unidade subjacente aos processos de criação impetuosa da Deusa Donzela e de destruição da Deusa Anciã.

A Hekaté Phosphorus

Desde os tempos romanos o universo mitológico da Bruxaria tem sido representado em volta de velhas disformes em relação com o Mundo dos Mortos. A *velha*, seja ela parteira ou carpideira, era nas sociedades antigas encarada como a guardiã desses momentos de transição da nossa mortalidade. Na Instrução, ela é lembrada como *a Alma Antiga da Natureza*, da qual *todas as coisas um dia vieram e à qual todas elas vão um dia regressar*. Nos relatos inquisitoriais, os dominicanos espantam-se pelo fato de essas "velhas", que participam regularmente nas reuniões dos coventículos de Bruxaria, serem jovens adolescentes muito belas e atraentes. Isso leva-nos à conclusão de que se tratava de uma expressão honorífica atribuída a alguém que encarnava a velhice da Deusa que elas celebravam. Deve-se lembrar que a Deusa, por excelência da Bruxaria, segundo a tradição greco-romana, é Hécate, conhecida por muitos nomes, sobretudo como Hécate Trimorphus, a de Três Formas. Foram os romanos que começaram a representar essa Deusa como Velha, pois os gregos, a quem foram buscar a iconografia, representavam-na durante o período do Helenismo de pé, com um corpo de donzela e uma face impassível, marcada por uma beleza neutra e atemporal de eterna adolescente. Não é estranho, assim, que as "velhas", que frequentavam os coventículos de Bruxaria, surpreendessem os Dominicanos pelo fato de serem, pelo contrário, demasiado jovens. Elas eram as Virgens Sacerdotisas do Sabat, como as vestais romanas, nos ritos sexuais sagrados com os reis e flamines, nesse caso com o Rei do Sabat. Nos altares domésticos, os hecatérios, ela tem três corpos, olhando nas três direções do espaço, segurando em cada uma das suas mãos de um lado serpentes e nas outras uma chave, um cutelo e uma corda. Ela era a guardiã das encruzilhadas de três estradas, velando e trazendo até nós o passado, o presente e o futuro, no eterno agora do Círculo Mágico. Por essa razão, ela era a doadora da adivinhação às feiticeiras, suas sacerdotisas, como Circe e Medeia.

Existem muitas evidências textuais de que Hécate era uma Deusa Psicopompa guiando as almas dos mortos e dos Iniciados entre os mundos

Hekaté

visíveis e invisíveis, embora alguns autores considerem essa acepção como sendo uma extrapolação tardia, já que originalmente *Hekaté* era, como Hermes, a protetora e condutora dos viajantes entre as cidades, separadas entre si pelas montanhas de cipreste e loureiro, da Grécia arcaica. Hermes veio a tornar-se desde muito cedo o padroeiro da Alta Magia e Hécate veio, após o período romano, a tornar-se de modo simétrico, a padroeira da Baixa Magia, da necromancia e das feiticeiras. Como muitas Deusas da Bruxaria, ela está associada a ondas de procissões visionárias no imaginário medieval, e é comparada muitas vezes a Diana, possivelmente porque ela também é portadora de tochas nas suas caminhadas noturnas e chamada, por isso, de Hécaté Phosphoros. Como Irodias, a Rainha das Fadas, seu papel é indissociável de funções típicas das Deusas do Mundo Infernal. É ela que traz nos seus hecatérios a faca ritualista da bruxa moderna, mas também seu chicote e sua chave, com que abre e fecha os portais entre o mundo dos vivos e dos mortos.

É muito difícil estabelecer sobre Hécate um significado iconográfico absoluto porque, da mesma forma que aconteceu com Ártemis, construiu-se sobre ela uma série de múltiplas e contraditórias invenções esotéricas, extrapolações imaginativas e conclusões delirantes, que não têm qualquer fundamento histórico. Durante o período clássico, sua relação e confusão com Diana trouxe-lhe atributos que a assemelharam às figuras privilegiadas das bruxas tradicionais, como Herodias, Irodiade e Aradia. Sendo vista à noite em encruzilhadas, no seio das florestas remotas, ela tornou-se uma figura de Deusa Psicopompa. A encruzilhada tornou-se, pela possessão hecatiana, o lugar onde, com suas chaves simbólicas, se abrem as portas de comunicação com o Mundo dos Mortos e dos Antepassados. A encruzilhada é um perigoso ponto de colisão entre transeuntes visíveis e invisíveis e um lugar de poder. Lugar de sacrifício, como os automobilistas sabem pela experiência, onde ela sacrificava com o cutelo suas vítimas e com sua corda amarrava os encantamentos de bênção e maldição, a Hécate Tripla tornou-se desde muito cedo, por isso, a figura predileta das bruxas latinas.

Hécate é a Guardiã do Mundo dos Mortos nos Mistérios Eleusínios. É ela que sabe onde Perséfone se encontra no fundo do Hades. Por isso, ela é a protetora da lareira onde o fogo deve estar sempre aceso, em recordação dos mortos, que nos tempos arcaicos eram sepultados por baixo das suas lajes. Ainda hoje acendemos chamas perpétuas durante três dias sobre as sepulturas na data de Halloween, em um gesto antigo e ignorado, repetindo gestos arcaicos que solicitavam a Hécate Triformus que guiasse as almas para o Outro Mundo. Em muitos cemitérios ainda hoje se veem esculpidos seus cães ululando à lua, que a acompanhavam sobre os ventos agitados de inverno e guiando os espíritos. Por muitos desses motivos, como o de ser líder das cavalgadas noturnas sobrenaturais até sua predileção pelos lugares inóspitos, ou a de ser padroeira das parteiras e portadora das tochas iniciáticas, alguns autores julgam que inicialmente Hécate teve as características de Ártemis.

Na forma de Hécate Trivia, segurando as tochas, está presente a tripla fase da Lua com que iluminava à noite o caminho dos viajantes e dos espíritos. Com essas tochas, desceu ao Mundo Subterrâneo para proteger e cuidar de Perséfone e preparar um novo ciclo de fecundidade da terra. Por isso, sua faca é o instrumento que corta não só os vínculos da vida, trazendo a morte a todas as criaturas mas, também, os vínculos umbilicais ao corpo maternal, permitindo o nascimento. Faca de bruxa que trazemos ainda hoje na nossa mão e em sua memória nos círculos do Wicca. Em sua lembrança ainda hoje a seguramos firmemente na mão, talhando solenemente o Círculo nas clareiras remotas das florestas e entre os penhascos, rompendo assim nossos vínculos com o mundo profano. Essa faca litúrgica ficou na memória de Homero, na *Odisseia*, quando Odisseus desembainhou sua faca e rasgou um fosso circular para chamar o espírito de Tirésias do mundo dos mortos e quando, na 50ª noite da lenda das *Mil e Uma Noites*, a filha do sultão, fechada no seu palácio com seus eunucos, talha com sua faca o Círculo Mágico e inscreve os caracteres sagrados. Dessa forma o "ar se obscureceu de tal forma que parecia noite", a antiga noite hecatiana em que se dissolvem as barreiras do mundo e nos encontramos diante da face dos espíritos.

> *Síntese: Hécate é a portadora da faca litúrgica do feiticeiro, conhecida no Wicca por athame. Ela é uma divindade tripla, portadora das tochas com que guia os iniciados e os mortos ao submundo e prepara novos ciclos de metamorfose.*

Liber Ritis Artis Triviae Deae Amare

As Saudações Lunares

A Estrutura da Saudação Lunar

A Deusa Tripla traz a possibilidade de renascimento nos três níveis da nossa constituição suprassensível, correspondendo aos três graus de Iniciação no Wicca Tradicional. Essa Deusa Primitiva é encarada como a Grande Deusa Mãe, pois ela:

- Dá-nos o nascimento físico-etérico, por meio da nossa mãe terrena. Tem equivalência ao Mundo Natural e ao Mundo Médio, onde vivemos.
- Dá-nos o nascimento psicomental, por meio da Grande Sacerdotisa ou da nossa Anima. Tem equivalência ao Mundo Telúrico e ao Submundo, ventre abissal da Grande Mãe.
- Dá-nos o nascimento espiritual, por meio da Grande Deusa, a Ísis Velada, porém desvelada em sonhos visionários e êxtases. Tem equivalência ao Mundo Uraniano e ao Mundo Superior.

Iniciar-se é integrar-se em uma nova Totalidade, que abrange de forma harmoniosa e criativa esses Três Reinos do Cosmos. Por isso, o processo de integração iniciática no Wicca é sempre triplo: nos níveis da Natureza, da Humanidade e da Divindade.

Deverá ser realçado que a Lua move-se sempre em movimento rotativo, como o Sol. Porém, ela tem o paradoxo de aparecer primeiro a Oeste e se erguer todos os dias cada vez mais próxima do quadrante Leste até a Lua Cheia, de tal modo que também tem movimento antirrotativo! Assim, embora ela tenha tendência rotativa, exprime-se temporalmente de forma retrógrada. Só se torna totalmente rotativa por movimento e ciclos de aparição diários no arco celeste, quando começa a ficar minguante. Esse comportamento cósmico da Lua tem significados esotéricos muito profundos para a prática wiccaniana! A Lua Crescente ergue-se a Oeste, atinge sua plenitude no quadrante Leste e encontra-se na Fase Minguante de novo a Oeste. Por essa posição das suas três fases principais, isso significa que ela nunca está entronada no quadrante Sul, respeitando esse ponto cósmico como sendo o lugar intocável de regência do Sol.

Por outro lado, o fato de a Lua Cheia ser tanto mais poderosa quanto maior sua proximidade do quadrante oriental e do ponto nascente do seu horizonte, regido pelo elemento Ar, explica a razão por que a Deusa grega Selene, da Lua Cheia, é representada com asas e por que Aradia, celebrada nessa data, tem uma faceta tão mercuriana.

Altar

Que sejam erguidas três tochas diante de um altar, orientado para a posição onde a Lua se eleva, símbolo da Trivia. Diante dela, seja estendida sobre uma pedra a pele negra de uma cabra, animal que lhe é consagrado. Coloque-se, então, um caldeirão sobre o altar e queimem-se os perfumes que a Arte aconselha. Que estejam, também, seus armamentos, segundo a faceta da Santa Trivia, faca e foice, taça e patela, cordas e chaves.

Saudação à Trivia Crescente

Você deve colocar-se de pé, virado para Oeste, quando a Lua se erguer na sua fase crescente. Imagine um cordão de luz prateado descendo da Lua no alto celeste até seus joelhos. Visualize esse feixe de Luz subindo até seus órgãos genitais e aí permanecendo como um facho de luz. Abra os braços em forma de Lua Crescente, de forma que sua cabeça permaneça dentro dela como dentro de um cálice. Declare:

> *Saboe, Saboai, Trivia Donzela, cingida com os cornos crescentes do Luar. Abençoada sejas tu, que te levantas do colo protetor da Terra e te ergues cheia de força e coragem para correres pela grande floresta do zodíaco armada de arco e aljava!*

Tome agora a posição pentagramática, descendo os braços na altura dos seus ombros em semicírculo, como se estivesse usando um arco, os pés semiabertos e firmes no chão, ganhando um ponto de apoio no solo, ante de lançar suas flechas. Declare:

> *Corre livre no céu noturno com os animais selvagens, Deusa Indomesticada. Corre com teus cães e tuas ninfas e traz a tocha de fogo com que nos guias por entre a escuridão dos Mistérios, ó Lucífera! O Arco e a Estaca são os amparos secretos da tua viagem através dos céus. Vai e torna-te madura, cheia e sábia, porque teu secreto amante, o Cornífero, te espera para os esponsais sobre os campos e os bosques. Ia Evoha Diana Lucífera.*

Permaneça em silêncio, vizualizando sua imagem dentro do clarão interno do seu sexo.

Saudação à Trivia Cheia

Colocar-se de pé, virado para o Leste, quando a Lua se erguer na linha nascente do horizonte oriental, cheia e pujante de força. Imaginar um cordão de luz prateado descendo da Lua no alto celeste até seu coração. Visualize esse feixe de Luz brilhando intensamente como um facho de luz.

Abra os braços em semicírculo, em forma de Lua Crescente, de forma que sua cabeça permaneça dentro dele como dentro de um cálice. Declare:

> *Saboe, Saboai, Trivia Formosa e Fértil, cingida com os cornos crescentes do Luar. Abençoada sejas tu, que te levantas da Morada da Vida coroada de Serpentes e Tocha na mão! Caminha majestosa para as sagradas clareiras, onde te honramos nos Santos Esbates!!*

Desça os braços na altura dos peitos e segure-os como uma Deusa Nutridora e mantenha os pés firmes no chão. Declare:

> *Que tuas asas esplêndidas se abram e nos protejam, sob o clarão celeste do teu Luar e ele nos abrigue entre as clareiras e sob as copas dos teus carvalhos e nogueiras, onde teus Mistérios são revelados. Dos teus peitos deleitosos e cheios se derramam teus divinos poderes e em nossos cálices recolhemos os néctares da tua sabedoria. Tu trazes o cálice e a patena, Divina Mestra das Orgias Sagradas e divina padroeira das feiticeiras. Ia Evoha Selenae Luna.*

Permaneça em silêncio vizualizando sua imagem dentro do clarão interno do seu coração.

Saudação à Trivia Minguante

Coloque-se de pé, virada para o Oeste, quando a Lua Minguante se erguer próxima da linha do horizonte ocidental, ao entardecer. Imagine um cordão de luz prateado descendo da Lua no alto celeste, até sua testa e entre os olhos. Visualize esse feixe de Luz brilhando intensamente como um facho de fogo. Abra os braços em forma de Lua Crescente, de maneira que sua cabeça permaneça dentro do seu cálice. Declare:

> *Saboe, Saboai, Deusa Antiga, cingida com os cornos crescentes do minguante. Abençoada sejas tu, que te ergues à porta da Morada dos Mortos, oculta sob o manto branco dos defuntos e entre o brilho argênteo das bétulas!*

Desça os braços na altura dos peitos e cruze-os como uma múmia dentro de um sarcófago e mantenha os pés firmes no chão. Declare:

> *Ao latido dos cães e ao relinchar dos cavalos, tu te ergues nas encruzilhadas, Santa Senhora, de quem apenas vemos o rosto branco como as cinzas. Durante as ceifas, teu vulto deambula entre as sombras dos espantalhos, chamando os espíritos dos campos. São os galhos do bode e do cervo, Nosso Senhor, que ateiam tuas fogueiras e são nossas oferendas nas encruzilhadas que acalmam tua melancolia. Tu trazes a foice e a corda ofídica, Divina Padroeira das bruxas e das parteiras! Ia Evoha Hecate Phosphorus.*

Permaneça em silêncio vizualizando sua imagem dentro do clarão interno do seu crânio.

O Rito do Plenilúnio

XVI
O Rito do Esbat

A Estrutura Ritual – O Casal Sacerdotal – A Bateria Humana – A Polaridade Universal
O Duplo Esbat – O Portal Sinódico – A Invocação dos Deuses – O Oráculo e a Instrução
O Vinho e o Cereal – A Dança Extática – O Cântico Rúnico das Bruxas – O Grande Rito

> *Quando vais em uma jornada e o fim permanece cada vez mais longe,*
> *então descobres que o verdadeiro fim é a própria jornada.*
> Karlfried Graf Durckheim (1896-1988)

Ela sabia que o círculo lunar se espelhava dentro do círculo e que o ato de conjurá-lo era uma forma de alinhar um pedaço da nossa terra com seu corpo redondo e estelar. Ela olhou calmamente a lua brilhando no pico do céu entre os cornos do Touro celeste e, embora o frio e a umidade se fizessem sentir com desespero e prometessem chuva, ela não esperou muito tempo para perceber que a Deusa estava preparada para ser acolhida no meio da floresta. Ela ergueu sua espada, como um longo braço de aço prateado, e tocou com a visão da sua mente treinada o círculo luminoso do céu. Depois desceu a espada e trouxe o círculo lunar para o chão da clareira. Graciosamente começou a refleti-lo sobre o chão úmido e a invocar a antiga serpente que jazia adormecida nesse lugar. Em voz baixa ela convocou: "Eu te conjuro, antiga criatura do círculo, círculo da terra e círculo do céu, círculo antigo da serpente, pelo poder do ventre e da semente...". Gradualmente, a Velha Serpente que vive nas profundezas amnióticas do oceano e que a Deusa da Lua monta no plenilúnio acordou e enlaçou as bruxas e os sacerdotes que se erguiam nos seus hábitos negros. Um grito de júbilo soltou-se dos seus lábios, pois o círculo tinha sido evocado e a serpente acordara entre eles.

Diário de um Feiticeiro, Serra da Boneca, Portugal, 2004

A Estrutura Ritual

Tudo o que é estrutura sagrada é baseada em princípios matemático-simbólicos. No esoterismo nada é deixado ao acaso, muito menos a essência do trabalho mágico: o ritual. A palavra rito vem do latin *ritus*, "cerimônia religiosa, costume à maneira de", e no sânscrito *rt,* que significa *"ordem, lei, verdade"*. O Dicionário Webster liga também sua raiz etimológica à palavra *número* e c*ontar*. Em sueco, *rita* significa "desenhar", lembrando o ato sagrado de gravar sobre pedras e paredes líticas as runas, ou o cerimonial de riscar no chão o círculo goético. O rito seria coetâneo da arte de entalhar o espaço segundo ritmos sagrados. No Wicca, esse ritmo, que é a epifania do Tempo Ancestral, é, por excelência, de raiz numerológica. Ela repete, à pequena escala dos seus rituais, as grandes leis cíclicas do Cosmos. A chave mística dessas Leis são os Números. Isso está ilustrado no nosso Pantáculo, onde se encontra o pentagrama microcósmico e, à sua volta, o setenário simbólico do Macrocosmo. A maneira de compreender a estrutura lógico-simbólica dos nossos rituais é olhar para a matriz numerológica, que é nosso pentagrama, que em essência é um glifo da ritmicidade numérica do Cosmos. Poderemos concluir, então, que nossos rituais devem ter uma estrutura quíntupla: pela dimensão quádrupla do Círculo Mágico pode surgir a quinta dimensão dos Deuses Arcaicos no âmago da personalidade humana. Todo o ritual é uma *estrutura cíclica de tempo,* que recapitula a cadência soli-lunar! Isso poderia sugerir enganosamente que a estrutura quádrupla ilustrada nos ritmos diários, sazonais e lunares, deveria ser a chave numerológica do nosso sistema, mas devemos lembrar-nos que não estamos apenas falando de tempo quantitativo, mas de tempo qualitativo, e isso só se poderá compreender se introduzirmos a quíntupla dimensão da experiência. Aquela dimensão onde nossa experiência finita e contingente se desfaz diante da vastidão do Infinito.

A melhor forma de compreendermos o Esbat, o ritual wiccaniano celebrado no plenilúnio, é o analisarmos em cinco partes. Mas há uma parte dessa estrutura que sai do tempo quantificado e entra na esfera suprassensível e na intemporalidade: o quinto fator do círculo. Essa era a base litúrgica dos grandes dramas gregos, verdadeiros autos iniciáticos para serem representados nas festividades religiosas em honra de Dioniso! Há muitos anos, o eloquente antropósofo Athys Floride[219] apresentou em uma palestra em Madri, em que eu estava presente, a

---

219. Floryde, Athys. *Human Encounters and the Karma.* Hudson, NY: Anthroposophic Press, 1988.

ideia de que todo encontro humano seria um ato religioso e deveria ser compreendido à luz de uma estrutura quíntupla. O encontro humano por excelência é um ato ritual, seja ele um encontro romântico, uma missa ou um dos nossos Sabates! Todo ato ritual tem a vocação de religar a Humanidade e o Divino entre si. A expressão *religare* era usada pelos romanos no sentido de unir por uma ponte dois lugares. A ponte de união entre esses dois mundos é o ritual mágico! A própria palavra *wican* significa *ligar* no Velho Inglês! Existe, portanto, uma similitude entre o encontro humano, o drama e o ritual wiccaniano.

Drama Grego	*O Encontro Humano*	*Ritual Wiccan*
Ato I: Exposição	1. Iniciativa	1. Conjuro do Círculo
Ato II: Tensão	2. Desenvolvimento	2. Convocação dos Guardiões
Ato III: Clímax	3. Culminação	3. Invocação e Trabalho com os Deuses
Ato IV: Descanso	4. Retardação	4. Bênção dos Alimentos
Ato V: Solução	5. Fim	5. Esconjuro do Círculo

A estrutura de uma cerimônia religiosa em cinco partes não é exclusiva do neopaganismo e é uma lei básica de todo ato ritual, sendo possível encontrá-la também na missa do catolicismo, por exemplo, nos seus cinco momentos da mensagem: ofertório, transubstanciação, comunhão e despedida. Isaac Bonewits[220] tentou demonstrar, inclusive, que à luz da cultura religiosa indo-europeia, os rituais deveriam ser de natureza quíntupla. Segundo ele, havia cinco partes dessa estrutura: a consagração do tempo e do espaço; a abertura dos portões entre os mundos; a ascensão da energia da congregação para as Divindades; o retorno do poder das Divindades para a congregação; o fechamento do círculo e do campo psíquico dos membros. Essa reconstrução foi deduzida a partir do ritual wiccaniano e depois extrapolada para uma concepção fantasiosa dos ritos indo-europeus, que Bonewits estava tentando reconstruir no druidismo neopagão americano. Existem essencialmente *cinco momentos* principais nas cerimônias wiccanianas suscetíveis de ser ilustrados no modelo de rito em pirâmide do plenilúnio, o Esbat:

---

220. Bonewits, Isaac. *Real Magic*. York Beach: Samuel Weiser, Inc, 1981.

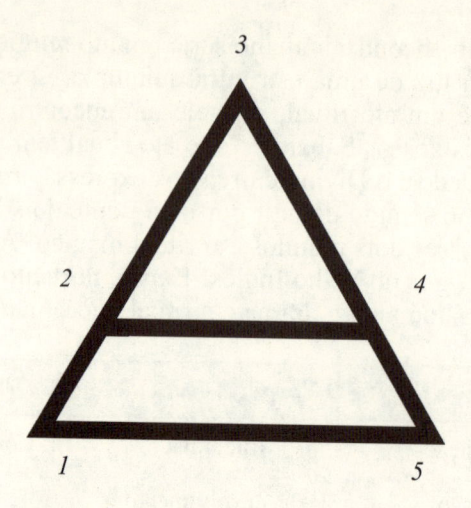

Protótipo do Rito em Pirâmide Wiccan

1. O conjuro do círculo, que consagra o espaço e o tempo de ritualização com suas cerimônias de purificação e elevação vibratória do lugar. Está associado ao elemento terra. Elemento Ar.
2. A convocação das sentinelas, que abre os portões entre os mundos e prepara o processo de comunhão com os Espíritos Tutelares do coventículo e os Guardiões da Egrégora e da tradição. Está associado ao elemento ar. Elemento Fogo.
3. A invocação dos Deuses Primais Corníģeros, nas pessoas dos Sumos Sacerdotes e sua intervenção nos trabalhos de encantamento e desenvolvimento espiritual, abrangendo a Invocação, a Dança extática das Bruxas e o trabalho mágico. Está associado ao mundo do éter. Éter.
4. A bênção dos alimentos na forma do vinho e do cereal, que recolhe a energia para benefício da congregação. Está associado ao elemento fogo. Elemento Água.
5. O esconjuro do círculo e ruptura dos vínculos etéricos e astrais. Está associado ao elemento água. Elemento Terra.

 A terceira fase processual do rito, acima mencionada, é em todos os dramas o clímax da crise que gera a reviravolta da narrativa ritual, introduzindo o imprevisível, sendo sempre sua cena mais lancinante. É o momento em que a ordem padronizada da nossa história pessoal toca o Infinito. Nesse ponto de culminação, os Sumos Sacerdotes e o coventículo entram em um processo de transubstanciação das suas energias vitais com as energias astrais dos seus Deuses. Por meio dessa operação, é possível introduzir no tempo humano uma força não humana que desencadeia a concretização dos nossos encantamentos. É, por isso, que o trabalho taumatúrgico ou teúrgico, seja com fins meramente físicos, de cura e mudança positiva da nossa existência, ou mesmo de expansão cognitiva da nossa alma, é feito *durante* esse encontro. No drama grego, esse momento é a crise da comédia, que algumas vezes pode se tornar pura tragédia, ilustrando bem que nesse ponto os contrários se tocam por vezes em um completo contrassenso. É uma zona limiar extrema onde os mundos humanos e divinos se conjugam e operam em parceria, mas onde as referências racionais são impotentes de, com sua forma unidimensional de apreensão da realidade, a compreender. O melhor modo de vislumbrar essa estrutura de tempo cósmico e ritual é observá-la como um modelo cônico, em que o ponto do clímax é a fase zenital. Esse modelo mostra também que existem duas tendências polares: uma fase ativa (1-2-3) e uma fase passiva (3-4-5) do ritual, ilustrando mais uma vez a polaridade no centro da sua prática ritual.

> *Síntese: a estrutura do ritual wiccaniano segue uma ordem quíntupla na organização das suas múltiplas tarefas litúrgicas. Ela reproduz a estrutura do mundo etérico pela ação quádrupla, permitindo o surgimento de um quinto. Nesse momento nosso mundo finito reencontra-se com o infinito.*

O Casal Sacerdotal

O centro do trabalho wiccaniano move-se em círculos e espirais sucessivas de força, em volta de duas personagens que encarnam seus Deuses Arcaicos: o Sumo Sacerdote e a Suma Sacerdotisa. Essa polaridade é uma força de harmonia criativa. A melhor forma de compreendê-la, é perceber que eles estão funcionando como uma lemniscata! Sua interação ritual ilustra bem isso: o Sacerdote invoca a Deusa na Sacerdotisa e ela invoca o Deus no Sacerdote. A lemniscata é o glifo mágico de união dos celebrantes do coventículo, unindo e entrecruzando seus braços de forma a reproduzir seu simbolismo. É preciso que entre em jogo a força atrativa da polaridade, em que um Sacerdote de polaridade sexualmente complementar atraia a essência da Deusa na Sacerdotisa, por exemplo, para que o processo seja rápido, eficiente e consistente! Não há mais nenhuma religiosidade, social ou mistérica, mágica ou teúrgica, que tome de forma tão equilibrada a cooperação do homem e da mulher, nem mesmo o tantrismo ou a Missa Gnóstica criada por Crowley, de onde a cerimônia do Esbat pode ter se inspirado. Embora seja vulgar dizer que a Suma Sacerdotisa é a rainha do coventículo e seu Sacerdote seja seu consorte, como se fosse um mero coadjuvante, feito à imagem da rainha Vitória e do príncipe Alberto, na verdade essa visão é desajustada para os papéis do par sacerdotal no Wicca. Esse erro foi herdado dos ritos descritos no célebre romance de Dion Fortune, *The Moon Priestess*. Os papéis litúrgicos do Wicca testemunham um equilíbrio maravilhoso dos sexos, ao contrário da concepção de Dion Fortune, que nos lembra a afirmação do filósofo Schelling[221] de que o Universo existe pelo equilíbrio masculino e feminino imanente no Cosmos.

Nas Leis dos Coventículos Regulares do Wicca, trazidas por Gardner depois do conflito com Doreen Valiente, em 1957, é explícito que ela tem um poder delegado. Mas de quem? Do Deus do Mundo Subterrâneo, que colocou aos seus pés a espada, de que ela é sua fiel depositária nos ritos. A Sacerdotisa age, assim, com o poder delegado do Deus de Chifres, como a Lua usando a Luz emprestada do sol, que é o mesmo a se dizer do Sumo Sacerdote. Isso poderá ser uma herança do século XIX, antes da descoberta em 1832 do óvulo e sua função reprodutiva, em que se acreditava que o processo de reprodução era criado a partir do sêmen, servindo o ventre apenas de seu habitáculo. Esse simbolismo está inteiramente explícito no fenômeno astronômico da Lua refletindo a luz solar! Não é de se estranhar, por isso, a apologia da Deusa e sua Suma Sacerdotisa como guardiãs do Poder do Deus de Chifres. Também não se admira que, em uma religião tão determinada a exaltar o Feminino Mágico, tenha havido tantos homens notáveis como mulheres polêmicas, em um equilíbrio que nos espanta ainda hoje. O nascimento do Feminino Mágico tem suas origens na lírica trovadoresca medieval e, mais tarde, em Novalis e no seu culto poético de Sofia,[222] mas houve muitos homens que depois tomaram o tocha na mão, desde Goethe a Michelet, de Gérard Nerval a Eliphas Levi, de Fourrier a Crowley, transvasando nos ritos modernos um papel equilibrado de ação mágica, que deve sua teoria à importação dos modelos científicos do magnetismo para o próprio processo mágico.

A razão por que a mulher ganhou tamanha predominância nos trabalhos mágicos wiccanianos pode estar na suposição, que se começou a fazer a partir da *Natur Philosophy*, de que o Universo se manifestava segundo o modelo do eletromagnetismo. Para a maior parte da geração moderna, influenciada pelas leituras de Schelling, os rituais seguiam

---

221. Schelling, Friedrich Wilhelm Joseph von. *Naturphilosophie.*1797.
222. Novalis, idem.

as leis do magnetismo universal. Ele era o modelo de explicação para todos os processos energéticos sutis. Foi Gérard Encausse,[223] sob a pena do heterônomo Papus, que usou exaustivamente esse modelo explicativo para interpretar quase todos os fenômenos mágicos. Sendo a mulher considerada sempre de natureza passiva, mesmo até de uma polaridade perigosa e negativa, motivo de desconfiança diante das normas instituídas da sociedade, tal como os pintores simbolistas retrataram nas personagens de Lilith e Salomé, naturalmente ela teria de ser equiparada ao polo feminino do magneto. Só que o polo feminino do magneto não é seu ponto nulo, como se pensa! Na eletricidade, o polo negativo da bateria tem um maior número de elétrons do que o polo positivo. Quando os dois polos são conectados, os elétrons fluem do polo negativo para o positivo, da mesma forma que a energia do Sol masculino flui para a Lua feminina. Na Magia, o polo masculino é negativo. É ele que gera a energia e penetra o campo do corpo feminino. Seu polo positivo foca, concentra e materializa essa energia transfigurada em ritual. O mesmo se passa no ritual mágico!

O fato de a polaridade sexual se desenvolver entre dois princípios, um masculino e outro feminino, desencadeia uma dúvida importante: em um mundo moderno, em que a sexualidade saiu dos padrões de uma ideologia reprodutiva, como se pode advogar o conceito da fertilidade no Wicca? Essa questão é muito importante hoje, já que o conceito de sexo deixou de ser meramente biológico para se tornar fundamentalmente um conceito psicológico. A noção de "sexo psicológico" em que um homem, por exemplo, se sente mulher em um corpo masculino, é uma experiência incontornável no campo dos costumes sexuais modernos, embora os gregos da Antiguidade clássica já a tivessem tornado um aprimorado hábito de gratificação física. Na verdade, a questão do Masculino e do Feminino deve ser tomado no seu sentido mágico: como o positivo e o negativo de dois polos elétricos. Na prática da Magia, não é o sexo que define a polaridade, mas a emanação energética que é condicionada pelo seu corpo etérico, independentemente do seu sexo biológico. Como na prática da Magia é o "sexo" etérico o princípio determinante, então pode-se dizer que, em princípio, o homem é de polaridade negativa e a mulher de polaridade positiva, porque o polo desse "corpo" é simétrico ao do polo físico. Isso está em concordância com os princípios da eletricidade e do magnetismo. Quando os dois polos de uma bateria são conectados por um fio de cobre, o metal venusiano

---

223. Papus. *Traité Méthodique de Magie Pratique*. Paris: Éditions Dangles, 1974 (prim. pub. 1924).

da tradição mágica e símbolo do amor mágico, representado em *coven* pelo Pantáculo de cobre, passa uma corrente de elétrons do polo negativo para o positivo. Embora seja o polo negativo da bateria que tenha uma maior quantidade de elétrons que o polo positivo, é este que gera a matéria e a cria. Da mesma maneira, o macho solar se comporta em relação à fêmea lunar e se concebem suas formas de vida.

Na tradição oculta wiccaniana, o Princípio Feminino é o polo positivo como hierofania da Lua e da Terra, e o Princípio Masculino é o polo negativo, símbolo do Sol e do planeta Plutão. Por isso, costuma-se chamar o Deus Cornudo de Deus Consorte e à Deusa como a Rainha do Sabat, sendo norma que o Sacerdote faça a invocação e a Sacerdotisa a receba e dê seu oráculo. Não é por acaso que os xamãs siberianos tinham práticas de travestismo ritual e que nos cultos de Dioniso se invertia o vestuário nas suas cerimônias mais sagradas. Muitas eram as Divindades que eram representadas efeminadas desde Dioniso até Adônis e Krishna, na Índia, ou masculinizadas como Ártemis Tauria e Atena. Na tradição oculta, o corpo etérico é regido pela Lua e, para quem trabalha o ramo da Magia Lunar, como nós no Wicca, os polos são sempre simétricos aos do físico. Essa imperatividade, de homem e mulher consagrados ao Sacerdócio Antigo estarem destinados a funcionar juntos como um Casal Mágico, está explícita não só nas práticas *kaulas* de mão esquerda na Índia, mas também nos antigos costumes dos Flamines. Em Roma, quando a esposa do Flamen falecia, a *flaminica dialis*, este tinha imediatamente de abdicar da sua função hierofântica. A primeira autora a revelar esse enigma do poder vivificador da polaridade mágica homem-mulher entre praticantes dos Mistérios foi Dion Fortune, nos seus dois romances *A Sacerdotisa do Mar* e *A Sacerdotisa da Lua*. Mas, em termos práticos, a polaridade não tem apenas a ver com o sexo, mas com a estrutura energética específica da pessoa! É justificado, por isso, que mulheres ou homens possam em termos práticos assumir uma ou outra polaridade no ritual, dependendo da sua constituição energético-etérica. Porém, o ideal seria que essa representação fosse entre dois sexos biologicamente diferentes. Resta, contudo, saber se isso não é um preconceito cultural, porque em matéria de Magia prática o que interessa é a "corrente", o fluxo de energia etérica e espiritual que é reificada presencialmente durante o ritual nas Divindades. Ora, isso possivelmente tem pouco a ver com normas e preconceitos culturais.

Síntese: O poder mágico libertado em rito pelo Casal Sacerdotal, embora tenha suas origens literárias em Dion Fortune e nos seus romances à volta de Morgana, suas origens esotéricas prendem-se com a aplicação da conjectura do magnetismo animal de Mesmer e a teoria da eletricidade dos circuitos de força mágica.

A Bateria Humana

O Casal Mágico trabalha como uma bateria humana, quer no plano físico como no astral! Como se sabe, uma bateria é um dispositivo que armazena energia elétrica por meio da ação eletroquímica dos seus elementos. Porém, para que ela funcione em sistema de gerador elétrico, como nos ritos mágicos de mão esquerda, ela não pode funcionar sem que tenha sido abastecida de eletricidade anteriormente, mediante o que se denomina processo de carga. O processo de carga da bateria humana entre um casal praticando Magia é feito pela sua sexualidade. A maneira como ela é jugulada e libertada nos corpos de ambos, gerando intensidades nos níveis sutis, determina seu grau de irradiação e magnetismo. A sexualidade em Magia operativa funciona de forma semelhante ao da eletricidade: o polo negativo tem disponível um maior número de elétrons do que o polo positivo. Nos rituais mágicos de mão esquerda, como nos coventículos tradicionais, o polo masculino-negativo projeta a energia e o polo feminino-positivo foca-o e manifesta-o. Elevar a energia dentro do Círculo e depois focá-la em ritual é a essência do trabalho mágico! Isso está bem ilustrado na maneira como as forças etéricas são monitorizadas no ritual entre um Casal Sacerdotal.

No trabalho mágico, o Sol é aquele que recolhe a energia de Sírius, o Cão do Caçador Orionte, epifania celeste do Deus de Chifres, e a transmite à Lua, para focá-la no plano terrestre. O cabalista compreenderá isso facilmente se for acrescentado que Tipharet recolhe as forças de Daath e leva-as a Yesod, para doá-las a Malkuth, nossa Rainha Terrestre. Não é por acaso que a representação do Feminino Mágico na sociedade moderna tenha sido representada por Crowley[224] como uma mulher em êxtase orgásmico, cavalgando nua e de pernas e mãos abertas, como se fosse uma estrela pentagramática sobre o dorso do macho leão-serpente, o dragão terrestre Ashmodai. Durante todo o Neolítico, eram múltiplas as Deusas que se mostravam ladeadas de leões e no *Tarot de Marselha* ainda vemos hoje uma donzela tornando

---

224. *O Book of Toth,* desenhado por Frieda Harris com orientação de Aleister Crowey em 1942, pretendia ser a mensagem do Aeon de Hórus em imagens, da mesma forma que os vitrais e pinturas das cadedrais góticas tinham sido a mensagem de Cristo. Não é coincidência que nesse mesmo ano ele tenha publicado também o *Liber OZ,* que pretende ser um Manifesto dos deveres e direitos dos homens e mulheres da era que então se abria como impulso espiritual na consciência humana.

dócil o leão, rei de todas as feras, que o herói grego Hércules teve de matar como sua primeira proeza nos 12 trabalhos que o rei Eristeus lhe incumbira. Essa matança do "leão" significou a separação dos Antigos Mistérios Pós-Diluvianos dos seus elos mágicos com o telurismo dos cultos ancestrais pré-diluvianos. Crowley denominou esse leão-serpente por Therion, que em grego significa Besta. Com suas sete cabeças, a Besta revela suas múltiplas faces de transfiguração no Iniciado: *"A cabeça de um Anjo: a cabeça de um Santo: a cabeça de um Poeta: a cabeça de uma Mulher Adúltera: a cabeça de um Homem de Valor: a cabeça de um Sátiro: e a cabeça de um Leão-Serpente"* (Capítulo 49 do *Livro das Mentiras*). Trata-se de símbolos de uma humanidade fora das normas, entregues a uma existência que não se reduz à ordem gregária da socialização, que os ritos de mão esquerda devem acordar na consciência dos Iniciados.

Arcano XI – Luxúria – Aleister Crowley

O genuíno rito wiccaniano baseia-se na cooperação mágica entre dois Sacerdotes de sexo oposto. Sua origem está na Magia cinegética e na importância que se dava à Força Vital que nutre o clã do caçador. Existe uma imagem perturbadora que tem a ver com essa representação do par sacerdotal e sua relação com a Magia cinegética: descobriu-se nas pinturas rupestres da Algéria a representação de um caçador no momento de lançar seu arco, que apresentava a particularidade de estar unido por um cordão umbilical ao corpo de uma mulher que o precedia, como se a força que fazia soltar o arco e lançava a flecha ao alvo animal só fosse possível pela interação com essa entidade feminina. A ideia popular de que por trás de um grande homem se pode encontrar uma grande mulher, que age na obscuridade como estímulo criador, pode ser uma ideia muito mais antiga do que julgamos. Os sacerdotes treinados de um coventículo sabem que é muito importante a sintonia entre todos os constituintes físicos e suprassensíveis da sua pessoa, que funcionam como um circuito de força entre a Terra e o Cosmos. Eles sabem também que, analogamente, é necessária uma relação de empatia entre todos os membros do coventículo para que o poder mágico possa fluir em círculo. O coventículo wiccaniano é, muitas vezes, uma comunidade de sangue iniciático e de espírito mágico, sendo os Sacerdotes escolhidos pelos Espíritos Tutelares como seus herdeiros na velha linhagem do sangue bruxo. Isso é essencial para que o coventículo seja uma verdadeira tribo mágica. Seus sacerdotes ilustram no plano terreno a polaridade primal dos seus Deuses, os Abençoados e os Sábios criados antes dos Deuses dos próprios homens. Quando eles interagem em ritual, e se abre o canal de força entre os mundos, uma fagulha do seu poder corre como uma corrente elétrica através deles e pela cadeia do círculo e, assim, é trazida ao plano terreno. Na tradição mágica, essa polaridade humana tinha sua origem em uma energia cósmica que era chamada desde Plotino por Anima Mundi ou Alma do Mundo! Ela não é apenas um repositório inesgotável de força, mas a memória coletiva do Universo. Por isso, os sacerdotes wiccanianos são considerados portadores da *memória planetar* através da teofania dos seus Deuses Arcaicos.

Um Iniciado wiccaniano não é um homem comum, que durante o dia é contabilista ou engenheiro, por exemplo, e na noite de Lua cheia muda de roupagem, vestindo sua nudez de braceletes e colares cerimoniais, para se tornar episodicamente um bruxo! Ele é um Magista de forma tão completa que sua existência mais banal é vivida como um ritual. Viver a vida como um ritual é um mandamento absoluto para um Sacerdote e uma Sacerdotisa que tenham sacrificado seu ego no altar dos Velhos Deuses. Em essência, dois Sacerdotes Wiccanianos, um homem e uma mulher, são a hierofania do primeiro casal Mágico, Lilith e Zamael, como acontece na tradição do Coventículo TerraSerpente, ou de outros Deuses fundadores das suas próprias tradições mágicas como Diana e Lúcifer, Aradia e Cernunnos, etc. Em toda a história nós ouvimos falar de casais mágicos que interagem de forma quase encantatória, desencadeando processos de transmutação psíquica nas pessoas mais próximas e na sociedade, como Jesus e Maria Madalena nas versões heréticas, o Mago Simão e Helena entre os gnósticos, Cagliostro e Serafina na tradição rosacruciana, Joana D'Arc e Gilles de Raiz, etc. Mas só no início do século XX, com o contato com o tantrismo hindu, por meio de Artur Avalon, é que os esoteristas começaram a compreender e desenvolver o conceito de Casal Oculto. Foi por intermédio de Maria Naglowska e Dion Fortune que o conceito se esclareceu.[225] A expressão "casal oculto" significa que o verdadeiro princípio que está desposado entre

---

225. Fortune, Dion. *Esoteric Philosophy Love and Marriage*. New York: Samuel Weiser Inc. 1976 (p. p.1924). Naglowska, Maria de. *Le Rite Sacré de L'Amour Magique*. Paris: Supplément de "La Fleche", 1932.

eles não é o homem e a mulher legalmente unidos e certificados pela sua carteira de identidade, mas sua natureza suprassensível. Essa essência sexual, quer lhe chamemos Shiva e Kali ou Samael e Lilith, ou outro nome próprio de cada tradição, designa a união dos seus espíritos, enquanto união que forja no tempo humano a união dos Velhos Deuses.

> *Síntese: no Wicca, o Sacerdote e a Sacerdotisa são a hierofania de dois Deuses Primais e interagem segundo o modelo esotérico do Casal Mágico, trazendo sua dupla influência ao coventículo e à sociedade como fermento de mudança.*

A Polaridade Universal

Embora o conceito de polaridade criadora se enxerte em ritos mágicos, que tomam a fertilidade como seu objetivo principal, sua importância decorre provavelmente de uma influência mais trivial: a observação do mundo natural. Para o homem arcaico tudo existia em função de polaridades atrativas e retrativas e, ainda hoje, subsistem na Índia muitas representações de Shiva, em um abraço perpétuo e orgásmico com sua companheira Shakti, em permanente processo de criação cósmica ou, ao contrário, com Kali, em um processo de destruição. Desde a dualidade do dia e da noite, passando pela percepção rítmica das fases sazonais de grande fertilidade e esterilidade anual, até a percepção dos dois grandes astros, o Sol e a Lua, de tamanho surpreendentemente semelhante no sagrado quadrante do Oriente, tudo conduziu para que o conceito de polaridade se enraizasse na alma dos povos. Os alquimistas usaram, por isso, esse conceito de conjunção de opostos sexuais entre vários personagens simbólicos, o Rei e a Rainha, O Leão e a Águia, o Sol e a Lua, na confecção da sua Pedra Filosofal. O Rei e a Rainha do Sabat, que vemos ilustrados em uma gravura de Jan Ziarnko, no *Tableau de L'Inconstance* (1612), reproduz esse processo polar alquímico dentro da Bruxaria Iniciática moderna.

A polaridade como conceito operatório só ganha, contudo, um grande impacto e popularidade dentro da Magia Cerimonial, com a descoberta do magnetismo animal por Mesmer e, mais tarde, pela Filosofia Natural. Franz Anton Mesmer (1734-1815) foi uma figura polêmica de cultura enciclopédica que surgiu no Iluminismo francês do século XVIII, como o típico modelo de gênio polêmico, incompreendido e revolucionário. Amigo de Mozart e doutor em leis, filosofia e medicina, à semelhança de Agrippa e Paracelso, era um homem de uma cultura ciclópica. Foram as teorias do magnetismo e da eletricidade que o fizeram intuir a possibilidade de uma lei oculta na natureza, que poderia se chamar Força Universal, que agiria pela interação de polaridades criadoras. Mesmer criou um conceito que influenciou todo o campo teórico da Magia Moderna: o da existência de uma força universal ativa por trás de todos os fenômenos naturais, imperceptível aos nossos sentidos, que ele chamou de magnetismo animal. Ele achava que podia canalizar essa Força Universal com fins de cura, tal como se faz hoje no reiki. Para isso, usava uma vara de ferro altamente magnetizada, o *baquet*, que manuseava nos círculos de cura para receber essa energia. Nosso athame funciona da mesma maneira que o *baquet* mesmeriano! O uso da vara de ferro como arma litúrgica, a famosa vara de lótus dos cerimonialistas da Golden Dawn ou o tridente da Bruxaria, também são resultantes da vara mesmérica, embora na essência o uso da espada seja seu mais vulgar substituto na tradição esotérica neopagã. Nos coventículos wiccanianos de origem iniciática, a espada pertence à Grande Sacerdotisa por delegação do Deus de Chifres, quando ela visitou o Mundo Subterrâneo.

O que se demonstrou nas *séances* de magnetismo animal, muito parecidas às nossas sessões modernas de hipnose, era que o magnetismo animal canalizado por Mesmer desencadeava, além da cura, estados de transe e visões, excitando fenômenos de comunicação visionária com os mortos e os espíritos, em uma época em que Swedenborg estava fazendo o mesmo na Suécia. Essa possibilidade de se comunicar diretamente com o mundo invisível, através do transe induzido pelo magnetismo animal, foi a chave do movimento esotérico pós-revolucionário de 1789 em muitos discípulos seus envolvidos no socialismo utópico, vindo a influenciar Marat e, mais tarde, o surgimento de clarividentes notórios, como Edgar Cayce e Andrey Jacson Davis,[226] na América. Depois da proibição das práticas mesméricas na França, seu discípulo Nicolas Bergasse defendeu o magnetismo animal como a chave da sua política social igualitária. Em um argumento que lembra muito os carpocratianos do século II E.C., Bergasse defendia que todos os seres vivos participavam sem distinção de classe e cultura dessa fonte de magnetismo universal, que na essência manifestava a presença de Deus no Universo, provando que todos os seres vivos viviam em uma relação de interdependência e conectividade a tal ponto que a desigualdade social existente era uma aberração política. O que ele vai argumentar

---

226. Davis, Philip G. *Goddess Unmasked, The Rise of the Neopagan Feminist Spirituality.* Dallas: Spence Publishing Company, 1998.

também, em uma ética roussauniana,²²⁷ é que, quanto mais o homem abdica da Civilização e está mais próximo da Natureza, mais pode ele beneficiar-se desse magnetismo universal. Por isso, alegava que as culturas primitivas deveriam tornar-se o modelo da república futura. De certa maneira, o coventículo é a hipóstase dessa república.

Não deixa de ser estranho o fato de a ambição do Wicca querer ser herdeiro dos cultos primitivos europeus espelhar tanto as teses de Bergasse. Um desses reflexos de primitivismo é a nudez, que os amotinados da Bounty haviam encontrado nas Ilhas Pitcairn, no sul do Pacífico, e o pintor Paul Gauguin no Tahiti e nas Ilhas Marquesas. Ela é ainda hoje um elemento ritual polêmico, para a mentalidade conservadora e pudica dos círculos ecléticos no Wicca, reproduzindo na microssociedade do coventículo tradicional a sociedade primitiva e suas Divindades Primais. Os wiccans acreditam que a nudez corporal permite exsudar o magnetismo vital em grande abundância, sem ser absorvido pelos tecidos das vestes, possibilitando que o Círculo reproduza, pelo simbolismo do ventre, o papel de seu acumulador. Gerald Gardner escreveu em *Witchcraft Today*: "as bruxas acreditam e são ensinadas que o poder reside dentro dos seus corpos e que podem libertá-lo de várias maneiras... esse poder exsuda dos seus corpos e as vestimentas impedem que se possa libertá-lo". No próprio conjuro do Círculo, a expressão "preservar e guardar todo o poder que faremos surgir dentro de ti" revela sibilinamente esse segredo! O Círculo wiccaniano, tal como é praticado nos cenáculos ocultos, reproduz o círculo mesmérico da cadeia humana, em que os magnetizadores se colocavam em silêncio de mãos dadas e através do qual era sentida circular a "energia espiritual"²²⁸ do magnetismo animal, que propiciava a cura. A forma do círculo mesmérico, que ainda hoje é praticado por Maguy e Daniel Lebrum na França e pelos círculos mesméricos lioneses, baseia-se no "princípio de acumuladores sucessivos, a fim de fornecer a energia máxima ao magnetizador que a transmite ao paciente",²²⁹ em um modelo semelhante ao do grupo wiccaniano fornecendo o máximo de magnetismo vital ao Alto Sacerdote, que a transfere pelo poder da Invocação Teúrgica ou Goética para a Alta Sacerdotisa, forçando a Grande Deusa a "baixar" no seu Corpo e Espírito. Essa interação de polos opostos, o Sacerdote e a Sacerdotisa, os membros do grupo e os próprios Sacerdotes dentro do coventículo, ilustra a

---

227. Rousseau, Jean Jacques. *O Contrato Social,* 1762; *Discurso Sobre a Origem da Desigualdade,* 1763; *As Confissões,* 1781-1788.
228. Mandorla, Jacques, *ABC du Magnetisme,* Paris: Jacques Grancher Editeur, 1988.
229. Idem, p. 78.

tese de Schelling e Fichte de que os processos naturais são provocados pela interação de polos opostos de força, cuja essência emana da Alma do Mundo. Mas sua origem mais genuína encontra-se no mesmerismo de Henri Bergasse.

> *Síntese: a Polaridade Mágica é a base dos ritos wiccanianos e se assenta na polaridade do magnetismo Universal, assim como na polaridade arquetípica do corpo humano, cujas origens estão em Mesmer e seu discípulo, Henri Bergasse, assim como na corrente da Filosofia Natural.*

O Duplo Esbat

Se a Terra representa a dimensão mais terrestre e tangível da Natureza, então a Lua representará sua dimensão suprassensível. Rudolf Steiner "descobriu", durante suas visões, que, em um tempo remoto, a Lua foi criada pelo impacto de um meteoro, sendo depois expelida da Terra. Ninguém sabe se isso é mesmo verdade, mas, no esoterismo, a Lua é vista como parte da Terra e encarada como a ligação da aura terrestre, pela qual as forças cósmicas penetram seu campo de força. A Lua, ao estar presa à força de gravidade da Terra, comporta-se como se fosse uma extensão dela. A maneira como a Lua se move, ora estando dentro da órbita da Terra e ora fora dela, define a forma como as forças cósmicas são polarizadas no ritual. Durante o período da Lua Cheia, ela conserva-se na parte exterior da órbita terrestre e atualiza, no campo aúrico do Círculo e de seus Sacerdotes, as forças do Cosmos planetar circundante, mas durante a fase de Lua Velha, quando está em conjunção com o Sol, ela está dentro da órbita terrestre e atualiza na nossa consciência as forças ctônicas da Terra. Essa polaridade orbital da Lua é muito importante para um wiccan, porque ela ilustra sua dupla natureza e a dupla força de subida e descida da energia em rito.

Na tradição esotérica, a função da Lua é dupla: por um lado, ela trabalha nas correntes da reprodução e, por outro, nas forças da hereditariedade.[230] Esse duplo estímulo da Lua sobre a Terra e seus processos[231] de vida são representados no Wicca pelo seu Esbat de Lua Cheia, mas são poucos os coventículos que celebram o Esbat de Lua Velha. O primeiro liberta as forças de fertilidade e o segundo liberta as forças

---

230. Lievegoed, Dr B. C. J., *Les actions des planètes et les processus de vie dans l'homme et dans la terre,* Les Trois Arches, 1988.
231. Kranich, Ernst Michael. *Planetary Influence Upon Plants, a Cosmological Botany.* Rhode Island: Bio-Dinamic Literature, 1984.

da memória arcaica na estrutura da consciência humana. No ciclo de energia crescente, a Lua inflama as forças de vida até seu extremo na Lua Cheia, sendo canalizada pelo Círculo e libertada, depois, no trabalho de feitiço e desenvolvimento mágico. No ciclo minguante, ela estimula as forças da consciência atávica e sua clarividência instintiva, abrindo os anais akáshicos da linhagem mágica do seu coventículo. Essa duplicidade da Lua reflete a dupla natureza da Deusa, branca e negra, como a Parvati e Kali tântrica, destacando sua dupla ligação com o mundo cósmico das alturas celestes e com o mundo ctônico das profundezas terrestres. Essa dupla corrente é representada pelo simbolismo sinuoso da Serpente, durante um percurso anual de 13 luas à volta da Terra. Daí o nome TerraSerpente nos usos e costumes do nosso Coventículo, em memória não só dessa Serpente, mas também da que vemos exaltada nos santuários de Ophiussa, em Panoias, e no Castro de S. Bento. Em muitos coventículos de Bruxaria Tradicional, ela é representada por Samael, o Demônio Serpente de 12 asas, correspondentes aos 12 meses do ano, gerando com Eva seu filho Caim e, através de Lilith, seu descendente Asmodeus. No entanto, seja o leitor advertido que a expressão *Demônio* deve ser entendida no seu sentido esotérico e desligada da superstição judaico-cristã. Sua origem está na expressão grega *daimonius,* que significa "ser brilhante". Ele é o gênio adormecido dentro da carne da humanidade descendente de Caim que, ao contrário da humanidade comum descendente de Abel, traz no sangue e no espírito o sopro dos Velhos Deuses.

A Lua tornou-se um símbolo incontornável no esoterismo, porque nos ajuda a entrar no mundo suprassensível pela atividade do transe e da nossa imaginação criativa. Regendo a antiga função imaginativa da humanidade, a clarividência e o transe, a Lua é a Virgem Sofia dos gnósticos, aquela que no dizer do poeta Novalis é "a eterna Sacerdotisa do coração"[232] e a "Rainha do Mundo",[233] mas tambem a Luxuriosa entre os ofitas. A imaginação é hoje apenas uma forma degradada da clarividência dos povos arcaicos. Ao ser reprimida pelo desenvolvimento das funções racionais, ela ficou reduzida à mera funcionalidade fantasmática da nossa fantasia. A utilidade dos ritos mágicos é despertar essa antiga clarividência imaginativa! O que caracteriza a clarividência não é só o uso de uma capacidade imaginativa que julgávamos perdida, mas a de nos permitir intuir a essência das coisas visíveis e invisíveis. Para o wiccan, todas as partes da natureza estão em uma relação de íntima ressonância

---

232. Novalis. *Das Märchen von Eros und Fabel*. Hamburg: Verlag Goeheanum, 1995.
233. Novalis, *Hymns to the Night*. Kingston, NY: McPherson & Company, 1988.

e simpatia mágica. Julian Vayne[234] demonstrou que as civilizações antigas, com sua exuberante produção artística e arquitetônica, só poderão ser compreendidas se tomarmos em consideração que ela poderia estar usando as antigas funções imaginativas do hemisfério direito. Foi o poeta Mallarmé que se propôs a fazer da poesia o meio que permitiria criar uma *explicação órfica da terra*,[235] como ele a chamava, pela qual a Imaginação Poética restituiria à humanidade uma nova visão cósmica. Mallarmé acreditava na aurora de uma nova consciência da Terra, apreendida por meio da poesia, que suprimiria o raciocínio discursivo e sua alteridade objetiva. Dessa forma, a palavra tornar-se-ia portadora de um novo sentido cósmico, como Hermes, Orfeu e Odin haviam anunciado.

> *Síntese: A Lua é a função cósmica estimuladora da Imaginação Visionária sendo trabalhada ritualmente na sua dupla corrente mensal de forças ascendentes, portadora das forças de fertilidade, e da força minguante, portadora da nossa memória arcaica.*

O Portal Sinódico

Desde a Antiguidade, todos os rituais mágicos são cronometrados pelo céu. Na prática wiccaniana, ao contrário do que as pessoas pensam, não é a astrologia tropical, mas a astrologia sideral, que é importante conhecer. São as constelações, e não os signos fictícios da astrologia que guiam suas operações teúrgicas. Isso é derivado do fato de a teurgia considerar, desde os tempos do Paganismo, as órbitas planetares como zonas de atividade espiritual que o Magista devia explorar, conhecer e integrar na sua vida, como forças de mudança da sua personalidade. Grande parte desse trabalho mágico era um sistema de Iniciação feito não por indivíduos especializados, como vemos nos Mistérios Eleusínios, mas pelos seres que se acreditava habitar essas esferas, como parece ter sido praticado entre os Mistérios Cabíricos. Eles eram convidados por rituais específicos a descerem como impulso de transfiguração cognitiva. Vemos essa concepção bem clara em Jâmblico e Plotino, por exemplo, e nos grimórios medievais e renascentistas, que deram origem à prática da Bruxaria Moderna. O êxito desses manuais era semelhante ao sucesso dos manuais modernos de *autoiniciação*, pelo fato de demonstrar que era a Vontade e a Imaginação Intuitiva que

---

234. Jayne, Julian. *The Origin of Consciousness in the Breakdown of the Bicameral Mind*. Boston, MA, U.S.A: Houghton Miflin Company, 1976
235. Raymond, Marcel. *De Baudelaire au Surréalisme*, Paris: Éditions Gallimard, 1952.

permitiam forçar as barreiras da socialização e comunicar-se com os Deuses. Conhecer o céu, parábola do mundo suprassensível, tornou-se assim uma tarefa obrigatória para o feiticeiro e magista. Porém, os povos de então ainda tinham restos anímicos vivos dessa clarividência ancestral, enquanto hoje está fossilizada na fantasia do homem comum e no vazio exotérico da erudição livresca.

Existe um momento do mês lunar que se tornou incontornável em todos os rituais de Bruxaria Tradicional: a Lua Cheia. Todos nós conhecemos histórias ligadas à ascensão de forças atávicas no plenilúnio por meio das crônicas de lobisomens. Esse momento particular do ritmo lunar deve-se ao fato conhecido dos esoteristas de que os processos rítmicos cósmicos se comportam em relação à Terra "como o corpo etérico do homem diante do seu corpo físico".[236] Nosso corpo físico, ao estar sujeito às leis da matéria pesada, tem tendência à mineralização e à morte, mas os ritmos lunares introduzem-lhe, pelo seu movimento cíclico, forças de vida sempre renovadas. É um fenômeno muito semelhante ao modo de ativação homeopática de um medicamento. Com movimentos rítmicos em ressonância com os movimentos celestes, vitaliza-se uma substância e um trabalho mágico. O Círculo wiccaniano, ao usar ritmos cósmicos, serve-se deles para introduzir processos de vida e consciência cósmica nos espaços padronizados pela mineralização lógica e material. Mas nesse ritmo lunar existe um momento especial: a abertura cósmica da Lua Cheia. Poder-se-ia chamar também a esse momento de *fissura cósmica*.

Serpente Lítica na vertente do cabeço da Deusa Lusitana Trebaruna

---
236. Vreede, E. *Le Ciel des Dieux*. Paris: Triades, 1973.

Não é pelo fato de ser Lua Cheia que se celebram os rituais wiccanianos. Sua explicação é de natureza diferente! A Lua progride todos os dias em um movimento de revolução sideral de oeste para leste, em uma viagem de 27 dias, 7 horas e 43 minutos. Se imaginarmos que a Lua esteve cheia quando estava em conjunção com Antares, em Escorpião, por exemplo, quando ela alcançar de novo seu movimento orbital, ela não voltará a estar cheia. Porque o plenilúnio depende apenas da sua oposição ao Sol! Ela necessitará, então, de mais *dois dias e meio* para estar de novo em plenilúnio. É esse intervalo de tempo entre a revolução sideral e a revolução sinódica de 29 dias e meio (exatamente 29 dias, 12 horas e 44 minutos) que é a chave dos ritos do plenilúnio. Esse intervalo de tempo cria uma fissura de espaço-tempo que é considerada muito importante nos trabalhos mágicos do Wicca, muito em particular no Coventículo TerraSerpente. Ela corresponde à abertura de um portal cósmico que desobstrui os rituais e os liga a determinadas influências celestes e planetares. É esse lapso de tempo que cria a condição de estar "entre os mundos"! Na realidade, é um lapso de tempo sem tempo! Como a Lua é, na Tradição, a Regente do Tempo, esse fenômeno cria, também, uma suspensão do tempo ordinário, trazendo os impulsos e memórias das épocas passadas à época moderna.

A fissura sinódica tem um efeito muito especial nas pessoas potencialmente mediúnicas e clarividentes, como deve acontecer obrigatoriamente com a Suma Sacerdotisa de um coventículo tradicional. Esses dois dias e meio abrem uma fenda entre seu corpo astral e seu corpo etérico. Como é pelo corpo astral que o ser humano recebe os impulsos da consciência de vigília, o corpo físico vê-se em ritual provido sobretudo do corpo etérico, exceto nesse limbo soli-lunar. Como o corpo etérico tem a Memória Ancestral, então nesse tempo liminar ela pode ascender de novo à consciência e ser aproveitada pelo coventículo. Esses dois dias e meio referem-se, também, ao poder da serpente *kundalini* enrolada no *chacra muladhara*. Sua referência, nos tratados tântricos, de estar enrolada três voltas e meia é uma referência já desfigurada e mal compreendida desse efeito de fissura sinódica lunar de dois dias e meio. Se olhássemos uma serpente enrolada duas voltas e meia, provavelmente veríamos dela três partes do seu corpo, que nos liga à fenomenologia do número 3 tão importante no Wicca. Esse lapso de tempo entre a revolução sideral e sinódica da Lua é o momento mágico para a celebração dos rituais wiccanianos. Durante o resto do mês lunar, o espaço orbital está fechado, mas, quando se abre esse portal de dois dias e meio, os Deuses podem entrar no plano terrestre. A expressão "estar entre os mundos", dentro do Círculo da Arte, deve ser então compreendida em um contexto novo: se desenharmos um círculo em uma clareira com a Lua Cheia no zênite, durante o momento de abertura da fissura, ele reproduzirá a condição de estar entre os mundos cósmicos e os mundos ctônicos.

> *Síntese: o dia de Lua cheia é um Portal Sinódico de dois dias e meio antes do Plenilúnio, pelo qual as forças cósmicas entram nos processos de vida e de consciência do homem e do nosso planeta. Ele é usado para atrair à consciência dos wiccans as épocas remotas do Paganismo e despertar seus impulsos espirituais na estrutura da vida moderna.*

A Invocação dos Deuses

Invocar os Deuses pode parecer um contrassenso para um Alto Iniciado wiccaniano! Se os Sacerdotes forem devidamente treinados, eles serão não só a emanação física dos seus Deuses, mas em rito serão os próprios Deuses! Em um hino órfico existe uma afirmação que sugere isto: *não existe parte de mim que não seja dos Deuses*! A ideia de Deuses como algo exterior ao ser humano é produto do dualismo filosófico! Um Iniciado sabe que a separação entre os Homens e os Deuses é uma linha divisória e fictícia muito tênue. Não basta, no entanto, nós acreditarmos nisso! A disciplina mágica do wiccan desenvolve cada Iniciado ao ponto supremo de se tornar em rito uma encarnação genuína e consciente desse princípio cósmico. É interessante que Gardner tenha escolhido para guia ritual um fragmento litúrgico da Missa Gnóstica de Aleister Crowley, onde a Deusa Mãe, Portadora da Fertilidade, é invocada pelo ciclo vegetal. O vegetal que se pretende ilustrar nesse ciclo divino representa o poder de metamorfose das forças etéricas que existem dentro do próprio Alto Sacerdote e da Alta Sacerdotisa.

Toda Iniciação é um trabalho de sementeira espiritual. Quem recebe a semente dos Mistérios e dos Velhos Deuses pela Iniciação, e a desenvolve dentro de si, é em rito uma hipóstase dos Deuses! O ato de invocar a Deusa de forma humilde, ajoelhado diante do corpo desnudado da Alta Sacerdotisa, chamando-a "pela semente e a raiz, o rebento e o talo, a folha, a flor e o fruto", não tem um significado de subalternidade espiritual. Nesse momento, o Sol está de fato embaixo, sob a terra, sobre a qual ele se ajoelha, e a Lua está na sua maior majestade de poder em cima. Trata-se de um processo iniciático em que o Alto Sacerdote aparece como a epifania do Sol Divino no Mundo Ctônico. Da mesma maneira que o Sol está, nesse momento, por debaixo dos nossos pés e em oposição simétrica à Lua que atingiu o zênite, da mesma maneira o Magister humildemente se coloca diante da Grande Deusa Lunar. Nessa posição, ele é sentido como estando no interior da Terra, animando a semente e a memória planetar que, em essência, é também a própria Alta Sacerdotisa. Para reforçar esse significado, a Alta Sacerdotisa tem os braços cruzados sobre os peitos, como duas tíbias sob o crânio, simbolizando esse estágio de suspensão de vida no interior da Terra nossa Mãe.

O Sacerdote é o Sol Negro Arquetípico que, com a Luz do Mundo Ctônico, acorda gradualmente, pelo poder do verbo criador, a Deusa dentro da mulher Suma Sacerdotisa. Ela reflete na sua nudez, divinizada e iluminada pelo luar, a luminosidade mistérica, de que Ártemis era antigamente a Anunciadora com suas tochas. No Coventículo TerraSerpente, o Sacerdote que traz a tocha transfere-a, concluída a invocação, para sua companheira Alta Sacerdotisa, que o eleva acima do seu coventículo, como Hécate, a Portadora das Tochas Mistéricas. Não é por acaso que sua postura sacral é durante esse gesto um Pentagrama. Ela passou de uma postura em que representava a morte, com seus braços cruzados, para a postura pé de corvo, símbolo da fertilidade da Deusa Mãe e sua genitália, concluindo depois com o Pentagrama da Deusa das Estrelas, que os resume a ambos. Na escuridão do Círculo e à luz da tocha, ela torna-se um Pentagrama Flamejante, a hipóstase de Ártemis Lucífera. O ato de invocar e evocar na Bruxaria Tradicional é um processo de trabalho mútuo entre homem e mulher, Deus e Deusa, e não um ato solitário típico da Magia Cerimonial. Trata-se de uma ação dupla, onde o Sol e Lua arquetípicos interagem sob a proteção dos Espíritos Tutelares e da Sagrada Linhagem para unir de novo ambos os Mundos.

Invocação da Grande Deusa

Colocando a tiara lunar sobre a cabeça da Alta Sacerdotisa, que está em postura de Senhor de Elphame, o Sacerdote ajoelha-se diante dela e saúda-a com o Quíntuplo Beijo. Alcançado o ventre (fase 3), ela toma a Postura Pé de Corvo. Depois, tomando a postura do Pentagrama, invoca a Deusa dentro dela, tocando com sua mão em cada uma das partes do seu corpo:

>*Eu Te invoco e Te chamo*
>
>Tocando seu peito direito
>*Mãe Poderosa de todos nós, (1)*
>
>Tocando seu peito esquerdo
>*Portadora de toda Fertilidade (2)*
>
>Tocando seu ventre
>*Pela semente e a raiz, (3)*
>
>Tocando seu peito direito
>*O rebento e o talo, (1)*
>
>Tocando seu peito esquerdo
>*A folha, a flor e o fruto, (2)*
>
>Tocando seu ventre
>*Pelo amor e a vida, (3)*

Ajoelhando-se de novo, ele baixa-se e estende seus braços abertos dizendo:

>*Eu Te invoco*
>*Para que desças sobre o corpo*
>*Desta tua serva e Sacerdotisa.*
>
>*Vem*
>*E fala-nos com sua língua,*
>*E toca-nos com suas mãos,*
>*E beija-nos com seus lábios*
>*Para que esta tua serva seja realizada.*

A técnica ritual de invocação da Grande Deusa Mãe é feita por meio do glifo do Triângulo de Água sobre o corpo da própria Sacerdotisa. A área de invocação é o ventre desnudado, precisamente a área da anatomia realçada nas esculturas das Deusas Paleolíticas. Nos grimórios medievais e renascentistas, o triângulo de invocação era desenhado fora do Círculo e sobre o chão, para receber e agrilhoar os gênios, espíritos e inteligências planetares, mas no Wicca ele é desenhado pela mão do Alto Sacerdote sobre o corpo da Sacerdotisa. A mão nua sobre o corpo desnudado ajuda a unir a energia de ambos os Altos Sacerdotes, mas há *covens* que usam a Vara para essa operação teúrgica, símbolo do Falo Divino. Essa inovação wiccaniana deve-se ao fato de que na época em que vivemos os Deuses Arcaicos já não são vistos como ameaçadores, como os gregos descreviam nas suas múltiplas lendas de assassínios de monstros divinos por heróis, mas como participando da substância vital e terrestre da humanidade. O triângulo é o glifo geométrico do *yantra* da Deusa Shakti, desenhado habitualmente sobre o solo sagrado, mas o que aqui se passa é que esse *yantra* é colocado sobre o corpo de uma mulher consagrada ao Sacerdócio Mágico. De pé, a Sacerdotisa segura de braços cruzados sobre o peito a vara e o mangual, símbolo da sua soberania sobre a esfera da Vida e da Morte, da sementeira e das colheitas, da vida e da consciência.

> *Síntese: No Wicca, a Deusa é invocada pelo glifo do triângulo maternal e o simbolismo da planta em processo de metamorfose, metáfora de toda manifestação criadora.*

O Oráculo e a Instrução

A representação mais dramática de um oráculo no imaginário ocidental é o da pitonisa do Templo de Delfos. Sentada em um tripé suspenso sobre a cratera aberta do Parnaso, ela recebia a possessão do espírito da Serpente que pela sua boca falava. Seu oráculo era feito pela Velha Serpente, a Mãe Gaia, que havia sido morta por Apolo, mas cujo espírito sobrevivia nas profundezas da montanha sob a hierofania do réptil. Talvez ele não a tivesse assassinado mas, como as antigas representações ptolemaicas de Hórus e, mais tarde, de S. Miguel, a tivesse aprisionado, asfixiado e deixado viver nesse estado liminal entre a vida e a morte, porque os Deuses nunca se extinguem, apenas mudam de função e forma. Uma das representações mais marcantes do oráculo na Bruxaria Tradicional é o de Austin Osman Spare.[237] Em um dos seus desenhos, ele representa a feiticeira sentada em um tripé e preparando-se para ser penetrada pelo espírito da Serpente. Existem outros oráculos, no entanto: o oráculo das *volvas* dos Vikings, por exemplo.

---

237. *O Culto da Bruxaria, no Artista e Escritor Austin Osman Spare.* Idem.

Não existe nos usos e costumes do Wicca a expressão oráculo, embora ela fosse usada no Coventículo TerraSerpente e aplicada a membros que têm a função de receber comunicações dos Espíritos Tutelares para o clã. Esse é um método bem fundado encontrado em todos os *grupos contactados*, isto é, que foram criados não só por uma transmissão meramente horizontal e regular de Iniciação Corporativa, como acontece em muitos coventículos do Wicca Gardneriano e Alexandriano, mas também por uma transmissão vertical, onde os Espíritos Tutelares entram em contato com certos Iniciados e, por um pacto selado entre si, se unem para um fim comum. Trata-se de *coventículos criados a partir de dentro* e não apenas *surgindo de fora* por decisão dos seus membros. Essa dupla natureza dos coventículos com linhagem recebida por transmissão regular é essencial. É nesse caso que se pode falar propriamente de Oráculo. Esses coventículos assemelham-se aos *peristilos* vodus, no tempo em que Marie Laveau era o Oráculo Supremo em New Orleans. Nos coventículos de Wicca criados a partir de uma mera tradição exterior, sedimentada em ritos, essência característica do modelo de *transmissão iniciática na horizontal*, existe meramente a Instrução.

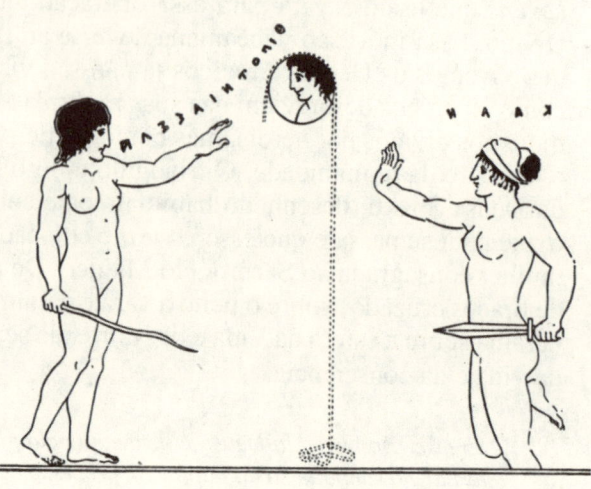

Puxar a Lua para baixo (vaso grego, século. II A.E.C.)

O rito de invocação da Deusa é chamado *Puxar a Lua*. A expressão vem dos tempos remotos em que as bruxas da Tessália, adoradoras de Hécate, se gabavam de atrair a Lua para a Terra e forçá-la a fecundar seus trabalhos mágicos. Elas declaravam com ênfase: *se eu mandar, a Lua virá cá baixo; se eu quiser cancelar o dia, a noite cobrirá minha cabeça; se eu quiser embarcar pelo mar, não necessitarei de barco, e se eu desejar voar não terei peso.*[238] A primeira representação que temos dessa invocação encontra-se em um vaso grego do século. II A.E.C.,

---

238. Ellen Guilley, Rosemary. *The Encyclopedia of Witches and Witchcraft*. New York: Facts on File, Inc.,1989.

onde estão representadas duas feiticeiras nuas e armadas de facas, invocando a Lua Cheia, que desce sobre a forma de um raio de Luz. Essa imagem revela, para quem sabe ler entre as entrelinhas, uma das técnicas de treino oracular para Suma Sacerdotisa em coventículo! Embora no Wicca se "puxe" a força lunar para dentro do corpo da Alta Sacerdotisa, ela não tem habitualmente a função de fertilizar seu espírito com a instrução da sua palavra divina, essência da Gnose Lucifférica. No Wicca por linhagem horizontal, a Instrução não é recebida oracularmente, por contato direto e regular entre os Sacerdotes, os Espíritos Tutelares e seus Deuses nos Esbates, mas fixada em letra revelada e por Lei. Nesse último caso, o oráculo é apenas uma declamação verbalizada com emoção e significado, que permite um contato interno com a força divina, representada nas palavras. Porém, pela contínua sintonização com a Deusa em Esbat, por meio da Instrução, as palavras ganham um sentido novo e vislumbres da sua presença podem ser vistos dentro do Círculo.

A palavra Instrução é uma tradução do vocábulo inglês *Charge*, cujas origens vêm do Ritual Escocês Antigo e Aceito da Franco-Maçonaria. Não se deve pensar que a palavra "Instrução" seja usada no sentido de aprendizado e doutrinação, mas no sentido com que os juízes falam de instruir um processo ou na maneira como é usada oficiosamente pelos ministros quando orientam seus secretários de Estado. Trata-se, então, de ordens transmitidas por costume corporativo em uma escola de Iniciação. Os coventículos são famílias iniciáticas convivendo ritualmente em células muito pequenas de trabalho mágico, reeditando o sistema familiar dos Mistérios Eleusínios. Na introdução à Instrução a Suma Sacerdotisa declara, com seu corpo aberto na Postura do Pentagrama, segurando em uma mão o mangual e na outra o athame, símbolo das forças da morte e do renascimento, tal como vemos ainda hoje parcialmente representado nos ícones de Lilith:

Da Mãe, Escura e Divina,
Meu é o látego e meu é o beijo,
Minha é a estrela de cinco pontas do amor e da bem-aventurança
Assim aqui eu vos decreto por este sigilo

A Suma Sacerdotisa está investida da sua dupla função de infligir o transe pelo açoite e o êxtase pelo seu beijo. Embora os cultos mediterrânicos às Deusas Mães como Cibele e Ártemis Táuria se caracterizassem pelo rito da *diamastignosis*, em que se flagelavam os adolescentes provocando-lhes estados de transe extático, na realidade esse açoitamento é um símbolo do mangual usado depois da ceifa, para malhar nas eiras os cereais e debulhá-los, criando a farinha do pão sabático. Claro que esse mangual que debulha os cereais é uma cerimônia no *Dies Sanguinis*, a 27 de março em Roma, que em gritos de dor se sentiam unidos extaticamente à Grande Deusa Mãe. Mas seu beijo refere-se a uma crença bem conservada

Veja-se a semelhança de postura entre a Deusa Lilith e a Alta Sacerdotisa Maxine Sanders

entre muitos povos antigos: de que depois das colheitas é aconselhável propiciar à Mãe Terra cerimônias que mimetizem o amor e a cópula. Era o que acontecia depois das ceifas em Portugal, em que as moças simulavam o ato sexual com um jovem ceifeiro, para garantir à terra a energia que dela lhe haviam retirado e prepará-la com a força necessária para o repouso do inverno que se avizinhava. Na introdução à Instrução, é claro que o Pentagrama deveria ser visto como o Pentagrama Afroditiano "do amor e da felicidade", onde estão conjugados os opostos elementares e humanos. Julgo que parte do seu sigilo está revelado!

Da Instrução é inteligível, também, que essa Deusa é a Divindade Feminina primal, a Mãe Negra Universal, a Mater Tenebrarum, pois diz sem rodeios: *da Mãe Escura e Divina*. Trata-se de uma hipóstase das deusas Virgens e Negras! Sua invocação pelo Sacerdote, usando seus múltiplos nomes, demonstra que ela é a Força Feminina Universal, como subentende sua declaração:

> Escutai as palavras da Grande Mãe, aquela que desde antigamente era chamada pelos homens por Ártemis, Astarte, Atena, Dione, Melusine, Afrodite, Cerridwen, Cibele, Arianrhod, Ísis, Dana, Brida, e por muitos outros nomes. Nos seus altares em Esparta, os jovens da Lacedemonia faziam seus sacrifícios.

Os 12 nomes mencionados na convocação são apenas sugestões para os *12 aspectos* que a Deusa da Lua toma ao atravessar o Zodíaco no ciclo de um ano. Zodíaco quer dizer "círculo de animais" e, dessa forma, ela afirma-se solenemente como a Regente das Forças Animais adormecidas dentro do inconsciente racial humano. Na sua estátua em Éfeso, Ártemis, a primeira mencionada na convocação tradicional, tinha seu corpo coberto de animais, significando que ela era a guardiã das forças da nossa astralidade, mas também do poder fecundador dos animais, em lembrança de uma época arcaica em que ela era a Senhora dos Animais Selvagens. Para nós, esses animais selvagens são as forças zodiacais que podemos ver no céu à noite e que ela desperta em cada um de nós nos Esbates. Mas também impulsos cósmicos presentes no próprio corpo dos Sumos Sacerdotes! Ao descer dentro do Círculo, a Deusa desperta mensalmente, por meio do filtro cósmico do zodíaco, uma das suas forças atávicas. Essas 12 Forças são representadas por 24 sigilos na Arte, um passivo e outro ativo, que abrem as regiões do Céu por onde ela passa e governa transitoriamente. Eles correspondem às 12 paixões referenciadas por Charles Fourrier, que abrangiam as energias da Natureza e eram a base de uma mística de trabalho nas suas falanges. Austin Osman Spare chamava-lhes o Alfabeto do Desejo.

> *Síntese: A Instrução ou Charge é a declaração solene ao coventículo dos princípios e ciclos de aprendizagem e o momento mais importante de participação mística na sua essência, presente dentro do Círculo, por meio da Sacerdotisa.*

O Vinho e o Cereal

Um dos elementos que cronometram a fase descendente do rito wiccaniano é a consagração do vinho e do cereal. Esse era o rito principal de toda prática de Bruxaria Tradicional. Ele estava consubstanciado não só nos ágapes dionisíacos, mas em todas as festas das bruxas que se atribuíam a Herodias e Diana. Existe, contudo, na liturgia da missa católica um momento semelhante, considerado o mais nobre e sagrado de todos os seus momentos e que teria sido instituído por Melquisedeque e transmitido a Abraão: a cerimônia da eucaristia. Pouca gente sabe que esse momento ritual foi copiado das cerimônias pagãs da Antiguidade e dos seus Mistérios, reminiscências religiosas dos ritos cinegéticos e agrícolas. A última ceia que conhecemos nos mitos cristãos baseia-se no plágio de uma cerimônia simples e muito poderosa, praticada nos ágapes dionisíacos e em muitos cenáculos místicos da Antiguidade, como os de Elêusis. No outono, ao sermos recebidos no peristilo da Iniciação em Elêusis, era-nos sempre perguntado: "Comeste do grão?". E o iniciado respondia: *"Eu jejuei, tomei água e cevada; depois tomei o grão do baú, comi-o e coloquei-o no cesto"*.[239]

---

239. Burkhard, Gudrum Krökel. *Novos Caminhos de Alimentação*, Vol. III. São Paulo: Balieiro, 1987.

Durante milênios as oferendas dos pagãos foram constituídas por sacrifícios animais, mas foi o lendário fundador de Atenas, Cécrops,[240] que instituiu na Grécia o uso exclusivo do sacrifício vegetal como base da civilização moderna. Ainda hoje se usa no Wicca seu sacrifício vegetal, o *selanos*: um pão de formato cornudo. No passado remoto, o alimento era a coisa mais sagrada, não só porque implicava o sacrifício de um ser vivo, mas porque suas energias de vida e consciência se uniam à vida e à consciência da tribo e dos seus membros. Por esse ato de dependência alimentar, a tribo e o animal tornaram-se um só. O ato de comer, como Georges Bataille tão eloquentemente argumenta na sua *Théorie de la Religion*,[241] foi para os povos antigos um ato mágico: através dele, a carne e o espírito dos animais entravam na humanidade. Foi necessário transformar a carne em um objeto, como se fosse um mineral sem vida, como fizeram as religiões patriarcais, para que esse ato tão simples pudesse ser vivido sem complexos. Só temos um ato de dimensão comparável: o ato sexual. Não é estranho, por isso, que nos rituais wiccanianos os alimentos sejam consagrados segundo um ritual que repete liturgicamente o acasalamento dos Deuses Arcaicos. Através dele, suas forças de abundância vertem-se sobre a Terra e a humanidade. É uma celebração das Forças Vitais como a mais santa energia do Cosmos.

No Wicca há duas substâncias que são consagradas nos rituais: o vinho tinto e os bolos, sob a forma de um pastel em forma de Lua crescente. São consagrações vegetais, uma da uva e outra do cereal, seja de milho, trigo ou cevada. Embora nas tradições wiccanianas o vinho seja por vezes comparado ao sangue dos Deuses sacrificados no outono, para que a Terra se renove, sendo assim a primeira consagração antes da dos cereais, simbolizando a renovação, em um ciclo de morte e ressurreição vegetal, na realidade na nossa tradição esse vinho sabático é também o símbolo do sangue vertido nas estacas pelos nossos mártires às mãos dos inquisidores e que nos unem em uma singela homenagem aos nossos Antepassados. Comer e beber era um rito tradicional de comunhão com os Antepassados e foram muitas as interdições eclesiásticas proibindo os pagãos de irem comer nos cemitérios em sua memória. Isso deve-se ao fato de que os Antepassados eram os Guardiões das forças que corriam no sangue e no sexo. Todos os atos de semear, plantar e ceifar eram marcados pela renovação de um pacto arcaico com os

---

240. Cécrops era metade homem e metade serpente, e segundo alguns autores seria um lendário rei egípcio vindo de Saís, que teria fundado Atenas e construído a Acrópole. Ele é o dispensador dos primeiros impulsos de civilização.
241. Bataille, Georges. *Théorie de La Religion*. Paris: Éditions Gallimard, 1973.

Antepassados, como foi demonstrado por Moisés Espírito Santo, no caso dos ciclos rituais rurais portugueses.[242] Essas duas substâncias são, também, a lembrança ritual das duas grandes correntes iniciáticas mediterrâneas que sobreviveram como impulsos mágicos no esoterismo ocidental: a corrente mistérica representada pelo vinho de Dioniso, o Pai de Chifres, e a corrente mistérica representada pelo cereal de Deméter, a Mãe da Abastança.

A consagração do vinho sabático é uma das mais interessantes da Magia moderna. A função que se lhe tem atribuído tem sido a de aterrar as energias pela digestão cerimonial. Existem outras finalidades além dessa explicação prosaica! No Sabat arcaico, o "vinho" era um símbolo para os fluidos corporais dos bruxos, a linfa e o sangue, que são considerados substâncias talismânicas de grande poder. No esoterismo, tem-se atribuído ao cereal ingerido em rito o papel de fortalecer o sangue e acordar as forças arcaicas que trazemos pela hereditariedade. Pelo vinho, alegoria do sangue, despertam-se as forças telúricas antigamente regidas por Dioniso, e com o pão trazem-se as forças cósmicas de Deméter, assimiladas no cereal de trigo ou centeio. Nas épocas passadas, em que os homens estavam perdendo a clarividência e a Iniciação servia de seu substituto, o cereal representou a possibilidade de transitar entre os mundos em completa lucidez. Ele era o alimento dos mortos e quem, como os mortos, atravessava regularmente os mundos sensíveis e suprassensíveis em visões era aconselhado a ingerir cereais. O Deus Hades dizia nos Mistérios:

> *Meus concidadãos devem alimentar-se de pão de cevada e trigo.*

O cereal permitia que o iniciado mantivesse a consciência no mundo invisível e adiasse a perda das forças de clarividência. Quando um dia perguntaram a Rudolf Steiner qual a razão por que a maior parte dos exercícios meditativos não obtina os resultados previstos nos aprendizes de esoterismo, ele respondeu: "é uma questão alimentar". Grande parte da incapacidade de abrir as forças da clarividência tem sua origem em uma regra alimentar inadequada. No passado sentia-se que o cereal desempenhava um papel importante de desenvolvimento da consciência clarividente. Sua riqueza em silíca, ferro, magnésio e fósforo, nutrientes químicos essenciais para que o "eu" possa trabalhar através do cérebro, provam o bom fundamento das dietas esotéricas dos povos antigos.

---

242. Espírito Santo, Moisés. Idem.

Consagração do Vinho Esbático[243]

A Sacerdotisa está de pé e nua na posição do Deus Sacrificado. De joelhos e segurando o cálice cheio de vinho diante do ventre dela, o Sacerdote clama:

> *Eu chamo a Deusa para testemunhar este Santo Rito*
> *E separar os véus entre os Mundos*

A Sacerdotisa, tomando o athame entre ambas as mãos, suspende-o sobre o cálice dizendo:

> *Pois assim como o athame é o Macho*

O Sacerdote declara depois:

> *Assim o cálice é a Fêmea*

Juntos declaram, depois, enquanto a Sacerdotisa mergulha sua lâmina no vinho sacramental:

> *E juntos como o Sol e a Lua eles tornam-se Um só*
> *Trazendo suas bênçãos de Abundância e Sabedoria*
> *Aos Filhos da Velha Religião*

Gerald Gardner inspirou-se na união do cálice e da lança da Missa Gnóstica escrita por Crowley para a reinvenção da consagração alimentar no Esbat. Uma consagração é essencialmente a vitalização de uma substância para se tornar a base talismânica de uma força divina. É pelo fato de este ritual usar as forças vitais dos Sacerdotes e dos Deuses e se trazer sua potência às substâncias vegetais, transformadas pelo labor criativo humano, que Gardner transformou esse momento em uma hierogamia simbólica, isto é, em uma união sexual alegórica pela união cerimonial do cálice e do athame. Para complicar essa formulação, Gardner inverteu os papéis: colocou o cálice nas mãos do Sacerdote e o athame nas mãos da Sacerdotisa. Essa aparente inversão lógica baseia-se na ideia de que o mundo das forças formativas, que são trazidas ao vinho sabático, é um negativo invertido da realidade visível, que é apenas seu reflexo. Na fórmula desenvolvida por Gardner, o Sacerdote está sempre de joelhos como o Sol sob a Lua e é a Sacerdotisa que consagra os alimentos, porque é ela que na posição de encarnação da Deusa traz a abundância terrena. Esse ato realça, simultaneamente, a situação de dependência do elemento masculino ao elemento feminino, invertendo a lógica teológica das religiões patriarcais.

---

243. Versão Tradicional do Cov. TerraSerpente.

Síntese: A consagração do vinho e do cereal é um elemento litúrgico wiccaniano cujas origens recuam aos antigos cultos agrários e à veneração dos Antepassados. Dessa forma, não só se aterram as energias libertadas no ritual e se anulam seus elevados níveis de astralidade, como também se reforça o vínculo etérico com os Deuses e os Gênios da Arte.

A Dança Extática

A mais bela e inesquecível expressão do poder da dança foi aquela que o Profeta Mahlevi anunciou quando disse: *dançai, dançai, e dançando encontrareis Deus*. Desse convite à dança extática nasceram os Sufis! Mas a dança não é um exclusivo seu! O rei David dançou para Adonai e foram muitos os ritos católicos que tomaram a dança como suporte da sua liturgia, como na missa solsticial em honra de S. João Batista e na missa de S. Gonçalo! O movimento antiutilitário do corpo, reproduzindo pela dança padrões geométricos sagrados, que muitas vezes repetem os esquemas cíclicos das estrelas, foi sempre o atributo das formas mais antigas de religiosidade. A representação rupestre, em Trois Frères, de um Deus-Xamã, é dançando, tornando a dança a forma primeira de representação do sagrado que conhecemos. Mas nem só os homens dançam, também os animais o fazem. O que é interessante é como esses movimentos se tornaram por vezes tão emblemáticos dos passos de dança mágica. A Missa Gnóstica escrita por Aleister Crowley para a OTO estrutura os movimentos litúrgicos de acordo com os movimentos lemniscáticos das abelhas, tal como as melissas, sacerdotisas de Ártemis de Éfeso, provavelmente faziam. Esse exemplo havia sido seguido durante milhares de anos pelos feiticeiros xamãs em todas as culturas antigas, dançando seus espíritos animais, e existem representações de danças de bruxas acompanhadas pela dança dos seus familiares.

O medo cristão às danças atravessou toda a sua história. As danças de S. Vito ou os fenômenos dos Tremedores, que os imitavam, eram processos desesperados de regressão do corpo demasiado socializado ao seu estado de natureza. Todas as festas profanas têm, por isso, uma reminiscência sacral, sobretudo pelas suas danças rítmicas, em círculo e espiral, que imitam no auge do verão as danças do Sol e da Lua e suas formas circulares. Uma das consequências das danças é instalar provisoriamente o caos pela vivência dos ritmos do círculo e da espiral e libertar-nos da estreita prisão do nosso ego. Pela dança, surge um estado de euforia e dissolução em qualquer coisa que nos transcende ou que existindo imanente havia sido reprimido. A dança dos wiccans é conhecida entre os alexandrianos pelo nome de *Runa das Bruxas*. Na realidade, trata-se apenas de uma designação elegante que tem relação com seu significado primitivo de "mistério". O mistério refere-se a algo que está fechado à nossa percepção consciente. Por meio do corpo desregrado pela dança extática, pode-se entrar nesse reino fechado do Espírito. Enquanto dançam em círculo de mãos dadas, os bruxos cantam e acordam do seu sono letárgico os gênios das suas ferramentas.

O Cântico Rúnico das Bruxas

Para ser cantado e dançado de mãos dadas em volta do círculo. A dança deve ser sempre dançada de costas para a Sacerdotisa, com homens e mulheres intercalados:

Eko, Eko, Azarak
Eko, Eko, Zamelak
Eko, Eko, Kernunos
Eko, Eko, Herodias

Noite escura e lua a brilhar
Do Leste ao Sul, do Oeste ao Norte
A Runa das Bruxas temos de cantar
Cantemos com voz forte
Terra e água, ar e fogo
Vara, Pantáculo e espada
Trabalhai nosso desejo com arrojo
Despertai nossa palavra!
Cordas e turíbulo, látego e faca,
Pelo poder do caldeirão e da estaca
Despertai-os todos para a vida
Vinde, o encantamento está pronto!

Rainha do Céu, Rainha do Inferno,
Caçador Cornudo da noite
Trazei vosso poder ao nosso encantamento
Trabalhai nossa vontade no rito mágico!
Por todos os poderes da terra e do mar,
Por todo o poder do Sol e do luar
Assim seja e assim se faça
Que se cante o feitiço e seja terminado

Eko, Eko, Azarak
Eko, Eko, Zamelak
Eko, Eko, Kernunos
Eko, Eko, Herodias

O canto inicia-se e acaba com um velho refrão atribuído às bruxas bascas, popularizado por Grillot de Givry. Nesse refrão encontram-se referências a dois Demônios, Azarak e Zamelak, que ainda hoje deixam perplexos de ignorância muitos wiccans. Vou desfazer um pouco sua ignorância, então! Azarak é Amazarak, o Demônio associado a Samyaza e aos encantamentos com ervas e raízes, como vem no Livro de Enoque. Zamelak ou Zomelak refere-se ao rei Azazel, resultante da fusão entre o radical *za*, diminutivo de Zazzu ou Azazel, e o lexema *malak*, significando Rei. Trata-se do Mestre Ferreiro e Senhor da Bruxaria, o Bode Celeste do Sabat das filhas de Caim. Essa dupla divindade daimônica é a que preside as danças dos wiccans. Dessa maneira, Gardner, de forma ingênua ou sabiamente astuciosa, não sabemos ainda, colocou o Wicca Tradicional sob o epíteto das danças obscenas das filhas de Caim, no alto do Monte Hermon, em oferenda aos Poderosos. Para muitos wiccans que desconhecem essa interpretação, deve ser uma perplexidade encontrar no miolo dos seus ritos uma referência cifrada dos Demônios antediluvianos de Enoque, como um "ovo de Páscoa" dentro do Windows do seu computador.

Pelo rodopio da dança em espiral, eleva-se o nível vibratório do corpo e intensificam-se as emoções de prazer e alegria. É a dança que carrega a bateria bioelétrica do corpo e o coloca em um estado de exaustão, a tal ponto que, dessa forma, o filtro de censura do nosso ego é por momentos cancelado. Assim, podemos entregar-nos a um estado de paz vegetativa, por meio do qual é possível enviar os impulsos da nossa vontade de transformação positiva para o mundo astral. A dança cerimonial wiccaniana não é uma ocupação lúdica. Em essência, é um instrumento de esgotamento físico pelo movimento rítmico do corpo e um indutor de euforia que eleva a mente da esfera da racionalidade para a da imaginação astral. Dessa forma, o wiccan semeia eventos positivos de vida e consciência no mundo. O feiticeiro é um semeador, que lança nas profundezas do inconsciente coletivo estímulos de vida que despertarão como potenciais de uma nova consciência e de uma nova maneira de viver mais equilibrada no ciclo lunar seguinte. Assim como o agricultor escolhia os ritmos da Lua para arar e semear, assim o feiticeiro wiccaniano segue os ritmos do plenilúnio, mês a mês, para que, em sintonia com os ciclos de transformação etérica da Terra, possa desencadear transformações na sua vida. Esse é o segredo da dança wiccaniana. Nesse sentido, ela é um Mistério!

Dança Extática de Wiccans Tradicionais

Síntese: Um dos elementos essenciais do rito do plenilúnio é encantar a vida e transformá-la. Por meio da "Runa das Bruxas", uma dança extática, eleva-se a consciência do nível racional para o nível astral da imaginação, semeando novos ciclos de transformação física e espiritual.

O Grande Rito

São muito raros os coventículos wiccanianos que trabalham ritualmente fora da Lua Cheia, embora o Coventículo TerraSerpente dê muita importância a rituais durante a fase de Lua negra. Na fase de Lua Cheia, nossos rituais são coletivos e feitos para a fertilidade da terra, do nosso corpo e da nossa vida, mas, durante a fase de Lua Negra, eles são para a fertilidade da nossa alma. Como as Deusas Pavarti e Kali, a Deusa é de face dupla, ora criando e ora destruindo, conduzindo a energia ora para fora e ora para dentro dos recessos da nossa alma. Os casais iniciados no coventículo encontram-se sozinhos durante esse período de Lua Negra, a prosaica Lua nova, em rituais sensivelmente semelhantes aos nossos Esbates, e em horas astronomicamente definidas, para celebrar a união da Lua e do Sol na sua fase de conjunção astronômica. Embora os casais mágicos estejam separados, eles estão mentalmente reunidos no nível astral e usando a mesma Egrégora. São rituais onde a dimensão sexual é muito realçada e sua energia exaltada e conduzida para os recessos da alma, desencadeando o espaço ideal para a experiência visionária. Dessa forma Bruxos e Sacerdotes têm a oportunidade de se desenvolver em rituais corporativos e em rituais solitários, onde, sem a presença conivente dos seus Mestres, são desafiados a sozinhos enfrentarem suas próprias limitações, de forma que sua experiência cresça com maior liberdade e autenticidade. A finalidade é libertar dentro dos casais do coventículo o poder do Casal Mágico. No futuro, o caminho do Wicca será minimizar o trabalho em grupo, que corre o risco de se tornar sempre uma capela ou uma seita, e ser realçado o trabalho solitário do casal mágico, sob a orientação dos Mestres.

Nós temos até aqui interpretado a Lua enquanto entrelaçada na polaridade do Sol, mas a verdade é que por vezes isso é uma falsa questão! Embora o Sol seja a face polar da Lua, ao receber dele sua luz e depender dele na mudança cíclica das suas fases mensais, na realidade existe uma tradição mágica bem estabelecida na Bruxaria Iniciática, que considera sua face complementar como sendo Saturno. O fundamento astronômico da Magia não é o sistema coperniano do nosso sistema solar, mas o sistema ptolemeico, que ainda hoje sobrevive no seio da Alquimia. Saturno não é só o planeta considerado, até a descoberta dos planetas transaturninos, como sendo a fronteira limite do nosso sistema solar e, por isso, o ponto de morte e transmutação da alma. Ele é também a faceta oculta do Sol, o Sol Negro de que falava o poeta Gérard de Nerval, o Homem de Negro do Sabat! Nos coventículos tradicionais de Wicca, o Deus Cornígero é sempre o Deus da Morte e da Caça, em contraste com os grupos ecléticos do Wicca, onde ele tem facetas de uma divindade fálica e fecundadora. Assim como a Deusa é tripla como a Lua, também o Deus Chifrudo poderá ser triplo na sua tripla faceta de Sol, Saturno e Sírius. Sírius é uma estrela que se encontra na constelação do Cachorro, erguendo-se no inverno ao lado de Órion, o Caçador, em uma época marcada pelo fenômeno visionário das Caçadas Selvagens.[244] As flechas lançadas do seu arco têm como objetivo entrar no

---

244. Lascariz, Gilberto. *Do Capricórnio a Andrômeda: O Portal dos Deuses Infernais, Folhas Soltas da Gnose Estelar do Coventículo TerraSerpente.* Porto: Herne Pagan Digital Magazine, 2004. Disponível na web: http://projectokarnayna.com/Herne/num3/outono.htm

substrato arcaico da alma do feiticeiro e despertá-lo da sua existência inerte e vegetativa.

Um amigo meu, explorador e realizador de documentários sobre fauna selvagem, encontrou nas costas frias do Canadá, entre os índios esquimós, a crença de que o caçador, quando estava empenhado na sua montaria, ficava em ereção. A presa era desejada e caçada com a mesma intensidade com que se desejava uma mulher. Durante muitos milênios era tabu ter relações sexuais antes das caçadas, para que sua força sexual estivesse disponível para perseguir e possuir o animal. Uma das práticas da Magia cinegética pode ter sido a hierogamia, isto é, uma união sexual cerimonializada, representando a união entre pares divinos. Só mais tarde ela pode ter se tornado um rito agrícola, tal como conhecemos dos relatos dos etnógrafos novecentistas. A primeira representação de uma hierogamia está exposta de forma sub-reptícia na caverna de Lascaux! No chão está estendido o que parece ser um xamã, com uma máscara com cabeça de ave e em ereção, acompanhado por um bisonte que sangra do que parece ser uma representação vaginal ou uma chaga, em uma ambivalência semântica deveras perturbadora. Em Foz Coa, nós encontramos uma representação também perturbadora: um homem com um falo em ereção descomunal, em uma intersecção de rabiscos figurando animais, que no mínimo é sugestiva do seu estado de participação mágica no mundo animal.

O Xamã e o Bisonte da Caverna de Lascaux, 15.000 A.E.C.

São conhecidos do xamanismo siberiano, herdeiro inequívoco do xamanismo paleolítico, muitos relatos de uniões sexuais visionárias dos xamãs com os espíritos animais, em um modelo que sobreviveu nas histórias de uniões sexuais com os íncubos e os súcubos da Bruxaria medieval. Lilith, uma Deusa cananita transformada em demônio pelos rabinos, teria sido não só a Rainha da Bruxaria, mas uma frequentadora assídua das alcovas dos puritanos hebreus durante seus sonhos úmidos. São muitas as histórias de casamentos entre Deuses e Deusas com humanos, de cruzamentos antinaturais dos sexos, que subsistem na mitologia. Essas uniões anômalas são célebres, porque são criadoras de heróis. Dioniso, Hércules, Merlin e tantos outros heróis místicos foram filhos resultantes dessas uniões transumanas e o próprio Jesus Cristo não escapou a esse mito. Por mais sublime que seja essa linhagem de seres humanos, sua origem vem contudo dos hábitos libidinosos dos Grigori ao se unirem às mulheres humanas e a Caim, o patrono de algumas linhagens de Bruxaria Tradicional, que, segundo o Zohar, era filho de Eva e do demônio Samael.

Essa união criadora está sugerida em um clamor ritual da Bruxaria: no grito jubilante do Io Evohe nas ágapes e orgias da Antiguidade. Contam-nos os memoriais episcopais que, nos dias de Sabat e Esbat, homens e mulheres se desnudavam da sua socialização e iam para os bosques dançar em homenagem aos Deuses pagãos, alguns decorando-se de cornos animais e outros com coroas de flores, toda a noite ao som de flautas, tambores e gaitas de foles. Na sua dança gritavam: Io Evohe. Essa expressão é ainda ouvida entre os boiadeiros do interior de Portugal para chamar os bois, sob a forma de *eh bohi*, repetida com voz rítmica e gutural, como nas antigas ágapes dionisíacas se fazia ao taurino Dionísio. Na Cabala, ela representa as quatro letras sagradas de Deus, Y H V H, também dito IEVE. As duas primeiras letras IO da invocação resumem a polaridade da Natureza. O princípio masculino sob a forma do falo "I" e o princípio feminino sob a forma vulvar do "O". Sua união conduz-nos à experiência da totalidade divina do Y H V H ou EVOHE. Essas quatro letras representam os Quatro Elementos do Sábio no seu ciclo metamórfico de fogo, água, ar e terra, sendo a união do princípio masculino-feminino representativa do Éter. Dela nasce a quintessência, que tem o poder de tudo criar e destruir.

As hierogamias mais célebres foram as do Bode de Mendes e das folias dionisíacas na Primavera. No dia de Primavera, o Arconte-Rei de Atenas unia-se sexualmente com sua Rainha, mascarados de bovídeos, para estimular o ciclo ascendente do ano. Outras hierogamias, como as das Sacerdotisas Prostitutas, representando a Deusa nos templos de Afrodite e copulando com os homens, era uma oportunidade para as mulheres se tornarem, por breves instantes, Deusas e os homens serem tocados pela sua presença. Essas hierogamias são ainda hoje personificadas nos coventículos tradicionais do Wicca como símbolo da união dos dois mundos, o mundo terreno e o mundo divino. Pelo pacto da sexualidade cerimonial, ficam selados os dois mundos no coventículo, que em essência é um pacto com os Velhos Deuses.

> *Síntese: a função do Grande Rito é propiciar um pacto de união entre os mundos visíveis e invisíveis, através da força que o ser humano tem para atrair a potência da criação: sua sexualidade. Pela união sexual, real ou simbólica, assegura-se a fertilidade e o sucesso do coventículo e reforçam-se os vínculos etéricos e astrais com os Velhos Deuses.*

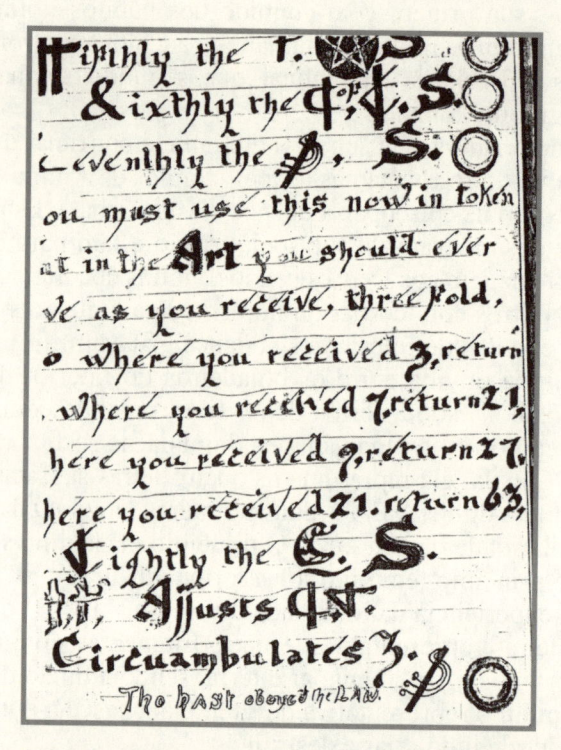

Trecho do "Ye Bok of Ye Art Magical" de Gerald Gardner, livro de anotações que serviram de base às liturgias do Wicca, desenvolvido ao longo dos anos de 1940. Ele serviu de base para a criação do primeiro Livro das Sombras, de Gardner, nos anos de 1950. Documento privado.

Liber Sancti Riti Plenilunii
O Esbat do Plenilúnio

Harodia e os Guardiões em Alfabeto Tebano

O Esbat aqui apresentado foi o modelo de trabalho dos Círculos Externos do Projecto Karnayna, e é a primeira vez que ele é dado à publicação. Não se trata de um ritual tradicional wiccaniano, tendo porém alguma característica dos ritos de Bruxaria Tradicional pré-gardneriana e dos ritos tradicionais wiccanianos, com alguns elementos adicionais da minha própria inspiração. Minha relutância em usar o ritual tradicional wiccaniano, sobretudo na sua última versão pós-1957, deve-se ao fato de esse ritual ter perdido muito da sua poesia encantatória, quando foi traduzido para a língua portuguesa, assim como ao fato de ele ser hoje obsoleto em alguns de seus componentes. Conservamos intocado o que consideramos ser o elemento central e fundamental do rito tradicional wiccaniano: a fase de invocação da Grande Deusa, a Instrução e a Runa das Bruxas. Os elementos adicionais que lhe foram sobrepostos são mínimos. Eles são o pico da pirâmide processual wiccaniana. Quanto ao resto, é de bom tom alterar o rito em função da idiossincrasia do lugar, do grupo, do tempo e da natureza do trabalho mágico. Essa orientação filosófica foi essencial para mim.

Temos de acrescentar duas coisas mais: sobre a fase de firmar o círculo e sobre a consagração dos alimentos. Quanto à primeira, isso se deve à necessidade que sentimos em trabalho de coventículo e, depois, de Círculo no Projecto Karnayna, de enquadrar em um contexto ritual o ato simples de delimitar o espaço com as quatro velas rituais. Antigamente, o espaço ritual era preparado desenhando o círculo no chão e acendendo as velas. Isso não era parte do rito wiccaniano. Nesse ritual, o ato de preparar o Círculo, enquadrando-o com as velas, tornou-se um ato ritual *per si* e parte integrante dele, tendo-o denominado "firmar o círculo".

Quanto à cerimônia de consagração do vinho e do pão, nós não seguimos rigorosamente o vocabulário tradicional wiccaniano apenas porque o considerávamos muito pobre sob o ponto de vista do seu significado mágico e religioso. Para a bênção do pão preferimos utilizar um poema de Doreen Valiente, ligeiramente modificado, mais elementos advindos da minha própria inspiração.

Antes de fazer esse ritual, saiba de cor as suas fases processuais em rito e seu conteúdo litúrgico. Medite sobre cada uma das palavras e das frases rituais até conseguir compreender seu significado. Use apenas elementos rituais que tenham sido consagrados e dedicados à Arte. Não faça o ritual para si, mas para os Deuses. Se assim o fizer, com certeza obterá uma resposta.

Notas de *Design* Ritual

O Círculo deve ser desenhado duplo e feito com farinha de trigo. O trigo é o símbolo dos poderes fálicos de nosso senhor, o Deus Cornífero. Escreva em cada quadrante e entre o duplo círculo, com farinha adicional ou carvão, os nomes dos regentes usados em rito, e em alfabeto tebano.

Dirija o altar a Norte. Lembre-se de que, por esse ponto sensível do Cosmos, poderá entrar no Submundo do seu inconsciente e no reino secreto dos Antepassados e dos Velhos Deuses. Para isso, use a Luz da Lua, Nossa Senhora das Encruzilhadas, que entra no Círculo pelo Oriente, no início da noite do plenilúnio.

Sobre o altar estão três velas: uma negra à sua esquerda e outra branca à sua direita. Entre elas, deverá estar uma vela cor de prata. Pode usar também tochas, em vez de velas, pois o efeito será mais poderoso. Elas são também as Três Deusas do Destino, tradicionais guardiãs do Círculo e da Encruzilhada, na face velada de Hécate. Abaixo delas, encontra-se o Pantáculo de cobre, acompanhado a leste pelo seu athame e a oeste pelo seu cálice. A Vara está diante de você, na altura dos genitais e por baixo do pantáculo. De cada um dos lados há um recipiente de sal e outro de água, e um hissopo para aspergir a água lustral. Essa água deve ser sempre água da fonte, e se possível colhida antes do amanhecer, em um dia de Lua crescente e em uma segunda-feira. Depois deve ser guardada protegida da luz solar e elétrica.

Para a realização deste rito são necessários quatro oficiantes treinados: O Sacerdote, a Sacerdotisa, A Donzela e o Verdelet. O rito passa-se entre três oficiantes, como reza a tradição, pois o número 3 é o sigilo da fertilidade. Dos três, a Donzela é apenas auxiliar.

O Rito de Esbat

Oficiantes: Magister, Sacerdotisa, Donzela, Verdelet, Turiferário, Gaiteiros e Tamborileiros.

0

Itens: Carnix ou Trompa de caça.

O Verdelet sopra o carnix três vezes na direção onde a Lua se encontra, para dar início ao Esbat. Na falta de um carnix ou trompa de caça, o Círculo reúne-se em forma de ferradura diante de leste e uiva o uivo do lobo em sua saudação.

1

Encantamento da Vassoura

Itens: Vassoura.

A Donzela do Círculo pega a vassoura e varre em círculo ao longo do Perímetro, enquanto lança o encantamento dizendo:

Pelo cabo da vassoura,
E a corda da polé,
Pela víbora que vê,
Pela Lua e pela Toura;

Pela vara do condão,
E o pano da peneira,
Pela velha feiticeira,
Com vassoura pela mão

Pela espada guerreira
Pela alma da feiticeira
Pela boca do caldeirão
Pelo signo de são saimão

Sobre o chão deste outeiro
Se abra o círculo por inteiro
Se abra a terra e se abra a Lua
Se abra a alma e se desnua
Para o poder aqui firmar
Pela noite e antes de dia
Com vassoura venho chamar
Karnayna e Habondia

2

Convocação do Poder

Itens: vela central.

O Verdelet está diante do altar. Depois de acender a vela central, ele abre os braços em V e exclama com emoção:

> *Em Nome do Antigo Cornífero*
> *Que existiu, existe e sempre existirá.*
>
> *Em Nome das Três Mães Poderosas*
> *Que tecem nosso Destino.*
>
> *Em nome dos Quatro Poderosos.*
>
> *Que o Poder desça e abençoe*
> *Este lugar e todos nós aqui reunidos.*

3

Firmar o Círculo

Itens: velas, corno.

Assim preparado o Círculo, a Sacerdotisa, vinda de fora, aproxima-se do Portal do Nordeste. Nele se ajoelha, beijando o chão e convocando dentro dela os Poderes dos Antepassados sobre seu ombro direito e do Mestre Lumeiro sobre seu ombro esquerdo. Depois se despoja do seu manto e nua, como o firmamento, entra no Círculo. Ajoelha-se diante do altar, e com a vela central acende a vela da direita dizendo:

> *Saboé, Poderosa Deusa da Lua*
> *Que trazes os Cornos Resplandecentes do Luar*
> *Saboai, Rainha do Céu, da Terra e do Inferno*

Erguendo-se, toma a vela e vai acender as velas dos Quadrantes. No respectivo Quadrante, ela declara enquanto acende a vela:

Convocação da Força no quadrante Leste:

> *Acordai brisas, ventos e tornados*
> *Corcéis de bruxas enfeitiçados*
> *Soprai com Força para podermos Triunfar*
> *É Hora de o Esbat celebrar.*

Convocação da Beleza no quadrante Sul:

Acordai relâmpagos e fogueiras
Almas das antigas feiticeiras
Vinde com vossa Beleza nos Inspirar
É Hora de o Esbat celebrar.

Convocação do Amor no quadrante Oeste:

Acordai rios, represas e mares
Espelhos das fadas e dos mares
Exultai de Amor para nos fecundar
É Hora de o Esbat celebrar.

Convocação da Sabedoria no quadrante Norte:

Acordai florestas e montanhas
Clareiras iluminadas pelo Luar
Que vossa Sabedoria nos possa guiar
É Hora de o Esbat celebrar.

O Sacerdote permanece em silêncio fora do Círculo, no Portal Nordeste, onde se detém até a Sacerdotisa recebê-lo. A Sacerdotisa recebe-o, beijando-o com o Quíntuplo Beijo. Depois, entregando a vela acesa que traz na mão ao Sacerdote; este acende, depois, a vela do altar representativa do Deus Cornudo, à esquerda, enquanto exclama:

Saboé, Poderoso Deus Chifrudo
Que trazes os cornos e os cascos do Bode
Saboai, Rei do Céu, da Terra e do Inferno
O Verdelete toca o carnix e declara depois:
O Templo está firmado

4

Purificação e Consagração da Água e do Sal

Itens: recipientes de água e sal, pantáculo, athame, carnix.

O Cálice é colocado sobre o Pantáculo. Tomando o Sacerdote o Pantáculo, assim preparado com o Cálice, ajoelha-se e segura-o na altura dos seios da Sacerdotisa. Então, tomando o athame, a Sacerdotisa talha com a lâmina um pentagrama de banimento da água elemental sobre sua superfície e exorta:

Eu te exorcizo, criatura do rio e do mar
Sobre o altar da terra e da Senhora do Luar
Que as impurezas que de ti vimos expulsar
De ti partam e a ti não possam mais voltar
Vem Herodia esta tua criatura aqui consagrar

Pentagrama de
Banimento de Água

Coloque depois nove punhados de sal sobre o Pantáculo. Tomando a Sacerdotisa o Pantáculo, assim preparado, ajoelha-se e eleva-o na altura dos genitais do Sacerdote, que agora está de pé. Este, tomando o athame, abençoa o sal com o pentagrama de conjuro de Terra, dizendo:

Eu te abençoo criatura cristalina da terra
Sobre o Altar da Terra e da Senhora do Luar
Venha tua alvura nossa água purificar
E a treva do Círculo daqui expulsar
Karnayna, vem esta tua criatura aqui
Pentagrama de Conjuro da Terra consagrar

Pentagrama de Conjuro
da Terra

Tomando a Sacerdotisa o recipiente de água consagrada na altura do seu ventre, e elevando-se de novo, deixa que o Sacerdote despeje o sal abençoado dentro da água. Ambos dizem:

O Sal se reúne à Água, como o Sol ao Luar
Deuses e Feiticeiros aqui se voltam a encontrar
É tempo de o Esbat celebrar

O Verdelete toca o carnix e declara:

A água está abençoada para purificar nosso círculo e o fertilizar
Pois antes de se semear têm as chuvas de regressar

5

Talhar o Círculo

Itens: espada, corno.

A Sacerdotisa toma a espada e, apontando-a para o perímetro do Círculo, prepara-se para talhá-lo simbolicamente. Tomando a orientação rotativa e partindo do quadrante norte, inicia o talhamento em silêncio. Quando alcança o quadrante leste, ela declara:

> *Eu te conjuro, Antiga Criatura do Círculo;*
> *Círculo dos Deuses que ninguém pode quebrar;*
> *Círculo Sagrado que ninguém pode passar;*
> *Círculo do Céu e da Terra que ninguém pode derrubar;*
> *Possas tu Proteger e Guardar*
> *Todo o Poder que dentro de ti viremos criar.*
> *Assim sejas, por isso,*
> *Aqui firmado, benzido e amarrado,*
> *E por Karnayna e Harodia consagrado.*

O Verdelet toca o carnix e declara:

> *O Círculo está Talhado e seu Poder aqui Amarrado*

6

Purificação e Consagração do Círculo da Arte

Itens: recipiente de água consagrada, hissopo, incenso e turíbulo, vela central, corno.

A Sacerdotisa toma o cálice de água consagrada e com o hissopo vai derramando seu conteúdo sobre o Círculo, partindo do norte, passando pelo leste e sul e atravessando o oeste e finalizando de novo no Norte, enquanto declara:

> *Que as águas das chuvas e as grandes marés oceânicas da terra*
> *Lavem e purifiquem este lugar, para que nos unamos todos*
> *Como as gotas das chuvas sem barreiras nem formas.*

A Donzela toma o turíbulo e consagra o círculo, tomando o movimento rotativo a partir do norte e declarando:

*Que as fragrâncias dos bosques e o Sol resplandecente da alvorada
Limpem e purifiquem este lugar, para que despertos pela sua luz
E inspirados pelo vento nos possamos unir sem barreiras nem formas*

O Sacerdote toma a vela central e consagra em movimento rotativo, partindo do norte, enquanto declara:

*Este é o Fogo que dardeja e flameja através das profundezas do Universo,
O Fogo Santo e sem forma,
Aquele que vestiu os Deuses na luminosa substância do seu Poder*

O Verdelet toca a sineta e declara:
O Círculo está purificado e consagrado

7

Invocação das Torres de Vigia

Itens: vara, carnix.

Com a Vara, trace em cada quadrante um pentagrama. Seja o pentagrama do tamanho de um homem e um portal entre os mundos. Depois de desenhado cada pentagrama, que se beije a ponta da vara como o Santo Falo do Senhor de Chifres, com respeito, e se coloque em descanso no coração, por breves momentos, antes do talhe seguinte. Caminhe calmamente e com a agilidade do veado, pois o oficiante deve ter a destreza dos animais selvagens.

A partir do Norte, comece a talhar os pentagramas e invocar os Guardiões pela fórmula seguinte:

Norte:
Eu vos chamo Borias, Espírito Guardião da Sentinela do Norte, e a todos vós, espíritos da terra, que habitais as fragas e as montanhas, para aqui virdes testemunhar e proteger este rito, Vós, que desde os tempos antigos nos protegeis e guiais.

Leste:
Eu vos chamo Eúrios, Espírito Guardião da Sentinela do Leste, e a todos vós, espíritos do ar, que habitais as brisas e os ventos, para aqui virdes testemunhar e proteger este rito, Vós, que desde os tempos antigos nos protegeis e guiais.

Sul:

Eu vos chamo, Notus, Espírito Guardião da Sentinela do Sul, e a todos vós, espíritos do fogo, que habitais os relâmpagos e as fogueiras, para aqui virdes testemunhar e proteger este rito, Vós, que desde os tempos antigos nos protegeis e guiais.

Oeste:

Eu vos chamo, Zefirus, Guardião da Sentinela do Oeste, e a todos Vós, espíritos da água, que habitais os rios e os mares, para aqui virdes testemunhar e proteger este rito, Vós, que desde os tempos antigos nos protegeis e guiais.

O Verdelet toca a sineta e declara:

O Círculo está selado e seu poder, protegido e testemunhado

8

Declaração Da Função do Rito

Itens: pantáculo.

Sacerdote e Sacerdotisa, Donzela e Verdelet, colocam sua mão sobre o Pantáculo deposto sobre o altar. Mão de homem entrelaçada com a de mulher. Os assistentes fazem a cadeia de união, cruzando os braços e enlaçando-as ao redor do círculo, como se fosse uma corda, macho com fêmea e fêmea com macho. A Sacerdotisa declara:

Oito Palavras o Bruxo na Arte Deve Respeitar;
Se Nenhum Mal Resultar, Faça O Que Desejar.
Por esta mesma Boca que declara a Regra da Arte,
Seja declarada nossa Vontade neste Rito.
Qual nossa Vontade neste rito?

A Congregação declara em uníssono:

É nossa Vontade,
Pela graça dos Deuses e das Mães do Destino
Que guiam e protegem nosso Coventículo,
E dos Homens e Mulheres da Antiga Linhagem,
Que (declarar aqui a intenção) se propicie neste Rito

A Donzela bate com sua vassoura três vezes sobre o chão e declara:

Se nenhum mal resultar,
Assim seja e assim se faça o que aqui vimos celebrar.

9

Puxar a Lua para Baixo

Itens: cálice, athame, espelho e vara, bastão sacerdotal, tambores.

A Sacerdotisa coloca-se de costas, virada para o quadrante leste no momento em que a Lua do Plenilúnio se ergue, de forma que sua luz a inunde e a cubra por trás. Nesse lugar, ela toma a postura do Deus do Hades, também conhecida por "Posição de Osíris": de braços cruzados sobre os peitos e pés unidos pelos tornozelos. A mão esquerda segura o Cálice e a direita segura o Athame, símbolo da Vida e da Morte.

Colocando a Tiara Lunar sobre a cabeça da Alta Sacerdotisa, o rito começa, preparando-a para a transformar na hipóstase da Grande Deusa. Quando a Sacerdotisa for beijada no ventre, ela se abrirá na Postura da Bendição, que é a Postura do Pentagrama Flamejante: de pés suavemente separados e braços erguidos ligeiramente em semicírculo como uma estrela.

A Donzela segura o espelho, de pé no quadrante oeste, refletindo a Lua Cheia, que se ergue agora no horizonte, mas só o usará quando o Sacerdote o indicar.

Ajoelhando-se diante da Sacerdotisa, o Sacerdote dá-lhe o Quíntuplo Beijo fazendo e dizendo:

Abençoados sejam teus pés que te trouxeram por estes caminhos.
O Sacerdote beija-lhe, então, os dois pés.

Abençoados sejam teus joelhos, que se ajoelharão no altar sagrado.
O Sacerdote beija-lhe, então, os dois joelhos.

Abençoado seja teu ventre, sem o qual não existiríamos.
O Sacerdote beija-lhe, então, o ventre.

Abençoado sejam teus seios, formados em perfeita beleza.
O Sacerdote beija-lhe, então, os dois seios.

Abençoado sejam teus lábios, que pronunciarão as palavras sagradas.
O Sacerdote beija-lhe, então, os lábios.

Conservando a Postura da Bendição, avança ligeiramente o pé direito para a frente e gira 45 graus o pé esquerdo para sua esquerda, fazendo um esquadro com ambos os pés. O Sacerdote ajoelha-se de novo sobre a rótula esquerda e, de perna direita dobrada, apoia-se no Bastão Sacerdotal.

O rito começa com a Donzela aproximando-se de Oeste e manipulando o espelho de forma que o reflexo da Lua do Plenilúnio agora também banhe o rosto da Alta Sacerdotisa e ela a possa ver. O Sacerdote começa então a invocar a Grande Deusa pelo Triângulo da Manifestação:

> *Pelo Sagrado Sigilo da Arte,*
> *Eu te chamo*
> *Mãe Poderosa de Todos Nós*
> *Rainha da Bruxaria, Senhora da Fertilidade*
> *Tu que desde antigamente és chamada por*
> *Afrodite, Diana, Ísis, Deméter, Astarte*
> *E tantos outros nomes ainda lembrados por nós*
> *Feiticeiros e Feiticeiras do Wicca.*

Tocando com a ponta do bastão seu ventre, seu peito direito, seu peito esquerdo e de novo o centro do seu ventre, ele declara:

> *Pela semente e a raiz*
> *(ventre)*
> *o rebento, o talo e a folha*
> *(peito direito)*
> *e a flor*
> *(peito esquerdo)*
> *e o fruto;*
> *(ventre)*
> *Eu te peço*
> *Para que desças sobre o corpo e o espírito*
> *da tua Sacerdotisa*

Abrindo os braços, ele saúda a chegada da Grande Deusa:

> *Saboé, Harodia!*
> *Saboai, Mãe Poderosa!*
> *De teu Corno Amaltheano*
> *Verte sobre nós teu abundante amor.*
> *Eu me inclino diante de ti*
> *A ti a quem adoro*
> *E com apaixonada oblação teu altar enfeito*

Beija seu pé direito e acrescenta:

> *De teu pé para meu lábio*
> *Do meu coração para teu coração*
> *Se eleve minha prece no fumo do turíbulo.*

Vem e retoma teu Amor Antigo,
Ó Poderosa,
Mãe dos Vivos. Mãe Resplandescente.
Tu, a Virtuosa e a Luxuriosa
A Rainha e a Extraviada
Vem e desce das alturas resplandecentes do Céu à noite
Porque sem ti estamos cegos e desamparados.

O Sacerdote eleva-se, regressa à sua posição de pé e recua. O Verdelet toca o carnix três vezes e inicia-se a Instrução.

A Sacerdotisa faz o Pentagrama de Invocação de Terra diante da assembleia, dizendo:

1/6
4
3
7/2   5

Da Mãe Negra e Divina
Meu é o ósculo e meu o mangual
A Estrela de Cinco Galhos do Amor
e da Boa Fortuna
Com cujo sortilégio vos instruo e doutrino

O Sacerdote declara:

Escutai as palavras da Grande Mãe, aquela que desde antigamente era conhecida entre os homens por Ártemis, Astarte, Atena, Diane, Melusine, Afrodite, Cerridwen, Dana, Arianrhod, Ísis, Brida, Ategina, e por muitos outros nomes.

A Sacerdotisa declara a Instrução:

Sempre que tiverdes necessidade de alguma coisa, uma vez por mês e se possível quando for Lua cheia, reunir-vos-eis todos em algum lugar secreto para adorar meu espírito. Eu que sou a Rainha de toda a Bruxaria. Aí, encontrar-vos-eis todos que desejais aprender a Arte da Feitiçaria e a todos vós eu vos ensinarei coisas ainda desconhecidas dos homens. E aí estareis livres de toda a escravidão. E como sinal de que sois todos realmente livres, estareis nus nos meus rituais. Dançareis, cantareis, festejareis, fareis música e fareis amor, tudo em meu louvor e adoração. Porque minha é a força do êxtase do espírito e minha também é a força da alegria da terra. Porque minha lei é o amor para todos os seres. Permanecei fiéis ao vosso ideal de feiticeiros e feiticeiras e nada deixeis interromper ou desviar-vos do vosso caminho. Porque vos lembrai: a Porta Secreta que abre para o Reino da Juventude é minha; e minha é também a taça do vinho da vida e o Caldeirão de Cerridwen, que é o Santo Graal da imortalidade. Eu sou a graciosa Deusa que dá o dom da alegria ao coração dos homens. Sobre a terra eu dou o conhecimento do espírito eterno. E para além da morte eu dou a paz e a liberdade, e o reencontro feliz com todos aqueles que partiram antes de vós. Nada peço em sacrifício. Porque vê: eu sou a Mãe de todas as criaturas e meu amor é abundantemente derramado sobre a Terra.

O Sacerdote acrescenta: *Escutai as palavras da Deusa Estrela, aquela que na poeira de seus pés traz as hostes dos céus e cujo corpo circunda o Universo.*

A Sacerdotisa declara:

Eu, que sou a beleza da terra verde, e a Lua branca entre as estrelas, e o mistério das águas e o desejo no coração dos homens e das mulheres, clamo: levanta-te, e vem a mim, porque eu sou a alma antiga da natureza, que dá vida ao Universo. De mim todas as coisas um dia vieram e todas elas a mim um dia hão de regressar. E diante da nudez do meu corpo e da minha face bem-amada dos Deuses e dos homens, deixa que teu ser mais íntimo e divino seja emerso na felicidade do meu ser infinito. Que eu seja adorada no coração e venerada no corpo daquele que se regozija; pois vede, todos os atos de prazer e amor são rituais meus. Por isso, que haja beleza e força, poder e compaixão, honra e humildade, alegria e reverência dentro de vós. E se vós pensais procurar-me, lembrai-vos que vossa busca e vosso anseio de nada vos servirão, a menos que conheçais o mistério. Porque se aquilo que buscais não encontrais dentro de vós, então jamais o encontrareis em lado algum. Pois vede, eu estive convosco desde o princípio, sou aquela que é encontrada no fim do desejo.

O Sacerdote coloca-se ao lado da Sacerdotisa e ergue os braços em sinal de júbilo, exclamando o Velho Encantamento.

Bagahi Laca Bachahé
Lamac Cahi Achabahé
Karrelyos
Lamac Lamec Bachalyos
Cabahagi Sabalyos
Baryolas
Lagozatha Cabyolas
Samahac e Famyolas

A Assembleia repete em uníssono:

Harraya

Ambos os Sacerdotes aproximam-se do altar e contemplam o quadrante do Setentrião e fazem a Saudação do Deus Cornudo.

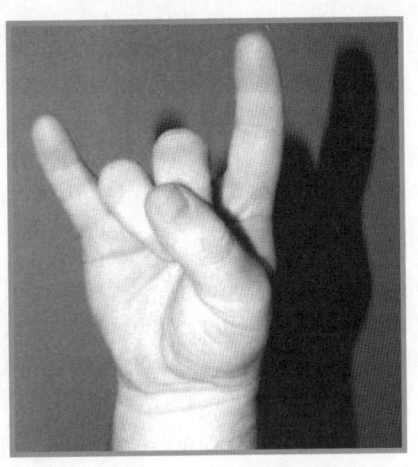

*Saudação do Deus Cornudo ou
Mano Cornuta*

A Sacerdotisa chama agora seu consorte evocando o Deus Cornudo sobre o Sacerdote. Então, a Donzela coloca sobre seus ombros a Sagrada Pele do Bode e sobre sua cabeça a coroa cornífera do Cervo Divino. Depois clama:

*Grande Karnayna, regressa para esta tua terra novamente
Vem, eu te chamo com corno e vara, como antigamente
Eu te chamo das alturas resplandecentes das montanhas.
Vem para nós, vem viver nas nossas entranhas,*

*Atravessa os ares e os bosques e estas velhas margens.
Margens do Céu e Margens da Terra.
Passados vão os dias em que perseguido viveste na treva
Todos Te procuram, Deus Antigo, que trazes os Cornos em Flor,
Esquecidos vão já os dias de perseguição e dor.*

*Vem com teu falo ereto e flauta a tocar,
Tu que tens o poder de nos exaltar e transfigurar,
Abre a Porta dos Sonhos, a Porta que não tem Chave.
Um novo reino para ti, e para nós, agora se abre
Pastor de Bodes responde, eu te suplico e chamo,
Eu que sou Homem, Fera e Feiticeiro, eu te amo.*

O Sacerdote desenha, com sua espada nas alturas, um pentagrama invertido e diz:

AKHERA GOITI

O Sacerdote desenha outro pentagrama invertido com sua espada nas profundezas e sobre o chão do círculo e diz:

AKHERA BEITI

10

A Runa de Poder e a Dança do Anel

Itens: gaitas de foles e bodhrans (opcional).

Os bodhrans começam a ser tocados e as gaitas de foles, a ser sopradas. O coventículo é conduzido à Dança do Anel e a cantar a Runa de Poder, para aumentar o nível físico-etérico do Círculo e preparar as condições para a consecução dos encantamentos.

O Líder da Dança é o Sacerdote, como representante do Deus Cornudo. A Dança é feita de costas para o centro do Círculo, mas em volta da Suprema Sacerdotisa, que é a hipóstase da Grande Deusa. Por isso, ela deve conservar a tiara sobre sua cabeça e segurar sua Estaca de Poder. Sua função é dirigir de fora o anel de homens e mulheres, conduzidos pelo Grande Cornífero através do circuito labiríntico do Círculo, que ilustra a saída dos poderes atávicos dos recessos noturnos da terra e do corpo, trazendo-os à superfície da consciência.

Para o exercício da Dança, ela toma sua Estaca e eleva-a. Cada feiticeiro enlaça sua corda no poste elevado da sua Vara, de forma que ele se torne a Árvore do Mundo. Com as cordas enroscadas, inicia-se a dança, que como uma teia se desenvolverá em volta da Rainha do coventículo, a Senhora Guardiã do Destino.

Eko, Eko, Azarak
Eko, Eko, Zomelak
Eko, Eko, Kernunos
Eko, Eko, Herodias

Noite escura e Lua a brilhar
Do Leste ao Sul, do Oeste ao Norte
A Runa das Bruxas temos de cantar
Cantemos com voz forte
Terra e água, ar e fogo
Vara, Pantáculo e Espada

Trabalhai nosso desejo fogoso
Despertai nossa palavra!
Cordas e turíbulo, látego e faca,
Pelo poder do caldeirão e da estaca
Despertai-os todos para a vida
Vinde, vinde, vinde,
O encantamento está pronto!

Rainha do Céu, Rainha do Inferno,
Caçador Cornudo da noite
Trazei vosso poder ao nosso encantamento
Trabalhai nossa vontade no rito e no enfeitiçamento!
Por todos os poderes da terra e do mar,
Por todo o poder do Sol e do luar
Assim seja e assim se faça
Que se cante o feitiço e seja terminado

Eko, Eko, Azarak
Eko, Eko, Zomelak
Eko, Eko, Kernunos

Quando a Alta Sacerdotisa achar que o nível físico-etérico desejado foi conseguido, então exclama:

Embaixo

A assembleia cai no chão diante dela, de corpo deitado e formando os raios de uma estrela à sua volta. O trabalho de feitiço e encantamento começará então, de acordo com as instruções e os objetivos antecipadamente definidos pelo coventículo e conduzidos pela Suprema Sacerdotisa.

11

A Bênção dos Alimentos

Itens: cálice, vinho, pão, athame.

Bênção do Vinho

O Sacerdote e a Sacerdotisa aproximam-se ambos do altar. A Sacerdotisa toma o cálice sabático vazio e ajoelha-se diante do Sacerdote. Ergue então o cálice, símbolo da Deusa, até a altura dos genitais do Sacerdote. Este toma o vinho e despeja-o dentro do cálice. A Suma Sacerdotisa declara ao mesmo tempo:

> *Eko, Eko,*
> *Abençoada seja a Semente das Estrelas*
> *Que nutre os Homens e os Deuses*
> *Pelo seu arado nossos campos são semeados*
> *Pelo seu Divino Falo são nossos corpos fertilizados*
> *O ventre a recebe*
> *A Deusa os une no mesmo Santo Mistério!*

O Sacerdote toma agora o cálice cheio de vinho e ajoelha-se diante da Suprema Sacerdotisa, erguendo-o na altura do seu ventre. Ela toma o athame, mergulha-o no vinho e abençoa-o dizendo:

> *Pois assim como o athame é o macho*
> *Assim o cálice é a fêmea*
> *E assim o Deus e a Deusa*
> *Se unem e se tornam um só*
> *Da sua união brotam suas bênçãos*
> *De Fertilidade, Amor e Sabedoria*
> *Sobre a Terra e seus Filhos*
> *Que os estimam, celebram e adoram!*

Depois, depondo o athame sobre o altar, ela toma com ambas as mãos o cálice com o vinho consagrado e erguendo-o acima da sua cabeça e sobre a Assembleia ela afirma a Saudação, repetida em refrão por todos:

> *Flags, Flax, Fodder e Friga*

Depois, ela bebe um pouco do vinho consagrado e beija o cálice, passando-o depois para o Sacerdote dizendo:

> *De Mim para Ti, da Deusa para o Deus, Abençoado Sejas.*

O Sacerdote responde:

> *Abençoada Sejas.*

O vinho é repartido seguindo a mesma fórmula, primeiro para a Donzela e, depois, para o Verdelet. Finalmente, entre os participantes, de homem para mulher e vice-versa.

Bênção do Pão

O pão esbático é constituído por bolos em forma lunar. O Sacerdote toma o prato do pão e ajoelha-se diante da Suprema Sacerdotisa, segurando-o na altura do seu ventre. Tomando o athame e erguendo-o sobre o pão, a Sacerdotisa declara:

> *Vinde, Ó Deuses e Deusas da Antiga Arte*
> *Testemunhar e abençoar nosso Santo Sacrifício*
> *Pois o fazemos não em nossa memória*
> *Mas em memória daqueles e daquelas*
> *Que deram suas vidas para nós vivermos.*
> *No cárcere foram atormentados como o grão na eira*
> *E nas estacas morreram como o trigo na fornalha!*
> *Assim, ao partilhar deste pão*
> *Nós nos tornaremos um com Eles e Elas, que já partiram*
> *E com o Cornífero que é seu amparo.*

O pão é distribuído seguindo a fórmula anterior.
O Verdelet toca o carnix e diz:

> *Nós nos tornamos um com a Terra,*
> *os Deuses e nossos Antepassados na Arte*

12

Fechamento do Ritual

Itens: vara

O ritual é agora encerrado repetindo todo o ritual ao contrário. O Sacerdote diz então a seguinte fórmula para cada quadrante usando a Vara e desfazendo o Pentagrama das Sentinelas:

> *Eu vos saúdo, Espírito Guardião da Torre de Vigia do _____.*
> *Obrigado pelo vosso testemunho e proteção. Parti em paz para vosso reino de beleza e encantamento. Sede Abençoado.*

A Sacerdotisa apaga depois as velas dos quadrantes em sentido contrário, até ficar no escuro completo.

O Sacerdote declara então:

> *Os Deuses se foram e nos deixaram aqui no escuro. Mas, mesmo na maior escuridão, a Luz do seu Poder resplandece: nas estrelas e na terra, nos campos e nas montanhas, no brilho apaixonado dos homens e das mulheres. Porque o Círculo, embora fechado, nunca está verdadeiramente desfeito ou quebrado, e seu Poder e encanto rege os círculos grandes e pequenos das metamorfoses sem fim: nos animais, nas plantas, nas estrelas e no destino dos homens e mulheres. Assim seja.*

O Verdelet termina dizendo:

> *O Rito está Terminado.*

A Face Tripla da Iniciação

XVII
A Tripla Iniciação no Wicca Tradicional

*A Preparação Iniciática – A Iniciação à Alma da Terra
Iniciação ao Mundo Subterrâneo – O Androginato Mágico – O Fim e o Reinício*

Mesmo pelo negro portal do pecado se pode entrar no reino de Deus.
Giovanni Papini (1881-1956)

A Sacerdotisa clamava: "No passado remoto, bruxos e bruxas foram encarcerados, torturados e amarrados às estacas. De rosto vendado, entraram no reino de nosso Senhor, o Deus de Chifres, entre o sofrimento das chamas que os consumiam. Da mesma forma entrais hoje no Círculo da Arte! Mas não sereis levados a receber o fogo sobre a estaca, mas o Fogo da Sabedoria". Suas palavras solenes chegavam-me aos ouvidos porque estava vendado e nada podia ver nem sentir. De braços atados nas costas, de pescoço comprimido pelo laço e impedindo-me de respirar, os pés amarrados, dava-me a sensação que partia para o cadafalso. Quando a ponta fria e afiada da espada tocou meu peito, senti que era este meu destino: ser morto e me tornar sombra entre os espíritos. Mas a voz ecoou mais uma vez no meu cérebro: "Estás pronto para receber a Luz dos Velhos Deuses?". Com minha afirmação positiva, a primeira venda foi-me arrancada e sob a textura do tecido o que vi encantou-me: o corpo de uma mulher madura, mas bela, com a cabeça coroada de estrelas, senhora da treva que envolvia o lugar. Quando a segunda venda foi retirada o corpo de mulher havia se evaporado, pois a Luz era tão forte que só reconheci vagas sombras e corpos nus, brancos como espectros. Porém, à medida que fui habituando os olhos ao clarão da sala, o que vi assustou-me: diante de mim já não estava o corpo cheio de uma Mulher e Deusa, mas o rosto mascarado e o corpo esquelético do Deus de Chifres. Tendo por trás um longo espelho, de moldura dourada, tão grande como a parede da sala, como se fosse uma grande porta, não podia ver meu corpo nem me reconhecer. O Magister estava entre mim e o espelho, como se ele fosse meu verdadeiro reflexo. Por breves e estranhos momentos senti que ele era meu reflexo no espelho! Quando sua máscara se saltou do rosto, eu percebi, então, que afinal não era eu, mas algo que um dia deveria ser eu, pois da máscara surgiu o rosto de homem que me disse: "Os Deuses são as Máscaras dos homens. É arrancando a máscara da tua humanidade que um dia encontrarás o rosto imaculado de nosso Senhor de Chifres, o Senhor dos Elfos, o Portador da Luz da Sabedoria. Nessa altura terás rasgado o véu da terceira venda que não conheces, que é o Véu da Vida e da Morte".

Diário de um Feiticeiro, Londres, Inglaterra, 1982

A Preparação Iniciática

A Iniciação aos Mistérios começa sempre, seja qual for sua linhagem e tradição, com a experiência de separação e isolamento do mundo profano. Para muitos iniciados, essa separação é sentida como um regresso inesperado às forças da Natureza, através de um longo retiro na floresta, como aconteceu com Merlin na Brocelândia. Pode, porém, ser um longo exílio no deserto, como fez Aleister Crowley, ou no alto das montanhas geladas, como faziam os iogues no Himalaia. A natureza, com seu violento primitivismo, tem o poder de dissolver os sedimentos civilizacionais, depostos como casca protetora, sobre nossa essência espiritual. No Wicca, isso é representado pela Iniciação ao Primeiro Grau. Seu símbolo, o Triângulo Feminino de Água, ilustra esse fenômeno. Não se trata apenas da Água Elemental, mas das Águas Primordiais, que são a força feminina por excelência, que na Cabala estão representadas na Sephira de Binah. A água elemental tem o poder de purificar e regenerar, por isso, ela contém o poder de dissolver a personalidade, tal como ilustram os múltiplos retiros na natureza agreste, com o fim de estimular uma experiência radical de metamorfose psíquica. Para entrar no Círculo da Arte e receber a experiência regeneradora, o candidato deverá estar *"propriamente preparado"*. Trata-se de uma expressão oriunda da Maçonaria, mas que tem aqui um significado diferente: ao ser recebido dentro do círculo da Arte, deve conservar seus corpos suprassensíveis nas condições apropriadas para receber a Iniciação. Os *"corpos sutis"* do candidato são os primeiros a receber o influxo da Iniciação, que desce da Corrente Iniciatória, representada pelos Espíritos Tutelares e os Manes, até o Sacerdote e, depois, sobre o ego e o corpo do candidato. Nesse grau de Iniciação, o influxo espiritual é vivido como uma experiência de difusão da Luz da Natureza nos seus órgãos de percepção, representada pelas tochas lunares de nossa Mãe Diana e Hécate.

Pela Iniciação, iluminam-se as partes obscuras da alma e acordam-se os impulsos cármicos herdados dos Grigori. O ritual tem, então, a função de permitir manipular sua estrutura etérica, veículo das Forças de Vida. A situação não é muito diferente, quanto aos métodos, de uma sintonização de Reiki, com a diferença de que a Iniciação Wiccaniana coloca o candidato em uma relação de ressonância vibratória com a Egrégora do Coventículo, a Corrente Mágico-Iniciática e seus Espíritos e Deuses Tutelares. Essas condições são preparadas durante o ciclo de gestação de nove meses ou de um ano e um dia, como Taliesin havia feito, quando era ainda o rapaz ignorante Gwion Bach, mexendo o Caldeirão de Cerridwen. Esse ciclo de um ano e um dia é uma prática instituída por Alexander Sanders nos fins dos anos de 1960 e hoje assimilada em todos os agrupamentos tradicionais e ecléticos do Wicca. Nas práticas gardnerianas antigas, o candidato era iniciado instantaneamente, sem ter o tempo e a aprendizagem necessários para assimilar o significado transformador da experiência interior e exterior desencadeada pela Iniciação, em uma premeditada velocidade que trazia muitas pessoas despreparadas e imaturas ao interior dos coventículos. A função dessa fase introdutória não é, somente, a de familiarizar o potencial candidato com os conceitos e teorias mágico-religiosas, assim como com a cosmologia praticada pelo grupo! Nem tampouco de apenas pôr à prova seu grau de dedicação à Arte. Por meio da sua presença regular no Círculo Exterior do Coventículo, prepara, sobretudo, sua estrutura suprassensível para entrar em simbiose com os Mestres Mentores. A simbiose etérica e astral entre Mestre e Discípulo é muito importante no trabalho de ensino mágico, porque não se está transmitindo apenas conhecimentos objetivos, mas impulsos psíquicos e espirituais.

Há uma razão adicional para existir esse ciclo preliminar de dedicação: a de purificar a personalidade. Quando alguém chega para Iniciação nos cenáculos esotéricos neopagãos, traz, muitas das vezes, crenças inadequadas aos paradigmas e princípios iniciáticos wiccanianos. Isso se deve ao Cristianismo de base de muitos dos ocidentais, que conservam seu velho e caduco sistema de hábitos, crenças e valores profundamente enraizado no subconsciente. Uma das habituais confusões nos estudiosos do Wicca é a convicção de que, sendo ela uma religiosidade neopagã, será inevitavelmente uma prática baseada na fé e em uma relação moral com seus Deuses. Fé e moralidade nunca foram as bases religiosas da Antiguidade Pagã, nem dos sistemas iniciáticos modernos de que são herdeiros. A matriz ideológica cristã é desajustada ao trabalho mágico e iniciático neopagão, que é baseado em técnicas precisas de transmutação cognitiva, meditativas e rituais. Muitos wiccans que leram livros de Wicca, embora simpatizem com seus princípios e códigos de ação mágico-religiosa, trazem consigo crenças subliminares fortemente implantadas, como os sentimentos cristãos de pecado e salvação, muitos tabus corporais e complexos de culpa, que têm de ser deixados fora do Círculo como despojos do seu velho ego e oferenda aos Espíritos. Purificar não tem sentido místico algum no seio do esoterismo prático. Sua origem vem da tarefa de purificação dos metais brutos. Batendo com o martelo sobre eles na bigorna, libertam-se as matérias terrenas depostas sobre o metal puro. Depois se lavam e se preparam para entrar no forno. Arrancar as impurezas da percepção e os sedimentos terrenos da socialização é uma tarefa árdua e que exige grande empenho dos Mestres.

> *Síntese: Antes de ser iniciado, o candidato tem de ser convenientemente preparado, extirpando suas crenças, hábitos, ideias e valores herdados do Cristianismo e de outras religiões monoteístas para que assim possa receber mais tarde, em um estado de completa receptividade, a Iniciação.*

A Iniciação à Alma da Terra

O período de gestação é na essência um desnudamento da máscara do candidato. Mas o verdadeiro desnudamento é entrar dentro do Círculo da Arte para Iniciação. Entrar no Círculo desnudado, como é regra nos coventículos regulares, é regressar ao ventre da Grande Mãe. Dentro dele todos nós, bruxos, sacerdotes e Magister, estamos nus. A nudez cerimonial é o testemunho físico do *"perfeito amor e perfeita confiança"* entre as partes e o testemunho de um compromisso firme na Arte. Na Instrução, a Deusa diz claramente: *"como símbolo de que estais realmente livres, estareis nus nos meus rituais"*. Isso é tão claro que deixa um genuíno wiccan cheio de perplexidade quando pretensos Iniciados na Arte a praticam vestidos. Pelo menos nas Iniciações, esse mandamento é incontornável e absoluto! A maior prisão que limita nossa liberdade cognitiva é a prisão interior dos nossos preconceitos, valores e credos obsoletos, recalcados na matéria do nosso corpo e da nossa personalidade. Não há nada que mais abale a

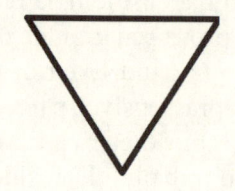

Selo do Primeiro Grau

confiança do nosso ego que a exposição do nosso corpo nu. Para muitos de nós não há nada de mais constrangedor que a exposição da nossa nudez, mas também nada há de mais libertador e desopressivo que o sentimento de liberdade e pacificação que ela desencadeia. O sentimento de vergonha pelo seu próprio corpo nu, seja por preconceito ou pelas modas que nos seduzem com seus figurinos de beleza desajustados às possibilidades do humano comum, criam em nós um sentimento de vulnerabilidade que é usado como ferramenta psicológica na Iniciação.

A vulnerabilidade da nudez do candidato a Iniciação é já por si uma introdução à Morte. O ato de desapossar o corpo dos seus trajes sociais tem o mesmo significado que despojar o cadáver dos seus trajes mundanos e prepará-lo para o sepultamento. Por isso, as boas-vindas, depois de entrar vendado dentro do Círculo, são sempre feitas pelo "*quíntuplo beijo*", consagrando o corpo como imagem física da alma. De olhos vendados, amarrado e exposto na sua nudez, o que chega aos sentidos de percepção do iniciado são apenas vozes e sussurros, o retinir de objetos metálicos, muitos nomes estranhos cantados em refrão. Com os olhos vendados impede-se que a visão, que é a base fisiológica da apreensão da realidade profana, seja impedida de elaborar os dados da percepção. Corta-se, assim, o acesso à esfera do pensamento racional. Os ouvidos, o tato, o paladar e o olfato, habitualmente excluídos do processo cognitivo, são superestimulados. Esses são os sentidos físicos mais primários que ainda partilhamos inconscientemente com o mundo animal.

Além de amarrado e vendado, o corpo é exposto à provação do açoite purificatório. A bruxa escocesa Isobel Gowdie contou como foi purificada de corpo e espírito pelo Deus Cornudo, tendo sido açoitada até sua dor se dissolver na panorâmica experiência do êxtase. Os ritos de Iniciação Dionisíaca, revelados

Recepção para Iniciação em coventículo por Sanders

nas paredes do Palácio dos Mistérios, em Nápoles, mostram uma cena semelhante! Trata-se de um ato simbólico de purificação e uma prova de coragem. Com o corpo desnudado e ajoelhado, em uma postura que lembra a posição fetal na *vertical*, a Sacerdotisa chicoteia o candidato.

Ironicamente as chicotadas são apenas simbólicas, pois a chibata é feita de fitas alegóricas do Poder Triplo da Grande Mãe. Por esse gesto é demonstrado ao candidato que a raiz do sofrimento que nos limita e oprime é principalmente o medo, pois, ao ser chicoteado de forma tão inconsequente, como se fosse uma carícia, mostra-se que esse terror é, afinal, uma ilusão fabricada pela sua mente. A coragem do iniciado é ter aceito essa prova de terror e ter constatado que sua ideia de terror era inadequada à realidade. Dessa forma, o Wicca sugere que todo o nosso medo é apenas uma criação subjetiva da nossa mente, que podemos transpor por um ato de coragem, regressando a essa posição fetal em que repousamos no Círculo da Arte e descobrirmos as fontes da autorregeneração.

Essa cena de açoite ritual em Círculo, tão mal compreendida pelos wiccans ecléticos, que a retiraram dos seus ritos de passagem, é ainda hoje conservada intocada nos ritos tradicionais. Ela é conservada em virtude do seu profundo significado psicológico e em lembrança das bruxas açoitadas pelos inquisidores. Esse pânico do açoite ritual, tão em voga no otimismo simplista do ecletismo wiccaniano, é similar aos mitos de terror e pavor quando se entrava nas florestas onde habitavam os sátiros. Não há dúvida de que esse ato cerimonial está associado não ao simbolismo do chicote dos ritos dionisíacos mas, sobretudo, à sua função de instrumento agrícola. Trata-se do malho da joeira, com que se bate na eira o cereal maduro para transformá-lo em farinha, no fim do verão. Assim, como o cereal alcança sua maturidade no pico do Verão, quando a Lua está próxima da Terra, em Capricórnio, e o Sol no signo maternal de Caranguejo, e é colhido e desfolhado para libertar seus grãos e, depois, moído no círculo do terreiro pelo malho da joeira, assim o candidato entra, também, no Círculo da Natureza, desfolhado das suas roupas humanas, tornado prisioneiro e triturado pelo malho e dele libertado o potencial adormecido dos Velhos Deuses.

Os elementos centrais da Iniciação Wiccaniana ao primeiro grau são a purificação, o juramento, a unção e a recepção das ferramentas litúrgicas. Assim como o grão, depois de triturado e transformado em farinha, era oferecido em sacrifício nos ritos de libação aos Manes, assim o candidato vai ser consagrado pelos óleos e unguentos sagrados, como uma verdadeira libação ao Espírito Tutelar da Bruxaria dentro do seu corpo, preparado para a comunhão visionária e interior com os Gênios Tutelares do Coventículo. Nesse tipo de Iniciação, o candidato já traz o impulso dentro de si, e apenas vai desabrochá-lo e depois recordá-lo.²⁴⁵ Toda Iniciação Wiccaniana, quando feita conforme as regras, marca a vida e a consciência do Iniciado para toda a sua vida, levando essa *marca* pelo fio redentor das suas vidas futuras, nas marés das suas reencarnações vindouras.²⁴⁶ Antes do tradicional juramento de segredo e unção consagratória, cujas origens se perdem nos Ritos Eleusínios, o aprendiz é purificado. A purificação define-se basicamente pela dupla prova da vulnerabilidade do corpo, ao entrar desnudado e amarrado no Círculo, e pela vulnerabilidade da alma, com seus terrores subjetivos por meio da provação do mangual. Mas é depois do ato de unção pelos unguentos tradicionais que se transmite, sela e confirma a Iniciação. Nos tempos antigos, esse ato de ungir marcava o recebimento cerimonial do unguento xamânico, que era passado depois sobre o corpo e o preparava para fazer a primeira viagem visionária ao Sabat. Nas covinas de Bruxaria Tradicional, a unção é simultaneamente um ato pelo qual se consagra o corpo pelo Triplo Poder do Amor, Fertilidade e Sabedoria, e a preparação para a primeira viagem ao Outro Mundo. Sem essa viagem visionária, toda a cerimônia de unção é apenas um protocolo igual às muitas cerimônias de simulação dos grupos iluminísticos e neopagãos. Pela eficácia do unguento, o iniciado entra gradualmente na realidade suprassensível do mundo sabático e encontra-se com os Espíritos Tutelares da Corrente Mágica.

É depois de regressar da "viagem" que este recebe os instrumentos tradicionais da Arte. A apresentação dos Instrumentos Mágicos e sua deposição nas mãos abertas do Iniciado é o primeiro contato físico com a força do grupo depositada nos instrumentos sagrados. Os Instrumentos da Arte são verdadeiros talismãs que carregam as forças dos nossos Espíritos Tutelares e dos nossos Antepassados, são os Fetiches Teúrgicos da Arte. Esse primeiro contato físico permite a participação íntima das suas energias corporais na energia dos espíritos elementais, por meio da atitude de abertura e receptividade das suas mãos abertas.²⁴⁷ Por isso, depois desse contato físico com os Talismãs da Arte,

---

245. Não se trata aqui da crença religiosa cristã em que se acreditaria que o ser humano traria em si a chama divina que o capacitaria para a Iniciação, mas que traz dentro de si já semeado as sementes dos Gregori (Guardiões) e o impulso dos Deuses Pagãos que pela Iniciação vão ser desabrochados, reconhecidos e desenvolvidos. A Contrainiciação é um despertar dos impulsos dos Nephelim dentro de seres particulares. Daí a Contrainiciação ser fechada e exclusivista, própria de uma casta ou clã. Contudo, a linha eclética de Iniciação Wiccaniana, onde predominam as facetas exotéricas é, em princípio, aberta a quem estiver genuinamente interessado.
246. Dánann, Alexandre. *Mémoire du Sang: contre-initiation, culte dês ancêtres, sang, os, cendres, palingénésie*. Milano: Archè, 1990.
247. A mão é a parte do corpo onde está simbolicamente inscrito o pentagrama, não só pelo simbolismo dos cinco dedos irradiantes, mas pela conformação da palma da mão.

ele é apresentado aos Guardiões nos Quatro Quadrantes da Terra, as Quatro Bestas que guardam os Caminhos entre os Mundos, os Poderosos e Abençoados transfigurados em Elphame. A partir de agora, os caminhos suprassensíveis entre os mundos estão abertos para ele e iluminados pela Luz suprassensível da Natureza.

> *Síntese: Na primeira Iniciação, o neófito entra em contacto com a Alma da Terra. Por isso, o final da Iniciação é a recepção das armas e alfaias litúrgicas da arte com que desenvolve e amadurece sua experiência de simbiose mágica com a Deusa. Tratam-se de verdadeiros talismãs da arte, mas para alcançá-lo teve de ter passado pela purificação e unção do seu corpo e espírito. A Iniciação do primeiro grau é uma Iniciação à alma da Terra, figura tutelar dos coventículos de Bruxaria neopagã.*

Iniciação ao Mundo Subterrâneo

Todo cereal, depois de triturado, nos Primeiros Graus de Iniciação, deve ser transformado em pão, para que possa ser absorvido pelo corpo e descer às nossas entranhas e se misturar ao nosso sangue. Assim, o cereal induz o despertar dos Deuses Arcaicos adormecidos nas entranhas do nosso sangue. Essa segunda cerimônia de Iniciação passa-se na estação do outono, ao mesmo tempo que as sementes caem na terra e aí são sepultadas e morrem, apodrecem e germinam, para renascerem no próximo ciclo da Primavera. Como diz Maria Naglowska, *"para subir é forçoso descer"*! Nesse segundo grau do Wicca, nós descemos ao Mundo Subterrâneo e às suas forças ctônicas. Sendo essa Iniciação executada habitualmente na fase de trevas, que decorre entre o Halloween e o Solstício de Inverno, onde o Capricórnio flameja pela passagem do Sol, esse rito é o contrário de todos os ritos iluminísticos. Têm-se estabelecido associações apressadas e ignorantes sobre as fortes similitudes entre o Wicca Tradicional de Gardner e a Comaçonaria, por pessoas que conhecem uma e outra apenas de fora e em função dos textos exotéricos que sobre eles se têm escrito. São os próprios rituais de Iniciação que demonstram de que forma o Wicca é o inverso da Maçonaria. Enquanto no segundo grau de Companheiro da Franco-Maçonaria o aprendiz *ascende* pelas esferas dos elementos por meio das escadas cerimoniais da Loja, neste ritual ele *desce* pelas sete esferas do Submundo, simbolizadas pelo mito iniciático da Descida da Deusa ao Mundo Inferior, para conhecer os Mistérios da Morte

Selo do Segundo Grau

e do Renascimento. Esse conhecimento pessoal só é possível através de um encontro face a face com o Deus Cornudo, o Senhor do Mundo Subterrâneo.

Antes de a moda etnológica ter ostentado, no fim do século XIX, através da Escola Etnográfica de Cambridge, a ideia de que as práticas de Bruxaria eram reminiscências obsoletas dos cultos do Paganismo[248] sobreviventes nas práticas supersticiosas do povo,[249] predominou a crença, nos meios eruditos do esoterismo, de que sua origem se encontrava na descida dos Anjos Guardiões à Terra, atraídos pela beleza das mulheres, tal como ensina o *Livro de Enoque*. Quando, em

Versão de um Rito de Iniciação ao Segundo Grau do Wicca

fins do século XIX, Charles Leland publica *Aradia,* torna-se notório que a origem da Bruxaria Tradicional era luciferina e contrainiciática, pelo patrocínio do seu intercessor mítico Caim. A Bruxaria Moderna do Wicca é de uma genealogia diferente: sua filiação mágica estaria nos cultos arcaicos aos "pequenos deuses",[250] isto é, aos Espíritos da Natureza, aos Manes e aos Antepassados Míticos. Os Velhos Deuses, findo seu ciclo espiritual, recolheram-se nas profundezas da terra. Na tradição britânica diz-se, por isso, que o Deus de Chifres é o Rei das Colinas Ocas! A época em que vivemos é marcada pelo ciclo da sua nova emergência na humanidade. Ela exige a cooperação humana para que, em plena liberdade de consciência, desçamos às profundezas e os acordemos. Nunca é demais lembrar que, após se ter fechado o ciclo de espiritualidade do Paganismo, seus princípios regentes desceram ou foram recalcados nas entranhas da terra e do nosso inconsciente antropológico e suas linhagens iniciáticas, que eram portadoras desse contato,

---

248. A tendência em explicar os sistemas contrainiciáticos como resíduos de cultos pagãos nasce pela demagogia de alguns autores do século XIX, como René Guénon.
249. Foram os Irmãos Grimm os primeiros a propor a ideia de que nas superstições do povo e nas suas lendas e baladas se encontravam reminiscências de práticas mágico-religiosas oriundas do Paganismo.
250. Isso é notório na ênfase que Gardner coloca na palavra "pequenos deuses" nos seus livros *Witchcraft Today* e *Meaning of the Witchcraft*. Lembra muito a ênfase de outra tradição, a Feri, em que Victor Anderson ensinava que a Bruxaria Britânica teria sido herdada dos Pictos, "os pequenos, os negros". Eles eram conhecidos como os "Senhores dos Espaços Exteriores", de forma semelhante à tradição demonológica!

subsistiram apenas nos níveis astrais. Foi a demonização do Submundo pelo judaico-cristianismo, padroeiros do novo ciclo que se lhe seguiu, que impossibilitou a consciência humana de refazer os processos de Iniciação Pagã.

Os Mistérios Antigos, sejam os de Elêusis, próximo de Atenas, ou dos Cabiros, na Samotrácia, sabiam que havia uma relação íntima entre a descida ao Mundo Subterrâneo e a possibilidade de um renascimento espiritual. Como as sementes caídas na terra entram depois em putrefação, a alma do Iniciado tem de descer da mesma maneira às entranhas da terra, apodrecer, morrer e delas renascer, como está figurado no mito exemplar dos egípcios por meio do Deus Rá, descendo diariamente às trevas do Tuat e ressurgindo na manhã seguinte. No Mundo Subterrâneo estão os Antigos Deuses da Bruxaria Arcaica à espera de nos ungir o corpo e iluminar o espírito com seus ritos de poder. No Wicca, essa descida é celebrada pelo mito da Descida da Deusa às profundezas da Terra, em uma analogia poética com os mitos de descida de Inana e Ishtar, na Suméria e Babilônia. Nessa descida, a Deusa terá de despir seus vestidos e ornamentos, suas joias e seu medo, até ficar totalmente nua e vulnerável no Mundo Subterrâneo. Mais uma vez regressa o simbolismo da nudez cerimonial, mas em um contexto diferente do primeiro grau. A nudez é aqui o símbolo do nosso parentesco iniciático com o Mundo dos Mortos, onde eles vivem em estado de completa inocência e sem a lembrança e o pudor do mundo dos vivos. Isso significa um dado novo: a prática da nudez no Wicca é um símbolo claro de que entrar no Círculo da Arte é entrar no Reino dos Mortos. Esse mito de Descida da Deusa, construído por Gardner, é uma peça de puro sincretismo mitológico, porque, embora não haja dúvidas de que se inspirou nos ritos agrícolas mediterrâneos, ele tem nítidas referências ao mito de Freyja descendo ao mundo dos elfos negros para conseguir seu colar Brisingamen. Nesse Rito, o Deus Cornudo doa-lhe, por isso, o colar de azeviche e âmbar que torna a Deusa protetora divina dos ciclos infindáveis de morte e renascimento dos Iniciados da Linhagem mágica, em uma nítida evocação das linhagens mágicas tuteladas pelas Fadas. O rito diz o seguinte:

> *E ele ensinou-lhe todos os seus Mistérios e amaram-se e foram um só. E Ela ensinou-lhe o mistério do cálice sagrado que é o caldeirão do renascimento. E ele deu-lhe o colar que é o círculo do renascimento e ensinou-lhe toda a sua magia.*

Constata-se aqui que a Magia é o privilégio do Deus Cornudo, Senhor do Mundo Subterrâneo, e que ele a doa à Grande Deusa nesse ciclo novo de espiritualidade, sob o signo do Amor Mágico. O texto continua:

Porque existem três grandes acontecimentos na vida de um homem: o Amor, a Morte e a Ressurreição em um corpo novo; e a Magia controla-os a todos. Para tu renasceres, tu deves morrer e estares pronto para um novo corpo; e para morreres tu deves nascer; e sem o amor, tu não podes nascer de novo; isso é toda a Magia.

Descer ao Mundo Subterrâneo para morrer e renascer implica a posse de um novo corpo. Acontecia o mesmo no xamanismo, com a diferença de que esse novo corpo se construía após um despedaçamento do corpo etérico, enquanto no contexto iniciático do Wicca se celebra através do despedaçamento sexual e amoroso. Esse *"novo corpo"*, que fica consagrado pela capacidade de receber os Deuses, habilita-os a conduzirem um coventículo sob a assistência da Grande Sacerdotisa. Sem esse corpo e o conhecimento dos Mistérios do Amor, o Iniciado falha na consecução dos seus ritos mágicos futuros. Se no primeiro grau o Iniciado se torna hábil em conhecer o mundo dos elementos e a potencialidade das suas ferramentas mágicas, com que desbrava e ilumina o Mundo da Natureza e compreende a forma como a Terra se transforma pela intervenção dos seus espíritos elementais, nesse segundo grau ele recebe um corpo já não feito com os elementos do mundo etérico, mas com as forças do mundo astral. Seu corpo deve ser sublimado no duplo astral e atravessar a barreira da morte até a outra margem e conhecer o poder do Amor, que dorme no sangue e o liga aos Velhos Deuses. Não se trata do amor místico nem o amor lúdico ou romântico, mas o amor enquanto conhecimento objetivo de que, a partir de agora, é membro dessa cadeia infindável de vida e consciência que o liga aos Mortos e aos Antepassados da Arte. Trata-se do Amor de uma família iniciática, que une vivos e mortos no mesmo clã mágico. É a posse desse novo corpo imaterial que justifica que o primeiro ato de Iniciação a esse grau seja marcado pela consagração do Iniciado com um novo nome, a partir do qual será reconhecido dentro do Círculo.

O símbolo desse grau é o Pentagrama Invertido. Eliphas Levi distorceu seu significado mágico, impondo sobre ele a figura de um Bode, o Bode de Mendes, e declarando que ele significava o predomínio dos instintos e suas pulsões mais primárias sobre o Espírito. Poderia, com um pouco de sórdida imaginação, colocar outra imagem qualquer. Nas cavernas cátaras, próximo do Castelo Montsegur, vê-se sobre uma das suas graníticas paredes a pomba do Espírito Santo. As extremidades do seu corpo têm a particularidade de desenhar o pentagrama invertido. De fato, esse pentagrama representa a descida dos Velhos Deuses às entranhas da matéria, de onde devemos despertá-los. Para fazer isso, temos também de fazer uma descida semelhante. Se no ciclo anterior o Iniciado foi admitido ao mundo etérico das forças formativas, nesse grau ele é iniciado ao mundo astral, que o liga às forças animais e planetares. É nesse momento que existe a Transferência de Poder da Egrégora e dos Antepassados ao Iniciado e que define uma verdadeira Iniciação. Não é por acaso que essa transferência se faz no Mundo Subterrâneo e sob a regência do Deus Cornudo. De fato, o que a Bruxaria contrainiciática realça sempre é que a sua Iniciação se faz colocando alguém dentro da cadeia de uma Linhagem de Mistérios, que o liga aos Antepassados e Númens da Arte. O ato de transferência de poder é bem explícito: colocando uma das mãos sobre seu joelho e a outra sobre sua cabeça. Dessa forma, ele religa dois pontos marcantes da evolução humana. Foi pela torção da rótula que o ser humano primitivo se colocou de pé e se elevou da sua primitiva animalidade para a consciência mítica, como ainda hoje a criança faz ao passar da posição de gatinho para a postura vertical, mas foi pela cabeça que se ergueu adicionalmente da consciência mítica à compreensão racional do Universo. O iniciador religa esses dois momentos da evolução humana, a mítica e a racional, fechando-a em um arco de energia e unindo os impulsos espirituais das épocas longínquas do passado arcaico aos impulsos da era racional moderna.

> *Síntese:* A Iniciação ao segundo grau do Wicca Tradicional é uma Iniciação ao Mundo Subterrâneo, onde recebe a tão ambicionada Transferência de Poder. Seu símbolo é o pentagrama invertido, onde se reflete o rosto do Deus Guardião do Submundo. Por isso, uma das consequências desse ato é receber um novo nome, signo de que sua consciência já não vive nos limites medíocres do seu velho ego.

O Androginato Mágico

Pelo ato de *Passagem de Poder*, unindo o polo inferior terrestre do nosso metabolismo e o polo superior e celeste da cabeça, fecham-se dois impulsos mistéricos. Assim se reúne na história espiritual humana o que até aqui estava irremediavelmente separado. Por essa terceira cerimônia, o Iniciado torna-se um verdadeiro Portador do Fogo: o fogo terrestre das forças de vida, no polo inferior do corpo regido pela Lua, e o fogo celeste da consciência, enquanto centro cerebral no polo superior

Selo do Terceiro Grau

do corpo, onde predomina o Sol. Essa dualidade do fogo, uma oriunda do sexo e outra da consciência, força de calor e de luz, é o centro da Iniciação ao Terceiro Grau. Embora o *Poder* tenha sido transmitido no segundo grau, ele só se torna efetivo quando ele se atualiza pelo Mistério da Dualidade Cósmica. Como no magnetismo, o Poder Mágico precisa de dois polos para se manifestar: o polo do homem e o polo da mulher, do espírito e da natureza, dos vivos e dos mortos, da humanidade e dos Deuses. Dessa interação da vida e da consciência surge a Sabedoria. O símbolo desse último grau exemplifica isto: o pentagrama coroado com o triângulo de fogo. Esse triângulo de fogo complementa o triângulo de água da primeira Iniciação e completa a união das polaridades cósmicas. Da sua união nasce seu filho: o Pentagrama Flamejante.

Todas as investigações etnológicas revelaram a existência de sistemas de Iniciação femininos e masculinos separados por interdições e tabus. A Bruxaria é um caso singular: sua Iniciação é, desde os tempos arcaicos em que regiam os Grigori, uma transferência entre dois seres diferentes e complementares. Como no eletromagnetismo ele realizava-se entre homem e mulher. Os alquimistas do passado que seguiam a *via úmida* trabalhavam, também, pelo sistema do *casal oculto*, hierofania do enxofre e do mercúrio filosofal. O futuro do Wicca não será nem o sistema de coventículo nem o sistema solitário, mas o sistema iniciático do *Casal Mágico*. Eu sonho com a possibilidade de o Wicca vir a ser a força espiritual incentivadora do trabalho esotérico do *Casal Mágico*, que nós temos ilustrado no casal primal Lúcifer e Diana nas *strega*, de Lilith e Samael na Cabala, e em casais históricos como McGregor Mathers e Moina, Cagliostro e Seraphina, Simão e Helena, por exemplo. O terceiro grau wiccaniano, assim, é a confirmação solene do *casal oculto* mas, também, da Alta Sacerdotisa como seu altar mais sagrado. No ciclo do segundo grau, o Deus Cornudo cedeu seu poder ctônico à Grande Deusa, ao depor aos seus pés sua espada e colocando-lhe no pescoço o colar do Ciclo do

Iniciação ao Terceiro Grau Alexandriano

Renascimento. Nesse novo ciclo, são os sacerdotes que cedem aos Deuses seu poder, transformando o corpo da mulher no verdadeiro altar da Arte. A expressão Sacerdote, no sentido de "servir", por via latina de *sacerdos*, alcança aqui seu nível de máxima maturidade.

É nesse grau iniciático que o altar tradicional da Bruxaria é erguido e selado. Esse altar é o corpo feminino! Deitada no chão sagrado do Círculo, desnudada e irradiando pela abertura dos seus membros as pontas do Pentagrama, ela reproduz no plano humano e ritual o pentáculo de Agrippa, cujo centro irradiante é o sexo. Sendo o sexo o polo irradiante das forças de vida, é nesse lugar da anatomia que deve estar o centro do círculo e, sobre ele, se deve celebrar a Terceira Iniciação. Esse ritual é uma autoiniciação porque, por princípio, nele não intervém qualquer dos Sumo Sacerdotes que regem o coventículo. Trata-se de uma das mais singulares formas de Iniciação! O homem e a mulher elevam-se ao terceiro grau pelo levantamento do altar sob a forma do corpo feminino, considerado o mais antigo altar existente na face da Terra. Depois, esse Poder é consumado pela união sexual que reflete a polaridade dos Deuses Patronos do coventículo. Ninguém intervém nesse processo, ao contrário das iniciações antecedentes. Tudo se desenrola como se fosse uma Iniciação Solitária! Os membros do coventículo são apenas testemunhas dessa sagração. Ela é feita pelos próprios Iniciados, elevados à condição de Deuses. A expressão *autoiniciação* é uma das traduções mais abusivas do inglês original, pois que não dá ocorrência do seu duplo sentido. Ela vem do inglês "self-initiation", que quer dizer, pela lei das duplicidades simbólicas, "Iniciação pelo Ser".

No primeiro grau, a Iniciação foi feita pelos Altos Sacerdotes, no segundo, pelos Espíritos Tutelares e no terceiro será feita por si mesmo. Nessa autoiniciação existem vestígios filosofais do rito de autoiniciação de Odin, quando disse: "dado a Odin, a mim mesmo por mim mesmo" (Hávamál). Assim, o Sacerdote ajoelha-se diante do corpo desnudado da Sacerdotisa, aberto sobre o chão sob a forma de um pentáculo. A cabeça, sede da consciência, está dirigida na sagrada direção do noroeste, enquanto seus membros se perfilam nas quatro direções do quaternário do círculo. Da mesma maneira que nossos membros são criadores de movimento, também os quatro quadrantes são os pontos móveis do Círculo da Terra, do céu e do Cosmos. Nessa postura, o polo do metabolismo representado pelo sexo e o ventre estão no centro do Círculo. Sobre ele, o Sacerdote solicita aos Deuses:

*Assisti-me a erguer o altar antigo,
Que nos tempos passados todos adoravam,
O Grande Altar de todas as coisas;
Porque antigamente a Mulher era o altar.
Assim era o altar consumado e firmado;
E o ponto sagrado era o ponto dentro do centro do círculo.
Como antigamente nos ensinaram
O ponto dentro do centro
É a origem de todas as coisas,
Por isso devemos adorá-lo...*

O símbolo desse grau é um pentagrama erguido, símbolo do corpo eterizado e sublimado no Macrocosmo, com o triângulo de fogo coroando sua cabeça com a tripla força da Luz, do Amor e da Sabedoria. Pela consciência iluminada desse grau, nós podemos compreender que a lei do Universo se rege pelo poder da simpatia entre todas as coisas a que nós chamamos Amor. É dessa compreensão que nasce a Sabedoria e se justifica o desígnio de Gnose à prática misteriosófica do Wicca. Essa união da terra e do céu, do Microcosmo com o Macrocosmo, é simbolizada pela hierogamia mística. Os sacerdotes unem-se sexualmente, física ou simbolicamente, repetindo um modelo de Mistérios que era praticado na Primavera no *Bukoleion* de Atenas entre o Arconte Rei, mascarado de Touro Dioniso, e a Rainha Sacerdotisa, mascarada de Vaca. O tempo ideal para esse rito é o Equinócio da Primavera ou o Sabat de Beltaine. No coventículo TerraSerpente, essa cerimônia é realçada pela deposição das Máscaras Sacerdotais sobre os rostos dos iniciados. A partir desse momento, eles são a máscara astral dos Deuses Cornígeros. Através deles, a Força de Vida Universal é invocada e aterrada no Círculo. Esse ato repete os atos religiosos e mágicos de propiciação das colheitas que se faziam nos tempos arcaicos, em que o lavrador e sua companheira uniam-se sexualmente sobre os campos arados e semeados em dias de Lua Cheia, libertando, pelo seu ardor sexual, as forças formativas e etéricas necessárias para fertilizá-los.

A grande inovação operada por Gardner na Magia moderna foi colocar a fonte dos processos de transformação da vida e da consciência não em um mundo transcendente, mas no nosso próprio corpo. Ele descobriu como os rituais mágicos da Bruxaria podiam intensificar a energia etérica do corpo e, dessa forma, intervir no campo das forças formativas da Terra e do ser humano, que são a base de todos os processos de mudança da Natureza. Essa técnica tem aplicações imediatas na prática da feitiçaria e na consecução dos seus encantamentos. Por isso, os rituais do Wicca são pura Magia sexual. É preciso, no entanto, que nós entendamos sobre o sentido e alcance dessa expressão. A expressão sexualidade não se refere apenas ao ato biológico e genital, mas a uma força dinâmica, cuja natureza se assemelha ao eletromagnetismo, e que desencadeia os processos de transformação do mundo natural. O que se revela nessa Iniciação, a mais elevada do Wicca, é que pela sua união sexual, real ou meramente simbolizada pela união do cálice e do athame, os Sacerdotes não se unem como seres humanos, mas repetem um acontecimento que é eterno: o da união amorosa dos seus Deuses. Para o Wicca, essa união amorosa não é uma relação platônica, mas uma relação energética intensa, em que a sexualidade é no plano humano a forma mais aproximada e mais apropriada para vivê-la e representá-la.

Na união mágica wiccaniana, os Sacerdotes tornam-se Altos Sacerdotes. A fonte dessa autoridade é o poder oculto, presente na sexualidade, e que elevaram à esfera dos Deuses. Eles servem, a partir de então, às Forças da Luz e da Vida na Natureza. As coroas cornígeras, sob a forma da coroa cornuda ou da tiara crescente, são, nesse momento, depositadas sobre sua cabeça, sobre as quais flameja a estrela pentacular. Quando colocada sobre a cabeça, a estrela coincide com a glândula pituitária, tornando seu portador um verdadeiro Portador do Fogo, à imagem daquele que um dia trouxe a esmeralda sobre sua testa, hierofania da Estrela da Manhã. Após essa união, o Sacerdote e a Sacerdotisa tornam-se magicamente um só, tendo unido, pelo poder unificador dos seus sexos, os níveis etéricos, astrais, mentais e divinos, e alcançando, assim, o Andrógino Mágico. O mistério do androginato mágico não é, como se pensa erroneamente, um estado em que sua consciência incorporou os atributos da sexualidade oposta, como vemos ilustrado ingenuamente na psicologia analítica de Carl Gustav Jung,[251] mas em que a energia etérica, estimulada pelo desejo sexual, elevou a consciência ao plano das forças que regem este mundo. O símbolo dessa regência é o pentagrama. No Alto Sacerdócio ela sobe da altura do coração, onde habitualmente os wiccans a trazem suspensa sob a forma de pingente, para o nível da mente e do espírito, onde ela flameja na sua coroa cornígera. Se o caminho da Iniciação Wiccaniana foi bem conduzido, então os Iniciados são agora seres transfigurados. Eles tornaram-se, por pleno direito, os Portadores do Fogo Primal. O mesmo Fogo que no início

---

251. Na realidade, essa dualidade de atributos é uma herança dos preconceitos culturais de Jean Jacques Rousseau *(Émile,* 1762) e dos Românticos, que viam na mulher a passiva portadora das funções inferiores do nosso sistema cognitivo: os sentimentos e o sonho.

dos mundos acendeu a alma dos Grigori foi visto cintilando nas nuvens resplandecentes dos Tuatha da Dannan e brilha sobre a testa radiante de Taliesin. Também eles são agora habitantes dos dois mundos.

> *Síntese: O terceiro grau do Wicca é uma autoiniciação. O que serve de veículo para essa Iniciação Suprema é a força sexual, elevada da esfera humana à esfera dos Deuses. Por essa Iniciação entre homem e mulher iniciados, tornam-se sumos sacerdotes e tornam-se os Portadores das Forças do Amor Mágico. São elas que unem a Vontade e a Imaginação dentro do Círculo e fazem eclodir, na esfera racional do ser humano, a Sabedoria.*

O Fim e o Reinício

Nesse caminho iniciático, o homem e a mulher fizeram uma longa jornada de transformação e conhecimento. Pelo primeiro grau, eles conheceram as forças da imaginação atávica adormecidas nas suas forças vitais e ampliaram sua capacidade de conhecer o mundo da natureza; no segundo grau, eles desenvolveram as forças da vontade mágica, opondo-se às forças da inércia e do medo e conheceram os mistérios da morte; mas, no terceiro, eles descobriram que a Imaginação e a Vontade só podem ser colocadas em movimento de metamorfose pelo Amor Mágico, raiz de toda Sabedoria. A semente foi semeada, germinou e frutificou, e nos ciclos das vidas futuras, após sua morte, ela voltará a resplandecer na sua testa, semeando em novos seres novos Deuses até o fim dos mundos. Como na lenda nórdica do Ragnarok, a semente da raça futura permanecerá imune a todas as crises e vicissitudes da Terra, no fundo remoto das florestas e sob o signo do casal mágico. O futuro espiritual vive nesse símbolo do Casal Oculto, Lif e Liftraeser, de que falam as Eddas. A Iniciação Wiccaniana é para uns herança dos seus antepassados remotos e, para outros, uma dádiva da Natureza, mas sua promessa de realização está no futuro. Sejamos cada um de nós como Janicot, com seus dois rostos, do futuro e do passado, perpetuamente unidos no eterno presente. Sejam nossos coventículos a floresta secreta e sagrada do Casal Oculto e Mágico.

Liber Sancti Riti Ad Viam Dedicationis
Meditação e Ritual de Autodedicação

Finalidades do Ritual de Autodedicação

Uma Dedicação Wiccaniana é uma cerimônia de alinhamento dos princípios suprassensíveis do corpo e da psique a uma Egrégora mágico-religiosa, propiciando o desabrochar e a expansão da personalidade em consonância com sua percepção dos Mundos Divinos.

Por si só, o Ritual de Dedicação funciona como um rito de passagem de uma realidade prosaica e prático-utilitária para a percepção da realidade suprassensível. Contudo, necessita ser complementado com atos rituais diários, para que seu impulso não se desfaça. Genericamente, um Ritual de Dedicação Wiccaniana terá de incluir alguns ingredientes formais: uma Purificação pelos Elementos, a declaração de uma doutrina mágico-religiosa e uma bênção do corpo desnudado, já que o corpo é considerado a síntese do universo visível e invisível, e a autêntica fonte do Poder Mágico, tal como ilustra nosso Pentagrama e o desenho talismânico de Agrippa.

A bênção do corpo transforma-o em um verdadeiro Fetiche da Arte e é um reconhecimento de que o Poder Teúrgico não é uma energia transcendente, mas imanente na vida suprassensível da Carne.

A escolha de um local na natureza da selva é o reconhecimento adicional de que a Natureza, ainda não domesticada pelo homem, é seu verdadeiro Santuário. A procura de um lugar naturalista, ainda não poluído pela mão humana, corresponde à busca de um "lugar de poder" em muitas culturas arcaicas pelos candidatos a xamã ou feiticeiros, tal como relata o caso de Merlin retirando-se para a floresta da Brocelândia.

Elementos Estruturais

Para maior eficácia do Rito de Dedicação, quanto mais itens estiverem preenchidos na preparação do rito, melhor:

1. Fazer um retiro de três dias em uma área onde os poderes telúricos estejam ativos ou exista uma forte ionização negativa do ambiente,

seja uma floresta ou uma montanha, por exemplo, onde habitaria um "espírito do lugar".

2. Seguir um conjunto de preparativos do corpo com uma dieta e hábitos de vida com o intuito de dinamizar níveis mais elevados de frequência energética no corpo etérico.

3. Utilizar um dia de dedicação ritual, em função da maior intensidade do Jing do Dedicante, ou então em um dia de Sabat.

4. Sintonizar-se todos os dias, antes da Dedicação, com as "Sentinelas do Círculo" e seus valores arquetípicos, mesmo que seja por um breve gesto de reverência a esses Pontos de Poder, onde o Sol, a Lua e o Zodíaco se erguem e se deitam, assim como à Estrela Polar, que marca o eixo norte-sul. Deve tentar perceber uma estrutura imanente de força no ambiente terrestre a partir desses pontos. Há dois pontos por onde a Força Universal entra: dentro da nossa consciência, pelo eixo E-W, e dentro do nosso inconsciente, pelo eixo N-S.

5. Chamar os Deuses Protetores da Arte: o Deus Cornudo e a Deusa Cornuda, e perceber sua relação com a natureza visível e invisível.

6. Fazer um Juramento sobre um conjunto de Princípios de Ação, que se tornarão linhas mestras da vida e da consciência futura do Dedicante.

7. Bênção do corpo desnudado, vivido como glifo vivo da Sagrada Síntese do universo visível e invisível, e consagração do Pentagrama como talismã da Arte.

8. Oferenda e Comunhão.

9. Despedida, fechamento e subsequente alinhamento diário com as forças libertadas pela Dedicação.

O Jing é um termo usado na alquimia chinesa, de inspiração taoista, e é considerado a quintessência da energia sexual, isto é, da energia de vida. Trata-se da radiação sexual libertada pelo corpo e do seu magnetismo animal, que é a expressão mais material da grande Força de Vida Universal, que os antigos gregos conheciam por Pan ou os celtas por AWEN. Ele tem um papel importante no Wicca, já que é intensificado pelos ritos mágicos e certos ciclos solilunares. Cada indivíduo tem, no entanto, seu próprio ciclo de fluxo e refluxo mensal do Jing e todos os meses ele atinge um ápice de exaltação e renovação, quando o Sol e a Lua alcançam a mesma longitude solilunar do seu mapa de nascimento. A intensidade do jing é medida, assim, pela distância angular do Sol e da

Lua radical do mapa de nascimento do Dedicante. Esse ponto temporal é um ângulo de extrema sensibilidade e abertura espiritual, definido pela interação da Deusa da Lua e do Deus Sol, Karnayna. O dedicante terá de usar um *software* de astrologia, como o Canopus, distribuído gratuitamente pela internet, que lhe calculará automaticamente o dia do Jing.

Preparativos para o Ritual

1- O retiro deve ser feito em uma perspectiva de sintonização com a Natureza Naturans, a Anima Mundi. É necessário sentir-se parte da natureza e de todos os seus reinos, não como seções isoladas da esfera da Terra, mas em uma situação de interdependência e em um *continuum* de consciência entre todas as espécies. Trata-se de uma aprendizagem fundamental do Panteísmo. O tempo ideal para esse retiro deveria ser de pelo menos três dias, mas cada Dedicante deve, de acordo com sua disponibilidade de tempo e coragem, determinar o tempo de retiro.

2 - Dinamizar o corpo etérico por meio de uma respiração profunda e ritmada, centrada no diafragma, em particular no hara, e uma dieta equilibrada, da qual sejam excluídos carnes vermelhas, chá preto, café, açúcar e álcool. Não praticar relações sexuais ou autoerotismo 24 horas antes. A finalidade dessas omissões é tornar seu corpo etérico mais energizado e preservar o máximo do seu magnetismo animal e, assim, ter uma maior receptividade às forças em jogo na Dedicação.

3- Perceber o Sentido Mágico dos Quadrantes e do Círculo, reverenciando-os como Pontos de Força por onde entram, dentro da nossa consciência e na nossa vida, certos impulsos cósmicos. Perceber o Círculo como o fluxo e refluxo da Vida-Consciência no seu ímpeto de mudança e metamorfose.

4- O rito de dedicação deve ser feito pela manhã, no período de Trevas, de modo que ele culmine ao romper da alvorada, no período de nascimento da Luz.

5- Sempre que possível, esse ritual deverá ser feito no dia do Jing de cada dedicante.

Elementos do Ritual

Itens:

1 Vela Verde, símbolo do crescimento, e 1 Vela Azul, símbolo da receptividade.

1 Recipiente para óleo de consagração, símbolo da Luz que renasce em Yule, já que a azeitona, da qual se faz esse óleo sagrado, é

colhida e espremida no Solstício de Inverno e usada antigamente nas candeias para alumiar os templos em Candlemas.

1 Pentagrama em uma corrente, para ser usado como símbolo da sua dedicação à Arte.

O Athame consagrado para traçar o Círculo.

Pantáculo Gardneriano

Altar

Orientado a Leste, de onde vem a Luz dos Luminares, o Sol e a Lua.

Vela verde à direita e Vela azul à esquerda.

Recipiente de óleo à sua esquerda e athame à sua direita.

Pantáculo ao centro.

Óleo de Consagração

3 Azeite puro de oliveira + 1 alecrim + 1 jasmim + 0,5 zimbro + 0,5 patchuli + três grãos de sal marinho pulverizado + 1 olíbano pulverizado. Deixar duas semanas para absorver a fragrância e em local que não seja úmido, mas protegido da luz. Antes de usar, exponha ao luar, na noite de Lua Cheia prévia ao ritual de dedicação. Deixe depois guardado com uma ametista dentro dele, para usar depois no ritual.

Exercício meditativo antes de dormir

Durante a semana prévia ao rito de dedicação, devem ser executados alguns exercícios meditativos de morte e regeneração simbólica, com insistência e honestidade. Seu modelo de imagem baseia-se nos modelos xamânicos de morte e renascimento vividos no plano visionário e aqui criados na esfera da vida imaginativa do Dedicante. Eles devem ser feitos antes de adormecer, para que seu impacto repercuta no corpo etérico durante o sono.

Visualize a si mesmo, demarcando o Espaço Cósmico em volta da sua cama antes de adormecer, e tente sentir as energias naturais à sua volta: as energias de fogo, ar, água e terra.

Repousar na cama na postura de cadáver.

1. Visualize sua energia e força de vida saindo do corpo e entrando no quadrante sul do Fogo e misturando-se na energia universal de onde veio.

2. Visualize o oxigênio e o poder do sopro saindo do seu corpo e entrando no quadrante leste do Ar e misturando-se nos ventos de onde veio.
3. Visualize os líquidos saindo do corpo e entrando no quadrante da Água e misturando-se nos oceanos de onde veio.
4. Visualize a carne e os ossos descendo ao quadrante norte da Terra e misturando-se no húmus da terra de onde veio.
5. Experimente a ausência do seu corpo e sua morte aparente.
6. Deixe-se adormecer.

Exercício meditativo depois de acordar

Ao despertar, retome o exercício da noite anterior.

1. Agora deixe que os ossos do seu esqueleto se formem e tragam o Poder da Terra. Em espírito, forme sobre o corpo, que agora está se formando de novo, o Pentagrama Menor de Invocação da Terra e visualize as energias do seu quadrante entrarem no seu próprio corpo.
2. Agora deixe que os líquidos se formem e corram pelas veias e tragam o Poder da Água. Em espírito, forme sobre o corpo, que agora está se formando de novo de água, o Pentagrama Menor de Invocação da Água e visualize as energias do quadrante oeste entrarem dentro dele e do seu próprio corpo.
3. Agora deixe que o ar entre no corpo e traga o Poder do Ar. Em Espírito, forme sobre seu corpo, que agora está se formando de novo, o Pentagrama Menor de Invocação do Ar e visualize as energias do seu quadrante entrarem nele.
4. Agora deixe que a energia espiritual entre no seu corpo e o vivifique. Traga o Poder do Fogo. Em espírito, forme sobre o corpo, que agora está se formando de novo, o Pentagrama Menor de Invocação do Fogo e visualize as energias do seu quadrante sul entrarem nele.
5. No estado hipnopômpico, tente sentir qual é o verdadeiro nome desse novo ser renascido dos mundos do sonho, onde regem os Elfos.
6. Abra os olhos e levante-se.

Exercício meditativo adicional depois de acordar

Pegue seu pentagrama. Diante dele, medite sobre o que significam os Cinco Paradigmas da Arte. Perceba como cada um deles se entrelaça um no outro e que significados surgem desse entrelaçamento de forças e conceitos. Medite sobre o que é o Wicca e seu compromisso de Dedicação. Faça isso vários dias antes de continuar a fase seguinte.

Plano Ritual

1. Demarcar o Espaço Cósmico, firmando-o no território de trabalho.
2. Talhar o Círculo.
3. Invocar os Reis dos Elementos.
4. Repousar em postura de cadáver e seguir os trâmites citados.
5. Levantar-se e Consagrar o corpo.
6. Juramento Solene.
7. Selar em nome dos Deuses da Arte.

Ritual de Dedicação

Vista seu traje ritual e que ele seja, preferencialmente, negro, pois o negro é o filho nascido das cores complementares.

1. Firmar o Templo

Acenda a vela do portal Norte do seu Templo Astral, visualizando-a tridimensionalmente à sua volta. Declare:

Eu aqui te firmo com o Poder da Terra
A Arcaica Memória é o Esteio deste Círculo

Acenda a vela do portal Leste, visualizando-a tridimensionalmente à sua volta. Declare:

Eu aqui te firmo com o Poder do Ar
O Conhecimento Mágico é o Esteio deste Círculo

Acenda a vela do portal Sul, visualizando-a tridimensionalmente à sua volta. Declare:

Eu aqui te firmo com o Poder do Fogo
A Transfiguração da Bruxaria é o Esteio do Círculo

Acenda a vela do portal Oeste, visualizando-a tridimensionalmente à sua volta. Declare:

Eu aqui te firmo com o Poder da Água
As Visões Sagradas são o Esteio do Círculo

Neste momento, está rodeado de quatro velas e do templo astral de trabalho. Em silêncio, visualize-o tridimensionalmente à sua volta até se sentir convencido de que ele está suficientemente sólido no nível astral da sua imaginação.

2. Preparar o Círculo

Mobilize a energia etérica do seu plexo solar. Quando tiver criado e desenvolvido intensa energização etérica, projete-a através dos seus dedos, enquanto cria um círculo à sua volta de luz violeta flamejante, partindo do norte. Declare enquanto faz isso:

> *Eu te conjuro, ó Criatura Antiga do Círculo;*
> *Círculo dos Deuses que ninguém pode quebrar;*
> *Círculo Sagrado que ninguém pode passar;*
> *Círculo do Céu e da Terra que ninguém pode derrubar;*
> *É teu dever aqui Proteger e Guardar*
> *Todo o Poder que dentro de ti virei criar.*
> *Sejas Tu por isso por mim aqui firmado, benzido e amarrado,*
> *E por Karnaina e Herodia consagrado.*
> *Assim Seja e Assim se Faça!*

3. Invocação dos Reis dos Elementos

Volte para o Norte e trace-vibre o Pentagrama Menor de Invocação da Terra na cor do Regente Elemental. Vibre seu nome, Gob.

Volte para o Leste e trace-vibre o Pentagrama Menor de Invocação da Terra na cor do seu Regente Elemental. Vibre seu nome, Paralva.

Volte para o Sul e trace-vibre o Pentagrama Menor de Invocação da Terra na cor do seu Regente Elemental. Vibre seu nome, Djin.

Volte para o Oeste e trace-vibre o Pentagrama Menor de Invocação da Terra na cor do seu Regente Elemental. Vibre seu nome, Naiksa.

4. Desnudamento Solene

Agora retire seu traje e conserve-se completamente desnudado/a.

5. Consagração

Insira o dedo no óleo com a Manus Fica e benza cada parte do corpo, formando um X, e diga:

Eu consagro e abençoo minha mente, para que possa conhecer os Deuses Antigos no interior do meu próprio ser e no ser de todas as criaturas.

Eu consagro e abençoo meu coração, para que possa amar os Deuses Antigos com meu coração, porque todos os atos de amor são rituais seus.

Eu consagro e abençoo meu sexo, para que possa sentir os Deuses Antigos, porque todos os atos de alegria e prazer são rituais seus.

Eu consagro e abençoo meus pés, para que possa caminhar com os Deuses Antigos, porque seus caminhos são os caminhos da Natureza silvestre, por entre rios e montanhas, clareiras e florestas.

Eu consagro e abençoo minha boca, para que Vos possa chamar com alegria e boa intenção.

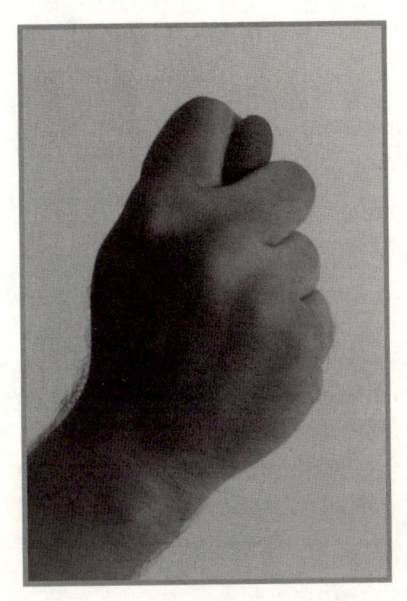

Mano Fico

Abra os braços horizontalmente, abarcando o Círculo, e finalize:

Com alegria e boa intenção se chamam os Deuses da Arte
Porque Oito são as palavras da Lei Wiccaniana que se deve respeitar:
Se mal nenhum causar, faça o que desejar.

6. Juramento

Trace com o athame o Pentagrama sobre o altar dirigido a Leste. Seja o Pentagrama desenhado do tamanho de um homem, e, sobre e com ele, faça o Juramento:

```
        1/6
   4         3
       7
   2         5
```

Afirmar em tom baixo:

1. Juro e creio no Deus e na Deusa Criadores do Universo
2. Presentes e manifestos na Natureza visível e invisível
3. Cuja potência habita todos os atos de prazer e amor
4. Senhores da Magia, Senhores da Bruxaria, Karnaina e Harodia
5. Que guiais todas as transformações sensíveis e suprassensíveis
6. Vós, que trazeis os Cornos das Bestas como Coroa da Terra
7. Salve, Harodia e Karnayna.

Subir de tom na declaração.

1. Juro a vós que governais o firmamento
2. E as montanhas, as florestas e suas secretas clareiras
3. E os rios, os mares e os espelhos dos lagos
4. E as alturas, onde correm as brisas e os ventos
5. E o fogo das fogueiras e do desejo dos homens e mulheres
6. E o espírito e o êxtase de todas as criaturas visíveis e invisíveis
7. Salve, Harodia e Karnayna.

Citar ainda mais alto:

1. Juro pela cabeça cornuda
2. E o avanço do casco direito
3. E a mão esquerda declinada
4. Na mão direita erguida
5. E a firmeza do casco esquerdo
6. Que a Tocha dos Mistérios se Acenda
7. Salve Mistério do Pentáculo do Corpo do Homem.

7. Selar o Juramento

Pouse o athame sobre o altar. Cruze os braços sobre o peito em Mano Cornuta sobre os ombros e remate:

Juro dedicar-me de corpo e alma ao Mistério da Arte
E aos seus Quatro Caminhos na Bruxaria

> *Que são os Quatro Caminhos dos Quadrantes*
> *E como sinal do meu Juramento*
> *Tomo sobre meu corpo o Pentagrama da Arte*
> *(ponha-o sobre o peito)*
> *E como ato solene do meu compromisso.*

Com a Manu Fica, molhe o polegar no óleo de consagração, fazendo o sinal rúnico em X sobre cada parte mencionada.

> *Selo minha boca*
> *E meus olhos*
> *E meus ouvidos,*
> *E meu umbigo*
> *E meu sexo*
> *E meu ânus*
>
> *Para que por este Selo Sagrado*
> *Selo das encruzilhadas dos Deuses Cornudos*
> *Seja meu corpo selado e amarrado*
> *Na encruzilhada do Círculo Sagrado*
> *Em nome dos Deuses Antigos da Arte*
> *E seus Quatro Caminhos.*

8. Interjeição aos Espíritos

Vá ao quadrante Norte e diga:

> *Escutai Espíritos do Norte, eu (diga seu nome novo na Arte) estou verdadeiramente criado/a e dedicado/a, por Rito e Selo da Arte, aos Mistérios da Bruxaria como Bruxo/a das Encruzilhadas Sagradas e em homenagem aos Deuses Cornudos.*

Faça o mesmo em cada quadrante. Termine no centro e contemplando o Oriente de onde nasce a Luz:

> *Homenagem e Dedicação seja dada aos Antepassados da Arte na Encruzilhada do Círculo de Poder, e que um dia, como eu, dedicados aos Velhos Deuses, morreram nas estacas e no fogo, e depois foram sepultados nas encruzilhadas onde agora me batizo bruxo/a e onde reverencio o Mistério Antigo.*

9. Fecho

Feche as velas em sentido contrário e deixe apenas a vela do altar ardendo toda a noite.

Apêndices

Apêndice 1

Manifesto para uma Apologia de Princípios Iniciáticos no Wicca Craeft

Autoria: Gilberto Lascariz
Coventículo TerraSerpente, Porto, Ano da Graça de 1989 E.C.

- A rejeição do conceito de pecado e salvação como base dos processos espirituais.
- *A rejeição do sofrimento e dos conceitos teológicos de renúncia e libertação,* exaltando *a aceitação do prazer e da alegria como a força evolutiva da vida espiritual.*
- Um conceito de vida espiritual que toma *a natureza e seus processos de metamorfose,* tal como são espelhados nas suas festividades sabáticas, como matriz iniciática dos processos de metamorfose da alma e de desenvolvimento psicoespiritual
- *A valorização do Eterno Feminino*, com todas as suas implicações ecológicas, estéticas, filosóficas e cognitivas, como Força de Transfiguração do ser humano no mundo moderno.
- A importância da *prática da Magia nos seus processos espirituais como técnica de autotransformação,* não só da própria alma, mas também de uma transformação positiva da sua vida sociológica.
- A celebração de *rituais em função dos ciclos cósmicos e da natureza,* muito em particular o ciclo sinódico da Lua e o ciclo anual do Sol, como base do seu panteísmo mágico.
- *A valorização de técnicas meditativas e rituais em detrimento do dogma e da moral;* a preferência pelo ritual mágico, em detrimento da oração e da devoção; a ênfase na liberdade exploratória, em detrimento da subserviência a processos manipulativos por hierarquias clericais; a utilização de paradigmas, em vez de crenças.
- *A ênfase na Vontade a na Imaginação,* em detrimento da Fé e da Moral, cujas origens se apoiam na Magia Cerimonial, assim como nos filósofos românticos da *Natur Philosophy.*
- A aceitação generalizada de uma *ética ecosófica e ecocêntrica* conhecida como *Wiccan Rede,* baseada no princípio do respeito por todas as formas de vida, em detrimento das éticas antropocêntricas

do judaico-cristianismo e do liberalismo econômico moderno, tal como sugere sua assertiva: "se *nenhum* mal resultar, faça o que desejar".

- A relevância de *Princípios de Equilíbrio e Polaridade nos processos físicos e espirituais e o corolário da União Mágica do Masculino e do Feminino* como chave dos processos espirituais, em uma tradição que mergulha suas raízes no tantrismo e na alquimia.
- A ênfase em uma *linhagem mágica e iniciática, cujas raízes mais próximas se encontram na Corrente Contrainiciática da Bruxaria Visionária e Sobrenatural.*
- A reverência a Deuses e Deusas Corníferas, em uma relação de paridade teológica e em completa fusão com o Mundo da Natureza.
- A ênfase de que o Wicca Tradicional não é uma Religião, mas uma Gnose, isto é, uma Religião de Mistérios.

Apêndice 2

Instrução do Deus Cornudo
Autoria: Doreen Valiente

Escutai as palavras do Velho Deus Cornudo, que é sempre jovem.
Eu sou aquele que abre as portas da vida e da morte,
Os portões da alvorada e do crepúsculo.
Eu sou Kernunos, Silvanus e Pã,
E a música das minhas flautas
é o ar dos bosques verdes sobre o pico das colinas do verão.
Minha voz está no vento da meia-noite
E, por baixo das estrelas,
Ela declama palavras de magia
Em línguas antigas esquecidas e desconhecidas.
Eu inspiro o pânico e o desejo apaixonado.
E embora eu mostre, porém, minha face de caveira,
Jamais haverá manifestação de vida sem mim,
Porque sem a morte não pode haver renascimento.
A vida deve sempre se mover em espiral para o alto,
Ela não pode parar.
Nós não podemos conhecer a luz sem as trevas,
Nem as trevas sem a luz.
Por isso, não me temas,
Seja qual for o aspecto com que me vejas:
A força e o poder da masculinidade ou o portador da paz na morte.

Eu sou Lúcifer, o Portador da Luz,
E Amun, o Oculto,
Que trazia os cornos em espiral do carneiro da antiga Khem.
Eu sou o Deus com pés de bode
Nos bosques iluminados pelo Sol da Tessália,
E eu sou a presença que é sentida nas trevas das sagradas cavernas
E à volta dos menires no matagal.
Eu sou o jorrante poder da vida e o portador da luz;
Mas sem o Amor eu não crio nada que perdure.

Assim, eu tenho necessidade da Deusa
Como ela tem necessidade de mim,
E no Sumo Matrimônio, o Êxtase Cósmico, nós somos Um.
Por isso, adora o mundo selvagem,
Conhece-me e regozija-te em mim,
Irmãos e irmãs da Arte Mágica,
Bruxas e feiticeiros,
Pagãos e gentios.
Porque eu trago o Poder e a Libertação,
E a liberdade de espírito que é verdadeira e eterna,
E que ninguém, nem nada, pode dela se negar para sempre.

Apêndice 3

Instrução de Karnayna ao Sabbath

Coventículo TerraSerpente, Porto,
Ano da Graça de 1989 E.C.
Autoria: Setherion Vel Sabbazius

Escutai o Mistério de Nosso Senhor, o Deus Cornudo
Que um dia palmilhou nossos campos
E os redutos secretos dos nossos desejos:

Akerra Goiti
Erguei-vos do sono profundo
Vós que viveis adormecidos
E ansiais aprender os Mistérios de vossos Antepassados que caminharam
estes outeiros
E derramaram suas oferendas de vinho e mel sobre as pedras e as fontes,
Em homenagem aos Velhos Deuses.
O tempo é chegado para seu regresso.

Eu Sou Karnayna
O Arauto da Era da Terra Reverdecida
Eu sou o Guardião do Portal da Alvorada e do Portal do Crepúsculo,
Sou Eosphorus e Noctiferus,
Eu sou o Rei dos Animais e o Senhor dos Bosques Verdes
Sou aquele que conhece os segredos das ervas que
curam e das ervas que inebriam
Eu sou o Rei Veado orgulhoso dos seus chifres dourados como o Sol,
Eu sou o Rei do Céu que vedes nas estrelas do firmamento à noite
Sou o grão de milho dourado que, ereto sobre os campos,
Alimenta os corpos e os espíritos dos filhos da Terra minha Mãe.
Eu sou Oberon, o Rei das Fadas, e
o Senhor das Folias Sagradas.

Vede
A Terra, nossa Mãe
Está poluída e arruinada
Ela precisa de nossos encantamentos de poder
Das vossas mãos e dos vossos espíritos

Unidos aos espíritos da Terra, Água, Ar e Fogo,
Sob o desígnio dos Devas e dos Deuses.

Se conhecerdes a essência secreta do vosso desejo
Então conhecereis o mistério do Sol, que sou eu, Karnayna;
Se conhecerdes a força do arado e do tear
Então conhecereis o mistério dos Ventos, que sou eu, Karnayna;
Se conhecerdes o fogo secreto do vosso coração
Então conhecereis os mistérios do Ser que sou eu, Karnayna.
Porque eu sou Lúcifer, o Portador da Luz,
Sou o Veado e a Serpente,
Sou Karnayna

Eu sou aquele que está oculto na Folhagem
E, no entanto, minha face está visível nos campos dourados de trigo
E no rosto da criança que ri e se deleita.
Eu sou aquele que está visível no Sol
E, no entanto, eu estou oculto na luz crepuscular do bosque e das estrelas à noite,
Porque eu sou a Luz que brilha na noite e a Treva que sossega no dia.
Eu sou Aquele que vedes nos Galhos Verdes do Veado
Sou eu, o Sol, Karnayna.

Pela Tocha do Sol, eu trago a Luz aos vossos
espíritos e aos vossos campos.
Pela Espada, eu trago a libertação do sofrimento.
Porque eu sou Eosphorus, o Anunciador do Dia
E sou Noctiferus, o Anunciador da Noite
Eu sou Solis Karnayna
Akerra Boiti
Abrahadabra

APÊNDICES 555

Apêndice 4

Alfabeto Tebano

A		H		O		V	
B		I		P		W	
C		J		Q		X	
D		K		R		Y	
E		L		S		Z	
F		M		T			
G		N		U			

Apêndice 5
Referências

Bibliografia para Estudantes

Apresentamos a seguir as várias tendências atuais da Bruxaria no mundo moderno. São informados os livros mais importantes publicados nos séculos XX e XXI, que se encontram na minha biblioteca e que conheço suficientemente bem para aconselhar seu estudo e investigação. Você encontrará também uma referência a livros sobre Bruxaria Popular Portuguesa e a vertente americana do "wicca coca-cola". Cada seção é apresentada com os melhores títulos, seguidos de outros títulos úteis.

Bruxaria Tradicional (Pré-Gardneriana)

O Melhor:

CHUMBLEY, Andrew D. *The Azoetia: A Grimoire of the Sabbatic Witchcraft.* (Xoanon Press, 1992).

_____. *The Grimoire of the Golden Toad* (Xoanon Press, 2000).

SCHULKE, Daniel A. *Viridarium Umbris, The Pleasure Garden of the Shadow.* (Xoanon Limited, 2005).

Leituras Úteis:

ALDCROFT JACKSON, Nigel. *Call of the Horned Piper.* (Capall Bann Publishing, 1994).

_____. *Masks of Misrule.* (Capall Bann Publishing, 1996).

BRANSTON, Brian, *The Lost Gods of England.* (Thames & Hudson, 1957).

CHUMBLEY, Andrew D. *Qutub: The Point.* (Fulgur, 1995).

COCHRANE, Robert. *The Robert Cochrane Letters, An Insight Into Modern Traditional Witchcraft.* (Capall Bann Publishing, 2003).

DUERR, Hans Peter. *Dreamtime, Concerning the Boundary Between Wilderness and Civilization.* (Basil Blackwell, 1978).

GINZBURG, Carlo. *The Night Battles, Witchcraft and Agrarian Cults in the Sixteenth & Seventeenth Centuries.* (Johns Hopkins University Press, 1992).

_____. *Ecstasies: Deciphering the Witches' Sabbath.* (Penguin Group, 1992).

GRANT, Kenneth & Steffi. *ZOS Speaks, Encounters with Austin Osman Spare.* (Fulgur, 1999).

GRAVES, Robert. *The White Goddess.* (Farrar Straus and Giroux, 1975).

GRAY, William. *By Standing Stone and Elder Tree*. (Llewellyn,: 1990).

GWYN. *Light From the Shadows. A Mythos of Modern Traditional Witchcraft*. (Capall Bann Publishing, 1999).

LASCARIZ, Gilberto. *O Culto da Bruxaria no Artista e Escritor Austin Osman Spare*. (Edições Mortas, 1999).

_____. *No Antro das Bruxas de Zagarramurdi* (Projecto Karnayna), in http://www.projectokarnayna.com/bruxaria-hispanica/zagarramurdi.

_____. *As Bruxas das Astúrias: Um Mito Esotérico a Meditar*, in http://www.projectokarnayna.com/bruxaria-hispanica/bruxas-asturias

LELAND, Charles. *Aradia, The Gospel of the Witches*. (Samuel Weiser, 1974).

_____. *Gypsy Sorcery and Fortunetelling*. (Dover, 1971).

JACKSON, Nigel; HOWARD, Michael. *The Pillars of Tubal Cain*. (Capall Bann Publishing, 2000).

JONES, Evan John. *Witchcraft: a Traditon Renewed*. (Robert Hale, 1990).

_____. *Sacred Mask, Sacred Dance*. (Llewellyn, 1997).

JONES, Evan John; COCHRANE, Robert. *The Roebuck in the Thicket*. (Capall Bann Publishing, 2002).

PENNICK, Nigel. *Secrets of East Anglian Magic*. (Trafalgar Square, 2001).

POCS, Eva. *Between the Living and the Dead*. (Ceupress, 1999).

SCHULKE, Daniel A. *Ars Philtron: Concerning the Aqueous Cunning of the Potion and its Praxis in the Green Arte Magical*. (Xoanon Press: 2001).

STEWART, R.J. *The Underworld Initiation*. (Mercury Publications, 1995).

WATKINS, Alfred. *The Old Straight Track, Its mounds, beacons, moats, sites and mark stones*. (Abacus, 1974).

Bruxaria Luciferina

O Melhor:

FORD, Michael. *The Book of the Witch Moon – A Grimoire of Luciferian Witchcraft, Vampyrism and Chaos Sorcery*. (Sukkubus Inner Publications, 1999).

Leituras Úteis:

AHMED, Rollo. *The Black Art*. (Arrow Books: 1971).

FORD, Michael. *The Goetia: The Lesser Key of Salomon The King*. (Luciferian Edition, 1976).

HUSON, Paul. *Mastering Witchcraft, a Practical Guide for Witches, Warlocks and Covens*. (G. P. Putnam's Son, 1973).

Wicca Tradicional (Gardneriana e Alexandriana)

O Melhor:
FARRAR, Janet & Stewart. *What Witches Do.* (Peter Davis, 1971).
_____. *A Witches Bible Complet.* (Magickal Child, 1984).
HUTTON, Ronald. *The Triumph of the Moon: A History of Modern Witchcraft.* (Oxford University Press, 1999).

Leituras Úteis:
BUCKLAND, Raymond. *The Complete Book of Witchcraft.* (Llewellyn Pub., 1975).
_____. *Witchcraft from the Inside.* (Llewellyn Pub., 1995).
CROWLEY, Vivianne. *Wicca: the Old Religion for a New Age.* (Thorsons, 1996).
CROWTHER, Patricia. *Lidd of the Cauldron: A Wicca Handbook.* (Samuel Weiser, 1989).
_____. *The Secrets of Ancient Witchcraft.* (University Books, 1974).
DEUTCH, Richard. *The Ecstatic Mother: Portrait of Maxine Sanders, Witch Queen.* (Bachman & Turner, 1977)
FARRAR, Janet & Stewart. *The Life & Times of a Modern Witch.* (Phoenix, 1988).
GARDNER, Gerald B. *Witchcraft Today.* (Rider & Company, 1954).
_____. *Meaning of Witchcraft.* (Aquarian Press, 1959).
_____. *High Magick's Aid.* (Godolphin House, 1996).
GRIMASSI, Raven. *The Witchs' Craft: The Roots of Witchcraft and Magical Transformation.* (Llewellyn Publications, 2002).
HARRISON, Michael. *The Roots of Witchcraft.* (Tandem Books, 1975).
HESELTON, Philip. *Wiccan Roots: Gerald Gardner and the Modern Witchcraft Revival.* (Capall Bann Publishing, 2001).
HUTTON, Ronald. *The Pagan Religions of the Ancient British Isles, Their Nature and Legacy.* (Blackwell, 1991).
JOHNS, June. *King of the Witches: The World of Alexander Sanders.* (Coward-McCann, 1969).
LIDDELL, W.E. & Howard, Michael. *The Pickingill Papers: George Pickingill & the origins of modern Wicca.* (Cappall Bann Publishing, 1994).
MURRAY, Margaret. *The Witch Cult in Western Europe.* (Oxford Press, 1921).
_____. *The God of the Witches.* (Oxford Press, 1931).
SANDERS, Alex. *Alex Sanders Lectures.* (Magickal Childe, 1989).
SETH, Ronald. *Witches & Their Craft.* (Taplinger Publishing Company, 1967).

TICKHILL, Alan. *Wicca: The Craft of the Wise.* (Edição de autor, 2000).
VALIENTE, Doreen. *The Rebirth of Witchcraft.* (Robert Hale, 1989).
_____. *Wicthcraft for Tomorrow.* (Phoenix Pub, 1987).

Wicca Eclético

O Melhor:
STARHAWK. *Spiral Dance: A Rebirth of the Ancient Religion of the Great Goddess.* (Harper, 1979).
TUITÉAN, Paul & DANIELS, Estele. *Essential Wicca.* (Crossing Press, 2001).

Leituras Úteis:
STARHAWK & VALENTINE, Hilary. *The Twelve Wild Swans: A Journey to the Realm of Magic, Healing and Action.* (Harper, 2000).
BETH, Rae. *Hedge Witch, a Guide to Solitary Witchcraft.* (Robert Hale Publishing, 1990).
GREEN, Marian. *A Witch Alone.* (Aquarian Press, 1991).
BLACKSUN. *The Spell of Making.* (Eschaton, 1995).
DREW, A. J. *Wicca for Men: A Handbook for Male Pagans Seeking a Spiritual Path.* (Citadel Press, 1998).
STEIN, Diane. *Casting the Circle: a Women's Book of Rituals.* (Crossing Press, 1990).
BEYERL, Paul. *A Wiccan Bardo: Initiation and Self-Transformation.* (Prism-Unity, 1989).
FITCH, Ed. *Magical Rituals From the Crystal Well.* (Llewellyn's Pub, 1995).
SLATER, Herman (ed). *A Book of Pagan Rituals.* Samuel Weiser, 1978).
_____. *Pagan Rituals III.* (Magickal Child, 1989).
FARRAR, Janet & Bone, Gavin. *The Pagan Path.* (Phoenix Pub, 1995).
FITCH, Ed. *Grimoire of Shadow, Witchcraft, Paganism and Magick.* (Llewellyn's Pub, 1996).
LEEK, Sybil. *The Complete Art of Witchcraft: Penetrating the Secrets of White Witchcraft.* (Harper & Row, 1971).
K, Amber. *Covencraft: Witchcraft for Three or More.* (Llewellyn's Pub, 1999).
CLIFTON, Charles. *Living Between Worlds: Chalenges of the Modern Witch.* (Llewellyn's Pub, 1996).
WARREN-CLARKE, Ly. *The Way of the Goddess: A Manual for Wiccan Initiation.* (Prism Press, 1987).
WEINSTEIN, Marion. *Earth Magic: A Dianic Book of Shadows.* (Earth Magic Productions, 1994).

Bruxaria em Portugal

O Melhor:

BETHENCOURT, Francisco. *O Imaginário da Magia: feiticeiros, saludadores e nigromantes no século XVI.* (Projeto Universidade Aberta, 1987).

_____. *Portugal: A Scrupulous Inquisition*, in "*Early Modern European Witchcraft*", (Oxford University Press, 2001).

Leituras Úteis:

ARAÚJO, Maria Benedita. *Magia, Demónio e Força Mágica na Tradição Portuguesa: séculos XVII e XVIII.* (Cosmos, 1994).

MARTINS, José Garrucho. *As Bruxas e o Transe, dos Nomes às Práticas.* (Estratégias Criativas, 1997).

LASCARIZ, Gilberto. *Misarela: O Rito da Ponte do Diabo.* (Gorgona Press, 2007).

_____. *A Bruxa Tradicional e a Feiticeira-Alcoviteira: Dúvidas e Questões Iniciáticas,* in: http://www.projectokarnayna.com/bruxaria-hispanica/alcoviteira.

LOBO, Elvira. *A Doença e a Cura, Recorrência à Bruxaria na Procura de Saúde.* (Estratégias Criativas, 1995).

SANTANA, Francisco. *Bruxas e Curandeiros na Lisboa Joanina.* (Academia Portuguesa da História, 1997).

Wicca Coca-Cola

CUNNINGHAM, Scott. *A Wicca for the Solitary Practicioner.* (Llewellyn's Pub, 1988).

_____. *Living Wicca: A Further Guide for the Solitary Practicioner.* (Llewellyn's Pub, 1993).

_____. *The Truth About Witchcraft Today.* (Llewellyn Pub, 1988).

RAVENWOLF, Silver. *To Ride a Silver Broomstick.* (Llewellyn Pub, 1993).

_____. *To Stir the Magic Cauldron.* (Llewellyn Pub, 1995).

Nota do Editor

A Madras Editora não participa, endossa ou tem qualquer autoridade ou responsabilidade no que diz respeito a transações particulares de negócio entre o autor e o público.

Quaisquer referências de internet contidas neste trabalho são as atuais, no momento de sua publicação, mas o editor não pode garantir que a localização específica será mantida.